L'équité intergénérationnelle : quelle fiscalité pour plus d'égalité ?

Finances publiques

Collection dirigée par Thierry LAMBERT

Finances publiques/Public finance
Collection dirigée par/Collection directed by Thierry LAMBERT

Les finances publiques connaissent un développement important et se diversifient. Cette discipline couvre notamment les finances de l'État, le droit public financier, le droit fiscal, les finances communautaires, les finances locales, les finances sociales, les finances internationales et comparées, les procédures fiscales ainsi que le droit douanier. Ces questions peuvent être envisagées dans un cadre national, communautaire ou mondial.

La présente collection a pour vocation de publier des travaux originaux (thèses, essais, colloques...) ou de facture plus classique (manuels, commentaires de textes, recueils de documents...).

Elle a aussi pour ambition de rééditer des ouvrages aujourd'hui introuvables, mais fort utiles, dès lors qu'ils s'imposent comme référence et qu'ils sont agrémentés d'une préface substantielle.

Public finance steadily developing and diversifying. This discipline more particulary covers state finance, public finance law, tax law, EU finance, local finance, social finance, international and comparative finance, tax procedures and customs law. Those questions can be considered within a national community or global framework.

The aim of this collection is to publish original works (theses, essays, symposiums...) or more traditional ones (textbooks text analyses, collections of documents ...).

In addition, it is meant to re-publish books which are currently untraceable no matter how useful provided they stand as genuine references and contain substantial prefaces.

Déjà parus

Jean-Bosco KAOMBA MUTUMBA, *La gestion des finances publiques en République démocratique du Congo*, 2021.
Vincent DREZET, Ophélie VILDEY, *Notre argent public, pour mieux vivre ensemble*, 2020.
Mohamed HARAKAT, *Finances publiques et réformes de l'État, le cas du Maroc*, 2020.
Mathurin MBOUNOU-NGOPO, *La fiscalité et l'impératif de développement du Centrafrique,* 2019.
Emmanuel JOANNARD-LARDANT, *L'établissement de la preuve fiscale : essai de droit processuel*, 2019.
Dominique VILLEMOT, *Le débat fiscal : une passion française,* 2019.
Aurélie DORT, *Fiscalité et sécurité sociale, Étude de la fiscalisation des ressources de la Sécurité sociale*, 2019.
Fidèle MENGUE ME ENGOUANG, *Les finances publiques du Gabon*, 2018.
DIOUKHANÉ Abdourahmane, *Les finances locales sénégalaises*, 2018.
ATECK A DJAM Félix, *Droit du contentieux fiscal camerounais, Nouvelle édition,* 2017.

Sambou Siankoloute

L'équité intergénérationnelle : quelle fiscalité pour plus d'égalité ?

L'Harmattan

***

5-7, rue de l'École-Polytechnique – 75005 Paris
www.editions-harmattan.fr
ISBN : 978-2-343-24239-2
EAN : 9782343242392

Sommaire

Liste des abréviations

ACP	Afrique, Caraïbes et Pacifique
AFITF	Agence de Financement des Infrastructures de Transports de France
AJDI	Actualité Juridique de Droit Immobilier
AOE	Apple Opérations Europe
ASI	Apple Sales International
BEPS	Base Erosion and Profit Shifting
BOFIP	Bulletin Officiel des Finances Publiques
CADES	Caisse d'Amortissement de la Dette Sociale
CNAVPL	Caisse Nationale d'Assurance Vieillesse des Professions Libérales
CNIL	Commission Nationale de l'Informatique et des Libertés
COR	Comité d'Orientation des Retraites
CPRR	Comité de Pilotage des Régimes de Retraite
CSG	Contribution Sociale Généralisée
CSPE	Contribution au Service Public de l'Électricité
CANLII	Canadian Legal Information Institute
CJUE	Cour de Justice de l'Union européenne
EUETS	European Union Emissions Trading System
FMI	Fonds Monétaire International
FINTECH	Finance et Technologie
GAFAM	Google Apple Facebook Amazon Microsoft
GES	Gaz à Effet de Serre
IDDRI	Institut de Développement Durable et des Relations Internationales
IFI	Impôt sur la Fortune Immobilière
INSEE	Institut National de la Statistique et des Études Économiques
LFSS	Loi de Financement de la Sécurité Sociale
LNT	Loi sur les Normes du Travail
MTMN	Méthode Transactionnelle de la Marge Nette
NATU	Netflix Airbnb Tesla Uber
OMC	Organisation mondiale du Commerce
OPEP	Organisation des Pays Exportateurs de Pétrole
OCDE	Organisation pour la Coopération et le Développement Économique
PERCO	Plan d'Épargne Pour La Retraite Collectif

PIB	Produit Intérieur Brut
REER	Régime Enregistré d'Épargne-Retraite
REIDF	Revue Européenne et Internationale de Droit Fiscal
RPC	Régime de Pensions du Canada
RPD	Régime à Prestations Déterminées
RRQ	Régie des Rentes du Québec
RVER	Régimes Volontaires d'Épargne-Retraite

Introduction

La notion d'équité intergénérationnelle en finances publiques : approche comparée entre la France et le Canada

« Il apparait clairement qu'une véritable et salutaire réforme fiscale ne peut se traduire que par un déplacement du poids de l'impôt. S'il est exact que certaines catégories de contribuables et certaines activités supportent une charge excessive, il n'est possible de leur demander moins qu'en demandant plus à d'autres par l'élargissement de l'assiette et la révision des avantages fiscaux. Une réforme qui prétendrait échapper à cet impératif ne serait qu'un leurre. C'est pourquoi le gouvernement ne prétend pas placer la réforme fiscale qu'il a élaborée sous le signe de la facilité. Les allégements des taux qu'il a consenti lorsqu'ils lui ont paru légitimes ont été compensés soit par la majoration d'autres tarifs, soit par la révision de certaines exonérations »[1].

1. L'équité, du latin aequitas (égalité) a donné lieu à diverses interprétations chez de grands écrivains. Victor Hugo dans Les Misérables considère ainsi que « la première égalité, c'est l'équité »[2]. Plus proche des juristes, le politicien avouera son manque de neutralité en face d'une telle notion. « En politique » dira Gustave Lebon[3], « il est à peu près impossible de juger avec équité les opinions d'un adversaire ». Pourtant les juristes se sont penchés sur la notion, les praticiens, en particulier, ont été au contact de cette dernière. Honoré de Balzac décrit leurs relations en ces termes : « les magistrats, les avocats, les avoués, tout ce qui pâture sur le terrain judiciaire, distinguent deux éléments dans une cause : le Droit et l'Équité. L'équité résulte des faits, le droit est l'application des principes aux faits. Un homme peut avoir raison en

[1] Assemblée nationale, « Exposé des motifs », *Journaux officiels*, 1948, Annexes au projet de loi, Tome I, Décret portant réforme fiscale, page 2383.
[2] V. Hugo, *Les Misérables*, Editions Pocket 2013, p. 843.
[3] G. Le Bon, *Les incertitudes de l'heure présente*, Booklassic 2015, Édition Kobo (eBook), p. 12.

équité, tort en justice, sans que le juge soit accusable »[4]. Dans ce qui semble être une véritable cacophonie, il convient de définir la notion car le droit, comme l'indique Emmanuel de Crouy Chanel, en ce qu'il implique l'adéquation d'une norme au réel, est largement une affaire de définition[5].

2. Définir l'équité intergénérationnelle par rapport aux retraites permet de comprendre qu'il y a d'autres sous problématiques, comme la question du chômage des jeunes[6] ou encore de la dette publique et de ses taux d'intérêts[7]. La structure des retraites pensée, en effet, au lendemain de la Seconde Guerre mondiale[8], est inadaptée au vieillissement démographique, et ce problème se pose au moment du chômage des jeunes, de la crise financière, sans pour autant que l'on ait appris à ces derniers, à diversifier leurs sources de revenus : le travail étant leur principal voir unique moyen de subsistance. C'est ainsi que Gérard Thoris note qu'« on n'a généralement pas compris que le rendement principal des systèmes de retraite conçus après la Seconde Guerre mondiale ne provenait pas prioritairement de la croissance, mais de phénomènes démographiques : la distribution par âge de la mortalité d'une part, les taux d'activité féminins d'autre part. L'idéal de ce système est, en effet, que les gens meurent juste après avoir pris leur retraite : ils ont cotisé mais ne touchent pas la contrepartie de leur effort »[9]. Dans sa vocation sociale, la fiscalité n'a pas pour objectif d'enrichir le contribuable mais de réduire l'écart entre les plus démunis et les plus aisés[10]. Eu égard à ces considérations, l'équité intergénérationnelle peut aussi être définie comme la réduction de la pauvreté liée à l'écart générationnel par l'utilisation d'instruments fiscaux. La définition de la notion d'équité intergénérationnelle conditionnera les politiques de demain. Si l'objectif inavoué derrière cette définition est de faire reculer l'État providence, il est évident que l'équité intergénérationnelle sera

---

[4] H. De Balzac, *L'Interdiction*, Editions Ligaran, 2015, p.14-15.

[5] E. De Crouy-Chanel, « La définition juridique de l'impôt. L'exemple de la doctrine française », in *Philosophie de l'impôt*, Bruylant 2006, p. 135.

[6] L. Lima, Ch. Trombert, « L'assistance-chômage des jeunes sous condition d'accompagnement. De quelques mécanismes du non-recours par éviction », *Lien social et Politiques*, n° 70, 2013, p. 29-43.

[7] M. Joanis, Cl. Montmarquette, *La problématique de la dette publique au Québec: causes, conséquences, solutions*, CIRANO Burgundy Reports, CIRANO, 2005, résumé.

[8] Ch. Willmann, « Réforme de l'assurance vieillesse et des politiques de vieillissement actif, la loi du 9 novembre 2010, entre solidarité et égalité », *Revue de droit sanitaire et social* 2011, p. 340 et s.

[9] G. Thoris, « L'héritage des droits acquis », *Revue Française de Finances Publiques*, 1er septembre 2011, n° 115, p. 135.

[10] L. Godbout, *L'intervention gouvernementale par la politique fiscale : le rôle des dépenses fiscales: étude comparée: Canada, États-Unis, France*, vol. 1, Paris, Economica, 2006, p. 10.

définie comme la contrepartie que les jeunes générations sont en droit d'attendre de leurs ainés pour avoir pris soin de leur avenir et vice versa[11].

3. En temps de crise, l'État n'arrive pas toujours à assurer ses fonctions de protection sociale[12]. Son rôle est alors de déléguer cette tâche à d'autres structures sociales, comme la famille[13]. Cette délégation de compétence doit s'accompagner des moyens financiers nécessaires pour bien assumer la tâche dévolue aux familles[14]. C'est à ce moment qu'interviennent le droit budgétaire et le droit fiscal pour organiser le transfert de richesses entre générations[15]. Le transfert égal de ces biens doit désormais être assuré sous le respect du principe d'équité intergénérationnelle tant il est vrai que les générations actuelles se plaignent de la rupture d'égalité de traitement du fait de l'allocation des ressources budgétaires[16]. On noterait ainsi une hausse des impôts qui profiterait aux Séniors parce que concomitamment à cette hausse, les pensions de retraite de ces derniers auraient augmenté[17]. Les finances publiques seraient, en quelque sorte, un appareil de pilotage financier : on réduit certaines dépenses inutiles en cas de crise pour en favoriser d'autres. Pour éviter que la démographie ne soit un problème et qu'elle ne pèse sur l'État de nos finances publiques actuelles, au même titre que le chômage ou la pauvreté, il faut mettre en place les réformes et les structures nécessaires pour que chaque contribuable prenne en main sa propre retraite. Ce procédé est possible par la mise en place d'une fiscalité comportementale[18] destinée à encourager le contribuable à l'épargne en vue de la retraite[19]. Il est tout aussi

---

[11] Ph. Luppi, « Les lois de financement de la Sécurité sociale et l'assurance vieillesse: bilan des deux dernières législatures (2002-2007 / 2007-2012) », *Revue Française de Finances Publiques*, 01 novembre 2012, n° 120, p. 229.

[11] Y. Chassard, B. Brunhes, « Retraites : du bon usage de la neutralité actuarielle », *Droit social* 2001, p. 644.

[12] B. Fortin, « Dépendance à l'égard de l'aide sociale et réforme de la sécurité du revenu », *L'Actualité économique*, vol. 73, n° 4, 1997, p. 557-573.

[13] La dépendance n'est que le revers de la solidarité et sur le rôle de la famille comme structure favorite pour accueillir la dépendance et développer la solidarité, voir : J.- Ph. Pierron, « Les solidarités entre générations et la transmission familiale », in *Les solidarités entre générations*, Bruylant, 2013, p. 28 et s.

[14] A. Araar, J.-Y. Duclos, F. Blais, « Effets redistributifs d'un régime d'allocation universelle : une simulation pour le Québec », *L'Actualité économique*, vol. 81, n° 3, 2005, p. 421-484.

[15] P. Makdissi, Y. Therrien, Q. Wodon, « L'impact des transferts publics et des taxes sur la pauvreté au Canada et aux États-Unis », *L'Actualité Économique* ; septembre 2006 ; n° 82, Vol. 3, p. 377.

[16] M. Corak, *Les finances publiques et l'équité intergénérationnelle*, Ottawa, Statistique Canada et développement des ressources humaines Canada, 1998, 164 p.

[17] P. Malgrange, A. Masson, « Viabilité des politiques publiques. Études de comptabilité générationnelle. Présentation générale », *Economie & prévision*, mars 2002, n° 154, p. 3-11.

[18] A. Lareau, « La fiscalité comportementale au canada », *Revue de Planification Fiscale et Financière*, vol. 33, n° 2, p. 333 et s. ; A. Lareau, « Justice fiscale et fiscalité comportementale au Canada », *Revue Française de Finances Publiques*, 1er novembre 2013, n° 124, p. 73-85.

[19] A. Börsch-Supan, « L'efficacité des incitations pour remédier à l'insuffisance de l'épargne retraite en Europe », *Revue économique de l'OCDE*, février 2004, n° 39, p. 121-157.

nécessaire d'aller explorer la littérature des économistes pour comprendre pourquoi ils ne considèrent pas le droit comme un excellent moyen de pilotage en matière de retraites, en sus de la lenteur des procédures d'adoption des règles juridiques[20].

4. Il aura non seulement fallu l'apport de la doctrine mais aussi celui de la jurisprudence pour maitriser et saisir l'équité intergénérationnelle. Celle-ci prend source dans les inégalités existantes entre différentes générations et se complexifie lorsque l'on tente d'identifier la génération subissant la discrimination. La question est d'autant plus alarmante que les inégalités entre générations, au sein des finances publiques augmentent de plus en plus et que les solutions offertes par la jurisprudence sont de plus en plus difficiles à trouver, ce qui oblige à penser aux instruments servant à réduire ces inégalités intergénérationnelles.

5. Outre la paix sociale, l'intérêt pour un juriste de s'intéresser à l'équité intergénérationnelle réside derrière ces propos de Lyne Latullipe et Giles Larrin selon lesquels : « malgré les efforts pour développer des modèles théoriques supportant la prise en compte de l'équité intergénérationnelle, aucune méthode ne constitue une garantie de respect de ce principe dans le cadre de l'élaboration de mesures fiscales »[21]. La garantie du respect d'un principe relève du domaine de la loi et donc du juriste. L'équité intergénérationnelle, en tant que principe devient ainsi l'apanage des juristes, particulièrement des juristes fiscalistes[22]. Au-delà de la garantie du respect de ce principe, l'objectif de l'étude de ce sujet pour un fiscaliste est d'apporter, sur un terrain encore vierge, les sacro-saints principes de la fiscalité, pour pétrir la notion aux valeurs fiscales telles que l'égalité de l'impôt, la légalité de l'impôt ou encore la justice fiscale[23]. Ces principes fiscaux ont une connotation spéciale, lorsqu'il s'agit de les aborder sous l'angle de l'équité intergénérationnelle. Par exemple, la notion de justice dans le domaine des retraites veut que l'on ne traite pas de la même manière ceux ayant un travail pénible et ceux qui n'en ont pas eu au cours de leur carrière[24], les femmes restées au foyer pour s'occuper de leur progéniture et des tâches ménagères

---

[20] J. Bichot, « La retraite entre passé et avenir », *Droit social* 2010, p. 424 et s.

[21] L. Latulippe, G. Larin, « Les canons de la justice fiscale : évolution et influences », *Revue Française de Finances Publiques*, 01 novembre 2013, n° 124, p. 10.

[22] L. Levoyer, « Approche en droit des finances publiques, responsabilité envers les générations futures : quelles exigences pour les finances publiques », in *Quelle responsabilité juridique envers les générations futures ?*, Paris, Dalloz, 2012, p. 145 et s.

[23] L. Latulippe, G. Larin, « Les canons de la justice fiscale : évolution et influences », *Revue Française de Finances Publiques*, 01 novembre 2013, n° 124, p. 10.

[24] Ch. Willmann, « Réforme de l'assurance vieillesse et des politiques de vieillissement actif, la loi du 9 novembre 2010, entre solidarité et égalité », *Revue de droit sanitaire et social* 2011, p. 340.

face à celles n'ayant pas vécu de telles situations[25], les séniors de 55 ans connaissant des difficultés d'intégration sur le marché du travail, ou encore ceux ayant connu une rupture de parcours[26]. La justice fiscale, en matière d'équité intergénérationnelle, c'est la différence de traitement pour des personnes ayant connu des situations différentes[27]. Traiter de la justice fiscale dans un sujet portant sur l'équité intergénérationnelle permet de centrer la réflexion sur des notions comme la solidarité fiscale[28]. Assurément, de solidarité, il en faudra car le vieillissement démographique entrainera le problème du remboursement des dettes contractées pour les grands projets de société d'aujourd'hui et de demain mais aussi celui de la répartition du fardeau de la retraite, problématique qu'il est possible de ranger sous la thématique générale de la répartition des richesses. Encore faudrait-il identifier ce qu'est une génération. Doit-elle être définie par rapport à l'âge ou par rapport à l'histoire vécue, comme on pourrait parler de la génération de la crise financière de 2008 ou de celle d'après-guerre. C'est en identifiant la génération victime de discrimination qu'il sera possible ensuite de procéder à la réparation du préjudice subi.

6. Le problème de la définition de la génération se pose à partir du moment où plusieurs sciences sociales s'y sont intéressées, par exemple, le droit, la philosophie ou encore la politique[29]. « Qu'est-ce qu'une génération ? », s'interroge Ugo Mattei. « Comment peut-elle appartenir à la fois au présent, au passé et à l'avenir ? Qui relève d'une génération donnée ? Le vieillard dans son lit ? Le bébé en train de naitre ? Les personnes âgées de 35 ans à ce moment précis ? Les générations et les individus relevant d'une même génération sont comme l'eau d'un fleuve. Le flux du changement fait tellement partie du tout que chaque distinction revêtant une signification ontologique ne peut-être qu'arbitraire »[30]. La génération, difficile acception,

---

[25] Ch. Willmann, « Réforme de l'assurance vieillesse et des politiques de vieillissement actif, la loi du 9 novembre 2010, entre solidarité et égalité », *Revue de droit sanitaire et social* 2011, p. 340.

[26] Ch. Willmann, « Réforme de l'assurance vieillesse et des politiques de vieillissement actif, la loi du 9 novembre 2010, entre solidarité et égalité », *Revue de droit sanitaire et social* 2011, p. 340.

[27] P. Crane S. J., « Commutative Justice, Social Justice and the Family Living Wage, » Christus Rex, VII (2): 131-38. April 1954 commenté par L. A. O'Donnell dans *The American Catholic Sociological Review*,Vol. 15, No. 3, octobre 1954, pp. 301-302.

[28] M. Loriaux, « Du vieillissement démographique à l'intégration des âges: la révolution de la géritude », *Population*, Vol. 50, No. 6, novembre. - décembre. 1995, p. 1611-1625.

[29] M. Spano, « Tentative d'identification du sujet des « biens communs » pour les générations futures », dans *Protéger les générations futures par les biens communs*, Éditions du Conseil de l'Europe 2014, Tendances de la cohésion sociale, n° 26, p. 51.

[30] U. Mattei, « Les futures générations sont parmi nous ! Une analyse fondée sur les biens communs », dans *Protéger les générations futures par les biens communs*, Éditions du Conseil de l'Europe 2014, Tendances de la cohésion sociale, n° 26, p.13.

est aujourd'hui source d'inégalité : on parle, dans ce cas, de l'écart générationnel comme source d'inégalité entre les hommes[31].

7. L'étude aurait pu s'intituler : l'équité fiscale intergénérationnelle et aurait sans doute eu le mérite de clarifier certains éléments. D'abord, on aurait pu définir l'équité fiscale comme le consentement généralisé à l'impôt[32]. Ensuite, il aurait fallu se concentrer sur la définition fiscale de la génération et considérer qu'il s'agit des générations encore astreintes au paiement de l'impôt. Finalement l'équité fiscale intergénérationnelle serait le consentement généralisé de la génération qui paye les impôts[33]. Plusieurs problématiques fiscales en auraient découlé : « réforme des retraites, accès précarisé des jeunes au marché du travail mal compris par des syndicats majoritairement composés de salariés en CDI, panne de l'ascenseur social pour les catégories populaires, inquiétudes sur le système éducatif, non prise en compte des discriminations vécues par les enfants d'immigrés des banlieues »[34].

8. Le problème de la définition de la génération fait référence à d'autres sous problématiques. Il en est ainsi de celui de l'importance de la définition de la génération. Joseph Confavreux rappelle à ce titre que : « cependant, là encore, le trouble demeure : l'âge ou les générations ? La distinction importe : une tranche d'âge rassemble des individus nés à des dates proches, quelle que soit leur trajectoire ultérieure ; une génération se définit par une (voire plusieurs) expérience historique commune (une guerre, un mouvement social, une crise économique, etc.), quel que soit l'âge de ceux qui l'ont vécue. Il faudrait donc clarifier ce dont on parle, mais sans s'y épuiser », car la définition de la génération peut, à elle seule, faire l'objet d'une thèse ». « D'une part », poursuit-il, « parce que de facto, la plupart des générations sont des tranches d'âge traversées par l'histoire : « Avoir vingt ans dans les Aurès ». D'autre part et surtout, parce que l'usage de la notion de génération est structurellement instable, tant comme manière d'objectiver des groupes (aucune génération n'est sociologiquement homogène) que comme mode d'identification subjective (« ma génération » varie au fil de la journée, selon que j'enseigne à des lycéens nés après la chute du mur de Berlin ou que je dîne avec mon père, appelé pendant la guerre d'Algérie). Cette instabilité sémantique autorise bien des ambivalences politiques »[35]. L'ambivalence n'est pas que politique, elle est aussi juridique et fiscale. Il faut pouvoir identifier les groupes d'individus pour pouvoir leur attribuer leurs

---

[31] J.-R. Pellas, « L'imposition du patrimoine en France et la notion de justice fiscale », *Revue Française de Finances Publiques*, 1er novembre 2013, n° 124, p. 61.
[32] E. De Crouy-Chanel, « Le consentement à l'impôt », *Pouvoirs* 2014/4, n° 151, p. 5-14.
[33] E. De Crouy-Chanel, « Le consentement à l'impôt », *Pouvoirs* 2014/4, n° 151, p. 5-14.
[34] J. Confavreux, L. Duchêne, « écart générationnel », *Vacarme*, février 2009, n°47, p. 14-17.
[35] J. Confavreux, L. Duchêne, « écart générationnel », *Vacarme*, février 2009, n°47, p. 14-17.

prérogatives ou leurs obligations fiscales[36]. La définition de la génération basée sur l'âge est inopérante, amputée, partielle et partiale. Il faut s'en référer aux travaux de Confavraux pour comprendre que : « mais, au moment même où l'on voit la nécessité de s'en saisir politiquement, la notion de génération échappe (...). Subjectivement, les mutations démographiques telles que l'allongement de la durée de vie ou le recul de l'âge au premier enfant en distordent l'acception », ce qui rend inopérant le critère de l'âge. « Au plus, pressent-on que la génération, comme motif politique », poursuit-il, « constitue davantage que la simple cohorte de naissance et ne désigne pas seulement les générations qui ont su se donner un nom. Il y a des générations X qui ne sont pas anonymes, et des générations baptisées qui ne sont que des slogans. Karl Mannheim a été l'un des premiers, en 1928, à relever qu'être né à une certaine date ne procure pas en soi une appartenance collective, mais assigne néanmoins un positionnement dans un processus historique. En cela, le concept de générations s'avère essentiel pour comprendre le changement social, bien qu'il fût d'emblée suspect d'être un outil mal calibré, voire trompeur, pour comprendre et décrire la société »[37]. Mais la génération est d'abord et avant tout un prétexte pour rompre avec les anciennes habitudes et reconstruire le système fiscal en sa faveur. La notion de génération serait « une manière de fantasmer des ruptures politiques radicales en répétant, sous des formes de plus en plus farcesques, la sempiternelle querelle des Anciens et des Modernes », toujours selon Confavreux[38]. Ce qui n'occulte en rien la diversité et la richesse de la notion : « la notion de génération s'offre d'ailleurs à des usages radicalement opposés. On invoque par exemple aujourd'hui les « générations futures » soit pour sauver l'environnement, soit pour réduire les dépenses publiques, le souci d'équité intergénérationnelle venant fonder tantôt une aspiration à rompre avec le capitalisme actuel, tantôt un plaidoyer pour que rien n'entrave les intérêts privés », comme si la notion devenait un instrument manipulable, au service de ses utilisateurs. « Plus fondamentalement », insiste l'auteur, « la notion de génération peut aussi bien être l'outil d'une vaste mise en ordre — décrire l'histoire comme une succession de générations, c'est la penser comme un cycle et la société comme une famille, deux motifs centraux de l'idéologie conservatrice — que l'instrument de sa contestation : se sentir appartenir à une génération, cela peut certes rendre nostalgique, voire amer, (...) ; mais se découvrir des contemporains, éprouver avec eux l'historicité de sa condition, c'est-à-dire vérifier ensemble et en acte qu'un autre monde est possible, cela peut au contraire donner de la force et changer la vie, au moins la sienne propre »[39].

[36] Sur la confrontation entre intérêts individuels et intérêts collectifs, voir : S. Settis, « Au nom de qui parlons-nous » ? dans *Protéger les générations futures par les biens communs*, Éditions du Conseil de l'Europe 2014, Tendances de la cohésion sociale, n° 26, p.33.

[37] J. Confavreux, L. Duchêne, « écart générationnel », *Vacarme*, février 2009, n°47, p. 14-17.

[38] J. Confavreux, L. Duchêne, « écart générationnel », *Vacarme*, février 2009, n°47, p. 14-17.

[39] J. Confavreux, L. Duchêne, « écart générationnel », *Vacarme*, février 2009, n°47, p. 14-17.

Mais alors que l'on a découvert le renouveau que peut apporter la prise de conscience d'appartenir à une génération neuve, on se perd très vite lorsque l'immigration diversifie et internationalise la notion de génération : « faut-il alors se réjouir d'entendre une foule chanter que tous ses membres sont des enfants d'immigrés, ou s'inquiéter d'une telle représentation du monde qui est aussi le support d'un discours selon lequel la « nouvelle génération » s'intègre toujours moins bien que la précédente ? »[40] Il faut, en outre, rappeler que pour endiguer les conséquences négatives du vieillissement de la population, bon nombre de pays de l'OCDE font recours à l'immigration. Ceci rend difficile la qualification de la génération, d'abord parce que les immigrés font partie des générations futures et ensuite parce que leur perception de la génération n'est pas toujours celle du pays d'accueil. Dans cette perte de repères géographiques de la notion[41], il faut aussi ajouter les difficultés de clivages apportées par les disparités de revenus entre générations pauvres et riches : « la ligne de clivage en matière de générations traverse en tous sens l'échiquier politique. En 2001, les opposants à la mesure de l'ancien Président américain Georges Bush visant à supprimer l'impôt sur les successions eurent la surprise de découvrir à leurs côtés une vingtaine de milliardaires emmenés par Bill Gates Senior, Warren Buffet, Ted Turner et David Rockefeller. Ces vrais libéraux s'inquiétaient de ce que les enfants trop gavés de l'élite américaine perdent leur capacité de former une nouvelle génération d'entrepreneurs »[42]. C'est cette incapacité de former, liée à un style de vie trop confortable, qui dessinera la prochaine lutte entre détenteurs de capitaux (les riches) et le management (la direction). Il y a ainsi fort à parier que les jeunes générations se montreront plus vigoureuses et plus dynamiques que leurs Séniors[43]. On comprend dès lors qu'« une génération se définit en effet non seulement par la socialisation politique dans laquelle elle s'inscrit, mais aussi par le contexte économique et social dans lequel elle devient adulte ; le moment d'entrée sur le marché du travail (dans une période de plein emploi ou de chômage) étant un facteur majeur de la destinée des cohortes générationnelles et de leur faculté à s'insérer aisément ou non dans la société. » Plein emploi, classe riche, classe pauvre, la définition de la génération devait avoir inexorablement pour

---

40 J. Confavreux, L. Duchêne, « écart générationnel », *Vacarme*, février 2009, n°47, p. 14-17.

41 La justice intergénérationnelle est difficile à appréhender du fait des nombreux domaines auxquels elle renvoie, notamment géographique, historique, politique ou encore institutionnelle : S. Bailey, « Concevoir des entités juridiques pour gérer les biens communs dans l'intérêt des générations futures », dans *Protéger les générations futures par les biens communs*, Éditions du Conseil de l'Europe 2014, Tendances de la cohésion sociale, n° 26, p. 117.

42 J. Confavreux, L. Duchêne, « écart générationnel », *Vacarme*, février 2009, n°47, p. 14-17.

43 Ce conflit a été résolu et présenté sous un angle différent : celui d'une coopération ou la génération ainée apporterait son expertise et son expérience à la génération la plus jeune. Aux ainés l'expertise, à la jeunesse, le dynamisme et la vigueur : Question(s) de management, « Face à la diversité des générations, comment les organisations peuvent-elles favoriser la coopération intergénérationnelle ? », *Question(s) de management*, février 2014, n° 6, p. 125-149.

but de « répondre à un triple impératif : réduire les inégalités intergénérationnelles croissantes, mieux comprendre les effets différenciés sur les générations des bouleversements sociaux »[44].

9. Lorsque j'étais un jeune garçon, rapporte Uggo Mattei, « dans les années 60, dans le nord de l'Italie, à savoir une région en plein boum industriel, « l'avenir » était présenté comme quelque chose de très brillant et encore à venir. Dans les années 70, je suis entré en contact avec des jeunes de mon âge vivant de l'autre côté du rideau de fer et j'ai directement réalisé pour la première fois que capitalistes et communistes partageaient la même foi dans l'idée de « progrès » et « d'avenir meilleur ». Dans les années 90, après la chute du mur de Berlin, nous avons tous entendu que l'histoire était arrivée à sa fin et que le seul avenir envisageable était celui du présent, extrêmement brillant des démocraties libérales occidentales. Le consommateur individuel pourrait jouir d'un état de « présent éternel » garanti par la démocratie libérale, les prouesses technologiques et l'État de droit. Le 15 septembre 2008, date de la « mort » de Lehman Brothers, a inauguré la phase « spectacle » de la nouvelle « crainte de l'avenir » teintée de sombre par opposition au « présent éternel » doré promis auparavant. Ce changement récent d'attitude et d'ethos repose sur la croyance que les futures générations sont irrémédiablement condamnées à voir leur situation empirer par rapport à celle des générations précédentes. Nul ne peut appréhender l'avenir avec l'espoir spécifique comme au « bon vieux temps » d'un boum économique apparemment sans fin. Nous ne pouvons même pas l'envisager avec détachement comme à l'époque où l'histoire semblait être arrivée à sa fin. L'illusion sédative du « présent éternel » s'est muée en une peur immanente »[45]. La peur avait soufflé un vent de panique dans les rangs des jeunes, entrainant ainsi un manque de lucidité sans égal. Dans ce manque de lucidité, la tentation de désigner un bouc émissaire s'était vite dessinée : c'était la faute aux générations ainées : elles nous avaient promis un avenir meilleur[46]. Plus incertain que jamais, l'espoir d'un avenir futur devait être terni par la crise financière. L'État songe alors à abandonner ses fonctions de Parens Patriae[47], de père protecteur, pour se concentrer sur une économie sérieusement mise à mal par une crise financière dont on refuse de révéler la véritable ampleur. Sauver une économie en pleine crise nécessitait certains choix car en ces temps difficiles, l'État n'arrive pas toujours à assurer ses fonctions de protection

---

[44] J. Confavreux, L. Duchêne, « écart générationnel », *Vacarme*, février 2009, n°47, p. 14-17.

[45] U. Mattei, « Les futures générations sont parmi nous ! Une analyse fondée sur les biens communs », dans *Protéger les générations futures par les biens communs*, Éditions du Conseil de l'Europe 2014, Tendances de la cohésion sociale, n° 26, p.13.

[46] L. J. Kotlikoff, S. Burns, *Le nouveau conflit américain : actifs contre inactifs*, Paris, Economica, 2005, 100 p.

[47] P. Halley, P.-O. DesMarchais, « Le développement durable en droit canadien », *Symposium l'environnement au tribunal : les principaux concepts relatifs à l'environnement et la nature unique des dommages à l'environnement*, les 23 et 24 mars 2012, Université de Calgary, p. 8. Consultable au http://cirl.ca/files/cirl/paule_halley-fr.pdf.

sociale. Son rôle est alors de déléguer cette tâche à d'autres structures sociales, comme la famille. Cette délégation de compétence doit s'accompagner des moyens financiers nécessaires pour que les familles puissent assumer leurs fonctions. C'est à ce moment qu'interviennent le droit fiscal et le droit budgétaire pour organiser le transfert de richesses entre générations. Le transfert égal de ces biens doit désormais être assuré sous le respect du principe d'équité intergénérationnelle tant il est vrai que les générations actuelles se plaignent de la rupture de l'égalité de traitement du fait de l'allocation des ressources budgétaires[48]. On noterait ainsi une hausse des impôts qui profiterait aux séniors parce que concomitamment à cette hausse, les pensions de retraite de ces derniers auraient augmenté[49]. C'est l'idée largement répandue qui consiste à croire que les vieux sont fragiles et les jeunes vigoureux qui poussent le Canada à lutter contre la pauvreté des personnes âgées. La France se bat sur tous les fronts de la pauvreté, au nom de la solidarité mais à quel prix et jusqu'à quand [50]?

10. Selon Solange Lefebvre, dans son article consacré aux « relations intergénérationnelles en dehors de la famille », force est de constater, dans le domaine écologique, que « le mandat pour le développement durable est intrinsèquement intergénérationnel. Au Canada, il s'agit du domaine où le droit fait le plus explicitement allusion aux générations futures (loi canadienne d'évaluation environnementale). Mais en ce qui a trait à la responsabilité sociopolitique et économique, à l'égard des autres générations présentes, les débats sont plus fous et plus complexes. Dans le contexte qui se dessine depuis la fin des années 70, il nous semble que l'écart qui se creuse entre jeunes et adultes travailleurs n'est pas étranger à un déficit d'attention à autrui comme membre d'une cohorte vulnérable »[51]. Elle avait, par ces propos, décidé de la logique qui allait déterminer la délimitation du sujet. Pendant longtemps, la question d'inclure ou non le débat écologique dans un sujet comme l'équité intergénérationnelle devait se poser. Si le droit de l'environnement est le champ ayant le plus retenu l'attention des juristes s'étant intéressés à l'équité intergénérationnelle, la pertinence d'une étude dans un domaine aussi exploré était faible. Il fallait donc s'intéresser à des domaines peu explorés, ceux que

---

[48] L. Levoyer, « Approche en droit des finances publiques, responsabilité envers les générations futures : quelles exigences pour les finances publiques », in *Quelle responsabilité juridique envers les générations futures* ?, Paris, Dalloz, 2012, p. 145 et s.

[49] L. J. Kotlikoff, S. Burns, *Le nouveau conflit américain : actifs contre inactifs*, Paris, Economica, 2005, 100 p.

[50]J. Jeannin, *Étude comparée des systèmes français et canadiens des retraites*, Essai de maitrise en administration des affaires finance, Université de Laval, Faculté des sciences de l'administration, mai 2004, p. 48.

[51] S. Lefebvre, « Relations intergénérationnelles et vieillissement: nouvelles questions », *Retraite et société*, janvier 2013, n° 64, p. 53-68.

Solange Lefebvre nomme les domaines flous[52]. C'est en cela que l'étude devient périlleuse : basée sur un domaine sociopolitique et économique qui n'arrive même pas à trouver de consensus sur la définition de l'équité intergénérationnelle, elle a pour objectif d'apporter un éclairage de la notion grâce aux principes du droit fiscal et du droit budgétaire et de l'intégrer dans l'ordonnancement juridique. D'ailleurs Solange Lefebvre note plus loin dans ses développements que « dans le cas de l'environnement, on peut sans difficulté évoquer le principe de responsabilité intergénérationnelle, au sens fondamental. La question parait plus difficile à envisager dans le champ des relations socio-économiques. Elle se trouve en émergence et appelle des analyses multiples »[53]. Son appelle à la poursuite de la réflexion est louable mais elle est obligée de reconnaitre que pour une étude des plus exhaustives de la question, l'approche pluridisciplinaire est nécessaire[54].

11. Dans le domaine de l'écologie, Emilie Gaillard rappelle qu'« au niveau constitutionnel, deux principes fondateurs du droit des générations futures pourraient être consacrés : le principe de non-discrimination temporelle et celui de dignité des générations futures. Ils insuffleraient un nouvel élan qui pourrait se concrétiser par une défense judiciaire des générations futures ». Ces principes pourraient aussi entrer en conflit avec ceux de non-discrimination des personnes âgées, dans le cadre du droit du travail mais aussi et surtout dans le contexte de vieillissement de la population. Un seul principe pourrait les départager, celui d'équité intergénérationnelle. Ainsi, les droits des générations passées et ceux des générations futures pourraient être déclarés, au regard de la hiérarchie des normes, comme inférieurs à celui d'équité intergénérationnelle, seul à même de les départager de façon équitable. On pourrait s'inspirer du principe de précaution pour éviter la détérioration des finances publiques du fait d'un endettement excessif, au nom de la protection des générations futures. Selon Emilie Gaillard, « depuis l'intégration du principe de précaution dans le bloc de constitutionnalité, il devient parfaitement envisageable d'imaginer que le pouvoir législatif soit conduit à légiférer de manière à assurer une protection juridique des générations futures afin de parer les risques des dommages graves et irréversibles causés à l'environnement » et aux finances publiques, pourrait-on rajouter[55].

---

[52] S. Lefebvre, « Relations intergénérationnelles et vieillissement: nouvelles questions », *Retraite et société*, janvier 2013, n° 64, p. 53-68.

[53] S. Lefebvre, « Relations intergénérationnelles et vieillissement: nouvelles questions », *Retraite et société*, janvier 2013, n° 64, p. 53-68.

[54] S. Lefebvre, « Relations intergénérationnelles et vieillissement: nouvelles questions », *Retraite et société*, janvier 2013, n° 64, p. 53-68.

[55] E. Gaillard, *Générations futures et droit privé, vers un droit des générations futures*, LGDJ, Paris, 2011, p. 442.

12. Le problème principal porte sur le fait qu'il y a un conflit entre les générations lié à la répartition des richesses, que cette répartition se fasse au sein de la sphère du droit public ou au sein de la sphère du droit privé, parfois avec la complicité de l'État[56]. La génération la plus âgée profiterait ainsi de cette répartition au détriment de la jeune génération[57]. En plus de concentrer une masse financière plus importante entre leurs mains, les personnes âgées demanderaient de plus en plus de cotisations et d'impôts à la jeune génération pour maintenir leur niveau de vie actuelle[58]. Maintenir ce train de vie nécessiterait un recours à la dette et à ses taux d'intérêt dont le remboursement sera reporté sur les générations futures. Cette situation, qualifiée d'inéquitable, mettrait en conflit les jeunes et les vieux[59]. Pour désamorcer ce conflit, il est nécessaire d'obtenir un consensus entre toutes les cohortes, une fois ce consensus obtenu, le rôle de la fiscalité sera de mettre en place les politiques favorables à l'équité consensuelle entre générations[60]. C'est ce que rappelle l'article premier de la loi 210-1330 du 9 novembre 2010 : le système de retraite par répartition poursuit le maintien d'un niveau de vie satisfaisant des retraites, de lisibilité, de transparence, d'équité intergénérationnelle[61].

13. Ce sont les mutations démographiques actuelles qui nous obligent à repenser le système de retraite ainsi que le remboursement de la dette[62]. À partir du moment où l'on s'est aperçu que les personnes âgées constituaient une part démographique importante, que cette part démographique n'allait cesser de croitre, il fallait le prendre en considération et apporter les changements nécessaires. Réduire la dépendance n'était plus une option mais une obligation. Intégrer cette composante fragile devenait une obligation, sauf si l'on veut accabler les générations futures d'un tel fardeau. Comme une sorte de coïncidence, les personnes âgées veulent prendre en main leur vieillesse et cesser de dépendre des jeunes. Plusieurs raisons peuvent être évoquées pour expliquer ce changement de mentalité : allongement de l'espérance de vie, baisse des revenus et donc du niveau de vie au moment de la retraite, ingratitude et manque de reconnaissance des jeunes qui ont plutôt tendance à

[56] A. Lareau, « L'État complice de la concentration de la richesse », *Les Cahiers de droit*, vol. 39, n° 1, 1998, p. 161-176.
[57] L. J. Kotlikoff, S. Burns, *Le nouveau conflit américain : actifs contre inactifs*, Paris, Economica, 2005, 100 p.
[58] C. Zaidman, « Les grandes questions », *Droit social* 1995, p. 723.
[59] L. J. Kotlikoff, S. Burns, *Le nouveau conflit américain : actifs contre inactifs*, Paris, Economica, 2005, 100 p.
[60] J. Bichot, « La retraite entre passé et avenir », *Droit social* 2010, p. 424 et s.
[61] Loi n° 2010-1330 du 9 novembre 2010 portant réforme des retraites consultable au JORF n° 0261 du 10 novembre 2010 page 20034.
[62] P. Fortin, « Garder le cap : le défi de l'équilibre budgétaire du québec », *Institut C.D. Howe*, n° 325, mars 2011, p. 1 et s.

abandonner leurs ainés, prise de conscience d'un avenir peu radieux, d'abord pour eux, ensuite pour des jeunes en proie au chômage[63].

14. Le droit à l'équité intergénérationnel en faveur des ainés peut se décliner sous celui du droit au vieillissement actif. Il a pour corollaire le droit des personnes âgées et l'interdiction des discriminations fondées sur l'âge, tous deux contenus respectivement dans l'article 21 et 25 de la charte des droits fondamentaux de l'Union européenne. Pourtant, les personnes âgées ont aussi vocation à évoluer dans les familles qui, après tout, sont les cellules de base de la société. C'est dire que le rôle de la famille dans la résolution du conflit qui oppose les générations est crucial. Ce rôle revêt une double importance. D'abord, permettre la définition de l'intergénérationnel, ensuite servir de cellule d'accueil de la protection sociale, si l'État décide de s'en débarrasser. Il faudra transférer aux familles, les moyens nécessaires pour s'occuper de la dépendance. C'était plus facile lorsque les femmes acceptaient tous les sacrifices nécessaires pour être le pilier des personnes sous dépendance. C'est plus difficile maintenant que ni les femmes, ni les hommes n'acceptent de se sacrifier, la génération actuelle ayant une forte propension à ne raisonner qu'en termes de bien-être immédiat et personnel. Plus une mesure sera éloignée du consentement des contribuables auquel elle a vocation à s'appliquer, moins elle aura de chances de prospérer[64].

15. Le conflit générationnel nait de là : ceux qui se sont sacrifiés se sentent lésés, ceux qui ne se sont pas encore sacrifiés ne croient plus en l'avenir, en ce système, qu'ils considèrent déjà comme contraire à leurs intérêts futurs. Si le Canada, comme les États-Unis d'ailleurs, ont décidé de se concentrer sur la pauvreté des personnes âgées, c'est compte tenu de l'histoire des scandales financiers qui ont affecté les fonds de pension américains et plongé dans des situations de détresse financière, des milliers de travailleurs américains s'étant retrouvés, du jour au lendemain, sans l'avenir financier qu'on leur avait promis, sans les cotisations financières qu'ils se sont évertués à payer afin de s'assurer une retraite descente. Il n'en a pas toujours été ainsi des fonds de retraite de la France dont les textes juridiques, datant souvent de l'après-guerre, sont restés inchangés et ont instauré la solidarité au cœur du système français des retraites[65].

16. C'est en cela que le rôle de la fiscalité devient fondamental : réduire les écarts d'inégalités intergénérationnels. Ces principes chevaleresques sitôt affirmés devaient connaitre plus de pragmatisme afin de recouvrer leur réalité opérationnelle. Or de réalité opérationnelle, il semble n'y avoir qu'une : ceux-

---

[63] M. Loriaux, « Du vieillissement démographique à l'intégration des âges: la révolution de la géritude », Population, Vol. 50, n° 6, novembre - décembre 1995, p. 1611-1625.

[64] A. Lipietz, « Crise de l'État-Providence : idéologies, réalités et enjeux dans la France des années 1980 », *Politique*, n° 4, 1983, p. 55-103.

[65] J. Bichot, « La retraite entre passé et avenir », *Droit social* 2010, p. 424 et s.

là même qui financent sont aussi ceux qui décident. La fiscalité, si elle se veut plus pragmatique, n'a aucun intérêt à échapper à cette définition. Fiscalement, il convient de distinguer trois types de générations : la génération d'avant impôt ; il s'agit de celle qui n'est pas encore légalement autorisée à travailler et donc de celle qui ne cotise pas d'impôt, la génération de l'impôt, il s'agit de celle entre 15 et 65 ans, c'est-à-dire, celle qui est autorisée à travailler et la génération d'après impôt concerne les retraités, ceux qui ont dépassé l'âge de cotiser aux impôts.

17. L'objectif de la définition de la génération fiscale est de servir de base pour résoudre les problématiques que pose le vieillissement de la population aux finances publiques, en général[66]. Celle de la définition juridique permet d'assurer la cohésion sociale. Elle est nécessaire en ce qu'« une génération n'ayant pas de personnalité juridique n'a ni droits, ni devoirs à l'égard d'individus ou d'autres générations »[67]. L'objectif de cette étude est aussi de s'interroger sur le point de savoir si l'impôt est la meilleure façon d'inciter les contribuables à une meilleure pratique de l'équité intergénérationnelle[68]. En d'autres termes, il y aurait d'autres façons, d'autres sciences sociales, comme la morale, qui pourraient pousser les individus à améliorer leur pratique de l'équité intergénérationnelle[69]. Peut-on faire des économies d'impôt en supprimant les mesures fiscales accompagnant l'équité intergénérationnelle pour réduire la protection sociale[70] et drainer cette épargne vers la croissance économique et l'investissement futur[71]. L'État demande aux familles de s'unir pour s'organiser et prendre soin des plus faibles et en contrepartie de ce sacrifice, l'État réutilise l'impôt destiné à venir au secours des plus démunis dans les familles pour le réinvestir dans les investissements futurs[72]. Les investissements futurs sont considérés comme favorables à l'équité intergénérationnelle. Ils concernent la garde des enfants, l'éducation, la santé,

---

66 F. Bismans, F. Docquier, « Consommation, épargne et accumulation dans la transition démographique », *Revue économique*, Vol. 47, n°3, pp. 667-676.

67 U. Mattei, « Les futures générations sont parmi nous ! Une analyse fondée sur les biens communs », dans *Protéger les générations futures par les biens communs*, Éditions du Conseil de l'Europe 2014, Tendances de la cohésion sociale, n° 26, p.13.

68 Tout porte à le croire, d'autant que les solidarités familiales s'effritent : A. Pitrou, « Vieillesse et famille : qui soutient l'autre ? », *Lien social et Politiques*, n° 38, 1997, p. 145-158.

69 J.-M. Servet, « Figures contemporaines et passées de la solidarité. Approches interdisciplinaires », *Finance & Bien Commun*, février 2010, N° 37-38, p. 8-27.

70 A. Lipietz, « Crise de l'État-Providence : idéologies, réalités et enjeux dans la France des années 1980 », *Politique*, n° 4, 1983, p. 55-103.

71 P. Fortin, « Garder le cap : le défi de l'équilibre budgétaire du québec », *Institut C.D. Howe*, n° 325, mars 2011, p. 1 et s.

72 « Pour Weldon, les pensions publiques sont des transferts d'une génération à l'autre, l'État intervenant pour suppléer ou remplacer ceux qui s'effectuent dans le cadre de la structure familiale », A. Asimakopoulos, « Weldon et les transferts intergénérationnels » dans Conseil économique du Canada, *Les régimes de retraite publics et les transferts intergénérationnels*, Conseil économique du Canada 1980, 62 p.

les transports : la plupart des services publics[73]. C'est en cela qu'il sera possible de s'attaquer à la pluralité des domaines concernés par l'iniquité intergénérationnelle. Cette première étude, si importante soit-elle, ne saurait connaitre une application concrète sans la complicité des tribunaux qui pourtant ont laissé un vide juridique important dans la perception et la compréhension de la notion d'équité intergénérationnelle.

18. Il est improbable de lancer des mots clés comme l'équité intergénérationnelle sur les moteurs de recherche sans être confronté à l'abondante bibliographie concernant la question de l'environnement[74]. Pendant plusieurs mois, la question de la pertinence de l'intégration de cette bibliographie dans le plan de l'ouvrage ou dans la définition de l'équité intergénérationnelle s'était posée. Plus troublant que ces questionnements, les encouragements de la doctrine sur la question de l'environnement comme faisant partie intégrante de l'équité intergénérationnelle avaient semé le doute sur la pertinence d'une telle approche dans une étude ayant pour vocation d'étudier essentiellement les finances publiques[75]. Mireille Delmas-Marty note à ce sujet que « … les origines du concept de générations futures ne sont pas spécifiques au droit privé, même élargi au Code pénal. On les trouve aussi dans le droit de l'environnement où la défense des générations futures s'affirme à partir de « concepts matriciels » comme le « patrimoine commun » de l'humanité ou de la Nation, le principe de précaution, ou celui de développement durable »[76]. Le concept d'équité intergénérationnelle est fécond : il inonde toutes les branches du droit public et privé.

19. Le juriste effectuant des recherches sur le sujet se trouve confronté à une notion existant dans d'autres disciplines mais n'intéressant pas forcément la question du vieillissement de la population, de l'accroissement probable des redevances fiscales pour supporter la charge des finances publiques liées au départ massif des baby-boomers à la retraite, de la question de la réduction du nombre de bénéficiaires des allocations liées à la fin d'activité pour alléger le fardeau des finances publiques, de la question de la réduction de la dette et de ses taux d'intérêt pour permettre aux générations futures de financer les grands

[73] P. Fortin, « Garder le cap : le défi de l'équilibre budgétaire du québec », *Institut C.D. Howe*, n° 325, mars 2011, p. 1 et s.

[74] H. Lehérissel, « À quoi sert vraiment Impôt ? », *Sociétal*, Troisième Trimestre 2001, Numéro 33, p. 50.

[75] Weston et Bollier suggère même la création d'une fiducie pour gérer les biens communs à l'image du fonds permanent de l'Alaska qui impose une taxe sur le pétrole pour la redistribuer au ménage, en raison de 1500 dollars par foyer : B.H. Weston, D. Bollier, « Créer des fiducies publiques pour gérer les actifs communs dans l'intérêt des générations futures », dans *Protéger les générations futures par les biens communs*, Éditions du Conseil de l'Europe 2014, Tendances de la cohésion sociale, n° 26, p. 181.

[76] E. Gaillard, *Générations futures et droit privé : vers un droit des générations futures*, Paris, L.G.D.J., Lextenso éditions 2011, Préface.

travaux publics de demain[77]. De même, les questions relatives à l'environnement éloignent le chercheur en finances publiques des problématiques liées à la notion d'équité fiscale, laquelle doit être étudiée au regard de celle de la justice fiscale pour savoir en quoi elle se rapproche ou en quoi elle s'en dissocie[78]. Ces questions environnementales sont elles moins pertinentes que celles des transferts de richesses entre générations, au moment où l'on reproche aux baby-boomers d'avoir bénéficié, plus que la génération précédente, de ces transferts, au point de poser des problèmes de rupture d'égalité.[79]

20. Suffisamment vaste pour n'être consacré qu'à la seule question des retraites, le choix de la délimitation d'un tel sujet devait s'opérer, du moins temporellement, pour définir à partir de quels critères une étude ayant trait à l'intergénérationnel devait être suffisamment pertinente pour être intégrée dans le champ des finances publiques. C'est en cela que la littérature des économistes, particulièrement celle qui s'est intéressée aux grandes questions de finances publiques devient un guide dans le choix des problématiques les plus intéressantes à intégrer. Il aura donc fallu s'intéresser à cette littérature et aux problématiques qui y sont évoquées afin de procéder à la délimitation du sujet[80]. Au demeurant, très peu de juristes québécois se sont penchés sur la question de l'équité intergénérationnelle, de sorte à ne laisser que très peu de choix sur la littérature à étudier sur le sujet[81]. De courant majoritairement économiste, la doctrine s'étant penchée sur la question allait forcément influencer le lecteur qui s'y intéresse. La plupart des problématiques rencontrées sont celles de l'économie contemporaine, il n'en demeure pas moins que l'avis de la doctrine juridique reste nécessaire. Dans un environnement économique particulièrement en proie à l'insécurité, la garantie d'un minimum de stabilité des régimes de retraite devait être apportée, dans le respect des droits de chaque génération[82].

21. Toute la difficulté tient au fait que la jurisprudence ne donne pas d'éléments à partir desquels la sanction à l'équité intergénérationnelle devra

---

[77] M. Joanis, Cl. Montmarquette, *La problématique de la dette publique au Québec: causes, conséquences, solutions*, CIRANO Burgundy Reports, CIRANO, 2005, résumé.

[78] A. Lareau, « Réflexions fiscales sur la famille », *Les Cahiers de droit*, vol. 34, n° 4, 1993, p. 1205-1234.

[79] P. Malgrange, A. Masson, « Viabilité des politiques publiques. Études de comptabilité générationnelle. Présentation générale », *Economie & prévision*, mars 2002, n°154, p. 3-11.

[80] Ch. Gollier, « Équité intergénérationnelle et investissements pour le futur », *Regards croisés sur l'économie*, janvier 2010, n° 7, p. 218-223.

[81] A. Lareau, « Justice fiscale et fiscalité comportementale au Canada », *Revue Française de Finances Publiques*, 1er novembre 2013, n° 124, p. 73-85.

[82] P. Aubert, « Calendrier des réformes des retraites et prévisibilité du montant de pension », *Revue d'économie politique*, janvier 2014, Vol. 124, p. 1-21.

être faite[83]. Il aurait été satisfaisant de trouver un attendu ou un considérant de la Cour de cassation ou du Conseil d'État expliquant les conditions de sanction à un tel manquement[84], en ces termes : attendu qu'en agissant ainsi, l'État canadien ou français compromet largement les chances des générations futures de bénéficier de la même qualité de vie, dans les mêmes conditions que celles obtenues par les générations passées[85]. Il aurait fallu, pour ceci, bénéficier de textes spécifiques sanctionnant le manquement à l'équité intergénérationnelle. Pourtant, l'adoption de la loi 414, au Québec, avait obligé « les municipalités à prendre des mesures d'économie équivalentes à 6 % de la masse salariale », pour des impératifs de réduction des dépenses budgétaires. C'est dans ce contexte que la Ville de Laval avait adopté une « convention collective », entrée en vigueur en 1998, établissant que « les pompiers embauchés après le 10 juin 1998 sont soumis à une échelle salariale qui comporte 9 échelons s'étalant sur une période de 73 mois alors qu'une échelle salariale comportant 6 échelons s'étalant sur 55 mois s'applique aux pompiers embauchés avant le 10 juin 1998. Les échelles salariales prévoient qu'une recrue embauchée après le 10 juin 1998 reçoit un salaire annuel de 23 626,58$ alors que le salaire d'une recrue embauchée avant cette date s'élève à 28 876,93$ », selon le communiqué de presse de la décision[86]. Comme le rappelle le juge Marie-France Bich, dans ses motifs, « la question se pose dès lors de savoir si, en se conformant à l'article 87.3 L.n.t., la Ville et l'Association ont pu néanmoins, par là même, enfreindre les articles 10, 16 et 19 de la Charte et commettre un acte discriminatoire à l'endroit des salariés de 20 à 34 ans », entrainant ainsi une discrimination fondée sur l'âge ? Une question à la laquelle la Cour d'appel a répondu par l'affirmative en confirmant la décision précédemment rendue par le Tribunal des droits de la

---

[83] Pourtant l'idée de défendre les intérêts des générations futures par la médiation, la représentation collective ou encore l'appareil judiciaire fait progressivement son chemin dans la pensée de la doctrine : H. Miereanu, « Représenter « l'irreprésentable » ? Reconnaitre les droits des générations futures, de la nature et les questions de statut légal », dans *Protéger les générations futures par les biens communs*, Éditions du Conseil de l'Europe 2014, Tendances de la cohésion sociale, n° 26, p.33.

[84] Christine Canazza, assistante en droit social à l'Université Catholique de Louvain a publié un article fort intéressant à ce sujet. Bien qu'ayant demandé de ne pas citer l'article en question, il reste disponible sur le site internet suivant : https://www.uclouvain.be/cps/ucl/doc/demo/documents/Canazza(1).pdf. Il faut saluer l'appui jurisprudentiel à partir duquel celle-ci mène sa réflexion. Il est vrai qu'en matière d'équité intergénérationnelle la jurisprudence fiscale reste rare. C'est donc à partir de la jurisprudence sociale, notamment celle relative à la discrimination fondée sur l'âge, en matière d'emploi ou aux clauses orphelines, qu'il sera possible de construire la dimension fiscale de la notion.

[85] C.A. Québec, 3 novembre 2011, Association des pompiers de Laval c. Commission des droits de la personne et des droits de la jeunesse, Motifs de la Juge Marie-France Bich, consultable sous http://citoyens.soquij.qc.ca/php/resultat.php?liste=91244427.

[86] Les faits de l'espèce peuvent aussi être consultés au http://citoyens.soquij.qc.ca/php/resultat.php?liste=91244427.

personne, le 5 mars 2009[87]. C'est dans ce contexte que la question de la construction de l'équité intergénérationnelle revêt tout son sens. C'est à partir d'une date qu'il sera possible de comparer les conditions de vie plus favorables ou moins favorables des jeunes générations par rapport aux anciennes générations : comparer les cotisations de retraite, le remboursement de la dette et des taux d'intérêt contractés pour financer l'ensemble des projets de société d'aujourd'hui. La tentation est forte de choisir celle, encore récente, de 2008, date de l'une des crises financières les plus virulentes.

22. Les problèmes que pose l'équité intergénérationnelle aux finances publiques concernent le retour à l'équilibre budgétaire[88]. On évoque, par ailleurs, la question du vieillissement de la population et on veut s'y préparer en repoussant l'âge de la retraite[89]. Comment se préparer au vieillissement de la population quand on ne s'est pas préparé au chômage des jeunes ?[90] Mais le vieillissement de la population pose-t-il des problèmes à l'équité intergénérationnelle ? En d'autres termes, le vieillissement de la population entraine-t-il une distribution inégale des richesses entre les plus riches et les plus pauvres de chaque génération ?[91] On pense immédiatement aux soins de santé accordés aux personnes âgées[92], aux pensions versées par l'État, au minimum vieillesse, au supplément de revenus garantis, aux cotisations REER[93], CELI[94], accumulées tout au long de la vie[95] ainsi qu'au fameux

---

[87] La plupart des textes sanctionnent davantage les discriminations fondées sur l'âge : C.A. Québec, 3 novembre 2011, Association des pompiers de Laval c. Commission des droits de la personne et des droits de la jeunesse, Motifs de la Juge Marie-France Bich, consultable sous http://citoyens.soquij.qc.ca/php/resultat.php?liste=91244427.

[88] J.-R. Alventosa, « Finances publiques - Constitution et équilibre des finances publiques, un débat d'avenir : Les exigences relatives à l'équilibre des finances publiques », *Revue française de Finances Publiques*, 1er février 2012, n°117, p. 99 ; P. Bertoni, « Prélèvements obligatoires, déficits publics et dette publique : des concepts largement conventionnels et vecteurs d'idéologie », *Revue Française de Finances Publiques*, 01 février 2014, n° 125, p. 187.

[89] Ch. Willmann, « Réforme de l'assurance vieillesse et des politiques de vieillissement actif, la loi du 9 novembre 2010, entre solidarité et égalité », *Revue de droit sanitaire et social* 2011, p. 340 et s.

[90] De plus, les transferts publics ne semblent pas leur bénéficier : P. Makdissi, Y. Therrien, Q. Wodon, « L'impact des transferts publics et des taxes sur la pauvreté au Canada et aux États-Unis », *L'Actualité Économique* ; septembre 2006 ; Numero 82, Vol. 3, p. 377. Certains experts attribuent le chômage des jeunes, non pas au report de l'âge de départ à la retraite mais aux délocalisations : F. Tremblay, « Commentaire sur l'article « La gestion de la relève et le choc des générations » », *Gestion*, Volume 29, numéro 3, automne 2004, p. 28.

[91] J. Confavreux, L. Duchêne, « écart générationnel », *Vacarme*, février 2009, n°47, p. 14-17.

[92] P. Fortin, « Garder le cap : le défi de l'équilibre budgétaire du québec », *Institut C.D. Howe*, n° 325, mars 2011, p. 1 et s.

[93] Régime Enregistré d'Epargne Retraite.

[94] Compte d'Epargne Libre d'Impôt.

[95] A. Pezard, « La retraite par capitalisation (suite et fin) », *Les Petites affiches*, 14 février 2000, n° 31, p. 5.

patrimoine immobilier[96]. Pendant ce temps, on pense, au jeune de 30 ans qui doit cotiser pour la retraite de ses grands-parents, environ 75 ans, celle de ses parents qui doivent avoir environ 50 ans et sa propre retraite[97]. Si l'on doit rester équitable avec ce jeune et ne pas compromettre son avenir, alors la solution logique serait de l'exempter de la cotisation des droits de retraite de ses parents et grands-parents et de lui demander de se concentrer sur la sienne[98]. Mais le système de la retraite par répartition est une garantie constitutionnelle et tout acte ayant pour but d'y porter atteinte doit être écarté[99]. Les considérations économiques, les voici : le Canada et la France sont tous deux endettés, très endettés[100]. L'objectif est de réduire les dépenses liées à la protection et d'accroitre les recettes : c'est ainsi que l'on endiguera l'hémorragie[101]. À ce titre, il est nécessaire de rétablir la famille comme cellule de base de la société afin de lui confier toutes les charges liées à la dépendance[102]. Ce transfert de responsabilité doit aussi s'accompagner des ressources nécessaires pour y arriver : exemptions fiscales jusqu'à un certain montant pour les transferts de flux financiers effectués entre ascendants et descendants du premier, deuxième et troisième degré[103]. À noter, par ailleurs, que la notion de degré est ici empruntée au droit des successions. Si l'État réduit considérablement les dépenses liées à la dépendance, il lui reste ainsi plus de marge de manœuvre pour se concentrer sur l'économie et la relance de la croissance[104]. Épineuse, la question n'en demeure pas moins délicate à traiter. S'attaquer aux « vieux » est immoral, malsain, honteux voir ingrat et quiconque ose s'aventurer dans ce domaine risque la peine de mort, le déni,

---

[96] M.-E. Baudoin, « Les réactions de la pratique notariale à l'évolution des patrimoines familiaux », *Petites affiches*, 7 août 2003, n° 157, p. 13.

[97] G. Thoris, « L'héritage des droits acquis », *Revue Française de Finances Publiques*, 1er septembre 2011, n° 115, p. 135.

[98] Mais le système de retraite actuel tel qu'il existe au Québec prône une hausse de l'effort de la part des jeunes qui doivent désormais, à travers les TPS/TVQ contribuer au minimum vieillesse de leurs ainés et souscrire à la retraite par répartition. En France, une partie de la doctrine semble s'opposer à ce que de tels efforts soient demandés aux générations futures : C. Zaidman, « Les grandes questions », *Droit social* 1995, p.723.

[99] Ch. Willmann, « Réforme de l'assurance vieillesse et des politiques de vieillissement actif, la loi du 9 novembre 2010, entre solidarité et égalité », *Revue de droit sanitaire et social* 2011, p. 340.

[100] L. Latulippe, G. Larin, « Les canons de la justice fiscale: évolution et influences », *Revue Française de Finances Publiques*, 01 novembre 2013, n° 124, p. 10.

[101] Ph. Frouté, L. Paul, « Les politiques budgétaires de sortie de crise : Un risque pour la cohésion de la zone euro ? », *Revue Française de Finances Publiques*, 1er janvier 2010, n° 109, p. 231.

[102] E. Portal, « Quelle soutenabilité des budgets départementaux au regard du poids des compétences sociales, en particulier en matière de vieillissement ? », *Revue Française de Finances Publiques*, 01 novembre 2012, n° 120, p. 203.

[103] B. Garbinti, P. Lamarche, L. Salembier, « Héritages, donations et aides aux ascendants et descendants », *Defrénois*, 30 juillet 2012, n° 1314, p.710.

[104] P. Fortin, « Garder le cap : le défi de l'équilibre budgétaire du québec », *Institut C.D. Howe*, N° 325, mars 2011, p. 1 et s.

l'exclusion sociale on encore, purement et simplement, d'être déshérité. Les personnes âgées font d'ailleurs l'objet d'une protection particulière. Plusieurs institutions s'assurent de leur bien-être[105].

23. La première partie traite des causes de la transmission intergénérationnelle de la pauvreté, qui peut s'analyser d'abord chez les jeunes. Ces causes sont financières et non financières. Ensuite, il était nécessaire de s'intéresser à la pauvreté chez les personnes âgées, particulièrement les retraités et face au caractère inopérant de la théorie de l'équité intergénérationnelle en ce qu'elle consiste en une juste répartition en fonction des rendements de chaque génération, la théorie de la solidarité semble plus séduisante que celle de l'équité : les plus nantis au secours des démunis. Ainsi que le rappelle André Masson, cité par Carole Bonnet, « en s'affranchissant des vues étriquées de l'équité, la solidarité générationnelle permet de générer, au sein de la famille comme de la société, une coopération mutuellement avantageuse entre les générations contre les insuffisances du marché »[106]. Les transferts doivent se faire dans la sphère privée et dans la sphère publique[107]. Même si, depuis 1970, la famille a connu de profondes mutations avec l'accélération des divorces, la montée en puissance du pacs ou encore la multiplication des familles recomposées, la transmission du patrimoine entre les générations, notamment en ce qui concerne le logement, n'a pas pour autant changé. Ce dernier constitue d'ailleurs un outil privilégié de lutte contre la transmission intergénérationnelle de la pauvreté[108]. De plus, ainsi que le rappelait le rapport du conseil des prélèvements obligatoires en 2008, « la famille constitue un soutien indispensable au cours des premières

---

105 Y. Delécraz, M. Chetaille, « Les nouvelles solidarités familiales », *Les Petites Affiches*, 19 mai 2011, n°99, p. 16.

106 C. Bonnet, « Un inévitable conflit des générations ?», *Informations sociales*, vol. 183, n°3, 2014, p. 141.

107 J. Accardo, S. Billot, « Plus d'épargne chez les plus aisés, plus de dépenses contraintes chez les plus modestes », *Insee Première*, 17/09/2020, n° 1815, 4 pages. « En 2017, le revenu disponible brut (RDB) des ménages s'élève en moyenne à 45 876 euros et leur dépense de consommation à 38 570 euros. Ainsi, leur taux d'épargne est de 15,9 %. Les disparités sont importantes entre les diverses catégories de ménages. Le RDB moyen par unité de consommation des 20 % de ménages les plus modestes est 4,3 fois inférieur à celui des 20 % les plus aisés. Ce rapport était de 4,8 en 2011. En tenant compte des transferts sociaux en nature dont bénéficient les ménages, les inégalités se réduisent, avec un rapport de 1 à 3 entre le premier et le dernier cinquième de la distribution. Les taux d'épargne progressent avec le revenu. Les ménages les plus modestes consacrent une part plus importante de leurs dépenses à des consommations « contraintes ».

108 « La question des inégalités de logement implique de s'interroger sur la signification des statuts d'occupation des logements et leur répartition au sein de la société. De nos jours, la propriété est fortement valorisée compte tenu des gains financiers et patrimoniaux qu'elle a permis d'accumuler au cours des trente dernières années, années de forte croissance des prix immobiliers » : F. Bugeja-Bloch, « Les privilèges du propriétaire », dans *Logement, la spirale des inégalités. Une nouvelle dimension de la fracture sociale et générationnelle*, sous la direction de Bugeja-Bloch Fanny. Presses Universitaires de France, 2013, pp. 21-62.

années dans la vie active : près de 20 % des ménages dont la personne de référence a moins de 25 ans (soit quelque 180 000 ménages) reçoivent de leur famille (et/ou éventuellement de la famille de leur conjoint) plus de 40 % de leur budget annuel de consommation, ce qui traduit une forte dépendance à l'égard de l'aide financière familiale. » Ce qui pousse à prendre conscience, à travers ces propos du conseil des prélèvements obligatoires, de l'ampleur du phénomène. Finalement, on dépend tous de quelqu'un : la seule différence avec les étudiants, c'est que la source de dépendance n'est pas la même. « C'est notamment le cas de nombreux étudiants ou jeunes travailleurs entre deux contrats précaires, dont les parents financent le logement indépendant tant qu'ils n'ont pas acquis leur indépendance financière. L'entraide familiale permet ainsi de rapprocher le niveau de vie des ménages les plus jeunes de la moyenne. Son impact redistributif chez les moins de 25 ans est supérieur à celui opéré par les impôts locaux et sur le revenu et comparable à celui lié aux prestations sociales... » C'est aussi reconnaitre, par ces recherches du même conseil, que le logement joue un rôle vital dans l'entraide familiale, l'équité entre les générations et la lutte contre la pauvreté. « ...Une fois passée cette période d'installation des jeunes dans la vie active, le dispositif assurantiel public de la protection sociale prend le relais de l'entraide familiale, qui ne joue plus qu'un rôle marginal au-delà de 35 ans »[109]. Mais une bonne redistribution des recettes fiscales nécessite de freiner la fuite des deniers publics dans les paradis fiscaux. Pour ce faire, il faudrait contrer les stratégies d'évasion fiscale qui privent les États de la plupart de leurs deniers publics. Ce constat fait, celui plus alarmant d'une hausse des revenus des géants du numérique attire l'attention lorsqu'il s'agit de mobiliser les recettes fiscales de la lutte contre la pauvreté. Ces derniers feraient échapper leur part d'impôt dans les paradis fiscaux. Mais alors que cette affirmation est avancée, la question se pose de savoir qu'est-ce qui peut être fait pour distribuer plus de bien-être social aux populations et l'importance de ces solutions serait telle qu'elle mériterait une seconde partie. D'abord, la nécessité d'explorer quelques pistes de réflexion s'est fait sentir, en s'appuyant sur quelques recettes fiscales ayant défrayé la chronique. Il est difficile de faire l'impasse de la fameuse taxe carbone. En dehors de cette sempiternelle taxe, la question de la décarbonation des transports obligeait nécessairement à explorer des solutions moins classiques comme l'idée d'une mise en place de la contribution au service public des transports : une sorte de prélèvement obligatoire effectué sur les véhicules des particuliers pour financer les transports en commun et la transition bas carbone. Ensuite, au titre des solutions de redistribution du revenu, il convient aussi de revenir sur la taxe

---

[109] Conseil des prélèvements obligatoires, « La répartition et l'équité des prélèvements obligatoires entre générations », *Rapport du Conseil des Prélèvements Obligatoires*, novembre 2008, page 290 consultable sur le site internet : https://www.ccomptes.fr/sites/default/files/EzPublish/Rapport_repartition_equite_prelevements_obligatoires_entre_generations.pdf

carbone ainsi que les mesures fiscales de soutien du revenu dues à la pandémie. La crise économique a été l'occasion pour les États du monde entier de mettre en œuvre le prêt et le crédit pour soutenir leurs économies sérieusement mises à mal par la pandémie. Il est possible de constater qu'outre la capacité redistributrice de l'impôt pour faire reculer la pauvreté, le crédit a été une sérieuse option. Le plus rassurant consiste à conclure que les moyens financiers des pays occidentaux pour faire reculer la pauvreté sont importants peu importe qu'ils se fassent par l'impôt ou par le crédit. Le plus inquiétant, au regard de la théorie de l'équité intergénérationnelle, c'est qu'il s'agit encore de dettes contractées sur le dos des générations futures et qui mettent réellement à mal la théorie de l'équité intergénérationnelle en ce qu'elle consiste à préserver les chances des générations futures pour un monde meilleur, c'est-à -dire des finances publiques avec un taux d'endettement faible et une planète habitable.

Première partie - Radiographie fiscale d'une répartition inégale des revenus

« Je n'ai rien de vaillant

Je dois beaucoup

Je donne le reste aux pauvres [1]».

24. Pourquoi la notion d'équité intergénérationnelle est-elle aussi difficile à définir par le droit fiscal et quelles sont les améliorations à apporter pour rendre sa lecture plus facile ? Au-delà de la question de savoir pourquoi est-elle difficile à définir, une autre problématique se pose ! Pourquoi la jurisprudence ne l'a-t-elle pas défini[2] ? Au Québec, la loi sur les retraites fait l'objet d'un contentieux[3]. L'équité intergénérationnelle peut-elle permettre de trancher la question de savoir à qui il appartient de payer les dettes passées ? La réponse est importante, le transfert des richesses d'une génération à l'autre ainsi que la réduction des seuils de pauvreté en dépend.

25. L'équité intergénérationnelle est difficile à définir parce qu'il s'agit d'une notion aux contours imprécis qui peut néanmoins être cernée si on la rapproche des notions voisines[4]. Quelques notions voisines peuvent permettre d'avoir une meilleure perception de l'équité intergénérationnelle : égalité de l'impôt, justice fiscale, justice distributive, justice commutative, solidarité[5].

---

[1] François Rabelais 1483-1553, cité par D. Hallépée, J.-.François Guédon, C. Grimaud, P. Simon, *Le monde économique par les citations: Les bons esprits, les cancres et les nuls se cultivent*, Kindle Edition, Les écrivains de Fondcombe, 14 août 2014, p. 206.

[2] Voir par exemple Cass. Soc., 27 juin 2012, SA Réseau de transport et d'électricité (RTE) EDF transport. Cass. Civ. 2e Ch., 28 novembre 2013, Arrêt n° 1785, Pourvoi n° 12-27.029. Cass. Soc., 22 juin 2000, Arrêt n° 2874, Pourvoi n° 99-15.501. C.A. Caen. Ch. Civ.3e, 18 avril 2013, n° Répertoire général, 12/02370. Cour d'appel de Rennes, 5 juillet 2013, 13/199 n° Répertoire général : 13/00199.

[3] Y. Chassin, « Des solutions pour les régimes de retraite municipaux », *Note économique*, octobre 2014, p. 1-4.

[4] J.-M. Monnier, « La justice fiscale entre tensions et débats », *Pouvoirs locaux, La Documentation Française, 2012*, pp.54-58. La notion peut aussi être étudiée sous l'angle des transferts intergénérationnels. Voir à ce titre : S. A. McDaniel, « Intergenerational Transfers, Social Solidarity, and Social Policy: Unanswered Questions and Policy Challenges », *Canadian Public Policy / Analyse de Politiques*, Vol. 23, Special Joint Issue, Aging / Vieillissement (Spring, 1997), pp. 1-21.

[5] Pour John Rawls, la justice doit avoir une connotation politique. Voir par exemple: « Justice as Fairness: Political not Metaphysical », *Philosophy & Public Affairs*, Vol. 14, No. 3 (Summer, 1985), pp. 223-251.

Une partie de la doctrine serait même favorable à ce que l'équité intergénérationnelle soit érigée en principe même s'ils reconnaissent les difficultés de sa mise en place[6]. Selon le rapport de l'Institut de Recherche et d'Informations Socio-économiques, la contribution à la retraite devait se faire sous trois piliers : les prestations publiques universelles (supplément de revenu garanti, pension à la sécurité de la vieillesse et RRQ), les régimes complémentaires à prestations déterminées et l'épargne personnelle[7]. Derrière cette étude se cache un objectif : dégager les critères à partir desquels on se situerait en face de l'équité intergénérationnelle pour accroître son efficacité fiscale, c'est-à-dire lui permettre d'atteindre son objectif en matière de fiscalité qui n'est autre qu'une meilleure redistribution des richesses[8].

26. Pour redistribuer des richesses, il faudrait d'abord les avoir. Il est donc logique de s'intéresser à la manière d'obtenir ces richesses et de centrer la réflexion sur la manière d'aboutir à une redistribution optimale de ces dernières[9]. Voilà pourquoi l'équité intergénérationnelle est la contribution de chaque génération pour le maintien de la qualité de leur vie actuelle et qu'elle est aussi, la capacité des finances publiques à une meilleure qualité de vie à laquelle les générations ont contribué. Si cette redistribution devait être inégale, alors la notion aura échoué dans l'atteinte de ses objectifs, c'est-à-dire, permettre une meilleure redistribution des richesses[10]. L'idée d'une équité intergénérationnelle nait du constat que la génération des retraités augmente de plus en plus tant et si bien qu'il faudra 1.4 jeune pour s'occuper d'un retraité de plus de 60 ans en 2050. Il faudra donc hausser les cotisations de la génération actuelle pour maintenir le niveau de vie des retraités, ce que l'on considère comme inéquitable[11]. Est aussi considéré comme inéquitable, le fait de contracter des prêts pour financer les travaux publics comme l'éducation, la santé ou encore les infrastructures et que les taux d'intérêt liés aux prêts atteignent des proportions si importantes que les générations futures

---

[6] L. Latulippe, G. Larin, « Les canons de la justice fiscale : évolution et influences », *Revue Française de Finances Publiques*, 01 novembre 2013, n° 124, p. 10.

[7] M. Lefrançois, M. St-Onge, E. L. Couturier, « Système de retraite au Québec et au Canada : constats et solutions », *Institut de recherche et d'informations socio-économiques, Rapport de recherche*, mars 2013, p. 5.

[8] M. Joanis, Cl. Montmarquette, *La problématique de la dette publique au Québec: causes, conséquences, solutions*, CIRANO Burgundy Reports, CIRANO, 2005, résumé.

[9] Selon certains chercheurs, « les principaux résultats obtenus indiquent que l'inégalité du revenu brut s'est accrue de 1981 à 1990, alors qu'elle a diminué durant la même période pour le revenu net. Pour chacune de ces années, la répartition du revenu net est nettement moins inégale que celle du revenu brut. Le groupe de transferts reliés à la retraite et à la vieillesse est celui qui exerce sans contredit le plus d'impact sur la redistribution des revenus » : J.-Y. Duclos, M. Tabi, « Inégalité et redistribution du revenu, avec une application au Canada », *L'économie publique*, Volume 75, Number 1-2-3, mars–juin–septembre 1999, 29 pages.

[10] M. Giray, « Couple, Famille et Société : Quel droit pour demain ? », *Les Petites Affiches*, 28 juin 2000, n°128, p. 8 et s.

[11] J. Bichot, « La retraite entre passé et avenir », *Droit social* 2010, p. 424 et s.

n'arriveront pas à les supporter[12]. Dans cette quête d'équité se pose naturellement la question de savoir qui devra payer ? Serait-ce équitable de faire payer la génération passée alors que la génération actuelle continue de bénéficier des services publics liés au prêt, faut-il faire payer la génération passée parce qu'elle en a plus profité et à un prix plus bas que la génération actuelle, ou encore faut-il faire payer à chaque génération en fonction de ce dont elle a bénéficié ? Si l'on part de l'idée que chaque génération devrait apprendre à payer ses propres dettes alors on admet qu'il faille lever un impôt pour chaque type de génération, en fonction de la qualité des services publics qu'elle a reçu[13]. Pour atteindre l'efficacité fiscale de la notion, c'est-à-dire, une meilleure redistribution des richesses, il faudrait redéfinir l'équité fiscale intergénérationnelle comme le consentement général de ceux qui payent l'impôt, ce qui permettrait de régler le problème de la définition de l'équité intergénérationnelle en fiscalité, le problème de la définition de la génération[14], le problème de la répartition de la charge de l'impôt lié au vieillissement de la population. En définissant de la sorte l'équité fiscale intergénérationnelle, on décide que seuls ceux qui payent l'impôt ont le droit de se prononcer sur le caractère équitable ou non d'une mesure fiscale. Il s'agira tout simplement de définir les modalités d'obtention de ce consensus[15]. On restreint ainsi le droit de se prononcer sur le caractère équitable ou non d'une mesure fiscale à la génération en âge légal de travailler et donc de cotiser aux impôts : ceux qui ont entre 15 et 65 ans. La génération pivot, longtemps considérée comme celle ayant 30 ans sera remplacée par celle ayant 50 ans, du fait du vieillissement accéléré de la population qui oblige à reporter l'âge de la retraite à 65 ans[16]. L'approche de cette notion par le droit fiscal va ainsi permettre d'utiliser les principes fiscaux et budgétaires pour apporter des éclairages à un concept encore en balbutiement. À l'heure où la doctrine économique diverge sur les causes réelles des inégalités de richesses entre générations[17], le rôle unificateur du droit doit permettre d'obtenir un consensus sur la notion et de résoudre les problèmes que pose le vieillissement de la population. On parle souvent de problème que pose le vieillissement de

---

[12] L. Levoyer, « Approche en droit des finances publiques, responsabilité envers les générations futures : quelles exigences pour les finances publiques », in *Quelle responsabilité juridique envers les générations futures ?*, Paris, Dalloz, 2012, p. 145 et s.
[13] M. Joanis, Cl. Montmarquette, *La problématique de la dette publique au Québec: causes, conséquences, solutions*, CIRANO Burgundy Reports, CIRANO, 2005, résumé.
[14] J. Confavreux, L. Duchêne, « écart générationnel », *Vacarme*, 2009/2, n°47, p. 14-17.
[15] A. Pezard, « La retraite par capitalisation (suite et fin) », *Les Petites Affiches*, 14 février 2000, n° 31, p. 5.
[16] D. Chauffaut, « L'évolution des relations entre générations dans un contexte de mutation du cylce de vie », *Cahier de Recherche*, n° 163, novembre 2001, p. 26.
[17] J. Bichot, « La retraite entre passé et avenir », *Droit social* 2010, p. 424 et s.

la population et l'on évoque très peu celui qu'entraine la jeunesse actuelle, particulièrement si elle reste en proie au chômage[18].

27. L'intergénérationnel peut concerner plusieurs générations, jusqu'aux arrière-grands-parents[19]. Le concept est fécond. Il concerne les droits de succession, toutes les obligations d'assistance aux personnes les plus faibles prévues par le droit civil et que le droit fiscal peut parfaitement accompagner. Il concerne la responsabilité des générations présentes vis-à-vis des générations futures comme la dette publique ou encore l'environnement[20]. Il traverse les couches séculaires de nos sociétés contemporaines, à travers la notion de solidarité familiale, celle-ci étant considérée comme la cellule de base de toute société. Ainsi, la notion devra s'intéresser à la garde des enfants au Québec, la question des transferts financiers qui s'opèrent entre générations descendantes dans les sociétés occidentales mais est complètement inversée chez les immigrés qui ont plutôt tendance à devenir des soutiens de famille et donc à pourvoir aux besoins financiers de leurs aînés[21].

28. Il s'agit de cerner la notion au travers des grandes problématiques de finances publiques pour voir en quoi elle pourrait améliorer l'état de nos finances actuelles. Redistribuer les richesses, tout en limitant le gaspillage est une des missions de l'équité intergénérationnelle, ce qui va forcément interpeller la question des finances publiques allouées aux soins des personnes âgées et donc des dépenses de santé[22]. Faut-il, au nom d'une meilleure redistribution des richesses, réduire le budget de santé alloué aux séniors pour le redistribuer aux plus jeunes, démunis et sans revenus ou réduire le budget de santé des personnes âgées pour stimuler la fécondité et donc les naissances et la natalité ?

29. L'équité intergénérationnelle devra aussi s'intéresser à la question de l'emploi et de l'âge de la retraite pour élargir le bassin des travailleurs, lutter contre le chômage, permettre à chaque génération de cotiser pour sa retraite et celle des autres, relancer la croissance économique et atteindre un rapport PIB/dette conforme aux exigences de l'OCDE afin d'obtenir le financement nécessaire pour les grands travaux de demain[23]. Il faut permettre aux générations futures d'avoir accès à ce financement, en remboursant les prêts

---

[18] R. Ruth, « Un regard québécois sur les régimes de retraite en France : accroître l'emploi pour maintenir la viabilité », *Santé, Société et Solidarité*, n°1, 2007, Les retraites, pp. 39-47.

[19] D. Chauffaut, « Analyses critiques », *Retraite et société*, 2009/2 n.58, p.212-221.

[20] D. Chauffaut, « Analyses critiques », *Retraite et société*, 2009/2 n.58, p.212-221.

[21] D. Chauffaut, « Analyses critiques », *Retraite et société*, 2009/2 n.58, p.212-221.

[22] P. Fortin, «Garder le cap : le défi de l'équilibre budgétaire du Québec », *Institut CD Howe*, n°325, mars 2011, p.15.

[23] L. Godbout, S. St-Cerny, M. Arseneau, H. N. Dao, P. Fortin, « La soutenabilité budgétaire des finances publiques du gouvernement du Québec », *Document de travail de la Chaire de Recherche en Fiscalité et Finances Publiques de l'Université de Sherbrooke*, janvier 2014, p. 10 et s.

qui ont déjà été effectués. C'est à ce prix et à ce prix seulement que l'on sera équitable vis-à-vis des générations futures[24]. Évidemment, la fiscalité devra accompagner toutes les épargnes qui sont réalisées pour financer les retraites. La France et le Québec ont ainsi mis en place des politiques pour inciter à l'épargne et contraindre les épargnants à conserver l'argent mis en banque pour les vieux jours. Sur l'emploi des séniors, le droit s'est prononcé sur la notion de discrimination fondée sur l'âge. Les considérations juridiques sur la question seront intéressantes à souligner[25].

30. En temps de crise, les travailleurs les plus actifs doivent être incités à travailler pour tirer la société vers le haut. Il faudra insister sur la rémunération à la performance de sorte à permettre une meilleure contribution, via les impôts, aux deniers de l'État. Toute la problématique est alors de savoir si la performance ne baisse pas avec l'âge et si l'équité intergénérationnelle ne devrait pas prendre en compte cette donnée[26]. Bruno Palier a ainsi évoqué quelques pistes pour une redéfinition de la protection sociale. On pourrait évoquer ces pistes pour une redéfinition de l'équité intergénérationnelle et s'apercevoir que c'est une notion à ramification, c'est-à-dire, une notion dont l'étude en amène à s'intéresser à d'autres problématiques comme : investir dans le renouvellement de la démographie, améliorer le travail des séniors qui nécessite que l'on investisse dans leur santé, contrôler l'augmentation des dépenses publiques, réformer la protection sociale pour inciter à plus d'emploi[27].

31. Si la retraite est inévitable, l'équité intergénérationnelle voudrait que la loi soit suffisamment stable et précise sur la durée afin de permettre à chaque génération de comprendre ce à quoi elle doit s'attendre[28]. Le système législatif doit être suffisamment cohérent avec cette politique de sorte que les générations actuelles ne se sentent pas lésées par rapport aux générations futures. Le nœud du problème se situerait dans le déficit accumulé de l'assurance vieillesse depuis le début des années 1980[29]. Réduire ce déficit est donc nécessaire à l'équité intergénérationnelle. Mais tout se passe comme une prise en compte très tardive de ces réalités. C'est ce réveil à rebours et la précipitation avec laquelle le déficit devra être remboursé qui conduit

---

[24] L. Levoyer, « Approche en droit des finances publiques, responsabilité envers les générations futures : quelles exigences pour les finances publiques », in *Quelle responsabilité juridique envers les générations futures ?*, Paris, Dalloz, 2012, p. 145 et s.

[25] Article 3 paragraphe 1 de la directive européenne 2000/78.

[26] M. Bacache-Beauvallet, « Rémunération à la performance. Effets pervers et désordre dans les services publics », *Actes de la recherche en sciences sociales*, 2011/4 n° 189, p. 58-71.

[27] B. Palier, « Vers un État d'investissement social. Pistes pour une redéfinition de la protection sociale », *Informations sociales*, 2005/8, n° 128, p.118-128.

[28] J. Bichot, « La retraite entre passé et avenir », *Droit social* 2010, p. 424 et s.

[29] Ch. Windal, A. Sauret, « La réforme du 9 novembre 2010 et la « partie faible » en matière de retraite », *Gazette du Palais*, 04 décembre 2010, n° 338, p. 23.

fatalement à sacrifier la génération actuelle : seul bémol, personne ne veut se sacrifier[30].

32. Dans l'équité intergénérationnelle, il faudra redéfinir la génération[31], il faudra redéfinir l'égalité de traitement et à ce titre, utiliser la comptabilité intergénérationnelle et les travaux de Larry Kotlikoff[32]. La famille comme repère de la mesure de l'équité intergénérationnelle n'est pas en reste dans l'analyse, comme le souligne l'article d'Henry Sterdyniak[33]. Par ailleurs, la participation des femmes au marché du travail est-elle une conséquence de la baisse de la natalité ? Si oui, comment y remédier ? Si l'équité intergénérationnelle doit passer par le maintien de la même qualité de vie pour les générations futures que celle que les générations actuelles ont eu, alors il faudra explorer les pistes de réflexion d'Odile Chagny[34].

33. Autre remarque, il est difficile d'évoquer la notion sans mettre en conflit les générations : les séniors contre les jeunes et l'idée qu'une génération aurait profité des ressources de l'autre[35]. Une nouvelle conception de la notion est nécessaire pour éviter le conflit potentiel entre générations. Pour en revenir à Odile Chagny, selon cette dernière, réformer les retraites passe par la mise en place d'un certain nombre de mesures : la première consiste à accepter l'augmentation progressive des taux de cotisation retraite, la deuxième stratégie consiste à planifier un certain report de l'âge de la retraite, tant légal qu'effectif, la troisième stratégie consiste à réduire de façon importante le niveau des retraites par rapport à celui des salaires, la quatrième stratégie consiste à stabiliser le taux de cotisation aux régimes par répartition, à annoncer la forte baisse du taux de remplacement et à inviter les actifs à souscrire en complément à des fonds par capitalisation. Une stratégie intermédiaire est de constituer des réserves dans le cadre des régimes par répartition (comme en Finlande et en Suède et comme envisagé en France)[36].

---

30 Cornélia Hummel et Valérie Hugentobler notent ainsi que : « on mentionnera aussi les travaux sur « la génération sandwich » : génération constituée de personnes, souvent des femmes, qui se trouvent dans la génération médiane de la vie – entre 40 et 60 ans environ – et qui doivent prendre soin à la fois de la jeune génération (enfants) et de la génération ainée (parents agés) ». C. Hummel, V. Hugentobler, « La construction sociale du « problème » intergénérationnel : considérations préliminaires sur une nouvelle problématique », *Gérontologie et Société*, n° 213, décembre 2007, p.71.

31 A. Quéniart, R. Hurtubise, « Analyse critiques : L'intergénérationnel : regards pluridisciplinaires », *Retraite et Société*, n° 30, novembre 2009, p. 212.

32 G. N. Mankiw, *Macroéconomie*, 5e éd., Paris ; De Boeck, 2003, p. 488 et 489.

33 H. Sterdyniak, « Le fil rouge de la cohérence entre politique familiale et système de retraite », *Retraite et société*, 2011/2 n° 61, p. 15-42.

34 O. Chagny *et al.*, « Les réformes des systèmes de retraite en Europe », *Revue de l'OFCE*, 2001/3 n°78, p. 97-208.

35 J. Bichot, « Retraites et équité intergénérationnelle, Avis du Conseil Des Prélèvements Obligatoires », *Revue Francaise de Comptabilité*, Numéro 416, décembre 2008, p. 25.

36 O. Chagny et al., « Les réformes des systèmes de retraite en Europe », *Revue de l'OFCE*, 2001/3 n° 78, p. 97-208.

34. Réduire le bien-être des Séniors pour accroître celui des générations les plus jeunes et défavorisées : l'idée fait grincer des dents dans une partie de la classe politique et sourire dans l'autre partie mais contribuerait à instaurer, comme responsabilité sociale des entreprises, l'idée que plus de jeunes devraient être recrutés et insérés dans les sociétés. Il y a un constat général selon lequel toutes les classes sociales et toutes les couches se plaindraient de la hausse des impôts mais personne n'en perçoit l'utilité, n'en voit les retombées réelles. Financer les grands travaux de demain est une des fonctions redistributrices de l'équité intergénérationnelle : le développement des énergies vertes, mais aussi l'éducation et la politique agricole, en sont des illustrations, soulevées par Christian Gollier[37].

35. Selon Larry Kotlioff, les vieux auraient utilisé leur pouvoir électoral pour détourner les finances publiques vers leurs intérêts et sacrifier ainsi la génération actuelle[38]. Le pouvoir électoral des jeunes a donné naissance à un article, nommé écart générationnel, dans lequel Joseph Confavreux et Laurence Duchêne rappellent qu'Obama a été élu par les jeunes et Sarkozy par les vieux[39]. Celui qui contrôle l'électorat des jeunes pourrait ainsi se faire nommer assez rapidement à la tête des institutions pour mener les réformes nécessaires à une amélioration de leurs conditions de vie. Toute la difficulté est alors de savoir quel est l'électorat le plus puissant ? Faut-il rappeler que c'est à la suite du printemps érable que le gouvernement Marois a été déchu et que la question de l'équité intergénérationnelle est donc un enjeu de politique fiscale et sociale majeure[40] ? Dans tous les cas, l'idée de ce conflit latent entre jeunes et vieux et l'hypothèse selon laquelle la crise majeure des finances publiques serait liée au vieillissement de la population fait progressivement son chemin et risque d'aboutir à une crise majeure, une fracture sociale, un conflit entre générations. Pour éviter ce conflit, il faut remplacer l'équité par la solidarité intergénérationnelle. La recherche du juste à de fortes chances d'aboutir à un conflit entre générations, car l'étendue de la générosité va au-delà des limites de la justice. Voilà pourquoi les politiques fiscales doivent se tourner vers les libéralités, les donations et successions effectuées au sein d'une famille et exonérer la transmission de certains biens dans le cadre de structures familiales[41].

---

[37] Ch. Gollier, « Sommes-nous trop égoïstes ou trop généreux envers les générations futures ? », *Reflets et perspectives de la vie économique*, 2012/4 Tome LI, p. 67-76.

[38] P. Malgrange, A. Masson, « Viabilité des politiques publiques. Études de comptabilité générationnelle. Présentation générale », *Économie & prévision*, vol. n° 154, n° 3, 2002, pp. 3-11.

[39] J. Confavreux, L. Duchêne, « écart générationnel », *Vacarme*, 2009/2 n°47, p. 14-17.

[40] J. Confavreux, L. Duchêne, « écart générationnel », *Vacarme*, 2009/2 n°47, p. 14-17.

[41] J.-B. Geffroy, « Le cadre fiscal de la vieillesse », *Revue Française de Finances Publiques*, 01 septembre 2012, n° 119, p. 195.

36. Le régime d'assurance vieillesse est étroitement lié à la structure étatique. Ainsi, dans les États fédéraux, il n'est pas rare de voir une assurance vieillesse prévue par l'État fédéral et un second niveau de sécurité relevant de l'État fédéré. Est-ce à dire que cette double protection est plus intéressante ? Rien n'est moins sûr d'autant que la Province du Québec a choisi d'avoir son propre régime d'assurance vieillesse, distinct de celui du Canada[42]. Enfin, la double protection aurait pour conséquence d'alourdir la charge de l'impôt sur le revenu. Si l'équité intergénérationnelle est aussi l'allocation équitable de la charge d'impôt, la nature de la structure sociétale n'est-elle pas un danger à cette équité intergénérationnelle ? Une partie de la doctrine distingue cependant plusieurs situations. Selon Denis Muller, reporter sur les générations futures une partie des dépenses d'infrastructures dont ces générations bénéficieront est de bon aloi. Faire payer par les générations futures une partie importante des dépenses d'opérations des programmes actuels poserait un problème d'équité[43]. L'équité intergénérationnelle pose donc le problème de la justice fiscale, de l'égalité devant les charges publiques, de l'égalité de l'impôt et devient désormais une large affaire de juristes[44]. Il pourrait donc s'agir d'un ouvrage de théorie générale de la justice fiscale dans ses rapports avec la notion d'équité intergénérationnelle : un titre comme l'équité intergénérationnelle à l'épreuve de la justice fiscale. Le titre, ainsi rédigé, aurait pu conduire à croire que l'équité intergénérationnelle est remise en cause par la justice fiscale, c'est-à-dire, n'a pas passé les tests de cohérence et de concordance avec la justice fiscale, ce qui n'est pas faux parce que le constat d'une répartition inégale des richesses entre génération est unanime au sein de la doctrine. Comme un aveu d'impuissance, cependant, celle-ci ne semble pas dégager de piste de réflexion cohérente pour sortir de cette impasse. Il faudrait soit une solidarité intergénérationnelle, soit le sacrifice d'une génération pour permettre aux autres de bénéficier des meilleures conditions de vie qu'un pays développé puisse offrir à ses citoyens. Selon Hans Jonas, cité par Denis Muller « la crise des systèmes de santé serait le mobile, le moteur et l'incitateur de la justice politique ; quoi de plus solide, de plus persuasif et de plus paniquant, en effet, que l'appel à la charité quand coule le Titanic ? »[45] Le nœud du problème serait d'abord et avant tout les conséquences qu'induit le vieillissement de la population. Les personnes âgées et leurs soins coûteraient très cher aux finances publiques, non seulement parce que les conserver devient onéreux mais ensuite parce que les

---

[42] A. Pezard, « La retraite par capitalisation (suite et fin) », *Les Petites affiches*, 14 février 2000 n° 31, p. 5.

[43] M. Denis, « La santé, entre bien public et bien privé », *Revue d'éthique et de théologie morale*, 2006/HS n°241, p. 145-158.

[44] J.-R. Pellas, « L'imposition du patrimoine en France et la notion de justice fiscale », *Revue Française de Finances Publiques*, 1er novembre 2013, n° 124, p. 61.

[45] M. Denis, « La santé, entre bien public et bien privé », *Revue d'éthique et de théologie morale*, 2006/HS n°241, p.145-158.

pensions et autres régimes de sécurité vieillesse qui leur sont versées reviendraient chers à l'État[46]. À cela s'ajoute le fait qu'une fois arrivées à la retraite, elles ne rapporteraient rien à l'État. Il est temps de se pencher sur ce principe d'équité intergénérationnelle car le rôle du fiscaliste est de militer, à travers les instruments fiscaux, pour la paix sociale.

37. Le principe de l'équité intergénérationnelle est apparu pour la première fois, dans certains pays européens comme le Portugal avec la loi du 24 août 2004 (n° 48-2004)[47]. Ce principe est défini dans le lexique des termes juridiques comme la « réalisation suprême de la justice, allant parfois au-delà de ce que prescrit la loi[48] ». Ainsi, l'équité intergénérationnelle serait une forme de justice en matière de finances publiques et donc de fiscalité[49]. Or, la justice en matière fiscale[50], « est un concept subjectif basé sur un jugement de valeur[51] ». Lorsqu'une notion est subjective et que l'on cherche à la rendre plus objective, il convient de dégager ses différentes caractéristiques[52]. Après avoir dégagé le faisceau d'indices à partir duquel on se retrouvera en face de l'équité intergénérationnelle, il faudra redéfinir la notion de façon objective[53]. Force est de constater, par ailleurs, que l'équité intergénérationnelle présente des similitudes en France et au Canada, deux pays où l'intervention de l'État dans le financement public des retraites est assez marquée, lorsqu'on la compare avec celle des États-Unis[54]. Ce sont ces similitudes qui permettent de dégager une notion générale. Elle est souvent évoquée lorsqu'il s'agit de laisser la même qualité de vie aux générations à venir que celles que leurs aînés ont obtenue. Elle est largement compromise lorsque l'on évoque

---

[46] J.-B. Geffroy a mené ainsi une étude intéressante sur le cout fiscal de la vieillesse : J.-B. Geffroy, « Le cadre fiscal de la vieillesse », *Revue Française de Finances Publiques*, 01 septembre 2012, n° 119, p. 195 et s.

[47] G. Orsoni, *Les finances publiques en Europe*, Economica, 2007, p. 364.

[48] S. Guinchard, Th. Debard, *Lexique des termes juridiques*, 20e édit., 2013, p. 390.

[49] Sur les différentes facettes de la justice fiscale, voir L. Latulippe, G. Larin, « Les canons de la justice fiscale : évolution et influences », *Revue Française de Finances Publiques*, 1er novembre 2013, n° 124, p. 5 et s. Voir aussi J.-R. Pellas, « L'imposition du patrimoine en France et la notion de justice fiscale », *Revue Française de Finances Publiques*, 1er novembre 2013, n° 124, p. 61.

[50] Voir Th. Lambert, « La sociologie de l'impôt », *Les Petites Affiches*, 21 août 2002, n° 167, p. 9.

[51] L. Latulippe, G. Larin, « Les canons de la justice fiscale : évolution et influences », *Revue Française de Finances Publiques*, 1er novembre 2013, n° 124, p. 5 et s.

[52] P. Beltrame en préface à l'ouvrage de L. Godbout, *L'intervention gouvernementale par la politique fiscale: le rôle des dépenses fiscales: étude comparée: Canada, États-Unis, France*, vol. 1, Paris, Economica, 2006.

[53] C'est aussi la démarche adoptée par Luc Godbout. Ce dernier avait proposé une nouvelle typologie des dépenses fiscales dans la troisième partie de sa thèse : L. Godbout, *L'intervention gouvernementale par la politique fiscale : le rôle des dépenses fiscales : étude comparée : Canada, États-Unis, France*, vol. 1, Paris, Economica, 2006, troisième partie.

[54] A. Pezard, « La retraite par capitalisation (suite et fin) », *Les Petites affiches*, 14 février 2000 n° 31, p. 5.

l'augmentation du chômage, la hausse des taux d'intérêt de la dette publique, le coût de santé des personnes âgées, le pourcentage de ceux qui sont en âge de travailler par rapport aux retraités et la crise financière actuelle. Au regard de ces deux éléments de comparaison, la définition objective de l'équité intergénérationnelle serait donc le droit d'obtenir la même qualité de vie pour les générations à venir que celle que les générations passées ont eue.

38. Cette étude s'intéresse au rôle qui doit être assigné aux cotisations finançant les différents régimes de retraite[55]. Il convient, dans ces conditions, de faire une présentation rapide des deux systèmes de retraite au Québec et en France. En France, c'est le système de retraite par répartition qui domine[56]. Ici les valides cotisent pour les retraités[57]. Ce système s'oppose à celui des retraites par capitalisation : chaque génération cotise pour sa propre retraite. Au Québec, c'est un système mixte qui a été mis en place : les valides cotisent pour les retraités et ont des régimes de retraite privés et complémentaires. À ce rythme, il faudra une véritable solidarité intergénérationnelle pour s'en sortir. Au titre de cette même solidarité, l'âge de la retraite ne devrait-il pas être repoussé pour offrir aux séniors la possibilité de travailler plus longtemps [58]? Ne faudrait-il pas évoluer non plus vers une équité intergénérationnelle mais une solidarité intergénérationnelle pour que chaque cotisant puisse contribuer, à la hauteur de ses moyens, au bien-être des finances publiques[59], c'est-à-dire au désendettement de ces mêmes finances publiques ? Car on ne pourra pas traiter de façon équitable deux situations qui

[55] Une autre problématique consisterait à étudier le poids de l'impôt et de la dette des finances publiques sur les générations futures. Il y va de l'équité entre les générations que d'éviter de faire peser le poids de la dette sur les générations futures.

[56] A. Pezard, « La retraite par capitalisation (suite et fin) », *Les Petites affiches*, 14 février 2000 n° 31, p. 5 ; Ch. Windal, A. Sauret, « La réforme du 9 novembre 2010 et la « partie faible » en matière de retraite », *Gazette du Palais*, 04 décembre 2010, n° 338, p. 23 ; P. Le Cohu, Ph. Coursier, « La réforme du 9 novembre 2010 et la « partie faible » en matière de retraite », *Gazette du Palais*, 17 août 2013, n° 229, p. 15 et s.

[57] J. Mistral, « Politique sociale: un cas de schizophrénie patronale ? », *Droit social*, 1995, p. 3.

[58] L'âge de la retraite est plus important au Canada qu'en France. La question qui se pose dès lors est de savoir si la notion d'équité intergénérationnelle telle que conçue dans les finances publiques canadiennes peut-être transposée dans les finances publiques françaises pour permettre de repousser l'âge de la retraite en France ?

[59] Giles Larin et Lyne Latulippe considèrent cependant que : « malgré les efforts pour développer des modèles théoriques supportant la prise en compte de l'équité intergénérationnelle, aucune méthode ne constitue une garantie de respect de ce principe dans le cadre de l'élaboration de mesures fiscales » : L. Latulippe, G. Larin, « Les canons de la justice fiscale : évolution et influences », *Revue Française de Finances Publiques*, 1er novembre 2013, n° 124, p. 10.

sont injustes[60]. L'équité horizontale est respectée « lorsqu'on impose également deux individus ayant une capacité contributive identique[61] ».

39. Les domaines de l'équité intergénérationnelle sont donc pluriels et tenter d'égaliser les niveaux de vie des différentes cohortes de générations reste en soi assez problématique : sur quels critères décide-t-on qu'une génération est mieux lotie que l'autre ? Dans quel sens faut-il opérer la transmission du patrimoine ? « Mais est-il souhaitable d'inciter aux donations ? », s'interroge une partie de la doctrine. « En effet, par un effet dit « Carnegie », les transmissions peuvent inciter leurs bénéficiaires à diminuer leur offre de travail. Mais à l'inverse, elles peuvent leur permettre de réaliser des projets tels la création d'entreprise ou l'achat de la résidence principale. S'agissant de l'offre de travail des bénéficiaires, Holtz-Eaking, Joulfaian et Rosen (1993) confirment sur données américaines l'existence d'un effet Carnegie significatif : un célibataire en activité qui perçoit un héritage de 150 000 dollars a une probabilité de quitter le monde du travail 4 fois supérieure à celle de celui qui hérite de moins de 25 000 dollars. Joulfaian et Wilhelm (1994) concluent que l'effet sur l'augmentation de la consommation est de faible ampleur tout en étant plus élevé que l'effet observé sur la diminution de l'offre de travail, jugé particulièrement faible. Bo et al. (2012) estiment sur données norvégiennes que le fait d'avoir reçu un héritage réduit l'offre de travail, particulièrement lorsque l'héritage est élevé. En revanche, cet effet Carnegie ne semble pas présent dans le cas français. » [62]. Encore faudrait-il être en mesure de posséder ce patrimoine pour le transmettre. Or, la tendance actuelle est un accroissement de la pauvreté dans la classe moyenne, au Canada et en France. Mais alors que cette difficulté apparait, une autre évidence plus grande résonne au regard de l'actualité fiscale : la part grandissante des revenus des géants numériques même en période de crise sanitaire. Leur taille, qui n'a d'égale que leurs profits, ne saurait passer inaperçue dans la question de l'équité intergénérationnelle. S'il faut

[60] Ch. Louit, « L'unité territoriale communautaire et le principe d'égalité », *Les Petites Affiches*, 15 mai 2002, n° 97, p. 4.

[61] Luc Godbout rappelle qu'en matière sociale, « ce sont les philosophies dominantes, plutôt que le raisonnement économique, qui déterminent l'équité entre les individus ». Ce qui signifie que l'équité intergénérationnelle devra prendre en compte les philosophes et particulièrement, les philosophies dominantes. En revanche, « en matière économique », dit-il, « ce sont les considérations à l'égard du rendement et de son incidence sur l'activité économique qui dominent ». Ce qui signifie qu'en matière économique, seuls les chiffres sont pris en compte ». Il faudra donc prendre en compte l'idéologie des philosophes et les chiffres des économistes pour une meilleure étude de la notion : L. Godbout, *L'intervention gouvernementale par la politique fiscale : le rôle des dépenses fiscales : étude comparée : Canada, États-Unis, France*, vol. 1, Paris, Economica, 2006, p. 10 et 17. Voir J. Spindler, « Les doctrines fiscales économiques en France : un grand silence ? », *Droit fiscal* n° 24, 15 juin 2006, p. 30.

[62] L. Arrondel, B. Garbinti, A. Masson, « Inégalités de patrimoine entre générations : les donations aident elles les jeunes à s'installer ? », *Economie et statistique*, 2014, n° 472-473, page 66.

redistribuer plus de pouvoir d'achat aux générations futures, c'est à condition de mobiliser l'ensemble des ressources fiscales qui ont parfois été placées dans des paradis fiscaux par ces mêmes géants. Le constat sonne avec une évidence d'autant plus grande que deux mondes apparaissent désormais, séparés par un antagonisme irréductible : d'une part la classe moyenne sujette à un accroissement de sa pauvreté (Titre 1) et d'autre part une catégorie particulière de nouveaux riches qui, même en période de crise sanitaire, continue d'engranger des profits exponentiels (Titre 2). L'impôt doit alors garantir l'équité intergénérationnelle en permettant une meilleure répartition des revenus entre les différentes cohortes de générations. L'objectif de l'équité intergénérationnelle, c'est d'éviter que les actions des générations actuelles ne compromettent les intérêts des générations futures.

Titre 1 - Le constat d'une paupérisation progressive affectant les plus vulnérables

40. Pour transmettre, il faut un lien de transmission, peu importe qu'il s'agisse d'un lien filial[1], fraternel ou affectueux vis-à-vis d'un tiers. La transmission d'un bien obéit à cette logique. Il se pose dès lors la question de savoir si, pour lutter contre la pauvreté, il est possible de transcender le lien filial et d'encourager celui de la solidarité intergénérationnelle[2]? Dans le cas présent, il est possible d'envisager des situations dans lesquelles un père de famille aurait la possibilité de traiter de manière égale deux individus, l'un son enfant biologique et l'autre son enfant adoptif, de sorte à offrir au second toutes les chances de réussite dont il aurait été privé par l'état de sa santé ou de celui de ses vrais parents biologiques, celui du milieu difficile dans lequel il était prédestiné à évoluer, ou encore celui de la faiblesse de ses moyens matériels[3]. La doctrine française identifie quelques canaux de transmission intergénérationnelle de la pauvreté[4]. Quel serait le mérite de l'impôt, s'il se bornait à maintenir les situations sociales des individus sans se poser la question de savoir comment améliorer leur bien-être, comment rompre avec les canaux classiques et le cercle vicieux de la pauvreté [5]? Ce cercle vicieux consistant à transmettre la pauvreté de génération en génération est composé de plusieurs éléments au titre desquels il convient de citer les défaillances de santé, le stress familial, la mixité sociale et l'influence des pairs, l'acquisition des compétences au cours de la période d'éducation, les difficultés des parents à aider et orienter leurs enfants, l'échec scolaire, la faiblesse du réseau de

[1] Il n'est pas rare de trouver dans la législation canadienne, des lois se bornant à transmettre des biens, en suivant le lien filial. Il en est ainsi de la loi visant à accroître la disponibilité des prêts agricoles et abrogeant la Loi sur les prêts destinés aux améliorations agricoles, L.C. 2009, ch. 15 : « *Le texte modifie la Loi sur les prêts destinés aux améliorations agricoles et à la commercialisation selon la formule coopérative afin de fournir un appui financier aux agriculteurs, notamment les agriculteurs débutants, et aux coopératives de commercialisation des produits agricoles et de permettre le transfert intergénérationnel des exploitations agricoles, grâce à un programme de garantie de prêts* ».

[2] L'obsession de la lutte contre la fraude fiscale conduit souvent à analyser la seule intention des parties à éluder l'impôt, dans les transferts intergénérationnels de biens: Pomerleau c. La Reine, 2016 CCI 228 (CanLII), <http://canlii.ca/t/gvqc1>, consulté le 2018-06-11.

[3] M. Dollé, « La transmission intergénérationnelle de la pauvreté », *Regards croisés sur l'économie*, février 2008, n° 4, pp. 97-106.

[4] M. Dollé, « La transmission intergénérationnelle de la pauvreté », *Regards croisés sur l'économie*, février 2008, n° 4, pp. 97-106.

[5] Cons. const., 28 janv. 2014, n° 2013-361 QPC (constitutionnalité), Defrénois - 28/02/2014 - n° 04 - page 185, note F. Douet.

relations professionnelles[6]. A priori, les solutions semblent toutes dessinées : adopter des politiques fiscales pour promouvoir la santé des enfants, leur évolution dans un environnement familial sans stress, une meilleure mixité sociale dès leur jeune âge, des programmes destinés à lutter contre l'échec scolaire, à scolariser les parents d'élèves connaissant des difficultés de lecture et d'accompagnement des enfants dans leur devoir et enfin la promotion d'un réseau professionnel pouvant leur servir plus tard. Les programmes fiscaux doivent par conséquent se tourner vers ces questions, s'ils ont vocation à lutter durablement contre la transmission intergénérationnelle de la pauvreté[7].

41. Selon le rapport de la Banque Mondiale, « la pauvreté ne se définit pas seulement comme une pénurie d'éléments nécessaires au bien-être matériel ni comme l'absence ou la négation d'opportunités qui permettraient de bénéficier d'une existence tolérable »[8]. Pour des soucis de simplicité, il convient de partir de cette définition et de considérer la pauvreté comme une pénurie « d'éléments nécessaires au bien-être matériel » et comme la « négation d'opportunités qui permettraient de bénéficier d'une existence tolérable ». C'est pour que les générations futures puissent bénéficier d'une existence tolérable que cette étude a sa raison d'être. Elle entre donc en ligne de mire des questions relatives à l'équité intergénérationnelle. S'occuper des générations futures pour qu'à leur tour, elles puissent s'occuper de la société et de ses membres, passés, présents et futurs.

42. Se pose alors la question de savoir quelles sont les personnes visées par la notion d'intergénérationnelle ? En d'autres termes, cette notion comprend-elle les grands-parents, les parents, les enfants ? La lutte contre la transmission intergénérationnelle de la pauvreté doit-elle uniquement être

---

[6] M. Dollé, « La transmission intergénérationnelle de la pauvreté », *Regards croisés sur l'économie*, février 2008, n° 4, pp. 97-106.

[7] Le Canada a adopté certaines mesures fiscales visant à lutter contre la transmission intergénérationnelle de la pauvreté, comme la possibilité de déduire des impôts, les frais de garde des enfants. André Lareau ne mentionne pas qu'il s'agit de lutter contre la transmission intergénérationnelle de la pauvreté. Il est possible de l'interpréter ainsi à la lecture de son article : A. Lareau, « Justice fiscale et fiscalité comportementale au Canada », *Revue française de finances publiques*, 1er novembre 2013, n° 124, pp. 73-85.

[8] Rapport sur le développement dans le monde 2000/2001 — Combattre la pauvreté publié par la Banque Mondiale et consultable à l'adresse suivante :
http://siteresources.worldbank.org/INTPOVERTY/Resources/WDR/Background/lebretfr.pdf.
Ce même rapport est cité par N. Lustig et N. Stern, « Une approche plus large de la lutte contre la pauvreté Opportunités, insertion et sécurité matérielle », *Finances & Développement* / décembre 2000, p.3 et s. Une partie de la doctrine s'étant interessée à la lutte contre la pauvreté revient aussi sur ce rapport : Centre Lebret, *Réduire la pauvreté*, Rapport pour la Banque mondiale 1999, 115 pages, cité par Paul Houée, *Repères pour un développement humain et solidaire*, Editions de l'Atelier/Editions Ouvrières, Paris, 2009. Enfin, le site internet du centre Lebret fait aussi état du même document : Centre Lebret, *Réduire la pauvreté : document de travail du Centre Lebret pour le rapport mondial sur le développement 2000-2001 (Banque mondiale)*, Centre Lebret, Paris, 1999/06, 64 P. consultable sur le site internet : http://www.lebret-irfed.org/spip.php?article106

axée sur les enfants ou faut-il aussi inclure les parents connaissant cette situation de pauvreté, les grands-parents, qui de par la fiscalité des donations pourraient céder une partie de leur patrimoine afin de pourvoir aux besoins financiers de leur descendance ? La définition est donc importante et les besoins de cette étude, nous conduisent à considérer la génération comme étant le temps qui sépare la vie et l'existence de deux individus. Ce temps doit être suffisamment important pour que deux individus puissent être père et fils, ou arrière-grands-mères et petites filles, peu importe les difficultés économiques, culturelles ou sociales qui ont marqué leur époque.

43. L'étude de la transmission intergénérationnelle de la pauvreté renvoie à plusieurs domaines. Nous ne nous intéressons qu'aux mesures apportées par l'impôt pour offrir aux enfants « les éléments nécessaires au bien-être matériel » et « les opportunités qui permettraient de bénéficier d'une existence tolérable ». Quelques mesures sont identifiables, sur le site de revenu Québec. Il est ainsi possible de remarquer les mesures mises en place par le gouvernement pour encourager les transferts d'argent à des enfants aux études postsecondaires, qu'ils soient majeurs ou mineurs, les crédits d'impôt pour frais de garde, les enfants à charge de moins de 18 ans qui vivent avec leurs parents, l'éducation d'un enfant dont le handicap le limite de façon importante dans ses activités de la vie, l'exonération de la Taxe sur les Produits et Services et de la Taxe de Vente du Québec (TPS/TVQ) de certains produits et services destinés aux enfants et à leur bien-être, comme les loisirs municipaux, l'épargne pour les études d'un enfant[9]. Pourtant l'enfant n'est qu'un adulte en devenir et bon nombre de ces mesures disparaissent à sa majorité, sans se poser la question de savoir si elles ont atteint leur efficacité : lutter contre la pauvreté, faire reculer l'échec social.

44. Les attentes, vis-à-vis du juge fiscal, seront de prendre en considération l'ensemble de ces éléments lorsqu'il sera saisi d'un contentieux fiscal impliquant l'avenir d'enfants[10], afin de comprendre les implications potentielles de ses décisions, dans la lutte contre la transmission intergénérationnelle de la pauvreté[11]. En toute logique, les gouvernements et les administrations fiscales sont aussi au premier plan de cette lutte : c'est à elles que revient la charge d'adopter les politiques nécessaires pour mettre fin au cercle vicieux de cette transmission.

---

[9] Voir le site de revenu Québec : http://www.revenuquebec.ca/fr/recherche/?q=enfant&filtre=site_complet&start=0

[10] Cass. Civ.1, 15 avril 2015, 14-13.518, Inédit.

[11] C. Bourreau-Dubois, B. Jeandidier, « Que peut-on attendre d'un barème de pension alimentaire pour enfant ? », *Revue française d'économie*, avril 2012, (Volume XXVII), pp. 213-248.

45. La question qu'il y a lieu de se poser est donc de savoir si les mesures mises en place ont atteint leur objectif ? En d'autres termes, l'impôt est-il le meilleur moyen de lutter contre la pauvreté intergénérationnelle ?

46. C'est à l'ensemble de ces interrogations, non exhaustives, que ce sujet devra répondre et apporter des réponses en comparant, dans la mesure du possible, ce qui se fait de part et d'autre de l'atlantique. Dans un premier temps, il s'agira de voir en quoi les mesures mises en places, aussi bien en termes de fiscalité que de finances publiques, sont limitées dans la lutte contre la transmission intergénérationnelle de la pauvreté particulièrement au Canada parce qu'elles s'arrêtent avant que l'enfant n'ait eu la possibilité de finir les études appropriées qui lui permettent de sortir du cercle vicieux de la pauvreté, limitées en ressources, les montants distribués s'apparentent davantage à de la fiscalité incitative qu'à une aide financière réelle, limitées dans leur caractère équitable, la plupart des mesures ne favorisant, en réalité, que les classes aisées[12]. Dans un second temps, il conviendra d'analyser en quoi la promotion d'un cadre fiscal en faveur du travail et de l'entrepreneuriat s'avère être une meilleure alternative au revenu minimum garanti tout en assurant les transmissions d'entreprises des plus fortunés vers les plus démunis, à condition que cette transmission se fasse en dehors de tout lien[13]. Aux termes de l'alinéa 251(2)a), des particuliers unis par les liens du sang, du mariage, de l'union de fait ou de l'adoption sont des personnes liées. La transmission pour la lutte contre la pauvreté intergénérationnelle doit désormais s'organiser au-delà de ces liens.

47. Les pays qui ont le mieux réussi à faire reculer la pauvreté intergénérationnelle sont ceux qui ont orienté les interventions fiscales vers les facteurs de transmission de cette même pauvreté : l'éducation, le métier ou encore le revenu. Les pays scandinaves sont très souvent cités en exemple et apparaissent au sommet du tableau. Mais ils ne sont pas forcément les plus riches. Les États-Unis, considérés comme pays le plus aisé, sont aussi celui où le taux de pauvreté infantile bat des records décevants : près de 1/3 des enfants sont pauvres. Une meilleure répartition des richesses par un interventionnisme fiscal axé sur la transmission de l'éducation et des revenus devrait être une bonne voie vers la correction de cette injustice sociétale (I). Alors que l'impôt, celui qui permettra le financement de centre de loisirs pour favoriser la fréquentation entre enfants riches et pauvres, l'entraide, la solidarité, l'esprit d'équipe et le développement des facultés cognitives, s'attaquerait ainsi efficacement à la pauvreté infantile, il doit aussi opérer un meilleur suivi de

[12] A. Lareau, « La fiscalité canadienne en quête de mesures novatrices », *Revue française de finances publiques*, 1er novembre 2011, n°116, pp. 67-80.

[13] Folio de l'impôt sur le revenu, S1-F5-C1, personnes liées et personnes sans lien de dépendance entre elles, consulté sur le lien http://www.cra-arc.gc.ca/tx/tchncl/ncmtx/fls/s1/f5/s1-f5-c1-fra.html#N101DA le 15 décembre 2016.

ces jeunes qui finissent par trainer les lacunes accumulées à l'enfance durant la période adolescente et ensuite à l'âge adulte. Des lacunes en matière scolaire, des lacunes comportementales, des lacunes en matière de développement de réseaux relationnels et le résultat produit très souvent des difficultés d'insertion sur le marché du travail et une tendance à reproduire le même modèle social que leurs parents pauvres : le cercle vicieux se reproduit. Il convient donc d'encourager et de soutenir ces jeunes dans le travail en bonifiant la prime à l'emploi, en défendant la valeur travail en promouvant la génération d'entrepreneurs : c'est ainsi que l'on passe de la génération d'assistés sociaux à la génération de travailleurs (Chapitre 1).

48. Pour faire reculer la pauvreté tout en garantissant l'équité intergénérationnelle, il faut non seulement s'intéresser aux plus démunis parmi les jeunes, en promouvant l'emploi, mais aussi aux plus démunis qui ne sont plus en mesure de travailler pour subvenir à leurs besoins. Les inquiétudes qui se manifestent à la fin du cycle de vie sont très grandes : hausse des dépenses de santé et baisse du niveau de vie liée à une réduction du salaire, sans oublier la faiblesse des rentes de retraite. La solidarité intergénérationnelle devait donc être le fer de relance d'un changement bénéfique à toutes les générations. Dans la solidarité subsiste l'idée que les cohortes les plus nanties doivent s'occuper de celles qui sont les plus démunies. Mais alors que cette affirmation a été lancée se pose la question de savoir ce qu'il faut faire des générations ayant le plus bénéficié des transferts publics mais qui les ont gaspillés sans les investir dans la formation des générations futures ? Il est ici question de faire reculer la pauvreté en utilisant comme corollaire l'équité intergénérationnelle. La question des retraites est particulièrement illustrative de ce phénomène (Chapitre 2).

Chapitre 1 - L'accroissement de la pauvreté par sa transmission

49. Les conditions dans lesquelles l'enfant vient au monde jouent naturellement sur ses chances de succès ou de réussite. Il s'agit non seulement des conditions financières mais aussi non financières[1]. Plus ces conditions seront réunies et plus les chances de réussite seront grandes. Moins ces conditions seront réunies moins l'enfant aura les possibilités de s'en sortir[2]. Plusieurs études ont montré les conséquences que le développement des facultés cognitives de l'enfant ont sur sa propre enfance d'abord, ensuite sur l'adolescence et enfin sur l'âge adulte. Ces événements au cours desquels l'enfant acquiert un savoir-faire et un savoir-être semblent le suivre jusqu'à l'adolescence et ensuite jusqu'à l'âge adulte. Mais la formation d'un enfant, le développement de ses facultés cognitives et les moyens financiers mis en place pour son épanouissement reposent pour une grande partie sur les épaules de ses parents, à tel point que « les enfants à la fois victimes de négligence et de violence parentale présentent les profils les plus sévères en termes de développement cognitif et social »[3]. La négligence et la violence faite sur ces derniers auraient un impact psychologique qui se traduirait par des traumatismes et des stress répétitifs vécus jusqu'à l'adolescence et à l'âge adulte, parce qu'ils auront été exposés très tôt à des conditions de vie chaotiques et imprévisibles[4]. Dans la majorité des cas, les enfants victimes de

---

[1] Toutes les difficultés de la pension alimentaire tiennent au fait que les parents divorcés doivent négocier le sort financier de leurs progénitures dans une situation de conflits et de tensions. La générosité n'est pas toujours à son paroxysme et pourtant le juge aux affaires familiales doit trancher. Privilégier l'incitation à donner plutôt que l'obligation de donner : l'un dur plus que l'autre et dans plusieurs cas, les pensionnaires obligés se sont désobligés en organisant leur insolvabilité ou en abandonnant leurs obligations de parents. Quel est l'intérêt de donner la moitié de son salaire au partenaire qui a eu recours à la force judiciaire pour nous priver de l'autorité parentale en partie ou du moins en totalité : C. Bourreau-Dubois, B. Jeandidier, « Que peut-on attendre d'un barème de pension alimentaire pour enfant ? », *Revue française d'économie,* avril 2012, (Volume XXVII), p. 218.

[2] « *Le revenu des parents est aussi celui des enfants. Une majoration du revenu des parents doit aussi se traduire par une augmentation de la pension alimentaire. Ces considérations sont motivées par l'interprétation des dispositions résultant de la loi sur le divorce (paragraphe 17 (4)) portant sur les aliments destinés aux enfants et les considérations d'intérêt public liées au bien-être des enfants à la suite d'un divorce* ». C'est ce qu'a décidé la Cour suprême du Canada : Willick c. Willick, 1994 CanLII 28 (CSC), [1994] 3 R.C.S. 670.

[3] L.S. Éthier, « Évolution des enfants négligés et caractéristiques maternelles », *Santé, Société et Solidarité, violence et maltraitance envers les enfants*, n° 1, 2009, pp. 51-59.

[4] « *En raison de certaines différences sexuelles qui relèvent soit de la force physique, soit de la socialisation à l'enfance ou des contraintes sociales imposées aux femmes, ces dernières sont*

négligence ont été aussi victimes ou témoins d'abus sexuels, ce qui entraine aussi des traumatismes à l'adolescence ou à l'âge adulte. Ce sont donc les enfants négligés qui présentent les profils cognitifs les plus sévères parce que leurs parents sont détachés et non investis comparativement à ceux dont les parents sont violents parce qu'ils ont des attentes scolaires élevées vis-à-vis d'eux[5]. Cette analyse révèle l'importance de l'encadrement parental dans le développement des facultés cognitives de l'enfant, d'abord à l'enfance, ensuite à l'adolescence et enfin à l'âge adulte. Plus le nombre d'adultes encadrant l'enfant est élevé et plus ses chances de développer ses facultés cognitives le sont. Ce qui explique que l'enfant ait non seulement besoin de ses deux parents, mais que ces derniers prennent conscience de l'impact de leur comportement sur le devenir de leur progéniture. Les caractéristiques psychosociales des mères négligentes vis-à-vis de leurs enfants sont : un faible niveau de scolarité, la présence de plus de trois enfants dans la famille, la mère est le seul soutien de famille, la présence de violence au sein de la famille, la santé mentale de la mère, les situations de placement et de traumatismes vécus par la mère lorsqu'elle était adolescente[6]. Les solutions à ces problèmes sont fiscales : développer et varier les intervenants sociaux pour l'enfant : financer une éducation scolaire de qualité pour les enfants, mettre en place des centres de jeunesse pour la mère et un suivi par des professionnels[7], favoriser les rencontres individuelles et de groupes, partager des expériences permettant de

---

amenées à élaborer d'autres stratégies pour exprimer leur agressivité, à savoir des affrontements verbaux ou indirects plutôt que physiques ou coercitifs. Cette forme d'agressivité indirecte est souvent appelée « agressivité relationnelle » et inclut, par exemple, toute tentative de causer préjudice par le sabordage d'amitiés ou du sentiment d'inclusion dans un groupe de pairs » : D. M. Stack, L. A. Serbin, N. Grunzeweig, C. E. Temcheff, N. M. De Genna, D. Ben-Dat Fisher, S. Hodgins, A. E. Schwartzman et J. Ledingham, « De l'agressivité à la maternité : étude longitudinale sur 30 ans auprès de filles agressives devenues mères : trajectoires de leur agressivité durant l'enfance, indicateurs de leurs caractéristiques parentales et développement de leurs enfants », *Criminologie*, vol. 38, n° 1, 2005, pp. 41 et s.

[5] L.S. Éthier, « Évolution des enfants négligés et caractéristiques maternelles », *Santé, Société et Solidarité, violence et maltraitance envers les enfants*, n° 1, 2009, pp. 51-59.

[6] L.S. Éthier, « Évolution des enfants négligés et caractéristiques maternelles », *Santé, Société et Solidarité, violence et maltraitance envers les enfants*, n° 1, 2009, pp. 51-59.

[7] *Coude à Coude* est une maison d'entraide pour familles à faibles revenus et à revenus moyens « *qui s'est installée dans un quartier défavorisé (Saint-Paul) du secteur Grand-Mère pour être à proximité de sa clientèle. (...) La maison offre aux enfants de 0 à 12 ans un milieu stimulant pour développer leur plein potentiel tout en favorisant les liens d'attachement entre le parent et l'enfant. En 2014, 125 familles ont bénéficié d'un accès gratuit à ses ateliers et activités. Le tiers d'entre elles sont considérées à faible revenu et le reste vit avec un revenu moyen. La majorité des activités ont lieu la semaine. Les familles qui y participent sont soit sans emploi ou ayant un travail à temps partiel* » : l'association a obtenu, du fait de ses activités visant à lutter contre la pauvreté des plus démunis, une exemption de la taxe foncière : Fondation Martin Roberge et Shawinigan (Ville), 2015 CanLII 27083 (QC CMNQ), <http://canlii.ca/t/gj2m1>, consulté le 2018-05-18.

tirer les leçons du vécu des paires et d'éviter leurs erreurs[8] (Section 2). C'est ainsi que les tribunaux se sont attelés à protéger l'enfant, contre la pauvreté et dès sa naissance, à travers la notion d'intérêt supérieur de l'enfant[9]. Pour faire face aux situations que pourrait engendrer le divorce des parents, la pension alimentaire sert de couverture et est aussi appliquée par la jurisprudence [10](Section 1).

Section 1 - L'évolution jurisprudentielle familiale et fiscale de la transmission intergénérationnelle de la pauvreté

50. Le droit fiscal doit-il accompagner les rapports sociaux ou, au contraire, doit-il les modeler et surtout dans quel sens ? Dans celui de la viabilité et de la soutenabilité budgétaire des finances publiques, c'est-à-dire, en se débarrassant de la panoplie d'aides sociales et de mesures liées à l'assistanat et en transférant la charge de la dépendance aux familles. Ce dispositif serait souhaitable : il permettrait d'affecter davantage de ressources à la croissance économique, par la réduction des dépenses, l'augmentation des recettes, la budgétisation axée sur la performance, c'est-à-dire l'allocation des ressources budgétaires à des dépenses de croissance et d'investissement à fortes retombées économiques et financières pour promouvoir le développement des villes, municipalités, régions, provinces ou pays. Mais cette attente risque de n'être qu'un vœu pieux. Si l'on veut transférer la dépendance aux familles, il aurait fallu que ces dernières soient des structures sociétaires encore solides. Or, la famille comme unité de base de la société, ainsi que le rappelle Thomas Piketty, a été battue en brèche par 20 ans d'évidence empirique, soit parce que le droit fiscal n'a pas suffisamment exonéré d'impôt sur le revenu le second apporteur de ressources[11] soit parce

---

[8] « L'identité sportive, reconnue et acceptée comme telle, mène ainsi à l'intégration personnelle et, au-delà, à l'intégration sociale. Le processus d'intégration met en avant le sujet qui, par sa reconnaissance réflexive, intériorise l'image des autres. Cette dialectique met en œuvre des relations qualitatives "d'ego à alter". Dans ce cas, la maîtrise de l'ego et l'ouverture sur l'alter, avec un souhait profond de changement mutuel, sont vitales, ce qui produit un possible maintien de l'identité, reconnue et valorisée par l'autre » : M. Ahmed, R. Tariq, « Sport et lien social », *Agora débats/jeunesses*, n°33, 2003, Sports et intégration sociale, p.16.

[9] Lewis c. Canada (Sécurité publique et Protection civile), 2017 CAF 130 (CanLII), http://canlii.ca/t/hq7rq, consulté le 2018-05-08

[10] Contino c. Leonelli-Contino, [2005] 3 RCS 217, 2005 CSC 63 (CanLII), <http://canlii.ca/t/1lxpc>, consulté le 2018-05-08

[11] En taxant fortement le second apporteur de ressources, généralement les femmes, la fiscalité a eu un effet désincitatif au travail, ce qui remet en cause la décision de travailler, pousse le second apporteur de ressources au chômage : C. Landais, Th. Piketty, E. Saez, « Commentaire de l'article d'Henri Sterdyniak. « Lecture critique de l'ouvrage *"Pour une révolution fiscale"* », *Revue de l'OFCE*, vol. 122, n° 3, 2012, pp. 145-151. Or un chômeur a « *2.3 fois plus de chance de divorcer dans l'année suivant son inscription au chômage qu'une personne*

que la pension alimentaire et les allocations versées aux femmes monoparentales ont largement encouragé ces dernières aux divorces et les pères de famille à abandonner leurs responsabilités parentales[12]. Loin de là l'idée de supprimer la pension alimentaire ou de réduire le barème de l'impôt sur le revenu du second apporteur de ressources[13]. Le droit fiscal a accompagné le droit civil en matière de protection des intérêts de l'enfant[14]. Mais cet accompagnement n'a pas eu les résultats escomptés en matière de lutte contre la pauvreté infantile et aujourd'hui le Bilan Innocenti 2017 de l'UNICEF[15] le révèle encore : c'est 1/3 des enfants aux États-Unis qui vivent sous le seuil de pauvreté[16].

---

n'ayant jamais connu le chômage» : N. Burnay, « Chômage et transmissions générationnelles », *Colloque sur le devenir des enfants de familles défavorisées en France* présenté le Jeudi 1er avril 2004, consulté sur le site http://www.cerc.gouv.fr/meetings/colloque_avril2004/presentation.htm le 16/04/2018, p. 3.

[12] B. Boxill, « The culture of poverty », *Social philosophy and policy*, 1994, vol. 11, n° 1, p. 275.

[13] « On ne peut évaluer la différence entre le coût de l'entretien des enfants et l'ordonnance alimentaire moyenne sans d'abord déterminer le coût réel de l'entretien des enfants. Deux études, mentionnées par Zweibel,..., l'une du Edmonton Social Planning Council et l'autre du Metropolitan Toronto Social Planning Council, ont tenté de calculer le montant permettant d'assurer un revenu qui ne serait (…) «ni un revenu de subsistance ni un train de vie à l'abri du souci». Selon l'étude effectuée à Edmonton, il faut 8 555 $ par année dans cette ville pour assurer un niveau de vie décent à deux enfants, un garçon de 10 ans et une fille de 4 ans. À Toronto, il en faudrait 8 697 $. » La prise en compte du niveau de vie par ville est un paramètre important qui est pris en compte dans la détermination du montant de la pension. Les juges de la haute juridiction canadienne poursuivent en rappelant : « de plus, (…), les planificateurs financiers savent qu'à la mort de son mari, la femme a besoin de 70 p. 100 du revenu du couple pour garder un train de vie comparable pour elle et ses enfants. Le fait qu'il y a divorce plutôt que décès ne change pas les besoins de la famille et pourtant la femme et les enfants conservent habituellement beaucoup moins de 70 p. cent du revenu conjoint. » Il faut donc établir comme critère de maintien du niveau de vie, les fameux 70% qu'il y ait divorce ou non, pour éviter d'affecter les enfants. « Voilà pourquoi le niveau de vie des femmes et des enfants est si sévèrement réduit lors du divorce. Toutefois, la réalité du divorce pour de nombreuses familles est l'insuffisance de ressources financières au moment du divorce pour répondre aux besoins des enfants. C'est pour cette raison que les tribunaux fixent souvent le montant de la pension principalement en fonction des ressources du débiteur et non en fonction des besoins des enfants »: Willick c. Willick, [1994] 3 RCS 670, 1994 CanLII 28 (CSC), <http://canlii.ca/t/1frq9>, consulté le 2018-05-08, paragraphe XXXVIII.

[14] En permettant la déductibilité des sommes versées par le débiteur de la pension alimentaire afin de faciliter le versement de ces sommes : John W. Durnford, T.J. Stephen, «Spousal Support in Family Law and Alimony in the Law of Taxation» *Revue Fiscale Canadienne 1994, Vol. 42, No.1, p.4 et s.*

[15] Le Bilan innocenti est un rapport dressé par l'UNICEF qui analyse la situation des enfants sous l'angle des objectifs de développement et classe les pays riches entre eux tout en expliquant les possibilités et défis auxquels ils sont confrontés pour respecter leurs engagements en faveur des enfants : https://www.unicef.ca/fr/bilan-innocenti-14-de-lunicef-le-bien-etre-des-enfants-dans-un-monde-au-developpement-durable.

[16] « En poursuivant la tradition de la série de Bilans Innocenti, la performance des pays à travers l'ensemble des indicateurs est résumée dans un tableau de classement global qui les divise en

51. La lutte contre la pauvreté et sa transmission intergénérationnelle est donc un combat de tous les jours, de toute une vie. Il commence à la naissance, se poursuit à l'adolescence, se mûrit à l'âge adulte et s'arrête à la mort. Il implique les interventions de l'individu, de sa famille, de son réseau social et professionnel, de l'État. Il requiert la mise en place des moyens financiers et non financiers, un interventionnisme fiscal, une volonté accrue des pouvoirs publics de s'attaquer à ses causes en influant, par le biais de la fiscalité, sur la transmission du métier, du savoir-faire, de l'éducation qui permettent de sortir de la pauvreté. Il suppose d'influer favorablement sur le réseau permettant à l'enfant de sortir de ce cercle vicieux, car l'enfant, en définitive, n'est qu'un adulte en devenir.

52. Telle que nous l'explique la jurisprudence en matière familiale et fiscale, aussi bien en France qu'au Canada, la plupart des divorces exposent l'enfant à des situations de pauvreté, surtout lorsque l'apporteur principal, qui est dans la majorité des cas le père, retire son salaire des besoins financiers de la famille. C'est pour éviter que de telles situations se produisent et pour que l'enfant ne subisse pas les fâcheuses conséquences financières de la rupture de ses parents que la pension alimentaire a été instituée. La fiscalité municipale, de part l'exemption de taxes foncières des immeubles affectés à la lutte contre la pauvreté, a pris conscience de l'ampleur du phénomène et apporte sa contribution dans ce qui sera le défi de la prochaine décennie des démocraties occidentales (Paragraphe 2). Un balayage de la jurisprudence française et canadienne, de part et d'autre de l'atlantique, permet de s'apercevoir qu'elle prend aussi en considération, en sus des facteurs financiers empêchant l'éclosion et le développement des capacités cognitives de l'enfant, les facteurs non financiers comme le harcèlement psychologique ou l'impact qu'une décision d'expulsion des parents dans le pays d'origine pourraient avoir sur ce dernier. Identifier les causes de la transmission intergénérationnelle de la pauvreté en jurisprudence est un préalable pour les

---

trois groupes. Le tiers supérieur du tableau de classement est dominé par des pays qui ont traditionnellement été des leaders en matière de développement humain et des enfants, dont beaucoup d'Europe du nord. Les pays dont le revenu national est inférieur ont tendance à se regrouper dans le tiers inférieur, mais le tableau de classement indique clairement que la richesse n'est pas une garantie de prestations adéquates en faveur des enfants ». C'est dans ces pays, c'est la fonction redistributrice de l'impôt qui est remise en cause. « Ceci est démontré », rappelle le bilan de l'UNICEF, « en comparant le faible classement des États-Unis avec le haut classement de la Slovénie, qui dispose de moins de la moitié du revenu par habitant. Dans les pays riches, environ 1 enfant sur 5 vit dans la pauvreté, bien qu'une proportion beaucoup plus élevée d'enfants soit affectés en Bulgarie, en Israël, au Mexique, en Roumanie, en Espagne, en Turquie et aux États-Unis. (…). En moyenne, 1 enfant sur 8 dans les pays à revenu élevé souffre d'insécurité alimentaire, passant à 1 sur 3 au Mexique et en Turquie. Les taux d'obésité augmentent dans presque tous les pays », UNICEF, *Bilan Innocenti 14, Enfants dans les pays développés*, juin 2017, consulté au : https://www.unicef.ca/sites/default/files/201706/UNICEF%20Bilan%20Innocenti%2014%20FR.pdf, p. 8 et s.

interventions fiscales nécessaires à son éradication. Si l'argent en est la cause principale, alors le dispositif fiscal devra se tourner davantage vers les exonérations de transmission de biens des plus riches vers les plus pauvres. S'il existe des facteurs non financiers, il faudra davantage insister sur les finances publiques par le financement de l'éducation, la mise en place de réseaux professionnels pour développer les relations entre riches et pauvres. La jurisprudence a identifié des causes non financières qu'elle nomme sous un vocable d'intérêt supérieur de l'enfant (Paragraphe 1).

Paragraphe 1 - La jurisprudence soucieuse de protéger le développement de l'enfant par une prise en compte des facteurs non financiers de la transmission intergénérationnelle de la pauvreté

53. La notion d'intérêt supérieur de l'enfant dans la jurisprudence française englobe des éléments non financiers[17], corroborant ainsi la théorie selon laquelle le développement des facultés cognitives de l'enfant et la lutte contre la pauvreté ne serait pas qu'une affaire financière, les juridictions françaises allant jusqu'à analyser les éléments qui exposeraient l'enfant à des situations mettant sa vie en péril pour savoir si l'intérêt supérieur de ce dernier est respecté[18](I). Ce faisant, mettre la vie de ce dernier en péril en amène parfois à se poser la question de savoir, au regard notamment de la jurisprudence Perruche, si permettre la naissance d'un enfant destiné à souffrir tout au long de sa vie, ne nécessite pas que l'on s'interroge sur le droit à la vie, au regard de la transmission intergénérationnelle de la pauvreté. Faut-il décourager, par l'intermédiaire de la fiscalité et des finances publiques, à partir d'un certain nombre d'enfants, les naissances qui ont vocation à entrainer des situations de pauvreté extrême (II) ?

I - *La recherche des éléments jurisprudentiels affectant le développement des capacités cognitives de l'enfant*

54. La Cour de cassation a ainsi pu décider que des parents ne pouvaient se prévaloir du droit de visite accordé à leurs enfants, en vertu de l'article 371-4 du Code civil[19], si ce droit de visite au domicile des parents, arrêtés pour faits de violences sur leurs enfants, était contraire à l'intérêt supérieur de

[17] Cass. 1re civ. 28 mars 2018, n° 16-28.010.
[18] Cass. 1re civ. 14 mars 2018, n° 18-10.438.
[19] Article 371-4, Modifié par Loi n°2007-293 du 5 mars 2007 - art. 8 *JORF* 6 mars 2007, « *L'enfant a le droit d'entretenir des relations personnelles avec ses ascendants. Seul l'intérêt de l'enfant peut faire obstacle à l'exercice de ce droit. Si tel est l'intérêt de l'enfant, le juge aux affaires familiales fixe les modalités des relations entre l'enfant et un tiers, parent ou non.* »

l'enfant[20]. À partir du moment où l'élargissement de ce droit de visite entrainait des comportements perturbateurs chez l'enfant comme des problèmes de sommeil, d'irritabilité ou encore de bagarres qui n'étaient pas survenus auparavant et que ces comportements ont un lien avec des parents qui, avant que leurs enfants n'eussent été placés dans un centre pour mineur, « avaient été poursuivis pour des actes de séquestration et de violence avec arme » pratiqués sur ces derniers, il fallait maintenir ce droit de visite dans un lieu neutre, en raison de deux fois par mois, tout en maintenant la relation entre parents et enfants, c'est-à-dire, en ne vidant pas de sa substance l'article 371-4 du Code civil français ainsi que l'article 8 de la Convention européenne des droits de l'homme[21].

55. L'enlèvement d'un enfant est autorisé par la Cour de cassation ainsi que la convention de La Haye du 25 octobre 1980[22], s'il a pour but de le soustraire à un danger physique ou psychique ou à une situation intolérable. C'est le sens de l'arrêt rendu par la première chambre de la Cour de cassation en date du 14 mars 2018, la haute juridiction ayant décidé « qu'il peut être fait exception au retour immédiat de l'enfant illicitement déplacé s'il existe, au regard de l'intérêt supérieur de l'enfant, un risque de danger grave ou de création d'une situation intolérable »[23]. Dans les faits, les prises en compte des situations non financières pouvant altérer le développement de l'enfant par l'existence d'une situation intolérable sont nombreux : coups et blessures physiques ou encore harcèlement psychologique[24]. Ces facteurs qui altèrent

---

[20] Cass. 1re civ., 14 mars 2018, no 17-15.596.

[21] « *Toute personne a droit au respect de sa vie privée et familiale, de son domicile et de sa correspondance. Il ne peut y avoir ingérence d'une autorité publique dans l'exercice de ce droit que pour autant que cette ingérence est prévue par la loi et qu'elle constitue une mesure qui, dans une société démocratique, est nécessaire à la sécurité nationale, à la sûreté publique, au bien-être économique du pays, à la défense de l'ordre et à la prévention des infractions pénales, à la protection de la santé ou de la morale, ou à la protection des droits et libertés d'autrui* » : Article 8 de la convention de sauvegarde des Droits de l'Homme et des Libertés fondamentales telle qu'amendée par les Protocoles n° 11 et n° 14*Rome, 4.XI.1950 consulté à l'adresse https://www.coe.int/en/web/conventions/full-list/-/conventions/rms/0900001680063776 le 12/04/2018.

[22] Article 13, a) et b), de la Convention de La Haye du 25 octobre 1980 sur les aspects civils de l'enlèvement international d'enfants : « *nonobstant les dispositions de l'article précédent, l'autorité judiciaire ou administrative de l'État requis n'est pas tenue d'ordonner le retour de l'enfant, lorsque la personne, l'institution ou l'organisme qui s'oppose à son retour établit : a) que la personne, l'institution ou l'organisme qui avait le soin de la personne de l'enfant n'exerçait pas effectivement le droit de garde à l'époque du déplacement ou du non-retour, ou avait consenti ou a acquiescé postérieurement à ce déplacement ou à ce non-retour ; ou b) qu'il existe un risque grave que le retour de l'enfant ne l'expose à un danger physique ou psychique, ou de toute autre manière ne le place dans une situation intolérable* » consulté le 12/04/2018 au https://www.hcch.net/fr/instruments/conventions/full-text/?cid=24

[23] Cass. 1re civ. 14 mars 2018, no 17-28.133.

[24] C. Bernard-Xemard, « L'enfant au cœur des conflits parentaux : encore lutter », *Revue Lamy Droit civil*, no 149, 1er juin 2017.

durablement le développement psychique de l'enfant[25] peuvent irréversiblement devenir des sources de pauvreté lorsqu'il sera adulte, en affectant le développement de ses facultés cognitives. La jurisprudence française et le droit international le prennent en considération au point de tolérer l'enlèvement par l'un de ses parents lorsque cet enlèvement vise à le soustraire d'un tel danger[26]. C'est affirmer que les seuls facteurs financiers ne sont pas la cause de culture de la pauvreté chez l'enfant, du développement de ses facultés cognitives, lesquelles lui permettront plus tard la réalisation des gains sur le long terme. [27]

56. Mais le mot d'ordre est désormais très clair dans la jurisprudence canadienne comme dans la jurisprudence française : rejeter systématiquement toutes les décisions n'ayant pas pris en compte l'intérêt supérieur de l'enfant[28]. Le droit défend fermement la possibilité pour l'enfant de pouvoir bénéficier de ses deux parents, chaque fois qu'il y va de son intérêt, même après le divorce de ces derniers[29]. Il affirme avec une grande constance que l'intérêt supérieur de l'enfant doit être analysé avant toutes demandes, par les juges du fond[30]. Il en est ainsi en matière de demande d'extradition pour les parents en situation de séjours irréguliers où il n'est pas rare de voir la Cour suprême du Canada casser toutes les décisions n'ayant pas pris en compte l'intérêt supérieur de l'enfant ou ayant commis une « erreur dans l'évaluation de l'intérêt supérieur de l'enfant », avant les reconduites à la frontière[31]. On pourrait y voir une volonté réelle pour les juridictions de développer une politique nataliste de la part des étrangers en séjours irréguliers sur un territoire, aussi bien en France qu'au Canada[32]. La mesure doit-être saluée en

---

[25] C. A. Nancy, 3e Chambre civile, Arrêt n° 12/1929 du 28 août 2012, Répertoire général n° 11/01992.

[26] À charge pour les juges du fond d'apprécier les éléments permettant d'affirmer l'existence d'éléments intolérables pour la vie des enfants : Cass. 1re civ., 13 févr. 2013, no 11-28.424, *Revue Lamy Droit civil*, n° 103, 1er avril 2013, note B. Beignier, R. Cabrillac, H. Lecuyer.

[27] A. Davaillon, E. Nauze-Fichet, « Les trajectoires scolaires des enfants pauvres », *Colloque sur le devenir des enfants de familles défavorisées en France* présenté le jeudi 1er avril 2004, consulté sur le site http://www.cerc.gouv.fr/meetings/colloque_avril2004/presentation.htm le 12/04/2018, p. 2.

[28] Cass. 1re civ. 13 févr. 2013, no 11-28.424, Revue Lamy Droit civil, « Rappel sur la nécessité d'apprécier l'intérêt supérieur de l'enfant dans les procédures de retour d'enfant », *Revue Lamy Droit civil*, 1er octobre 2015, n° 130.

[29] C.A. Rouen, Chambre des mineurs, Arrêt du 19 novembre 2013, Répertoire général n° 13/03430.

[30] Cass. 1re civ. 14 juin 2005, n° 04-16.942, Revue Lamy Droit civil, « Enlèvement international d'enfant : l'intérêt supérieur de l'enfant prime », *Revue Lamy Droit civil*, N° 20 du 01/10/2005.

[31] Duhanaj v. Canada (Citizenship and Immigration), 2015 FC 416 (CanLII), http://canlii.ca/t/gh4fq,

[32] Thomas c. Canada (Citoyenneté et Immigration), 2012 CF 1517 (CanLII), http://canlii.ca/t/fw4br.

ce sens qu'elle représente une façon indirecte de lutter contre le vieillissement démographique.

57. La mesure aurait pu être améliorée en s'accompagnant des programmes fiscaux permettant non seulement de développer une politique favorable à la natalité mais aussi à la famille où les risques de transmission de pauvreté sont réduits par le financement des activités permettant le développement des facultés cognitives de l'enfant par le soutien scolaire à domicile, la scolarisation dans les meilleurs établissements, la construction de logements sociaux dans les quartiers riches pour permettre une fréquentation, dès le plus jeune âge, entre enfants riches et pauvres en jouant sur une mise en place d'un réseau socioprofessionnel pouvant leur servir plus tard, la mise en place de programmes de participation à des réseaux associatifs scolaires[33], la suppression des tâches ménagères à domicile[34], la scolarisation des parents[35], la transmission anticipée du patrimoine des grands-parents en franchise d'impôt, la possibilité de bénéficier d'une exonération des droits de mutation à titre gratuit d'un immeuble imposable au titre de l'impôt sur la fortune immobilière lorsque la transmission vise à lutter contre la pauvreté chez les enfants et les adolescents, un meilleur suivi dès la classe maternelle, le

---

[33] « *Au fur et à mesure qu'on se situe dans des classes plus élevées (4e, 3e, 2nd, ...), les exigences de travail "personnel" s'élèvent en même temps qu'il devient de plus en plus rare que les familles soient capables d'accompagner elles-mêmes ce travail, c'est-à-dire de contrôler son effectuation, d'aider à décoder les consignes et d'assurer une certaine régulation des difficultés rencontrées. Et elles n'ont que rarement les moyens de payer des cours particuliers. La part familiale étant ainsi nivelée par le bas, ce sont davantage les soutiens et accompagnements proposés dans le cadre scolaire ou associatif, ainsi que certaines formes d'entraide entre élèves qui différencient les élèves qui progressent le plus et ceux qui sont en déclin* » : S. Broccolichi, Ch. Cesar, B. Largueze, « Qu'est-ce qui désavantage scolairement des enfants de familles défavorisées socialement ? », *Colloque sur le devenir des enfants de familles défavorisées en France* présenté le Jeudi 1er avril 2004, p.2 , consulté sur le site http://www.cerc.gouv.fr/meetings/colloque_avril2004/presentation.htm le 12/04/2018.

[34] « *Pour les élèves dont les performances scolaires tendent à décliner, on remarque l'absence d'une aide scolaire familiale (ni sœur aînée, ni mère), un faible contrôle des activités et pour quelques-unes, des charges domestiques importantes. L'accompagnement par une structure associative est rare et s'arrête à l'entrée au collège* » : S. Broccolichi, Ch. Cesar, B. Largueze, « Qu'est-ce qui désavantage scolairement des enfants de familles défavorisées socialement ? », *Colloque sur le devenir des enfants de familles défavorisées en France* présenté le jeudi 1er avril 2004, p.8, consulté sur le site http://www.cerc.gouv.fr/meetings/colloque_avril2004/presentation.htm le 12/04/2018.

[35] « *Un second axe de diversités est celui du niveau d'éducation dont on vient de voir qu'il entretient une relation partielle avec l'origine rurale ou urbaine. (...) Dans le bas de l'échelle de scolarisation, avoir ou ne pas avoir du tout fréquenté l'école, savoir lire et écrire, avoir fait une scolarité primaire seulement et parfois suivie irrégulièrement (les immigrés ont souvent commencé à travailler très jeunes) sont des clivages importants qui auront un retentissement à la fois sur les parcours professionnels mais aussi sur la capacité à aider les enfants dans leur scolarité initiale* » : R. Silberman, « Le devenir des enfants des immigrés en France : quelques éléments pour une vue d'ensemble », *Colloque sur le devenir des enfants de familles défavorisées en France* présenté le Jeudi 1er avril 2004, p.5, consulté sur le site http://www.cerc.gouv.fr/meetings/colloque_avril2004/presentation.htm le 12/04/2018.

primaire et ensuite l'entrée en sixième[36]. L'ensemble de ces éléments doivent désormais être intégrés par la jurisprudence comme faisant partie de l'intérêt supérieur de l'enfant.

II - La prise en compte par la jurisprudence du contexte de pauvreté

58. Il n'est pas rare de trouver dans la jurisprudence canadienne la prise en compte par les juges, de l'environnement économique de la pauvreté affectant les enfants dans le cadre de la fixation du barème de la pension alimentaire. C'est ainsi que la Cour suprême, dans le cadre de l'interprétation des dispositions floues de la loi sur le divorce, a décidé que : « ce n'est que par un examen du contexte social que notre Cour peut donner une interprétation juste des termes non définis employés aux par. 15(5) et 17(5) de la loi, "des ressources, des besoins et, d'une façon générale, de la situation de chacun des époux et de tout enfant à charge", et apprécier ce que met réellement en jeu « l'intérêt de l'enfant », comme l'exige le par. 17(5) ». Cette interprétation des dispositions législatives doit se faire en prenant compte du taux alarmant de pauvreté chez les enfants de famille monoparentale, lequel s'explique par une perte de 70 % des ressources de la famille lorsque l'apporteur principal, qui est très souvent le père, se retire de ses obligations familiales. Pour pouvoir apprécier la portée véritable des dispositions non explicitées de la loi sur le divorce, il faut donc tenir compte des couts d'un enfant, aussi bien des couts cachés que des couts réels et c'est pourquoi il est nécessaire d'interpréter les obligations alimentaires des parents vis-à-vis des enfants en faveur de la prise en compte de l'ensemble des besoins financiers des enfants. Cette interprétation large a emmené les juges, dans la jurisprudence Willick, à augmenter le barème de la pension alimentaire, modifiant ainsi la convention entre les parties qui avait fixé initialement un montant plus bas. La modification du barème de la pension alimentaire tenait

---

[36] « *Les premières données mobilisées pour penser les inégalités de carrières scolaires sont désormais les données sur les acquis effectifs réalisés. Or ces données révèlent la persistance d'un groupe d'élèves, appelés "noyau dur" de la difficulté scolaire, identifiés dès le primaire en raison de leur faible niveau d'acquisition cognitif à différents stades de la scolarité, et qui sont désignés comme "n'ayant pas acquis les connaissances de base". Ce constat se fonde principalement sur les résultats aux épreuves d'évaluation-diagnostic que passent depuis 1989 tous les élèves en tout début d'année en français et en mathématiques, à deux niveaux du système scolaire : l'entrée au CE2 et l'entrée en sixième. Les résultats de ces évaluations sont d'une grande régularité sur la période étudiée et indiquent qu'un pourcentage important d'enfants (entre 4 et 9 % selon les années) ne maîtrisent pas les compétences de base en lecture et en mathématiques, et risquent de quitter l'école sans les avoir acquises* » : M. Kherroubi, « Que sait-on de l'impact des situations défavorisées sur la trajectoire scolaire des enfants ? », *Colloque sur le devenir des enfants de familles défavorisées en France* présenté le Jeudi 1er avril 2004, p.2 et s., consulté sur le site http://www.cerc.gouv.fr/meetings/colloque_avril2004/presentation.htm le 12/04/2018.

au fait que l'époux avait connu une augmentation de salaire et l'augmentation du niveau de vie du père devait aussi se traduire par une augmentation du niveau de vie des enfants ainsi que de sa femme[37]. Il existe, par conséquent, au sein de la jurisprudence canadienne, une volonté réelle de prendre en compte les facteurs financiers de la pauvreté, particulièrement chez les familles monoparentales, dans la fixation de la pension alimentaire et l'évolution de son barème en fonction du revenu des parents[38].

59. Ces efforts sont à saluer mais il est nécessaire de rappeler que les enfants pauvres le sont d'abord et avant tout du fait de leurs parents. Ainsi, selon l'UNICEF, dans les deux tiers des pays riches, « les 40 % inférieurs des ménages ayant des enfants ont une part de revenu disponible total inférieure aux 10 % les plus élevés. Depuis 2008, les 10 % des ménages avec enfants les plus pauvres se sont encore plus éloignés du revenu médian »[39]. Il se pose dès lors la question de savoir ce que la jurisprudence peut faire, dans de telles conditions. En matière de droits privés et donc de transferts privés, la doctrine économique constate qu'il existe « une forte héritabilité des pratiques de transmission » de sorte qu'on peut proposer une modélisation de ces types de transfert, « en termes de réciprocité indirecte : l'homo reciprocans », celui qui a reçu de ses ascendants et qui transfèrera à ses descendants[40]. Si la jurisprudence ne saisit pas les opportunités qui lui sont offertes par le flou des dispositions juridiques pour favoriser les transmissions de biens vers les plus pauvres, il y a des fortes chances que la situation perdure. Mais peut-on attribuer la responsabilité aux tribunaux d'un dispositif législatif largement en faveur de la transmission entre personnes liées et beaucoup moins de la transmission entre personnes non liées. Il faut par ailleurs craindre qu'élargir un dispositif juridique de transmission de biens entre personnes non liées ne

---

[37] Willick c. Willick, [1994] 3 RCS 670, 1994 CanLII 28 (CSC), <http://canlii.ca/t/1frq9>, consulté le 2018-05-08, paragraphe XXXVIII.

[38] « *La Chaire a publié en 2008 une analyse du soutien financier offert aux familles québécoises, portant principalement sur l'année 2008, qui montrait que les mesures fiscales, conjuguées aux autres aides accordées aux familles, étaient particulièrement avantageuses. Dix ans plus tard, l'environnement économique a évolué, les mesures fiscales dédiées aux familles ont subi d'importantes modifications et la tarification des services de garde a été révisée. Les constats effectués en 2008 s'avèrent-ils encore aujourd'hui ? Dans Famille et fiscalité : Le Québec est-il encore un paradis pour la famille en 2018 ?, Suzie St-Cerny, Michaël Robert-Angers et Luc Godbout répondent à ces questions en effectuant notamment diverses évaluations du soutien pour les familles avec enfants et en les comparant dans le temps et avec d'autres juridictions* ». Le texte peut être consulté sur le site de la Chaire de recherches en fiscalité et en finances publiques :
https://cffp.recherche.usherbrooke.ca/2018/06/famille-et-fiscalite-le-quebec-est-il-encore-un-paradis-pour-la-famille-en-2018/

[39] Unicef, *Construire l'avenir : les enfants et les objectifs de développement durable dans les pays riches*, UNICEF Bilan Innocenti 14, Enfants dans les pays développés, juin 2017, p. 8 et s.

[40] S. Gollac, « Des liens et des transferts entre générations, A. Masson. Éditions de l'EHESS, Paris, 2009, 462 p. », *Comptes rendus / Sociologie du travail,* n° 55, 2013, p. 123 et s.

créent une nouvelle nature de rapport de force et de dépendance : les pauvres seraient alors dépendants des riches qui accroitraient leur éducation, leur vision de la société et du monde sur ces derniers au risque que la transmission de l'éducation des enfants les plus démunis ne reposent exclusivement qu'entre les mains de ces derniers et non entre les mains des pouvoirs publics. Les transferts économiques jouent inévitablement un rôle dans la famille, la doctrine économique les considère comme le ciment des relations de parenté mais aussi comme un moyen de contribuer à l'affirmation des relations de domination[41].

60. Dans l'analyse des causes de la transmission intergénérationnelle de la richesse chez les familles les plus aisées, comme la transmission du revenu, il sera tout aussi nécessaire à la jurisprudence de se pencher sur la transmission de la propriété immobilière, particulièrement le logement, en dehors des liens de sang[42]. Car le logement joue un rôle majeur dans la lutte contre la pauvreté, particulièrement dans un contexte où le vieillissement de la population va de pair avec les politiques de réduction de la dépense publique[43]. C'est ce contexte qui pousse à introduire le prêt à hypothèque inversé, tel que le souligne Anne Gotman, instrument financier introduit par les banques privées qui permet aux personnes âgées d'hypothéquer une partie de leur logement contre une somme d'argent que la banque récupèrera au moment de la succession. Cet instrument financier fait l'objet d'incitations

---

[41] S. Gollac, « Des liens et des transferts entre générations, A. Masson. Éditions de l'EHESS, Paris, 2009, 462 pp. », *Comptes rendus / Sociologie du travail,* n° 55, 2013, p. 123 et s.

[42] Les transmissions anticipées de patrimoine pour lutter contre la transmission intergénérationnelle de la pauvreté sont quelques solutions sur lesquelles il convient de réfléchir. Parce que les transmissions des épisodes de pauvreté se font souvent entre pauvres, il convient de penser la manière d'encourager les transmissions anticipées de patrimoine entre riches et pauvres, indépendamment du lien qui unit le donateur au donataire. Alain Delfosse énumère de façon fort intéressante, quelques dispositifs fiscaux qui permettent les transmissions anticipées de patrimoine qu'il soit privé ou professionnel comme les réductions de droits, la remise à jour des compteurs fiscaux tous les dix ans, les abattements et exonérations issus de la loi pour l'initiative économique, la non-taxation des frais et droits pris en charge par le donateur : A. Delfosse, « Rapport de synthèse », *Les Petites Affiches*, 29 août 2007, n° 176, p. 21.

[43] Instruction du Gouvernement du 9 mai 2017 relative à la mise en œuvre de la procédure d'exemption des communes du dispositif SRU en application de l'article L. 302-5 du code de la construction et de l'habitation et ayant pour but de « présenter le périmètre, les modalités et le calendrier de mise en œuvre, en 2017, pour application en 2018 et 2019, de la procédure d'exemption des communes du dispositif SRU, en application des dispositions du III de l'article L. 302-5 et du IV de l'article R. 302-14 du code de la construction et de l'habitation, et du II de l'article 2 du décret n° 2017-835 du 5 mai 2017 relatif aux dispositions particulières à certaines agglomérations en matière de réalisation de logements locatifs sociaux et pris pour l'application de la loi n° 2017-86 du 27 janvier 2017 relative à l'égalité et à la citoyenneté ». Voir aussi l'article 55 de la LOI 2000-1208 du 13 décembre 2000 relative à la solidarité et au renouvellement urbains qui impose aux communes de plus de 3500 habitants de construire des logements sociaux à hauteur de 25% des logements résidentiels. La loi SRU a pour but de « récréer un équilibre social dans chaque territoire» et de « répondre à la pénurie de logements sociaux » : http://www.cohesion-territoires.gouv.fr/transparence-logement-social.

gouvernementales plus ou moins directes selon les systèmes de santé et de retraites des pays concernés[44]. Si la précarité affecte plusieurs générations : le grand-père, le père et les enfants, il sera difficile, entre personnes liées par le sang, de sortir du cercle vicieux de la pauvreté. C'est ce qui explique que la transmission du patrimoine doit désormais s'organiser au-delà des liens de sang, si l'on veut utiliser le logement comme instrument de lutte contre la pauvreté et sa transmission.

Paragraphe 2 - La prise en compte des facteurs financiers de la transmission intergénérationnelle de la pauvreté dans la jurisprudence

61. Dans la lutte contre la transmission intergénérationnelle de la pauvreté, l'immeuble joue un rôle crucial. Du locataire, en passant par les propriétaires d'immeubles ou d'appartement, les juridictions fiscales doivent améliorer la concertation et la collaboration entre les acteurs concernés par la transmission intergénérationnelle de la pauvreté[45]. Si la transmission de l'éducation, du métier et du savoir-faire joue un rôle crucial dans la lutte contre la précarité des enfants et des jeunes, les exonérations de la taxe foncière pour les immeubles s'attaquant à ce type de problème ne devraient plus créer d'ennuis majeurs et la jurisprudence canadienne s'inscrit dans cette mouvance (II). On peut, en revanche, s'étonner de voir que le Conseil d'État ne se soit pas aligné sur cet esprit. La haute juridiction française émet davantage de réserves quant à l'exonération systématique des immeubles affectés à la lutte contre la détresse économique de certaines catégories de particuliers sévèrement touchés par des phénomènes de pauvreté (I).

---

[44] A. Gotman, « Vers la fin de la transmission ? De l'usage du logement pour assurer ses vieux jours. Le prêt à hypothèque inversée », *Sociologie*, vol. 1, n°. 1, 2010, pp. 141-159.

[45] En ce qui concerne les personnes physiques en France, l'exonération de la taxe foncière tient compte du revenu : « Les dispositions des articles 1391 et 1391 B, du 3 du II et du III de l'article 1411, des 1° bis, 2° et 3° du I de l'article 1414 sont applicables aux contribuables dont le montant des revenus de l'année précédant celle au titre de laquelle l'imposition est établie n'excède pas la somme de 10 708 €, pour la première part de quotient familial, majorée de 2 859 € pour chaque demi-part supplémentaire, retenues pour le calcul de l'impôt sur le revenu afférent auxdits revenus. Pour la Martinique, la Guadeloupe et la Réunion, les montants des revenus sont fixés à 12 671 € pour la première part, majorés de 3 027 € pour la première demi-part et 2 859 € pour chaque demi-part supplémentaire à compter de la deuxième. Pour la Guyane ces montants sont fixés respectivement à 13 248 €, 3 647 € et 2 859 €. Pour Mayotte, ces montants sont fixés, respectivement, à 19 853 €, 5 463 € et 4 283 € » : article 1417 du CGI consulté sur le site de légifrance : https://www.legifrance.gouv.fr/affichCodeArticle.do;jsessionid=BA72A99F72416392FF7C6B808C17AF24.tplgfr39s_1?idArticle=LEGIARTI000036426234&cidTexte=LEGITEXT000006069577&categorieLien=id&dateTexte=20170802.

I - Les réticences des juridictions françaises quant à l'exemption systématique de taxes foncières d'immeubles affectés à la lutte contre la pauvreté

62. Il est difficile d'affirmer que le Conseil d'État a réellement facilité et favorisé les exemptions de taxes foncières pour les établissements industriels et commerciaux ayant prêté leurs locaux à des fins de lutte contre la pauvreté. La haute juridiction a tenu la même sévérité vis-à-vis d'établissement à buts non lucratifs qui avaient exercé des activités en matière de lutte contre la précarité mais ne répondaient pas aux conditions énumérées strictement par la loi, en matière d'exonération de la taxe foncière. Le droit fiscal français, reste fidèle à sa réputation, celle d'aller chercher la richesse au-delà des habillages juridiques, où qu'elle soit, et ne taxe pas les immeubles nationaux, régionaux et départementaux « affectés à un service public ou d'utilité générale et non productifs de revenus ». Il s'agit de ce que l'article 1382 du Code général des Impôts nomme les exemptions permanentes[46]. L'exonération s'applique aussi à plusieurs autres catégories d'établissements énumérés par le même article 1382 du Code général des impôts, comme les édifices affectés à l'exercice du culte appartenant à l'État[47], les bâtiments destinés à soigner les mutilés de guerre et appartenant à leurs associations, les bâtiments qui servent aux exploitations rurales ou encore ceux appartenant à un service public hospitalier et affectés à des activités médicales[48]. La mesure n'a rien de surprenant. Il s'agit, à titre de rappel, d'établissements « d'utilité générale et non productifs de revenus »[49].

63. La surprise vient de l'imposition des établissements privés poursuivant une mission d'utilité publique, aussi appelés établissements d'utilité publique. Dans un pays comme la France qui a inscrit la solidarité au cœur de sa devise, on peut s'étonner de voir qu'une crèche gérée par une association subventionnée par la commune ne bénéficie pas d'exemption de la taxe foncière. De même, il est tout aussi surprenant de voir qu'un bâtiment scolaire appartenant à une association et dont les frais d'entretien sont pris en charge par la commune ou encore des bâtiments affectés à une mission d'assistance ou d'éducation appartenant à des congrégations religieuses, ou même un asile de vieillards indigents ne bénéficient pas d'exemption de la taxe foncière, ainsi que le rappelle la jurisprudence du Conseil d'État

[46] Article 1382, Modifié par Décret n°2017-698 du 2 mai 2017 - art. 1.

[47] CE, 4 février 2008, n° 293016, Association de l'Église néo-apostolique de France, *Revue Le Lamy Collectivités territoriales*, n° 35, 1er mai 2008, note O. Carton. L'auteur de la note rappelle que "l'article 1382 du Code général des impôts (CGI) prévoit, dans son 4°, que soient exonérés de cette taxe les édifices affectés à l'usage du culte qu'ils appartiennent à une personne publique ou, dans les départements du Bas-Rhin, du Haut-Rhin et de la Moselle, à une association « *ayant pour objet exclusif l'exercice d'un culte non reconnu*".

[48] Article 1382, Modifié par Décret n°2017-698 du 2 mai 2017.

[49] Article 1382, Modifié par Décret n°2017-698 du 2 mai 2017 - art. 1.

consultable sur le site de l'administration fiscale. [50]Il convient de rappeler que le principe en la matière en France est l'imposition des établissements reconnus d'utilité publique. Tout principe souffrant d'une exception, l'article 1382 du Code général des impôts autorise quelques exemptions pour des établissements expressément visés[51]. Il y a des allégements fiscaux à faire, en ce sens, pour mieux lutter contre la pauvreté et sa transmission intergénérationnelle, en matière de taxes foncières, ne serait que par la cote part d'activité assumée par ces établissements dans la lutte contre la détresse économique et financière de sa clientèle. Il faut néanmoins craindre que la suppression de la taxe d'habitation en France ne vienne compromettre les efforts de lutte contre la pauvreté, le risque étant d'aller chercher le manque à gagner lié à la suppression de la taxe d'habitation dans une hausse de la taxe foncière[52], particulièrement pour les personnes morales.

64. En revanche, dans la jurisprudence canadienne, il est fréquent de trouver des situations d'exonérations de taxe foncière, lorsque l'immeuble est alloué à des fins de lutte contre la pauvreté et la précarité. Il est par conséquent salutaire que le Conseil d'État évolue vers une révision des critères d'exemption de la taxe foncière pour englober davantage d'acteurs dans ce qui sera le défi de la prochaine décennie des pays développés : la lutte contre la pauvreté et sa transmission. Une proposition pourrait être faite à ce titre en considérant comme étant exonéré de la taxe d'habitation tout immeuble ayant vocation à lutter durablement contre la précarité des enfants et des jeunes adolescents. La notion de durabilité doit-être interprétée sur le moyen terme, c'est-à-dire sur trois ans : après trois années d'affectation de l'immeuble à la lutte contre la pauvreté infantile, celui-ci pourra bénéficier de l'exemption de la taxe foncière, qu'il soit exploité par un établissement à but lucratif ou non lucratif.

---

[50] Direction générale des Finances publiques, « IF - Taxe foncière sur les propriétés bâties - Exonérations des propriétés publiques - Immeubles visés », *Bulletin Officiel des Impôts,* 12/09/2012, BOI-IF-TFB-10-50-10-10.

[51] Direction générale des Finances publiques, « IF - Taxe foncière sur les propriétés bâties – Exonérations des propriétés publiques - Immeubles construits dans le cadre du partenariat de l'État et de ses établissements publics », *Bulletin Officiel des Impôts,* 12/09/2012, BOI-IF-TFB-10-50-10-50.

[52] « Le budget 2018 amorce la fin de la taxe d'habitation pour 80 % des ménages, par tiers, dont « un premier tiers l'année prochaine », « avec la perspective en 2020 d'une réforme en profondeur qui permettra de supprimer cet impôt pour la totalité de nos concitoyens », a déclaré Emmanuel Macron, le 30 décembre, lors d'une cérémonie de signature de la loi de finances. Le chef de l'État a également signé la loi sur le financement de la sécurité sociale. « Ces mesures vont changer dès le 1er janvier prochain votre quotidien » et « améliorer la rétribution du travail et le pouvoir d'achat des Français », a-t-il souligné » : Lamyline, « Le chef de l'État confirme son intention de supprimer la taxe d'habitation pour tous d'ici 2020», *Liaisons sociales Quotidien - L'actualité*, N° 17480, Section Acteurs, débats, événements, 3 janvier 2018.

II - La volonté plus marquée des juridictions canadiennes de lutter contre la pauvreté par l'utilisation de la taxe foncière

65. Il convient par ailleurs de constater qu'il existe une volonté plus marquée au Québec qu'en France de lutter contre la transmission intergénérationnelle de la pauvreté en matière d'exonération de taxes foncières des immeubles affectés à la lutte contre la détresse économique et financière. C'est ainsi que la commission municipale du Québec s'assure dans ses décisions qu'il s'agit d'une « personne morale à but non lucratif, que les activités exercées dans l'immeuble sont admissibles, que les activités admissibles sont exercées dans un but non lucratif et que celles-ci constituent l'utilisation principale de l'immeuble », comme stipulé dans sa décision du 9 novembre 2004, Organisme de récupération anti-pauvreté de l'Érable et Ville de Plessisville[53]. Il convient de noter que celle-ci vérifie s'il s'agit d'une personne morale exerçant des activités entrant dans le cadre de celles énumérées à l'article 243.8 de la loi sur la fiscalité municipale. Sont visées, les activités ayant pour but de « a) promouvoir ou défendre les intérêts ou droits de personnes qui, en raison de leur âge, de leur langue, de leur sexe, de leur orientation sexuelle, de leur race, de leur couleur ou de leur origine ethnique ou nationale ou en raison du fait qu'elles ont une maladie ou un handicap, forment un groupe, b) lutter contre une forme de discrimination illégale ; c) assister des personnes opprimées, socialement ou économiquement défavorisées ou autrement en difficulté ; d) empêcher que des personnes ne deviennent en difficulté. [54]» C'est ce que rappelle la décision de la commission en date du 9 novembre 2004, organisme de récupération anti-pauvreté de l'Érable contre ville de Plessisville, au cours de laquelle la juridiction a décidé qu'un regroupement exerçant des activités de défense de droits collectifs et individuels de personnes à faible revenu qui sont sans emploi en les accompagnant dans leurs démarches, en leur offrant des services permettant d'informer la clientèle, sur diverses demandes de renseignements concernant des programmes d'emploi et de revenus au bureau ou par téléphone entrent dans le cadre de celles visées aux sous-paragraphe a, c et d du paragraphe 3e du deuxième alinéa de l'article 243.8 de la loi sur la fiscalité municipale, par la défense ou la promotion d'intérêts de personnes qui forment un groupe, par le soutien de personnes socialement ou économiquement défavorisées ou autrement en difficulté, en empêchant qu'elles ne le deviennent en défendant leurs droits collectifs et individuels[55]. De même, sont

---

[53] Organisme de récupération anti-pauvreté de l'érable (Re), 2004 CanLII 59607 (QC CMNQ), <http://canlii.ca/t/1tzrs>, consulté le 2018-05-18. Voir aussi Organisme de récupération anti-pauvreté de l'érable et Plessisville (Ville), 2012 CanLII 81242 (QC CMNQ), <http://canlii.ca/t/fvc36>, consulté le 2018-05-18.

[54] Article 243.8 de la Loi sur la fiscalité municipale, RLRQ c F-2.1.

[55] Organisme de récupération anti-pauvreté de l'érable (Re), 2004 CanLII 59607 (QC CMNQ), <http://canlii.ca/t/1tzrs>, consulté le 2018-05-18.

considérées comme entrant dans le cadre des activités énumérées par l'article 243.8 de la loi sur la fiscalité municipale, les activités visant à « assister des jeunes familles constituées de parents, en couple ou seuls, qui attendent leur premier enfant et dont la vie a été marquée par des traumatismes ou des carences. » C'est ce que rappelle la commission municipale du Québec, le 8 mars 2002, dans sa décision Centre-Femmes De Lotbinière contre Municipalité de Saint-Flavien[56]. Dans une jurisprudence constante, la commission municipale du Québec a même reconnu que des activités qui ont pour objet de briser l'isolement des femmes, de favoriser les échanges entre les femmes, d'informer les femmes, de soutenir les groupes de femmes dans leurs actions en vue d'améliorer leurs conditions de vie sont considérées comme entrant dans celles énumérées dans l'article 243.8 de la loi sur la fiscalité municipale. C'est une interprétation large des conditions d'exemption de la taxe foncière qui pousse à conclure que les juridictions québécoises sont plus favorables que les juridictions françaises à l'utilisation de moyens fonciers et financiers pour lutter contre la pauvreté et sa transmission. Ce constat se dégage de la décision de la commission en date du 7 mai 2015, Fondation Martin Roberge contre Ville de Shawinigan[57], au cours de laquelle, celle-ci a exonéré de taxes foncières des activités qui permettent à des enfants de profiter d'événements comme Noël, Pâques, la Saint-Valentin, le temps des sucres et l'Halloween, réunir des enfants sur le point de fréquenter la maternelle afin de soutenir et favoriser leur intégration scolaire, réunir des femmes enceintes et des mamans afin de partager leur expérience, réunir des pères de famille afin de les familiariser aux recettes culinaires de base et de les initier à la cuisine. Ces activités, aux termes de la commission, sont exercées en vue de « soutenir et promouvoir la famille » et l'immeuble auquel elles sont affectées bénéficie donc de l'exemption de la taxe foncière. Lorsqu'après un premier examen, la commission s'aperçoit que ces activités n'entrent pas dans le cadre de celles exonérées par l'article 243.8 de la loi sur la fiscalité municipale, elle permet à la requérante de soumettre une nouvelle demande, si des faits nouveaux sont apparus depuis son dernier rejet de la demande d'exemption de taxes foncières, conformément à sa jurisprudence Les Loisirs Montcalm Inc. contre Ville de Québec rendue le 30 novembre 2004[58]. Elle cite à ce titre l'article 243.5 de la loi sur la fiscalité municipale selon lequel « (…) la personne dont la demande a été refusée ne peut la présenter à nouveau dans les cinq ans qui suivent le refus. Toutefois, elle peut le faire si, dans une déclaration sous serment accompagnant la nouvelle demande, elle explique en quoi la situation sur laquelle s'est fondée la

[56] Centre-femmes de Lotbinière (Re), 2002 CanLII 48052 (QC CMNQ), <http://canlii.ca/t/1tjv2>, consulté le 2018-05-18.
[57] Fondation Martin Roberge et Shawinigan (Ville), 2015 CanLII 27083 (QC CMNQ), <http://canlii.ca/t/gj2m1>, consulté le 2018-05-18.
[58] Loisirs Montcalm inc. (Re), 2004 CanLII 59498 (QC CMNQ), <http://canlii.ca/t/1tzn5>, consulté le 2018-05-18.

commission pour opposer son refus a changé et en quoi ce changement devrait amener cette dernière à rendre une décision différente »[59]. En l'espèce, la demanderesse, les loisirs Montcalm Inc., s'était vu refuser sa demande de reconnaissance aux fins d'exemptions des taxes foncières, aux motifs qu'un programme d'accompagnement individualisé offert par un CPE à des enfants ne peut-être assimilé aux activités[60] visées au paragraphe 2e et au sous-paragraphe c du paragraphe 3e du deuxième alinéa[61] de l'article 243.8. Après que la demanderesse eut réintroduit sa requête et de nouveaux faits, ces derniers insistant sur l'activité de suivi individualisé afin de faire du dépistage contre les déficiences intellectuelles pour prévenir des enfants qui seraient en difficulté scolaire, la commission a accordé l'exemption en se basant sur le sous-paragraphe c du paragraphe 3e du deuxième alinéa de l'article 243.8 : en l'occurrence une activité visant à empêcher que des personnes ne deviennent en difficulté. Pour vérifier qu'il s'agit bien d'une personne morale à but non lucratif, l'organisme procède à l'analyse de l'immatriculation de la société et de l'origine des fonds. C'est ainsi qu'elle a décidé qu'un établissement constitué en vertu de la Partie III de la Loi sur les compagnies est une personne morale et que le fait qu'aucun gain pécuniaire n'était généré en faveur des membres faisait de cet établissement une personne morale à but non lucratif[62]. De même, lorsque, après examen des états financiers, il apparaît que les revenus proviennent essentiellement de dons, que la personne morale est constituée en vertu de la Partie III de la Loi sur les compagnies, la Commission municipale du Québec en tire la conclusion qu'il s'agit bien d'une personne morale à but non lucratif[63]. Il existe donc une volonté d'accompagner les établissements qui luttent contre la pauvreté, dans leurs démarches, à travers l'exonération de la taxe foncière. Sans doute la prise en compte de l'importance de l'immeuble et l'engagement des personnes morales est une

---

[59] « *Sauf dans le cas prévu au deuxième alinéa de l'article 243.4, la reconnaissance doit être demandée par la personne qui peut en faire l'objet. La personne dont la demande a été refusée ne peut la présenter à nouveau dans les cinq ans qui suivent le refus. Toutefois, elle peut le faire si, dans une déclaration sous serment accompagnant la nouvelle demande, elle explique en quoi la situation sur laquelle s'est fondée la Commission pour opposer son refus a changé et en quoi ce changement devrait amener cette dernière à rendre une décision différente* » : article 243.5 de la Loi sur la fiscalité municipale, RLRQ c F-2.1.

[60] Sont admissibles… toute activité d'ordre informatif ou pédagogique destinée à des personnes qui, à titre de loisir, veulent améliorer leurs connaissances ou habiletés dans l'un ou l'autre des domaines de l'art, de l'histoire, de la science et du sport ou dans tout autre domaine propre aux loisirs, pourvu que la possibilité soit offerte, sans conditions préférentielles, au public.

[61] Le sous-paragraphe c du paragraphe 3e du deuxième alinéa de l'article 243.8 fait référence à toute activité exercée en vue d'assister des personnes opprimées, socialement ou économiquement défavorisées ou autrement en difficulté.

[62] Fondation alco-toxico des basses Laurentides et Sainte-Thérèse (Ville), 2013 CanLII 65540 (QC CMNQ), <http://canlii.ca/t/g10vs>, consulté le 2018-05-18.

[63] Fondation Lucie et André Chagnon c. Montréal (Ville), 2007 CanLII 26715 (QC CMNQ), <http://canlii.ca/t/1s2l1>, consulté le 2018-05-18.

des réponses aux nombreuses difficultés financières que connaissent les personnes les plus démunies.

66. Cette évolution est à saluer, en espérant que le Conseil d'État français, en dépit de la suppression de la taxe d'habitation et avec le risque d'une hausse de la taxe foncière, incitera davantage les personnes morales à s'investir dans la lutte contre la pauvreté et sa transmission intergénérationnelle, dans l'éducation des plus démunis et l'instruction offerte à leurs parents, dans le développement et l'éclosion d'un réseau social permettant l'entraide, la solidarité et le partage d'expérience des plus démunis. L'immeuble, s'il est affecté à la lutte contre la pauvreté, permet à des pauvres de participer gratuitement à des activités permettant le développement des facultés cognitives des enfants ainsi qu'un réseau de solidarité et d'entraide, comme dans le cadre de l'association « coude à coude », voire d'économiser l'argent du loyer lorsque cesdits immeubles sont affectés à leur logement. Encore faudrait-il qu'il y ait des exemptions de taxes foncières permettant d'accompagner une telle politique. Finalement, il sera difficile de reprocher à la fiscalité et aux finances publiques de ne pas s'être attaqué au problème de la pauvreté, en revanche les critiques les plus sévères seront sans doute de voir que même en s'y attaquant, elle n'a pas réussi à faire baisser les taux de la pauvreté infantile, comme le témoigne le bilan Innocenti. Si le problème persiste, le risque est grand de voir que certains pays occidentaux auront des écarts de revenus entre riches et pauvres à l'image des puissances émergentes de l'Amérique Latine comme le Mexique ou le Brésil.

Section 2 - L'impôt pour lutter contre la transmission intergénérationnelle de la pauvreté

67. Comment l'impôt peut-il à lui tout seul permettre de lutter contre la transmission intergénérationnelle de la pauvreté ? Par des transferts ? Une réduction des droits de mutation à titre gratuit ? Par un transfert de ressources de génération en génération, ce qui suppose des excédents budgétaires sur plusieurs années ? Par une augmentation des cotisations de retraites pour permettre aux personnes âgées d'avoir plus de revenus et donc de faire face à une hausse du coût de la vie ? Car il est ici question d'identifier les causes de la pauvreté et de l'action que pourrait avoir l'impôt sur ces derniers afin de les neutraliser. « La pauvreté n'est pas transférée comme un « ensemble » bien ficelé, mais plutôt comme un ensemble complexe de facteurs positifs et négatifs qui affectent les occasions qu'un individu a de connaître la pauvreté, soit au présent, soit dans le futur, au cours de sa vie. Les facteurs qui influencent les occasions qu'un individu a d'être pauvre comprennent à la fois la transmission (ou manque de transmission) « privée » d'un capital et la transmission (ou manque de transmission) « publique » de ressources d'une

génération à l'autre »[64]. Lorsque l'on s'intéresse aux épisodes de pauvreté, il est encore question de manque de transmission des ressources nécessaires pour faire face à la pauvreté : les problèmes de santé ou le choix de l'habitat conduisant à une influence des personnes rencontrées : leur décision d'aller à l'école ou pas peut influencer celle des enfants. « Le fait d'être un enfant pauvre augmente les chances de devenir un adulte pauvre mais ce n'est pas toujours le cas, et d'autres facteurs peuvent interagir indépendamment pour affecter le bien-être au cours de la vie »[65]. Il est, dans ces conditions, facile de parler de cercle vicieux : les individus d'un même milieu naissent et évoluent dans un environnement peu propice aux études qui leur permettront de devenir médecin, architecte ou expert-comptable. Leurs chances de rencontrer un partenaire du même milieu est aussi grand avec le risque que leurs enfants eux-mêmes reproduisent les comportements de leurs parents (paragraphe 1). Avec de bons programmes gouvernementaux, ces trajectoires peuvent être corrigées. « D'autres facteurs importants comprennent les inégalités systématiques interfamiliales ; la maternité précoce ; les soins de santé infantiles et les pratiques de développement ; la violence domestique ; le revenu des ménages ; les biens familiaux et individuels ; la prise de décision au sein de la famille ; les stratégies de subsistance et de survie ; la prise de service ; l'exposition et la vulnérabilité au risque et la détermination ou la possibilité de faire face »[66]. C'est en cela que l'impôt peut permettre de corriger certaines trajectoires et certains épisodes de pauvreté. Promouvoir une éducation de qualité pour les enfants issus de milieu défavorisés, encourager les meilleurs enseignants à exercer dans des zones dits d'éducation prioritaire, retenir les meilleurs pour donner une chance aux plus jeunes. De même, l'accès au crédit doit être revu pour permettre à des jeunes entrepreneurs issus de milieux défavorisés, de devenir chef d'entreprise et de recruter à leur tour des jeunes ayant du potentiel. Il sera alors possible de passer de la génération d'assistés sociaux à celle d'entrepreneurs. En somme, il est question de corriger des trajectoires qui sans intervention des programmes gouvernementaux, auraient de fortes chances de devenir un cercle perpétuel de pauvreté (paragraphe 2).

---

[64] K. Bird, « La transmission intergénérationnelle de la pauvreté : une vue d'ensemble », *Chronic poverty research center*, document de travail n° 6, octobre 2007, page 4.

[65] K. Bird, « La transmission intergénérationnelle de la pauvreté : une vue d'ensemble », *Chronic poverty research center*, document de travail n° 6, octobre 2007, page 4.

[66] K. Bird, « La transmission intergénérationnelle de la pauvreté : une vue d'ensemble », *Chronic poverty research center*, document de travail n° 6, octobre 2007, page 4.

Paragraphe 1 - La nécessité de tourner les politiques fiscales vers des programmes favorisant le développement des capacités cognitives

68. La particularité du droit fiscal tient au fait qu'il a la possibilité de se rapprocher du droit civil ou de s'en éloigner : son rôle, qui est avant tout de recouvrer l'impôt et donc de taxer la richesse au-delà des habillages juridiques, peut le conduire à s'éloigner des prescriptions du droit civil, pourtant favorables à une transmission intergénérationnelle de la richesse. Par exemple, l'enfant adopté ne bénéficie pas de l'abattement en matière de droits de mutation à titre gratuit alors que la disposition s'applique aux enfants légitimes. Cette disposition peut en effet s'analyser comme un obstacle à la transmission intergénérationnelle de la richesse en cas d'adoption[67].

69. Statistiquement, les études menées convergent pour dire que les enfants de familles défavorisées ont toutes les chances de devenir pauvres[68]. Bien que les probabilités soient loin de frôler les 100 %, très peu d'études sont faites sur l'autre pourcentage restant : le devenir des enfants nés de famille pauvres mais qui sont devenus riches. Pour sortir de la pauvreté, il faut les revenus financiers et l'encadrement permettant de s'y soustraire. L'enseignement sur la façon dont il faut gagner ces revenus et l'encadrement des enfants nés pauvres pour leur permettre de sortir de ce cercle vicieux,

---

[67] Il en est ainsi de la situation entre l'adoptant et l'adopté simple qui est traité comme un tiers et ne bénéficie pas de l'abattement des droits de mutation à titre gratuit : Article 786 du Code général des Impôts français : « *pour la perception des droits de mutation à titre gratuit, il n'est pas tenu compte du lien de parenté résultant de l'adoption simple* ».

[68] « La plupart des analyses économiques utilisent un modèle empirique simple pour mesurer la mobilité intergénérationnelle des gains ou du revenu. (…) Par exemple, si les revenus de deux groupes de parents diffèrent de 100 %, et si les revenus de leurs enfants diffèrent de 60 %, on dit que la persistance intergénérationnelle des revenus est de 60 %, puisque six dixièmes de la différence de revenu parental ont été transmis aux enfants (…). » C'est donc la transmission des revenus aux enfants qui permet d'établir les critères de la persistance intergénérationnelle des revenus. Miles Corak rappelle que : « cependant et c'est aussi important, l'équation reflète l'idée selon laquelle le revenu d'un individu est néanmoins lié à celui de ses parents. Ceci est pris en compte par la valeur de β, qui représente la fraction de revenu transmise, en moyenne, d'une génération à l'autre. En d'autres termes, β résume en un seul nombre le degré de mobilité intergénérationnelle des revenus dans une société. On s'y réfère souvent comme à l'élasticité intergénérationnelle des revenus, et on peut le concevoir comme un nombre réel quelconque ». C'est ce qui explique la diffculté de devenir riche quand on est né pauvre. Selon l'auteur, « une valeur positive indiquerait une persistance intergénérationnelle des revenus dans laquelle un revenu parental plus élevé est associé à des revenus des enfants plus élevés ; un nombre négatif indiquerait un renversement intergénérationnel des revenus dans lequel un revenu parental plus élevé est associé à des revenus des enfants plus bas. En fait, les études empiriques dans les pays riches ont toujours trouvé une valeur de β entre zéro et un. » : M. Corak, « Les enfants pauvres deviennent-ils des adultes pauvres ? Les enseignements pour les politiques publiques d'une comparaison internationale », *Colloque sur le devenir des enfants de familles défavorisées en France* présenté le Jeudi 1er avril 2004, consulté sur le site http://www.cerc.gouv.fr/meetings/colloque_avril2004/presentation.htm le 07/05/2018, p. 3.

devra être transmis aux générations à venir pour bâtir des démocraties occidentales sans pauvreté[69](I). Mais les efforts pour bénéficier d'une éducation supérieure à moindres couts sont encore un défi auquel les démocraties occidentales sont confrontées, particulièrement au Canada. C'est à partir de 18 ans que les difficultés de qualification, d'accession au logement, de formation se posent avec le plus d'acuité pour les jeunes issues de famille défavorisée. S'il faut y associer les risques de grossesse précoces affectant particulièrement les femmes issues de ce milieu, la reproduction sociale et donc la transmission intergénérationnelle de la pauvreté risque de se perpétuer (II).

I - Les théories économiques relatives aux causes de la transmission intergénérationnelle de la pauvreté

70. Les économistes s'accordent volontiers pour dire qu'il y a plusieurs théories dans la transmission intergénérationnelle de la pauvreté. Selon la théorie des ressources économiques, c'est la faiblesse des moyens financiers investis dans les enfants de la part des parents qui seraient la cause de la transmission intergénérationnelle de la pauvreté. La transmission de la pauvreté s'expliquerait donc par la faiblesse des moyens que les parents ont pu investir dans leurs enfants. Il faudrait donc donner plus d'argent aux parents. Selon la théorie des ressources non économiques, des facteurs non financiers seraient à l'origine de la transmission intergénérationnelle de la pauvreté : manque de formation des parents, ressources intellectuelles faibles, problème de santé, séparation des parents. Du côté des tenants de cette théorie,

---

[69] « Esping-Andersen (2004) note que les capacités cognitives sont distribuées de manière beaucoup plus inégale dans certaines sociétés que dans d'autres. De plus, l'ampleur de ce type d'inégalité est fortement et positivement corrélée avec la force de la relation entre le niveau d'éducation parental et les performances cognitives des enfants. Les sociétés dans lesquelles l'éducation parentale est fortement liée aux résultats cognitifs des enfants sont aussi les sociétés où ces résultats sont distribués de la manière la plus inégale. Comprendre les raisons à cela est important pour choisir la bonne direction pour les politiques publiques, et devrait être une priorité pour la recherche » ; M. Corak, « Les enfants pauvres deviennent-ils des adultes pauvres ? Les enseignements pour les politiques publiques d'une comparaison internationale », *Colloque sur le devenir des enfants de familles défavorisées en France* présenté le Jeudi 1er avril 2004, consulté sur le site http://www.cerc.gouv.fr/meetings/colloque_avril2004/presentation.htm le 07/05/2018, p. 22.

Berger et Reinstadler[70] citent Susan Mayer[71] pour qui le revenu n'a que très peu d'impact sur le devenir des enfants pauvres à l'adolescence et que d'autres facteurs expliquent cette pauvreté. Michel Dollé abonde en ce sens[72] en rappelant que le canal le plus apparent de la transmission intergénérationnelle de la pauvreté est l'acquisition des compétences et connaissances au cours de la pré-éducation et de l'éducation. Il reconnait que s'il ne faut pas imputer au seul système scolaire les causes de l'échec en matière d'acquisition des compétences et connaissances, son mode de fonctionnement y a largement contribué. En sus d'un système scolaire qu'il faut revoir en profondeur, les causes de la transmission intergénérationnelle de la pauvreté sont attribuables aux problèmes de santé des enfants comme l'obésité, l'asthme, les problèmes de correction de vue, d'audition, les problèmes dentaires. Il convient aussi de citer l'influence des pairs, influence qui peut affecter, surtout chez les garçons de milieux défavorisés, la décision d'aller à l'école, laquelle reste parfois leur seule et unique option pour sortir du cercle de la pauvreté. Michel Dollé pense en effet que le développement de l'enfant est très influencé par le climat émotionnel dans lequel il vit et que le stress familial joue un rôle dans le développement cognitif de ce dernier : on est d'abord pauvre aux yeux des autres. Plusieurs études ont souligné l'effet de l'apparence vestimentaire : la pauvreté est un processus cumulatif et multidimensionnel. Enfin, la théorie de la culture de l'aide sociale (*Welfare* culture) attribuerait la transmission intergénérationnelle de la pauvreté aux valeurs et normes transmises par les parents, les enfants suivants tout simplement les enseignements de ces derniers.

71. Cette question de la culture à l'aide sociale est extrêmement importante. Si l'on part du postulat que la pauvreté intergénérationnelle est d'abord et avant tout une question de moyens financiers, alors la tentation est grande de développer une politique budgétaire pour fournir une assistance financière aux familles les plus démunies ce qui replonge les assistés sociaux dans d'autres problèmes de dépendance financière, en particulier dans une société où il est de plus en plus question d'instaurer un revenu minimum de base, applicable à tous, servant à instaurer un filet de sécurité pour lutter contre l'extrême pauvreté[73]. Le revenu minimum de base plait et séduit mais est-ce

[70] F. Berger, A. Reinstadler, « Quelle analyse de la transmission intergénérationnelle de la pauvreté dans un pays à forte immigration comme le Luxembourg ? » in B. Masquelier, Th. Eggerickx, *Dynamiques de pauvreté et vulnérabilités en démographie et en sciences sociales: Actes de La Chaire Quetelet 2007, Louvain-La-Neuve*, Presses Universitaires de Louvain, 2010, pp. 105-128.

[71] S. E. Mayer, «What Money Can't Buy: Family Income and Children's Life Chances», *Journal of Policy Analysis and Management*, vol. 17, n°. 3, 1998, pp. 535-538.

[72] M. Dollé, « La transmission intergénérationnelle de la pauvreté », *Regards croisés sur l'économie*, février 2008, n° 4, pp. 97-106.

[73] « *Il y a trente ans, le grand débat national était de savoir comment aider les Américains ordinaires à réussir les bonnes choses de la vie. Aujourd'hui, nous sommes préoccupés par -*

un modèle de société à transmettre aux générations futures et surtout ce modèle sera-t-il viable dans les années à venir ? Dans les arguments en faveur de l'instauration d'un revenu minimum garanti, modèle qui sera aussi transmis par les parents à leurs enfants, réside une idée de liberté : choisir de ne pas travailler lorsque le travail dégrade fortement la dignité humaine, il suffit de se référer au simple travail de la prostitution. Car il est vrai que certains métiers, loin de valoriser l'être humain, le dégradent, entraînent une déchéance sociale ou une perte de l'estime de soi. À cela s'ajoute le nombre de plus en plus croissant de travailleurs précaires, suffisamment mal rémunérés pour ne pas permettre aux familles de vivre décemment : pour ces professions, le revenu minimum garanti est assurément un salut, une porte de sortie mais une solution ayant pour inconvénient de cultiver l'assistanat comme modèle de société, de développer la culture de la dépendance, l'oisiveté et la consommation comme seule et unique compétence. Car le travail, en sus de fournir un revenu, a le mérite de favoriser l'éclosion des compétences pour la personne qui l'exerce. Encourager le travail en bonifiant la prime à l'emploi est un impératif, d'autant que l'expérience montre que c'est en augmentant l'aide sociale que le nombre de participants s'accroit[74]. Le revenu de base ne changerait rien aux habitudes des prestataires : ceux qui ont l'habitude de travailler continueront de le faire, ceux qui veulent continuer d'étudier y verront une belle aubaine de poursuivre leurs ambitions et les assistés sociaux continueraient de bénéficier de leurs prestations sociales.

II - La prévention de la transmission intergénérationnelle de la pauvreté par la lutte contre la pauvreté des jeunes et des adultes

72. En matière fiscale, l'aide sociale allouée aux familles monoparentales est une mesure à saluer et à encourager. Il reste encore d'autres efforts à fournir, notamment en ce qui concerne le poids des dettes à l'adolescence ou

---

et de plus en plus divisés - comment faire face aux problèmes des Américains pauvres et dépendants, dont la plupart ne peuvent ou ne veulent pas travailler aux emplois disponibles. Mead fournit des preuves accablantes et inquiétantes que la pauvreté passive - l'incapacité de la plupart des pauvres à travailler - reflète davantage le défaitisme que le manque d'opportunités. Dans ce livre controversé, Mead propose des mesures concrètes pour surmonter l'inertie des pauvres sans travail pris au piège du système de protection sociale. Si les pauvres retournent au travail, suggère-t-il, la politique américaine se concentrerait à nouveau sur les problèmes des travailleurs américains » : Lawrence M. Mead, *The new politics of poverty: the nonworking poor in America*, BasicBooks, 12 mai 1992 - 356 pages. En 2017, lors de l'élection présidentielle, Benoit Hamon a aussi proposé un revenu universel permettant à ceux qui ne peuvent pas ou ne veulent pas travailler de s'émanciper d'une telle contrainte : J.-Cl. Monod, « Vérité de fait et opinion politique », *Esprit*, octobre 2017, p. 144.

[74] B. Fortin, « Dépendance à l'égard de l'aide sociale et réforme de la sécurité du revenu », *L'Actualité économique*, vol. 73, n° 4, 1997, pp.557-573.

au début de l'âge adulte, l'accès à un emploi dès la fin des études, dans le domaine d'études et sans passer par la période chômage, période au cours de laquelle, même formé, le jeune travailleur reste la cible idéale de la pauvreté et des fâcheuses conséquences qu'elle engendre, y compris la perte des compétences acquises[75]. De même, les politiques de sensibilisation contre les maternités précoces, le suivi des enfants en dehors des classes ainsi que le soutien scolaire, la promotion d'un réseau social dès leur plus jeune âge sont autant d'efforts sur lesquels les politiques fiscales et gouvernementales doivent centrer leurs actions[76]. Il est tout aussi important d'intervenir pour modifier les trajectoires professionnelles des travailleurs occupant des emplois précaires, mal rémunérés, par la promotion de la formation continue, la reconnaissance et la validation des acquis de l'expérience professionnelle, la reconversion professionnelle. L'accès à la propriété sur un marché de l'immobilier de plus en plus cher et la possibilité de transmettre ce bien à leurs enfants ou à d'autres enfants restent autant de défis majeurs que la jeune génération doit affronter : les politiques publiques fiscales ont encore de beaux jours de réflexion devant elles[77]. D'autant que la loi de suppression de l'impôt de solidarité sur la fortune et son remplacement par l'impôt sur la fortune immobilière est entrée en vigueur, dans « un objectif de rendement

[75] « Objectif 8 : travail décent et croissance économique : environ 1 jeune sur 13 ne travaille pas et ne suit ni études ni formation - avec des proportions beaucoup plus élevées d'inactifs dans le sud de l'Europe et en Amérique latine », UNICEF Bilan Innocenti 14, Enfants dans les pays développés, juin 2017, consulté au : https://www.unicef.ca/sites/default/files/201706/UNICEF%20Bilan%20Innocenti%2014%20FR.pdf, p.8.

[76] « L'agressivité chez les filles tend à ne pas se manifester de la même façon que chez les garçons ; de plus, elle suit une trajectoire longitudinale particulière. Les filles agressives envers leurs pairs ne se caractérisent pas tant par leurs manifestations de délinquance et de criminalité ; elles s'orientent plutôt vers une trajectoire de troubles sociaux et de santé mentale qui, à terme, compromet leur avenir scolaire, social et professionnel, de même que leur état de santé physique. Les compétences parentales des filles agressives, de même que le fonctionnement de leur famille, peuvent aussi être affectées ; dans ce cas, c'est la socialisation, la santé et le développement de toute une nouvelle génération d'enfants qui sont menacés. La *Concordia Longitudinal Risk Project* (Enquête longitudinale sur les risques, Université Concordia) suit un échantillon intergénérationnel de 1.770 sujets vivant à Montréal, dont un sous-échantillon de plus de 200 filles dites très agressives, et le compare avec un échantillon de garçons agressifs et un groupe témoin composé d'enfants des deux sexes. Les participants sont suivis de l'enfance à l'âge adulte sur une période de 30 ans. Le présent article décrit les trajectoires à long terme des filles agressives et les conséquences de cette agressivité sur une large variété d'éléments psychosociaux et de santé comme la maternité et la transmission des risques à la prochaine génération » : D. M. Stack, L. A. Serbin, N. Grunzeweig, C. E. Temcheff, N. M. De Genna, D. Ben-Dat Fisher, S. Hodgins, A. E. Schwartzman et J. Ledingham, « De l'agressivité à la maternité : étude longitudinale sur 30 ans auprès de filles agressives devenues mères : trajectoires de leur agressivité durant l'enfance, indicateurs de leurs caractéristiques parentales et développement de leurs enfants », *Criminologie*, vol. 38, n° 1, 2005, pp. 41 et s.

[77] Ch. Fleury, M. Lizotte, P.-O. Paré, « L'Accession à la propriété chez les jeunes ménages québécois au cours de la dernière décennie », *Recherches sociographiques*, vol. 57, n° 1, 2016, pp. 47-77.

budgétaire » afin de créer une « contribution spécifique pesant sur les actifs immobiliers autres que ceux affectés par le propriétaire à sa propre activité professionnelle »[78]. La mesure a pour but de faciliter les déclarations de biens immobiliers et de réduire les stratégies d'évasion fiscale dans les différents paradis fiscaux, d'exempter de taxes les valeurs mobilières comme les actions, les obligations ou encore tous ces biens mobiliers facilement transportables dans lesdits paradis fiscaux en quelques opérations informatisées[79]. La lutte contre la transmission intergénérationnelle de la pauvreté devrait permettre de drainer davantage de ressources financières vers les pauvres en mettant en place un programme fiscal favorisant les transmissions de biens immobiliers, ou à tout le moins, le partage du patrimoine immobilier entre ceux qui n'ont pas de logement et ceux qui ne savent plus quoi en faire : la fiscalité interventionniste pourrait permettre de baisser considérablement les droits de mutation entre vifs, lorsque l'immeuble est transmis à des personnes de revenus modestes, quelque soit leur âge et cela même sans lien de parenté[80]. Il faut néanmoins se féliciter de voir que les titulaires de l'allocation de solidarité aux personnes âgées, ceux de l'allocation supplémentaire d'invalidité ou encore de l'allocation aux adultes handicapés sont exonérés de la taxe foncière sur les propriétés bâties lorsqu'il s'agit de leur logement principal[81]. La jurisprudence canadienne abonde déjà en ce sens, en exemptant de taxes foncières, les immeubles destinés à lutter contre la pauvreté, par l'hébergement ou l'accueil d'enfants, de jeunes ou encore d'adultes issus de milieux défavorisés. Une telle mesure a pour inconvénient d'éclater le patrimoine familial, de fragiliser la transmission de biens au sein des familles et, pour ainsi dire, de fragiliser les ressources financières de la famille. Ainsi que le soulignait Thomas Piketti, « la vision unitaire de la famille a en effet été battue en brèche par plus de 20 ans d'évidence empirique (...). Les conjoints mettent évidemment des ressources en commun, mais pas toutes les ressources, et pas de manière inconditionnelle. La famille est un lieu de négociation et le revenu individuel de chaque membre du foyer influe sur les décisions du foyer, par exemple les décisions de consommation : on sait par exemple qu'une augmentation des revenus a plus de chance d'être dépensée en faveur des enfants lorsqu'elle est affectée à la femme plutôt qu'à l'homme

[78] Décision n° 2017-758 DC du 28 décembre 2017 du Conseil constitutionnel français

[79] https://www.impots.gouv.fr/portail/particulier/je-declare-mon-impot-sur-la-fortune-immobiliere

[80] Pour les droits de mutation entre parents au-delà du 4e degré et entre personnes non-parentes, voir l'article 777 du CGI consultable au https://www.legifrance.gouv.fr/codes/article_lc/LEGIARTI000026292569/2013-01-01.

[81] Voir les articles 1390 du code général des impôts, article 1417 du CGI, ainsi que les titulaires de l'allocation de solidarité aux personnes âgées, ceux de l'allocation supplémentaire d'invalidité ou encore de l'allocation aux adultes handicapés mentionnés aux articles L. 815-1 et 815-24 du code de la sécurité sociale.

au sein du couple[82]». Les augmentations de revenus doivent-elles se faire davantage en faveur des femmes pour lutter contre la pauvreté des enfants ? Doit-on augmenter leurs salaires et les aides sociaux lorsqu'elles sont touchées par le chômage ? Plus d'argent n'entraine-t-il pas plus de dépendance ? [83]

Paragraphe 2 - La nécessité de passer de la génération d'assistés sociaux à la génération de travailleurs et d'entrepreneurs financièrement indépendants des transferts publics

73. Les arguments en faveur de l'instauration d'un revenu universel, qui puisse permettre au bénéficiaire de ne pas travailler et donc d'être émancipateur, trouvent leurs fondements, selon certains tenants de cette théorie, dans la Déclaration universelle des droits de l'homme, en son article 22, lequel défend le droit à la sécurité sociale, les droits économiques, le droit au développement de sa personnalité grâce à l'effort national et à la coopération internationale. Cet article, largement interprété par certains auteurs comme le droit à la « paresse » vient remettre en cause l'idée selon laquelle la dépendance à l'aide sociale serait l'un des principaux facteurs de la pauvreté[84]. Elle contredit aussi la doctrine économique des causes de la transmission intergénérationnelle de la pauvreté, en l'occurrence, la transmission du revenu, du métier et de l'éducation. Cependant, c'est le développement des facultés cognitives qui permet un gain sur le long terme et il est donc nécessaire de promouvoir la formation continue des adultes seuls à même de permettre un perfectionnement du savoir-faire et du métier (II). Il faut en déduire que c'est par la promotion de l'entrepreneuriat qu'il sera possible de faire reculer la pauvreté et sa transmission intergénérationnelle. L'entrepreneuriat permet de développer des compétences dont les retombées financières sont importantes pour la localité, de faire reculer l'échec social par la création d'emploi (I).

---

[82] C. Landais, Th. Piketty, E. Saez, « Commentaire de l'article d'Henri Sterdyniak. « Lecture critique de l'ouvrage *pour une révolution fiscale* » », *Revue de l'OFCE*, vol. 122, no. 3, 2012, pp. 145-151.
[83] B. Boxill, « The culture of poverty », *Social philosophy and policy*, 1994, vol. 11, no 1, p. 275.
[84] S. Cottin-Marx, « Un revenu pour exister », *Mouvements* 2013/1, n° 73, p. 7-9.

I - La promotion des valeurs de l'entrepreneuriat pour faire reculer la transmission intergénérationnelle de la pauvreté

74. Dans le combat contre la transmission intergénérationnelle de la pauvreté, il y a une idée majeure qui consiste à lutter contre les transmissions d'éducation, de revenus et de métier qui favorisent la pauvreté, c'est-à-dire qui poussent des foyers à vivre en dessous de 60 % du revenu médian, c'est-à-dire, 1015 euros par mois en France en 2015[85] et le métier d'assisté social fait partie de ce type de profession. Combattre la transmission intergénérationnelle de la pauvreté par la lutte contre les inégalités est une solution comme une autre de sortie de crise, l'idée étant de mieux redistribuer les richesses nationales ou mondiales. Si, comme l'affirme l'économiste français Thomas Piketty, 10 % de la population concentre 70 % de la richesse mondiale, une meilleure répartition de ces richesses vers les plus pauvres permettrait de non seulement lutter contre la pauvreté, mais aussi de lutter contre sa transmission intergénérationnelle[86]. Il s'agira, dans la redistribution de cette richesse, non pas d'opérer un acte de charité sans contrepartie, mais de donner les moyens financiers à des gens démunis de créer leur propre entreprise, les encadrer et les accompagner dans le développement et l'éclosion de cette dernière. L'idée est donc de lutter contre la pauvreté et sa transmission en encourageant le travail[87], celui qui permet de générer des gains de productivité nécessaires à la santé de l'économie mais aussi par l'entrepreneuriat par lequel un individu génère des profits dans le but d'aider une autre personne à en faire autant : donner du poisson à un enfant, vous le ferez tous les jours, lui apprendre à le pêcher, vous ne le ferez qu'une seule fois. Il faut donc créer des entreprises avec la perspective de réduire la pauvreté[88]. Faut-il rappeler que selon la doctrine économique, les

---

[85] « Un individu (ou un ménage) est considéré comme pauvre lorsqu'il vit dans un ménage dont le niveau de vie est inférieur au seuil de pauvreté. L'Insee, comme Eurostat et les autres pays européens, mesure la pauvreté monétaire de manière relative alors que d'autres pays (comme les États-Unis ou le Canada) ont une approche absolue. Dans l'approche en termes relatifs, le seuil de pauvreté est déterminé par rapport à la distribution des niveaux de vie de l'ensemble de la population. Eurostat et les pays européens utilisent en général un seuil à 60 % de la médiane des niveaux de vie. La France privilégie également ce seuil, mais publie des taux de pauvreté selon d'autres seuils (40 %, 50 % ou 70 %), conformément aux recommandations du rapport du Cnis sur la mesure des inégalités » : https://www.insee.fr/fr/statistiques/2499760.

[86] G. Gaël, « Thomas Piketty, Le capital au XXIe siècle », *Revue Projet*, 2014/1, n° 338, pp. 90-92.

[87] « Art. L. 841-1.-La prime d'activité a pour objet d'inciter les travailleurs aux ressources modestes, qu'ils soient salariés ou non salariés, à l'exercice ou à la reprise d'une activité professionnelle et de soutenir leur pouvoir d'achat », Loi n° 2015-994 du 17 août 2015 relative au dialogue social et à l'emploi, *JORF* n° 0189 du 18 août 2015 p. 14346, texte n° 3.

[88] M. Yunus, Vers *une économie à trois zéros: Zéro pauvreté, zéro chômage, zéro empreinte carbone*, Jean-Claude Lattès, 25 octobre 2017 - 328 pages, Résumé traduit de l'anglais par Olivier Lebleu.

caractéristiques des parents comme l'éducation et le métier sont un déterminant important de la transmission intergénérationnelle de la pauvreté et qu'en agissant sur ces déterminants par la culture de l'esprit entrepreneurial chez les parents, on favorise et crée une future génération d'entrepreneurs plutôt que de former la prochaine génération d'assistés sociaux[89]. Si la réalisation du revenu minimum garanti est sur un plan technique fiscalement réalisable, il n'en demeure pas moins qu'elle reste une menace aux gains de productivité pour l'économie française et québécoise, à la formation et au devenir des générations futures, au recul de la pauvreté et de l'échec social, au désapprentissage et à la culture de la dépendance : car une science fiscale, si elle n'a pas la conscience de l'impact de ses décisions sur le devenir des populations, ne sera que ruine de l'âme[90] : l'âme entrepreneuriale, l'âme du travailleur, l'âme de la méritocratie.

75. Plusieurs schémas se profilent dans la vocation qu'une entreprise se donne pour lutter contre la pauvreté et sa transmission intergénérationnelle. Dans le premier schéma, celle-ci, prospère, génère ce que l'on appelle des flux de trésorerie disponibles et décide de distribuer un dividende à ses actionnaires, en contrepartie de leur apport. La redistribution récompense les actionnaires qui ont décidé d'investir dans l'entreprise mais ne va pas vers les salariés. Dans le second schéma, il n'y a pas de distribution de dividendes aux salariés ni aux actionnaires, mais un réinvestissement des flux de trésorerie disponibles vers d'autres secteurs porteurs pour créer davantage d'entreprises ou de branches d'activités et par conséquent faire reculer l'échec social et la pauvreté. Ce schéma se rapproche plus du compromis entre réduction des inégalités et lutte contre la pauvreté par la création d'entreprises et donc

---

[89] M. Corak, « Les enfants pauvres deviennent-ils des adultes pauvres ? Les enseignements pour les politiques publiques d'une comparaison internationale », *Colloque sur le devenir des enfants de familles défavorisées en France* présenté le jeudi 1er avril 2004, consulté sur le site http://www.cerc.gouv.fr/meetings/colloque_avril2004/presentation.htm le 07/05/2018, p. 22.

[90] « *Le terme « culture de la pauvreté » a été introduit en 1959 par l'Américain anthropologue Oscar Lewis dans son livre Five Families: Mexican Case Studies in the Culture of Poverty. Lewis a fait valoir que certaines personnes pauvres peuvent être pauvres non pas parce qu'elles manquent d'opportunités, mais parce que leur culture, "culture de la pauvreté" - les garde pauvres (...)* ». Ces propos peuvent en effet laisser croire que certains individus choisissent délibérément de rester pauvres. Selon l'auteur *: « de nombreux théoriciens ont également soutenu que les travailleurs pauvres peuvent être retenus par leurs propres lacunes. Ces lacunes sont causées par la façon dont les travailleurs pauvres sont contraints de vivre. Par exemple, John Locke a fait valoir que la compréhension de la pauvreté chez les travailleurs les plus démunis peut se faire à partir du moment où leur niveau d'instruction n'est pas très élevé et que leurs journées sont consacrées à apaiser le gargouillement de leur estomac ou les cris de leurs enfants. Pourtant, il est clair que quelle que soit la cause, le manque d'instruction des pauvres est une partie importante de la raison pour laquelle si peu d'entre eux sortent de leur classe.* »: B. Boxill, « The culture of poverty », *Social philosophy and policy*, 1994, vol. 11, n° 1, p. 249 et s.

d'emplois[91]. C'est dans ce sens que les politiques fiscales et gouvernementales doivent désormais se tourner, vers des réflexions qui n'ont pas pour objet de favoriser l'assistanat et la dépendance à l'aide sociale mais vers des idées qui font reculer le chômage, et promouvoir le travail ou encore l'entrepreneuriat[92].

II - La promotion des valeurs du travail pour faire reculer la transmission intergénérationnelle de la pauvreté

76. C'est démocratiquement que les réformes des politiques fiscales se feront[93], si l'instauration du droit de ne plus travailler et de percevoir un revenu minimum garanti est acceptée, dans une Amérique du Nord où l'idéologie néolibérale est encore fortement ancrée dans les bonnes mœurs[94].

---

[91] G. Pfeffermann, Lutte contre la pauvreté dans les pays en développement : Le rôle de l'entreprise privée, *Finances & Développement*, juin 2001, pp. 42 et s.

[92] La notion de valeur partagée se définit comme « *l'ensemble des politiques et des pratiques assurant la compétitivité d'une entreprise tout en développant les conditions économiques et sociales des communautés auprès desquelles elle opère* ». S. Berger-Douce, « Le développement durable, un levier d'innovation pour les PME ? », *Revue française de gestion*, 2011/6, n° 215, pp. 147-166. URL: https://www.cairn.info/revue-francaise-de-gestion-2011-6-page-147.htm.

[93] « Au cours des années 1990, les États-Unis et la Grande-Bretagne ont abandonné leurs droits aux systèmes basés sur le travail pour soutenir leurs citoyens pauvres. Beaucoup de recherches ont examiné les implications de la réforme de l'aide sociale pour le bien-être économique des pauvres, mais la nouvelle législation affecte également notre vision de la démocratie - et comment elle devrait fonctionner. En éliminant les droits et en fixant des conditions de comportement à l'aide, la réforme de l'aide sociale remet en question notre compréhension de la citoyenneté, de l'égalité politique et du rôle de l'État » : L. M. Mead, Ch. Beem, *Welfare Reform and Political Theory*, Russell Sage Foundation, janurary 05th 2006, 296 pages, (résumé).

[94] « Carole Pateman soutient que la réforme de l'aide sociale a compromis les principes mêmes de la démocratie en liant l'idée de citoyenneté à la participation au marché. Mais William Galston écrit que la citoyenneté américaine a toujours été, à certains égards, conditionnée à la bonne conduite ; les exigences du travail continuent cette tradition en promouvant la responsabilité individuelle et l'autonomie - des valeurs essentielles au bon fonctionnement de la démocratie. Desmond King suggère que les exigences du travail attirent des distinctions insidieuses parmi les citoyens et donc détruisent l'égalité politique. D'autre part, Amy Wax soutient que la fin du droit ne nuit pas aux notions d'égalité, mais qu'elle les favorise, en veillant à ce que personne ne soit récompensé pour son inactivité ». Faut-il d'abord avoir travaillé avant d'accéder aux services publics ou au contraire, cet accès est-il subordonné à la simple citoyenneté sans être conditionné à l'obtention d'un travail ? « Christopher Beem soutient que le bien-être social a servi une fonction sociale - reconnaissant la valeur sociale des soins - qui a été perdue dans le mouvement vers des prestations conditionnelles », selon l'auteur. « Stuart White écrit que les exigences de travail ne peuvent être acceptées que sous réserve de certaines conditions, tandis que Lawrence Mead fait valoir que les préoccupations concernant la justice doivent être traitées seulement après que les bénéficiaires travaillent. Alan Deacon est bien à la gauche de Joel Schartz, mais tous deux disent que le gouvernement peut promouvoir activement la vertu par le biais de la politique sociale - une position que d'autres contributeurs rejettent » :

Entre les valides réfutant la théorie du travail et ceux qui en font la promotion, entre les invalides qui veulent travailler en dépit de leurs conditions physiques et les invalides qui du fait de leurs handicaps sont inaptes au travail, il existe un cercle minoritaire, ceux qui ont toutes les capacités de travailler mais ne veulent pas travailler, le type de métier qu'ils exercent étant une humiliation profonde à leur dignité humaine. Il y a des obstacles qui empêchent les bénéficiaires des prestations sociales d'y avoir facilement accès, ce que le comité d'experts a nommé : le manque d'accessibilité. Selon ces derniers, l'accessibilité fait référence à trois choses : la notion de simplicité, « pour ce qui est de l'utilisation de la mesure par les bénéficiaires », la notion de raisonnable, « les délais pour bénéficier des mesures doivent être raisonnables, les démarches nécessaires doivent être limitées », et la lisibilité, « les mesures de soutien du revenu doivent être lisibles, c'est-à-dire comprises par les citoyens, et l'information les concernant doit être claire »[95]. Outre ces barrières que l'on peut qualifier d'administratives, il existe aussi des barrières morales : le regard de la société, l'idée de savoir qu'aux yeux des autres, on est « l'improductif onéreux », la charge sociétale[96]. Le chômage joue sur la transmission intergénérationnelle de la pauvreté mais n'est pas une fatalité. Il faut craindre que le revenu minimum garanti ne produise le même effet : jouer sur la transmission intergénérationnelle de la pauvreté sans être une fatalité. C'est dans les capacités de l'enfant à aller puiser ses propres ressources pour sortir du cercle vicieux de la transmission du chômage, de la dépendance à l'aide sociale et donc dans ses capacités à développer une autonomie propre à favoriser l'éclosion de ses facultés cognitives lui permettant de générer des gains sur le long terme, qu'il échappera à la fatalité. Plus son autonomie par rapport au parent chômeur sera forte et plus il aura toutes les chances d'affirmer une identité différente de celle de ses géniteurs. C'est donc dire que le droit d'échapper à la pauvreté se conjugue parfaitement avec le droit au travail, celui qui consiste dans la « faculté de pouvoir exercer un emploi sans y être entravé illégitimement » et celui qui permet d'« exiger un emploi » aux gouvernants, à tout le moins d'exiger de leur part de mettre en place les politiques fiscales favorables à l'emploi, comme la bonification de la prime à

L. M. Mead, Ch. Beem, *Welfare Reform and Political Theory*, Russell Sage Foundation, January 05th 2006, 296 pages.

[95] D. Boccanfuso, J.-M. Cousineau, R. Fonseca, « Le revenu minimum garanti : une utopie ? Une inspiration pour le Québec », *Rapport final du comité d'experts sur le revenu minimum garanti*, Volume 1, Les principes, le diagnostic et les recommandations, p. 31, novembre 2017, Bibliothèque et Archives nationales du Québec.

[96] « *Le passage au bien-être axé sur le travail dans les années 1990 ne représentait pas seulement un changement de politique gouvernementale, mais un changement philosophique dans la façon dont les gens percevaient le gouvernement, ses fonctions et sa relation avec les citoyens. La réforme de la protection sociale et la théorie politique offrent un réexamen théorique de la démocratie et de la citoyenneté dans une société de workfare* » : L. M. Mead, Ch. Beem, *Welfare Reform and Political Theory*, Russell Sage Foundation, January 05th 2006, 296 pages.

l'emploi[97]. C'est donc sur le fondement de la déclaration universelle des droits de l'homme et du citoyen en son article 23 qu'il convient de défendre les valeurs et la nécessité pour tout homme de travailler, source d'accomplissement et de réalisation sociétale : « toute personne a droit au travail, au libre choix de son travail, à des conditions équitables et satisfaisantes de travail et à la protection contre le chômage »[98]. Ainsi que l'a souligné une partie de la doctrine, il est nécessaire de cumuler la prime d'activité avec les politiques d'emploi. Cette prime d'activité serait plus intéressante que le RSA-activité puisqu'elle est supérieure dans son montant : entre 0.5 et 1 SMIC. Cette doctrine suggère de faire baisser le coût du travail pour les jeunes de 18-25 ans de sorte à stimuler leur embauche et parallèlement d'accroitre la prime d'activité pour assurer à ces derniers un revenu décent[99]. Il subsiste donc une volonté de faire primer le travail et de l'instaurer comme base pour lutter contre la pauvreté. Une fois que les bases sont fixées, stimuler le travail par la prime à l'emploi sera l'apport que l'on attendra de la part des finances publiques. Dans une société où le régime de retraite par répartition est inscrit au cœur de la solidarité nationale, fournir un emploi aux jeunes est nécessaire pour en arriver à un consensus dans le problème de la répartition des retraites. Il est en effet difficilement concevable de garantir un tel régime si la population active est en proie au chômage.

---

[97] G. Dion, « Le droit au travail », *Relations industrielles*, Volume 15, n° 4, octobre 1960, p. 401.

[98] Article 23 de la déclaration universelle des droits de l'homme du 10 décembre 1948.

[99] O. Bargain, « Que peut-on attendre de la Prime d'Activité ? », *Revue française de finances publiques*, 01/09/2015, n° 131, p. 277.

Chapitre 2 - Le problème de la répartition inégale des retraites entre les différentes cohortes

« Tous les Français ont une part réelle de responsabilité dans l'administration des finances de l'État, et dans la distribution, entre les citoyens, des charges publiques. Cela est vrai dans la plus humble des communes de France, dans le plus pauvre bureau de bienfaisance, comme dans les communes de plusieurs milliers ou de plusieurs centaines de milliers d'habitants et dans celles qui sont aussi riches et quelques fois aussi dépensières que des États. Combien cette responsabilité n'est-elle pas plus lourde encore quand il s'agit de la France entière, représentée dans son parlement par les élus du peuple ! »[1]

77. L'intérêt de cette étude serait d'apporter des éléments de réponse au problème du financement des régimes de retraite et d'alléger les finances publiques du poids de ces mêmes régimes[2]. En effet, on assigne à la politique fiscale, trois missions, dont l'une d'entre elles est la réduction des écarts fiscaux et économiques entre les contribuables[3]. Il faut à ce titre ajouter que « dès lors qu'il est conceptuellement admis que l'impôt peut servir à d'autres finalités que la simple couverture des charges publiques, il peut servir à atteindre des objectifs tant économiques que sociaux. Au plan économique, l'impôt peut-être utilisé dans une perspective de soutien de l'activité économique alors que sur le plan social, l'impôt peut-être utilisé pour réduire les inégalités[4] ». Mettre en place un impôt destiné à réduire les inégalités, c'est en cela, l'objectif de la notion d'équité intergénérationnelle. On la mettra en œuvre pour réduire les inégalités entre générations. Les égalités entre générations, aussi appelées équités intergénérationnelles, doivent être distinguées des égalités au sein d'une même génération, aussi appelées équités intragénérationnelles. Il ne s'agit ici que de la question de l'équité intergénérationnelle.

---

[1] L. Say, *Dictionnaire des finances*, sous la direction de Léon Say, Volume 3, France, Berger-Levrault, 1894, préface, page 5.

[2] Selon Luc Godbout, le nombre de personnes inaptes au travail du fait de leur âge sera de 4 millions à 9 millions environ, alors que le bassin de personne en âge de travailler sera de 24 millions à 26 millions d'ici à 15 ans. Il faudra donc penser à la question des retraites et à la répartition équitable des ressources entre les personnes inaptes au travail et les personnes aptes au travail.

[3] L. Godbout, *L'intervention gouvernementale par la politique fiscale : le rôle des dépenses fiscales : étude comparée : Canada, États-Unis, France*, vol. 1, Paris, Economica, 2006, p. 10.

[4] S. Steinmo, cité par L. Godbout, *L'intervention gouvernementale par la politique fiscale : le rôle des dépenses fiscales : étude comparée : Canada, États-Unis, France*, vol. 1, Paris, Economica, 2006, p. 9.

78. Aristote, cité par Jean-Raphael Pellas, disait que : « l'équitable, tout en étant juste, n'est pas le juste selon la loi mais un correctif de la justice légale... On voit ainsi clairement ce qu'est l'équitable, que l'équitable est juste et qu'il est supérieur à une certaine sorte du juste [5]». Réduire les inégalités entre générations par la mise en place d'un impôt tenant compte des différences de niveau de vie entre générations, tel est le rôle du concept d'équité intergénérationnelle (Section 1). Une fois que ce rôle est défini, il conviendra d'identifier les différents instruments fiscaux permettant d'atteindre l'équité intergénérationnelle et de les mettre en place pour réduire la fracture intergénérationnelle. C'est ainsi que la fiscalité permettra à l'équité intergénérationnelle de remplir son rôle, c'est-à-dire réduire les inégalités entre générations (Section 2).

Section 1 - La conciliation des divergences d'intérêt entre générations par la politique fiscale

79. Les finances publiques entrainent « des mouvements d'indignation » de la part des citoyens qui réagissent « au nom de la justice fiscale, pour protester contre le retard mis à réaliser des équipements collectifs ». Les finances publiques n'ont ainsi d'autres rôles que de traduire « à la fois l'emprise de l'État mais aussi les choix essentiels effectués par les pouvoirs publics dans les sociétés contemporaines[6] ». La notion d'équité intergénérationnelle doit éclairer l'action de l'État, dans la mise en place de sa stratégie budgétaire. En effet, « un déficit budgétaire représente une addition à la dette publique sur laquelle il faut payer des intérêts, chaque année, à l'avenir. C'est pourquoi la dette soulève immédiatement la question de l'équité entre les générations. Sommes-nous en train de faire des déficits sur le dos des générations futures ? Les déficits servent-ils à financer des dépenses courantes dont nous sommes les seuls bénéficiaires, mais dont le coût sera assumé par les générations futures ? [7]» Pour y répondre, Gérard Thoris nous propose un exemple. « En fait, si l'on prend le cas de figure d'un jeune qui a aujourd'hui 30 ans », explique ce dernier, « c'est, pour faire simple et pour des montants largement inégaux, le poids de trois retraites qui pèse sur son budget actuel : celui, partiellement, de ses grands-parents, celui, totalement, de ses

[5] J.-R. Pellas, « L'imposition du patrimoine en France et la notion de justice fiscale », *Revue Française de Finances Publiques*, 01 novembre 2013, n° 124, p. 61.

[6] J. Cathelineau, *Les finances publiques : Politique budgétaire et droit financier*, Paris, LGDJ, 1975, p. 7.

[7] L. Godbout, S. St-Cerny, M. Arseneau, H. N. Dao, P. Fortin, « La soutenabilité budgétaire des finances publiques du gouvernement du Québec », *Document de travail de la Chaire de Recherche en Fiscalité et Finances Publiques de l'Université de Sherbrooke*, janvier 2014, p. 10.

propres parents et l'obligation où il est d'anticiper une partie de sa propre retraite[8] ». Il s'agit donc de divergences d'intérêts (qui cotise pour qui) (Paragraphe 1) que complique le contexte économique actuel (Paragraphe 2).

Paragraphe 1 - Les divergences d'intérêt entre les générations sur la question des retraites publiques

80. La faculté contributrice de chaque génération ou le renvoi dans le futur des besoins de financement par l'acceptation des déficits : les points de vue de la doctrine sur le régime de répartition des retraites divergent énormément mais sont à l'origine de plusieurs mouvements de protestation. La lutte, depuis la Seconde Guerre mondiale, oppose ceux qui tentent de gérer les caisses de retraite à ceux qui veulent s'offrir une retraite descente, ceux qui ont accumulé les revenus nécessaires pour se retirer à ceux qui n'ont connu que misère et pauvreté (I). Que faut-il faire ? Hausser les cotisations de retraite pour tenir compte de l'évolution d'un panier à la consommation qui restreindra considérablement le niveau de vie de retraites futures ? La solution consisterait-elle plutôt à repousser l'âge de la retraite pour tenir compte du vieillissement progressif de la population ? Les inquiétudes ne cessent de grandir et de se poser au droit fiscal, sous la problématique de l'équité entre les générations (II).

I - Les capacités contributrices comme solution à l'iniquité intergénérationnelle sur la question des retraites

81. Il convient de rappeler à ce titre que l'équité intergénérationnelle soulève plusieurs problèmes : celui de « la population âgée qui représente un coût et une charge pour l'économie créant ainsi un sentiment d'iniquité parmi les jeunes et les gens d'âge actifs supposés supporter ces couts, (…) l'équité entre générations se résume à l'évaluation de ratios entre ce qui est reçu et ce qui est versé aux caisses publiques par les diverses générations dans chacun des États-nations (...), les intérêts des générations sont d'ordre individuel et ne tiennent pas compte des réalités sociales qui font que nous vivons une grande part de notre existence dans des groupes de personnes, en particulier les familles dont les membres appartiennent par définition à des générations

[8] G. Thoris, « L'héritage des droits acquis », *Revue Française de Finances Publiques*, 1er septembre 2011, n° 115, p. 135.

différentes(…) [9]». Godbout et Trudel, reviennent sur la même notion, concernant le régime de cotisation des épargnants de retraite, en rappelant que « cette vague de hausses du taux de cotisation visait à assurer la pérennité du Régime et à améliorer l'équité entre les générations de cotisants. De façon plus concrète, l'objectif poursuivi était de stabiliser le taux de cotisation, afin que les générations de futurs participants paient des cotisations sur la base d'un même taux pour un niveau équivalent de prestations [10]». Notion éparse et fuyante, l'équité intergénérationnelle désigne la faculté contributrice des travailleurs actifs à la retraite des non-actifs. Lorsque la population en âge légal de travailler est plus nombreuse que la population qui ne travaille pas, la notion d'équité intergénérationnelle a toutes les chances d'être juste : les valides cotisent pour les invalides, qui ne peuvent pas travailler. Le problème se pose quand l'inverse se produit : la population invalide est plus nombreuse que la population valide. L'injustice commence à partir du moment où la population en âge de travailler s'estime lésée car devant payer deux fois ou trois fois plus pour que la population invalide puisse vivre. Le droit est l'art du bon et de l'équitable, disait Celse, on aurait tout aussi pu bien dire que le juste est l'art du bon et de l'équitable. Justice et équité, sont deux mots difficiles à cerner, partons du postulat et de l'hypothèse que ce qui est juste est équitable et que l'équité n'est rien d'autre que ce qui est communément accepté, c'est-à-dire légitime. Une situation ne sera donc jugée équitable, entre les générations, que si elle est légitime, c'est-à-dire, acceptée de tous. Or, pour qu'elle soit acceptée de tous, il faudrait qu'elle soit favorable à l'ensemble de la population. L'équité intergénérationnelle dans les finances publiques ne serait atteinte donc que si la majorité de la population active et non active y trouve son compte.

82. Jean-Baptiste Geffroy rappelle qu'il faut s'intéresser à la faculté contributrice de chaque génération à payer ses impôts. Selon l'auteur, la vieillesse n'est pas un « facteur de détermination de la capacité contributive ». L'article 157 bis du CGI insiste sur le fait que « les personnes âgées ou invalides de situation modeste sont autorisées à pratiquer un abattement spécial sur leur revenu net global. Sont visées notamment les personnes âgées de plus de 65 ans au 31 décembre de l'année d'imposition [11]». Pour payer l'impôt sur le revenu, il faut donc trouver un emploi.

---

[9] S. A. Mcdaniel, « Retraites - privilèges et pauvreté : un autre point de vue sur l'équité intergénérationnelle » dans *Age, générations et contrat social. L'État-providence face aux changements démographiques*, INED 2004, p. 222.

[10] L. Godbout, Y. Trudel, S. St-Cerny, « La pertinence d'établir des processus d'ajustement automatique dans les régimes publics de retraite: le cas du Régime des rentes du Québec », *Document de travail de la Chaire de Recherche en Fiscalité et Finances Publiques de l'Université de Sherbrooke*, juin 2013, p. 5.

[11] J.-B. Geffroy, « Le cadre fiscal de la vieillesse », *Revue Française de Finances Publiques*, 01 septembre 2012, n° 119, p. 195 et s.

83. L'équité intergénérationnelle ne peut se faire sans relever le défi du chômage et garantir aux générations futures l'emploi servant aux contributions des impôts. C'est à ce prix et à ce prix seulement que l'on permettra aux générations futures d'avoir les mêmes retraites qu'aujourd'hui et d'assurer celles de demain. Ainsi, selon Alexandra Tragaki, « équité au sens d'égalité des ressources, d'égalité des chances, des droits ou même des charges, ou encore au sens d'égalité des niveaux de bien-être : ces aspects variés, rencontrés dans la littérature, se résument à trois grandes approches, chacune ciblée sur un trait différent de cette notion multiforme. La première approche met l'accent sur l'égalité des trajectoires économiques des générations successives ; la deuxième considère la justice à travers l'égalité des rendements des transferts pour chaque génération ; et finalement la troisième approche envisage la justice comme l'égalité des niveaux de vie par âge instantanés[12] ». Elle reconnaît néanmoins qu'il sera difficile d'atteindre un résultat satisfaisant pour toutes les parties, à cause des divergences d'intérêts. En effet, même en sous-entendant qu'on est en face de l'équité intergénérationnelle lorsque chacun reçoit selon ses propres efforts, il ne s'agirait que d'une forme partielle de justice, une justice « "commutative" ou, contrairement à la justice "distributive", chacun reçoit selon son effort et non plus selon ses besoins. Réduire l'analyse à une simple comparaison des bilans des différentes générations n'est qu'un critère très particulier, voire même partiel, de l'équité intergénérationnelle[13] ».

84. Selon Bruno Serizay, pourtant, la technique de la retraite par répartition est souvent présentée comme le corolaire de la solidarité intergénérationnelle. Il suppose le « renvoi dans le futur, des besoins de financement par l'acceptation du déficit [14]». Et c'est en cela toute la difficulté : les jeunes devront accepter de supporter le poids des déficits liés à la retraite par répartition, créant ainsi un conflit entre vieux et jeunes. La retraite par répartition est alors largement critiquée et fait ressortir le conflit de générations qui existe au sein des pays développés.

85. La problématique est assez bien résumée par Michel Giray : « on sait que la fracture sociale grandit entre générations jeunes et âgées. Au sein des classes d'âges actives, le niveau de vie des familles, quelle que soit leur catégorie sociale, ne cesse de baisser. Notre système social favorise et entretient cette « fracture » jusqu'à l'absurde, sans compter les effets d'autres législations. Deux générations sont condamnées à financer leur vie durant les revenus et le bien-être de deux autres générations. Ceux qui tiennent à bout de

[12]A. Tragaki, « Le système de retraite et l'équité intergénérationnelle », *Économie & prévision*, n° 136, 1998-5, p. 109.
[13] A. Tragaki, « Le système de retraite et l'équité intergénérationnelle », *Économie & prévision*, n° 136, 1998-5, p. 109.
[14] B. Serizay, « Quel(s) financement(s) pour la protection sociale complémentaire ? », *Gazette du palais, Recueil bimestriel,* Vol. 133, n°4, 2013, p. 2678-2681.

bras le système sont trop peu nombreux pour inverser par les règles démocratiques le droit en leur faveur : en amont, leurs charges familiales sont privatisées ; en aval ils n'ont pas de perspective de recevoir un jour la contrepartie de leurs efforts [15]». Le droit fiscal, la fiscalité et l'impôt, s'ils ont tous les trois pour vocation de redresser les injustices financières que traversent nos sociétés contemporaines, particulièrement en période de crise, doit être en mesure d'adopter un impôt plus juste par le principe de l'équité intergénérationnelle. Comme une sorte d'ironie et une prise en compte de la situation tragique que traversent les générations actuelles, Michel Giray parlera d'otage du système de solidarité actuel, puisque selon lui, non seulement la génération des jeunes est la génération sacrifiée mais en plus « la faiblesse de ses moyens et l'importance de ses responsabilités professionnelles et familiales l'empêchent de s'expatrier [16]». L'expatriation est une solution mais il faudrait être en mesure de s'expatrier vers ces cieux plus cléments. Puisqu'il s'agit de faire une comparaison avec le Canada, l'expatriation doit alors se faire dans les provinces anglophones, là où la fiscalité est moins présente, et où l'on ne croit plus à la fonction équitable de l'impôt.

86. Le rôle de l'équité intergénérationnelle est de régler les conflits entre personnes âgées et jeunes liés à leur différentiel de revenus. Or, le constat dressé par Michel Giray, pour la situation française, montre un large financement en faveur des personnes âgées : « en l'état actuel du droit de la protection sociale, seules les prestations de vieillesse et certaines prestations de revenu liées à la cessation involontaire du travail sont considérées comme contributives. Les autres sont non contributives, encore appelées de solidarité. Cette partition explique que la redistribution soit tout entière dirigée vers la vieillesse. Par ailleurs, l'évolution de l'aide sociale (non contributive à la charge des départements) a été organisée dans la même direction : les dépenses sont tournées vers le grand âge. Enfin, le minimum vieillesse (non contributif dépendant de la sécurité sociale) assure un revenu plus que décent aux aînés puisque représentant le double du revenu d'existence accordé à tous. On sait pour finir que la moitié des prestations de santé, en permanente augmentation, sont consommées par les plus âgés[17] ».

---

[15] M. Giray, « Couple, Famille et Société: Quel droit pour demain ? », *Les Petites Affiches*, 28 juin 2000, n°128, p. 8 et s.

[16] M. Giray, « Couple, Famille et Société: Quel droit pour demain ? », *Les Petites Affiches*, 28 juin 2000, n°128, p. 8 et s.

[17] M. Giray, « Couple, Famille et Société : Quel droit pour demain ? », *Les Petites Affiches*, 28 juin 2000, n°128, p. 8 et s.

II - La prise de conscience de la nécessité de réformer un régime des retraites responsables de l'iniquité intergénérationnelle

87. Si le droit fiscal n'agit pas pour rétablir cette iniquité, ceci aura des conséquences juridiques. C'est le droit social qui sera remis en cause : « la génération qui paie se déconnectera complètement d'un système auquel elle n'adhère plus, qui ne l'« oblige » plus. Les signaux qu'elle a lancés n'ont pas été pris en considération [18]». Selon Philippe Luppi, « la solution pour garantir la pérennité financière de la branche vieillesse et notamment des régimes de retraite, pourrait reposer sur une hausse des cotisations retraite. Mais cette solution pourrait renchérir le coût du travail et pénaliser la compétitivité de nos entreprises. En outre, elle renforcerait l'iniquité intergénérationnelle puisque les générations les plus jeunes seraient davantage taxées que les générations antérieures »[19]. L'équité intergénérationnelle est une notion très difficile à mettre en œuvre car même dans l'équité intergénérationnelle, il y aura encore de l'iniquité du fait des conflits financiers intergénérationnels.

88. À cela s'ajoute la question du vieillissement de la population et des changements démographiques[20]. En France, le vieillissement de la population « s'accentue en raison d'une population plus nombreuse, en meilleure santé, bénéficiant ainsi d'une meilleure espérance de vie. En 1970, la population était répartie de la manière suivante : 54 % de la population avait entre 20 et 64 ans et 5,5 % avait plus de 75 ans. Comparativement en 2005, 59,2 % des Français ont entre 20 et 64 ans et 9,7 % ont plus de 75 ans. La population vieillissante devient donc numériquement importante, les démographes l'envisageant dans la catégorie du troisième âge à compter de 65 ans et du quatrième âge à compter de 80 ans [21]». C'est donc sur plusieurs générations que la France vit et désormais, un retour aux seines habitudes est nécessaire. Parmi ces habitudes, il faudra rétablir la famille comme cellule de base de la société. Il faut rappeler qu'en France, « un ménage sur quatre possède un portefeuille de valeurs mobilières supérieur à 30.000 euros [22]». La transmission du portefeuille de valeur mobilière, en franchise d'impôt, à un collatéral du premier degré en situation de dépendance financière, pourrait être une solution aux conflits d'intérêts que traversent les générations.

---

[18] M. Giray, « Couple, Famille et Société : Quel droit pour demain ? », *Les Petites Affiches*, 28 juin 2000, n°128, p. 8 et s.

[19] Ph. Luppi, « Les lois de financement de la Sécurité sociale et l'assurance vieillesse : bilan des deux dernières législatures (2002-2007 / 2007-2012) », *Revue Française de Finances Publiques*, 01 novembre 2012, n° 120, p. 229.

[20] Y. Chassard, B. Brunhes, « Retraites : du bon usage de la neutralité actuarielle », *Droit social* 2001, p. 644.

[21] S. Moisdon-Chataigner, « Assistance, assurance et dépendance », *Defrénois*, 30 janvier 2009, n° 2, p. 207.

[22] M.-E. Baudoin, « Les réactions de la pratique notariale à l'évolution des patrimoines familiaux », *Les Petites Affiches*, 07 août 2003 n° 157, p. 13.

89. La loi sur les retraites de 2010 a été largement critiquée pour son incapacité à concilier les divergences entre générations. La doctrine est néanmoins d'accord pour reconnaître qu'elle améliore l'information apportée aux assurés : « si le sujet n'était pas aussi préoccupant, on ironiserait volontiers sur le caractère emphatique du discours (« pacte social entre les générations », « équité intergénérationnelle » : autant d'expressions qui, lues avec un peu de recul, s'avèrent d'une vacuité absolue. On s'inquiéterait aussi de l'ampleur, de la diversité, voire de la contradiction interne des objectifs affichés. Quant à la meilleure lisibilité du système - en tant que système - elle reste pour le moins relative même s'il faut convenir que l'information individuelle de l'assuré est améliorée », explique Pierre-Yves Verkindt[23].

90. Selon Jacques Bichot pourtant, le vieillissement de la population n'est pas le responsable du conflit qui oppose les générations : « la démographie a bon dos : elle serait la principale responsable des difficultés du système français de retraites par répartition. Sa désignation comme bouc émissaire évite de se poser trop de questions sur le pilotage du système : puisque c'est « la faute au vieillissement », les pouvoirs publics ne seraient pas sérieusement impliqués dans la montée des couts et déficits de la branche vieillesse (au sens large du terme, englobant tous les régimes obligatoires par répartition). L'examen des faits montre pourtant l'ampleur des erreurs qui ont été commises, depuis des décennies, qu'il s'agisse des problématiques ou des décisions[24] ». Selon ce dernier, ce sont les institutions en place qui seraient responsables des conflits entre les générations. Il explique que des recherches sur la question ont été faites depuis des décennies et que du fait du refus des institutions de les mettre en place, ceci entrainerait une paralysie du système de retraites. Il donne ainsi l'exemple de la pénibilité du travail, entre générations : les jeunes qui ont la force physique et les vieux dont la même force diminue avec le temps. Il explique que : « la pénibilité du travail ne concerne les retraites par répartition que dans la mesure où elle peut induire une diminution de longévité. Dans les autres cas, probablement les plus fréquents, c'est à l'employeur de compenser ce désagrément par une rémunération plus élevée : il serait anormal et maladroit d'inciter entreprises, administrations et associations à faire l'économie des mesures propres à réduire la pénibilité du travail en en faisant assumer le coût par l'ensemble de la collectivité ! Ceci étant, rien n'empêche de donner à ce supplément de rémunération la forme de cotisations à un fonds de pension ; cela permettrait au travailleur de choisir entre cesser le travail plus tôt ou jouir d'un revenu plus élevé durant sa retraite [25]». Tour à tour, la doctrine fiscale s'invite à la table des critiques pour dénoncer l'incompétence législative et institutionnelle

---

[23] P.-Y. Verkindt, « La réforme des retraites, entre le clair et l'obscur », *Droit social*, 2011, p. 256.

[24] J. Bichot, « La retraite entre passé et avenir », *Droit social* 2010, p. 424 et s.

[25] J. Bichot, « La retraite entre passé et avenir », *Droit social* 2010, p. 424 et s.

pour la réforme des retraites. Ainsi, « la loi oscille entre maintien et renforcement du paradigme de la solidarité, tout en retenant comme méthodologie juridique, la référence à l'égalité et la recherche de l'équité. Mais ces deux orientations ne participent pas de la même manière à la construction du régime de l'assurance vieillesse dans la mesure où la retraite par répartition implique précisément une solidarité entre les générations, sans rechercher nécessairement l'égalité ou l'équité entre les cotisants et les pensionnés. La loi 2010-1330 marque donc un glissement dans les assises du régime, de la solidarité vers l'égalité [26]» souligne Christophe Willmann.

Paragraphe 2 - Les difficultés de prise en compte de l'équité intergénérationnelle liées au contexte fiscal

« Il y a deux manières de conquérir et d'asservir une nation,

l'une est par les armes, l'autre par la dette [27]».

91. Il est difficile d'atteindre l'équité sans sacrifier une génération ou créer un déséquilibre. Toute réforme fiscale n'est qu'un déplacement du poids de l'impôt. Ce déplacement doit se faire en tenant compte des mouvements de la masse financière. La vocation de l'impôt consiste à taxer la richesse, quel que soit l'habillage ou la forme qu'elle prend. Partant de ce principe du droit fiscal, hausser les salaires pour augmenter les cotisations sociales pourrait être une piste de réflexion (I). Il est alors nécessaire de se poser les bonnes questions. Quelle politique fiscale adopte-t-on ? Celle qui favorise l'épargne ou la juste répartition des revenus du travail ? Veut-on défendre l'équité intergénérationnelle ou l'accumulation du capital ? L'accumulation du capital doit-elle conduire à rediriger l'épargne vers le financement des innovations technologiques, vers la transition écologique ? Si l'on opte pour l'épargne, n'est-on pas entrain d'abandonner la solidarité et l'équité générationnelle (II) ?

---

[26] Ch. Willmann, « Réforme de l'assurance vieillesse et des politiques de vieillissement actif, la loi du 9 novembre 2010, entre solidarité et égalité », *Revue de droit sanitaire et social* 2011, p. 340.

[27] John Adams, deuxième président des États-Unis de 1797 à 1801 cité par G. Michoud, *La République outragée: Lecture critique et prospective de la marche de la France*, Kindle Edition, Publibook, 27 novembre 2014, p. 84.

I - La possibilité de manipuler la notion pour renforcer les cotisations de retraite

92. Une crise financière sans précédent qui nous rend tous frères, c'est ce que traverse le Canada en ce moment et la doctrine est unanime pour reconnaître qu'elle affecte l'état de nos finances publiques : « la précarité de l'équilibre budgétaire et la croissance des dettes publiques entraînent des problèmes d'équité entre les générations », rappellent Lyne Latulippe et Gilles Larin[28]. Comme conséquence de cette précarité, nous sommes liés et désormais esclaves de la dette publique à rembourser. Et le constat est d'autant plus alarmant en France. La Caisse d'Amortissement de la Dette Sociale aurait atteint un déficit de 134,6 milliards d'euros en 2009 et il ne s'agit pas du montant enregistré au pire de la crise, c'est-à-dire en 2010[29]. Ainsi, selon Gérard Thoris, « on n'a pas assez réfléchi au fait que la crise actuelle est une crise de la dette sans collatéral. Aussi longtemps qu'une dette est assise sur un actif, celui-ci rend des services qui permettent d'en assurer le remboursement : le propriétaire d'une voiture achetée à crédit se rembourse sur les économies de transport que cette voiture lui permet de réaliser ; le propriétaire d'un logement acheté à crédit fait de même avec le loyer. Mais s'il advenait qu'il faille continuer à rembourser la voiture alors qu'un sinistre l'a rendue inutilisable, son propriétaire devrait payer et son crédit, et son transport. Lorsque le collatéral d'une dette a disparu, le niveau de vie baisse à due proportion de cette perte »[30]. La solution serait de mettre toutes les parties à contribution et donc de repousser l'âge de la retraite et probablement d'augmenter la charge de l'impôt à travers le principe de l'équité intergénérationnelle. Selon Catherine Démier, en effet, « la crise économique et financière actuelle pose la question de la résorption des déficits publics. Quels que soient les scénarios envisagés – retour de la croissance, reprise de l'inflation, baisse des dépenses publiques –, les finances publiques françaises ne pourront faire l'impasse sur la part que les prélèvements obligatoires devront prendre à cette réduction[31] ». Comment résorber alors les déficits en matière de finances publiques ? Selon Carole Bousquet, « la Commission européenne, l'OCDE ou le FMI, tous partagent cette conviction que le droit doit désormais être mis au service de l'assainissement des comptes publics »[32].

---

[28] L. Latulippe, G. Larin, « Les canons de la justice fiscale : évolution et influences », *Revue Française de Finances Publiques*, 01 novembre 2013, n° 124, p. 10.

[29] G. Thoris, « L'héritage des droits acquis », *Revue Française de Finances Publiques*, 1er septembre 2011, n° 115, p. 135.

[30] G. Thoris, « L'héritage des droits acquis », *Revue Française de Finances Publiques*, 1er septembre 2011, n° 115, p. 135.

[31] C. Démier, « Une institution associée à la Cour des comptes, le Conseil des prélèvements obligatoires », *Revue française de Finances Publiques*, 1er avril 2010, n° 110, p. 214.

[32] C. Bousquet, « Gestion de la dette sociale : la vertu contrariée par la crise ? », *Revue Française de Finances Publiques*, 01 septembre 2011, n° 115, p. 45 et s.

Mais il s'agit là de la particularité des finances publiques françaises, assises, comme le rappellent Madame Bousquet, sur un dispositif juridique inédit et contraignant. La dette sociale en France est lourde. Un alourdissement que favorisent d'abord sa structure et ensuite la crise financière actuelle. Ainsi, selon Carole Bousquet, elle est constituée de « déficits cumulés des organismes de sécurité sociale, parmi lesquels principalement le régime général et le Fonds de solidarité vieillesse[33] ». Elle est alourdie par la crise financière actuelle. Elle souligne ainsi que : « la récession qui a touché la France au second semestre 2008, bien que dans des proportions globalement moindres que ses voisins européens, a renouvelé les enjeux attachés à la gestion de la dette sociale. Et ce, de deux façons : en rendant nécessaires de nouveaux transferts à la CADES et en dégradant durablement la situation financière du régime général[34] ».

93. En réalité, l'équité intergénérationnelle n'est qu'une notion fourre-tout. Elle constitue un instrument de politique fiscale pour favoriser ou promouvoir l'action de l'état en faveur de telle ou telle autre catégorie sociale. Il est impossible d'atteindre l'équité sans entrainer une iniquité dans d'autres domaines. Pour atteindre l'équité, l'iniquité est parfois nécessaire : traiter deux situations identiques, à la base distincte, est la première forme d'iniquité. Alexandra Tragaki relève, à ce sujet que : « dans le souci de préserver le niveau de vie des retraités à un taux constant du salaire brut, une option plausible est la majoration des cotisations. Malgré la croissance continue du salaire, il devient impossible d'éviter l'affaiblissement du niveau de vie relatif des actifs (graphique 2). Mais le taux de prélèvement atteint des niveaux prohibitifs et entrave l'égalité instantanée[35] ».

94. Toute la question est alors de savoir quelle politique fiscale poursuit-on et quelle est la forme la mieux adaptée pour l'atteindre ainsi que les instruments fiscaux mis à notre disposition ?

95. S'il s'agit d'assurer la parité entre retraités et actifs, alors le contexte actuel de crise financière est lourdement entrain de discréditer nos efforts et de jeter le flou sur une notion aux contours largement imprécis. Car il faut payer les taux d'intérêts de la dette publique, cotiser pour les personnes qui ne sont plus en âge de travailler et cotiser pour sa propre retraite. Ce qui fait dire à Alexandra Tragaki que « le progrès soutenu de la productivité ne dispensera pas les générations futures d'une hausse de l'effort pour la préparation de la retraite car l'objectif du système est de préserver la forme de parité des

[33] C. Bousquet, « Gestion de la dette sociale : la vertu contrariée par la crise ? », *Revue Française de Finances Publiques*, 01 septembre 2011, n° 115, p. 45 et s.
[34] C. Bousquet, « Gestion de la dette sociale : la vertu contrariée par la crise ? », *Revue Française de Finances Publiques*, 01 septembre 2011, n° 115, p. 45 et s.
[35] A. Tragaki, « Le système de retraite et l'équité intergénérationnelle », *Économie & prévision*, n° 136, 1998-5, p. 114.

niveaux de vie établie entre actifs et retraités »[36]. Pourtant elle reconnaît que « la réforme du système de retraites reste, malgré ces résultats rassurants, une ardente obligation, plutôt pour le maintien d'une justice "distributive" (l'équité instantanée entre les générations coexistantes) que pour la satisfaction d'un concept de justice "commutative" (l'égalité des rendements des transferts) ». En somme, il faudra définir l'équité intergénérationnelle comme la faculté de contribuer à sa propre retraite et à celle des autres. Un peu comme le modèle canadien qui cumule la retraite par répartition et la retraite par capitalisation : des cotisations aux régimes publics de retraites et des incitations à des régimes privés de retraite, ce que le rapport de l'Institut de recherche et d'informations socio-économiques avait nommé sous « trois piliers, soit entre les prestations publiques universelles (supplément de revenu garanti, pension à la sécurité de la vieillesse et RRQ), les régimes complémentaires à prestations déterminées et l'épargne personnelle »[37]. Ces trois piliers seront difficiles à maintenir compte tenu du contexte de crise financière actuelle.

II - La nécessité d'offrir des choix diversifiés de régime de retraite pour amortir les effets d'iniquité sur les générations futures

96. C'est dans les critiques adressées au rapport d'Amour par deux chercheurs de l'université de Laval, Gilles Bourque et Frédéric Hanin, qu'il est possible de s'apercevoir des difficultés que pose déjà la crise financière aux régimes publics de retraite et aux finances publiques. Comme conséquence, la solidarité intergénérationnelle et l'équité intergénérationnelle sont progressivement abandonnés : « la proposition de rente de longévité inverse l'esprit du Régime de rentes du Québec en rendant l'épargne accumulée et rentabilisée par les gestionnaires financiers plus importante que la solidarité sociale fondée sur la répartition des revenus du travail entre les travailleurs actifs et les retraités. De plus, c'est à partir de l'analyse des besoins sociaux des aînés pour les générations à venir que l'on devrait ensuite améliorer les régimes publics »[38]. Dans le contexte de crise actuelle, l'équité intergénérationnelle a un nouveau nom : c'est la finance intergénérationnelle, là où l'on évoquait couramment la comptabilité intergénérationnelle. Seule la planification financière des ressources individuelles semble inspirer

---

[36] A. Tragaki, « Le système de retraite et l'équité intergénérationnelle », *Économie & prévision*, n° 136, 1998-5, p. 112.

[37] M. Lefrançois, M. St-Onge, E. L. Couturier, « Système de retraite au Québec et au Canada : constats et solutions », *Institut de recherche et d'informations socio-économiques, Rapport de recherche*, mars 2013, p. 5.

[38] G. Bourque, F. Hanin, « Le rapport D'Amours : de mauvaises solutions », *Relations*, mars-avril 2014, p. 21.

confiance. Les politiques publiques ont perdu foi aux finances publiques et ne semblent plus promouvoir un effort commun, une mise en denier commune, pour régler le problème des déficits publics et assurer de seines retraites publiques aux populations. Il ne s'agit là que de la définition de l'équité intergénérationnelle en période de crise, en période de surplus financier, cette équité est plus facile à atteindre. C'est là toute la difficulté d'arriver à une analyse neutre et objective de l'équité intergénérationnelle. La tendance actuelle consiste à oublier qu'il s'agit d'un « enjeu social et politique majeur au Québec depuis la fin des années 1990, que ce soit sous son aspect positif, en période de surplus financiers, ou sous son aspect négatif, période de crise boursière et de déficits actuariels ». La crise actuelle est réelle et rend difficile l'existence d'une solidarité entre les individus dans le sens de la justice distributive[39]. Alors que l'équité intergénérationnelle peine à recouvrer ses lettres de noblesse, toutes les mesures mises en place ne font que favoriser le système financier et drainer l'épargne vers la finance sous couvert de principes comme celui de l'équité intergénérationnelle. Ainsi, les critiques adressées au rapport d'Amour font remarquer qu'il « légitime également les régimes volontaires d'épargne-retraite (RVÉR), proposés tant par le gouvernement fédéral que par le provincial, qui vont pour leur part accroître les distorsions entre les générations et à l'intérieur d'une même génération, au bénéfice du secteur financier »[40]. Gilles Bourque et Frédéric Hanin font ainsi remarquer qu' : « avec leurs mauvais rendements, leurs frais de gestion élevés et leur sensibilité extrême aux cycles économiques, non seulement ces régimes ne sont pas bons pour les ménages, ils ne le sont pas non plus pour l'État. Selon l'Urban Institute-Brookings Institution Tax Policy Center, les pertes de revenus fiscaux associés aux régimes 401(k) et aux Individual Retirement Arrangements (la version étasunienne de nos REÉR) s'élèveraient à 1000 milliards de dollars pour la présente décennie (2011-2020). Dans le contexte actuel de crise des finances publiques, l'absence de fiscalité sur les placements n'est certainement pas une solution d'avenir pour rétablir l'équité fiscale entre les revenus du travail et les revenus du capital [41]». La fiscalité est donc absente là où l'on a le plus besoin d'elle. La vocation de l'impôt n'est-elle pas la réduction des inégalités sociales ? C'est un état des finances publiques déficitaires qui restreint la vocation sociale de l'impôt. Selon Yves Broussolle, « pour le gouvernement, la deuxième loi de finances rectificative pour 2012 constitue la première étape de la stratégie de redressement des finances publiques, présentée dans le rapport préparatoire au débat d'orientation des finances publiques : respecter les objectifs de déficit public

[39] A. Tragaki, « Le système de retraite et l'équité intergénérationnelle », *Économie & prévision*, n° 136, 1998-5, p. 109.

[40] G. Bourque, F. Hanin, « Le rapport D'Amours : de mauvaises solutions », *Relations*, mars-avril 2014, p. 22.

[41] G. Bourque, F. Hanin, « Le rapport D'Amours : de mauvaises solutions », *Relations*, mars-avril 2014, p. 22.

à 4,5 % de la richesse nationale en 2012, puis 3 % en 2013, année où l'effort doit être le plus substantiel, enfin le retour à l'équilibre en 2017 [42]». Si la stratégie de l'équité intergénérationnelle vise à permettre le retour à l'équilibre budgétaire pour 2014, alors toutes les générations devront se mettre au service de l'équité intergénérationnelle et au nom de ce principe, demander de réduire la part des finances publiques consacrées aux aides et accroître les cotisations sociales afin de redresser le déficit[43]. C'est à ce prix que l'on assainira les finances publiques pour les transmettre aux générations futures, dans de meilleures conditions : c'est cela l'équité intergénérationnelle contemporaine.

97. Pendant ce temps, les régimes de retraite complémentaires des professions libérales font le plein et affichent de beaux jours devant eux. Ainsi, selon Gilles Not, « leurs ressources proviennent exclusivement des cotisations de leurs affiliés et des produits de leurs réserves, dans un contexte démographique favorable pour les professions concernées ; pour l'année 2008, les régimes relevant de la CNAVPL dégageaient un excédent de 807 millions d'euros [44]».

Section 2 - Les mesures fiscales destinées à mettre en place l'équité intergénérationnelle

98. Il faut d'abord identifier les types d'équité intergénérationnelle pour pouvoir leur rendre leur efficacité fiscale, c'est-à-dire, l'impact fiscal qu'elle devrait avoir qui n'est autre que la réduction des inégalités de richesses résultant de la différence d'âge. En matière de finances publiques, il est plus facile d'identifier les iniquités intergénérationnelles que les équités entre ces

---

[42] Y. Broussolle, « La deuxième LFR pour 2012, première étape de la stratégie de redressement des finances publiques », *Les Petites Affiches*, 31 octobre 2012, n° 218, p. 3.

[43] La CJUE a ainsi décidé que « le règlement (CEE) n° 1408/71 du Conseil, du 14 juin 1971, relatif à l'application des régimes de sécurité sociale aux travailleurs salariés, aux travailleurs non salariés et aux membres de leur famille qui se déplacent à l'intérieur de la Communauté, dans sa version modifiée et mise à jour par le règlement (CE) n° 118/97 du Conseil, du 2 décembre 1996, tel que modifié par le règlement (CE) n° 1606/98 du Conseil, du 29 juin 1998, doit être interprété en ce sens que des prélèvements sur les revenus du patrimoine, tels que ceux en cause au principal, présentent, lorsqu'ils participent au financement des régimes obligatoires de sécurité sociale, un lien direct et pertinent avec certaines des branches de sécurité sociale énumérées à l'article 4 de ce règlement n° 1408/71, et relèvent donc du champ d'application dudit règlement, alors même que ces prélèvements sont assis sur les revenus du patrimoine des personnes assujetties, indépendamment de l'exercice par ces dernières de toute activité professionnelle » : CJUE, 26 févr. 2015, aff. C-623/13, Min. c/ de Ruyter ; W. Hannecart-Weyth, « Prélèvements sociaux et revenus de source étrangère : clarification de la CJUE pour les résidents et non-résidents », *Les Nouvelles Fiscales 2015 - n°1155 du 01/05/2015,* Etudes fiscales express, numéro 6320.

[44] G. Not, « Les régimes de retraite complémentaire des professions libérales », *Revue de Droit Sanitaire et Social* 2012 p. 233.

mêmes générations. Larin et Latulippe font ainsi remarquer que : « la précarité de l'équilibre budgétaire et la croissance des dettes publiques entraînent des problèmes d'équité entre les générations. Cette préoccupation contemporaine est partagée par plusieurs pays qui sont conscients du fait que les générations futures pourraient avoir à supporter un fardeau excessif par rapport aux avantages qu'ils retireront »[45]. C'est donc le contexte actuel des finances publiques qui seraient la cause de cette iniquité. Assigner aux mêmes finances publiques la lourde tâche de réparer cette injustice dont elle serait la cause pourrait paraître paradoxal, surtout que l'argent se fait rare dans les caisses. Pour financer une telle situation, il faut identifier des cas précis d'équité entre générations (Paragraphe 1). Une fois qu'on les aura identifiés, il s'agira de leur assigner la politique fiscale qu'ils méritent (Paragraphe 2).

Paragraphe 1 - La distribution inégale des richesses favorisée par la fiscalité des personnes

Il faut prendre l'argent là où il est : chez les pauvres.

Ils n'ont pas beaucoup d'argent mais il y a beaucoup de pauvres[46].

99. Il faudrait une redistribution des richesses qui tiennent compte de la disparité des revenus affectant les personnes en âge de retraite. La quête de l'équilibre budgétaire conduit à prendre des mesures drastiques pour réduire les déficits des caisses de retraite. S'il faut ajouter à cela la hausse du taux de chômage ainsi que les frais de gestion élevés des régimes de retraite, il est aisé de comprendre que la retraite pour beaucoup de Français et de Canadiens sera maigre (I). Plusieurs solutions ont été proposées. Elles s'intéressent particulièrement aux personnes de 75 ans et plus dans le contexte canadien. La prolongation d'une espérance de vie pouvant atteindre 83 ans est telle que cette tranche d'âge comprise entre 75 ans et 83 ans pourrait connaitre des fins de mois encore plus difficiles. La solution serait ici encore de hausser les taux de cotisation pour leur permettre de finir décemment leurs vieux jours. Il faudrait donc davantage de solidarité intergénérationnelle (II).

---

[45] L. Latulippe, G. Larin, « Les canons de la justice fiscale : évolution et influences », *Revue Française de Finances Publiques*, 01 novembre 2013, n° 124, p. 10 et s.

[46] D. Hallépée, J.-.François Guédon, C. Grimaud, P. Simon, *Le monde économique par les citations: Les bons esprits, les cancres et les nuls se cultivent*, Kindle Edition, Les écrivains de Fondcombe, 14 août 2014, p. 336.

100. C'est ce qui semble attendre le Canada dans quelques décennies, selon certains économistes : beaucoup de pauvres[47]. Une étude publiée par l'Institut de Recherches et d'Informations socioéconomiques nous livre l'état de finances publiques désastreuses et d'un système de retraite désespérant : « la pérennité du système de retraite exige que la cohérence soit maintenue entre les trois piliers, soit entre les prestations publiques universelles (supplément de revenu garanti, pension à la sécurité de la vieillesse et RRQ), les régimes complémentaires à prestations déterminées et l'épargne personnelle. Dans l'état actuel du système de retraite, plus de la moitié de la population québécoise a un potentiel peu élevé ou nul d'obtenir un niveau adéquat de revenu à la retraite. Sans être optimale, la situation du système de retraite du Canada et du Québec n'est pas catastrophique lorsque comparée à celle des pays de l'OCDE. Il permet d'éviter les situations de grande pauvreté pour les plus démunis, mais ne garantit pas des taux de remplacement adéquats pour les personnes gagnant le salaire moyen ou plus. Afin de rendre les régimes à prestations déterminées plus viables, des solutions négociées sont possibles, par exemple en revoyant la répartition des couts, en augmentant les marges de solvabilité, en revoyant l'âge de la prise de retraite ou les conditions pour avoir droit à une retraite anticipée, etc. » Si ces taux de remplacements sont inadéquats, c'est que bien souvent ils ne bénéficient pas du soutien des employeurs. En effet, selon l'auteur, « la solution gouvernementale de régler les problèmes du système de retraite par la mise en place des régimes volontaires d'épargne retraite (RVER) permettra en effet d'améliorer le taux de couverture des régimes complémentaires, mais pas d'offrir des revenus intéressants à la retraite à cause des frais de gestions élevés, de l'absence de contribution de l'employeur et du risque qui sera assumé en totalité par les employées. La bonification du RRQ, au contraire, permettrait d'améliorer les revenus de retraite de l'ensemble de la population active. Cela réaménagerait l'équilibre du système de retraite, dégageant du même coup de l'espace pour mettre en place des réformes dans la gestion des RPD à travers un processus de négociation intégrant toutes les parties intéressées[48] ».

101. La France semble vouloir régler le problème à coup de mesures légales, de mise en place de comité de pilotage ou encore en repoussant l'âge de la retraite[49]. S'agissant d'abord des lois fiscales, selon Alain Sauret et

---

[47] Thomas Piketty propose de supprimer l'impôt sur le revenu et de le remplacer par la CSG, plus large, plus perfectible, plus facile à contrôler : C. Landais, Th. Piketty, E. Saez, *Pour une révolution fiscale, Un impôt sur le revenu pour le XXIème siècle*, Editions Seuil, 2011, p. 35.

[48] M. Lefrançois, M. St-Onge, E. L. Couturier, « Système de retraite au Québec et au Canada : constats et solutions », *Institut de recherche et d'informations socio-économiques, Rapport de recherche*, mars 2013, p. 5.

[49] Y. Chassard, B. Brunhes, « Retraites : du bon usage de la neutralité actuarielle », *Droit social* 2001, p. 644.

Charlotte Windal, « le régime de base et le régime des retraites complémentaires sont dans une spirale où, structurellement, les dépenses croissent plus vite que les recettes. Si la tentation de l'équilibre est une volonté louable, les mesures prises ne sont probablement pas suffisantes, d'autant que des mesures dites « sociales » (la retraite à soixante ans du président François Mitterrand) prises à contre-courant des grands équilibres, ont durablement « plombé » le fragile équilibre existant dans le début des années 1980[50] ». Face à cette situation de déséquilibre budgétaire, plusieurs lois ont été adoptées dont la plus récente est celle de 2010 : « la loi portant réforme des retraites, d'abord adoptée par le Parlement le 27 octobre, a été promulguée par le chef de l'État et publiée au Journal Officiel le 10 novembre 2010[51] ». Parmi les mesures proposées par cette loi figurent[52] : « les mesures techniques en faveur de l'épargne retraite (mise en valeur du Perco, notamment comme outil-clé de l'épargne retraite complémentaire additionnelle)[53] ». Solutionner le problème des retraites par des lois n'est pas nouveau et Xavier Prétot, conseiller en services extraordinaires à la Cour de cassation faisait remarquer que : « le recours à la loi pour la modification en profondeur des régimes de retraite ne revêt pas, il est vrai, un caractère exceptionnel. Sans remonter aux textes fondateurs adoptés au lendemain de la Seconde Guerre mondiale, lesquels s'inscrivaient d'ailleurs dans un contexte juridique sans commune mesure avec les principes qui régissent l'exercice du pouvoir normatif sous la Vème République, ni même à la réforme menée, au début des années soixante-dix, sous l'égide de Robert Boulin au bénéfice de l'amélioration des droits à pension, la réforme des régimes de retraite a emprunté, le plus souvent, la voie législative ». L'instrument juridique comme instrument de régulation des retraites n'est donc pas à prendre à la légère : « c'est de la sorte qu'ont agi ainsi, respectivement en 1994 et en 2003, les gouvernements dirigés par MM. Balladur et Raffarin pour procéder au durcissement des conditions d'ouverture des droits à pension, la seconde réforme s'appliquant d'ailleurs à l'ensemble des régimes, y compris certains régimes spéciaux [54]».

102. Pour ce qui est ensuite de la mise en place des comités de pilotage : « il faut, ici, saluer cette méthode qui sera structurante pour le futur et qui fera travailler ensemble le COR (Comité d'orientation des retraites),

---

[50] Ch. Windal, A. Sauret, « La réforme du 9 novembre 2010 et la « partie faible » en matière de retraite », *Gazette du Palais*, 04 décembre 2010, n° 338, p. 23 et s.

[51] Ch. Windal, A. Sauret, « La réforme du 9 novembre 2010 et la « partie faible » en matière de retraite », *Gazette du Palais*, 04 décembre 2010, n° 338, p. 23 et s.

[52] Voir l'article L. 137-11 du Code de la sécurité sociale.

[53] Le Perco est l'acronyme désignant le plan épargne retraite collectif. Ch. Windal, A. Sauret, « La réforme du 9 novembre 2010 et la « partie faible » en matière de retraite », *Gazette du Palais*, 04 décembre 2010, n° 338, p. 23 et s.

[54] X. Pretot, « L'âge de la retraite relève-t-il de la loi ? », *Droit Social* 2011 p. 250.

plus technique, et le Comité de pilotage des régimes de retraite (CPRR) au rôle plus politique et plus global encore [55]».

103. Concernant enfin l'âge légal de départ à la retraite, « tout en réaffirmant le processus d'allongement, par étapes, de la durée d'assurance pour bénéficier d'une retraite à taux plein et le principe de la garantie générationnelle, la loi du 9 novembre 2010 modifie l'article 5 de la loi du 21 août 2003 et prévoit que pour les assurés nés à compter du 1er janvier 1955, la durée d'assurance ou de services et bonifications permettant de bénéficier d'une retraite à taux plein doit être fixée après avis technique du conseil d'orientation des retraites, par décret publié avant le 31 décembre de l'année au cours de laquelle les assurés atteignent cinquante-six ans », font remarquer Alain Sauret et Charlotte Windal[56].

104. Telles sont les principales mesures en France qui ont été prises pour garantir l'équité entre les générations par la loi de 2010. Il va sans dire que repousser l'âge de la retraite est désormais une composante de cette équité. « Tout régime de retraite implique qu'une partie de la richesse nationale créée soit chaque année partagée entre actifs et inactifs, par le biais de prélèvements obligatoires (solidarité intergénérationnelle). Ce système connaît des limites car la charge du financement des retraites qui pèse sur les actifs ne doit pas être trop lourde[57] », rappelle Alice Pezard. Carole Bousquet souligne à ce titre que : « dans la sphère publique, l'emprunt se justifie principalement pour lisser les à-coups de la conjoncture en vertu du mécanisme de stabilisateur automatique, ou pour tirer parti des faibles taux d'intérêt dont bénéficie la puissance publique, en particulier pour investir. Aussi, les prestations sociales, qui sont par nature des dépenses courantes, ne sauraient être durablement financées par le recours à l'emprunt. [58]» Il est donc cohérent, que les dépenses courantes soient financées par des recettes courantes comme le produit intérieur brut. « Cet objectif d'équilibre sur la durée du cycle économique vaut de ce fait pour la sécurité sociale plus que pour toute autre administration publique. Puisque l'endettement n'est autre qu'un impôt différé dont le contribuable devra s'acquitter, l'existence même d'une dette sociale est contraire à l'équité intergénérationnelle. Prévaut ainsi dans le champ de la sécurité sociale une interdiction de principe du recours à l'emprunt, à laquelle seule la loi de financement de la sécurité sociale peut déroger. À cette fin, l'article L.O. 111-3 du Code de la sécurité sociale réserve à la LFSS le soin

---

[55] Ch. Windal, A. Sauret, « La réforme du 9 novembre 2010 et la « partie faible » en matière de retraite », *Gazette du Palais*, 04 décembre 2010, n° 338, p. 23 et s.

[56] Ch. Windal, A. Sauret, « La réforme du 9 novembre 2010 et la « partie faible » en matière de retraite », *Gazette du Palais*, 04 décembre 2010, n° 338, p. 23 et s.

[57] A. Pezard, « La retraite par capitalisation (suite et fin) », *Les Petites affiches*, 14 février 2000, n° 31, p. 5.

[58] C. Bousquet, « Gestion de la dette sociale : la vertu contrariée par la crise ? », *Revue Française de Finances Publiques*, 01 septembre 2011, n° 115, p. 45 et s.

d'arrêter la liste des régimes obligatoires de base et des organismes concourant à leur financement habilités à recourir à des ressources non permanentes, ainsi que les limites dans lesquelles leurs besoins de trésorerie peuvent être couverts par de telles ressources [59]».

105. Outre les mesures mises en place par la réforme de 2010 et précédemment citées, il existe des éléments tendant à favoriser l'épargne individuelle et à renforcer l'idée que l'équité intergénérationnelle, en France comme au Canada, est désormais devenue la capacité à cotiser pour sa propre retraite et celle des autres, faisant ainsi peser la charge des efforts sur les plus valides. Selon Miles Corak, la question de l'information est pertinente pour les Canadiens et Canadiennes, à une époque où l'équité intergénérationnelle devient de plus en plus préoccupante[60]. Il reconnait que les inaptitudes légales existent et qu'en la matière il devrait y avoir une forme d'équité. Il rappelle que : « toutefois, l'équité générationnelle au Canada est aussi une préoccupation pour les particuliers et leurs familles. L'attribution des ressources entre les jeunes et les plus âgés au sein de la famille deviendra une question de plus en plus importante pour beaucoup, en particulier compte tenu non seulement d'une population vieillissante, mais aussi de la conviction que les personnes qui joignent les rangs de la population active n'atteindront probablement pas le niveau de vie auquel leurs parents se sont habitués[61] ».

II - Le besoin de réaffirmer la solidarité au cœur du pacte intergénérationnel

106. La répartition des richesses pose aussi le problème du chômage. Ainsi, selon Gunderson et Hyatt, « les changements macroéconomiques et structurels apportés au marché de l'emploi influenceront l'appréciation de l'équité intergénérationnelle[62] ». Ce qui soulève la question de l'âge légal du départ à la retraite et sa réforme actuelle.

107. S'agissant des inaptitudes extra-legales, selon Miles Cornak, « Hicks s'intéresse à deux possibilités extrêmes et fait savoir qu'elles se répercutent avec force sur certains des résultats qu'elle a obtenus. S'il est supposé que les impôts et les transferts sont partagés à parts égales par tous les membres de la famille, alors l'effet de la politique gouvernementale sur les générations est sensiblement

---

[59] C. Bousquet, « Gestion de la dette sociale : la vertu contrariée par la crise ? », *Revue Française de Finances Publiques*, 01 septembre 2011, n° 115, p. 45 et s.

[60] M. Corak, *Les finances publiques et l'équité intergénérationnelle*, Ottawa, Statistique Canada et développement des ressources humaines Canada, 1998, page 2.

[61] M. Corak, *Les finances publiques et l'équité intergénérationnelle*, Ottawa, Statistique Canada et développement des ressources humaines Canada, 1998, page 5.

[62] M. Corak, *Les finances publiques et l'équité intergénérationnelle*, Ottawa, Statistique Canada et développement des ressources humaines Canada, 1998, page 5.

neutre [63]». En somme, il faudra donner plus d'emploi et moins intervenir dans le régime des retraites pour donner plus de souffle aux dépenses publiques. « L'idée même de vouloir examiner la question de la viabilité des mécanismes fiscaux et de transfert de l'État, y compris les régimes publics de pension, dans une perspective d'équité intergénérationnelle, peut fausser grandement les résultats [...] [64]». Selon Osberg pourtant, il y a un large éventail de questions de mesure liées aux biens susmentionnés (allant de l'évaluation des biens publics, aux ressources environnementales et au capital humain) sur lesquelles Statistique Canada doit se pencher. Il ajoute que la compréhension de l'équité intergénérationnelle est conditionnée par une compréhension fondamentale des modalités de répartition des ressources au sein des familles [65]».

108. L'équité intergénérationnelle et particulièrement le mot équité, du latin aequus, signifie égal. L'équité intergénérationnelle voudrait qu'il y ait une égalité entre les générations, et surtout, que les générations futures disposent de la même qualité de vie que les générations actuelles. Ce concept est un échec, une prise de conscience et un aveu que jamais les générations futures n'auront la même chance que les générations actuelles. C'est une once de pessimisme. Il faut l'oublier et se dire que les générations futures ne bénéficieront pas des mêmes conditions de vie. Elles n'en veulent pas d'ailleurs. Elles veulent des finances publiques meilleures et moins endettées. Toute la problématique est alors de savoir comment se débarrasser de la dette et des taux d'intérêt ? Pour y arriver, il faudrait remplacer le concept d'équité intergénérationnel par celui de sacrifices intergénérationnels. Il n'y aura pas de résultats probants s'il n'y a pas de sacrifices. Il faudra donc plus d'impôt, il n'y a pas de recettes miracles lorsqu'il s'agit de la dette des finances publiques. Le mot sacrifices est employé au pluriel car il devra se faire entre les générations, par les générations et pour le bien des finances publiques et devra se traduire par une hausse de la charge d'impôt.

109. Les réformes actuelles au Canada tendent à ne pas considérer la solidarité intergénérationnelle comme une solution viable du régime de retraite. Ainsi, Gilles Bourque et Frédéric Hanin rappellent que : « dans le contexte de la réforme de la sécurité sociale au Canada de la part du gouvernement fédéral (Pension de sécurité de la vieillesse et Supplément de revenu garanti), liée aux difficultés financières des régimes complémentaires de retraite d'employeurs,

---

[63] M. Corak, *Les finances publiques et l'équité intergénérationnelle*, Ottawa, Statistique Canada et développement des ressources humaines Canada, 1998, avant-propos et remerciements, page 5.

[64] M. Corak, *Les finances publiques et l'équité intergénérationnelle*, Ottawa, Statistique Canada et développement des ressources humaines Canada, 1998, avant-propos et remerciements, page 6.

[65] M. Corak, *Les finances publiques et l'équité intergénérationnelle*, Ottawa, Statistique Canada et développement des ressources humaines Canada, 1998, avant-propos et remerciements, page 7.

le rapport D'Amours a proposé l'établissement d'une rente de longévité assurant une sécurité de revenu aux personnes du « quatrième âge », à partir de 75 ans. Cette mesure a été intégrée dans le plan d'action du gouvernement québécois, déposé en décembre dernier. Il s'agit d'une rente financée par des cotisations obligatoires des travailleurs et des employeurs qui procure un revenu supplémentaire correspondant à 0,5 % du salaire admissible par année de cotisation (avec un maximum de 40 années de cotisations). Les fonds seraient administrés par la Régie des rentes du Québec et pourraient représenter 120 milliards de dollars au bout de 20 ans d'existence du programme. Le montant de la rente versée serait ajusté en fonction de la situation financière du régime. Comme son nom l'indique, ce programme cherche à couvrir le « risque » que nous courons à vivre plus longtemps que les générations précédentes et les couts supplémentaires que cela pourra représenter pour le système public (en soins de santé, en hébergement, etc.), tout en favorisant l'équité intergénérationnelle par un mécanisme d'épargne obligatoire. Cette proposition témoigne bien de l'approche dominante en matière de retraite [66]».

Paragraphe 2 - La mise en place de la politique fiscale permettant d'atteindre l'équité intergénérationnelle

110. Il est désormais question de mieux traiter les inégalités de richesse liées à l'âge des contribuables et dans cette quête du juste, se pose aussi la question de la pénibilité du travail : repousser l'âge de la retraite n'assure pas toujours cette égalité entre les différents prestataires (II). Si la prolongation de l'espérance de vie semble être une bonne nouvelle, du moins pour l'humanité, celle du cumul des richesses semble moins se prononcer en faveur de la solidarité. Faut-il alors réorienter la fiscalité de l'épargne pour une meilleure distribution des richesses entre les différentes cohortes de générations (I) ?

I - La meilleure redistribution des revenus épargnés pour la retraite

111. Le conseil des prélèvements obligatoires reconnaît que : « l'équité intergénérationnelle peut-être définie de manière instantanée par l'équité entre les générations ou la parité des ressources entre les différentes classes d'âge. Une telle approche revient à analyser, pour une politique donnée et pour les prélèvements obligatoires, les transferts opérés entre générations afin d'appréhender la juste répartition du produit national entre des individus d'âges

---

[66] G. Bourque, F. Hanin, « Le rapport D'Amours : de mauvaises solutions », *Relations*, mars-avril 2014, p. 21.

différents [67]». Et c'est là l'essence de cette étude et le rôle de la fiscalité : identifier les situations d'injustice financières et établir la justice fiscale.

112. Rappelons que selon Catherine Démier, le conseil des prélèvements obligatoires a identifié plusieurs causes de l'iniquité entre générations. Il s'agit ainsi de : « la dette sociale, de la retraite, des transferts familiaux, de la TVA, de l'imposition des revenus ou de celle du patrimoine [68]». Il faudra élargir le champ de taxation de l'impôt relatif à la retraite et ne pas le confiner aux seuls revenus issus des salaires. Il faudra aussi penser à la mise en place d'un impôt sur la fortune destiné à pallier aux problèmes du déséquilibre financier entre les générations. Certes, cet impôt sur la fortune reviendrait cher à l'État mais il faut préciser qu'il s'agit de réduire les inégalités entre générations et que l'apport financier de l'État ne peut se faire sans un minimum de couts, même si cela devra passer par la mise en place d'un impôt sur la fortune qui appauvrit les deniers publics. Taxer les régimes d'épargne retraite à hauteur des revenus de chacun pour les redistribuer aux moins nantis et taxer le patrimoine pour en faire profiter à ceux qui en ont le moins. Pour une partie de la doctrine, renforcer l'épargne individuelle est nécessaire[69].

113. Outre ces mesures, prolonger l'âge de la retraite semble être une solution légale à l'équité entre les générations. Ainsi, selon Alexandra Tragaki, « les déséquilibres tendanciels résultant autant du vieillissement de la population que du ralentissement de la croissance et des difficultés de financement sont devenus un slogan très fréquemment utilisé. Certes, le traitement des cohortes différentes n'a pas été uniforme durant les cinquante ans de la sécurité sociale et ne le sera pas davantage dans l'avenir. L'évolution continuelle du contexte économique, social et démographique joue énormément dans la direction d'une certaine "inéquité" dans le temps. » Faut-il en déduire que c'est la démographie qui serait responsable de l'iniquité intergénérationnelle ? « Selon les résultats d'un grand nombre d'études », poursuit l'auteur, « il existe des générations "favorisées" -surtout celles nées avant 1955- qui recevront plus qu'elles n'auront cotisé et d'autres, surtout les générations récentes, qui ne récupéreront pas l'équivalent de leurs cotisations et qui sont souvent mentionnées comme "défavorisées" ou même "sacrifiées". Prendre en considération l'allongement de l'espérance de vie atténue les premières impressions pessimistes et apporte une certaine réévaluation des résultats précédents ». Elle explique cette atténuation par le fait que : « bien que le décalage entre les dates demeure important, confirmant que les rendements des transferts varient considérablement avec la date de naissance, sur le cycle de la vie, les générations récentes et futures ne

---

[67] Conseil des prélèvements obligatoires, « La répartition des prélèvements obligatoires entre générations et la question de l'équité intergénérationnelle », *La documentation française*, novembre 2008, p. 26.

[68] C. Démier, « Une institution associée à la Cour des comptes, le Conseil des prélèvements obligatoires », *Revue française de Finances Publiques*, 1er avril 2010, n° 110, p. 214.

[69] C. Zaidman, « Les grandes questions », *Droit social* 1995, p. 723.

seront pas si pénalisées qu'on tend à le croire. En fait, l'individu "représentatif", évoqué à la conception du modèle, est censé, selon toute attente, vivre à chaque date au moins autant qu'il lui faut pour équilibrer ses recettes à ses cotisations ».

114. La prolongation de l'espérance de vie est donc une bonne nouvelle. L'âge de la retraite ne peut plus être fixé légalement, comme il l'était à une époque où l'espérance de vie était moins importante. Ceci permettra de mettre un grand nombre de travailleurs inactifs au nombre des salariés, et de rééquilibrer ainsi les efforts fournis par chaque génération : « l'estimation de la redistribution ressortie du tableau suivant, avance un bilan clairement positif pour toutes les générations sous pratiquement l'ensemble de différents scénarii envisagés. Le vieillissement démographique dû à l'allongement de l'espérance de vie n'a pas forcément un effet négatif sur les bilans de retraite des générations jeunes et futures. La prolongation de la durée de la retraite suffira à récompenser l'alourdissement des cotisations imposé par le recul démographique. Seul le scénario du maintien du taux de cotisation pourrait provoquer un déséquilibre financier en entraînant des bilans légèrement négatifs pour certaines générations ; leur importance serait pourtant relativisée dans la tendance générale [70]».

115. Il faut rappeler que selon les critiques adressées au rapport d'amour « le régime public doit compenser les déficiences du secteur financier et la réduction de l'offre de régimes de pension de la part des employeurs. Dans cette optique, le vieillissement de la population est une raison suffisante pour augmenter l'épargne forcée des ménages, peu importe les conditions de leur endettement ; et, finalement, la qualité de vie à la retraite apparaît davantage comme une question de planification financière personnelle plutôt que comme question politique de vie en société et de financement des besoins sociaux par la redistribution des revenus [71]».

II - L'élargissement de la solidarité aux assistés sociaux et aux étudiants

116. L'équité intergénérationnelle était un enjeu majeur de politique sociale, au début des années 90, comme le font remarquer Gilles Bourque et Frédéric Hanin. Les politiques fiscales actuelles tendent à tuer cette politique pour instaurer la logique individuelle de placements personnels[72]. En France, la réforme des institutions, c'est-à-dire la modernisation de ces dernières afin de

---

[70] A. Tragaki, « Le système de retraite et l'équité intergénérationnelle », *Économie & prévision*, n° 136, 1998-5, p. 110.

[71] G. Bourque, F. Hanin, « Le rapport D'Amours : de mauvaises solutions », *Relations*, mars-avril 2014, p. 21.

[72] G. Bourque, F. Hanin, « Le rapport D'Amours : de mauvaises solutions », *Relations*, mars-avril 2014, p. 22.

mieux traiter les inégalités de richesse liées à l'âge des contribuables, est une des solutions de sortie de crise budgétaire. Rappelons que selon Catherine Démier, « si la récession devait d'une manière ou d'une autre signifier le « retour de l'impôt », impôt pris au sens large, la modernisation radicale de notre système de prélèvements obligatoires serait le moyen de rendre ceux-ci plus justes, plus efficaces, plus rentables, et donc mieux acceptés [73]».

117. Selon Philippe Coursier et Pierre Le Cohu, la mise en place du système des retraites tel que décidé par la réforme des retraites de 2010 « a cristallisé plus que n'importe quelle autre auparavant, des besoins sensibles exprimés par une part grandissante des assurés sociaux... au point qu'il est permis aujourd'hui de stigmatiser, comme dans le cadre du contrat de travail, une « partie faible » en matière de retraite », ce qui signifie qu'elle n'est pas efficace et qu'elle a accru le problème de l'équité intergénérationnelle. Repousser l'âge de la retraite ne tient pas compte de la pénibilité du travail, certains jeunes ayant plus facilement tendance à supporter des travaux manuels d'une intensité physique que leurs séniors[74].

118. La mise en place de la loi de 2010 n'est donc pas totalement satisfaisante et ne prend pas en compte le problème de la taxation des revenus, du patrimoine, de la richesse. Elle se borne à repousser l'âge de la retraite sans véritablement se soucier de la question centrale de l'équité entre les générations. Elle ne prend pas en compte les différences de revenus découlant de la différence d'âge. Et c'est en cela qu'elle est décevante puisqu'elle avait annoncé que « le système de retraite par répartition poursuit les objectifs de maintien d'un niveau de vie satisfaisant des retraités, de lisibilité, de transparence, d'équité intergénérationnelle, de solidarité intragénérationnelle, de pérennité financière, de progression du taux d'emploi des personnes de plus de cinquante-cinq ans et de réduction des écarts de pension entre les hommes et les femmes [75]». L'autre reproche adressé à cette loi concerne les trous de carrière et ceux ayant été obligés de prendre une retraite anticipée. Ainsi, Philippe Coursier et Pierre Le Cohu rappelle que : « de même, il ne fait aucun doute que l'allongement de la durée de carrière exigée pour bénéficier d'une pension à « taux plein » a constitué une mesure qui est venue grandement pénaliser tous ceux et celles ayant une carrière accidentée. En effet, même si la mise en place de la mesure a été toute progressive, il ne fait aucun doute que le constat de « trous de carrière » est devenu plus fortement pénalisant que par le passé. Mais le système est également devenu davantage agressif pour tous ceux et celles qui ont connu une fin de carrière prématurée. En effet, même si le bénéfice d'une

[73] C. Démier, « Une institution associée à la Cour des comptes, le Conseil des prélèvements obligatoires », *Revue française de Finances Publiques*, 1er avril 2010, n° 110, p. 214.

[74] P. Le Cohu, Ph. Coursier, « La réforme du 9 novembre 2010 et la « partie faible » en matière de retraite », *Gazette du Palais*, 17 août 2013, n° 229, p. 15 et s.

[75] Loi n° 2010-1330 du 9 novembre 2010 portant réforme des retraites, JORF n°0261 du 10 novembre 2010, p. 20034.

période d'assurance-chômage ou de préretraite s'accompagne systématiquement de la « validation » de celle-ci au titre de l'assurance-vieillesse, il ne fait aucun doute que c'est sur une base moindre qu'en cas de maintien dans l'emploi [76]».

119. Enfin et sans doute la partie la plus fragile concerne les étudiants. Philippe Coursier et Pierre Le Cohu considèrent que la loi de 2010 devrait les prendre en compte. C'est en cela que les suggestions des auteurs constituent une véritable avancée dans le sens de l'équité intergénérationnelle et vers ceux qu'ils considèrent comme étant la partie la plus faible : les jeunes encore aux études. Selon ces derniers, « il faudrait imaginer la création d'une « assurance-vieillesse étudiants » destinée, sous couvert d'une cotisation forfaitaire supplémentaire, à valider par équivalence les trois trimestres par an consacrés aux études supérieures au-delà de l'âge de vingt ans. Il pourrait également être envisagé un système assez identique de cotisations venant accompagner les périodes d'indemnisation au titre d'une allocation ou d'une prestation familiale quelconque dès lors que celle-ci aurait pour effet d'écarter son bénéficiaire du monde du travail [77]».

120. Une autre mesure mise en place pour garantir l'équité intergénérationnelle peut concerner l'impôt relatif au patrimoine familial. Ainsi, selon Jean-Raphael Pellas, « les pouvoirs publics semblent animés par la volonté de promouvoir une conception de la justice fiscale par la taxation du patrimoine supposée favorable à une redistribution des richesses. Mais celle-ci a favorisé une transmission intra-familiale du patrimoine. À ce titre, l'équité fiscale n'est qu'un moyen pour atteindre cet objectif en personnalisant l'impôt[78] ». La transmission du patrimoine à l'intérieur de la famille n'est donc qu'un moyen parmi tant d'autres d'atteindre l'équité intergénérationnelle. Pour atteindre l'équité intergénérationnelle, il faudra sacrifier une génération. Le souci c'est qu'on ne sait pas encore laquelle ? Si les pouvoirs publics ne prennent pas de décision, c'est le temps qui les prendra à leur place.

---

[76] P. Le Cohu, Ph. Coursier, « La réforme du 9 novembre 2010 et la « partie faible » en matière de retraite », *Gazette du Palais*, 17 août 2013, n° 229, p. 15 et s.

[77] P. Le Cohu, Ph. Coursier, « La réforme du 9 novembre 2010 et la « partie faible » en matière de retraite », *Gazette du Palais*, 17 août 2013 n° 229, p. 15 et s.

[78] J.-R. Pellas, « L'imposition du patrimoine en France et la notion de justice fiscale », *Revue Française de Finances Publiques*, 01 novembre 2013, n° 124, p. 61.

Conclusion du titre 1

121. « Si le calcul d'indicateurs par génération s'avère nécessaire, le concept d'équité intergénérationnelle est souvent utilisé de manière trop restrictive. En effet, il est associé à la volonté de limiter au maximum la redistribution entre générations. Outre que cela n'est pas forcément souhaitable, il serait de toute manière difficile de garantir une parfaite équité définie sur la base d'une égalité en raison des circonstances historiques dans lesquelles ces générations ont évolué, de leur taille différente, des difficultés à établir des comptes précis et à utiliser en pratique les indicateurs et de l'hypothèse implicite que les générations sont responsables de leur sort »[79]. Ce constat conduit progressivement à abandonner la notion d'équité intergénérationnelle pour la préférer à celle de solidarité. En partant d'une définition simple, la solidarité est conçue comme un « sentiment d'un devoir moral envers les autres membres d'un groupe, fondé sur l'identité de situation, d'intérêts »[80]. Or, les intérêts communs entre les générations, c'est de vivre dans une planète habitable et d'avoir des finances publiques qui leur permettent d'être maitres de leur destinée. Cette notion s'oppose à la mise sous tutelle financière à l'image de certains pays comme la Grèce qui se sont trouvés en situation de cessation de paiement. La notion de solidarité renvoie aussi aux modalités par lesquelles une dette sera réglée : elle devient « une obligation s'opposant à la division d'une créance ou d'une dette divisible par nature et permettant à chaque créancier d'obtenir l'entier paiement (solidarité active) ou obligeant chaque débiteur à payer la totalité de la dette (solidarité passive) »[81]. La solidarité comporte donc son lot d'avantages et d'inconvénients : si elle a pour support une obligation morale d'aide et d'assistance, elle implique aussi une prise de conscience généralisée et responsable des actions de chaque génération. Les actes responsables sont assimilables aux actes raisonnables, ou à ceux du bon père de famille : obligation de diligence et de vigilance face à un endettement excessif ou à une planète menacée par les pollutions de sa couche d'ozone. Les transferts entre générations, à condition qu'ils se fassent sur la base de la solidarité, peuvent donc être une solution de sortie de crise en ce qu'ils permettent « de rehausser le niveau de vie des plus jeunes. Or, les indicateurs utilisés jusqu'alors, en

[79] C. Bonnet, « Un inévitable conflit des générations ? », *Informations sociales*, vol. 183, no. 3, 2014, p. 140.

[80] Larousse, « solidarité », in *Larousse* 2021, consultable sur https://www.larousse.fr/dictionnaires/francais/solidarit%C3%A9/73312

[81] Larousse, « solidarité », in *Larousse* 2021, consultable sur https://www.larousse.fr/dictionnaires/francais/solidarit%C3%A9/73312

particulier la comptabilité par génération, n'intègrent pas ces transferts privés. »[82]

122. Cette théorie s'oppose donc à celle du cycle de vie de Franco Modigliani, aussi appelée théorie des familles égoïstes : les individus n'épargnent que pour des moments où leurs revenus seront faibles, comme à la retraite et une fois ce stade atteint, consomment toutes leurs économies sans laisser d'héritage[83]. Mais alors que la nécessité de laisser derrière soit un patrimoine sonne comme une évidence, d'autres théories comme celles de l'effet Carnegie mettent en garde contre la désincitation au travail résultant des sommes colossales laissées en héritage à certains jeunes. C'est ce qui explique que la lutte contre la transmission intergénérationnelle de la pauvreté doit se faire non seulement par les transferts privés au sein des générations mais aussi par la culture du travail et de l'entrepreneuriat. En attendant que la comptabilité intergénérationnelle fournisse les données de mesure exacte de l'équité entre les générations, l'obligation morale d'entraide contenue dans la solidarité semble être un bon moyen d'éviter le conflit intergénérationnel. La littérature des économistes confirme cependant la tendance générale d'une hausse des dépenses relatives au vieillissement de la population. Les études de l'OCDE ainsi que celles du Sénat confirment la tendance d'une hausse des dépenses de santé au fur et à mesure du vieillissement des personnes[84]. De plus, selon la Banque de France, l'espérance de vie des individus les conduit à utiliser le logement pour se prémunir durant la période de leurs retraites. Cette forme de garantie serait responsable de la hausse du prix du logement en France. Il est dès lors aisé de comprendre que ce dernier joue un rôle essentiel dans le conflit intergénérationnel et que la question des difficultés d'accès à la propriété des jeunes générations sera en partie résolue par la cohabitation intergénérationnelle[85].

123. Les économistes de l'INSEE ont mis en évidence des données statistiques prouvant l'importance des transferts et des donations dans la lutte contre la pauvreté et sa transmission. Selon ces derniers, « en France, l'écart entre la médiane du patrimoine net des ménages héritiers ou donataires et celle des ménages n'ayant bénéficié d'aucun transfert est de 175 000 euros environ sur la tranche d'âge – de la personne de référence du ménage – des 50-59 ans. Les transferts de patrimoine profitent à environ un quart des ménages en

---

[82] C. Bonnet, « Un inévitable conflit des générations ? », *Informations sociales*, vol. 183, n° 3, 2014, p.141.

[83] P. Villieu, « L'hypothèse du cycle de vie », dans *Macroéconomie : consommation et épargne,* La Découverte, 2008, pp. 42-59.

[84] J.-P. Plancade, « Vieillissement, dépenses de santé et dépendance » dans *Les conséquences macroéconomiques du vieillissement démographique,* Rapport d'information n° 143 (1999-2000), fait au nom de la délégation du Sénat pour la planification, déposé le 16 décembre 1999.

[85] N. Lisack, R. Sajedi, G. Thwaites, « Les impacts macroéconomiques du vieillissement de la population », *Bulletin de la Banque de France-Recherche économique*, mai-juin 2019, n°223/2, page 5.

Allemagne, 30 % à 35 % en Espagne et en Italie, 45 % en France. La France se distingue par une plus large diffusion des transferts mais aussi par des montants transmis en moyenne plus modestes, par contraste notamment avec l'Italie. Ces spécificités peuvent s'expliquer par des particularités sociodémographiques et culturelles, ainsi que par les règles fiscales nationales ». La culture du transfert de la richesse couplée à une fiscalité favorable est donc la principale raison pour laquelle la France devance, en nombre de transferts, ses voisins européens. Quand la fiscalité accompagne les pratiques et la culture, l'effet sur les comportements est donc plus significatif que lorsqu'il tente d'infléchir sur ces derniers. Le plus difficile sera donc de promouvoir cette culture du transfert intergénérationnel de la richesse, de la prise de conscience de l'existence des générations futures et des difficultés qu'elles seront prêtes à affronter[86].

---

[86] Insee, *Les revenus et le patrimoine des ménages édition 2018*, Paris, Insee, 2018, page 95.

Titre 2 - L'accroissement exponentiel des richesses du secteur numérique : examen de quelques réflexions relatives aux problèmes fiscaux posés par les géants du net

124. D'une apparente simplicité, cette question en appelle pourtant à de très fortes nuances. Si en vertu de l'équité fiscale, la charge de l'impôt doit être répartie de façon juste et équitable entre tous les contribuables, y compris pour le secteur numérique, la taille des entreprises de ce secteur, leurs capacités à créer des emplois, à investir dans de grandes infrastructures, leurs chiffres d'affaires et leurs budgets jugés comme exponentiels en font des partenaires stratégiques dans l'économie de tous les pays du monde[1]. Une telle équité fiscale éviterait de compromettre les intérêts des générations futures d'avoir le contrôle de leurs finances publiques et d'investir dans l'éducation et la santé. Selon l'OCDE, cette économie numérique concerne non seulement les technologies de l'information et de la communication mais touche également tous les secteurs de l'économie. Ainsi, 95 % des entreprises des pays de l'OCDE disposent d'une connexion internet en haut débit[2], 76 % d'entre elles ont un site web, et si l'on ajoute à cela les « transactions financières des usagers », le « trafic des médias sociaux » ou les « coordonnées générées par leur GPS » qui produisent chaque jour plus de 2,5 milliards de Gega octets, cette industrie et son marketing génèrerait près de 156 milliards de dollars à l'économie américaine en 2012[3]. En 2013, c'est près de 14 millions de personnes qui ont été embauchées par le secteur des technologies de l'information et de la communication, soit 3 % des emplois totaux au sein de la zone OCDE[4]. Difficile dans ces conditions de ne pas attirer l'attention des gouvernements et surtout de ne pas en faire des alliés importants dans la croissance du Produit Intérieur Brut. Pourtant, malgré cette masse financière importante, on reproche aux géants de ces secteurs numériques de payer peu voire pas d'impôt. Une perte de revenus fiscaux a été estimée à un montant de 5 milliards de dollars du fait de stratégies fiscales agressives mises en œuvre

---

[1] « L'investissement dans les biens et services des TIC est un moteur de croissance important. En 2013, dans la zone OCDE, ce type d'investissement représentait 13.5 % de la formation de capital fixe et 2.7 % du PIB » : OCDE, « Une économie numérique en expansion », dans *OECD Digital Economy Outlook 2015*, Éditions OCDE 2015, Paris, page 176.

[2] OCDE, « Une économie numérique en expansion », dans *OECD Digital Economy Outlook 2015*, Éditions OCDE 2015, Paris, page 144.

[3] OCDE, « Économie numérique, nouveaux modèles économiques et principales caractéristiques », dans *Addressing the Tax Challenges of the Digital Economy*, Éditions OCDE 2014, Paris, page 98.

[4] OCDE, « Les fondements de l'économie numérique », dans *OECD Digital Economy Outlook 2015*, Éditions OCDE 2015, Paris, p.98.

par Google et Facebook, au sein de l'Union européenne, pour la période allant de 2013 à 2015[5]. En France, ces géants du numérique généreraient 3 milliards de revenus contre 4 millions de recettes fiscales soit un faible taux d'imposition compris entre 3,5 % et 9,8 %[6] durant la même période. Au Québec, les fournisseurs qui sont établis hors de la province ne sont pas tenus de percevoir la taxe sur les ventes de produits et services en ligne, seuls les fournisseurs québécois sont tenus de le faire. Cette obligation, comme le rappelle l'institut du Québec, incombe aux consommateurs mais très peu le font. Tout en étant prudent sur les chiffres avancés, une telle situation entrainerait une perte de recettes fiscales d'un montant de 193 millions de dollars en 2015. Le civisme fiscal n'a pas encore atteint ses lettres de noblesse[7].

125. Quels sont les impôts concernés ? D'abord les impôts qu'une entreprise normale paye en France : la TVA, la Contribution Économique Territoriale[8], l'Impôt sur les Sociétés et les charges salariales comme c'est le cas d'Uber, accusé de vouloir minorer les charges salariales de ses collaborateurs, fidèle à la logique capitaliste selon laquelle il faudrait plus de capital et donc moins de charges salariales à payer. Le poids des prélèvements obligatoires en France est de 142,1 milliards d'euros pour les grandes entreprises, c'est-à-dire, celles de plus de 250 salariés et de 151,5 milliards d'euros pour les PME[9]. Il ne sera ici question que des impôts pour lesquels les géants du net contreviennent au principe d'équité fiscale par leur très grande facilité à les minorer, c'est-à-dire, l'impôt sur les sociétés et la taxe de vente. Comme le souligne très justement Aurélien Dehaine, à l'appui des travaux effectués par la commission des finances du Sénat et de l'article 117-7 du

---

[5] P. Tang, H. Bussink, « EU Tax Revenue Loss from Google and Facebook », *The Dutch delegation of the Labour Party (PvdA) in the Group of the Progressive Alliance of Socialists & Democrats in the European Parliament (S&D)*, September, 2017.

[6] « Le niveau d'imposition des bénéfices des géants du Net, très faible, est sans commune mesure avec leur dynamisme économique et leur richesse. Un avis du Conseil national du numérique (CNN) paru en 2012 estimait entre 2,5 et 3 milliards d'euros les revenus générés en France par Google, Apple (iTunes), Amazon et Facebook, soit un impôt sur les sociétés de 500 millions d'euros. Alors qu'en pratique, ces sociétés acquittent seulement 4 millions d'euros par an en moyenne… De même, selon une étude du Greenlining Institute, le taux effectif d'imposition d'Amazon s'est élevé à 3,5 % en 2011, celui de Xerox à 7,3 %, celui d'Apple à 9,8 % » : Ch. Guené, « La fraude fiscale sur Internet », *Revue française de finances publiques*, 01/08/2014, n°127, p. 99.

[7] J.-G. Côté, J. Nantel, L.-A. Wood, « Rétablir l'équité fiscale : enjeux du commerce électronique et de la fiscalité au Québec », *Institut du Québec*, Note de Recherche, aout 2017, p. 6 et s.

[8] A. Dehaine, « Les ressources fiscales à l'ère du numérique : l'adaptation de la fiscalité locale », *Revue française de finances publiques*, 01/09/2018, n°143, p. 105.

[9] D. Simonnet, « Chapitre VII. L'entreprise dans la cité », dans : D. Simonnet éd., *Les 100 mots de l'entreprise.* Paris cedex 14, Presses Universitaires de France, « Que sais-je ? », 2019, p. 109. URL : https://www.cairn.info/les-100-mots-de-l-entreprise--9782130815433-page-101.htm.

Code français de la consommation : l'économie collaborative est l'économie des plateformes en ligne. Or, « les opérateurs de plateforme » sont des personnes physiques ou morales qui proposent des services à travers l'internet[10].

126. Selon statistiques Canada, sur la période allant de novembre 2015 à octobre 2016, 2,7 millions de personnes âgées de 18 ans et plus vivant au Canada ont participé à l'économie du partage, soit près de 9 % de la population. On estime que les dépenses effectuées par les Canadiens vivant sur le territoire et à l'étranger sont d'un montant total de 1,31 milliard de dollars durant cette période en ce qui concerne les services de location de logements privés et les services de transport grâce à ces plateformes numériques. Selon Statistiques Canada, 241 millions de dollars ont été dépensés en service de transport et 1,1 milliard de dollars ont été utilisés en service de location privé entre particuliers[11]. Il s'agit donc d'une forme d'économie qui bouleverse les modes opératoires classiques du système social par un renforcement du mode de contrat de type indépendant mais aussi fiscal par la diversité des types de financements que l'on y rencontre et que l'impôt doit pourtant taxer pour saisir la création de richesse qui s'y opère : abonnement, paiement à l'acte, freemium (l'offre gratuite est un produit d'appel pour proposer des offres payantes), creative commons (licences libres de droit), crowdfunding (appels à contribution des internautes pour financer une œuvre collective)[12]. Le droit fiscal doit par conséquent s'adapter à ces différents types de financements pour pouvoir taxer la création de la valeur ainsi générée par le numérique sans pour autant que ce système de taxation n'affecte le potentiel de développement du numérique. Les géants du net multiplient les stratégies d'optimisation fiscale en ayant le plus souvent recours aux conventions fiscales et à leurs failles, ce qui oblige les gouvernements à rivaliser d'ingéniosité pour pallier à cette injustice fiscale[13].

---

[10] Article L111-7 du code de la consommation : « Est qualifiée d'opérateur de plateforme en ligne toute personne physique ou morale proposant, à titre professionnel, de manière rémunérée ou non, un service de communication au public en ligne reposant sur : 1° Le classement ou le référencement, au moyen d'algorithmes informatiques, de contenus, de biens ou de services proposés ou mis en ligne par des tiers ; 2° Ou la mise en relation de plusieurs parties en vue de la vente d'un bien, de la fourniture d'un service ou de l'échange ou du partage d'un contenu, d'un bien ou d'un service » disponible sur le site de Légifrance : https://www.legifrance.gouv.fr/affichCodeArticle.do?cidTexte=LEGITEXT000006069565&idArticle=LEGIARTI000033219601

[11] Statistiques Canada, « L'économie du partage au Canada », *Le Quotidien – Bulletin de diffusion officielle de Statistique Canada*, 28 février 2017, Composante du produit n° 11-001-X au catalogue de Statistique Canada, disponible à l'adresse : https://www150.statcan.gc.ca/n1/daily-quotidien/170228/dq170228b-fra.pdf.

[12] L. Franceschini, « Les enjeux des industries culturelles », *Annales des Mines-Réalités industrielles*, mai 2013, p.12.

[13] L. Franceschini, « Les enjeux des industries culturelles », *Annales des Mines-Réalités industrielles*, mai 2013, p.12.

127. Théoriquement on assiste à des possibilités d'interprétation des dispositifs juridiques non fiscaux pour remédier aux insuffisances du droit fiscal à taxer pleinement les géants du numérique, les plus connus étant Google, Amazon, Facebook, Apple et Microsoft (GAFAM) et plus récemment Netflix, Airbnb, Tesla et Uber (NATU)[14]. C'est ainsi que la commission européenne a qualifié d'aide illicite d'État, les 13 milliards d'euros accordés par l'État irlandais à Apple dans le cadre d'un accord fiscal conclu entre les deux parties mais dont ne bénéficiaient pas les autres entreprises établies sur son territoire[15]. À vrai dire, certains pays d'Europe comme l'Irlande ont été violemment secoués par la crise financière[16]. Conscient du risque systémique que leur faillite pourrait provoquer pour l'Union européenne, cette dernière est venue à leur secours en soutenant les banques ruinées par la crise des surprimes. Ce soutien s'effectue non seulement sur le plan technique, par une restructuration en profondeur du système bancaire mais aussi sur le plan

---

[14] F. Perrotin, « Aides d'État : le Luxembourg dans la ligne de mire », *Les Petites Affiches*, 06/12/2017, n°243, p. 3 : « la Commission européenne enquête sur les pratiques des États membres en matière de rulings fiscaux depuis juin 2013. Elle a étendu sa demande de renseignements initiale à tous les États membres en décembre 2014. En octobre 2015, la Commission a conclu que le Luxembourg et les Pays-Bas avaient accordé des avantages fiscaux sélectifs respectivement à Fiat et à Starbucks. En janvier 2016, elle a conclu que les avantages fiscaux sélectifs accordés par la Belgique à au moins 35 multinationales, principalement basées dans l'UE, dans le cadre de son régime d'imposition des bénéfices dits excédentaires, étaient illégaux au regard des règles de l'Union européenne en matière d'aides d'État. En août 2016, elle a conclu que l'Irlande avait accordé à Apple des avantages fiscaux indus pour un montant total de 13 milliards d'euros. » Les faits sont rapportés de façon chronologique et permettent de constater le travail de dur labeur mené par la commission pour dénicher les fraudes fiscales. « Deux autres enquêtes approfondies de la Commission sont en cours au sujet de décisions fiscales anticipatives luxembourgeoises posant potentiellement des problèmes au regard des règles en matière d'aides d'État. Ces enquêtes concernent McDonald's et GDF Suez (devenue Engie) ».

[15] Commission européenne, « Aides d'État: la Commission assigne l'Irlande devant la Cour de justice pour non-récupération des 13 milliards € d'avantages fiscaux perçus illégalement par Apple», *Communiqué de presse*, Bruxelles, le 4 octobre 2017, p.1 : « Dans sa décision du 30 août 2016, la Commission concluait que les bénéfices fiscaux accordés à Apple par l'Irlande étaient illégaux au regard des règles de l'UE en matière d'aides d'État, car ils permettaient à Apple de payer sensiblement moins d'impôts que les autres entreprises. En principe, les règles de l'UE relatives aux aides d'État requièrent que les aides d'État illégales soient récupérées afin de supprimer la distorsion de concurrence qu'elles ont engendrée ». L'Irlande avait quatre mois pour récupérer les aides d'État injustement accordés mais justifiait avoir besoin de plus de temps pour effectuer ce calcul. Parce qu'elle avait dépassé la date limite des quatre mois, elle a été assignée devant la Cour de Justice de l'Union européenne avec une possibilité d'être condamnée à des astreintes pour paiement en retard, conformément à l'article 260 du traité sur le fonctionnement de l'Union européenne.

[16] « Le fédéralisme monétaire s'est renforcé avec le projet d'union bancaire, qui consistait à placer les établissements financiers de la zone euro sous la supervision de la Banque Centrale européenne. L'objectif était de rompre le lien entre crise bancaire et crise de la dette souveraine, les difficultés des banques ayant parfois déclenché celles des États (Espagne, Irlande) » : Ch. Heckly, É. Oberkampf, « Actualité du fédéralisme », *Revue française de finances publiques*, 01/11/2018, n°144, p. 241 et s.

financier, par des aides accordées aux banques financières de ce pays[17]. Les capacités d'un État à trouver du financement pour relancer son économie sont de trois ordres[18] : les prêts auprès des institutions financières internationales comme la Banque Mondiale ou le FMI, les subventions qui proviennent de l'Union européenne et enfin la capacité de lever des impôts. Or les cadeaux fiscaux offerts par l'Irlande aux filiales des multinationales qui sont établies sur son territoire constituent certes un levier de compétition pour pousser les meilleures entreprises à s'établir sur son territoire mais représentent désormais une masse financière importante perdue pour un pays qui tente de se relever à la suite d'une crise économique majeure[19]. C'est conscient de cette nécessité que la commission européenne a entamé une suite de procès contre les entreprises qui avaient un chiffre d'affaires important mais qui bénéficiaient des largesses du système fiscal irlandais. La décision de la commission européenne de condamner Apple à verser 13 milliards de dollars d'impôts, sur la base des aides illicites d'État, participe donc de cette stratégie de redressement des finances publiques de l'Irlande, bien que le pays, comme le note une partie de la doctrine, sans doute soucieux de préserver les 5000 emplois locaux créés par Apple, ait décidé de faire appel de cette décision auprès de la Cour de Justice de l'Union européenne[20]. Les conventions fiscales

---

[17] « Bien que le Traité de Lisbonne lui ait interdit d'aider les États, la crise financière a obligé l'UE à intervenir dans l'urgence. À cette fin, le Mécanisme Européen de Stabilité (MES), entré en vigueur en 2012, dispose d'un capital de 700 Milliards d'euros, dont 80 Milliards effectivement versés par les États membres et 620 Milliards mobilisables en cas de besoin. Sa capacité de prêt est de 500 Milliards d'euros. Il peut consentir des prêts aux États et exiger en contrepartie qu'ils entreprennent des réformes structurelles, comme il l'a fait pour Chypre, l'Espagne, la Grèce et l'Irlande. Il a aussi recapitalisé les banques espagnoles. Les ministres des finances de l'Euro zone ont discuté, le 20 février 2018, de la transformation du MES en Fonds Monétaire Européen, servant de filet de sécurité commun, notamment pour financer le FRU, et agissant en tant que prêteur en dernier ressort. Cependant, il ne dispose pas de l'expérience du FMI et ses effectifs sont beaucoup moins importants. Il ne peut donc pas participer à des missions d'inspection dans les pays aidés » : Ch. Heckly, É. Oberkampf, « Actualité du fédéralisme », *Revue française de finances publiques*, 01/11/2018, n°144, p. 241 et s.

[18] « Le gouvernement du Québec finance ses augmentations de dépenses par des emprunts, des taxes ou des transferts provenant du gouvernement fédéral » : R. Carter, « Les causes et les remèdes de la "crise" des finances publiques au Québec », *Politique*, n° 3, 1983, p. 93 et s.

[19] « En effet, la République d'Irlande a connu un atterrissage assez difficile, plus tôt que prévu. Le 15 septembre 2008, la banque Lehman Brothers s'est effondrée. La bulle immobilière irlandaise a éclaté peu de temps après, provoquant une cascade d'événements: le système bancaire irlandais a été mis en danger au point que le gouvernement irlandais a dû annoncer une garantie inconditionnelle de 440 milliards d'euros pour la plupart des passifs des sept grandes banques irlandaises » : V. Boullet, « The Irish Economic Crisis: The Expiry of a Development Model ? », *Études irlandaises*, 15 décembre 2017, p. 19.

[20] « Fin août 2016, au terme d'une enquête formellement lancée en juin 2014, la commissaire chargée de la concurrence, Margrethe Vestager, déclarait qu'un accommodement fiscal entre Apple et l'État irlandais pouvait être requalifié en aide d'État abusive. Les achats faits en Europe étaient « rapatriés » en Irlande et, en vertu de deux accords fiscaux (ou rulings) datant de 1991 et de 2007, Apple avait payé sur les profits réalisés par ses filiales irlandaises moins de 1 % d'impôts par an, alors que le taux d'imposition des entreprises en Irlande est de 12,5 %.

internationales laissent une marge d'interprétation qui permet aux géants du net de respecter la loi mais l'agressivité des montages leur permet de minorer considérablement la charge fiscale, particulièrement en matière d'impôt sur les sociétés, ce qui justifie le recours à d'autres dispositifs juridiques pour rétablir ce qui est considéré comme une injustice fiscale et sociale[21].

128. Sur le plan pratique, on assiste à des innovations, comme la taxation du chiffre d'affaires des grandes entreprises du numérique. La raison en est simple : ces entreprises utilisent les mêmes schémas d'optimisation fiscale que les autres multinationales et arrivent de ce fait à minorer considérablement la charge de l'impôt sur les sociétés[22]. Conscient que le cœur de leurs chiffres d'affaires repose sur l'exploitation des données, la France a réfléchi à une taxation de ces mêmes données, avant d'aller chercher la solution à travers la taxation du chiffre d'affaires. Celui des grandes entreprises numériques repose sur la publicité, les activités d'intermédiation numérique qui mettent en relation d'une part des acheteurs et d'autre part des vendeurs, enfin l'exploitation des données privées, par exemple via l'inscription des utilisateurs sur les plateformes numériques[23]. Un droit fiscal français qui se veut plus pratique en s'adaptant aux défis que pose la taxation des entreprises

---

Apple s'est vu condamner à verser 13 milliards d'euros à l'État irlandais (soit 23 % du budget du pays). Apple mais aussi l'Irlande ont fait appel de cette décision, cette dernière étant sans doute sensible à la pérennité des 5 000 emplois locaux d'Apple, au risque d'une procédure de non-conformité qui s'applique lorsqu'un État de l'UE faillit dans l'application d'une décision de la Commission » : F. Benhamou, « Quelle régulation face aux plateformes numériques ? », *Annales des Mines - Réalités industrielles*, février 2018, p. 76.

[21]« Un ruling, ou décision fiscale anticipative, avait été émise par le Luxembourg en 2003, et reconduite en 2011 pour permettre à Amazon de transférer la majeure partie de ses bénéfices depuis une société du groupe. Amazon était assujettie à l'impôt au Luxembourg (Amazon EU) vers une société qui ne l'est pas (Amazon Europe Holding Technologies). La décision fiscale anticipative validait notamment le paiement d'une redevance par Amazon EU à Amazon Europe Holding Technologies, permettant de réduire sensiblement les bénéfices imposables d'Amazon EU (…)». Les stratégies mises en place visent toujours à réduire l'assiette imposable. L'auteur poursuit la description des faits en rappelant le rôle de la Commission européenne pour révéler ce genre de montages fiscaux : « au terme d'une enquête approfondie ouverte en octobre 2014, la Commission européenne vient de conclure que le Luxembourg avait accordé à Amazon des avantages fiscaux indus pour un montant d'environ 250 millions d'euros. Cette pratique est illégale au regard des règles de l'UE en matière d'aides d'État, car elle a permis à Amazon (…) de payer quatre fois moins d'impôts que d'autres sociétés locales soumises aux mêmes règles fiscales nationales » : F. Perrotin, « Aides d'État : le Luxembourg dans la ligne de mire », *Les Petites Affiches*, 06/12/2017, n°243, p. 3.

[22] P.-A. Muet, E. Woerth, P. Cherki, M. Ch. De Courson, M.-Ch. Dalloz, A. Girardin, N. Sansu, E. Sas,
« L'optimisation fiscale des entreprises dans un contexte international », *Rapport d'information déposé en application de l'article 145 du règlement par la commission des finances, de l'économie générale et du contrôle budgétaire*, 10 juillet 2013, p. 140.

[23] France Culture, « La taxe GAFA se trompe-t-elle de cibles ? », *Actualités, Du Grain à moudre, Émission présentée par Hervé Gardette*, 23e minutes 35e seconde disponible sur https://www.franceculture.fr/emissions/du-grain-a-moudre/la-france-peut-elle-faire-plier-les-gafa

numériques. En effet, si les questions d'injustices fiscales et sociales sont au cœur du mouvement des gilets jaunes, ce dernier se caractérisant par des manifestations violentes en France pour protester contre les fins de mois difficiles que vivent une partie de la classe pauvre et moyenne, les niches fiscales, cette part d'impôt à laquelle un État renonce en contrepartie d'un investissement attendu du contribuable sur des domaines sur lesquels ce dernier devait allouer une part des finances publiques, semblent être une meilleure réponse à la crise fiscale dont sont affectées les sociétés contemporaines, surtout en France et au Canada[24]. Au Québec, cette vague de protestation est soulevée en particulier par la classe d'affaires[25] qui n'a pas intérêt à voir Netflix bénéficier d'un accord lui permettant d'obtenir une exonération de 5 % de taxe sur les produits et services négociés par le gouvernement canadien contre un investissement de 500 millions de dollars sur 5 ans en production cinématographique[26]. L'idée serait finalement de s'inspirer de cette décision et de permettre en France d'élargir le champ des niches fiscales à certains loisirs comme le sport ou encore la culture, le tout financé par le numérique[27]. Sur la question de l'économie numérique, l'art de la négociation sera encore plus vital que sur les autres secteurs de l'économie. D'abord, parce que l'économie numérique ne fait qu'emprunter à des secteurs classiques comme l'hébergement dans le cas d'Airbnb, le transport pour Uber, le cinéma, la musique, la télévision comme Netflix pour proposer ces services à moindre cout et en touchant un maximum d'utilisateur grâce à internet[28].

---

[24] « Les dépenses fiscales, mieux connues sous leur qualification de « niches fiscales » sont « des dispositions fiscales dérogatoires qui, par atténuation, dégrèvement, abattements, exemptions, reports d'impôts, se traduisent par une diminution de la charge fiscale afin de satisfaire un objectif économique ou social » » : G. Orsoni, *Science et législation financière*, Paris, Economica, coll. « Corpus droit public », p. 261, cité par M. M. De Barbarin, « Le double visage du financement public de la culture en France », *hal.archives-ouvertes <hal-00879601>*, p. 9, disponible sur le site https://hal.archives-ouvertes.fr/hal-00879601.

[25] TVA Nouvelles, « Pierre Karl Péladeau réclame que Netflix paie des taxes », *Entrevue à TVA Nouvelles*, Publiée le 26 septembre 2017 à 18:24 disponible au https://www.tvanouvelles.ca/2017/09/26/pierre-karl-peladeau-reclame-que-netflix-paie-des-taxes-1

[26] Ici-Radio-Canada, « Mélanie Joly sur l'exemption de Netflix à percevoir la taxe fédérale à Tout Le Monde En Parle » *interview accordée à Tout Le Monde En Parle*, 1er octobre 2017, disponible au https://www.youtube.com/watch?v=omYNCBenMQY

[27] Jaunes budgétaires, « Effort financier de l'état dans le domaine de la culture et de la communication », *Annexe au projet de loi de finances pour 2016*, p.74 disponible au https://www.performance-publique.budget.gouv.fr/sites/performance_publique/files/farandole/ressources/2018/pap/pdf/jaunes/Jaune2018_culture_communication.pdf

[28] Comme le remarque à juste titre le conseil d'État, à propos d'Uber, le numérique est venu remettre à l'ordre du jour des problématiques anciennes. Alors que les taxis sont soumis à l'exigence de réservation préalable et à l'interdiction de stationner et de circuler sur la voie publique, le numérique facilite la réservation par internet grâce aux Smartphones et la géolocalisation des voitures avec chauffeur. Entre une profession de chauffeur de taxi soumise à l'obtention d'une licence et une autre libéralisée par la loi du 22 juillet 2009 de développement

Ensuite, la négociation sera importante car après avoir pris en considération le fait que leur modèle d'affaires repose sur l'exploitation des données personnelles, très souvent sans le consentement explicite des utilisateurs, interdire leur utilisation reviendrait à malmener le modèle d'affaires de grandes entreprises comme Google et Facebook. Cette interdiction entrainerait en retour une baisse de leurs chiffres d'affaires, une perte de la part des recettes fiscales qu'elles apportent à l'économie, même si ces établissements ne payent pas l'impôt à taux plein, une baisse des investissements qui stimulent la croissance du PIB mais surtout et essentiellement plusieurs opérations de restructurations juridiques de ces entreprises pouvant entrainer des licenciements, du chômage et davantage de chômeurs à la charge de l'État. Dans ces conditions, très peu d'État ont intérêt à mettre fin aux géants numériques et face à la pression populaire, au mouvement de protestation d'une injustice fiscale liée au fait de les voir ne pas payer leur juste part d'impôts, la France a décidé de taxer leur chiffre d'affaires à 3 %, taxation qui devrait générer 500 millions d'euros par an, considérée par plusieurs experts fiscalistes comme risquant d'affecter les moins grandes entreprises comme les pagesjaunes.fr sans pour autant toucher les très grandes entreprises comme Google ou encore Facebook[29]. La mesure n'a rien de surprenant, compte tenu du fait que la politique fiscale française ne vise pas à mettre fin au modèle d'affaires des entreprises numériques pour éviter de compromettre la croissance économique et de mettre davantage de salariés au chômage ou encore à la charge de l'État. Le fardeau de la fiscalité a toujours pesé sur la classe moyenne et continuera d'accroitre. L'effort demandé aux géants du numérique ira dans l'enveloppe générale des 8,3 milliards d'euros débloquée par le gouvernement français pour remédier au mouvement de protestation des gilets jaunes et atténuer le sentiment d'injustice fiscale qui anime ce dernier[30].

---

et de modernisation des services touristiques la concurrence reste rude : Conseil d'État « Le numérique et les droits fondamentaux », *Etude annuelle 2014 du Conseil d'État*, p. 43.

[29] « L'article 27 de la loi de finances pour 2011 avait prévu d'instaurer une taxe sur l'achat de services de publicité en ligne, due par tout preneur établi en France, et égale à 1 % du montant de la prestation. Cette taxe – dite « taxe Google » –, dont l'entrée en vigueur était prévue pour le 1er juillet 2011, a été supprimée par l'article 19 de la première loi de finances rectificative pour 2011, le Gouvernement considérant qu'elle manquait sa cible. De fait, elle n'affectait pas les prestataires (tels Google), mais les annonceurs, et seulement ceux établis en France (tels les Pages Jaunes) ». La tentation est grande pour les géants du numérique de répercuter l'assiette de cette taxe du chiffre d'affaires sur les annonceurs : P.-A. Muet, E. Woerth, P. Cherki, M. Ch. De Courson, M.-Ch. Dalloz, A. Girardin, N. Sansu, E. Sas, « *L'optimisation fiscale des entreprises dans un contexte international* », *Rapport d'information déposé en application de l'article 145 du règlement par la commission des finances, de l'économie générale et du contrôle budgétaire*, 10 juillet 2013, p. 116.

[30] « 8,3 milliards d'euros pour 2019 : c'est le montant de l'enveloppe qu'Emmanuel Macron a débloquée pour répondre à la colère des gilets jaunes. Si l'on y ajoute les mesures qui étaient déjà prévues dans le cadre du budget, c'est près de 12 milliards d'euros qui viendront soutenir

129. D'où la problématique, cette épineuse question de savoir si le fait pour les géants du net de ne pas payer leurs impôts à taux plein, aussi bien la Taxe sur la Valeur Ajoutée en France, la Taxe sur les Produits et Services au Canada que l'impôt sur les sociétés, est une violation du principe d'équité fiscale et dans l'affirmative quelles sont les meilleures mesures fiscales à adopter pour pallier cette injustice fiscale ?

130. La réponse doit être nuancée car s'il est vrai que le fait de ne pas payer leurs taux pleins d'imposition est une rupture du principe d'équité fiscale justifiant une intervention notamment au regard des autres concurrents comme tout.tv et illico au Canada dans le cas de Netflix ou encore pour éviter de compromettre la lutte contre la fraude fiscale et l'évasion fiscale qui connait de bons résultats grâce à BEPS, Luxleaks, le Reporting fiscal pays par pays et la fin du secret bancaire suisse (chapitre 1), il n'en demeure pas moins que les moyens pour y remédier doivent être choisis avec précaution (chapitre 2)[31].

---

le pouvoir d'achat en 2019, soit un gain moyen de 440 euros par ménage, selon les calculs de l'OFCE » : L. Jeanneau, « Ce que la crise des gilets jaunes a changé », *Alternatives-économiques, Fiscalité-Budget*, 20/02/2019, consultable au https://www.alternatives-economiques.fr/budget-crise-gilets-jaunes-a-change/00088304.

[31] Selon une partie de la doctrine, le projet le plus abouti actuellement de lutte contre la fraude est le BEPS (Base Erosion and Profit Shifting ou encore Erosion de la base d'imposition et le transfert de bénéfices), ayant pour finalité de mettre en place des règles fiscales internationales de lutte contre « l'érosion des bases d'imposition » et le « transfert artificiel de bénéfices » vers certains pays ou territoires dans le but de se soustraire à l'impôt. Pour ce faire et selon ce projet, il faut rétablir la cohérence des règles fiscales internationales, réaligner les règles d'imposition sur la base de la substance économique au-delà de la forme juridique inspirée de la comptabilité internationales des normes IAS-IFRS et enfin empêcher l'utilisation abusive des conventions fiscales internationales. Par ailleurs, les prix de transfert doivent être calculés conformément à la création de valeur, il faudra développer plus de transparence de la part des administrations fiscales en instaurant un reporting fiscal pays par pays pour faciliter les échanges de données entre pays : A. Dumont, « Numérique et nouvel « incivisme » fiscal », *Revue française de finances publiques*, n°134, p. 73 et s.

Chapitre 1 - Les justifications apportées par le droit fiscal à la taxation des géants du numérique

131. Tel que nous le décrit une partie des spécialistes, les GAFA devraient payer des taxes sur la publicité, les activités d'intermédiation et la vente de données[1]. Dans des hypothèses de concurrence pure et parfaite : tout le monde paye l'impôt sur les sociétés et sa TVA ou, dans le cas du Canada, sa taxe sur les produits et services pour l'ensemble des transactions financières[2]. Dans la réalité il existe encore plusieurs dispositifs fiscaux qui permettent de minorer la charge de l'impôt, comme les prix de transfert ou encore les failles laissées par les conventions fiscales internationales[3]. Le mécontentement populaire vient du fait que la minoration de la charge fiscale ne vient pas des GAFA directement mais du gouvernement, comme s'il s'était porté garant d'abaisser le fardeau fiscal des GAFA et de supporter la colère populaire qui en résulterait[4]. Le Canada a choisi la voie de la négociation fiscale qui tient en une seule raison : faire des géants de l'internet des partenaires de choix dans le développement de l'économie numérique en particulier et de l'économie canadienne en général. Ce qui permettra non seulement d'accompagner la transition numérique mais aussi d'éviter le bras de fer fiscal entre l'Union européenne et les GAFA qui causent des dommages financiers importants dans chaque camp et des procès pouvant durer plusieurs années avant que chaque partie ne puisse récupérer son dû alors que ces sommes auraient pu

---

[1] Ch. Guené, « La fraude fiscale sur Internet », *Revue française de finances publiques*, 01/08/2014, - n°127 - page 99. Selon l'auteur, Il est ainsi question de mettre en place une taxe sur la publicité en ligne, une taxe sur le commerce électronique, une taxe sur l'exploitation des données personnelles. À cela s'ajoute le projet ACCIS7 visant à harmoniser l'assiette de l'IS pour les groupes de sociétés au sein de l'Union européenne. L'assiette serait calculée à l'échelle de l'UE de manière « consolidée », puis répartie entre les différents États membres. Mais ce projet repose sur une notion d'« établissement stable virtuel », commune pour tous les pays Européens. Enfin, la TVA doit être facturée au taux en vigueur de l'État de l'acheteur, en vertu du « principe de destination ».

[2] D. Bruneau, L. Friedlander, J. Lord Guy Sasseville, *Les Principes de l'imposition au Canada*, Montréal, Wilson & Lafleur, 2002, Partie II — La Description De La Taxe Sur Les Produits Et Services (Tps), 1-Un Aperçu Général, p. 536 : Il s'agit d'une taxe sur la valeur ajoutée au taux de 5 % qui s'applique, depuis le 1er janvier 1991, à la majorité des biens et services consommés au Canada.

[3] M. Durand, « Apple à la crème irlandaise... une recette au goût trop amer, aux yeux de la Commission européenne ! », *Bulletin en fiscalité, planification successorale et litige fiscal*, Lapointe Rosenstein Marchand Melançon, décembre 2016, p. 37 : https://edoctrine.caij.qc.ca/publications-cabinets/lapointe/2016/a91251/fr/PC-a97218.

[4] Radio-Canada, « Netflix Canada dresse un bilan positif d'une entente controversée », *Radio-Canada*, 28 septembre 2018, p. 1 et s. disponible à l'adresse suivante : https://ici.radio-canada.ca/nouvelle/1126709/netflix-canada-production-entente-gouvernement-ottawa-patrimoine-melany-joly-taxe-tps-tvq-tvh

être allouées aux dépenses d'investissements et à l'emploi[5]. En somme, il conviendrait de défendre l'équité fiscale par la taxation des entreprises du numérique mais d'être économiquement rationnel en évitant des procès à répétition face à des géants du numérique ayant déjà affiché des antécédents d'optimisation fiscale en Europe et des conflits juridiques qui coûteraient plusieurs millions d'Euros de pertes pour toutes les parties prenantes[6]. La solution sur le court terme est donc une fiscalité négociée où chaque camp trouverait son compte en attendant des solutions jugées unanimement plus équitables parce qu'à ce jour, aucune des solutions évoquées ne semble emporter l'accord de tous[7].

132. Si l'unanimité sur les solutions à trouver reste encore à désirer la doctrine semble s'accorder sur la nécessité d'instaurer les principes du droit fiscal à l'ensemble des entreprises numériques, en particulier en ce qui concerne le principe de l'équité fiscale voulant que des entreprises dans la même situation soit taxée de façon équitable. C'est sur la base de ces éléments que la communauté internationale des fiscalistes semblent s'accorder pour rendre la justice fiscale face à ce qu'elle considère comme un cadeau fait à certaines entreprises du numérique de ne pas payer la taxe sur les produits et services au Canada (Section 1). Ce sont les règles d'une concurrence saine qui sont souvent évoquées pour recadrer les cadeaux fiscaux qui sont faits par les entreprises aux États. La concurrence entre les différents États européens n'est plus à démontrer pas plus que les effets néfastes qu'une telle concurrence finit

---

[5] « Une commission d'enquête du Sénat français cherchant, elle, à se saisir réellement de l'enjeu, a signalé, dans la publication de son rapport l'été dernier, que certaines transactions, telles que celles qui portent sur les droits de propriété, sont fixées aux coûts discrétionnaires qu'établissent les entreprises elles-mêmes. Que valent par exemple les droits d'utilisation d'une grande marque ? Le prix fixé est arbitraire, de même que les décisions de justice qui l'avalisent. On ne sait pas combien il en a coûté aux autorités fiscales canadiennes en frais d'avocats pour tenter de récupérer ces montants. On ignore également si les coûts qu'engendrent ces sagas judiciaires ne sont pas supérieurs, potentiellement, aux réparations que l'Agence souhaite obtenir. Le rôle central de l'argent dans l'administration de la preuve, qui corrompt en profondeur le système judiciaire lui-même, ne pose formellement aucun souci de conscience aux juges, aux différents barreaux canadiens ou aux législateurs » : A. Deneault, « Les barons voleurs canadiens », *Liberté*, n° 299, Numéro 299, Printemps 2013, p. 30–31.

[6] À titre d'exemple, une décision de la cour d'appel fait état d'honoraires d'avocat fiscalistes de 31 067 euros. Les sommes peuvent s'avérer bien plus importantes dans des procès comme ceux d'Apple où il est question de 13 milliards de dollars d'impôts dus par la société à l'Irlande : voir Cour d'appel de Douai, 10 janvier 2019, n° 17/06466.

[7] M. Bergeron, « Le règlement des litiges fiscaux au Québec au stade de l'appel devant les tribunaux », *Revue française de finances publiques*, 01/11/2015, n°132 - page 151 : « pendant l'exercice 2013-2014, 52 % des appels de cotisations interjetés devant la Cour du Québec ou la Cour canadienne de l'impôt qui impliquent l'Agence du revenu du Québec ont fait l'objet de règlements à l'amiable. Les règlements sont encouragés par le système judiciaire, notamment par des services de conférences de règlement à l'amiable. Cependant, la recherche de compromis ne doit pas permettre à un contribuable d'obtenir un rabais indu d'impôt ou de taxes. Ce n'est que dans le respect des faits et du droit que des litiges fiscaux portés devant les tribunaux peuvent être réglés à l'amiable et que des procès peuvent être évités ».

par engendrer sur les recettes fiscales, diminuées pour attirer les meilleures entreprises. Jusqu'à ce jour, aucun texte ne sanctionne la concurrence fiscale que se livrent les États entre eux. Au nom de cette même concurrence, qui se veut exempte de discrimination, les États-Unis menacent désormais de saisir la France d'une taxe GAFA instaurée par la France et qu'ils jugent discriminante (Section 2).

Section 1 - L'équité fiscale comme principe de taxation des entreprises du numérique

133. L'attention portée aux GAFA vient du fait que ces entreprises ont un budget exponentiel et que ceci ne s'accompagne pas d'une majoration de leurs impôts, provoquant un sentiment d'injustice fiscale auprès des entreprises concurrentes, le tout couronné de pratiques anticoncurrentielles fréquentes à travers des prix de prédations ou des stratégies de fusions-acquisitions destinées à établir des situations monopolistiques[8]. L'argument de l'iniquité fiscale provient du fait que certaines entreprises numériques ne sont pas assujetties au fardeau fiscal au même titre que leurs semblables[9] en ce qu'elles

---

[8] « Leurs innovations, à dimension aussi bien technologique que commerciale, ont cependant reçu un sacré coup de pouce grâce à ce que les économistes appellent les « effets de réseau » : un mécanisme spécifique à l'univers numérique, selon lequel l'utilité d'un service s'accroît avec son nombre d'utilisateurs. » C'est donc davantage les innovations technologiques que les cadeaux fiscaux qui permettent aux géants du numérique de se hisser au sommet. Faut-il ajouter que cette ascension est sans concurrence puisque c'est désormais au mépris du droit de la concurrence que cette hégémonie se fera. « Ainsi, la qualité d'un moteur de recherche s'améliore avec le nombre de requêtes qu'il traite, car il utilise ces dernières pour affiner sans cesse ses résultats. » ajoute l'auteur. « Une qualité accrue de service lui permet en retour d'attirer de nouveaux utilisateurs, selon un effet boule de neige. La conséquence tient en une formule, comme les Anglo-Saxons les affectionnent : « the winner takes all », le gagnant rafle tout. Il faut être à tout prix le premier, car il n'y a guère de numéro deux ou de numéro trois sur les marchés numériques : Google ne compte pas de véritable concurrent dans la recherche en ligne, pas plus que Facebook dans les réseaux sociaux pour le moment. Comme le résume John Van Reenen, chercheur en économie et gestion au MIT, la concurrence ne s'effectue plus « dans le marché », mais « pour le marché » » : M. Chevallier, « Les grands méchants Gafa en 5 points », *Alternatives Economiques*, 26/12/2018, consutable à l'adresse suivante : https://www.alternatives-economiques.fr/grands-mechants-gafa-5-points/00087497.

[9] « Le succès international de Netflix signale le déplacement des pratiques de consommation cinématographique et audiovisuelle vers les plates-formes numériques et l'importance des ressources dont dispose l'entreprise pour s'imposer sur ces nouveaux marchés. Surtout, en proposant un service de vidéo à la demande par abonnement depuis le Luxembourg, Netflix échappe aux réglementations françaises. L'entreprise pénètre ainsi les marchés de diffusion sans participer au financement de la création française. Cette déterritorialisation permise par la technologie numérique crée un véritable manque à gagner pour la création, et une concurrence sérieuse pour les plates-formes de vidéo à la demande (VàD) françaises qui s'acquittent des nombreuses taxes et obligations affectées au financement de la création. Ce sont donc à la fois les entreprises de diffusion et les producteurs de contenus qui se mobilisent contre l'arrivée de

bénéficient de minoration de leur charge d'impôt, comme Netflix[10] exonéré de la taxe sur les produits et services pourtant acquittée par l'ensemble des contribuables sur leurs achats[11]. En échange de cette exonération, l'entreprise s'est engagée à verser 500 millions de dollars dans du contenu canadien, accord qualifiable en niches fiscales : part d'imposition à laquelle renonce l'État en contrepartie d'un investissement attendu du contribuable. Par ailleurs, dans le contexte canadien, de nombreux fiscalistes se sont érigés pour dénoncer l'argument d'une concurrence déloyale offerte par le Canada à une entreprise étrangère en l'exonérant d'une taxe sur les produits et services que payent les distributeurs de câble (Paragraphe 1). S'il est difficile de ne pas penser à l'évolution d'internet, à la préférence du consommateur pour ce type de procédés et à la prise en compte par la fiscalité de ces évolutions technologiques, il est peu aisé de justifier que la fuite des recettes fiscales en France se fasse au mépris du principe de territorialité de l'impôt, principe en vertu duquel les recettes générées en France doivent être taxées sur le territoire. C'est une prise en compte de l'équité fiscale qui invite à reconsidérer chaque situation, à en apprécier la validité et la pertinence au regard des principes juridiques et à se poser la question de savoir si ces derniers sont respectés. Le cas d'Amazon semble ainsi confirmer que le principe de territorialité de l'impôt, à bien des égards, semble aussi venir corroborer celui de l'équité fiscale voulant que des entreprises se trouvant dans la même situation soient taxées de la même manière (Paragraphe 2).

Netflix en France. Mais la concurrence de Netflix, dans la mesure où elle ne s'exerce pas encore, apparaît davantage comme un « construit » qui résulte d'un travail politique effectué par les acteurs économiques et institutionnels du secteur» : A. Bellon, « La politique de concurrence au secours de l'exception culturelle : L'arrivée de Netflix en France depuis le ministère de la Culture », *Presses de Sciences Po, Gouvernement et action publique*, 2016/4, n° 4, p. 124.

[10] « 1997 : Création de Netflix par Marc Randolph et Reed Hastings. L'entreprise propose la location illimitée de DVD par internet. 1999 : Netflix introduit l'abonnement mensuel. 2007 : Ouverture du service de visionnage en streaming aux États-Unis. 2010 : Début de l'expansion internationale de Netflix, au Canada puis en Amérique latine. 2011 : Installation au Luxembourg. 2012 : Netflix étend son service de streaming en Europe (Royaume-Uni, Irlande, Danemark, Finlande, Suède et Norvège). 2013 : L'entreprise se lance dans la production de séries originales avec House of Cards. 2014 : Netflix poursuit son expansion en Europe avec l'ouverture de son service en France, Allemagne, Belgique, Autriche, Luxembourg et Suisse » : A. Bellon, « La politique de concurrence au secours de l'exception culturelle : L'arrivée de Netflix en France depuis le ministère de la Culture », *Presses de Sciences Po, Gouvernement et action publique*, 2016/4, n° 4, p. 124.

[11] Radio-Canada, « Netflix investit 500 millions au Canada et ses services demeurent exempts de taxes », *Radio-Canada*, 28 septembre 2017, p. 1 et s. disponible sur https://ici.radio-canada.ca/nouvelle/1058500/canada-netflix-entente-ministre-patrimoine-canada-taxe

Paragraphe 1 - L'exonération de Netflix de la taxe sur les produits et services

134. Il existe un phénomène de montée en puissance d'internet que les appareils de régulation de l'État ne peuvent plus ignorer. Ce phénomène est tel que les consommateurs préfèrent sacrifier le chocolat si cela leur permet d'avoir leur abonnement mensuel. En poussant la recherche, il est possible de s'apercevoir que 3/4 des internautes canadiens n'achètent plus de maisons qui se trouvent en dehors de la zone de couverture (I). Le Canada entend tirer son épingle du jeu en négociant des niches fiscales avec les géants du numérique, à l'image de la taxe Netflix. Cet accord n'est pas sans susciter des questions sur la perte de souveraineté culturelle ou encore l'existence d'une concurrence déloyale accordée à Netflix (II).

I - *La prise en compte d'une préférence accrue du consommateur pour la télévision par internet*

135. L'Autorité canadienne pour les enregistrements internet a réalisé un dossier documentaire en 2017 qui a révélé que 46 % des consommateurs sondés préfèrent internet à la restauration rapide, ces derniers s'estimant prêts à sacrifier l'alcool, le chocolat ou encore le café pendant un an pour conserver leur abonnement. La raison en est simple : c'est un accès rapide au monde pour lequel ils ont développé un intérêt économique, social et culturel[12]. Ce phénomène est tel que 3/4 des internautes canadiens n'acceptent plus d'acheter une maison qui se trouve hors de la zone de couverture d'un haut débit[13]. Plus de la moitié des Canadiens possèdent un abonnement Netflix à la

[12] « 46 % des Canadiens préfèrent Internet à la nourriture rapide. L'accès à Internet et la mise à profit des avantages sociaux, économiques et culturels qu'il offre font communément partie du quotidien des Canadiens. Les articles de luxe tels que la nourriture rapide, l'alcool, le chocolat et le café deviennent secondaires lorsqu'entre en jeu la possibilité de se voir enlever l'accès à Internet. De nombreux Canadiens ont l'habitude d'avoir le monde à portée de la main » : Autorité canadienne pour les enregistrements internet, «Introduction », *Dossier documentaire 2017 de l'ACEI*, page 1 consultable à l'adresse suivante : https://acei.ca/dossier-documentaire-internet-2017-de-l-acei/Internet-au-canada

[13] « L'Observateur des technologies médias (OTM) est le premier outil de recherche pour l'adoption et l'utilisation d'appareils technologiques du Canada. Avec plus de 12 000 entrevues téléphoniques réalisées chaque année, notamment auprès d'un échantillon de personnes possédant uniquement un cellulaire, l'OTM a sondé plus de 140 000 Canadiens (répartis à parts égales entre francophones et anglophones) au cours des dix dernières années, ce qui en fait l'enquête de suivi sur les technologies médias la plus précise et complète qui soit. S'appuyant sur la fiabilité de son sondage téléphonique, l'OTM réalise dorénavant un sondage en ligne avec échantillon récurrent dans le but d'approfondir ses recherches et de mieux comprendre les Canadiens et leurs activités sur Internet » : Selon la page d'accueil du site de l'Observatoire des technologies medias.

maison et ont affirmé leur préférence pour la télévision par internet plutôt que par le câble[14]. Toutes les statistiques du Conseil de la radiodiffusion et des télécommunications canadiennes et de l'Observateur des technologies médias[15] concordent pour corroborer la montée en puissance de la consommation d'internet et le recul de la télévision par le câble[16]. La fiscalité, si elle a vocation à s'intéresser aux changements technologiques qui affectent la société, doit en tenir compte. Pas assez importantes pour être qualifiées de révolution, selon Jean Hervé Lorenzi, mais suffisamment visibles pour mériter le qualificatif de progrès technologique, internet en appelle à une régulation de l'État via l'intervention fiscale[17]. Accompagner cette évolution ainsi que

---

[14] Conseil de la radiodiffusion et des télécommunications canadiennes, en abrégé CRTC « est un tribunal administratif qui réglemente et surveille la radiodiffusion et les télécommunications dans l'intérêt du public. Le CRTC est résolu à veiller à ce que les Canadiens aient accès à un système de communication de classe mondiale qui encourage l'innovation et enrichit leur vie » : https://crtc.gc.ca/fra/acrtc/org.htm

[15] « L'Observateur des technologies médias (OTM) est le premier outil de recherche pour l'adoption et l'utilisation d'appareils technologiques du Canada. Avec plus de 12 000 entrevues téléphoniques réalisées chaque année, notamment auprès d'un échantillon de personnes possédant uniquement un cellulaire, l'OTM a sondé plus de 140 000 Canadiens (répartis à parts égales entre francophones et anglophones) au cours des dix dernières années, ce qui en fait l'enquête de suivi sur les technologies médias la plus précise et complète qui soit. S'appuyant sur la fiabilité de son sondage téléphonique, l'OTM réalise dorénavant un sondage en ligne avec échantillon récurrent dans le but d'approfondir ses recherches et de mieux comprendre les Canadiens et leurs activités sur Internet » : Selon la page d'accueil du site de l'Observatoire des technologies medias.

[16] « Les services de télévision par câble, satellite et fibre optique (également appelés EDR) et les services de programmation qu'ils offrent demeurent rentables et comptent un grand nombre d'abonnés. Ces services de télévision à canaux multiples et par abonnement sont la plateforme vidéo dominante, mais la concurrence de la part des services de vidéo en ligne a entraîné une réduction du nombre d'abonnés à des EDR et de leurs revenus », selon le Conseil de la radiodiffusion et des télécommunications canadiennes. Il est à noter que c'est ce phénomène qui est à l'orgine de la taxe Netflix au Canada. Cette taxe avait consisté à négocier une niche fiscale avec les fournisseurs de services comme Netflix en contrepartie d'un investissement dans du contenu culturel canadien. « La diminution du nombre d'abonnés est moins rapide dans le marché de langue française que dans le marché de langue anglaise, mais on l'observe dans les deux marchés. Malgré la vision pessimiste qui suggère que la fin des services de télévision par abonnement approche, nous nous attendons à ce que les investissements des EDR dans la distribution de services vidéo par Internet les aident à développer leur offre de services afin de faire face à la concurrence livrée par les fournisseurs de services en ligne. Toutefois, nous nous attendons aussi à ce que le nombre de services de télévision facultatifs diminue en raison d'un environnement plus compétitif » : Conseil de la radiodiffusion et des télécommunications canadiennes, « Services de télévision par câble, satellite et fibre optique (EDR) et services facultatifs », *CRTC*, 31/05/2018 page 1 et s. disponible à l'adresse : https://crtc.gc.ca/fra/publications/s15/v3.htm#financier.

[17] « Les économistes évoquent fréquemment le concept de révolutions industrielles. Ce vocable implique l'idée selon laquelle l'histoire économique est marquée par des ruptures fortes, c'est-à-dire des moments charnières où se développe ce que Joseph Schumpeter appelait des grappes d'innovations, permettant au monde économique de changer de rythme de croissance », note Jean-Hervé Lorenzi qui considère qu'internet n'est pas une révolution mais une évolution. « Or, à l'heure actuelle, une confusion subsiste entre révolution numérique et

son progrès scientifique, comprendre que l'on peut en faire un précieux partenaire économique ou un redoutable ennemi, financer la préférence des consommateurs pour ce nouvel outil ou encore la réfréner est une décision engageant les gouvernements pour les générations futures[18]. En fonction des choix fiscaux, la politique pourrait tourner en faveur du vent technologique qui souffle ou encore le ralentir[19]. Le Canada a choisi de prendre en considération la préférence largement affichée du consommateur pour Netflix en l'exonérant de Taxe sur les produits et services en contrepartie d'un investissement de 500 millions de dollars dans la production cinématographique[20]. C'est donc un instrument de politique fiscale par lequel le Canada prend en considération la préférence des consommateurs pour Netflix[21], la montée en puissance de la consommation de la télévision par

---

révolution industrielle. Dans les faits, les évolutions scientifiques auxquelles nous assistons ne s'inscrivent pas dans le domaine du numérique. Ce dernier offre une capacité exceptionnelle de traitement des données, avec une progression très forte des capacités de calcul, de stockage, de diffusion et de manipulation de l'information. Les domaines dans lesquels la science connaît réellement des ruptures majeures sont cependant, en premier lieu, la génétique, les nanotechnologies, ou l'astrophysique » : J.-H. Lorenzi, « 90 minutes pour le lire – L'Avenir de notre liberté - Faut-il démanteler Google… et quelques autres ? », Synthèse, ed. Eyrolles, 19 décembre 2017, p.6, disponible à l'adresse internet suivante : file:///U:/Avenir%20de%20notre%20libert%C3%A9%20JH%20Lorenzi%20.pdf

[18] Conseil d'Analyse Économique, « Économie numérique », *Les notes du conseil d'analyse économique*, n° 26, octobre 2015, page 1 et s.

[19] «Depuis quelque temps, des réactions s'organisent à l'échelle des gouvernements et des utilisateurs », note le Fonds des Medias du Canada à propos du comportement des géants du numérique. « Pensons, par exemple, à l'amende de 2,42 milliards d'euros imposée à Google pour abus de position dominante, aux 13 milliards d'euros réclamés à Apple pour impôts non payés en Europe, aux mesures prises dans divers pays pour contrôler davantage les grandes plateformes (entre autres, la décision "Google contre Equustek Solutions" de juin 2017 de la Cour suprême du Canada imposant à Google de retirer de l'information de son moteur de recherche), ou encore au nombre croissant d'élus américains qui réclament que les activités des géants du Web soient examinées à la lumière des lois antitrust (comme l'ont été celles d'AT&T, d'IBM et de Microsoft par le passé) » : il ne s'agit ici que de quelques exemples des nombreuses irrégularités opérées par les géants du numérique. « Bref, les GAFA sont scrutés à la loupe par les autorités à divers endroits du globe, et plusieurs parlent d'un véritable « techclash » » : Fonds des Medias du Canada, « Le choc du présent », *Rapport sur les tendances 2018*, janvier 2018, p. 7 disponible à l'adresse suivante : https://trends.cmf-fmc.ca/wp-content/uploads/Rapport_sur_les_tendances_2018_-_Le_choc_du_present_-_Final_-.pdf

[20] M. Oliveira, « Netflix might have doubled its Canadian subscribers in the past year », *The Canadian*, September 20th 2013. : « Une étude du Media Technology Monitor, basée sur des sondages menés auprès de 2 013 adultes entre le 6 mars et le 14 avril, indique qu'environ 25 % des Canadiens anglophones s'étaient inscrits au service de diffusion en continu. Cela représente une hausse de 13 % par rapport au printemps 2012 ».

[21] Observateur des Technologies Médias, « Télévision par contournement : quelle consommation des canadiens ? », *Actus médias, un œil sur l'industrie*, 06/12/2018, p. 1 : disponible à l'adresse suivante : https://mtmotm.ca/Download.ashx?file=Files/News/t%C3%A9l%C3%A9vision%20par%20contournement%20quelle%20consommation%20des%20canadiens.pdf : « La croissance des services par contournement est particulièrement rapide : 45 % des foyers francophones ont un abonnement. En 2011, peu après le lancement de Netflix au Canada, seulement 3 % des foyers

internet et le recul de la télévisons par le câble, ce qui risque d'affecter le revenu des distributeurs de câbles. Si leurs revenus baissent, les 5 % de ces revenus destinés à financer le fonds des médias en sera affecté, ce qui justifie de trouver d'autres modes de financement du fonds des médias et justement en prélevant les 5 % sur la consommation de la télévision par internet[22]. En attendant qu'une telle loi puisse être adoptée, l'accord de 500 millions de dollars négocié entre le Canada et Netflix semble prendre en considération les évolutions suggérées par les nouvelles technologies de l'information et de la communication[23]. On aurait pu faire financer la contribution au fonds des médias par une taxe audiovisuelle supplémentaire ou une niche fiscale à destination des contribuables pour toute contribution faite au fonds des médias, mais l'expérience a révélé que lorsqu'on laisse la collecte de la taxe sur les transactions en ligne entre les mains des particuliers, très peu le font comme le révèle les données de l'Institut de la Statistique du Québec[24]. Ce reproche d'une concurrence déloyale de la part de Netflix est donc contrebalancé par l'engagement d'investir 500 millions de dollars dans le fonds des médias culturels, contribution à laquelle Netflix devait être exemptée du fait de sa situation de fournisseur de télévision par internet car seule l'accès de la télévision par le câble génère une contribution à un fond des médias en perte de vitesse financière du fait de la baisse des revenus des câblodistributeurs qui voient une préférence des consommateurs clairement affichée pour la télévision via internet. Une entorse à l'équité fiscale justifiée par la sauvegarde d'un impératif majeur : celui du fonds des médias. Solution d'urgence mais aussi solution temporaire sur 5 ans permettant de trouver des

---

francophones étaient abonnés à ce type de service. En général, les abonnés aux services par contournement sont de grands amateurs de contenu télévisuel. Ils sont 87 % à regarder la télévision hertzienne ou à avoir un abonnement à un service de télévision payant. Netflix est le plus populaire des différents services par contournement mesurés par l'OTM ».

[22] « Les distributeurs de services de télévision par câble, satellite et fibre optique sont également tenus de verser au moins 5 % de leurs revenus découlant de la radiodiffusion à la création et à la production d'émissions canadiennes. Il peut s'agir de contributions à divers fonds de production indépendants certifiés, au Fonds des médias du Canada ou à l'appui de diverses expressions locales. Ces fournisseurs doivent également distribuer des chaînes thématiques dans une proportion prescrite et offrir un large éventail d'émissions qui correspondent aux besoins et aux intérêts de tous les Canadiens » : Conseil de la radiodiffusion et des télécommunications canadiennes, « Services de télévision par câble, satellite et fibre optique (EDR) et services facultatifs », *CRTC*, 31/05/2018 page 1 et s. disponible à l'adresse : https://crtc.gc.ca/fra/publications/s15/v3.htm#financier.

[23] Observateur des Technologies Médias, « Aperçu des trois grandes tendances », *OTM*, 20 janvier 2016, 2 pages : « D'après le tout dernier sondage de l'otm, près de la moitié des canadiens (45 %) utilisent des services de programmation par contournement, comme netflix, soit une hausse de 32 pour cent depuis la dernière année ».

[24] Jean-Guy Côté, Jacques Nantel, Leslie-Anne Wood, « Rétablir l'équité fiscale : enjeux du commerce électronique et de la fiscalité au Québec », *Institut du Québec*, Note de Recherche, aout 2017, p. 6 et s.

moyens plus orthodoxes de sauver le fonds des médias culturels qu'une entorse au sacro-saint principe juridique de l'équité fiscale[25].

II - La taxe Netflix : entre iniquité fiscale et perte de souveraineté culturelle

136. La taxe Netflix a posé essentiellement deux problématiques juridiques majeures au Québec : le problème de l'iniquité fiscale et celui de la perte de la souveraineté culturelle[26]. Pour contre carrer les effets de l'iniquité fiscale, il faut permettre aux opérateurs de télévision par internet de verser 5 % de leurs revenus au fonds des médias en contrepartie d'une exonération de la taxe sur les produits et services. À signaler par ailleurs que le montant de la taxe sur les produits et services est de 5 % des ventes au Canada. Pour faire face aux dangers de la perte de la souveraineté culturelle, il est nécessaire de développer ce que le professeur Destiny Tchehouali de l'Université de Montréal a appelé la notion de « découvrabilité », c'est-à-dire, la capacité d'un contenu à se laisser découvrir. Ce sont les algorithmes qui décident de cette « découvrabilité » par leurs capacités à suggérer le contenu à consommer[27]. Il est possible pour les consommateurs d'influer sur les algorithmes en faisant connaitre leurs goûts et leurs choix à chaque interaction avec internet. De la sorte, le contenu désiré est suggéré par ces algorithmes et la souveraineté culturelle reposera désormais entre les mains du véritable souverain, c'est-à-dire le peuple, l'individu pris dans son « individualité ». L'interventionnisme Étatique se ferait ainsi en aval pour le contrôle de l'ordre public et des bonnes mœurs. Le professeur Destiny fait par ailleurs remarquer que « le conseil supérieur de l'audiovisuel français a révélé que 80 % des films sont de contenu anglophone. La diversité de l'offre ne reflète pas la diversité de ce qui est réellement consommé. Il y a un profilage de recommandation culturel des contenus par les algorithmes qui font que nos choix et nos regards sont très orientés ». Mais peut-on obliger un consommateur à visionner une émission télévisée ou un documentaire qui ne soit pas de son gout ? Selon ce dernier, l'institut de statistique de l'Unesco de 2016 montre qu'il y a un doublement

---

[25] Radio-Canada, « Netflix Canada dresse un bilan positif d'une entente controversée », *Radio-Canada*, 28 septembre 2018, p. 1 et s. disponible à l'adresse suivante : https://ici.radio-canada.ca/nouvelle/1126709/netflix-canada-production-entente-gouvernement-ottawa-patrimoine-melany-joly-taxe-tps-tvq-tvh

[26] Copibec, « « Taxe Netflix » : Revue De Presse D'une Politique Controversée », *Dossier-Revue de presse*, 27 février 2018, p.1 et s. consultable sur le site https://www.copibec.ca/fr/nouvelle/160/-taxe-netflix-revue-de-presse-d-une-politique-controversee

[27] T. Destiny, « Présentation sur la découvrabilité des contenus : enjeu crucial pour les contenus canadiens et francophones », *Conférence extraordinaire de Montréal sur l'avenir de la diffusion, de la distribution, de la création et de la production francophones à l'ère numérique (CEMAD)*, – Émergence des technologies numériques et enjeux connexes 2019, consultable sur http://www.cpac.ca/fr/programs/dossier-public/episodes/65921788#, 47e minute.

de la consommation de ces biens numériques via les plateformes et ils représentent une part très importante de l'économie mondiale[28]. Il faut demeurer visible dans cet océan du web et les écoutes sont basées sur le succès des œuvres culturelles proposées[29]. La découvrabilité serait proche de la définition donnée par l'Office québécois de la langue française, c'est-à-dire « le potentiel pour un contenu, un produit ou un service de capter l'attention d'un internaute de manière à lui faire découvrir des contenus autres »[30]. La découvrabilité, c'est aussi la capacité d'un contenu à se laisser découvrir. Mais le contenu, encore une fois, peut-il se laisser découvrir dans la mesure où plusieurs facteurs externes entrent en compte comme les métadonnées, langage parlé par ces machines et permettant de l'acheminer vers son auditoire [31]? Un contenu culturel sera facile à trouver s'il est bien référencé et la précision des algorithmes de Netflix aura un rôle déterminant à jouer. On l'aura compris, derrière la remarque du professeur Destiny, la souveraineté culturelle se jouera sur deux angles : l'angle populaire, celui de la capacité des consommateurs à faire connaitre leurs choix et l'angle technologique, celui de la précision des algorithmes, la fiscalité, encore une fois n'intervenant qu'en cas d'abus de position dominante à travers le droit de la concurrence ou pour préserver des œuvres relevant de la culture et qui sont menacées de disparition.

137. Le cœur du modèle d'affaires des géants du numérique réside dans l'exploitation des données privées des particuliers, ce qui constitue une atteinte à leur vie privée. Le modèle de la gratuité de l'utilisation de ces plateformes leur permet non seulement d'attirer d'un côté les utilisateurs mais de l'autre les entreprises souhaitant vendre leurs produits par des stratégies publicitaires. Les publicités sont personnalisées et adressées aux utilisateurs grâce à des algorithmes récupérant leurs données privées pour ensuite les retransmettre aux entreprises qui pourraient être intéressées à leur revendre des produits basés sur ces informations. Certains économistes français comme Jean Hervé Lorenzi ont prédit la fin des GAFA par les autorités américaines elles-mêmes et via une interdiction d'utilisation des données privées des

---

[28] T. Destiny, « Présentation sur la découvrabilité des contenus : enjeu crucial pour les contenus canadiens et francophones », *Conférence extraordinaire de Montréal sur l'avenir de la diffusion, de la distribution, de la création et de la production francophones à l'ère numérique (CEMAD), 2019 – Émergence des technologies numériques et enjeux connexes*, consultable sur http://www.cpac.ca/fr/programs/dossier-public/episodes/65921788#, 47e minute.

[29] T. Destiny, « Présentation sur la découvrabilité des contenus : enjeu crucial pour les contenus canadiens et francophones », *Conférence extraordinaire de Montréal sur l'avenir de la diffusion, de la distribution, de la création et de la production francophones à l'ère numérique (CEMAD), 2019 – Émergence des technologies numériques et enjeux connexes*, consultable sur http://www.cpac.ca/fr/programs/dossier-public/episodes/65921788#, 47e minute.

[30] Office québécois de la langue française, « Découvrabilité », *Fiche Terminologique*, consultable sur http://gdt.oqlf.gouv.qc.ca/ficheOqlf.aspx?Id_Fiche=26541675

[31] Métadonnée : « Donnée qui renseigne sur la nature de certaines autres données et qui permet ainsi leur utilisation pertinente : Office québécois de la langue française, « Métadonnée », *Fiche Terminologique*, consultable sur http://gdt.oqlf.gouv.qc.ca/ficheOqlf.aspx?Id_Fiche=8869869

particuliers[32]. De sorte que la solution d'équité fiscale semble être d'autoriser toutes les entreprises offrant la télévision par internet de pouvoir bénéficier de niches fiscales, c'est-à-dire d'une exemption de TPS à hauteur des montants versés au fonds des médias culturels pour la part de leur chiffre d'affaires attribuable à l'accès à la télévision par internet. Concrètement, l'accès à la télévision par internet ne donne pas droit à une contribution au fonds des médias. Un tel mode de financement contribue à baisser les ressources du fond du fait de la préférence des consommateurs à utiliser la télévision par internet plutôt que par le câble. La prise de conscience de ce phénomène conduit à suggérer l'ouverture d'une niche fiscale pour les contributions faites au fonds des médias à des fournisseurs d'accès de la télévision par internet uniquement pour le chiffre d'affaires attribuable à ce service.

138. Il est trop tôt pour freiner la croissance des géants du numérique mais il sera trop tard pour sauver les anciens acteurs de l'économie qu'ils ont vocation à remplacer, écrasé par la concurrence[33]. Préserver la diversité de l'offre et du tissu économique en faisant financer les anciens modèles économiques par les bénéfices générés par les GAFA est une solution de

---

[32] « Nous sommes convaincus que les GAFA seront démantelés, car la société américaine n'acceptera jamais que son histoire se trouve dictée par de grandes compagnies. Ce démantèlement ne se manifestera pas par une dissolution des entreprises technologiques, mais simplement par une interdiction de l'utilisation systématique des données collectées. Nous pouvons ainsi imaginer que Google, par exemple, séparera de façon absolument étanche ses différentes activités, afin que les données personnelles ne soient pas utilisées d'un bout à l'autre de la chaîne. L'enjeu consiste donc à faire en sorte que les données personnelles ne puissent être utilisées tout au long d'une filière, de façon à enfermer les individus dans un univers sur lequel ils n'ont aucune prise et où ils subissent des intrusions massives et constantes dans leur vie privée » : J.-H. Lorenzi, « 90 minutes pour le lire – L'Avenir de notre liberté - Faut-il démanteler Google… et quelques autres ? », *Synthèse, ed. Eyrolles*, 19 décembre 2017, p.6, disponible à l'adresse internet suivante : file:///U:/Avenir%20de%20notre%20libert%C3%A9%20JH%20Lorenzi%20.pdf

[33] « Ancienne et nouvelle économies ne s'affrontent pas. Une multitude de modèles s'affronte. Auparavant, l'informatique restait cantonnée à l'informatique. Aujourd'hui, l'ensemble des entreprises recourent au numérique, ce qui fait voler en éclats les frontières de la concurrence. Des entreprises qui n'étaient pas concurrentes le deviennent tandis que d'autres qui étaient concurrentes s'allient pour affronter un nouvel entrant. La concurrence s'opère entre trois types d'acteurs : - les start-up (Uber, Blablacar, Leboncoin) : elles entrent en concurrence avec les entreprises historiques ; - les quatre grands acteurs du numérique (GAFA pour Google, Apple, Facebook, Amazon,) : ils intègrent d'autres secteurs que celui du numérique ; - les entreprises historiques : elles sont concurrencées sur leur marché par les deux types d'acteurs précités, qui remettent en cause la logique traditionnelle. » Faut-il se féliciter d'une telle concurrence ? Aura-t-elle pour mérite une meilleure transparence tarifaire en faveur des consommateurs ? « Ainsi, il n'est plus besoin d'être propriétaire d'une voiture ou d'un immeuble pour intégrer le secteur de la consommation collaborative, et; la bataille pour l'établissement de standards technologiques met fin à la monétisation de la propriété intellectuelle, comme l'illustre l'exemple de Tesla, fabriquant de voitures sportives électriques, qui a ouvert la propriété intellectuelle de la construction de ses voitures » : L.-D. Benyayer : « Interactions entre ancienne et nouvelle économies », *Regards croisés sur l'entreprise – La transformation numérique*, 12 juin 2015, p.5.

sortie[34]. Tôt ou tard, cependant, se posera la question de savoir pourquoi financer des modèles désuets et peu rentables ? Faut-il opérer une sélection des modèles économiques les plus rentables et laisser disparaitre les moins prometteurs [35]? Il est évident qu'il faudra s'intéresser au statut fiscal de ceux qui travaillent pour les GAFA particulièrement les chauffeurs Uber ainsi que la proposition d'un compte épargne pour la formation, libre d'impôt et qui accompagne ces travailleurs tout au long de leur vie, qu'ils changent d'emploi ou non[36].

139. C'est finalement une question de style fiscal. Pendant que la France vient de mettre en place une taxe de 3 % sur le chiffre d'affaires des GAFA pour freiner l'optimisation fiscale de ces géants du numérique[37], le Canada

---

[34] France Culture, « Taxer Facebook pour sauver le Figaro », *Les Nouvelles De L'éco*, émission présentée par Arjuna Andrade, 12/09/2018, 3 min.

[35] « De même, et c'est là un point fondamental, il faut insister sur les coopérations possibles et souhaitables entre ces mêmes GAFA et les États. Leur puissance économique permet ainsi d'en faire des acteurs de moins en moins contournables dans la recherche technologique. Il appartient ainsi aux États d'être les plus attractifs – pas uniquement dans le domaine fiscal, mais aussi en termes d'excellence des formations supérieures – afin d'attirer les GAFA et de mettre en œuvre des dynamiques de codéveloppement. » Il faudrait pour cela arriver à intégrer les chercheurs dans les hautes sphères de la direction. « De nombreuses technologies en développement ou en maturation comme celles liées à l'intelligence artificielle, nécessitant des mises de fonds très importantes, amènent à une coopération naturelle entre public et privé. Identiquement, cela a été et demeure prégnant, les GAFA, en tant que gestionnaires de données et donc d'informations, peuvent être des auxiliaires importants de l'État dans le cadre de la lutte antiterroriste (monitoring des canaux de communication) ou même de la recherche postcatastrophe naturelle (Google Person Finder par exemple) » : B. Alomar, A. Colin « Que peuvent les états et les organisations internationales face aux gafa ? », *Revue internationale et stratégique*, 2018/2 n° 110, p. 139.

[36] « En 2012, en Ile-de-France, l'économie numérique représente un emploi sur dix. Ces emplois sont de plus en plus concentrés dans le cœur de l'agglomération parisienne. Depuis 2007, les non-salariés y occupent une part grandissante. La nature de l'activité numérique continue d'évoluer de la fabrication des supports vers les contenus. Plus de la moitié des emplois du numérique sont pourvus par des cadres » : C. Godonou, S. Renouvel, S. Roger, C. Camors, O. Soulard, F. Dezenaire, « Économie numérique en Ile-de-France: Une dynamique d'emploi portée par les non-salariés », *Insee Analyse*, N° 31, mars 2016, p.1 et s.

[37] S. Rolland, R. Jules, « La taxe Gafa est démagogique et une aberration économique », *La Tribune (France)*, 14 mars 2019, N° 6644, p. 5 ; La Correspondence Economique, « Projet de loi de Taxe de 3 % sur les GAFA : une loi difficilement applicable ! », *Web sites - Economy - La Correspondence Economique*, 12 mars 2019, p. 1 et s. ; S. Rolland, «Taxe Gafa, RGPD : "Se précipiter pour réguler risque de casser Internet !" », *La Tribune (France)*, 8 mars 2019, n° 6640, p. 11, B. Alomar, « Taxation des GAFA : le mieux ennemi du bien ? », *La Tribune (France)*, 12 mars 2019, n° 6642, p. 112, Les Arvernes, « Taxe GAFA : usine à gaz fiscale, erreur économique, mauvais coup pour les consommateurs », *Atlantico*, 11 mars 2019, p.1 et s., Acteurs Publics, « La taxe numérique franco-allemande enterrée à Bruxelles », *Acteurs Publics*, 14 mars 2019, p.1 et s., La Correspondance de la Publicité, « Le texte visant à taxer les géants du numérique à l'échelle de l'UE est sur le point d'être définitivement enterré par les ministres des Finances européens », *La Correspondance de la Publicité*, 12 mars 2019, p.1 et s., Web sites - Information Technology & Internet – Niooz, « Taxation des GAFA : l'UE rejette

exempte Netflix de TPS pour financer le fonds des médias culturels en perte de revenus. Il faut cependant saluer la campagne médiatique faite autour de Netflix par le Québec dénonçant une injustice fiscale et faisant passer le message selon lequel le reste du Canada serait un paradis fiscal pour les plateformes numériques : de quoi faire une véritable publicité pour les autres plateformes numériques comme Uber, Airbnb ou Tesla qui souhaitent s'implanter au Canada.

Paragraphe 2 - Le principe de territorialité de l'impôt pour renforcer l'équité fiscale

140. Les stratégies d'optimisation fiscale ont couté plusieurs milliards d'euros aux États membres. Pour palier aux carences des législations fiscales à saisir la matière imposable, plusieurs propositions ont été mises sur la table dont celles de mettre en place une taxe sur le chiffre d'affaires (I). Cette taxe a montré ses limites. Les ressources semblent davantage provenir du droit de la concurrence. Sur le terrain des aides illicites d'État, la commission européenne a sanctionné les largesses fiscales de certains États membres qui entendaient utiliser la fiscalité comme levier pour attirer plus d'entreprises (II).

I - Le chiffre d'affaires : un critère de taxation insuffisant

141. Le député Yann Galut avait proposé une taxe Google basée sur une présomption d'existence d'un établissement stable en France des géants du numérique, destinée à récupérer les profits effectués sur le territoire français à charge pour eux d'en apporter la preuve contraire. Le Conseil constitutionnel rejette l'article censé figurer dans le projet de loi de finances pour 2017 au motif que l'administration fiscale ne saurait de façon arbitraire décider de qui entre ou non dans le champ d'application de l'impôt sur les sociétés et que cette possibilité d'étendre le champ d'application de l'impôt à des sociétés basées à l'étranger réalisant leurs bénéfices sur le territoire français était une prérogative du législateur[38]. L'Union européenne, impulsée par la France et l'Allemagne avait discuté d'un projet de mise en place d'une taxe numérique européenne. Le 12 mars 2019, après une année de discussion, ce projet est rejeté car en matière européenne et fiscale, il faut l'unanimité des États

---

la taxe européene, les USA critiquent la décision de la France », *Web sites - Information Technology & Internet – Niooz*, 13 mars 2019, p.1 et s.

[38] O. Eric, « Note sous décision 2016-743 et 2016-744 DC », *Revue française de droit constitutionnel*, juin 2017, n°110, p. 472-486 citée par Revue doctrinale générale, « Les nouveaux cahiers du Conseil constitutionnel », *Lextenso*, avril 2017, n° 57, page 151.

membres pour qu'un projet d'une telle envergure puisse voir le jour. Or le projet en question sabre les bases fiscales des pays exportateurs de l'Union européenne comme le Danemark, la Suède et l'Irlande, qui se sont opposés à cette taxe proposée par la France et l'Allemagne[39].

142. Les risques liés à une taxation des GAFA ont pourtant été soulignés par une partie des spécialistes qui se sont penchés sur le sujet. Ces derniers sont exposés dans l'article publié chez Atlantico par un groupe anonyme d'essayistes, professeurs d'universités et hauts fonctionnaires : Les Arvernes. Selon ce groupe, dans un article intitulé : taxe GAFA : usine à gaz fiscale, erreur économique, mauvais coup pour les consommateurs, cette taxe applicable aux entreprises dont le chiffre d'affaires mondial est supérieur à 750 millions d'euros, dont 25 millions réalisés en France, est une erreur fiscale et économique risquant d'affecter les consommateurs. Une erreur fiscale en ce qu'elle contrevient à la politique du gouvernement français de vouloir alléger et simplifier son système d'impôt. Toujours sur le plan fiscal, la taxation du chiffre d'affaires reste illogique, une entreprise pouvant parfois générer un chiffre d'affaires tout en étant déficitaire. La mesure contreviendrait ainsi aux conventions fiscales internationales qui veulent éviter la double imposition et permettre aux entreprises de rapatrier leurs bénéfices. Ce groupe dénonce un changement de comportement fiscal de la France, habituellement hostile à la taxation sur le lieu de consommation[40], cette dernière voulant sans doute contrecarrer les stratégies d'optimisation fiscale développée par Amazon pour rapatrier l'ensemble des bénéfices de vente réalisés en Europe, sur le territoire luxembourgeois.

II - Les règles de concurrence licites entre États pour pallier aux insuffisances du droit fiscal sur la juste taxation des multinationales

143. Dans le cas d'Amazon, une décision fiscale anticipative avait permis de valider les prix facturés pour des transactions commerciales entre Amazon Europe, Amazon Europe Holding et Amazon États-Unis, toutes appartenant au même groupe : on se trouvait donc en face de ce qu'on appelle des prix de transferts, c'est-à-dire des prix facturés entre sociétés de même groupe[41]. Pour

[39] Acteurs Publics, « La taxe numérique francoallemande enterrée à Bruxelles », *Acteurs Publics*, 14 mars 2019, consultable à l'adresse suivante : https://www.acteurspublics.com/2019/03/14/la-taxe-numerique-franco-allemande-enterree-a-bruxelles

[40] Les Arvernes, « Taxe GAFA : usine à gaz fiscale, erreur économique, mauvais coup pour les consommateurs », *Atlantico*, 11 mars 2019, consultable à l'adresse suivante : https://www.atlantico.fr/decryptage/3567865/taxe-gafa--usine-a-gaz-fiscale-erreur-economique-mauvais-coup-pour-les-consommateurs-les-arvernes

[41] Le site des impôts du gouvernement français fait référence à la définition offerte par l'OCDE en matière de prix de transfert : « selon la définition de l'Organisation de Coopération et de

minorer la charge fiscale, les grands groupes ont parfois tendance à facturer ces prix à un bas montant dans les pays où la fiscalité est forte et à les refacturer à un montant élevé, lorsqu'elles s'aperçoivent que le taux de la fiscalité est faible. Le groupe Amazon avait ainsi réussi à faire en sorte que tous les achats effectués en Europe via son site internet soient considérés, sur le plan contractuel, comme souscrits au Luxembourg ainsi que les bénéfices qui en résultaient[42]. C'est Amazon Europe, la société d'exploitation, qui réalisait la totalité de ces ventes. Parce qu'elle est la société d'exploitation, elle est soumise à l'impôt sur les sociétés au Luxembourg. Le montage commence à partir du moment où Amazon Europe verse 90 % de ses bénéfices de vente à la holding (Amazon Holding Europe) pour rémunérer le droit d'utiliser la propriété intellectuelle, la marque « Amazon »[43]. Les bénéfices ainsi versés à la holding échappent à l'impôt sur les sociétés au Luxembourg car cette dernière est une société en commandite simple[44]. En droit fiscal, les sociétés en commandite simple sont des sociétés de personnes, par conséquent, l'imposition ne se fait pas au sein de la société mais entre les mains de leurs associés qui sont aux États-Unis[45]. L'auteur note par ailleurs

Développement Économiques (OCDE), les prix de transfert sont "les prix auxquels une entreprise transfère des biens corporels, des actifs incorporels, ou rend des services à des entreprises associées » : www2.impots.gouv.fr/documentation/prix_transfert/entrep.htm
Voir aussi : OECD (2017), *Principes de l'OCDE applicables en matière de prix de transfert à l'intention des entreprises multinationales et des administrations fiscales 2017*, OECD Publishing, Paris, https://doi.org/10.1787/tpg-2017-fr, chapitre 1 : Le principe de pleine concurrence, page 36.

[42] F. Perrotin, « Aides d'État : le Luxembourg dans la ligne de mire », *Les Petites Affiches*, 06/12/2017, n°243, p. 3.

[43] « Le montage le plus connu est le « sandwich néerlandais », ou encore « double irlandais ». C'est notamment le montage utilisé par Google, qui fait intervenir une série de filiales qui se concèdent « en cascade » leurs droits de propriété intellectuelle. 1) Google Ireland Ltd, la société opérationnelle, réalise l'essentiel du chiffre d'affaires de Google hors États-Unis, principalement sous forme de recettes publicitaires. La société est installée à Dublin et emploie environ 3 000 personnes. 2) Google Ireland Ltd reverse ensuite l'essentiel de son chiffre d'affaires (soit 72 %) à Google Netherlands BV , une société luxembourgeoise, sous forme de redevances d'utilisation des droits de propriété intellectuelle. Le flux est intracommunautaire, il n'y a donc pas de retenue à la source. 3) Google Netherlands BV reverse à son tour la quasi-totalité de cette somme à Google Ireland Holdings, qui, en dépit de son nom, est une société de droit bermudien – au motif que c'est là-bas que son conseil d'administration se réunit, sans doute au bord d'une piscine… Pourquoi ce détour par le Luxembourg ? Tout simplement parce qu'il s'agit d'un « État-tunnel », qui ne pratique pas de retenue à la source pour les flux quittant l'Union européenne. Et voilà comment les recettes de Google se retrouvent, presque sans impôt, sur un compte aux Bermudes, où l'impôt sur les sociétés n'existe pas » : Ch. Guené, « La fraude fiscale sur Internet », *Revue française de finances publiques*, 01/08/2014, n°127, p. 100.

[44] F. Perrotin, « Aides d'État : le Luxembourg dans la ligne de mire », *Les Petites Affiches*, 06/12/2017, n°243, p. 3 et s.

[45] Selon le site du gouvernement du Grand-Duché du Luxembourg : « La société en commandite simple (SECS) est une société commerciale. Elle nécessite au moins 2 associés, à savoir un associé commandité et un associé commanditaire. Les 2 associés se distinguent au niveau de la responsabilité : l'associé commandité est responsable indéfiniment et solidairement

que les associés de la holding ne sont toujours pas imposés car ils bénéficient des impôts différés. Tout l'intérêt de mettre en place la société holding est de faire en sorte que les bénéfices de vente lui soient transférés sous prétexte de payer des droits de propriété intellectuelle s'élevant à 90 % du montant des bénéfices. En octobre 2014, le montant des avantages fiscaux ainsi réalisés par le groupe Amazon s'élevait à 250 millions de dollars du fait du montage réalisé[46].

144. Critiquable à quelques égards, la décision de la commission de requalifier une rémunération excessive en aide illicite d'État l'est. Elle ouvre un large champ d'interprétation de ce qui constitue une aide illicite d'État et prête trop facilement le flan à la critique. Il suffit de penser à toutes les formes de rémunération excessive des grands dirigeants de sociétés cotées en bourse. Ces rémunérations, du fait de leur caractère excessif, peuvent-elles être considérées comme des aides illicites d'État ? Sur le compte de résultat, calculées avant le bénéfice imposable, auraient-elles été jugées contraires aux règles européennes en matière de concurrence, en ce qu'elles viennent en minoration du résultat comptable et de la charge fiscale [47]?

---

des engagements sociaux ; l'associé commanditaire est responsable jusqu'à concurrence de ses apports… fiscalement "transparente", la SECS n'est pas imposable en tant que telle » : https://guichet.public.lu/fr/entreprises/creation-developpement/forme-juridique/entreprise-individuelle_societe-personnes/secs.html

[46] Fr. Perrotin, « Le système des rulings en question », *Les Petites affiches*, 12/12/2014, n°248, p. 4.

[47]« Les rémunérations versées sont tout d'abord mises en rapport avec le chiffre d'affaires et le bénéfice dégagé par la société lors des années en cause… Ces rémunérations sont également rapportées à l'ensemble des frais de personnels. En l'espèce, la rémunération de Madame A. représentait 82 % des frais de personnel en 2010 et 54 % de ces frais en 2011, soit des montants disproportionnés au regard des rémunérations versées par l'entreprise aux autres salariés… En outre, pour apprécier le caractère excessif de la rémunération versée à Madame A., le service a également procédé à une étude comparative avec cinq autres sociétés présentant la même forme juridique, le même code NACE, un chiffre d'affaires et un bénéfice comparables dans un même ressort géographique. » La méthode des comparables est très souvent utilisée pour mettre en relief des comportements inhabituels. « Il apparaît que la rémunération accordée à sa gérante par la SARL Menuiserie de la Brie en 2010 était nettement supérieure à la moyenne de la rémunération versée par les autres sociétés à leurs gérants qui s'établissait, à la somme de 32 754 euros pour 2010… Il résulte de la combinaison de ces éléments que Madame A. a reçu une rémunération six fois supérieure en 2010 et cinq fois supérieure en 2011 à celle versée en moyenne par des entreprises comparables ». Bien qu'il s'agisse de décisions de la Cour d'appel de Paris et du Tribunal administratif de Melun, il convient d'étendre la réflexion au raisonnement de la Commission Européenne. Si celle-ci devait procéder à une telle analyse, elle serait contrainte de vérifier toutes les rémunérations versées à des dirigeants de toutes les sociétés opérant au sein de l'Union européenne. C'est à ce titre que la mesure serait juste d'un point de vue fiscal. Autrement, le risque est grand de voir des critiques dirigées pour iniquité fiscale vis-à-vis des dirigeants de sociétés ayant les chiffres d'affaires les plus importants : Fr. Perrotin, « Rémunérations excessives et enjeux fiscaux », *Les Petites affiches*, 31/08/2018, n°174-175, p. 4.

145. Il est difficile de songer à la stratégie d'Amazon de faire domicilier tous les achats effectués sur son site européen, au seul territoire luxembourgeois sans penser au principe de territorialité de l'impôt français. En vertu de ce principe, la charge de l'impôt pèse sur l'ensemble des bénéfices réalisés sur le territoire français[48]. Se justifie dès lors la décision du gouvernement français d'instaurer une taxe sur les bénéfices des géants du net réalisés en France. Si cette taxe devait s'appliquer uniquement aux géants du net, pour la plupart américains, elle contreviendrait au principe d'équité fiscale en plus d'être discriminatoire[49]. Le caractère inéquitable de la mesure fiscale tiendrait au fait qu'elle ne vise que les entreprises du secteur numérique tandis que le caractère discriminatoire tient au fait qu'elles sont dirigées contre les entreprises américaines[50]. C'est ce qui pousse certains experts fiscaux à réfléchir sur plusieurs voix : la première étant une taxation applicable à l'ensemble des acteurs du numérique, la seconde serait la mise en place du même cadre juridique, fiscal et financier, en Europe, qui a permis l'éclosion des champions américains[51] et la dernière serait la mise en place d'une taxe ayant pour objectif de récupérer les bénéfices perdus du fait des stratégies

---

[48] «La fiscalité internationale des entreprises a été mise en place à l'origine pour répondre aux activités économiques transfrontalières et notamment au développement des multinationales en prévoyant une attribution des droits d'imposer entre les États qui soit économiquement fondée. Ainsi, elle doit permettre d'assurer une sécurité juridique aux opérations conduites et d'éviter les conflits entre administrations conduisant à des doubles impositions persistantes. À cet effet, elle prend en compte un principe de territorialité tirant les conséquences des liens entre les bénéfices de l'entreprise et les territoires nationaux où ils sont réalisés » : E. Marcus, « Le projet de l'OCDE de lutte contre l'optimisation fiscale des multinationales-BEPS », *Revue française de finances publiques*, 01/11/2015, n°132, page 233 et s.

[49] La Tribune, « Taxe Gafa : vers une riposte américaine ? », *La Tribune*, 14 mars 2019, n° 6644, p. 38, Correspondance de la Publicité, « Passe d'armes entre la France et les États-Unis sur la taxation des Gafa », *Correspondance de la Publicité*, 13 mars 2019 ; Les Echos, « Bras de fer franco-américain sur la taxation des Gafa », *Les Echos*, 13 mars 2019.

[50] D. Perrotte, E. Conesa, « Bras de fer franco-américain sur la taxation des Gafa », *Les Echos*, 13 mars 2019, n° 22906, p. 6

[51] « Depuis la crise, la Commission européenne semble vouloir donner un nouveau souffle à une dynamique industrielle européenne. En 2012, elle rend publique la communication Une industrie européenne plus forte au service de la croissance et de la relance économique .Six marchés prioritaires y sont mis en avant dont les réseaux intelligents. En 2014 la Commission insiste cette fois avec Pour une renaissance industrielle européenne sur la nécessité d'augmenter la contribution de l'industrie au PIB européen de 15 à 20 % d'ici à 2020... En 2014 le 8e programme-cadre Horizon 2020 (couvrant la période 2014-2020) est également lancé ; il a le mérite de réunir sous le même chapeau tous les fonds européens consacrés à la recherche et l'innovation, faisant passer sa dotation à 80 milliards d'euros, soit 30 milliards de plus que le précédent programme-cadre. Ceci étant dit, sachant que le PIB européen s'est élevé en 2014 à 13 920,5 milliards d'euros, cette somme ne représente que 0,1 % relativement à l'objectif annuel de 3 % fixé par l'agenda 2020 » : P. Nouveau, « La politique de concurrence européenne, ou la réalité d'une politique industrielle européenne par défaut », *Outre-Terre*, janvier 2016, n° 46, p. 281.

d'optimisation fiscale de l'ensemble des multinationales[52]. Cette taxe s'appliquerait non seulement aux entreprises numériques utilisant les conventions fiscales pour réduire la charge de l'impôt sur les sociétés mais aussi aux restes des multinationales.

146. En attendant que les institutions internationales accordent leurs violons sur la manière dont il faudra mettre fin à la fraude et à l'optimisation fiscale internationale, l'Union européenne tente d'apporter des palliatifs à un droit fiscal en manque d'inspiration pour mettre fin aux stratégies d'optimisation fiscale des grandes multinationales. Car il ne s'agit plus de faire cesser la fuite des recettes budgétaires européennes vers d'autres pays à l'image de la planification fiscale adoptée par Amazon et qui fait perdre près de 250 millions de dollars à l'Europe au profit des associés américains d'Amazon. Il ne s'agit plus de permettre aux entreprises américaines de faire des profits en Europe et de les rapatrier grâce à une holding, société en commandite simple et donc non soumise à l'impôt sur les sociétés pour faire taxer les bénéfices entre les mains de leurs partenaires américains et donc de les donner au fisc américain. Il s'agit désormais d'avoir une base d'imposition commune, calculée à partir d'un résultat commun. C'est en cela toute la difficulté. Une Europe avec une économie aussi diversifiée et une politique fiscale propre à chaque État saura-t-elle s'unir ? Mieux encore, cette Europe a-t-elle intérêt à s'unir sur le plan fiscal et surtout dans quel sens ? Si cette unité a pour objectif de mettre fin aux stratégies d'optimisation fiscale, le Luxembourg, la Belgique, l'Irlande auront-ils intérêt à perdre le statut de paradis fiscaux au nom d'une unité qui ne bénéficiera qu'à une partie des membres de l'Union européenne ? C'est demander à ces pays de renoncer à un statut qui a largement contribué à leur modèle d'affaires pour devenir membre d'une Union européenne qui ne leur apportera certainement pas les mêmes avantages économiques et fiscaux. C'est sans doute pour les mêmes raisons que l'Irlande peine à récupérer les 13 milliards de dollars dus par Apple au titre des aides illicites d'État. Récupérer cet argent est un désaveu de son statut de paradis fiscal et constitue une mauvaise publicité pour le reste des entreprises numériques et des grandes multinationales qui y verront un signal d'alarme. Tant que l'Union européenne aura une politique d'attraction

[52]Le cadre fiscal, selon certains commentateurs, empêcherait cependant l'éclosion de ces champions européens : « Depuis les années 1990, l'industrie des datacenters a connu un essor fulgurant. Alors qu'elles sont consubstantielles au cloud, ces usines du digital demeurent un objet fiscal non identifié au sein de l'Union européenne. En effet, la prohibition des aides d'État entre États membres de l'Union semble empêcher de penser une fiscalité dédiée à cette industrie. Un paradoxe dans une société européenne du tout numérique. À contrario, le système américain a promptement favorisé l'émergence d'une fiscalité des datacenters. Ce berceau des nouvelles technologies a consolidé son savoir-faire en la matière, par la mise en place de politiques fiscales dynamiques » : Coudert, C., « Union européenne et États-Unis : quelles stratégies fiscales en matière de datacenters ? », R.E.I.D.F., 2017/3, p. 266-273.

des entreprises aussi divergentes et aussi concurrentes, l'unité n'en sera que remise en cause.

147. Il faudra donc compter sur le travail de la commissaire à la concurrence européenne, Margrethe Vestager, qui sur la base de règles déjà adoptées par l'Union européenne, les règles d'une concurrence licite entre État, veut palier aux manquements du droit fiscal, même si, l'argument tiré de la rémunération excessive des associés ne semble pas encore pertinent pour justifier une aide illicite d'État. Il faut voir cependant en cela, une mesure plus équitable que la taxe GAFA, excessivement tournée vers les seuls géants américains du numérique et qui donne, à raison, des allures de taxe de la discrimination et de la discorde. Ainsi, en sus d'Apple, faisant partie des grandes entreprises américaines du numérique ayant profité du système fiscal irlandais, la Commission européenne a ouvert trois enquêtes formelles en juin 2014 contre Starbucks aux Pays-Bas et Fiat Finance Trade au Luxembourg.

Section 2 - La concurrence fiscale comme moyen de pression entre États

148. La concurrence n'est pas en soi un acte illicite en ce qu'elle est explicitement et légalement interdite. Il n'y a pas de texte communautaire qui édicte cette forme de prohibition. Elle devient illégale lorsqu'elle est faussée par des aides illicites, ces fameuses subventions déguisées qu'un État octroie à une entreprise à travers sa fiscalité. La conséquence d'une baisse d'impôt généralisée consécutive à cette concurrence que se livre les États risque d'entrainer une dégradation des services publics et un sérieux financement de ces derniers, surtout dans un contexte de réduction des déficits budgétaires (Paragraphe 1). Cependant, s'il est vrai que la concertation à l'échelle européenne vise à mettre fin aux pertes fiscales que la communauté subit, soit du fait de la baisse d'impôt liée à la concurrence fiscale soit du fait des fuites de capitaux vers les États-Unis, ces derniers ne semblent pas apprécier la taxe sur les géants du numérique instituée par la France en vue de contre carrer les stratégies d'optimisation fiscale des entreprises du numérique pour la plupart américaines. La menace de saisir l'Organisation Mondiale du Commerce de la part des États-Unis pour une taxe GAFA qu'ils jugent discriminante parait difficilement justifiable au regard du principe de la clause de la nation la plus favorisée ou du traitement national. Dans tous les cas, ces deux principes phares de l'Organisation Mondiale du Commerce trouvent difficilement application dans la mesure où la taxe GAFA ne vise pas que les entreprises américaines : plusieurs sociétés qui ne relèvent pas de cet État sont aussi concernées (Paragraphe 2).

Paragraphe 1 - La compétition entre États pour attirer les meilleures entreprises sur le territoire

149. La concurrence fiscale entre les États membres les empêche d'accorder leurs violons pour avoir la même définition du bénéfice imposable. Les aides qu'elles accordent aux États affectent la concurrence ce qui leur vaut d'être sanctionnées par la Commission européenne (I). L'idéologie néolibérale qui prévaut au sein des États membres, celle qui les pousse à brader le coût du travail et à pratiquer le dumping fiscal serait la cause de la concurrence farouche que se livrent les États entre eux. La solution pour mettre fin à la concurrence serait donc de changer de mentalité et d'aboutir à une Europe de la collaboration : une Europe plus sociale (II).

I - Les aides illicites d'État : facteur de concurrence fiscale déloyale

150. La concurrence fiscale est la concurrence que se livre les États, entre eux, sur le volet fiscal, pour attirer les meilleures entreprises. Elle se transforme en aide illicite d'État lorsqu'un pays n'applique pas les mêmes règles de calcul de l'impôt sur les sociétés à toutes les entreprises et que cette divergence de calcul aboutit à alléger la charge de l'impôt sur les sociétés pour quelques-unes d'entre elles. En ce sens l'impôt calculé revêt un caractère discriminant qualifiable et requalifié très souvent en aide illicite d'État par la commissaire européenne à la concurrence. Selon le ministère de l'Économie, des Finances, de l'Action et des Comptes publics : « une aide d'État se définit par quatre critères cumulatifs : – Une aide publique (toute intervention financière d'une entité publique au profit de tiers est une aide) – Un avantage sélectif (les aides doivent « favoriser certaines entreprises ou productions »). – Une aide affectant la concurrence (interne à l'État membre, comme intra-Union européenne) – Une aide affectant les échanges intra-Union européenne »[53]. En revanche, les mêmes largesses de l'administration fiscale d'un pays ne sont pas considérées comme des aides illicites d'État lorsqu'elles sont appliquées à l'ensemble des entreprises. Elles entrent dans ce cas dans la catégorie de la concurrence fiscale qui est le fait pour un pays de baisser son taux d'imposition global des sociétés dans le but d'attirer les meilleures entreprises sur son territoire. Selon Marc Leroy, il y a une « perspective d'une baisse de l'IS de 35 % à 20 % aux États-Unis, de 33 % à 25 % en France

[53] Portail de l'Économie, des Finances, de l'Action et des Comptes publics, « La notion d'aide d'État », consultable au https://www.economie.gouv.fr/files/files/directions_services/daj/publications/vademecum_aides_État-2016/pdf-vade-mecum-aides-État/Fiche-1.pdf

(2022), et à 17 % au Royaume-Uni (2020) »[54]. Il rappelle que c'est cette même concurrence fiscale qui empêche l'Europe d'avoir une base d'imposition commune et d'aboutir enfin à une harmonisation fiscale véritablement efficace pour mettre fin aux problèmes de l'évasion fiscale. Cette même concurrence se nourrit des incitations fiscales en faveur des principaux acteurs de l'évasion que sont les entreprises : en témoigne le montant du crédit d'impôt en faveur de la recherche pour les entreprises, dont le coût est évalué à 5,802 Mds€ en 2018[55].

151. Selon Alain Lamassoure, député européen, mettre en place une taxe sur le chiffre d'affaires des géants du numérique est une mauvaise idée et les échecs précédents de la France, de l'Allemagne et de la Grande-Bretagne l'ont montré. L'Inde a réussi à mettre en place cette taxe qui lui rapporte 11 millions de dollars[56]. Au final, il s'agira d'une mesure appréciée par les 500 millions de citoyens européens mais qui ne rapportera pas grand-chose. Ce sera donc une mesure publicitaire destinée à satisfaire quelques électeurs[57]. Au niveau européen, la difficulté vient du fait qu'il faut le même système d'imposition, ce qui passe par la même définition du bénéfice imposable et donc un renforcement des principes de loyauté applicables pour toutes les entreprises, et une surveillance accrue de la transparence et de la justice fiscale : en somme des conditions de concurrence valables pour tous les acteurs du numérique. Selon ce dernier, tant que l'Union européenne ne s'accordera pas sur la même définition du bénéfice imposable, tant que les niches fiscales plus ou moins secrètes mettrons à mal cette unité fiscale, les Européens finiront par se faire concurrence mutuellement, au détriment d'une union nécessaire à l'arrêt des stratégies d'optimisation fiscale[58]. Cette concurrence fiscale serait finalement le nerf de la guerre et un sérieux obstacle à l'émergence d'un consensus européen en matière de lutte contre l'optimisation fiscale des entreprises. En attendant, des négociations sont en cours pour déterminer comment taxer leur budget exponentiel qu'elles tentent de minorer par des stratégies d'évitement

[54] M. Leroy, « Le repositionnement épistémologique et politique du problème de l'évasion fiscale », *R.E.I.D.F.*, 2017/4, p. 420, note de bas de page numéro 22.

[55] M. Leroy, « Le repositionnement épistémologique et politique du problème de l'évasion fiscale », *R.E.I.D.F.*, 2017/4, p. 420.

[56] « De même, l'Inde a instauré en 2016 une taxe dite d'égalisation relative aux services de publicité fournis par des entreprises non établies à des preneurs assujettis indiens (BtoB). La taxe, au taux de 6 %, s'applique aux revenus bruts tirés de la publicité en ligne » : La Correspondance de la Presse, « Etude d'impact relative au projet de loi portant création d'une taxe sur les services numériques et modification de la trajectoire de baisse de l'impôt sur les sociétés », *La Correspondance de la Presse*, 8 mars 2019, p. 3 et s.

[57] FRANCE 24, « Le numérique en Europe : vers une taxe sur les Gafa ? », *Ici l'Europe*, 9 octobre 2017, émission présentée par Caroline De Camaret, consultable à l'adresse https://www.youtube.com/watch?v=B0BdZqx2NIc

[58] FRANCE 24, « Le numérique en Europe : vers une taxe sur les Gafa ? », *Ici l'Europe*, 9 octobre 2017, émission présentée par Caroline De Camaret, consultable à l'adresse https://www.youtube.com/watch?v=B0BdZqx2NIc

fiscal. La France a décidé de taxer le chiffre d'affaires des GAFA réalisé sur son territoire à hauteur de 3 %[59]. Plusieurs spécialistes craignent des rendements fiscaux faibles affectant très peu les GAFA et nuisant considérablement aux distributeurs moins grands en termes de chiffre d'affaires[60]. À cela s'ajoute la possibilité pour ces entreprises disposant de conseils d'experts fiscaux de déplacer leur chiffre d'affaires par la pratique des prix de transfert visant à minorer les bénéfices réalisés en France dans d'autres pays européens[61]. Enfin et risque non négligeable, celui de pouvoir répercuter la hausse des taxes sur l'assiette du consommateur et lui faire ainsi payer ces décisions gouvernementales fiscales, affectant l'attractivité du territoire français par rapport à ses concurrents européens[62]. La plus grande crainte provient de la concurrence fiscale que se livrent les États pour attirer les entreprises : elles s'implantent sur un territoire en créant des emplois[63], elles investissent plusieurs millions de dollars dans des actifs immobilisés pour déployer leurs serveurs et leurs matériels d'exploitation et contribuent à l'essor économique des pays comme l'Irlande, Le Luxembourg ou la Belgique, ce qui a poussé la commissaire européenne à la concurrence à condamner ces derniers sur la base des aides illicites d'État lorsqu'elles attribuent des avantages fiscaux spécifiques à certaines entreprises et non généralisables à leurs semblables[64]. Trêve fiscale fragile et précaire que celle qui consiste à utiliser le droit de la concurrence[65] pour venir au secours du droit fiscal. Fragile en ce qu'elle tient à très peu de choses, il suffit que l'Irlande attribue les mêmes droits à toutes les autres entreprises du même secteur pour que la décision de la commissaire européenne de la concurrence soit annulée[66]. Précaire parce qu'en voulant appliquer une taxe spécifique aux GAFA sur leurs chiffres d'affaires, on crée une autre injustice fiscale et que la seule façon d'y remédier, c'est aussi de taxer le chiffre d'affaires des autres entreprises comme Nike ou Adidas et d'arriver à un accord européen de

---

59 Yahoo France, « Washington parle de taxes Gafa «discriminatoires» et menace de saisir l'OMC », *Yahoo France*, 12 mars 2019.

60 France Culture, « La taxe GAFA se trompe-t-elle de cibles ? », *Actualités, Du Grain à moudre, Émission présentée par Hervé Gardette*, 23e minutes 35e seconde disponible sur https://www.franceculture.fr/emissions/du-grain-a-moudre/la-france-peut-elle-faire-plier-les-gafa

61 Fr. Perrotin, « Le système des rulings en question », *Les Petites affiches*, 12/12/2014, n°248, p. 4.

62 Les Arvernes, « Taxe GAFA : usine à gaz fiscale, erreur économique, mauvais coup pour les consommateurs », *Atlantico*, 11 mars 2019, consultable à l'adresse suivante : https://www.atlantico.fr/decryptage/3567865/taxe-gafa--usine-a-gaz-fiscale-erreur-economique-mauvais-coup-pour-les-consommateurs-les-arvernes

63 Ce qui fait reculer le chômage et le nombre d'individus à la charge de l'État.

64 F. Perrotin, « Aides d'État : le Luxembourg dans la ligne de mire », *Les Petites Affiches*, 06/12/2017, n°243, p. 3 et s.

65 Avantages fiscaux attribués à une seule entreprise et non aux autres.

66 France Culture : « Fiscalité : l'Europe peut-elle dompter les GAFA ? », *Savoirs, Entendez-vous l'éco* ? Émission présentée par Tiphaine de Rocquigny, le 12/10/2018.

taxation du chiffre d'affaires de toutes les multinationales[67]. Pascale St Amans, dans une interview consacrée à France culture craint des représailles de la part de la Chine qui se mettrait aussi à taxer les entreprises automobiles allemandes et de lourdes conséquences pour les pays scandinaves comme la Suède qui exportent leurs produits dans des pays dits de consommation comme les États-Unis[68].

II - La concurrence fiscale entretenue par les disparités de niveau de vie

152. Ce sont les disparités de niveau de vie existant dans chaque pays de l'Union européenne qui entrainent des taux d'impôt aussi variables. Selon Christophe Heckly et Éric Oberkampf, cette disparité des taux d'imposition en matière d'impôt sur les sociétés s'est accrue en 2004, avec l'intégration de 10 nouveaux pays au sein de l'Union européenne[69]. Le taux d'impôt sur les sociétés moyen serait passé ainsi de 31 % à 19 %. Mais ce n'est pas qu'en matière d'impôt sur les sociétés qu'une telle disparité existe. Elle est aussi à noter sur le plan des charges salariales, entrainant ainsi un dumping social[70]. Ces derniers rappellent qu'en vertu de la Directive Bolkestein de 1996, lorsque des travailleurs sont détachés par leur employeur dans un autre pays de l'Union européenne, les charges sociales applicables sont celles de l'employeur. Entre les charges sociales en Roumanie qui sont de 13 % et celles de la France avoisinant les 45 %, il existe donc un risque de dumping social entre ces différents pays de l'Union européenne[71]. Il existe un consensus sur la nécessité de mettre fin à la concurrence fiscale, celle qui risque d'abaisser considérablement les taux d'impôt sur les sociétés et d'appauvrir les États de l'Union européenne. Selon Marc Leroy, les causes de cette concurrence fiscale sont à rattacher à l'idéologie néolibérale qui prévaut au sein de ces pays. Finalement, ce n'est qu'en changeant d'idéologie que les pays de l'Union européenne pourront enfin avoir la même vision des rôles et des fonctions de

---

[67] Radio France-Internationale, « France / États-Unis - Washington parle de taxes Gafa «discriminatoires» et menace de saisir l'OMC, *Radio France-Internationale*, 12 mars 2019.
[68] France Culture, « Fiscalité : l'Europe peut-elle dompter les GAFA ? », *Savoirs, Entendez-vous l'éco* ? Émission présentée par Tiphaine de Rocquigny, le 12/10/2018.
[69] Ch. Heckly, É. Oberkampf, « Actualité du fédéralisme », *Revue française de finances publiques*, 01er novembre 2018, n° 144, p. 241 et s.
[70] Dumping : « nom masculin de l'anglais américain dumping, to dump, décharger : et par extension dumping social, pratique de certains États consistant à adopter des législations en matière de droit du travail et de salaires plus défavorables aux salariés que dans d'autres États, dans la perspective d'attirer les entreprises sur leur sol » : https://www.larousse.fr/dictionnaires/francais/dumping/26973?q=dumping#26837
[71] Ch. Heckly, É. Oberkampf, « Actualité du fédéralisme », *Revue française de finances publiques*, 01er novembre 2018, n° 144, p. 241 et s.

la fiscalité mais tant que cette idéologie restera, la concurrence persistera et l'harmonisation n'en sera que retardée[72].

153. L'uniformisation n'est pas nécessaire à la survie de l'Union européenne mais l'harmonisation des systèmes fiscaux ne suffira pas à mettre fin à la concurrence fiscale[73]. Pour y remédier, il faut que les entreprises n'aient plus aucun intérêt à choisir un pays plus qu'un autre à cause de sa fiscalité[74]. Il faudrait que les pays de l'Union européenne aient les mêmes standings de vie pour éviter que les pays pauvres ne soient tentés d'utiliser leurs fiscalités afin d'inciter les entreprises à investir sur leurs territoires[75]. C'est en cela que l'harmonisation du régime de protection sociale devient nécessaire : éviter que les entreprises numériques ne jouent sur ces disparités au sein de l'Union européenne pour pratiquer le dumping social[76]. Il faudrait

---

[72] M. Leroy, « Le repositionnement épistémologique et politique du problème de l'évasion fiscale », *R.E.I.D.F.*, 2017/4, p. 420

[73] Ch. Heckly, É. Oberkampf, « Actualité du fédéralisme », *Revue française de finances publiques*, 01/11/2018, n°144. p. 241 : « l'uniformisation communautaire des taux et assiettes de l'impôt sur les sociétés n'est pas indispensable. Ce qui compte, c'est qu'il y ait convergence progressive des systèmes ». Il faudrait sans doute comprendre, à travers ce propos, qu'il y a une réelle prise de conscience de la part de l'auteur des difficultés que pose l'uniformisation des taux d'impôts au sein de l'Union européenne que ce soit pour l'impôt sur les sociétés ou l'impôt sur le revenu. Face à cette prise de conscience, la solution alternative serait donc l'harmonisation des différentes politiques sociales, économiques et culturelles : en attendant, tant que subsisteront des divergences elles seront l'occasion pour les multinationales de tirer leur épingle du jeu en minimisant leur fardeau fiscal.

[74] « Souveraineté fiscale oblige, chaque État membre de l'Union européenne a les mains libres pour déterminer sa propre politique fiscale, dans le respect des règles du marché intérieur. Dès lors, les écarts de taxation entre États créent une concurrence fiscale dont certaines grandes entreprises savent tirer parti. L'Irlande, le Luxembourg et les Pays-Bas offrent à ce titre des niveaux d'imposition attractifs » : A. Pando, « Le défi de la taxation des GAFA », *Les Petites affiches*, 09/04/2019, n°071, p. 7.

[75] « Ryanair a subi des grèves à répétition. Sur la seule journée du 28 septembre 2018, 30 000 passagers ont vu leurs vols annulés(1). Les employés veulent que leur emploi soit régi par les lois des pays où ils sont basés, et non par la loi irlandaise. La direction de Ryanair prétend que l'utilisation généralisée des contrats de travail irlandais pour les 14 500 travailleurs de l'entreprise est un élément clé pour maintenir les coûts de celle-ci à un bas niveau et être en mesure de redéployer rapidement les employés. C'est surtout un moyen pour Ryanair de ne pas payer les contributions dues. » Il semble que les charges sociales en Irlande soient plus favorables aux employeurs. « La technologie permet aisément, même pour les personnels des avions ou des navires abordant un port européen ou atterrissant en Europe, de calculer et d'enregistrer le temps travaillé dans un pays. Pourquoi la Commission ne force pas les entreprises à payer les contributions sociales au prorata temporis dans les pays où les personnels travaillent ? Madame Bulc, commissaire européenne chargée des transports, avait pourtant affirmé le 28 mai 2015 que les employés bénéficiaient toujours de la règle la plus avantageuse » : D. Martin, « La Commission laisse Ryanair pratiquer le dumping social » : *Question avec demande de réponse écrite* E-000214/2019 à la Commission, 17 janvier 2019, disponible sur le site de la Commission Européenne : http://www.europarl.europa.eu/doceo/document/E-8-2019-000214_FR.html

[76] A. Douniès, J.-L. Clergerie, « L'harmonisation de l'impôt sur les sociétés entre la France et l'Allemagne : mythe ou réalité ? », *Les Petites affiches*, 08/02/2012, n°28, p. 3.

même aller plus loin en adoptant ce qu'Alain Lamassoure a appelé la même définition du bénéfice imposable. Or, ainsi que le souligne Marc Leroy, les niches fiscales qui sont le fait de la politique fiscale de chaque État contribuent à obstruer cette même définition du bénéfice imposable[77]. Chaque pays est libre de déduire de sa définition du bénéfice imposable les investissements faits en faveur de l'écologie ou en matière de logiciels informatiques afin d'encourager l'innovation et la recherche[78]. Pour aboutir à cette même définition, il faudrait, et en ce qui a trait au cas d'Amazon, que les États tels que le Luxembourg qui ont fait de la pratique des rulings une véritable manne financière abandonnent cette forme de commerce[79]. La priorité est donc l'harmonisation des niveaux de vie des différents pays de l'Union européenne et les subventions doivent être faites en sorte de relancer la croissance des pays pauvres et désinciter les entreprises à utiliser les différences de taux d'imposition ou de charges sociales pour engranger davantage de bénéfices[80]. C'est de cette manière que l'on empêchera les GAFA de jouer sur les divergences de législation fiscale au sein de l'Union européenne pour minimiser la base imposable. C'est ce qu'expliquent les auteurs Christophe Heckly et Eric Oberkamp en prenant pour exemple le cas des États-Unis. Selon ces derniers, « les États pauvres maintiennent délibérément leur taux d'impôt sur les sociétés à un niveau peu élevé afin d'attirer les entreprises »[81]. Faut-il le redire ? En suivant cette mouvance du nivellement par le bas des taux de taxation, le risque est grand de dégrader la qualité des services publics offerts[82] : hôpitaux, transports, éducation et la plupart des bénéficiaires seront une fois de plus des entreprises comme Uber ayant pour réputation de réduire leurs charges salariales afin d'accroitre le résultat comptable de la société.

---

[77] M. Leroy, « Le repositionnement épistémologique et politique du problème de l'évasion fiscale », *R.E.I.D.F.*, 2017/4, p. 420

[78] M. Leroy, « Le repositionnement épistémologique et politique du problème de l'évasion fiscale », *R.E.I.D.F.*, 2017/4, p. 420

[79] Fr. Perrotin, « Le système des rulings en question », *Les Petites affiches*, 12/12/2014, n°248, p. 4.

[80] Règlement (CE) n°883/2004 - www.cleiss.fr - mars 2017 : « « Article 12 (3) Règles particulières 1. La personne qui exerce une activité salariée dans un État membre pour le compte d'un employeur y exerçant normalement ses activités, et que cet employeur détache pour effectuer un travail pour son compte dans un autre État membre, demeure soumise à la législation du premier État membre, à condition que la durée prévisible de ce travail n'excède pas vingt-quatre mois et que cette personne ne soit pas envoyée en remplacement d'une autre personne détachée ». Dès lors, la tentation est grande de les recruter dans le pays ou les charges salariales sont les moins importantes avant de les détacher ailleurs.

[81] Ch. Heckly, É. Oberkampf, « Actualité du fédéralisme », *Revue française de finances publiques*, 01/11/2018, n°144. p. 241 et s.

[82] « Le taux moyen de l'impôt sur les sociétés dans la zone OCDE a reculé de 32,5 % en 2000 à 23,9 % en 2018 pour les 35 pays de la zone. Ce taux a été abaissé en moyenne de 2,7 % dans huit pays de la zone OCDE en 2017. En 2018, il a été baissé de nouveau, cette fois de 4,8 % dans huit pays en 2018 » : Fr. Perrotin, « La course à la baisse d'impôt », *Les Petites affiches*, 19/12/2018, n°253, p.3

Rediriger le produit intérieur brut pour permettre à la classe pauvre d'atteindre le niveau de vie de la classe moyenne par l'emploi et encourager le développement de l'économie numérique : tel est le résultat satisfaisant que les gouvernants sont en droit d'attendre du fait de la croissance exponentielle du budget des plateformes numériques, notamment Netflix, Google ou encore Facebook[83].

154. Face aux difficultés que pose la concurrence fiscale (dumping fiscal, dumping social, utilisation des disparités législatives pour minorer la charge de l'impôt), l'harmonisation de la TVA donne des signaux d'encouragements : le taux minimum instauré par l'Union européenne est de 15 %[84]. Tous les pays de l'Union européenne sont obligés d'appliquer ce taux minimum pour l'ensemble des transactions[85]. Des efforts restent encore à fournir. Ainsi que l'expliquent Christophe Heckli et Éric Oberkampf : « la suppression des contrôles aux frontières a facilité les fausses exportations et la fraude à la TVA dans les échanges intracommunautaires. Alors que les

---

[83] « Un employeur dans un État membre (l'«État d'envoi») peut de temps à autre souhaiter envoyer l'un de ses salariés travailler dans un autre État membre (l'«État d'emploi»). Ce type de travailleur est dénommé travailleur détaché. Selon les règles de l'Union européenne, les travailleurs actifs dans plusieurs États membres de l'Union doivent être soumis à une seule législation en matière de sécurité sociale. Les règlements disposent que le régime de sécurité sociale applicable aux citoyens qui, pour des raisons professionnelles, se déplacent d'un État à un autre, est en principe le régime prévu dans l'État membre d'emploi » : Commission Européenne, *Guide pratique sur la législation applicable dans l'Union européenne (UE), dans l'Espace économique européen (EEE) et en Suisse*, Emploi, affaires sociales et inclusion, Première partie: le détachement de travailleurs, p. 7 : file:///U:/FR-PracticalGuideDecember2013.pdf

[84] « La législation de l'UE exigeant seulement que le taux normal de TVA soit au moins de 15 % et le taux réduit de 5 % au minimum (uniquement pour des livraisons de biens et prestations de services mentionnées dans une liste exhaustive), les taux effectivement appliqués varient selon les pays de l'UE et les types de produits. En outre, certains États membres ont maintenu d'autres taux pour divers produits spécifiques. La source d'information la plus fiable sur le taux de TVA actuellement appliqué à un produit déterminé dans un pays de l'UE particulier est l'administration fiscale du pays en question » : https://ec.europa.eu/taxation_customs/business/vat/what-is-vat_fr

[85] « Lorsque la Communauté européenne a été créée, les six pays fondateurs appliquaient différents types de taxes sur le chiffre d'affaires, pour la plupart des taxes en cascade. Il s'agissait de taxes perçues à divers stades et prélevées chaque fois sur la valeur réelle du produit à chaque stade du processus de production, ce qui rendait impossible la détermination du montant réel des taxes effectivement incluses dans le prix final d'un produit déterminé. En conséquence, il existait toujours un risque que les pays de ce qui était alors la Communauté subventionnent délibérément ou accidentellement leurs exportations en surestimant les taxes remboursables à l'exportation.

Il est apparu que si l'on voulait un marché unique efficace en Europe, un système neutre et transparent de taxe sur le chiffre d'affaires était nécessaire, assurant la neutralité de la taxe et permettant que le montant exact de la taxe soit restitué au moment de l'exportation. Comme l'explique la rubrique consacrée à la TVA sur les importations et les exportations, la TVA garantit que les exportations sont complètement exonérées de la taxe, en toute transparence » : https://ec.europa.eu/taxation_customs/business/vat/what-is-vat_fr.

recettes totales de cet impôt pour l'ensemble de l'Union européenne atteindraient mille milliards d'impôts par an, les montants non perçus avoisinent les 50 milliards d'euros par an, soit un tiers du budget de l'Union européenne »[86]. Il y a donc un effort de sensibilisation et de vulgarisation à faire à ce niveau-là pour aboutir à une prise de conscience des dirigeants d'entreprises et des chefs d'État afin de remédier à ce problème[87]. Ainsi que le précise le rapport d'information de la commission des finances de l'Assemblée nationale, sur l'optimisation fiscale des entreprises dans un contexte international : « le civisme fiscal fait partie de la RSE (Responsabilité Sociétale des Entreprises). L'optimisation fiscale se traduit souvent par des choix de localisation des actifs – physiques ou immatériels – qui peuvent avoir des implications très concrètes en termes d'activité, et donc d'emploi. Par ailleurs la cohésion sociale est notamment assurée par le financement, par l'impôt, de services et autres équipements publics. Le comportement fiscal d'une entreprise a donc bien in fine des « conséquences sociales », et il serait légitime de l'inclure officiellement dans le champ de la RSE »[88]. À ce titre, l'exemple de la coopération entre Airbnb et certaines grandes villes comme Paris et New York pourrait inspirer la perception de la TVA au niveau communautaire par les plateformes numériques[89]. Il faudra compter donc sur la bonne volonté de ces dernières dans la perception et le recouvrement de l'impôt ce qui contribuera à baisser les 50 milliards de dollars d'impôts non perçus du fait de la fraude à la TVA. Il va sans dire que la nomination des dirigeants de ces géants du numérique est essentielle comme l'est le souci de les former et de les responsabiliser à ces considérations relatives à l'impôt, sa perception et son acquittement[90]. Cette idée démontre à elle seule les

[86] Ch. Heckly, É. Oberkampf, « Actualité du fédéralisme », *Revue française de finances publiques*, 01er novembre 2018, n° 144, p. 241 et s.

[87] « Dans l'Union européenne, les États membres perdent des milliards d'euros de recettes de la taxe sur la valeur ajoutée (TVA) en raison de la fraude fiscale et de l'inadéquation des systèmes de perception. L'écart de TVA, qui correspond à la différence entre les recettes de TVA attendues et la TVA effectivement perçue, fournit une estimation du manque à gagner lié à la fraude et l'évasion fiscales, mais également aux faillites, aux cas d'insolvabilité ou aux erreurs de calcul. D'après les chiffres relatifs à la perception de la TVA actuellement disponibles, le montant total des pertes de TVA dans l'ensemble de l'UE en 2016 est estimé à 147,1 milliards d'EUR. Cela représente une perte de 12.3 % du total des recettes de TVA attendues » : https://ec.europa.eu/taxation_customs/business/tax-cooperation-control/vat-gap_fr

[88] P.-A. Muet, E. Woerth, P. Cherki, M. Ch. De Courson, M.-Ch. Dalloz, A. Girardin, N. Sansu, E. Sas, « L'optimisation fiscale des entreprises dans un contexte international », *Rapport d'information déposé en application de l'article 145 du règlement par la commission des finances, de l'économie générale et du contrôle budgétaire*, 10 jullet 2013, p.127.

[89] M. Lambrecht, "L'économie des plateformes collaboratives", *Courrier hebdomadaire du CRISP* 2016/26, N° 2311-2312, p.32.

[90] « Selon la définition qui en est donnée par le ministère de l'Écologie, du développement durable et de l'énergie, la RSE (Responsabilité Sociétale des Entreprises) « est la contribution des entreprises aux enjeux du développement durable. La démarche consiste pour les entreprises à prendre en compte les impacts sociaux et environnementaux de leur activité pour

divergences d'état d'esprit entre les dirigeants européens et les chefs d'entreprise des géants du numérique. Le cas d'Amazon est assez illustratif à ce niveau : « alors que l'imposition des biens et services dans le pays d'origine correspond aux conceptions des signataires du traité de Rome »[91] et que l'Union européenne veut mettre en place des règles de perception de la TVA conformes à celles du pays d'origine qui la reverserait ensuite au pays du consommateur final, Amazon pense à faire domicilier l'ensemble de ses transactions effectuées en Europe dans le seul État luxembourgeois. Cette stratégie vise à récupérer une partie substantielle du montant de la TVA et à la reverser, sous forme de redevances de propriété intellectuelle, aux dirigeants de sociétés établis aux États-Unis. Il est dès lors aisé de comprendre que l'Union européenne n'est pas prête à laisser s'envoler ses recettes fiscales vers les États américains et qu'elle a, par la voix de sa commissaire à la concurrence, Margrethe Vestager, condamné ladite société à reverser les 250 millions de dollars à l'État luxembourgeois pour aide d'État illicite. Il est tout aussi intéressant de se poser la question de savoir quel pourrait être l'apport d'instances internationales comme l'organisation mondiale du commerce dans la lutte contre la concurrence fiscale déloyale.

Paragraphe 2 - Les difficultés d'invoquer les principes de l'organisation mondiale du commerce pour dénoncer une distorsion de concurrence instituée par la taxe GAFA

155. La taxe GAFA a vocation à s'appliquer sur le chiffre d'affaires. Or plusieurs experts sont d'avis qu'une entreprise peut avoir un chiffre d'affaires bénéficiaire et être déficitaire (I). Dans la quête des milliards d'euros qui échappent au fisc chaque année et donc du Saint-Graal, les méthodes employées comme cette taxation ne font pas l'unanimité. La jurisprudence de l'Organisation Mondiale du Commerce ne peut s'appliquer sur le fondement de la clause de la nation la plus favorisée qui commande de réserver les mêmes privilèges à tous les États membres et non a un seul. La clause du traitement national ne prévaut pas dans le cadre de la taxe sur le chiffre d'affaires, celle-ci établissant un traitement similaire pour les produits locaux comme pour les

---

adopter les meilleures pratiques possibles et contribuer ainsi à l'amélioration de la société et à la protection de l'environnement. La RSE permet d'associer logique économique, responsabilité sociale et écoresponsabilité » : P.-A. Muet, E. Woerth, P. Cherki, M. Ch. De Courson, M.-Ch. Dalloz, A. Girardin, N. Sansu, E. Sas, « L'optimisation fiscale des entreprises dans un contexte international », *Rapport d'information déposé en application de l'article 145 du règlement par la commission des finances, de l'économie générale et du contrôle budgétaire*, 10 juillet 2013, p.127.

[91] Ch. Heckly, É. Oberkampf, « Actualité du fédéralisme », *Revue française de finances publiques*, 01er novembre 2018, n° 144, p. 241 et s.

produits internationaux. Or, la taxe GAFA, dans ses critères, frappe aussi bien les entreprises américaines que françaises (II).

I - La taxe GAFA : une base fiscale discriminante s'attaquant aux entreprises atteignant un certain chiffre d'affaires

156. Sur le fondement du principe d'équité fiscale, l'Assemblée nationale avait balayé la proposition du Sénat visant à exonérer jusqu'à 3000 euros d'impôt, les revenus générés par les opérateurs de plateforme en ligne. Ce projet visait non seulement à encourager les déclarations d'impôt en ligne puisque seules ces dernières bénéficiaient de la mesure mais aussi à lutter contre les fraudes fiscales qui affectent près de 85 % des usagers de l'économie numérique. Le motif avancé par les députés pour demander l'annulation du texte était basé sur l'existence d'une discrimination entre les contribuables ayant recours au format papier pour effectuer leur déclaration et ceux procédant via la plateforme en ligne. Selon l'Assemblée nationale, une telle mesure serait contre-intuitive et violerait le principe d'équité fiscale qui veut que deux individus étant dans la même situation soient taxés de la même manière[92]. Sur le fondement de ce principe, il faut aussi s'attendre à ce que les entreprises numériques réclament l'annulation de la taxe dite GAFA au motif qu'elle contreviendrait au principe d'équité fiscale. Cette taxe vise principalement les entreprises ayant un chiffre d'affaires mondial consolidé de 750 millions d'euros dont 25 millions réalisés sur le territoire français. Plusieurs questions se posent dès lors : pourquoi cette taxe ne s'appliquerait-elle pas à toutes les entreprises du numérique y compris celles ayant un chiffre d'affaires mondial allant de 0 à 749 millions d'euros ? En établissant une distinction entre les entreprises numériques ayant moins de 750 millions d'euros de chiffre d'affaires mondiales et celles les excédant, la France n'est-elle pas en train de créer une discrimination et par le fait même de porter atteinte au principe d'équité fiscale ? Pourquoi la France décide-t-elle de ne pas exonérer jusqu'à 3000 euros, l'impôt sur le revenu des petits opérateurs au nom de l'équité fiscale, qui doit être d'application universelle mais décide de n'appliquer la taxe GAFA qu'aux opérateurs ayant plus de 750 millions d'euros de chiffre d'affaires mondiales. Par ailleurs, pourquoi décide-t-elle de n'appliquer la taxe sur le chiffre d'affaires qu'à l'endroit du secteur numérique, alors que, comme le rappelle Pascal Saint Amans, les autres firmes multinationales qui sont hors secteur numérique comme Adidas ou Nike,

---

[92] Assemblée nationale, « Lutte contre la fraude - (n° 1142) », Amendement n°cf 201, 23 juillet 2018, présenté par, Mme Cariou, rapporteure, article 4 bis disponible sur le site internet suivant : http://www.assemblee-nationale.fr/dyn/15/amendements/1142/CION_FIN/CF201

utilisent les mêmes schémas d'optimisation fiscale pour minorer la charge de l'impôt sur le revenu. La mesure est donc discriminante en ce qu'elle ne s'attaque qu'aux entreprises numériques et principalement celles qui atteignent 750 millions de dollars de chiffre d'affaires mondial consolidé dont 25 millions réalisés en France.

II - Le constat d'une difficulté d'application de la jurisprudence de l'OMC

157. Il sera cependant difficile d'appliquer la jurisprudence de l'Organisation mondiale du Commerce pour interdire l'application de la taxe GAFA, celle-ci ayant pour objectif d'interdire les discriminations soit à travers la clause de la nation la plus favorisée soit via le principe du traitement national[93]. La clause de la nation la plus favorisée commande d'accorder la même faveur à l'ensemble des membres de l'Organisation mondiale du Commerce lorsqu'un pays octroie un avantage particulier à son allié commercial tandis que le principe du traitement national veut que l'on traite les produits étrangers à la même enseigne que les produits locaux[94]. Or, interdire la taxe GAFA sur le fondement de la clause de la nation la plus favorisée suppose que les Français octroient des avantages fiscaux à un pays ou à un groupe des membres de l'Organisation internationale du Commerce qu'il n'accorde pas aux Américains, ce qui est loin d'être le cas[95]. En effet, si l'on se fie à l'étude effectuée par le Cabinet d'avocat fiscaliste TAJ, la taxe affecterait 26 entreprises qui ne sont pas que des entreprises américaines[96]. S'agissant du principe du traitement national, toutes les entreprises atteignant un seuil de 750 millions de chiffre d'affaires mondial consolidé, dont 25 millions réalisés sont concernées : la liste établie par le cabinet cite à ce titre, pour la vente de biens, « Alibaba, Amazon, Apple, Ebay, Google, Groupon, Rakuten, Schibsted, Wish, Zalando », pour les intermédiaires de services « Amadeus, Axel Springer, Booking, Expedia, Match.com, Randstad, Recruit,

---

[93] Article 3 du GATT, article 17 de l'AGCS et article 3 de l'Accord sur les ADPIC.

[94] OMC, « Les principes qui inspirent le système commercial », *Comprendre l'OMC: éléments essentiels*, consultable sur le site https://www.wto.org/french/thewto_f/whatis_f/tif_f/fact2_f.htm

[95] Voir le site suivant : J. Pellefigue, R. Sautard, « Taj publie une étude de l'impact économique du projet de loi pour la taxation du numérique », *TAJ, Fiscalité du numérique*, 22 mars 2019, consultable sur le site internet https://taj-strategie.fr/taj-publie-etude-de-limpact-economique-projet-de-loi-taxation-numerique/.

[96] Le Figaro, AFP agence, « La taxe Gafa concerne 26 entreprises en France », *Le Figaro*, 20/03/2019, consultable sur le site internet https://www.lefigaro.fr/conjoncture/2019/03/20/20002-20190320ARTFIG00213-la-taxe-gafa-concerne-26-entreprises-en-france.php

Sabre, Travelport Worldwide, Tripadvisor, Uber » et enfin pour la publicité en ligne « Amazon, Criteo, Ebay, Facebook, Google, Microsoft, Twitter, Verizon »[97]. La Cour de Justice des communautés européennes a ainsi rappelé, dans le cadre d'une affaire concernant l'imposition de certificats d'exportation de bananes en Europe, que « les opérateurs des catégories A et C » étaient soumis à « l'obligation de se procurer des certificats d'exportation pour l'importation desdites bananes originaires de Colombie, du Costa Rica ou du Nicaragua »[98], obligation à laquelle n'étaient pas soumis les opérateurs de la catégorie B, c'est-à-dire, « la catégorie des opérateurs qui avaient commercialisé des bananes communautaires et/ou des bananes traditionnelles Afrique Caraïbe Pacifique »[99]. La haute juridiction européenne a estimé que pour qu'une telle différence de traitement soit justifiée, il fallait que le Conseil de l'Union européenne apporte la preuve que : « l'équilibre entre les différentes catégories d'opérateurs, mis en place par le règlement n° 404/93 et rompu par l'augmentation du contingent tarifaire et la réduction concomitante des droits de douane, n'avait pu être rétabli que par l'octroi d'un avantage substantiel aux opérateurs de la catégorie B et, donc, au prix d'une nouvelle différence de traitement au détriment des autres catégories d'opérateurs »[100]. Dans sa substance, l'article 17, premier alinéa, du règlement n° 404/93 rappelait que « toute importation de bananes dans la Communauté est soumise à la présentation d'un certificat d'importation délivré par les États membres à tout intéressé qui en fait la demande, quel que soit le lieu de son établissement dans la Communauté ». Or, il se trouve que l'article 19 du même texte imposait un traitement différencié pour les opérateurs de Catégorie B par rapport à ceux de la catégorie A et C[101]. La différence de traitement est perceptible dans le texte des articles 18 et 19 selon lesquels « un contingent tarifaire de 2 millions de tonnes/poids net était ouvert chaque année pour les importations de bananes en provenance des pays tiers autres que les États Afrique Caraïbe Pacifique et les importations non traditionnelles de bananes en provenance des États Afriques Caraïbes Pacifiques. Les 2 millions de tonnes de bananes ouverts à l'importation étaient répartis comme suit : « 66,5 % à la catégorie des opérateurs qui avaient commercialisé des bananes pays tiers et/ou des bananes non traditionnelles ACP (catégorie A), 30 % à la catégorie des opérateurs qui avaient commercialisé des bananes

[97] Voir le site internet suivamt : Le Figaro, AFP agence, « La taxe Gafa concerne 26 entreprises en France », *Le Figaro*, 20/03/2019, consultable sur le site internet https://www.lefigaro.fr/conjoncture/2019/03/20/20002-20190320ARTFIG00213-la-taxe-gafa-concerne-26-entreprises-en-france.php

[98] Cour de justice des Communautés européennes, 8 mai 2003, n° C-122/01P

[99] Cour de justice des Communautés européennes, 8 mai 2003, n° C-122/01P

[100] Cour de justice des Communautés européennes, 8 mai 2003, n° C-122/01P

[101] Pour ce qui est des préférences accordées par l'Union européenne à ses anciennes colonies sur le régime de la banane, voir S. Rioual, « « La guerre de la banane », De la suprématie des firmes à la réforme de la Convention de Lomé ? », *Politique africaine*, vol. 75, no. 3, 1999, pp. 118-130.

communautaires et/ou des bananes traditionnelles ACP (catégorie B) et 3,5 % à la catégorie des opérateurs établis dans la Communauté qui avaient commencé à commercialiser des bananes autres que les bananes communautaires et/ou traditionnelles ACP à partir de 1992 »[102]. De plus, les droits de douane étaient fixés à 100 écus par tonnes pour les bananes de pays tiers tandis que les bananes non traditionnelles Afrique Caraibe Pacifique en étaient exemptées[103]. La mesure avait été jugée contraire aux règles de l'Organisation Mondiale du Commerce par un groupe d'experts sollicités par « la Colombie, le Costa Rica, le Venezuela, le Nicaragua ». La communauté parvient alors à un accord en octroyant 49,5 % du contingent tarifaire, soit près de la moitié, à ces 5 États et 50,6 % du reste du contingent aux autres pays tiers. Les droits de douane passent de 100 écus par tonnes à 75 écus et le contingent est augmenté pour l'ensemble des pays tiers allant de 2 millions de tonnes à 2 millions et 200 milles tonnes. En contrepartie, une obligation d'obtenir un certificat d'exportation était imposée aux opérateurs de la catégorie A et C à laquelle appartenaient ces 5 États et ceux de la catégorie B en étaient exemptés. La Cour voit l'imposition du certificat comme une mesure discriminante vis-à-vis des opérateurs de la catégorie A et C, parce que le Conseil de l'Union européenne n'apporte pas la preuve que l'imposition des certificats vise à rétablir l'égalité entre les opérateurs de la catégorie A, C et ceux de la catégorie B, mise à mal par le règlement n° 404/93. D'autant que l'ensemble des opérateurs avait bénéficié de l'augmentation du contingent tarifaire et que les droits de douanes passant de 100 écus à 75 écus étaient les mêmes pour tous. La démarche de la haute juridiction européenne vise, encore une fois, à s'assurer que les principes de non-discrimination de l'OMC sont

---

[102] Cour de justice des Communautés européennes, 8 mai 2003, n° C-122/01P

[103] Le régime de faveur dont bénéficient les bananes ACP en Europe tient aux longues relations commerciales qui existent entre la Grande-Bretagne et les Caraïbes, en particulier la Jamaïque. Comme l'explique à juste titre Peter Clegg, « la présence dans le commerce mondial de bananes des pays des Caraïbes est inséparable des liens politiques et économiques étroits qu'entretient cette région avec l'Europe, en particulier avec le Royaume-Uni. Le développement du commerce jamaïcain au tournant du XXe siècle, puis aux îles Sous-le-Vent et à Belize après la Seconde Guerre mondiale, dépendait étroitement de l'accès au marché britannique et de l'aide financière du gouvernement anglais. Il en est résulté des relations étroites entre les principaux acteurs intervenant dans l'exportation des bananes des Caraïbes vers le Royaume-Uni, producteurs, sociétés privées et ministères concernés du gouvernement britannique. Ces liens furent institutionnalisés en 1973 par la création d'un Comité consultatif qui surveillait les importations de bananes en Grande-Bretagne. » L'adhésion de la Grande-Bretagne à l'Union européenne nécessitait des sacrifices que celle-ci n'était pas toujours prête à consentir, ce qui pourrait expliquer en partie le Brexit. « Ils ne se relâchèrent pas lors de l'entrée du Royaume-Uni dans la Communauté européenne. La pression monta au début de 1993 avec la création du marché unique, qui supprima les protections nationales dont bénéficiaient les producteurs des Caraïbes. Cependant, le ferme soutien du gouvernement britannique, du Parlement européen et d'une partie de la Commission européenne, accompagné d'un lobbying très efficace des producteurs caribéens, leur permit de conserver un accès privilégié au marché » : P. Clegg, « Conflit de la banane : comment l'OMC marginalise les petits États », *L'Économie politique*, vol. n°14, no. 2, 2002, pp. 22-35.

respectés, or sur la question de la taxe GAFA, l'étude menée par le cabinet d'avocat TAJ révèle encore une fois de plus qu'elle ne vise qu'un pays en particulier, en l'occurrence les États-Unis. Il est difficile, dans ces conditions d'invoquer le principe du traitement national ou de la clause de la nation la plus favorisée, la mesure affectant toutes les entreprises ayant franchi le seuil des 750 millions de dollars, qu'elles soient américaines ou non.

Chapitre 2 - Pour une taxation sans conflits juridiques des géants du numérique

158. Google, Apple, Facebook, Amazon aussi appelés les GAFA, auxquels se sont succédé Netflix, Airbnb, Tesla, Uber que l'on surnomme volontiers les NATU[1], et désormais les Fintech, terme utilisé pour désigner les entreprises alliant finance et technologies, empruntent des modèles économiques classiques comme le logement, l'hébergement, le livre, la musique, le cinéma, la santé, le financement bancaire et les proposent au public à des conditions plus rapides, plus économiques, en ciblant une clientèle plus large grâce à internet[2]. Dans cette révolution de leurs modèles économiques, ces entreprises créent des préjudices aux anciens acteurs de l'économie qu'ils ont vocation à remplacer tout en contournant le système juridique susceptible de freiner l'explosion de leurs activités : pratique d'évasion fiscale, prix prédateurs, atteinte à la concurrence loyale, vente des données personnelles des utilisateurs et atteinte à la privée[3]. Il est difficile, dans ces conditions, de dire que les plateformes numériques font l'unanimité. L'ensemble de la société attend beaucoup de ces dernières et il va sans dire que le dialogue sera, une fois de plus, un outil de cohésion sociale parfois entre plusieurs intérêts antagonistes et contradictoires. Mais il convient de soulever les différents enjeux pour pouvoir désamorcer des malentendus qui pourraient coûter bien plus à l'économie. L'objectif final attendu de ce dialogue avec les géants du numérique sera d'universaliser l'application des règles fiscales à l'ensemble des entreprises du secteur numérique (Section 1). Les moyens pour y arriver

---

[1] B. Benhamou, « Les dimensions internationales de la souveraineté numérique », *Les nouveaux Cahiers du Conseil constitutionnel*, octobre 2017, n°57, p. 87 et s.

[2] S. Raspiller, N. Beaudemoulin, J.-B. Mateu, O. Goy, « Les Fintechs : finance et technologie, des liaisons dangereuses ou vertueuses ? », *Printemps de l'Economie* 2018, 21 mars 2018, consultable sur le site : https://www.youtube.com/watch?v=Kkpas7btEcg&list=PLvD4E-JEJhilICk53LISWif93IYcYWc8z&index=34 et un résumé en version pdf disponible sur file:///U:/finance%20et%20technologie,%20des%20liaisons%20dangereuses%20ou%20vertueuses.pdf : « Biotech, healthtech, foodtech sont autant de néologismes, nés outre-Atlantique, qui confirment l'impact de la révolution numérique dans tous les secteurs d'activité. Mais qu'est-ce que la FinTech, alliance de la finance et de la technologie ? Après les transports et l'hôtellerie, c'est au tour des services financiers et bancaires d'être « ubérisés » par de nouvelles entreprises innovantes et disruptives qui fonctionnent comme des plateformes de mise en relation. Parallèlement, des opérateurs de télécommunications deviennent banquiers en s'appuyant sur les technologies de la téléphonie mobile, et les grandes multinationales du numérique (les GAFA) développent leurs propres moyens de paiement. Si l'apparition en France de ces nouveaux acteurs, « néobanques », bouscule quelque peu le monde traditionnel de la banque, elle démontre aussi le dynamisme du secteur et le savoir-faire hexagonal en finance comme en technologie ».

[3] N. Smyrnaios, « L'effet Gafam : Stratégies et logiques de l'oligopole de l'internet », *NecPlus, Communication & langages*, 2016/2, n° 188, p. 61 à 83.

sont différents. Parmi celles qui ont le plus produit d'effet, bien que n'étant pas à caractère purement fiscal, on peut citer les sanctions infligées par la CNIL à Google pour non-respect du règlement général sur la protection des données. Selon certains juristes, ces sanctions se doivent régulières et fréquentes pour dissuader les entreprises qui ne respectent pas le règlement général sur la protection des données. Instituées pour mettre fin à l'exploitation non autorisée des données privées des utilisateurs, elles ont pour mérite de redistribuer directement aux concernés, la masse financière qui échappe à l'impôt à travers les montages financiers. Mais les sanctions financières ne sont pas la seule manière de remettre de l'ordre fiscal dans l'environnement juridique des entreprises du numérique. Le Sénat avait décidé de mettre en place une exonération de revenus jusqu'à 3 000 euros pour ceux qui étaient générés et déclarés en ligne. Bien que la proposition fût balayée par l'Assemblée nationale sur le principe de l'équité fiscale, un dispositif fiscal a été instauré pour taxer la richesse générée par les utilisateurs sur les plateformes en ligne (Section 2).

Section 1 - La nécessité d'harmoniser les pratiques juridiques et fiscales entre toutes les plateformes

159. Il existe un consensus sur la nécessité de mettre en place de l'harmonie fiscale dans le développement des plateformes numériques en s'appuyant sur l'équité fiscale. Cette notion commande que des contribuables qui ne sont pas dans la même situation soient taxés différemment et que ceux qui sont dans la même situation soient taxés de façon similaire[4]. Ainsi, les géants du numérique dont le chiffre d'affaires consolidé avoisine les 8 milliards d'euros en 2011 ne peuvent être taxés de la même manière que les petites et moyennes entreprises qui commencent à peine à générer du chiffre d'affaires[5]. En somme une définition commune de ce qui est considéré comme étant juste sur le plan fiscal pourrait éviter de possibles conflits entre la France et les États-Unis auprès de l'Organisation mondiale du Commerce, conflit lié à la décision d'un gouvernement français de mettre en place une taxe de 3 %

[4] L'équité horizontale suppose « d'imposer les personnes dans une même situation de la même façon » et l'équité horizontale « découle du principe selon lequel les situations inégales doivent être traitées différemment ». G. Larin, L. Latulippe, « Les canons de la justice fiscale : évolution et influences », *Revue française de finances publiques*, 01/11/2013, n°124 page 5 et s.
[5] P.-A. Muet, E. Woerth, P. Cherki, M. Ch. De Courson, M.-Ch. Dalloz, A. Girardin, N. Sansu, E. Sas, « *L'optimisation fiscale des entreprises dans un contexte international* », *Rapport d'information déposé en application de l'article 145 du règlement par la commission des finances, de l'économie générale et du contrôle budgétaire*, 10 juillet 2013, p. 134.

du chiffre d'affaires dirigée vers les géants du numérique[6]. Il est notamment possible de se référer au mode de fonctionnement de la fiscalité classique afin d'apporter plus de cohérence fiscale à l'éclosion du secteur numérique et d'éviter qu'une application incohérente de la fiscalité dans ce secteur n'engendre des conflits juridiques importants (2). Par ailleurs, force est de constater que la mise en place d'un dispositif fiscal ne suffira pas toujours à faire respecter les règles en la matière. L'expérience a en effet révélé que bien souvent, les dispositifs fiscaux sont très facilement contournés par les géants du numérique. Il est possible de rivaliser d'ingéniosité en se tournant vers des domaines ou le non-respect des règles juridiques permet des sanctions financières dissuasives, comme c'est le cas des sanctions imposées en cas d'entorse au règlement général sur la protection des données personnelles (1).

Paragraphe 1 - Le recours aux sanctions financières pour normaliser l'activité des géants du numérique

160. Sans solutions juridiques, plusieurs millions de dollars échapperont au fisc chaque année, au titre de l'impôt sur les sociétés ou sur le revenu (I). C'est conscient de ce phénomène qu'il faut utiliser les opportunités qu'offre le numérique pour simplifier la déclaration des revenus gagnés en ligne, chaque année. Outre la simplification, le renforcement des sanctions financières en cas de violation de l'utilisation non autorisée des données des particuliers devrait permettre de redorer l'image des géants du numérique ternie par des scandales en tous genres (II).

I - Les montants astronomiques échappant au fisc chaque année

161. Ainsi que l'explique le rapport de l'Assemblée nationale, ces entreprises ont recours aux schémas d'optimisation classique permis par l'impôt sur les sociétés, les conventions fiscales internationales et les différents paradis fiscaux[7]. En l'absence de toutes stratégies d'optimisation fiscale, Google, Apple, Facebook, Amazon, Microsoft auraient dû verser 830 millions d'euros d'impôts au fisc français en 2011 au lieu des 37 millions d'euros payés au titre de l'impôt sur les sociétés durant la même année. C'est 20 fois le montant d'impôt normal et en dix ans, on comprend que ces

[6] Challenges (siteweb) « Washington menace de saisir l'OMC des taxes Gafa », *Challenges (siteweb)*, 12 mars 2019.

[7] P.-A. Muet, E. Woerth, P. Cherki, M. Ch. De Courson, M.-Ch. Dalloz, A. Girardin, N. Sansu, E. Sas, « *L'optimisation fiscale des entreprises dans un contexte international* », *Rapport d'information déposé en application de l'article 145 du règlement par la commission des finances, de l'économie générale et du contrôle budgétaire*, 10 jullet 2013, p. 140.

entreprises ont versé deux cents fois moins leur juste part d'impôt, ce qui représente des pertes substantielles pour les États[8]. Le montant reste théorique car les stratégies d'optimisation fiscale que permettent les conventions de double imposition ou la concurrence fiscale l'auraient de toute évidence réduit. Au titre de cette concurrence fiscale, le comportement des États-Unis est désormais sans équivoque : « rapatrier la masse fiscale non taxée en Europe... Leur souci n'est pas un souci de justice fiscale » mais consiste au « rapatriement de ces profits » et à la « restauration de la compétitivité de l'économie américaine grâce à une diminution du taux de leur impôt sur les sociétés actuellement très élevé au niveau fédéral puisqu'il atteint 35 % »[9]. La banque JP Morgan estime à 1700 milliards de dollars les bénéfices enregistrés par les entreprises américaines dans des pays à fiscalité privilégiée et que ces dernières évitent de rapatrier pour ne pas être taxées à hauteur du taux de l'impôt sur les sociétés : 35 %[10].

162. L'économie des plateformes numériques pose un risque accru d'évasion fiscale pour les multinationales et les contributeurs. Pour illustrer ce propos, la doctrine fait souvent référence aux montages réalisés par Uber et Airbnb en ce qui concerne l'impôt sur les sociétés[11]. La maison mère d'Uber, établie au Delaware, aurait créé une structure nommée CV-BV ou « sandwich néerlandais », autorisée par le droit néerlandais, qui aurait deux autres sociétés, l'une établie aux Pays-Bas, Uber International BV, et l'autre établie aux Bermudes, Uber International C.V. Le but est d'éviter l'imposition des activités réalisées aussi bien sur le territoire américain que sur le territoire néerlandais chaque juridiction étant amenée à présumer que l'imposition des profits se fait dans l'autre État[12]. Airbnb aurait monté des structures complexes de filiales nationales dirigées par une holding établie au Delaware et permettant le transfert de bénéfices par une filiale établie en Irlande et deux

[8] P.-A. Muet, E. Woerth, P. Cherki, M. Ch. De Courson, M.-Ch. Dalloz, A. Girardin, N. Sansu, E. Sas, « *L'optimisation fiscale des entreprises dans un contexte international* », *Rapport d'information déposé en application de l'article 145 du règlement par la commission des finances, de l'économie générale et du contrôle budgétaire*, 10 juillet 2013, p. 134.
[9] P.-A. Muet, E. Woerth, P. Cherki, M. Ch. De Courson, M.-Ch. Dalloz, A. Girardin, N. Sansu, E. Sas, « *L'optimisation fiscale des entreprises dans un contexte international* », *Rapport d'information déposé en application de l'article 145 du règlement par la commission des finances, de l'économie générale et du contrôle budgétaire*, 10 juillet 2013, p. 142.
[10] P.-A. Muet, E. Woerth, P. Cherki, M. Ch. De Courson, M.-Ch. Dalloz, A. Girardin, N. Sansu, E. Sas, « *L'optimisation fiscale des entreprises dans un contexte international* », *Rapport d'information déposé en application de l'article 145 du règlement par la commission des finances, de l'économie générale et du contrôle budgétaire*, 10 juillet 2013, p. 28.
[11] M. Lambrecht, "L'économie des plateformes collaboratives", *Courrier hebdomadaire du CRISP* 2016/26, N° 2311-2312, p.32.
[12] Madame Lambrecht cite en note de bas de page, J. Van De Steek, "The United States of America is the most Powerful Nation of Earth". What Does this mean for the future of CV/BV Structures ?" Kluwer International Tax Blog, 21 janvier 2016, http://kluwertaxblog.com.

autres à Jersey[13]. Le risque accru de fraude de la part des utilisateurs est illustré par la très grande propension du travail non déclaré dans le but, une fois encore, d'échapper à l'impôt. Cette propension explique que l'administration fiscale ait recours au renseignement obligatoire sur les données personnelles des utilisateurs, ce qui pose un problème de respect de la vie privée. Face à ce dilemme, Airbnb a conclu des ententes avec les autorités locales à New York pour fournir des données anonymes d'utilisateurs susceptibles de frauder les impôts et s'est engagé à collecter elle-même les taxes de séjour et à les reverser aux autorités[14].

163. En Belgique, selon Martine Lambrecht, le gouvernement a mis en place un régime de faveur de 10 % de taxation des revenus à hauteur de 5000 euros pour permettre aux opérateurs de se développer et de créer des entreprises et en tenant compte aussi du fait que ces derniers n'ont pas toujours accès aux conseils de professionnels pour se développer[15]. Au-delà des 5000 euros, ces régimes seraient imposés conformément au taux de l'impôt sur le revenu. L'auteur cite par ailleurs la complexité de l'imposition des revenus d'Airbnb et la décision de leurs représentants de ne pas prendre part à ce régime complexe d'imposition qui établit la distinction entre les revenus locatifs et les revenus des services liés à la location, seuls les revenus des services locatifs bénéficieraient d'un taux de 10 %, les revenus locatifs ne bénéficiant pas du régime de faveur[16]. Enfin une retenue à la source est prévue à partir des déclarations des revenus des particuliers[17]. La France a débattu de la même question, c'est-à-dire d'une exonération des revenus des opérateurs de plateforme en 2015, à condition que ces derniers ne dépassent le plafond fixé à 5 000 euros, mais a finalement rejeté la proposition au motif qu'elle porterait atteinte au principe de l'égalité devant l'impôt[18].

---

[13] Ce propos est illustré en note de bas de page de l'article précité par la référence suivante: C. Barbière, "Crise et concurrence fiscale en Europe, clés du succès d'Airbnb", *EurActive*, 22 juillet 2014, www.euractive.fr.

[14] M. Lambrecht, "L'économie des plateformes collaboratives", *Courrier hebdomadaire du CRISP* 2016/26, N° 2311-2312, p.32.

[15] M. Lambrecht, "L'économie des plateformes collaboratives", *Courrier hebdomadaire du CRISP* 2016/26, N° 2311-2312, p.68.

[16] Le soir, 25 janvier 2017, www.lesoir.be, cité par M. Lambrecht, "L'économie des plateformes collaboratives", *Courrier hebdomadaire du CRISP* 2016/26, N° 2311-2312, p.69.

[17] Article 90, alinéa 1, 1. bis et alinéa 2, du Code des impôts sur le revenu inséré par l'article 36, 3, de la loi-programme du 1er juillet 2016 qui seront faites par les plateformes numériques, cité par M. Lambrecht, "L'économie des plateformes collaboratives", *Courrier hebdomadaire du CRISP* 2016/26, N° 2311-2312, p.69.

[18] M. Lambrecht, "L'économie des plateformes collaboratives", *Courrier hebdomadaire du CRISP* 2016/26, N° 2311-2312, p.68 et s.

II - Le prix de la justice fiscale : entre amendes et violation de données personnelles

164. Le conflit est inévitable selon Arthur Messaud, juriste à la Quadrature du Net, association de défense des droits et libertés fondamentales à l'ère du numérique[19]. Selon ce dernier, le règlement général sur la protection des données impose le consentement explicite de l'utilisateur par les grandes plateformes numériques avant d'utiliser ses données à des fins commerciales[20]. Or, recueillir le consentement préalable des utilisateurs est un grand risque pour ces entreprises dans la mesure où la plupart des consommateurs avertis seraient enclin à décliner l'offre d'utilisation de leurs données personnelles à des fins publicitaires[21]. S'il n y'a plus de données publicitaires à exploiter, des entreprises comme Google et Facebook dont le modèle d'affaires repose sur l'exploitation de ces données devront soit changer de modèle soit continuer sur cette lancée en ignorant le règlement général. Il y a fort à parier, selon lui, que ces entreprises persistent sur cette voie car elles ne peuvent survivre et s'adapter au règlement général sur la protection des données. De sorte que le conflit demeure inévitable et que la seule manière de faire respecter le règlement général sur la protection des données personnelles, c'est de mettre en place des sanctions fortes, c'est-à-

[19] « Au titre de son activité répressive, en 2017, la Cnil a mené 341 contrôles qui ont débouché sur 79 mises en demeure et 14 sanctions, dont 9 sanctions pécuniaires et 5 avertissements. Parmi les sanctions notables, il faut évoquer la décision du 23 mars 2017 au terme de laquelle la Cnil a infligé une amende de 150 000 euros à Facebook pour avoir procédé à une combinaison massive des données d'utilisateurs aux fins de cibler de la publicité, sans avoir informé les internautes de cette collecte, ni les avoir renseignés sur leurs droits » : O. Dufour, « La Cnil au défi du RGPD », *Les Petites affiches*, 02/05/2018, n°087-088, p. 4.

[20] « 1. Dans les cas où le traitement repose sur le consentement, le responsable du traitement est en mesure de démontrer que la personne concernée a donné son consentement au traitement de données à caractère personnel la concernant. 2. Si le consentement de la personne concernée est donné dans le cadre d'une déclaration écrite qui concerne également d'autres questions, la demande de consentement est présentée sous une forme qui la distingue clairement de ces autres questions, sous une forme compréhensible et aisément accessible, et formulée en des termes clairs et simples. Aucune partie de cette déclaration qui constitue une violation du présent règlement n'est contraignante. 3. La personne concernée a le droit de retirer son consentement à tout moment. Le retrait du consentement ne compromet pas la licéité du traitement fondé sur le consentement effectué avant ce retrait. La personne concernée en est informée avant de donner son consentement. Il est aussi simple de retirer que de donner son consentement. 4. Au moment de déterminer si le consentement est donné librement, il y a lieu de tenir le plus grand compte de la question de savoir, entre autres, si l'exécution d'un contrat, y compris la fourniture d'un service, est subordonnée au consentement au traitement de données à caractère personnel qui n'est pas nécessaire à l'exécution dudit contrat » : Article 7, EU RGPD, "Conditions applicables au consentement" consultable à l'adresse suivante : http://www.privacy-regulation.eu/fr/7.htm

[21] France Culture, « Données personnelles : l'Europe aura-t-elle raison des GAFAM ? *», France Culture, Entendez-vous l'eco ?* Emission présentée par Tiphaine de Rocquigny, 25/01/2019, 34 minutes et 42 secondes et suivant.

dire très élevées et de façon régulière[22]. Une telle proposition, fort séduisante en ce qu'elle permettrait de donner au règlement général sur la protection des données plus de crédibilité, reste difficile d'application quand on pense à la grille des sanctions établies par la CNIL, la Commission nationale de l'informatique et des libertés. Selon Mathias Moulin, Directeur de la protection des droits et des sanctions de la CNIL, l'amende doit être calculée sur la base de critères définis par le règlement qui insistent sur la durée du manquement, la nature du manquement, les personnes concernées, les sensibilités des informations. Celle-ci doit être objectivée et tenir compte du respect des droits de la défense et de l'existence d'un risque contentieux. Pour éviter d'être annulée en cas de contentieux, celle-ci doit être justifiée et étayée[23]. Il est dès lors facile de comprendre que la mission de chaque amende prononcée n'est pas de mettre un terme à la violation des données personnelles mais d'indemniser les victimes à hauteur du préjudice moral subi, ce qui restreint leur montant. Le conflit est donc inévitable du fait du modèle d'affaires de certains géants du numérique et de l'entrée en vigueur du règlement général sur la protection des données personnelles[24] mais la marge de manœuvre en termes de sanction est assez limitée pour permettre des sanctions dissuasives quant à l'utilisation des données personnelles des utilisateurs. Même les administrations fiscales lors des contrôles fiscaux opérés sur les particuliers doivent respecter les prescriptions de la CNIL[25].

---

[22] Le monde, « Données personnelles : la CNIL condamne Google à une amende record de 50 millions d'euros », *Le Monde*, 21 janvier 2019, consultable à l'adresse internet suivante : https://www.lemonde.fr/pixels/article/2019/01/21/donnees-personnelles-la-cnil-condamne-google-a-une-amende-record-de-50-millions-d-euros_5412337_4408996.html

[23] France Culture, « Données personnelles : l'Europe aura-t-elle raison des GAFAM ? », *France Culture, Entendez-vous l'eco ?* Emission présentée par Tiphaine de Rocquigny, 25/01/2019, 34 minutes et 42 secondes et suivant.

[24] « Pour la Cnil, les années se suivent et se ressemblent en termes de croissance d'activité. En 2017, elle a reçu 8 360 plaintes, ce qui représente une augmentation de 44 % en trois ans. Cette explosion est une mauvaise nouvelle pour la Commission qui doit encaisser le choc de ce surcroit d'activité, mais elle signifie aussi, et c'est l'aspect positif, une sensibilisation croissante des personnes à l'égard de l'utilisation de leurs données. La part la plus importante des plaintes (27 %) concerne la diffusion des données personnelles sur internet. Les personnes qui saisissent la Cnil ont souvent réclamé en vain la modification ou la suppression de données sur internet et s'adressent à la Commission pour trouver de l'aide. » Toute la question est de savoir est-ce que la Cnil dispose des moyens pour faire cesser l'utilisation abusive des données des utilisateurs ? « La Cnil souligne qu'elle a reçu en particulier 335 demandes de déréférencement à la suite de refus de la part des moteurs de recherche et a obtenu — quand elle a jugé légitime d'intervenir —, satisfaction dans 75 % des cas. Le deuxième motif de plaintes (25 %) concerne la prospection commerciale par mail, courrier ou téléphone. Autre domaine qui suscite un flux important de dossiers, les ressources humaines (16 %). Les salariés se plaignent d'abus en matière de vidéosurveillance, géolocalisation ou encore refus de communication du dossier professionnel » : O. Dufour, « La Cnil au défi du RGPD », *Les Petites affiches*, 02/05/2018, n°087-088, p. 4.

[25] P. Racine, « Un essai de vue d'ensemble sur la protection des données personnelles en matière fiscale », *R.E.I.D.F.*, 2018/2, p. 279-288.

Paragraphe 2 - Le recours à la fiscalité traditionnelle pour rendre plus équitable les activités sur les plateformes numériques

165. La facilitation de la déclaration des revenus gagnés en ligne : il s'agit non seulement d'affirmer ce principe mais aussi de le mettre en œuvre. Internet est devenu une source de vie indispensable pour de nombreux utilisateurs qui y ont trouvé l'essentiel de leurs activités : les courses, le réseautage, les divertissements y compris les jeux vidéos, mais aussi les activités professionnelles. Le Sénat français avait proposé un abattement pouvant aller jusqu'à 3000 euros pour les activités déclarées en ligne (I). En dépit de ces allégements, force est de constater que les acteurs du numérique n'ont pas pour autant renoncé à l'idée de minimiser leur charge fiscale, souvent en refusant de reconnaitre à leur collaborateur le statut de salarié (II).

I - Les outils mis en place pour faciliter la déclaration des revenus des collaborateurs de l'économie numérique

166. Rendre plus équitables les activités sur les plateformes numériques, conformément au principe de l'équité fiscale, c'est le souhait du législateur français et québécois, la notion étant apparue aussi bien dans les débats concernant la taxation des revenus les moins nantis que celle des plus aisés. La doctrine s'est insurgée pour rappeler que le secteur numérique doit se conformer à ses obligations fiscales et sociales et que ces dernières doivent être assujetties aux mêmes principes fiscaux que leurs semblables. Ces obligations, dans le contexte français, sont résumées de fort belle manière par Thierry Rigaux[26]. Selon ce dernier, les Français se tournent vers l'économie collaborative parce qu'elle est prospère, porteuse d'ambitions entrepreneuriales fondées sur le partage, le lien social et la convivialité. Cependant et très souvent par méconnaissance des règles fiscales, les utilisateurs n'ont pas tendance à déclarer leurs revenus. Ces manquements sont dus à plusieurs raisons : ils vont du caractère intentionnel à l'omission. Certaines études ont révélé que lorsque la taxe de vente est collectée par le contribuable, seul un tiers d'entre eux prend le soin d'accomplir cette obligation fiscale[27]. Pour faciliter la déclaration des revenus des utilisateurs de plateformes en ligne, le Sénat français avait proposé un abattement pouvant aller jusqu'à 3.000 euros si cette déclaration était faite via la plateforme numérique. La proposition a finalement était rejetée par l'Assemblée nationale

---

[26] Th. Rigaux, « L'économie collaborative sur l'échiquier juridique et fiscal dans le cadre de la loi de finances pour 2016 », in *Chronique de droit du tourisme*, n° 8, *Les Petites Affiches*, 7 octobre 2016, n° 201, p. 3. et s.

[27] Ch. Heckly, É. Oberkampf, « Actualité du fédéralisme », *Revue française de finances publiques*, 01er novembre 2018, n° 144, p. 241 et s.

au motif qu'elle contreviendrait au principe d'équité fiscale : « au-delà du coût éventuel de cette mesure, au demeurant non chiffré par ses auteurs, un tel dispositif présente un sérieux risque de rupture d'égalité entre contribuables et, partant, s'expose fortement à une censure de la part du Conseil constitutionnel. Il conduit en effet à traiter différemment des revenus identiques et issus des mêmes activités, en fonction des modalités de perception (abattement par l'intermédiaire d'une plateforme, imposition au premier euro à défaut). Cette différence de traitement n'apparaît pas justifiée »[28]. Ainsi que le rappelle le Rapport Terrasse, le baromètre de l'engagement durable des citoyens fait craindre un risque d'incivisme fiscal : « à la question « avez-vous ou envisagez-vous de déclarer vos gains liés à l'économie collaborative ? », 59 % des répondants déclarent « non » et 25 % « ne sait pas ». C'est donc 85 % des répondants qui sont incertains pour leur déclaration de revenus issus des plateformes en ligne[29]. Il faudra compter sur le civisme fiscal des plateformes elles-mêmes. Airbnb collecte depuis le 1er octobre 2015 la taxe de séjour à Paris pour le compte de leurs hôtes[30]. Mais la machine fiscale de Bercy est déjà en place. Elle cible les activités de covoiturage, de location meublée (appartement, maisons, etc.), de location de biens (location de voiture, location de matériel de jardinage, etc.), de service (cours de mathématiques, cours de guitare, etc.), ou de vente de bien. Pour ce qui est des activités de covoiturage, celles-ci sont dispensées de déclaration de revenus à l'administration fiscale si le déplacement est fait à son compte, que le prix du voyage ne dépasse pas le barème kilométrique, s'il est divisé par le nombre de voyageurs et si le transporteur participe aux frais du voyage. À défaut, la déclaration de revenus doit-être faite à l'administration fiscale[31]. Les revenus tirés de la location meublée sont quant à eux imposables. La seule exception concerne la location saisonnière d'une ou plusieurs pièces de la résidence principale, à condition que les revenus n'excèdent pas 760 € par an[32]. De même, le site précise aussi que « tous les revenus issus de la location

---

[28] Assemblée nationale, « Lutte contre la fraude - (n° 1142) », Amendement n°cf20123, juillet 2018, présenté par, Mme Cariou, rapporteure, article 4 bis disponible sur le site internet suivant : http://www.assemblee-nationale.fr/dyn/15/amendements/1142/CION_FIN/CF201

[29] P. Terrasse, *Rapport au premier ministre sur l'économie collaborative*, Hôtel de Matignon, février 2016, p. 57 disponible à l'adresse suivante : https://www.gouvernement.fr/sites/default/files/document/document/2016/02/08.02.2016_rapport_au_premier_ministre_sur_leconomie_collaborative.pdf

[30] Th. Rigaux, « L'économie collaborative sur l'échiquier juridique et fiscal dans le cadre de la loi de finances pour 2016 », in *Chronique de droit du tourisme*, n° 8, *Les Petites Affiches*, 7 octobre 2016, n° 201, p. 3. et s.

[31] Bercy Infos, « Covoiturage : êtes-vous imposable sur les sommes perçues ? », *Ministère de l'économie, des finances et de la relance, Impôt sur le revenu*, 22/04/2021, consultable sur le site internet suivant : https://www.economie.gouv.fr/particuliers/covoiturage-declarer-revenus#.

[32] Bercy Infos, « Location meublée : quels revenus déclarer ? », *Ministère de l'économie, des finances et de la relance, Impôt sur le revenu*, 05/03/2020, consultable sur le site internet https://www.economie.gouv.fr/particuliers/location-meublee-declaration-revenus.

de biens sont imposables ! »[33] Les revenus tirés de la vente de bien ou de la prestation de services comme les cours de mathématiques sont imposables.

167. Pour payer la TVA, il faut y être assujetti, c'est-à-dire, une réalisation répétée des prestations de services. Il existe une franchise de TVA lorsque le chiffre d'affaires est en dessous d'un certain seuil. En matière d'obligations sociales, si l'activité est répétitive, il faudra se doter d'un statut social, le moins contraignant étant celui du microentrepreneur[34]. Enfin, le rapport Terrasse du nom du député Pascal Terrasse a trouvé 300 plateformes concernées par l'économie collaborative et invite à mieux encadrer les relations juridiques avec ces plateformes surtout en ce qui concerne les relations entre plateformes et partenaires sociaux pour la détermination de leurs relations de travail[35]. On aurait donc pu imposer, au Canada, la TPS aux plateformes numériques et instaurer une exonération de TPS pour toutes les entreprises qui investissent dans la culture avec le risque de non seulement les voir frauder la TPS mais aussi de n'investir aucun montant leur permettant de bénéficier des investissements effectués au titre de la culture, particulièrement au fonds des médias culturels, ce qui aurait entrainé une autre lutte fiscale pour recouvrer les sommes dues.

II - Les stratégies mises en place pour éluder la déclaration des revenus

168. Marwah Rizqy explique qu'il y a deux griefs qui sont reprochés à Uber dans le cadre du contexte canadien. Le premier concerne l'impôt sur les sociétés et le second : le paiement des taxes de vente[36]. S'agissant de l'impôt sur les sociétés, l'auteur fait référence à la convention passée entre le Canada et les Pays-Bas selon laquelle les bénéfices de l'entreprise sont imposables dans l'État où la société est constituée sauf si elle dispose d'un établissement stable dans l'État où elle exploite son activité : alors elle y est imposée pour la quotepart attribuable à cet établissement. En l'absence d'établissement stable et étant constitué sous le droit néerlandais, Uber n'est imposable ni au Canada ni au Québec[37]. L'établissement numérique échappe ainsi aux

[33] Bercy Infos, « Location de biens : vous devez déclarer vos revenus !», *Ministère de l'économie, des finances et de la relance, Impôt sur le revenu*, 21/04/2021, consultable sur le site internet https://www.economie.gouv.fr/particuliers/location-biens-declaration-revenus.

[34] Th. Rigaux, « L'économie collaborative sur l'échiquier juridique et fiscal dans le cadre de la loi de finances pour 2016 », in *Chronique de droit du tourisme*, n° 8, *Les Petites Affiches*, 7 octobre 2016, n° 201, p. 3. et s.

[35] Th. Rigaux, « L'économie collaborative sur l'échiquier juridique et fiscal dans le cadre de la loi de finances pour 2016 », in *Chronique de droit du tourisme*, n° 8, *Les Petites Affiches*, 7 octobre 2016, n° 201, p. 3. et s.

[36] M. Rizqy: « Impact de l'économie numérique de partage sur la fiscalité de la province de Québec et ses municipalités », *Revue française de finances publiques*, 1er septembre 2016, numéro 135, p. 193.

[37] Article 7 : Bénéfices des entreprises : « Les bénéfices d'une entreprise de l'un des États ne sont imposables que dans cet État, à moins que l'entreprise n'exerce son activité dans l'autre

dispositions de l'article 253 de la loi de l'impôt sur le revenu du Canada en vertu duquel une personne morale est réputée exploiter une entreprise au Canada si elle effectue des commandes ou des ventes sur le territoire par l'intermédiaire d'un mandataire ou d'un préposé. Elle y échappe d'abord parce qu'elle n'a pas d'établissement stable au Canada et ensuite parce qu'il est difficile de conclure qu'une plateforme numérique est un mandataire ou un préposé[38]. Pour y remédier, l'auteur suggère de s'en remettre aux travaux de l'OCDE : une présomption d'établissement stable basée sur la totalité des contrats et services conclus ainsi que le nombre d'utilisateurs.

169. Le second grief proviendrait d'une politique accrue d'Uber visant à faire de ses collaborateurs des travailleurs autonomes afin d'éviter de devoir payer les charges salariales[39]. Selon Marwah Rizqy, ce statut de travailleurs autonomes dispenserait Uber de devoir collecter la taxe de vente, la responsabilité de la collecte reposant sur les épaules de leurs collaborateurs. Pour éviter que de trop grandes facilités de la part d'Uber n'aboutissent à des situations génératrices d'abus, l'auteur suggère de s'en remettre à la jurisprudence Dicom Express permettant de clairement faire la distinction entre un employé véritable et un travailleur autonome. Cette distinction est importante : d'elle dépendra la responsabilité de la collecte de la taxe de vente et du paiement des charges salariales. En s'en remettant à cette jurisprudence, il est possible de noter que la notion de contrat de travail du Code civil du Québec est définie à l'article 2085 comme « celui par lequel une personne, le salarié, s'oblige, pour un temps limité et moyennant rémunération, à effectuer un travail sous la direction ou le contrôle d'une autre personne, l'employeur.

État par l'intermédiaire d'un établissement stable qui y est situé. Si l'entreprise exerce ou a exercé son activité d'une telle façon, les bénéfices de l'entreprise sont imposables dans l'autre État mais uniquement dans la mesure où ils sont imputables à cet établissement stable » : Convention entre le Canada et le Royaume des Pays-Bas en vue d'éviter les doubles impositions et de prévenir l'évasion fiscale en matière d'impôts sur le revenu disponible sur le site du ministère des finances du Canada à l'adresse suivante : https://www.fin.gc.ca/treaties-conventions/Netherlands_-fra.asp

[38] « Pour l'application de la présente loi, la personne — personne non-résidente ou fiducie à laquelle la partie XII.2 s'applique — qui exerce les activités ou effectue les dispositions suivantes au cours d'une année d'imposition est réputée, en ce qui concerne ces activités ou dispositions, exploiter une entreprise au Canada au cours de l'année : a) elle produit, cultive, extrait, crée, manufacture, fabrique, améliore, empaquette, conserve ou construit, en totalité ou en partie, quoi que ce soit au Canada, qu'elle l'ait ou non exporté sans le vendre avant l'exportation ; b) **elle sollicite des commandes ou offre en vente quoi que ce soit au Canada par l'entremise d'un mandataire ou préposé**, que le contrat ou l'opération ait dû être parachevé au Canada ou à l'étranger ou en partie au Canada et en partie à l'étranger » : Article 253 de la Loi de l'impôt sur le revenu, L.R.C. (1985), ch. 1 (5e suppl.) consulté le 9 mai 2019 à l'adresse suivante : https://www.canlii.org/fr/ca/legis/lois/lrc-1985-c-1-5e-suppl/derniere/lrc-1985-c-1-5e-suppl.html

[39] « Cette pratique, devenue courante, a pour objectif que l'employeur échappe à ses obligations. Ainsi, ces entreprises n'ont plus à gérer les retenues à la source pour leurs employés ni à payer les charges sociales ainsi que les avantages s'y rattachant »

Ce qui constitue le trait distinctif du contrat de travail, et le distingue du contrat de service, est cette caractéristique suivant laquelle l'exécution du travail du salarié est subordonnée au contrôle et à la direction d'un employeur… la subordination juridique inclut une dépendance économique… elle contient l'idée d'une dépendance hiérarchique, ce qui inclut le pouvoir de donner des ordres et des directives, de contrôler l'exécution du travail et de sanctionner les manquements »[40]. Dans les faits et en l'absence de contrat juridique, prouver le lien de subordination juridique, c'est-à-dire, ce lien par lequel l'employeur donnera des ordres à l'employé, contrôlera son travail et se permettra de le sanctionner en cas de manquement, reste une tâche délicate. Comme en matière de preuve, les juges procèdent par faisceaux d'indices prouvant l'existence de ce lien de subordination. Pour faire la distinction entre un travailleur autonome et un salarié, ces derniers n'hésitent pas à avoir recours aux critères essentiels pour être considéré comme travailleur autonome. Ces critères sont rappelés à juste titre par la Cour d'appel de Paris, dans un arrêt du 10 janvier 2019 : « une condition essentielle de l'entreprise individuelle indépendante est le libre choix que son auteur fait de la créer ou de la reprendre, outre la maîtrise de l'organisation de ses tâches, sa recherche de clientèle et de fournisseurs »[41]. Cette condition essentielle de l'entreprise individuelle n'est pas présente dans les relations entre Uber et ses chauffeurs, ce qui permet à la juridiction de requalifier les contrats entre Uber et ses chauffeurs, de contrat de travail. En sus de constater l'inexistence des conditions essentielles dans les contrats entre Uber et ses partenaires, la Cour d'appel de Paris se base sur un faisceau d'indices pour prouver l'existence du lien de subordination juridique essentiel à la qualification du contrat de travail. C'est ainsi qu'elle constate que la clientèle appartient à la société Uber, les chauffeurs ayant l'interdiction de conserver leurs contacts, les tarifs de la course sont fixés par les algorithmes d'Uber, les directives sur les trajets à adopter sont fixées par Uber, via son GPS[42]. En outre, la Cour constate qu'après trois refus de courses de la part d'un chauffeur, un message lui demandant s'il est présent lui est envoyé avec la possibilité de se voir désactiver de la plateforme, de façon unilatérale et à la seule discrétion de la société. Les chauffeurs sont géolocalisés par Uber, quand ils se connectent via la plateforme. Enfin Uber se réserve le choix de sanctionner les chauffeurs ayant un taux d'annulation élevé, lequel est fixé par la plateforme en fonction des villes, en les déconnectant du site. Sont visés aussi par cette forme de sanction, les chauffeurs ayant des problèmes de comportements vis-à-vis des clients. Les chauffeurs ne disposent pas d'une grande marge de liberté par rapport à la plateforme. Pour générer du chiffre d'affaires, il est nécessaire de

[40] Dicom Express inc. c. Paiement, 2009 QCCA 611 (CanLII), <http://canlii.ca/t/22zg8>, consulté le 2019-05-09.
[41] C.A. Paris, Pôle 6, Chambre 2, Arrêt du 10 janvier 2019, Répertoire général n° 18/08357
[42] C.A. Paris, Pôle 6, Chambre 2, Arrêt du 10 janvier 2019, Répertoire général n° 18/08357

se connecter à la plateforme et ces derniers peuvent voir leurs comptes désactivés à tout moment du fait d'un taux d'annulation élevé ou de problème de comportement[43]. Le fait de choisir leurs horaires de travail n'est qu'une conséquence de la flexibilité dont disposent les salariés dans toutes les entreprises, flexibilité rappelée dans l'arrêt Dicom, pour ce qui est du contexte canadien selon lequel : « la notion de subordination juridique contient l'idée d'une dépendance hiérarchique, ce qui inclut le pouvoir de donner des ordres et des directives, de contrôler l'exécution du travail et de sanctionner les manquements. La subordination ne sera pas la même et surtout ne s'exercera pas de la même façon selon le niveau hiérarchique de l'employé, l'étendue de ses compétences, la complexité et l'amplitude des tâches qui lui sont confiées, la nature du produit ou du service offert, le contexte dans lequel la fonction est exercée. L'examen de chaque situation reste individuel et l'analyse doit être faite dans une perspective globale »[44]. C'est donc à travers l'analyse de cette perspective globale, de ce faisceau d'indices que les juridictions parisiennes ou québécoises arrivent à l'existence d'un contrat de travail. Dans les deux cas, la subordination juridique est un élément essentiel pour prouver l'existence du contrat de travail. Dans les deux situations, le faisceau d'indices est le mode opératoire pour prouver la subordination juridique. En ce qui concerne Uber, la preuve de cette subordination a été apportée d'une part en établissant que les éléments essentiels de l'entreprise indépendante étaient manquants et d'autre part en prouvant qu'Uber contrôlait ses employés, leur donnait des ordres et sanctionner leurs manquants. À partir du moment où ces chauffeurs sont considérés comme des salariés, les conséquences juridiques s'appliquent comme le paiement des cotisations salariales et la collecte de la taxe de vente dans le contexte québécois. Le site internet d'Uber au Québec rappelle à ce titre que « pour conduire avec Uber, vous devez vous inscrire afin de recevoir vos numéros de TPS et de TVQ puis les ajouter à votre profil. Nous verserons la TPS et la TVQ perçues au gouvernement en votre nom »[45]. Le site Uber de la France énonce entre autres, les conditions suivantes : « vous devez vous immatriculer à la TVA : lorsque votre chiffre d'affaires annuel dépasse 33.200 EUR (seuil d'immatriculation au régime général de la TVA) ; ou dès lors que vous achetez des services dans un autre État membre de l'Union européenne, c'est-à-dire à Uber, qui est une société établie aux Pays-Bas…L'immatriculation à la TVA implique de collecter cette dernière lorsque vous fournissez des prestations de services de transport à vos clients »[46]. La France reconnait le statut de salarié aux chauffeurs d'Uber mais l'obligation de collecter la taxe incombe aux conducteurs. En France, il n'existe pas

---

[43] C.A. Paris, Pôle 6, Chambre 2, Arrêt du 10 janvier 2019, Répertoire général n° 18/08357

[44] Dicom Express inc. c. Paiement, 2009 QCCA 611 (CanLII), <http://canlii.ca/t/22zg8>, consulté le 2019-05-10, paragraphe 17.

[45] Voir le site internet suivant : https://www.uber.com/fr-CA/drive/montreal/get-started/tax-registration/ consulté le 13/05/2019

[46] Voir le site internet suivant : https://www.uber.com/fr/drive/tax-information/

d'obligations générales pour les plateformes de collecter les taxes de vente ou de séjour. En revanche, ces dernières ont une obligation d'information vis-à-vis des utilisateurs quant à leurs responsabilités fiscales. C'est donc un dispositif fiscal qui a été mis en place afin de permettre d'intégrer l'évolution inévitable des plateformes numériques. Cependant, force est de constater qu'en dépit de la mise en place de ce dispositif, les entreprises numériques arrivent bien souvent à minimiser leur fardeau fiscal. La prise en compte de ce phénomène conduit les États à mettre en place des stratégies de lutte contre l'optimisation fiscale. Il est intéressant à ce titre de noter les différences d'approche et de style. Alors que l'Europe a décidé de combattre une telle pratique par la mise en place de dispositifs de lutte contre les aides illicites d'État, c'est à travers la négociation et les niches fiscales que le Canada a décidé d'endiguer l'hémorragie.

Section 2 - Les divergences de politique de lutte contre l'optimisation fiscale des géants du numérique : de l'interdiction des aides d'État aux niches fiscales

170. Jusque-là, le sujet semblait pouvoir être délimité aux seules questions fiscales stricto sensu. La décision de la Commission européenne de requalifier le faible taux d'imposition appliqué par l'Irlande à Apple comme une aide illicite d'État[47] prouve que les solutions et les problématiques de la taxation des plateformes ne sauraient être abordées que sur le plan fiscal. Le droit fiscal devrait pouvoir venir au secours des autres disciplines comme ces dernières pourraient être complémentaires au droit fiscal lorsqu'il est à court de solutions pour régler les problématiques qui lui sont soumises[48]. Comparés à la taxe GAFA, le contrôle et la sanction des rulings par l'Union européenne se rapprochent davantage du principe de l'équité en matière fiscale. Une telle conclusion tient au fait que des sanctions ont été infligées non seulement à des entreprises du secteur numérique mais aussi à des firmes multinationales ne faisant pas partie de ce secteur et qui se sont adonnées à des pratiques d'optimisation de leurs bénéfices jugées excessives par la commissaire à la concurrence européenne et illégales par rapport au droit de la concurrence,

[47] Ch. Chavagneux, « Apple : Comment L'Europe veut récupérer ses impôts », *Esprit*, novembre 2016, p. 7 à 10.

[48] « Les montants sont plus faibles mais le principe avancé est le même : les pratiques d'optimisation fiscale agressive des multinationales sont illégales au regard des traités européens et doivent être condamnées. Un argument choc puisque ces grandes entreprises affirment régulièrement que si leur « planification fiscale » ne respecte pas toujours la morale, au moins ne font-elles rien d'illégal. Faux, répond désormais la Commission, vous violez les lois européennes » : Ch. Chavagneux, « Apple : Comment L'Europe veut récupérer ses impôts », *Esprit*, novembre 2016, p. 7 à 10.

notamment aux aides d'État au sein de l'Union européenne[49]. Parmi les entreprises les plus citées dans la doctrine fiscale ayant fait l'objet de telles sanctions, on retrouve Amazon, Fiat, Starbucks, Apple, McDonald's et GDF Suez[50]. Les aides illicites d'État dans leur esprit ne semblent donc pas avoir été conçues aux seules fins de porter atteinte à l'hégémonie numérique américaine portée par Google, Facebook, Apple, Amazon et Microsoft Windows. Elles semblent apporter une réponse aux carences du droit fiscal international qui, à travers ses conventions fiscales, tentent d'éviter qu'une société puisse être taxée deux fois mais se voit complètement inefficace face à des montages fiscaux qui finissent par affaiblir considérablement la charge imposable[51]. C'est toute la stratégie développée par Amazon, avec, cette fois, la complicité du Luxembourg, et grâce à ce que Jean Claude Juncker, ancien premier ministre et ministre des Finances publiques du Luxembourg appelle une pratique courante : les tax rulings[52]. Tel que nous le décrit Frédérique Perrotin, un tax rulings est une lettre d'intention émise par les autorités fiscales qui fournissent des explications à une société sur la façon dont son impôt sera calculé[53]. Le professeur Lambert rappelle cependant la différence entre le rescrit fiscal en France et le ruling. À défaut de texte juridique, il faut s'en remettre aux travaux du Conseil d'État et à ceux du défunt professeur Maurice Cozian pour arriver à faire la différence entre les deux types d'instruments fiscaux. Le ruling est un contrat entre l'administration fiscale et le contribuable tandis que le rescrit fiscal est une garantie que l'administration fiscale ne poursuivra pas le contribuable pour abus de droit fiscal. Les deux

---

49 « Le 30 août dernier, la commissaire européenne à la Concurrence, Margrethe Vestager, annonce que la société Apple reçoit depuis 1991 ce qu'elle considère comme une aide d'État illégale du gouvernement irlandais et tombe sous le coup d'un redressement fiscal de 13 milliards d'euros. Une décision qui fait suite à celle d'octobre 2015 de la même commissaire, réclamant de 20 à 30 millions d'euros dans les cas de Fiat au Luxembourg et de Starbucks aux Pays-Bas » : Ch. Chavagneux, « Apple : Comment L'Europe veut récupérer ses impôts », *Esprit*, novembre 2016, p. 7 à 10.

50 F. Perrotin, « Aides d'État : le Luxembourg dans la ligne de mire », *Les Petites Affiches*, 06/12/2017, n°243, p. 3 et s.

51 A.Dumont, « Numérique et nouvel « incivisme » fiscal », *Revue française de finances publiques*, 01/05/2016, n°134, p. 73 : Dans le cas de Google, « premièrement, le montage fiscal repose sur trois sociétés distinctes, Google Inc., Google Ireland Holdings et Google Ireland Ltd… Deuxièmement, les Pays-Bas ont un rôle fondamental d'État-tunnel lors du transfert des fonds vers les Bermudes… Troisièmement, les bénéfices transférés aux Bermudes Google Ireland Holdings n'y sont pas imposables… Les dispositions fiscales des États-Unis exonèrent les bénéfices placés aux Bermudes tant qu'ils n'y sont pas rapatriés sur le sol américain… Selon la mission d'information de l'Assemblée Nationale, « c'est la raison pour laquelle les bénéfices sont "stockés" aux Bermudes dans l'attente et l'espoir du vote d'une "tax holiday"par le Congrès des États-Unis », ce Tax Holiday leur permettant de rapatrier les dits bénéfices en franchise d'impôt sur le sol américain.

52 Fr. Perrotin, « Le système des rulings en question », *Les Petites affiches*, 12/12/2014, n°248, p. 4.

53 Fr. Perrotin, « Aides d'État : le Luxembourg dans la ligne de mire », *Les Petites Affiches*, 06/12/2017, n°243, p. 3.

procédés ont pour objectif d'aboutir à un accord sans procès entre nos deux protagonistes. Ils diffèrent dans la démarche : tandis que le ruling s'apparente plus à une sorte de négociations entre deux parties pour arriver à se mettre d'accord dans la manière dont on répartit l'argent entre le fisc et le contribuable, le rescrit est quant à lui une garantie de non-poursuite[54]. La Commission européenne a souvent recours au critère du prix de marché pour déceler une aide illicite d'État : deux entreprises, indépendantes, auront-elles appliqué le même prix dans les conditions normales de marché (1). Les 13 milliards de dollars qu'Apple doit rembourser à l'Irlande au titre des aides illicites d'État viennent couronner plusieurs années de travail qui peuvent excéder le mandat présidentiel de 5 ans en France. Face au dilemme fiscal que pose l'optimisation des entreprises du numérique, il est parfois difficile de trouver des solutions efficientes, en 5 ans : le recours à la négociation fiscale ainsi qu'aux niches fiscales semble être le compromis à trouver comme l'a suggéré le Canada (2).

Paragraphe 1 - Le critère du prix de marché pour déceler les aides illicites d'État en matière fiscale

171. Comment une société indépendante aurait-elle agi dans des conditions normales de marché ? Les prix que la société membre d'un groupe facture à la société mère sont-ils en deçà ou au-delà des prix du marché ? Telles sont quelques-unes des interrogations que se pose la commission européenne. Elle semble donc agir à partir d'un faisceau d'indices pour déterminer l'existence d'aides illicites (I). Dans le cas des géants du numérique, comme Apple, ces derniers utilisent les failles des législations fiscales de pays comme l'Irlande pour tenter d'éluder l'impôt. L'Irlande a en effet misé sur un impôt bas pour promouvoir l'attractivité de son territoire (II).

I - Le faisceau d'indices utilisé par l'Union européenne pour conclure en l'existence d'avantages fiscaux indus

172. Le principe général de l'interdiction des aides d'État est affirmé par l'article 107 du traité sur le fonctionnement de l'Union européenne. Selon cet article, « sauf dérogations prévues par les traités, sont incompatibles avec le marché intérieur, dans la mesure où elles affectent les échanges entre États membres, les aides accordées par les États ou au moyen de ressources d'État sous quelque forme que ce soit qui faussent ou qui menacent de fausser la

[54] T. Lambert, « L'échange de rulings dans les pays de l'Union européenne : un changement de paradigme », *R.E.I.D.F.*, 2017/1, p. 76-83.

concurrence en favorisant certaines entreprises ou certaines productions »[55]. La Commission européenne s'appuie sur deux éléments pour déterminer l'existence d'avantages fiscaux liés à des prix de transferts entre sociétés d'un même groupe. Le premier, ce sont les conditions qu'aurait obtenues une société non intégrée au groupe et le second, ce sont les conditions de marché. En somme, est-ce qu'une société, non intégrée, indépendante du groupe aurait pu obtenir le même prix sur le marché, dans les conditions de pleine concurrence[56]. Lorsque la commission s'aperçoit que les prix facturés par une société intégrée ne sont pas les mêmes que ceux qu'auraient facturés une société indépendante et que du fait de cette différence de facturation elle a obtenu un avantage fiscal, celle-ci conclut en l'existence d'une aide illicite d'État, à travers l'approbation du montage par l'administration fiscale, aussi appelé rulings[57]. C'est ce que rappelle la Commission européenne dans le cadre de l'affaire Fiat : « pour apprécier si le Luxembourg a accordé un avantage sélectif à FFT, la Commission doit par conséquent vérifier si la méthode avalisée par l'administration fiscale luxembourgeoise au moyen du ruling fiscal contesté aux fins de la détermination des bénéfices imposables de FFT au Luxembourg s'écarte d'une méthode qui débouche sur une approximation fiable d'un résultat basé sur le marché et, de ce fait, du principe de pleine concurrence. Dans la mesure où la méthode avalisée par le Luxembourg au moyen du ruling fiscal contesté conduit à une réduction de la dette fiscale de FFT en application du système général de l'impôt sur les sociétés du Luxembourg par rapport à des sociétés non intégrées dont les bénéfices imposables selon ce système sont déterminés par le marché, ce ruling fiscal sera considéré comme procurant un avantage sélectif à FFT au sens de l'article 107, paragraphe 1, du TFUE ». La Commission européenne a conclu que le conseiller fiscal de Fiat a décidé de rémunérer les activités de financement intragroupe et de trésorerie à des conditions qui ne sont pas celles du marché, ni même celles de sociétés indépendantes entre elles. Cette

---

[55] Version consolidée du traité sur le fonctionnement de l'Union européenne - Troisième partie: les politiques et actions internes de l'union - titre VII: les règles communes sur la concurrence, la fiscalité et le rapprochement des législations - Chapitre 1: Les règles de concurrence - Section 2: Les aides accordées par les États - Article 107 (ex-article 87 TCE), *Journal officiel* n° 115 du 09/05/2008 p. 91-92.

[56] « Le principe selon lequel les transactions réalisées entre des sociétés d'un même groupe devraient être rémunérées comme si elles avaient été convenues par des sociétés indépendantes négociant dans des circonstances comparables dans des conditions de pleine concurrence est généralement appelé «principe de pleine concurrence» : Décision (UE) 2016/2326 de la Commission du 21 octobre 2015 concernant l'aide d'État SA.38375 (2014/C ex 2014/NN) mise à exécution par le Luxembourg en faveur de Fiat [notifiée sous le numéro C(2015) 7152] (1), *Journal officiel de l'Union européenne*, L/351, Législation, 59e année, 22 décembre 2016, p. 41, paragraphe 225.

[57] Décision (UE) 2016/2326 de la Commission du 21 octobre 2015 concernant l'aide d'État SA.38375 (2014/C ex 2014/NN) mise à exécution par le Luxembourg en faveur de Fiat [notifiée sous le numéro C(2015) 7152] (1), *Journal officiel de l'Union européenne*, L/351, Législation, 59e année, 22 décembre 2016, p. 41, paragraphe 224.

minoration de la charge fiscale a été rendue possible en ne tenant pas compte du niveau total des fonds propres. Le montant total du niveau des fonds propres a été réduit en déduisant les participations que Fiat Finance Trading détenait dans deux de ses sociétés : Fiat Finance North America et Fiat Finance Canada Ltd. En procédant ainsi, le conseiller fiscal réduit la base qui sert à calculer la rémunération de ces fonds propres, par conséquent le montant de la rémunération de ces derniers ainsi que l'imposition qui en résulterait[58]. Pour minimiser davantage l'assiette d'imposition, le conseiller fiscal utilise, comme base de rémunération des apports faits à la société par ses associés, les fonds propres réglementaires d'un montant de 28,5 millions de dollars. Celui-ci aurait dû utiliser plutôt les capitaux propres comptables qui représentent dix fois le montant des fonds propres réglementaires : 287,5 millions de dollars. La Commission européenne rejette les choix ainsi opérés et les considère comme contraires aux conditions de pleine concurrence parce qu'en choisissant une base de rémunération dix fois moins élevée que ce qui est pratiqué sur le marché, la rémunération des associés en est d'autant réduit ainsi que l'assiette fiscale. Selon la commission, les fonds propres réglementaires constituent un minimum de fonds obligatoires, imposé par la loi et servant à valider l'existence de la société. Ils sont imposés par les banques pour couvrir les risques de faillite et ne doivent pas être rémunérés. Tous les fonds additionnels apportés après avoir satisfait aux exigences légales obligatoires peuvent donner droit à une rémunération. Le conseiller aurait donc dû utiliser les fonds propres comptables d'un montant de 287,5 millions de dollars pour calculer la base de la rémunération des associés plutôt que les fonds propres réglementaires qui en sus d'être dix fois moins élevés que les fonds propres comptables, ne doivent pas donner droit à une rémunération[59]. L'OCDE a

---

[58] «En tout état de cause, pour les raisons exposées aux considérants 281 à 290, le choix du conseiller fiscal d'accorder une rémunération nulle à cette composante des capitaux propres de FFT appelée «fonds propres couvrant les investissements financiers dans FFNA et FFC» est inapproprié. Étant donné que ce choix conduit effectivement à une réduction injustifiée des capitaux propres à rémunérer, et donc de l'assiette fiscale de FFT à des fins fiscales, toute méthodologie en matière de prix de transfert basée sur ce choix ne peut être considérée comme aboutissant à une approximation fiable d'un résultat basé sur le marché conforme au principe de pleine concurrence» : Décision (UE) 2016/2326 de la Commission du 21 octobre 2015 concernant l'aide d'État SA.38375 (2014/C ex 2014/NN) mise à exécution par le Luxembourg en faveur de Fiat [notifiée sous le numéro C(2015) 7152] (1), *Journal officiel de l'Union européenne*, L/351, Législation, 59e année, 22 décembre 2016, p. 41, paragraphe 280.

[59] « En adoptant une méthodologie incohérente consistant à appliquer un rendement des capitaux propres aux fonds propres réglementaires hypothétiques de FFT, le conseiller fiscal de FFT arrive à un niveau estimé de rémunération des fonctions exercées et des risques encourus par FFT qui ne constitue pas une approximation fiable d'un résultat basé sur le marché. En effet, son manque de cohérence a une incidence considérable sur la rémunération imposable de FFT au Luxembourg. En 2011, les capitaux propres comptables de FFT s'élevaient à 287,5 millions d'EUR mais le conseiller fiscal utilise les fonds propres réglementaires hypothétiques de FFT — 28,5 millions d'EUR — comme indicateur du niveau de bénéfices lors de l'application de la MTMN », soit 10 % de moins que la valeur qui aurait dû être utilisée, ce qui constitue une

laissé des recommandations à ses États membres sur la façon dont il faut calculer les prix de pleine concurrence. Celui-ci peut être déterminé à partir de 5 méthodes : « la méthode du prix comparable sur le marché libre (la « méthode CUP ») ; ii) la méthode du coût majoré ; iii) la méthode du prix de revente ; iv) la MTMN (Méthode Transactionnelle de la Marge Nette) et v) la méthode transactionnelle de bénéfices. Ils établissent une distinction entre les méthodes traditionnelles fondées sur les transactions (soit les trois premières) et les méthodes transactionnelles de bénéfices (soit les deux dernières) »[60]. En règle générale, le choix d'une méthode est laissé à la libre appréciation des entreprises à condition de satisfaire au principe de pleine concurrence. Le site des impôts du gouvernement français classe ces méthodes en deux catégories. Le premier groupe est composé des méthodes dites traditionnelles qui sont au nombre de trois : le prix comparable sur le marché libre[61], le prix de revente[62], et le prix de revient majoré[63]. Le second groupe quant à lui se rapporte aux méthodes dites transactionnelles. Elles sont fondées sur le bénéfice : la méthode du partage des bénéfices[64], et la méthode transactionnelle de la marge

---

minoration considérable de la charge fiscale. « En appliquant le rendement estimé des capitaux propres auquel le conseil fiscal arrive en utilisant le MEDAF aux fonds propres réglementaires hypothétiques de FFT plutôt qu'aux capitaux propres comptables, la rémunération imposable de FFT au Luxembourg est divisée par dix (122). En d'autres termes, les choix méthodologiques effectués par le conseiller fiscal entraînent une diminution de l'assiette fiscale de FFT au Luxembourg par rapport aux sociétés non intégrées fiscalement dont les bénéfices imposables sont définis par les conditions du marché ». Décision (UE) 2016/2326 de la Commission du 21 octobre 2015 concernant l'aide d'État SA.38375 (2014/C ex 2014/NN) mise à exécution par le Luxembourg en faveur de Fiat [notifiée sous le numéro C(2015) 7152] (1), *Journal officiel de l'Union européenne*, L/351, Législation, 59e année, 22 décembre 2016, p. 17, paragraphe 256.

[60] Décision (UE) 2016/2326 de la Commission du 21 octobre 2015 concernant l'aide d'État SA.38375 (2014/C ex 2014/NN) mise à exécution par le Luxembourg en faveur de Fiat [notifiée sous le numéro C(2015) 7152] (1), *Journal officiel de l'Union européenne*, L/351, Législation, 59e année, 22 décembre 2016, p. 17, paragraphe 88.

[61] « La méthode du prix comparable sur le marché libre est la plus simple des méthodes. Elle consiste à comparer le prix de transfert appliqué entre les entreprises liées, au prix du bien ou du service pratiqué entre un acheteur et un vendeur indépendants. Cette méthode est la plus satisfaisante car c'est la plus directe et la plus fiable pour déterminer le prix de pleine concurrence » : http://www2.impots.gouv.fr/documentation/prix_transfert/entrep2.htm#transac

[62] « La méthode du prix de revente consiste à connaître le prix auquel un produit acheté à une entreprise liée est revendu à un client indépendant (le prix de revente), pour ensuite y soustraire une marge brute (la marge sur prix de revente) permettant à la société de distribution liée de couvrir ses frais de ventes et ses autres charges d'exploitation, et de se voir attribuer un bénéfice tenant compte des fonctions réalisées et des risques assumés » : http://www2.impots.gouv.fr/documentation/prix_transfert/entrep2.htm#transac

[63] « La méthode du prix de revient majoré a pour but de déterminer le coût de revient du bien ou du service vendu ou fourni à une entreprise liée, et à y ajouter une marge bénéficiaire de pleine concurrence, obtenue en utilisant un comparable interne ou externe à l'entreprise » : http://www2.impots.gouv.fr/documentation/prix_transfert/entrep2.htm#transac

[64] « La méthode consiste à déterminer le résultat consolidé pour le groupe sur l'ensemble des opérations, impliquant différentes entreprises liées, pour le partager ensuite entre ces mêmes entreprises, en fonction de critères pertinents, afin d'obtenir une allocation des bénéfices

nette[65]. C'est ce dernier choix qui a été opéré par le conseiller fiscal. La commission ne l'a pas contesté : elle a cependant considéré les choix méthodologiques comme contraires au principe de pleine concurrence en matière de prix de transfert, minimisant la base d'imposition du groupe mais pourtant avalisés par l'administration fiscale luxembourgeoise. En fermant les yeux sur ce montage, la Commission a considéré que le Luxembourg a accordé une aide fiscale à la société Fiat Finance and Trade Ltd (FFT), qu'elle n'accordait pas aux autres entreprises et que par conséquent un tel procédé constituait une aide illicite d'État.

II - Les réticences d'Apple pour le paiement de sa juste part d'impôt : un cas illustrant l'absence d'union fiscale européenne

173. En ce qui concerne la très médiatisée affaire Apple, il convient de rappeler que selon le droit irlandais, les sociétés constituées sous le droit de cet État, gérées sur le même territoire, sont considérées comme résidentes fiscales et soumises à l'impôt des sociétés sur leurs bénéfices mondiaux. Même gérées et contrôlées en dehors de l'Irlande, ces sociétés sont imposées sur le territoire.[66] Il y a deux exceptions à cette règle. La première, c'est qu'elles sont considérées comme résidentes fiscales d'un autre pays en vertu d'une convention de double imposition ou quand elles sont contrôlées par une société exerçant une activité commerciale en Irlande et résidente de l'Union européenne ou d'un pays ayant signé avec l'Irlande la convention de double imposition. La deuxième exception c'est que les sociétés exerçant une activité commerciale en Irlande et membre de l'Union européenne ainsi que les

---

comparable à celle qui aurait été obtenue dans une situation de pleine concurrence» : http://www2.impots.gouv.fr/documentation/prix_transfert/entrep2.htm#transac

[65] « Cette méthode consiste à déterminer à partir de données appropriées (exemple : les charges, le chiffre d'affaires, la valeur des actifs…), la marge bénéficiaire nette que réalise une entreprise dans le cadre d'une transaction intragroupe, et à la comparer à celle qu'une entreprise indépendante réaliserait pour une transaction comparable. Elle suppose de raisonner en ratio de marge nette (par exemple, des ratios de bénéfice d'exploitation par rapport au chiffre d'affaires, de rendement des actifs, ou d'autres indicateurs de bénéfice net) et non pas en prix. Dans l'hypothèse où l'entreprise réalise un ratio de marge nette semblable à celui des entreprises qui réalisent une transaction comparable, ses prix de transfert sont des prix de pleine concurrence… Ce type de méthode, fondée sur une comparaison des marges nettes, s'applique à tous les biens corporels, incorporels ainsi qu'aux prestations de services. Elle nécessite pour estimer avec fiabilité un résultat de pleine concurrence, un niveau de comparabilité similaire à celui qui est requis pour les méthodes du prix de revient majoré et du prix de revente, avec une étude approfondie des différences fonctionnelles et éventuellement l'application d'ajustements appropriés» : http://www2.impots.gouv.fr/documentation/prix_transfert/entrep2.htm#transac

[66] Décision (UE) 2017/1283 de la Commission du 30 août 2016 concernant l'aide d'État SA.38373 (2014/C) (ex 2014/NN) (ex 2014/CP) octroyée par l'Irlande en faveur d'Apple [notifiée sous le numéro C(2016) 5605] (1), *Journal officiel de l'Union*, L/187, Législation, 60e année, 19 juillet 2017, p.12, paragraphe 69.

sociétés de pays ayant signé une convention de double imposition en Irlande, lorsqu'elles exercent une activité commerciale sur le territoire et qu'elles sont gérées et contrôlées en dehors de l'Irlande, ne sont pas considérées comme des résidentes fiscales[67]. Tel était le cas des sociétés Apple Sales International et Apple Opérations Europe, qui, bien qu'étant de droit irlandais, n'étaient pas considérées comme des résidentes fiscales. Elles étaient toutes deux « contrôlées en dernier ressort par une société résidente d'un pays partie à une convention de double imposition, à savoir Apple Inc. De plus, à partir du moment où les deux sociétés exerçaient une activité commerciale en Irlande par le biais de leurs succursales respectives et étaient gérées et contrôlées en dehors de l'Irlande par une société américaine, elles étaient considérées comme des sociétés non résidentes irlandaises, au sens de l'article 23 du Taxes Consolidation Act irlandais ». Les activités du siège social de ces deux sociétés n'ont donné droit à aucune imposition aux États-Unis car elles n'avaient ni présence physique ni salarié dans ce pays. Le résultat des courses est donc le suivant : parce que contrôlées par une société américaine, Apple Sales International et Apple Opérations Europe n'étaient pas imposables en Irlande en vertu de la convention de double imposition entre ce pays et les États-Unis et n'ayant aucune présence physique aux États-Unis ni même de salariés, lesdites sociétés ne se faisaient pas non plus imposer sur le territoire américain[68].

174. Ces deux sociétés ont par ailleurs des succursales irlandaises, qui elles sont considérées comme des résidentes fiscales : Apple Operations et Apple Sales Irlande : l'une achète le matériel d'Apple et l'autre les vend. Ces deux sociétés ont proposé dans un accord fiscal renégocié en 2007 avec l'administration fiscale irlandaise, qui l'accepté, de calculer l'impôt dû en Irlande par leurs succursales, sur la base des couts d'exploitation, sur un montant variant de 10 % à 15 % de ces derniers. Pourtant l'impôt sur les sociétés en Irlande est calculé sur la base du résultat comptable. Il est de 12,5 % de ce dernier. Ce que la commission conteste, c'est la méthode d'attribution des bénéfices entre ces sociétés et leurs filiales, attribution des bénéfices que n'aurait pas accepté une entreprise indépendante et prudente, opérant dans des conditions de pleine concurrence[69].

---

[67] Décision (UE) 2017/1283 de la Commission du 30 août 2016 concernant l'aide d'État SA.38373 (2014/C) (ex 2014/NN) (ex 2014/CP) octroyée par l'Irlande en faveur d'Apple [notifiée sous le numéro C(2016) 5605] (1), *Journal officiel de l'Union*, L/187, Législation, 60e année, 19 juillet 2017, p.6, paragraphe 48 et s.

[68] Décision (UE) 2017/1283 de la Commission du 30 août 2016 concernant l'aide d'État SA.38373 (2014/C) (ex 2014/NN) (ex 2014/CP) octroyée par l'Irlande en faveur d'Apple [notifiée sous le numéro C(2016) 5605] (1), *Journal officiel de l'Union*, L/187, Législation, 60e année, 19 juillet 2017, p.7, paragraphe 50, 51 et 52.

[69] Décision (UE) 2017/1283 de la Commission du 30 août 2016 concernant l'aide d'État SA.38373 (2014/C) (ex 2014/NN) (ex 2014/CP) octroyée par l'Irlande en faveur d'Apple

175. La Commission européenne reproche aussi à l'administration fiscale irlandaise d'avoir approuvé une méthode qui « s'écarte d'un résultat basé sur le marché ». La vérification de l'existence d'une aide d'État se fait toujours par rapport à ce qui s'effectue sur le marché, entre entreprises indépendantes. À partir du moment où ces pratiques ne correspondent pas à celles du marché et qu'elles se soldent par une minoration du résultat fiscal, la requalification des choix méthodologiques opérés par Apple et validés par l'administration fiscale se solde souvent en aide d'État volontairement approuvée par le fisc irlandais. La commission conteste ainsi « le choix des succursales irlandaises d'Apple comme point central des méthodes unilatérales d'attribution des bénéfices, le choix des dépenses d'exploitation comme indicateur du niveau de bénéfices et les niveaux des rémunérations acceptées »[70]. Les succursales irlandaises ne devaient pas être choisies comme point de répartition des bénéfices parce qu'elles exercent des activités plus complexes que celles qui détiennent les licences de propriété intellectuelle, en l'occurrence Apple Sales International et Apple Opérations. Mis à part la tenue de réunions du Conseil d'administration, aucune activité complexe n'a été signalée dans ces sociétés, et détenir les propriétés intellectuelles d'Apple n'en constitue pas une pour autant. Or le point de départ de la méthode de répartition des bénéfices doit être fait à partir des sociétés les moins complexes, c'est-à-dire, Apple Sales International et Apple Opérations, les détentrices des licences de propriété intellectuelle. C'est la marge nette de leurs bénéfices, c'est-à-dire, le ratio du bénéfice par rapport au chiffre d'affaires qui aurait dû être utilisé pour comparer avec d'autres sociétés similaires à Apple, qui ne sont pas liées au groupe pour savoir si ces sociétés auraient réalisé le même ratio bénéfice par rapport au chiffre d'affaires. Si ce ratio n'était pas le même, alors on serait en face d'une situation de prix de transfert, qui, validée par le fisc irlandais, pourrait être requalifiée en aide d'État par la commission : « l'acceptation, par Irish Revenue, des méthodes d'attribution des bénéfices basées sur ce choix réduit la charge annuelle d'impôt sur les sociétés d'ASI et d'AOE par rapport aux sociétés non intégrées dont le bénéfice imposable reflète les prix négociés sur le marché dans des conditions de pleine concurrence »[71].

176. Pour pousser le montage fiscal, les licences d'exploitation de la propriété intellectuelle d'Apple ont été attribuées en dehors de l'Irlande. Si

---

[notifiée sous le numéro C(2016) 5605] (1), *Journal officiel de l'Union*, L/187, Législation, 60e année, 19 juillet 2017, p.38, paragraphe 146.

[70] Décision (UE) 2017/1283 de la Commission du 30 août 2016 concernant l'aide d'État SA.38373 (2014/C) (ex 2014/NN) (ex 2014/CP) octroyée par l'Irlande en faveur d'Apple [notifiée sous le numéro C(2016) 5605] (1), *Journal officiel de l'Union*, L/187, Législation, 60e année, 19 juillet 2017, p.79, paragraphe 327.

[71] Décision (UE) 2017/1283 de la Commission du 30 août 2016 concernant l'aide d'État SA.38373 (2014/C) (ex 2014/NN) (ex 2014/CP) octroyée par l'Irlande en faveur d'Apple [notifiée sous le numéro C(2016) 5605] (1), *Journal officiel de l'Union*, L/187, Législation, 60e année, 19 juillet 2017, p.80, paragraphe 333.

ces licences avaient été attribuées aux succursales irlandaises, elles y auraient été soumises à imposition. Les succursales irlandaises auraient dû verser une rémunération à Apple Inc., pour l'exploitation de la marque, et auraient été soumises à l'impôt applicable en matière de prix de transfert, c'est-à-dire en tenant compte du prix qu'aurait facturé une entreprise indépendante d'Apple, avec des prix de pleine concurrence et en y appliquant l'impôt correspondant. Le prix de transfert, c'est le prix auquel une entreprise facture un bien ou un service à d'autres sociétés du même groupe. Les licences d'exploitation sont transférées à Apple Sales International et Apple Opérations Europe qui ne payent pas d'impôt en Irlande parce qu'elles sont contrôlées par une société américaine bénéficiant d'une convention de double imposition, ensuite les deux sociétés versent les redevances de propriété intellectuelle à Apple Inc., la société américaine, toujours en franchise d'impôt. L'Irlande invoque comme prétexte que les licences de la propriété intellectuelle doivent être attribuées en dehors de l'Irlande parce que les succursales irlandaises n'exercent aucune activité de gestion. Ces dernières sont plutôt effectuées par la société Apple Inc. dont la plupart des associés vivent et résident aux États-Unis[72]. Ce que conteste la Commission en avançant que le siège social d'Apple ne pouvait pas contrôler les succursales irlandaises de sorte à arriver à générer un bénéfice aussi important. Ce bénéfice est le fait unique des succursales et si l'on était en face de deux sociétés indépendantes, dans les conditions de pleine concurrence, la société ayant fourni les efforts pour générer de tels bénéfices n'auraient pas accepté de les perdre, en laissant échapper les licences de propriété intellectuelle. Un tel comportement, selon la commission, ne se justifie qu'à des fins d'éluder l'impôt en Irlande[73]. Or,

---

[72] « Lorsqu'elles décrivent l'endroit où la PI d'Apple est gérée ou indiquent à qui les licences de PI d'Apple devraient être attribuées, la demande de ruling et les déclarations ultérieures de l'Irlande et d'Apple indiquent toutes que la PI est gérée hors d'Irlande (191). Elles font référence, d'une part, aux activités réalisées par les sièges d'ASI et d'AOE, et, d'autre part, aux fonctions et activités économiques assurées par Apple Inc., notamment les activités réalisées par les cadres d'Apple aux États-Unis. Toutefois, étant donné qu'une majorité des membres des conseils d'administration d'ASI et d'AOE sont basés aux États-Unis, et, parallèlement, employés par Apple Inc. (192), il est difficile de déterminer si les activités mentionnées sont attribuées aux sièges d'ASI et d'AOE ou à Apple Inc. La Commission examinera l'impact des deux scénarios sur l'attribution des bénéfices aux succursales irlandaises d'ASI et d'AOE, respectivement aux considérants 276 à 307 et aux considérants 308 à 318 » : Décision (UE) 2017/1283 de la Commission du 30 août 2016 concernant l'aide d'État SA.38373 (2014/C) (ex 2014/NN) (ex 2014/CP) octroyée par l'Irlande en faveur d'Apple [notifiée sous le numéro C(2016) 5605] (1), *Journal officiel de l'Union*, L/187, Législation, 60e année, 19 juillet 2017, p.79, paragraphe 327

[73] « En résumé, si Irish Revenue avait confirmé, comme il se doit, que les licences de PI d'Apple détenues par ASI et AOE devaient être attribuées hors d'Irlande avant d'adopter des méthodes d'attribution des bénéfices basées sur cette hypothèse, elle serait arrivée à la conclusion que les sièges d'ASI et d'AOE ne contrôlaient pas, ne géraient pas et n'étaient en position ni de contrôler, ni de gérer les licences de PI d'Apple de telle manière à générer des bénéfices tels que ceux enregistrés par ces sociétés. Par conséquent, si les succursales irlandaises d'ASI et d'AOE avaient été des sociétés distinctes et indépendantes exerçant des activités identiques ou

l'impôt sur les sociétés en Irlande est calculé à partir des bénéfices sauf dans certains cas prévus par l'article 21 du Taxes Consolidation Act, la loi consolidée sur les impôts irlandaise de 1997. « Ces exemptions spécifiques incluent par exemple les bénéfices de sociétés non résidentes ne pouvant être attribués à une succursale (voir l'article 25 du TCA 97) ou la plupart des distributions de bénéfices provenant d'autres sociétés résidentes irlandaises »[74].

177. Ces deux exemples, FIAT et Apple, ont pour but de prouver que le raisonnement effectué par la commission vise à déterminer si les avantages fiscaux obtenus par une entreprise sont celles que les autres sociétés du même genre ont aussi obtenu de la part de l'administration fiscale, ensuite si les méthodes pratiquées ayant abouti à l'obtention des avantages fiscaux sont celles que des entreprises indépendantes opérant entre elles et dans des conditions de pleine concurrence auraient pratiquées et si non, ces pratiques n'ont-elles pas pour seul but de minorer la charge imposable. Lorsque, après avoir effectué un tel raisonnement, la commission s'aperçoit qu'il y a eu une largesse fiscale de la part de l'administration fiscale, elle n'hésite pas à requalifier cette largesse en aide d'État[75]. Il existe dans la démarche de l'Union

---

analogues dans des conditions identiques ou analogues, compte tenu des fonctions exercées, des actifs utilisés et des risques assumés par ces sociétés par l'intermédiaire de leurs succursales et de leurs sièges respectifs, elles n'auraient pas accepté une méthode d'attribution des bénéfices basée sur cette hypothèse, qui entraîne l'attribution de tous les bénéfices d'ASI et d'AOE dépassant une marge limitée sur une base de coûts réduite aux sièges et non à ces succursales » : Décision (UE) 2017/1283 de la Commission du 30 août 2016 concernant l'aide d'État SA.38373 (2014/C) (ex 2014/NN) (ex 2014/CP) octroyée par l'Irlande en faveur d'Apple [notifiée sous le numéro C(2016) 5605] (1), *Journal officiel de l'Union*, L/187, Législation, 60e année, 19 juillet 2017, p.79, paragraphe 327.

[74] Décision (UE) 2017/1283 de la Commission du 30 août 2016 concernant l'aide d'État SA.38373 (2014/C) (ex 2014/NN) (ex 2014/CP) octroyée par l'Irlande en faveur d'Apple [notifiée sous le numéro C(2016) 5605] (1), *Journal officiel de l'Union*, L/187, Législation, 60e année, 19 juillet 2017, p.12, paragraphe 69.

[75] C'est ce que rappelle Frédérique Perrotin : « … La Commission a réexaminé les calculs utilisés pour déterminer l'assiette d'imposition dans ces décisions anticipatives et craint, sur la base d'une analyse préliminaire, que ces dernières puissent sous-estimer le bénéfice imposable et conférer dès lors un avantage aux entreprises concernées en leur permettant de payer moins d'impôts. La Commission fait observer que les trois décisions anticipatives concernent uniquement des accords relatifs à l'assiette d'imposition et ne portent pas sur le taux d'imposition applicable proprement dit. La quatrième enquête concerne la décision anticipative en faveur d'Amazon EU Sarl, une filiale d'Amazon dont le siège est au Luxembourg et qui enregistre l'essentiel des bénéfices européens d'Amazon, qui remontent à 2003 et est toujours en vigueur. » Comme très souvent, dans ses enquêtes, la commission détermine des conditions d'imposition des bénéfices exorbitantes par rapport aux pratiques opérées sur le marché. « Amazon EU Sarl paie une redevance fiscalement déductible à une société en commandite simple qui est établie au Luxembourg sans y être assujettie à l'impôt sur les sociétés. Par conséquent, la plupart des bénéfices européens d'Amazon sont enregistrés au Luxembourg mais n'y sont pas imposés. À ce stade, la Commission estime que le montant de cette redevance, qui réduit les bénéfices imposables d'Amazon EU Sarl chaque année, pourrait ne pas être conforme aux conditions du marché. La Commission craint que la décision anticipative ne réduise

européenne un souci plus marqué de justice fiscale que dans le cadre de la taxe GAFA. Ce résultat est rendu possible d'abord parce que le raisonnement juridique s'appuie sur les textes de l'Union européenne[76]. Ensuite, l'existence d'un avantage illicite se fait très souvent en comparaison avec des entreprises similaires[77], qu'elles relèvent du domaine numérique ou non[78], enfin et très souvent la question de savoir si le procédé utilisé n'aboutit pas à un avantage fiscal est très souvent prise en compte[79]. Finalement, c'est ce dernier critère qui reste le plus important et qui dicte le raisonnement intellectuel de part et d'autre. À défaut on pourrait imaginer difficilement la sanction d'une aide d'État illicite sans avantages fiscaux. La lutte contre le caractère illicite des aides a l'avantage de bénéficier de plusieurs années d'expérience et de pratique par rapport à une taxe GAFA encore hésitante et qui peine à recouvrir ses lettres de noblesse. L'Union européenne s'est dotée d'outil pour mettre fin à l'optimisation fiscale des entreprises, même si ces derniers sont encore faibles et n'ont pas encore atteint leur pleine efficacité. Il est évident que compte tenu de l'ingénierie financière des entreprises et de la concurrence

---

artificiellement les bénéfices imposables d'Amazon EU Sarl, et accorde de ce fait un avantage économique à Amazon en permettant au groupe de payer moins d'impôts que les autres sociétés dont les bénéfices sont alloués conformément aux conditions du marché » : Fr. Perrotin, « Le système des rulings en question », *Les Petites affiches*, 12/12/2014, n°248, p. 4.

[76] Voir les Article 107, paragraphe 1, du TFUE, l'article 107, paragraphe 2 ou 3, du TFUE, et l'article 108, paragraphe 3, du TFUE.

[77] Or, « une aide d'État implique généralement un conflit d'intérêts entre, d'une part, les agents économiques qui en bénéficient et, d'autre part, leurs concurrents dans les autres États membres qui, corrélativement, se trouvent mis dans une position moins favorable sur le marché communautaire que celle qui serait normalement la leur » : Le Lamy droit économique, « Effets anticoncurrentiels des aides d'État », *Le Lamy droit économique*, 1998, paragraphe 2042.

[78] « Depuis juin 2013, la Commission enquête, en vertu des règles relatives aux aides d'État, sur les pratiques de certains États membres en matière de rulings fiscaux. En décembre 2014, elle a élargi la collecte de renseignements à l'ensemble des États membres. Le 11 juin 2014, la Commission a ouvert, en vertu des règles en matière d'aides d'État, des enquêtes formelles dans trois affaires, Apple en Irlande, Starbucks aux Pays-Bas et Fiat Finance Trade au Luxembourg 2. Elle a également ouvert une enquête concernant Amazon au Luxembourg le 7 octobre 2014 3. Ces enquêtes visent à déterminer si les États membres accordent un avantage sélectif à ces entreprises au moyen des rulings fiscaux. Dans le cas de la Belgique, plusieurs douzaines de multinationales auraient pu bénéficier de ces aides. La procédure d'enquête ne vise donc pas un accord spécifique avec une entreprise mais s'applique au système des bénéfices excédentaires dans son ensemble » : Fr. Perrotin, « Aides d'État : la Belgique dans la ligne de mire », *Les Petites affiches*, 04/03/2015, p. 4.

[79] « Dans les trois premiers cas (Apple en Irlande, Starbucks aux Pays-Bas et Fiat Finance and Trade au Luxembourg), la Commission a réexaminé les calculs utilisés pour déterminer l'assiette d'imposition dans ces décisions anticipatives et craint, sur la base d'une analyse préliminaire, que ces dernières puissent sous-estimer le bénéfice imposable et conférer dès lors un avantage aux entreprises concernées en leur permettant de payer moins d'impôts. La Commission fait observer que les trois décisions anticipatives concernent uniquement des accords relatifs à l'assiette d'imposition et ne portent pas sur le taux d'imposition applicable proprement dit » : Fr. Perrotin, « Le système des rulings en question », *Les Petites affiches*, 12/12/2014, p. 4 et s.

entre les différents États membres, l'optimisation fiscale a encore de beaux jours devant elle. Il convient cependant d'évoquer brièvement quelques outils cités par la doctrine en matière de lutte contre la fraude fiscale. À cet effet, une commission Taxe II a été mise en place au sein du parlement européen dans le but de lutter contre « l'évasion fiscale et l'optimisation fiscale des entreprises » en faisant progresser « la transparence et la coopération entre gouvernement »[80]. Toute la difficulté tient au fait que l'on mise sur les maillons faibles de la lutte contre la fraude fiscale : la transparence et la coopération entre États. À l'heure actuelle, la volonté des États de vouloir protéger leurs propres intérêts fiscaux est beaucoup trop grande pour aboutir à un degré de transparence suffisamment important pour mettre fin à l'optimisation fiscale et à l'évasion fiscale. La démarche a le mérite d'être lancée et doit à ce titre être saluée[81].

178. Si le contrôle des aides illicites d'État se fait essentiellement à travers la surveillance de la validation des accords fiscaux passés entre l'administration fiscale et les sociétés, la doctrine note que la réceptivité de ce contrôle et la réactivité des entreprises face aux demandes d'informations varient d'un pays à l'autre. Cette réaction différente témoigne de la disparité des pratiques qui existent au sein des différentes administrations fiscales des pays membres de l'Union européenne[82]. Plus l'optimisation est ancrée dans les pratiques du pays en question, plus il est difficile d'obtenir des informations de la part des administrations fiscales[83]. La coopération entre pays européens en

---

[80] Fr. Perrotin, « Évolution de la fiscalité des entreprises : des multinationales sur la réserve », *Les Petites affiches*, 06/07/2016, n°134, p. 4 et s.

[81] Fr. Perrotin, « Évolution de la fiscalité des entreprises : des multinationales sur la réserve », *Les Petites affiches*, 06/07/2016, n°134, p. 4 et s. : « « La création de la commission TAXE II au sein du Parlement européen a été décidée en décembre 2015 pour poursuivre et achever les travaux de la commission spéciale TAXE. Durant ses six mois d'activité, la commission TAXE II doit en particulier examiner les régimes et pratiques néfastes d'imposition des sociétés au niveau européen et international, dans le but de lutter contre l'évasion fiscale et l'optimisation fiscale agressive, notamment en renforçant la transparence et la coopération entre gouvernements et entre parlements nationaux. Rappelons que c'est à la suite de l'affaire LuxLeaks, qui avait mis en valeur le rôle des rescrits fiscaux dans la politique d'optimisation fiscale agressive pratiquée par les sociétés multinationales afin de réduire le montant de leurs impôts sur les bénéfices, que la commission TAXE II a été formée pour enquêter sur ces pratiques ».

[82] Fr. Perrotin, « Évolution de la fiscalité des entreprises : des multinationales sur la réserve », *Les Petites affiches*, 06/07/2016, n°134, p. 4 et s.

[83] « En ce qui concerne plus spécifiquement les décisions anticipatives en matière fiscale, il ressort des enquêtes préliminaires que le niveau qualitatif et la cohérence des contrôles exercés par les autorités fiscales varient considérablement d'un État membre à l'autre. La Commission constate notamment que les Pays-Bas semblent généralement procéder à une évaluation approfondie fondée sur des informations exhaustives demandées aux assujettis. Dans le cas de l'Irlande, la Commission fait observer que, même si les règles en matière de prix de transfert ont été renforcées au cours des années, l'administration fiscale disposait dans le passé d'un pouvoir d'appréciation non négligeable. Elle constate toutefois que l'Irlande a adopté très peu de décisions anticipatives concernant des accords de fixation de prix de transfert. » C'est donc

matière fiscale se fait à couts de procès et de sanctions financières pour les entreprises qui ne se conforment pas aux demandes de renseignement de la part de l'administration fiscale. Frédéric Perrotin, dans une affaire concernant la France et le Luxembourg rappelle ainsi qu'une société luxembourgeoise, en l'occurrence Berlioz, avait bénéficié d'une distribution de dividendes versés par sa filiale française, la société par action simplifiée Cofima, en exonération de retenue à la source[84]. Ayant émis des doutes sur l'exonération, l'administration fiscale française a saisi le Luxembourg d'une demande d'informations sur la transaction, laquelle avait été rejetée par la société luxembourgeoise parce que non pertinente avec l'enquête fiscale concernée. Cette demande visait à obtenir des informations sur le siège de direction effectif au Luxembourg, la surface de ses bureaux, l'équipement matériel et informatique lui appartenant, la copie du contrat de bail des locaux et l'adresse de domiciliation (avec pièces à l'appui), la liste de ses salariés avec leur fonction au sein de la société et l'identification des salariés liés au siège social de celle-ci, la location de la main-d'œuvre au Luxembourg, l'existence d'un contrat entre Berlioz et Cofima, la copie du contrat, l'indication de ses participations dans d'autres sociétés et comment ces participations ont été financées, les noms et les adresses de ses associés, le montant du capital détenu par chaque associé et le pourcentage de détention de chaque associé, le montant pour lequel les titres Cofima étaient inscrits à l'actif de Berlioz avant l'assemblée générale de Cofima, en date du 7 mars 2012 et la fourniture de l'historique des valeurs d'entrée des titres de Cofima à l'actif lors de l'apport en 2002, 2003 et 2007[85]. Ainsi que le rappelle Fréderic Perrotin, « le juge communautaire précise que si une juridiction d'un État membre peut contrôler la légalité d'une demande d'information fiscale adressée par un autre État, ce contrôle doit se limiter à vérifier si les informations sollicitées n'apparaissent pas, de manière manifeste, dépourvues de toute pertinence vraisemblable avec l'enquête fiscale concernée »[86]. Contrôle des aides illicites

---

un univers très opaque, rendant l'administration fiscale complice des montants fiscaux qui auraient du être payés, cadeaux garantissant la présence continuelle de ces entreprises sur le territoire. « Le Luxembourg, contrairement aux Pays-Bas et à l'Irlande, ne s'est pas pleinement conformé à la demande de renseignements que lui a adressée la Commission dans le cadre de son exercice de collecte d'informations sur les pratiques en vigueur dans certains États membres en matière de décisions fiscales anticipatives, ne fournissant qu'un échantillon limité. En juin 2014, la Commission a donc engagé des procédures d'infraction à l'encontre du Luxembourg en lui adressant des lettres de mise en demeure. Bien que les autorités luxembourgeoises ne se soient toujours pas pleinement conformées à la demande de renseignements de la Commission, elles ont fourni en août 2014, à la demande de la Commission, des informations sur un certain nombre de cas » : Fr. Perrotin, Le système des rulings en question, *Les Petites affiches*, 12 déc. 2014, n°248, p. 4.

[84] Fr. Perrotin, « Quel cadre pour le contrôle juridictionnel de la coopération fiscale internationale ? », *Les Petites affiches*, 08/06/2017, n°114, p. 4.

[85] Fr. Perrotin, « Quel cadre pour le contrôle juridictionnel de la coopération fiscale internationale ? », *Les Petites affiches*, 08/06/2017, n°114, p. 4 et s.

[86] Fr. Perrotin, « Quel cadre pour le contrôle juridictionnel de la coopération fiscale internationale ? », *Les Petites affiches*, 08/06/2017, n°114, p. 4 et s.

d'État, échange d'informations entre administration fiscale de différents pays, transparence fiscale sont donc les principales méthodes à travers lesquelles l'Europe réussi à freiner les stratégies d'optimisation fiscale des géants du numérique. Leur mise en place nécessite plusieurs années car la concertation et l'accord entre les pays européens est parfois nécessaire pour arriver à un consensus. Ce qui fait la force de l'Union européenne constitue alors sa faiblesse : la nécessité d'une action concertée. C'est sans doute la prise en compte de la lourdeur de certains dispositifs en matière de lutte contre la fraude fiscale qui pousse certains pays comme le Canada à réfléchir à des solutions plus innovantes. Le financement de la culture relève des obligations étatiques, or en la matière, il faut trouver les fonds nécessaires pour pouvoir en assurer la pérennité. La stratégie consiste donc à utiliser les niches fiscales pour financer la culture de façon générale et permettre aux gilets jaunes, ces Français connaissant des fins de mois difficiles, d'y avoir accès, de façon gratuite, le tout financé par les géants du numérique, à travers la mise en place de niches fiscales.

Paragraphe 2 - L'utilisation des niches fiscales justifiées par la sauvegarde de la culture

179. Parce que la culture ne constitue pas un bien marchand comme les autres, il faut la protéger. Cette protection signifie non seulement de l'exclure de la compétition traditionnelle que tous les biens rencontrent sur un marché mais aussi de la financer pour lui permettre d'exister dans les petits théâtres ou les musées, à des prix défiants toute concurrence (I). Il faut par ailleurs penser au financement de la culture en tenant compte de la numérisation de cette dernière. Un compromis s'est trouvé derrière l'utilisation de niches fiscales pour tenir compte de l'évolution du numérique en la matière (II).

I - La défense de l'exception culturelle comme bien non marchand

180. Les plateformes numériques sont à l'épreuve des impôts aujourd'hui plus que jamais. Elles arrivent à maturité après 20 années d'éclosion et cette maturité se présente dans un contexte de protestation sans précédent contre une politique sociale et fiscale jugée particulièrement injuste et affectant la classe moyenne. Si ce contexte est inapproprié à la hausse des impôts de la classe moyenne, il l'est tout autant à la taxation accrue des entreprises du numérique ne serait-ce que parce que tous les pays de l'OCDE veulent en faire des alliés privilégiés dans le développement de leur économie et se livrent une concurrence forte pour attirer les meilleures entreprises : c'est ce que l'on appelle : le dumping fiscal. Se pose dès lors la question de savoir si la taxe est

le meilleur moyen de concilier la crise fiscale actuelle et le développement des plateformes numériques[87].

181. Au contexte des stratégies d'évasion et d'évitement fiscal qui n'est pas que l'apanage des plateformes numériques mais plus généralement celui des multinationales s'ajoute celui d'une baisse des revenus des pourvoyeurs de fonds de la culture, ceux qui sont censés apporter des modes de subsistance pérenne à un domaine que l'on a jugé comme ne devant pas faire partie du commerce : la fameuse exception culturelle française sérieusement mise à mal par des difficultés pour trouver des fonds pour continuer de la financer et il n'y a pas qu'en France que la problématique se pose. C'est le cas des câblodistributeurs au Canada qui perçoivent une redevance censée alimenter le fonds des médias mais dont les revenus baissent de plus en plus parce que les contribuables ont tendance à préférer la télévision par internet au câble[88]. Le contexte canadien du financement de la culture rejoint ainsi celui de l'exception culturelle française et pose celui du financement de la culture de façon générale, que l'on voudrait gratuite et universellement accessible à tous. Le principe, noble dans son affirmation, mérite d'être réaffirmé mais surtout défendu, moins par des mots, davantage par du financement et c'est en cela qu'apparait l'une des problématiques centrales de l'exonération fiscale de la

---

[87] « En l'espace de dix ans, la hiérarchie économique mondiale a été profondément chamboulée : en 2008, seule une entreprise issue des nouvelles technologies (Microsoft) figurait parmi les dix premières capitalisations mondiales ; en 2018, elles sont au nombre de sept...Leurs innovations, à dimension aussi bien technologique que commerciale, ont cependant reçu un sacré coup de pouce grâce à ce que les économistes appellent les « effets de réseau » : un mécanisme spécifique à l'univers numérique, selon lequel l'utilité d'un service s'accroît avec son nombre d'utilisateurs...Il faut être à tout prix le premier, car il n'y a guère de numéro deux ou de numéro trois sur les marchés numériques : Google ne compte pas de véritable concurrent dans la recherche en ligne, pas plus que Facebook dans les réseaux sociaux pour le moment... » S'il n y pas de numéro deux sur ces types de marché, c'est que bien souvent le droit de la concurrence y a échoué. Or, il est intéressant de noter qu'une plus grande concurrence aboutirait à un meilleur respect des données des particuliers, ceux-ci ayant le choix entre plusieurs opérateurs et pouvant abandonner ceux qui ne se conforment pas au règlement général sur la protection des données. « Dès lors, la vitesse de déploiement est la condition sine qua non de la réussite et celle-ci a tendance à s'accélérer : quatre ans après son lancement (en 2004), Facebook comptait déjà près de 150 millions d'utilisateurs ; dans le même intervalle de temps, WhatsApp, né en 2009, a conquis plus de 400 millions d'usagers. C'est pourquoi la gratuité des services pour ses utilisateurs est aussi centrale dans le modèle économique des géants du numérique » : M. Chevallier, « Les grands méchants Gafa en 5 points », *Alternatives économiques*, 26/12/2018, consultable sur https://www.alternatives-economiques.fr/grands-mechants-gafa-5-points/00087497:

[88] Radio-Canada, « Netflix Canada dresse un bilan positif d'une entente controversée », *Radio-Canada*, 28 septembre 2018, p. 1 et s. disponible à l'adresse suivante : https://ici.radio-canada.ca/nouvelle/1126709/netflix-canada-production-entente-gouvernement-ottawa-patrimoine-melany-joly-taxe-tps-tvq-tvh

taxe sur les produits et services de certaines entreprises numériques : comment continuer à financer la culture[89] ?

182. « En matière de fiscalité des entreprises, on peut parler aussi d'exception française : « trop d'impôts tuent l'impôt » ? Ou est-ce le prix à payer pour notre modèle social ? »[90]. Derrière ce propos teinté d'humour et ayant surtout pour objectif de dénoncer le poids de l'impôt en France se cache la réalité du financement du modèle français qu'il soit social ou culturel, qu'il soit d'actualité ou désuet. C'est ainsi que Marie-Christine Piatti fait remarquer à juste titre : « il est de fait peu de domaines où Internet n'a déjà autant bousculé les lignes que dans la sphère culturelle. Or, notre administration de la culture a été conçue dans un tout autre monde - un monde où les théâtres étaient subventionnés par l'État, avec pour mission de mettre les classiques nationaux à portée du public populaire -, un monde où les œuvres étaient uniques et les artistes tenus pour porteurs d'une flamme dérobée à la divinité même -, un monde où la « Haute Culture » et les industries du divertissement étaient séparées par des cloisons étanches et ne pouvaient en aucune façon être confondues entre elles. Résultats ? Le système français de protections et de subventions publiques a abouti à une offre pléthorique - de films, de spectacles vivants, de « nouveaux romans », d'expositions et « d'installations »... - sans que le public visé ait augmenté réellement en un quart de siècle. C'est la grande idée de Malraux de démocratisation de la culture qui se trouve sanctionnée, le non-public ne diminue pas, au contraire, il s'étend. Une petite minorité fréquente le théâtre, elle est encore plus réduite aux opéras »[91]. L'exception culturelle repose sur l'idée que la création culturelle ne constitue pas un bien marchand comme les autres et devrait à ce titre être protégée[92]. Si

[89] « L'étude sur l'apport de la culture à l'économie française, publiée par les inspections des finances et de la culture, fait ressortir le poids significatif du secteur culturel dans l'économie où il représente 3,2 % du PIB et 670 000 emplois en France, soit 2,5 % de l'emploi actif en 2010 (dépassant ainsi largement des secteurs réputés essentiels, comme l'automobile ; elle contribue sept fois plus au PIB français que l'industrie automobile avec 57,8 milliards d'euros de valeur ajoutée par an) » : M.-Ch. Piatti, « L'exception culturelle en tension : protectionnisme économique ou protection culturelle ? », *Juris art etc. 2017*, n°49, p.31et s.

[90] D. Simonnet, « Chapitre VII. L'entreprise dans la cité », dans : D. Simonnet éd., *Les 100 mots de l'entreprise*. Paris cedex 14, Presses Universitaires de France, « Que sais-je ? », 2019, p. 109. URL : https://www.cairn.info/les-100-mots-de-l-entreprise--9782130815433-page-101.htm

[91] M.-Ch. Piatti, « L'exception culturelle en tension : protectionnisme économique ou protection culturelle ? », *Juris art etc. 2017*, n°49, p.31et s.

[92] « Selon la définition officielle présente dans les traités internationaux, notamment ceux de l'Organisation mondiale du commerce (OMC), la notion d'exception culturelle signifie que la culture est un cas particulier dans les échanges. Pour trouver son origine, il faut remonter en 1948 lors de la signature du GATT : une clause de sauvegarde a été introduite dans cet accord afin de protéger la culture des pays en développement ; des droits de douane sur les produits culturels ont alors été autorisés. Sans cette disposition, l'on a fait valoir que les États-Unis, qui avaient une industrie culturelle très développée, auraient pu tirer les prix vers le bas. En effet, ils ne vendent pas à leur propre marché, mais au monde entier, ce qui diminue considérablement

la définition ainsi proposée repose sur la dichotomie biens marchands et bien non marchands pour exclure les créations artistiques de la rude concurrence des marchés de façon générale, la notion ne doit pas être confondue avec celle de particularisme culturel qui, selon le dictionnaire Larousse, serait la « tendance d'un groupe social, d'une communauté à conserver ses usages particuliers en s'opposant à la communauté plus large dont il fait partie ». Plusieurs problématiques apparaissent d'emblée, faut-il protéger la création culturelle pour encourager les artistes à produire davantage d'œuvres considérées comme étant culturelles, faut-il la protéger parce qu'elle est faible et donc menacée de disparition ou faut-il la protéger pour couvrir un groupe minoritaire et ses usages, ce qui permettrait à la notion d'exception culturelle de se rapprocher de celle de particularisme culturel [93]? La définition est importante parce que d'elle découlera le régime fiscal de financement de l'exception culturelle. Selon Marie-Christine Piatti, « l'exception culturelle consiste surtout à affirmer la culture de la France face aux étrangers, en maintenant une offre variée et accessible, en défendant une grande diversité culturelle »[94]. Il existe donc une idée de protection derrière celle d'exception, protection de l'artiste et de son œuvre mais surtout de l'artiste à travers son œuvre. On peut donc en déduire que l'on vise à encourager la création d'œuvres cinématographiques, dans le cadre du financement du cinéma par la télévision, qui soient suffisamment originales pour être considérées comme relevant de la culture. Ainsi, une œuvre cinématographique ayant pour thème principal la culture entendue comme l'ensemble des gouts exprimés par une société pour les arts comme l'architecture, la sculpture, la peinture, la musique, la poésie, le théâtre, les arts plastiques, la rhétorique, la gastronomie, serait considérée comme œuvre cinématographique à caractère culturel[95]. En somme, il suffirait que l'œuvre en question s'appuie sur les arts susmentionnés pour captiver l'attention du téléspectateur et en faire le fil directeur de sa production pour être qualifiée de production cinématographique relevant de la culture, de sorte qu'elle puisse entrer dans le champ de l'exception culturelle,

---

les coûts de production. Ainsi les autres pays qui n'ont que leur marché local n'auraient pas fait le poids face à ce géant. L'exception culturelle a donc été inventée pour soutenir les cultures locales et par conséquent leur économie face à la puissance américaine » : M.-Ch. Piatti, « L'exception culturelle en tension : protectionnisme économique ou protection culturelle ? », *Juris art etc. 2017*, n°49, p.31.

[93] https://www.larousse.fr/dictionnaires/francais/particularisme/58380

[94] M.-Ch. Piatti, « L'exception culturelle en tension : protectionnisme économique ou protection culturelle ? », *Juris art etc. 2017*, n°49, p.31.

[95] *« La culture est un ensemble complexe qui inclut savoirs, croyances, arts, positions morales, droits, coutumes et toutes autres capacités et habitudes acquis par un être humain en tant que membre d'une société » :* E. Tylor cité dans C. Seymour-Smith, *Macmillan Dictonary of Anthropology*, The Macmillan Press LTD, 1986 cité sur le site internet de l'Unesco : http://www.unesco.org/new/fr/social-and-human-sciences/themes/international-migration/glossary/cultural-diversity/

c'est-à-dire échappant au commerce auquel sont assujettis les autres biens marchands et bénéficiant du financement public. La production cinématographique en France est donc assurée par la télévision et au Canada, c'est le fonds des médias qui joue ce rôle. Les contributions à ce fonds des médias sont en baisse parce que les revenus des câblodistributeurs censés les financer diminuent parallèlement, baisse causée par la préférence du consommateur pour la télévision par internet plutôt que par le câble. De même, la télévision par internet ne génère aucune contribution au fonds des médias ce qui laisse la lourde charge du financement de ce fonds au seul câblodistributeur dans le cadre du Canada.

II - La recherche d'un financement pour le pluralisme culturel

183. La prise en compte de cette situation conduit à repenser les modes de financement du fonds des médias. Faut-il modifier la loi de sorte que la télévision par internet génère aussi une contribution au fonds des médias ? En attendant de modifier la loi, comment obtenir un financement à ce fonds ? L'une des solutions proposées par le Canada serait de demander aux géants du net, d'investir dans ce fonds pour continuer à en pérenniser les ressources nécessaires visant à financer la production cinématographique à caractère culturel, c'est-à-dire un contenu qui s'appuie suffisamment sur les différents arts et assez original pour être qualifié de culturel. Un contenu culturel serait donc un contenu ayant pour thème un art et ayant suffisamment d'originalité, de créativité, un apport majeur de son auteur pour être qualifiée d'originale. Pour obtenir la protection canadienne sur l'exception culturelle, l'œuvre devra être réalisée au Canada ou, si elle est produite à l'étranger, être l'œuvre d'un Canadien. C'est de cette façon qu'il sera possible d'encourager la création de contenu culturel canadien. En s'inspirant largement des deux principaux modes par lequel on rattache un individu à sa patrie, c'est-à-dire le droit du sol et le droit du sang, le caractère canadien de l'œuvre devrait aussi résulter du droit du sol : l'œuvre est née au Canada, ou du droit du sang : lorsque créée à l'étranger, elle est le fait d'un Canadien. Le texte de la déclaration universelle sur la diversité de l'UNESCO invite à aller plus loin dans la prise en compte de la diversité en insistant « sur le passage de la diversité culturelle au pluralisme culturel ». Ce texte rappelle en effet que « dans nos sociétés de plus en plus diversifiées, il est indispensable d'assurer une interaction harmonieuse et un vouloir vivre ensemble de personnes et de groupes aux identités culturelles à la fois plurielles, variées et dynamiques. Des politiques favorisant l'inclusion et la participation de tous les citoyens sont garantes de la cohésion sociale, de la vitalité de la société civile et de la paix. Ainsi défini, le pluralisme culturel constitue la réponse politique au fait de la diversité culturelle. Indissociable d'un cadre démocratique, le pluralisme culturel est

propice aux échanges culturels et à l'épanouissement des capacités créatrices qui nourrissent la vie publique »[96].

184. C'est ainsi et seulement ainsi qu'il sera possible de défendre la création culturelle canadienne aussi bien sur son territoire qu'au-delà de ses frontières, reflétant ainsi une société largement diversifiée et donnant un sens plus largement accepté à la notion de diversité culturelle qui tend à supplanter celle d'exception culturelle souvent confondue avec la notion voisine de particularisme culturelle, cette dernière trop souvent réductrice et inadaptée à des sociétés multiculturelles, ayant du mal à s'affirmer avec conviction dans une société hétéroclite[97]. Pour financer l'industrie cinématographique, la France a recours aux taxes et à la télévision, cette dernière contribuerait en moyenne à hauteur de 35 % du budget moyen d'un long métrage[98]. En ce qui concerne les taxes, celles-ci sont prélevées sur le prix des places de cinéma, sur le chiffre d'affaires des éditeurs et des distributeurs de services de télévision et enfin sur la vente et la location de vidéogrammes à la fois sous forme physique et sous la forme de vidéo à la demande[99]. Ainsi que le fait remarquer le document stratégique de performance du centre national du cinéma, « l'estimation de la dépense fiscale pour 2019 relative au cinéma se fonde sur une extrapolation de la dépense fiscale relative aux films agréés à fin mai 2018, et s'élève ainsi à 115 M€ contre 142,5 M€ de dépense fiscale pour 2018 »[100]. C'est donc une estimation attestant du recul du crédit d'impôt cinéma, créé le 1er janvier 2004 et permettant de déduire jusqu'à 30 Millions d'euros les dépenses pour la création d'une œuvre cinématographique, à

[96] Ce texte est consultable sur le site internet de l'UNESCO à l'adresse suivante : http://www.unesco.org/new/fr/social-and-human-sciences/themes/international-migration/glossary/cultural-diversity/

[97] « Les flots transfrontaliers de populations, tels que la migration, amènent à davantage de diversité à l'intérieur des sociétés. Cette diversité faite de traditions et de coutumes est appelée diversité culturelle. La Conférence générale de l'UNESCO a adopté en 2001 la déclaration universelle sur la diversité culturelle. La Déclaration, la première du genre au sein de la communauté internationale, élève la diversité culturelle au rang d'héritage commun de l'humanité. Ainsi, la protection de la diversité culturelle est un impératif éthique inséparable de la dignité humaine » : site internet de l'UNESCO : http://www.unesco.org/new/fr/social-and-human-sciences/themes/international-migration/glossary/cultural-diversity/

[98] N. Vulser, « Cinéma français : l'adieu à la télévision », *Lemonde*, 19 mai 2019, consultable sur le site internet https://www.lemonde.fr/economie/article/2019/05/19/cinema-francais-l-adieu-a-la-television_5464251_3234.html

[99] Jaunes budgétaires, « Effort financier de l'état dans le domaine de la culture et de la communication », *Annexe au projet de loi de finances pour 2019*, p.92 et s. consultable sur https://www.performance-publique.budget.gouv.fr/sites/performance_publique/files/files/documents/jaunes-2019/Jaune2019_culture_communication.pdf

[100] Centre national du cinéma, « Soutien au cinéma, à l'audiovisuel et au multimédia, Rapport et perspectives 2017 – 2019 », *Document stratégique de performance du cnc dans le cadre de l'examen du projet de loi de finances pour 2019*, délibéré de la réunion du 21 septembre 2018, p.19 et s.

condition que celles-ci remplissent les conditions pour bénéficier de la mesure. Le total de ces dépenses fiscales a permis de financer 161 films français pour la même période. Il est intéressant de noter par ailleurs que les conditions pour bénéficier de la dépense fiscale insistent beaucoup sur le lieu de tournage du film, en l'occurrence la France et la nationalité des créateurs et personnes impliquées dans la réalisation de l'œuvre qui doivent être français, Européens ou résident[101]. Il y a une ouverture à faire en ce sens en se concentrant davantage sur l'authenticité de l'œuvre plutôt que sur la nationalité du réalisateur ou le lieu du tournage[102]. Par ailleurs, l'actualité récente fait craindre un recul du financement du cinéma par la télévision. Selon les médias, la part de financement de la télévision au cinéma a enregistré un recul passant de 35 % de participation au budget moyen d'un long métrage en 2017 à 28,6 % en 2018[103]. Faut-il réinventer, à l'image des Canadiens, le mode de financement du cinéma et octroyer des niches fiscales aux géants du numérique pour relancer le cinéma ? La question est d'autant plus intéressante que le crédit d'impôt pour financer les films français est en baisse.

---

[101] « Sont éligibles au crédit d'impôt les œuvres cinématographiques remplissant les conditions pour avoir accès aux aides financières automatiques à la production. Par ailleurs, ces films sont : réalisés intégralement ou principalement en version originale en langue française ou dans une langue régionale en usage en France, réalisés dans une langue étrangère justifiée par des raisons artistiques tenant au scénario, être réalisés principalement sur le territoire français. C'est-à-dire, contribuer au développement de la création cinématographique française et européenne ainsi qu'à sa diversité (...) ». Il est dès lors facile d'en conclure que ce crédit d'impôt dépend de deux critères essentiels : être réalisé par du personnel français et avoir pour but de promouvoir les créations cinématographiques françaises. « Elles doivent être réalisées principalement avec le concours de personnels artistiques et techniques qui sont soit français, soit ressortissants d'un État membre de la Communauté européenne, d'un État partie à l'accord sur l'Espace économique européen, d'un État partie à la Convention européenne sur la télévision transfrontière ou à la Convention européenne sur la coproduction cinématographique du Conseil de l'Europe ou d'un État tiers européen avec lequel la Communauté européenne a conclu des accords ayant trait au secteur audiovisuel. Les étrangers ayant la qualité de résidents français sont assimilés aux citoyens français» : https://www.cnc.fr/professionnels/aides-et-financements/cinema/production/credit-dimpot-cinema_132769

[102] « La Déclaration délimite la diversité culturelle comme un facteur de développement. « La diversité culturelle élargit les possibilités de choix offertes à chacun ; elle est l'une des sources du développement, entendu non seulement en termes de croissance économique, mais aussi comme moyen d'accéder à une existence intellectuelle, affective, morale et spirituelle satisfaisante » : UNESCO, Déclaration universelle de l'UNESCO sur la diversité culturelle, adoptée par la 31e session de la Conférence générale de l'UNESCO, Paris, 2 novembre 2001, cité sur son site internet : http://www.unesco.org/new/fr/social-and-human-sciences/themes/international-migration/glossary/cultural-diversity/

[103] N. Vulser, « Cinéma français : l'adieu à la télévision », *Lemonde*, 19 mai 2019, consultable sur le site internet https://www.lemonde.fr/economie/article/2019/05/19/cinema-francais-l-adieu-a-la-television_5464251_3234.html

Conclusion du titre 2

185. Le cœur de la problématique se résume à travers les propos de Marc Leroy et d'Alain Lamassoure. Pour mettre fin aux stratégies d'optimisation, il faudrait adopter la même définition du bénéfice imposable[104]. Or les niches fiscales faussent cette uniformisation du bénéfice fiscale et permettent aux entreprises numériques de poursuivre leurs stratégies visant à minorer leurs impôts. Pour y remédier et éviter qu'elles ne délocalisent leurs activités, d'autres niches fiscales, les mêmes qui empêchent d'avoir une définition du bénéfice imposable au sein de l'Union européenne, leur sont proposées, ce qui loin de résoudre l'épineuse problématique de l'harmonisation la complique davantage[105]. Les niches fiscales sont une réponse plus rapide aux stratégies d'optimisation fiscale que les accords de l'OCDE ou ceux de l'Organisation mondiale du Commerce[106]. Elles ont cependant pour inconvénient de mettre à mal la seule stratégie pouvant mettre fin à l'optimisation fiscale des géants du numérique : l'uniformisation fiscale.

186. Face à ce dilemme, la réponse proposée a été Européenne[107], avant de se retrouver devant l'Organisation pour la Coopération Économique et le Développement et enfin une potentielle menace de saisine de l'Organisation mondiale du Commerce face à la décision française de taxer les géants du numérique, décision qualifiée de discriminante par les Américains[108]. Au regard des principes de l'Organisation mondiale du Commerce que sont la clause de la nation la plus favorisée ainsi que le principe du traitement

---

[104] FRANCE 24, « Le numérique en Europe : vers une taxe sur les Gafa ? », *Ici l'Europe*, 9 octobre 2017, émission présentée par Caroline De Camaret, consultable à l'adresse https://www.youtube.com/watch?v=B0BdZqx2NIc

[105] M. Leroy, « Le repositionnement épistémologique et politique du problème de l'évasion fiscale », *R.E.I.D.F.*, 2017/4, p. 420.

[106] L'Action 7 du projet BEPS visait à réduire les exceptions à la définition de l'Établissement Stable et considérer comme entrant dans cette catégorie « un entrepôt de grande taille géré par une entreprise non résidente situé sur le marché d'une juridiction donnée et au sein duquel travaille un nombre important de salariés dans le but principal d'entreposer et de livrer des marchandises appartenant à l'entreprise non résidente ou que celle-ci vend, si cet entrepôt constitue une part essentielle des activités de vente et de distribution de cette entreprise ». Cette révision de l'établissement stable « s'appliquerait à 22 % des conventions (soit environ 277 conventions fiscales bilatérales) » et pour l'instant n'a reçu qu'un faible taux d'adoption : OCDE, *Les défis fiscaux soulevés par la numérisation de l'économie – rapport intérimaire 2018 : Cadre inclusif sur le BEPS*, Projet OCDE/G20 sur l'érosion de la base d'imposition et le transfert de bénéfices, Éditions OCDE 2018, Paris, p.105 et s. disponible sur http://dx.doi.org/10.1787/9789264301627-fr

[107] Fr. Perrotin, « Transparence fiscale : un accord sur les rulings », *Les Petites Affiches*, 03/11/2015, page 4.

[108] Radio France-Internationale, « France / États-Unis - Washington parle de taxes Gafa «discriminatoires» et menace de saisir l'OMC, *Radio France-Internationale*, 12 mars 2019

national, il est difficile de conclure que la taxe sur le chiffre d'affaires imposée par la France aux géants du numérique est discriminante. Dès lors, les recours en annulation pour cette taxe sont restreints[109]. Il faut néanmoins craindre que le Conseil constitutionnel ne la juge contraire au principe d'équité fiscale et décide de l'annuler. En effet, sur le même fondement de ce principe, l'Assemblée nationale française avait rejeté la proposition visant à exonérer jusqu'à 3000 euros, les revenus générés par les petits opérateurs sur les plateformes numériques, lorsqu'ils sont déclarés de manière électronique. La mesure visait à encourager la déclaration en ligne et lutter contre la fraude fiscale, certains sondages ayant révélé que le taux d'abstention de déclarations des revenus générés sur les plateformes en ligne avoisinait les 85 %. Jugée contraire au principe d'équité fiscale qui veut que l'on n'opère pas de distinction entre les contribuables effectuant leur déclaration en ligne et ceux privilégiant le format papier, le projet de loi, proposé par le Sénat français, a été rejeté par l'Assemblée nationale. Faut-il craindre que sur la base des mêmes motifs, c'est-à-dire du caractère inéquitable sur le plan fiscal, de la taxe sur le chiffre d'affaires des géants du numérique, le Conseil constitutionnel ne la rejette[110]. Le caractère discriminant de cette taxe tient au fait qu'elle ne s'attaque pas à l'ensemble des entreprises du numérique mais

---

[109] « Clause de la nation la plus favorisée (NPF): égalité de traitement pour les autres. Aux termes des Accords de l'OMC, les pays ne peuvent pas, en principe, établir de discrimination entre leurs partenaires commerciaux. Si vous accordez à quelqu'un une faveur spéciale (en abaissant, par exemple, le droit de douane perçu sur un de ses produits), vous devez le faire pour tous les autres membres de l'OMC... Traitement national: égalité de traitement pour les étrangers et les nationaux. Les produits importés et les produits de fabrication locale doivent être traités de manière égale, du moins une fois que le produit importé a été admis sur le marché » : https://www.wto.org/french/thewto_f/whatis_f/tif_f/fact2_f.htm

[110] « Le présent amendement propose de supprimer cet article introduit par le Sénat, qui prévoit notamment de mettre en place un abattement de 3 000 euros sur les revenus perçus par l'intermédiaire d'une plateforme en ligne si celle-ci remplit ses nouvelles obligations déclaratives. L'Assemblée nationale a déjà manifesté son opposition à un tel dispositif lors de l'examen du projet de loi de finances pour 2018, d'abord en rejetant un amendement tendant à l'instaurer, ensuite en supprimant l'article adopté par le Sénat qui prévoyait sa mise en œuvre. Cette opposition repose sur plusieurs raisons objectives présentées ci-après de façon synthétique. » Il convient de noter par ailleurs, avant de poursuivre la citation, qu'il existe très souvent un dilemme entre la politique fiscale qui tente à favoriser certains comportements fiscaux et le principe d'égalité des contribuables devant les charges publiques, particulièrement l'impot. « Au-delà du coût éventuel de cette mesure, au demeurant non chiffré par ses auteurs, un tel dispositif présente un sérieux risque de rupture d'égalité entre contribuables et, partant, s'expose fortement à une censure de la part du Conseil constitutionnel. Il conduit en effet à traiter différemment des revenus identiques et issus des mêmes activités, en fonction des modalités de perception (abattement par l'intermédiaire d'une plateforme, imposition au premier euro à défaut). Cette différence de traitement n'apparaît pas justifiée. Par ailleurs, mettre en œuvre un abattement pour améliorer le recouvrement de l'impôt peut sembler curieux, voire contre-intuitif » : Assemblée Nationale, « Lutte contre la fraude - (n° 1142) », *Amendement* n°CF201, 23 jullet 2018, présenté par, Mme Cariou, rapporteure, article 4 bis disponible sur le site internet suivant : http://www.assemblee-nationale.fr/dyn/15/amendements/1142/CION_FIN/CF201

uniquement à celles ayant un chiffre d'affaires mondial consolidé de 750 millions d'euros dont 25 millions réalisés en France créant ainsi une distorsion de concurrence entre ces dernières et celles dont le chiffre d'affaires est inférieur à 750 millions de dollars[111]. De plus, seules les entreprises du secteur numérique sont concernées alors qu'elles utilisent les mêmes schémas d'optimisation fiscale que l'ensemble des autres multinationales qui n'ont pas de taxe sur le chiffre d'affaires[112].

187. Il est clairement possible de conclure que la taxe n'est pas l'instrument fiscal le plus efficient pour recouvrer la perte de recettes fiscales liée aux stratégies d'optimisation fiscale des géants du numérique[113]. C'est ce qui justifie le recours à d'autres instruments de politique fiscale pour tenter d'arrêter l'hémorragie. Ainsi, il était question, dans certaines juridictions comme le Canada, de négocier une niche fiscale afin d'inciter certains géants du numérique, comme Netflix, à investir dans la production cinématographique en échange d'une exonération de la taxe de vente sur les produits et services. Loin d'être fallacieuse, la proposition semble avoir été murement réfléchie. Le constat de la baisse des revenus des câblodistributeurs qui finance le fonds des médias du Canada, lequel se charge à son tour de subventionner la production de films, a conduit les autorités gouvernementales à repenser au financement du cinéma. Ayant pris conscience que cette baisse était liée à la préférence des consommateurs pour la télévision par internet plutôt que par le câble, le Canada a négocié avec Netflix pour que les 5 % de TPS qu'il aurait dû verser, soient redirigés au fonds des médias ; soit une contribution de 100 millions de dollars par an sur 5 ans. L'apport des câblodistributeurs au fonds des médias est de 5 % de leurs chiffres d'affaires : elle est obligatoire. Netflix n'étant pas un câblodistributeur, il n'était pas astreint à cette obligation. L'entente, loin d'être dénuée de logique fiscale et qualifiable en niche fiscale pourrait servir d'exemple au secteur numérique français[114].

---

[111] Projet de loi n° 1737 portant création d'une taxe sur les services numériques et modification de la trajectoire de baisse de l'impôt sur les sociétés, enregistré à la Présidence de l'Assemblée nationale le 6 mars 2019, quinzième législature consultable sur le site https://www.assemblee-nationale.fr/dyn/15/textes/l15b1737_projet-loi

[112] P.-A. Muet, E. Woerth, P. Cherki, M. Ch. De Courson, M.-Ch. Dalloz, A. Girardin, N. Sansu, E. Sas, « L'optimisation fiscale des entreprises dans un contexte international », *Rapport d'information déposé en application de l'article 145 du règlement par la commission des finances, de l'économie générale et du contrôle budgétaire*, 10 juillet 2013, p. 140.

[113] Les Arvernes, « Taxe GAFA : usine à gaz fiscale, erreur économique, mauvais coup pour les consommateurs », *Atlantico*, 11 mars 2019, p1 et s.

[114] Observateur des Technologies Médias, « Aperçu des trois grandes tendances », *OTM*, 20 janvier 2016, 2 pages : « D'après le tout dernier sondage de l'otm, près de la moitié des canadiens (45 %) utilisent des services de programmation par contournement, comme netflix, soit une hausse de 32 pour cent depuis la dernière année ».

188. Peut-on considérer que cette entente remet en cause l'équité intergénérationnelle, en bradant les recettes fiscales issues de la juste part d'impôt des géants du numérique sur l'autel de la sauvegarde de l'exception culturelle canadienne. La question mérite d'être posée et débattue. Si la définition de l'équité intergénérationnelle consiste à éviter que les actions des générations actuelles ne portent préjudices aux droits et intérêts des générations futures, alors sauvegarder la culture canadienne par l'utilisation de niches fiscales est un acte d'équité intergénérationnelle. Il comporte cependant un lourd tribut à payer et c'est au prix de plusieurs millions de recettes publiques. La facture fiscale, en ce qui concerne l'accord négocié entre Netflix et l'État canadien, est importante. Elle est atténuée par le fait que certains des géants du numérique n'étaient pas tenus de contribuer au fonds des médias, cette obligation ne pesant que sur les câblodistributeurs. Or, Netflix fournit la télévision par internet et non pas par le câble. C'est pour prendre en compte la préférence des consommateurs pour la télévision par internet qu'un tel choix a été opéré. Il faut croire qu'en agissant de la sorte, les autorités canadiennes ont parié sur internet, sa montée en puissance et son importance devenue telle qu'il n'est plus possible de s'en passer. Cette importance s'est accrue durant la période de confinement imposée depuis le mois de mars 2020 pour freiner la propagation du coronavirus. Ainsi que le rappelle Carole Bonnet, sur la question de l'équité intergénérationnelle : « en organisant cette coopération, l'État peut ainsi améliorer le bien-être de toutes les générations actuelles et à venir. Ces insuffisances du marché peuvent en effet apparaître dans la gestion des risques de long terme et des risques collectifs affectant l'ensemble d'une génération (guerre, crise) ainsi que dans les relations entre générations. Gary Stanley Becker et Kevin Murphy (...) lient, par ailleurs, transferts d'éducation et de retraite, montrant que l'intervention de l'État peut se révéler plus efficace en se concentrant sur un meilleur investissement éducatif »[115]. Toute la question est de savoir jusqu'où une niche fiscale négociée pour sauver l'avenir du fonds des médias culturels peut-elle être considérée comme un investissement en faveur de l'équité intergénérationnelle ? La réponse se trouve derrière ces propos de Solange Lefebvre selon qui : « en 1997, l'UNESCO publiait une déclaration sur les responsabilités des générations présentes envers les générations futures. Cette déclaration se fonde surtout sur la menace qui pèse sur l'existence humaine et son environnement, y compris la diversité culturelle »[116].

---

[115] C. Bonnet, « Un inévitable conflit des générations ? », *Informations sociales*, vol. 183, no. 3, 2014, p. 141.

[116] S. Lefebvre, « Responsabilité et équité intergénérationnelles : débats actuels », *Lien social et Politiques*, automne 2001, n° 46, p. 144.

Conclusion de la première partie

189. Il a été question, à plusieurs reprises, de résoudre le conflit entre générations, entre les jeunes et les vieux, entre ceux qui sont passés de mode et ceux qui ont le droit de vivre le présent pleinement, par un pacte[117]. Le reproche souvent adressé aux vieux en matière de finances publiques est de coûter beaucoup trop cher au système de santé alors qu'ils ont bénéficié des transferts publics au moment où ils ont été les plus généreux[118]. Ce sentiment d'injustice fiscale est vécu par les jeunes avec une acuité d'autant plus forte qu'ils restent encore en proie à un marché de l'emploi généreux en travaux précaires en tous genres, comme les emplois sous rémunérés, temporaires ou encore à temps partiel[119]. Les difficultés d'accès à des emplois leur permettant d'avoir droit à une vie descente[120], un logement qui ne soit pas insalubre, une alimentation saine, variée et équilibrée, des loisirs, des habitations pour lesquelles ils souhaiteraient en devenir les propriétaires et non les simples locataires sur un horizon de 25 ans ont fini par ternir leurs derniers espoirs quant à un avenir radieux, largement obscurci par les lendemains de la crise financière de 2008[121]. Comment aspirer à un meilleur avenir lorsque

[117] F. Labadie, « Vers un nouveau pacte intergénérationnel ? » dans *Agora débats/jeunesses*, n°25, 2001, p.11.

[118] Des auteurs comme Gosta Esping-Andersen ou, d'une autre façon, Louis Chauvel mettraient unilatéralement l'accent sur les « externalités négatives » : la construction d'un système de retraites généreuses et l'absence d'une politique redistributive efficace en faveur des jeunes en difficulté augmenteraient la puissance économique des vieux, qui assiéraient ainsi leur pouvoir au sein de la société et de leurs familles : S. Gollac, « Des liens et des transferts entre générations, A. Masson. Éditions de l'EHESS, Paris, 2009, 462 pp. », *Comptes rendus / Sociologie du travail,* n° 55, 2013, p. 124.

[119] « Objectif 8 : travail décent et croissance économique : environ 1 jeune sur 13 ne travaille pas et ne suit ni études ni formation - avec des proportions beaucoup plus élevées d'inactifs dans le sud de l'Europe et en Amérique latine. *Proportion de jeunes (âgés de 15 à 19 ans) ne travaillant et ne suivant ni études ni formation (taux de NEET), Fig. 8.1. Proportion d'enfants de moins de 18 ans dans les ménages sans emploi (selon le statut économique autodéfini des adultes), Fig 8.2.* » : Unicef, *Construire l'avenir : les enfants et les objectifs de développement durable dans les pays riches*, UNICEF Bilan Innocenti 14, Enfants dans les pays développés, juin 2017, consulté au https://www.unicef.ca/sites/default/files/2017-06/UNICEF%20Bilan%20Innocenti%2014%20FR.pdf page 8 et s.

[120] « Cette dégradation du niveau de vie des jeunes générations est liée en premier lieu à la baisse des salaires d'embauche » : F. Labadie, « Vers un nouveau pacte intergénérationnel ? » dans *Agora débats/jeunesses*, n°25, 2001, p. 12.

[121] « Objectif 10 : inégalités réduites. Dans les deux tiers des pays riches, les 40 pour cent inférieurs des ménages ayant des enfants ont une part du revenu disponible total inférieure aux 10 pour cent les plus élevés. Depuis 2008, les 10% des ménages avec enfants les plus pauvres se sont encore plus éloignés du revenu médian. ***Indicateurs clés***. *Indice de Palma basé sur les ménages avec enfants, Fig. 10.1. Écart de revenu relatif entre le revenu médian et celui des 10% inférieurs des ménages avec enfants, Fig. 10.1. La différence de score en lecture, en mathématiques et en sciences associée à une augmentation d'une unité dans l'indice ESCS, Fig.*

l'ensemble du discours public insiste sur la compression budgétaire, la budgétisation axée sur la performance, la hausse des recettes publiques par une plus grande taxation, la baisse des dépenses par moins de transfert[122]. Il sera difficile de reprocher au système budgétaire actuel de faire les compressions nécessaires au remboursement de la dette qui leur permettra, en qualité de membre de pays de l'OCDE, de continuer à se refinancer auprès des institutions financières internationales pour avoir la possibilité d'exercer pleinement leur souveraineté fiscale et de mener des politiques budgétaires à leur image et conformément à leur volonté politique. Cette dynamique de réduction des dépenses publiques est donc propice à une concertation entre jeunes et vieux et une redéfinition de l'entraide et du contrat intergénérationnel[123].

190. Dans cette course à la lutte contre la précarité des jeunes, où le logement joue indéniablement un rôle primordial et où les politiques financières publiques s'essoufflent, les institutions financières nationales comme les banques veulent tirer leur épingle du jeu en offrant aux vieux propriétaires d'immeuble la possibilité d'hypothéquer une partie de leur logement contre rémunération financière, ce qui permettra à ces derniers d'avoir des revenus leur permettant de se maintenir à domicile et de faire face à leurs besoins financiers[124]. Les sommes ainsi empruntées par les banques seront remboursées sur la valeur immobilière du bien hypothéqué au moment de la succession. Autant dire que la concurrence financière des institutions bancaires, loin d'encourager la cohabitation intergénérationnelle, la fragilise, légitimant ainsi la loi du plus fort « financièrement » : les vieux propriétaires de patrimoine immobilier n'auront-ils pas tendance à tirer leur épingle du jeu, de sorte que le contrat solidaire se transforme en contrat lésionnaire, c'est-à-dire, où les avantages d'un des contractants sont manifestement disproportionnés par rapport à l'autre[125].

10.3. », Unicef, *Construire l'avenir : les enfants et les objectifs de développement durable dans les pays riches*, UNICEF Bilan Innocenti 14, Enfants dans les pays développés, juin 2017, consulté au https://www.unicef.ca/sites/default/files/2017-06/UNICEF%20Bilan%20Innocenti%2014%20FR.pdf page 8 et s.

[122] OCDE, « La budgétisation axée sur la performance », dans *Panorama des administrations publiques* 2013, Editions OCDE, Paris, p. 104.

[123] P. Malgrange, A. Masson, « Viabilité des politiques publiques. Études de comptabilité générationnelle. Présentation générale », *Economie & prévision*, mars 2002, n° 154, p. 3-11.

[124] B. N. Schumacher, *L'euthanasie de la personne vulnérable*. ERES, Poche - Espace éthique, 2017, 232 pages. ISBN: 9782749254746. DOI: 10.3917/eres.schum.2017.01. URL : https://www.cairn.info/l-euthanasie-de-la-personne-vulnerable--9782749254746.htm

[125] « Dans un contexte où le vieillissement de la population des pays développés se conjugue aux politiques de réduction de la dépense publique, le prêt à hypothèque inversée spécialement conçu pour les propriétaires âgés de 62 ans et plus, tend à devenir un levier des politiques sociales et patrimoniales conçues pour faire face au surcoût de l'allongement de la vie. Ce « produit financier » introduit par les établissements bancaires privés, qui autorise les propriétaires âgés à emprunter, contre l'hypothèque d'une partie de leur logement, une somme

191. Sans doute la redéfinition la plus importante de ce contrat intergénérationnel restera celle des relations entre vieux et jeunes[126]. Passer d'une analyse où l'identité de jeunes ou de vieux se caractérise par le conflit à celle où cette même identité se concrétise par le mérite : le mérite de s'être occupé de son grand-père[127] et d'avoir obtenu, comme réponse, un toit sur plusieurs années, un patrimoine immobilier récupéré en héritage, ce qui, au demeurant, permet de faire des économies substantielles sur le loyer et accorde une marge financière plus intéressante. Il faut donc passer d'une conception conflictuelle à une conception de collaboration, accepter l'idée que l'on vit avec ses parents est cependant une négation totale de liberté, c'est reconnaitre avoir décidé de faire des enfants sans l'indépendance financière permettant d'affirmer son autonomie[128]. C'est s'exposer à l'ingérence de l'autorité des

---

d'argent qu'ils n'auront pas à rembourser mais qui sera déduite du patrimoine venant à succession, fait l'objet d'incitations gouvernementales plus ou moins directes selon les systèmes de santé et de retraites des pays concernés. » Le succès du prêt à hypothèque inversé n'est-il pas relié à l'échec des relations intergénérationnelles dans le sens où les parents auraient pu louer une partie de leurs logements aux enfants contre une source de revenus mensuels ? « Le prêt à hypothèque dite « inversée », car à capital décroissant et à dette croissante — contrairement aux prêts hypothécaires classiques à capital croissant et à dette décroissante — », poursuit l'auteur, « est en effet censé permettre aux propriétaires âgés de vieillir chez eux, tout en assumant les dépenses de leurs vieux jours. Il s'agira ici d'interroger (…) les logiques sous-jacentes de leur conception et de leur mise sur le marché ainsi que leurs implications quant à la définition du logement, des rapports générationnels et de la vocation successorale » : A. Gotman, « Vers la fin de la transmission ? De l'usage du logement pour assurer ses vieux jours. Le prêt à hypothèque inversée », *Sociologie*, vol. 1, n°. 1, 2010, pp. 141-159.

[126] « Dans la seconde partie, A. Masson pose la question de la motivation des transferts privés entre générations de successeurs. Au-delà des motifs généralement considérés par les économistes (legs accidentels, legs intéressés ayant pour but de s'assurer l'aide de ses descendants pendant les vieux jours, legs altruistes, etc.), il propose une modélisation de ces transferts en termes de réciprocité indirecte : l'*homo reciprocans* reproduit le long de la chaîne intergénérationnelle les types de transferts ascendants et descendants dont il a bénéficié et dont il espère bénéficier. Ce modèle, contrairement aux précédents, rend compte de la forte héritabilité des pratiques de transmission (du point de vue du montant, mais aussi de la forme des transferts : legs avec ou sans testament, donation, aide informelle, etc.) et d'aide aux personnes âgées » : S. Gollac, « Des liens et des transferts entre générations, A. Masson. Éditions de l'EHESS, Paris, 2009, 462 pp. », *Comptes rendus / Sociologie du travail,* n° 55, 2013, p. 123 et s.

[127] Une population vieillissante cache des problèmes de dépenses de santé importantes liées à l'entretien de cette population mais encore et aussi des problèmes de natalité et de fécondité. Ces problèmes de vieillissement de la population entrainent aussi la question des sources de revenus de cette dernière, en l'occurrence leur retraite, les aides sociales qui leur sont allouées ainsi que le prolongement de leur espérance de vie lorsque les moyens financiers publics qui sont déployés ne suffisent plus à accompagner le prolongement de cette vie : est-on entrain de légaliser l'euthanasie ? B.N. Schumacher, *L'euthanasie de la personne vulnérable.* ERES, Poche - Espace éthique, 2017, 232 pages. ISBN: 9782749254746. DOI: 10.3917/eres.schum.2017.01. URL : https://www.cairn.info/l-euthanasie-de-la-personne-vulnerable--9782749254746.htm

[128] L'approche du don fait l'objet de recherches interdiscilinaires. Ainsi, selon Sibylle Gollac, « le tableau que dresse… A. Masson des différentes approches des rapports entre générations est impressionnant par son ampleur et son caractère interdisciplinaire. Mais il tend à mettre sur

grands-parents sur l'éducation que les parents eux-mêmes auraient souhaité apporter à leurs enfants, c'est renier une part de son autonomie quand toutes les facultés physiques et intellectuelles dont les parents sont si souvent imbus vis-à-vis d'eux-mêmes et vis-à-vis de leurs enfants les auraient poussé, en temps normal, à l'éloignement[129], à quitter le domicile des grands-parents.

192. Peut-on lutter efficacement contre la pauvreté infantile sans briser, détruire, remettre fondamentalement en cause les droits et libertés des adultes, par exemple le droit d'avoir un enfant, le droit de partager ou de ne pas partager ses biens successoraux, l'imposition des plus hauts revenus, la vocation fondamentale de l'impôt : lutter contre la pauvreté par la réduction des inégalités et la promotion de la croissance économique. C'est sans doute cette impossibilité d'avoir une politique juridique majeure en matière de natalité, comme la politique de l'enfant unique, telle que l'ont développé certains pays d'Asie, qui apparait comme le premier obstacle à la lutte contre la transmission intergénérationnelle de la pauvreté[130]. Un impôt qui décourage

---

le même plan des analyses descriptives et normatives. On touche ici aux difficultés inhérentes au dialogue entre disciplines. Le lecteur sociologue empiriste peine parfois à savoir si les modélisations convoquées ont valeur prescriptive ou descriptive ». Faut-il comprendre par là les difficultés qu'entraine l'analyse des réalités sociologiques du don ? Les sociologues peuvent-ils se limiter à décrire le don tel qu'il se présente dans nos sociétés sans pour autant apporter des moyens d'améliorer son efficacité, ce qui pourrait permettre de consolider les liens familiaux ? « L'auteur économiste, de son côté », poursuit Sibylle Gollac, « voit dans la sociologie de la parenté, qui a montré l'importance des transferts économiques dans les relations familiales, une apologie de ces transferts. Il les lit comme une démonstration des « externalités positives » des transferts intrafamiliaux en termes de qualité des liens de parenté, ciment parmi d'autres de la société, tandis qu'il convoque l'anthropologie maussienne du don et les lectures qu'en ont proposé Pierre Bourdieu, Maurice Godelier ou Florence Weber, pour en discuter les « externalités négatives » : il insiste à juste titre sur l'ambivalence du don, qui crée du lien mais contribue également à l'affirmation de relations de domination : S. Gollac, « Des liens et des transferts entre générations, A. Masson. Éditions de l'EHESS, Paris, 2009, 462 pp. », *Comptes rendus / Sociologie du travail,* n° 55, 2013, p. 123 et s.

[129] Cl. Attias-Donfut, S. Renaut, « Vieillir avec ses enfants », *Communications*, Générations et filiation, n° 59, 1994, p. 32 et s.

[130] « Ce n'est que par un examen du contexte social que notre Cour peut donner une interprétation juste des termes non définis employés aux par. 15(5) et 17(5) de la loi, « des ressources, des besoins et, d'une façon générale, de la situation de chacun des époux et de tout enfant à charge», et apprécier ce que met réellement en jeu « l'intérêt de l'enfant », comme l'exige le par. 17(5). » L'intéret de l'enfant nécéssite d'examiner non seulement sa propre situation mais aussi celle de ses parents pour la détermination du montant de la pension alimentaire. « Le fait de reconnaître l'existence d'un taux alarmant de pauvreté chez les enfants de familles monoparentales éclaire (…) mon interprétation de ces termes contextuellement sensibles », poursuit la haute juridiction canadienne. « De plus, ce n'est qu'en examinant le contexte social que notre Cour peut apprécier la nature véritable de « l'obligation financière commune des ex-époux de subvenir aux besoins de l'enfant», compte tenu de l'exigence, imposée aux tribunaux aux par. 15(8) et 17(8), de « répartir cette obligation entre eux en proportion de leurs ressources». Comme je le souligne plus loin, l'omission des tribunaux de comptabiliser les coûts cachés dans cette équation trahit leur omission d'apprécier et

la pauvreté et sa transmission et un deuxième qui encourage la richesse et sa transmission. D'une telle proposition, on en voit les limites : le droit à la vie ne saurait être réservé aux plus riches. C'est un droit universel auquel tout être humain devrait aspirer et doit aspirer. Il met à mal le renouvellement démographique, touche et heurte les sensibilités les plus profondes de l'humanité et dans un monde aussi globalisé, où plusieurs cultures, doctrines philosophiques et religions, se côtoient et se fréquentent, réfléchir pour un plus grand nombre nécessite de prendre en compte ces considérations. C'est ce qui explique que les systèmes fiscaux soient aussi complexes : ils ont vocation à régir des situations différentes et variées : le cas par cas. Le cas par cas est donc une solution qui tienne davantage compte de la disparité des situations que le revenu minimum garanti. Plus les ressources financières personnelles des individus seront importantes et plus on aura recours au droit patrimonial pour régir le partage, ce qui semble être la mouvance actuelle en France, avec la suppression de l'impôt de solidarité sur la fortune et son remplacement par l'impôt sur la fortune immobilière. Plus ces individus seront pauvres et plus le recours aux finances publiques et aux programmes d'aide sociale seront nécessaires pour le transfert financier qui se fera essentiellement sous forme de transferts publics. Mais le principe phare en matière de recherche sur la transmission intergénérationnelle de la pauvreté, c'est que les propositions finales doivent être au goût des personnes concernées : les enfants pauvres. Il faut donc réfléchir pour que les enfants sortent du cercle de la transmission intergénérationnelle de la pauvreté par la mise en place de programmes favorisant la santé de ces derniers, la lutte contre le stress familial, l'emploi de personnel supplémentaire à domicile pour les charges domestiques et l'aide au devoir, la mise en place de programmes permettant à des adultes de s'impliquer davantage dans le développement cognitif des enfants, la mise en place, dès le plus jeune âge, d'un réseau permettant la mixité sociale et la fréquentation avec des enfants issus de classe aisée, la création des conditions de réussite scolaire à domicile comme le fait de disposer d'une chambre pour soi, l'instruction scolaire pour les parents non scolarisés, le développement et l'apprentissage de l'autonomie et de la responsabilisation tout en encadrant le jeune enfant jusqu'à sa majorité[131]. Le choix des études conditionnera le choix de la carrière professionnelle, lequel affectera les revenus, le choix du conjoint, la capacité d'emprunter pour financer une maison, l'acquisition d'une voiture, le type d'enfants qu'ils auront eux-mêmes et la manière dont ils ont vécu comme enfants se répercutera aussi sur la manière dont ils seront parents[132]. Et le cercle vicieux ou vertueux se reproduit, sauf mesures

d'interpréter ces termes en regard d'une réalité sociale incontestable » : Cour suprême du Canada : Willick c. Willick, 1994 CanLII 28 (CSC), [1994] 3 R.C.S. 670.

[131] M. Dollé, « La transmission intergénérationnelle de la pauvreté », *Regards croisés sur l'économie*, vol. 4, n°2, 2008, pp. 97-106.

[132] « Objectif 4 : éducation de qualité. Même dans les pays affichant les meilleures performances à l'échelle internationale, environ 1 personne de 15 ans sur 5 n'atteint pas les

fortement correctrices et ici encore, les pays qui ont le mieux réussi à faire reculer la pauvreté infantile sont ceux qui ont non seulement fait reculer le chômage des adultes mais ont en plus déployé les dépenses budgétaires nécessaires pour influer favorablement sur la transmission de l'éducation, du métier et des capacités génétiques, en réduisant les problèmes de santé comme l'obésité, le cancer ou encore les déficiences mentales[133]. Tout ceci suppose que les pauvres aient conscience de leur pauvreté, acceptent l'ingérence des pouvoirs publics dans leur sphère privée et leur fassent suffisamment confiance pour redresser cette situation[134]. Les solutions doivent-elles être

---

compétences de base en lecture, en mathématiques et en sciences.» C'est donc 20% des adolescents qui connaissent des difficultés dans les meilleurs pays, ce qui constitue un taux assez alarmant. L'Unicef offre ainsi quelques indicateurs permettant d'éclairer le lecteur : « ***Indicateurs clés*** : *Proportion d'élèves de 15 ans atteignant les compétences de base en lecture, en mathématiques et en sciences, Fig. 4.1. Taux de participation à l'apprentissage organisé (un an avant l'âge officiel de l'entrée à l'école primaire), Fig. 4.2. Proportion d'enfants de 3 ans à l'âge minimum de la scolarité obligatoire fréquentant des services dans un centre pendant au moins une heure par semaine, Fig. 4.3.* » : Unicef, *Construire l'avenir : les enfants et les objectifs de développement durable dans les pays riches*, UNICEF Bilan Innocenti 14, Enfants dans les pays développés, juin 2017, consulté au https://www.unicef.ca/sites/default/files/2017-06/UNICEF%20Bilan%20Innocenti%2014%20FR.pdf page 8 et s.

[133] « Objectif 3 : bonne santé et bien-être. Sur une gamme d'indicateurs clés, la santé des enfants dans les pays riches s'améliore : les taux de mortalité néonatale, de suicide et d'ivresse chez les adolescents et de natalité chez les adolescentes sont en déclin. Cependant, la plupart des pays ayant des données ont connu une augmentation du nombre d'adolescents déclarant des problèmes de santé mentale. » Comme très souvent, à l'appui de ses déclarations, l'UNICEF fournit des indicateurs clés : « ***indicateurs clés*** : *Décès dans les 28 premiers jours de vie, pour 1 000 naissances vivantes,(...)Taux de suicide chez les adolescents âgés de 15 à 19 ans par 100 000 habitants,(...), Pourcentage d'adolescents déclarant deux symptômes psychiatriques ou davantage (se sentir déprimé, irritable, nerveux, avoir des troubles du sommeil) plus d'une fois par semaine, (...), Pourcentage d'enfants de 11 à 15 ans déclarant avoir été ivres au cours du mois précédent,(...), Nombre de naissances pour 1 000 femmes âgées de 15 à 19 ans* » : Unicef, *Construire l'avenir : les enfants et les objectifs de développement durable dans les pays riches*, UNICEF Bilan Innocenti 14, Enfants dans les pays développés, juin 2017, consulté au https://www.unicef.ca/sites/default/files/2017-06/UNICEF%20Bilan%20Innocenti%2014%20FR.pdf page 8 et s.

[134] « L'égalité des chances implique-t-elle que l'élasticité intergénérationnelle soit égale à zéro, qu'il n'y ait aucune corrélation entre revenus des parents et des enfants ? Roemer (2004) argumente que l'égalité des chances implique que les iniquités de revenu sont indéfendables quand elles sont dues à des circonstances différentielles, mais il reconnaît en même temps que les parents influencent leurs enfants par le biais d'une hiérarchie de « circonstances » ». C'est à se demander comment les parents peuvent influer sur la transmission de la pauvreté chez les enfants. Mais Roomer, cité par Miles Corak, rappelle qu'il s'agit des réseaux sociaux, de la culture familiale et de la génétique : « ces circonstances sont au nombre de trois : (1) par le biais des réseaux sociaux qui facilitent l'accès à l'éducation et aux emplois ; (2) par le biais de la culture familiale et des investissements qui influencent les compétences, opinions et aspirations ; et (3) à travers la transmission génétique des capacités. Ce sont, par ordre d'étendue, les domaines que les décideurs politiques pourraient chercher à égaliser – chacun d'eux correspondant à une définition de l'égalité des chances plus large que le précédent ». Miles Corak semble abonder dans le sens des causes de l'iniquité intergénérationnelle relatées

faites conformément au goût des personnes concernées ou au goût des résultats offerts par les recherches en sciences sociales ou encore en économie[135] ? Certains contribuables assujettis à l'impôt sur la fortune immobilière sont aussi des philanthropes et ont le goût de transmettre leur patrimoine immobilier. Dans un contexte financier où l'accession à la propriété immobilière devient de plus en plus difficile, n'est-ce pas une belle occasion, par le billet d'allègements fiscaux, de permettre et favoriser la transmission du patrimoine entre ceux qui en ont moins et ceux qui en disposent en abondance, entre la génération des détenteurs de patrimoine immobilier et celle de la crise du marché immobilier de 2008 ?

---

par Roemer, qu'il invoque lui-même dans la citation précédente. Il approfondit la réflexion de ce dernier, selon lequel « assimiler l'égalité des chances à une mobilité intergénérationnelle totale implique que non seulement l'influence des réseaux sociaux et aussi de la culture et des investissements familiaux doit être éliminée, mais aussi la transmission génétique des capacités et l'influence de la famille sur la formation des préférences et des objectifs parmi les enfants. Il suggère que ceci est « un point de vue que seule une fraction de ceux qui réfléchissent à la question adopterait après réflexion » ». Miles Corak prend donc cause et partie pour les travaux de Roomer, en tirant les conclusions d'une intervention trop poussée des pouvoirs publics : « en tant que tel, ceci est un avertissement aux lecteurs d'études sur la mobilité intergénérationnelle. En d'autres termes, considérer que la meilleure cible pour une politique publique est d'éliminer entièrement l'avantage de revenu transmis des parents aux enfants – vouloir que $\beta = 0$ comme indicateur de résultat – demanderait un degré d'intervention dans les vies des enfants et des familles que la majorité, dans la plupart des sociétés, pourrait trouver intenable. » Au demeurant, il serait difficile de mettre en place une loi interdisant le transfert de revenus entre parents et enfants. « La quantité d'avantage de revenu parental transmis aux enfants, qui serait cohérente avec l'égalité des chances, ne va pas de soi. Elle demande une définition des circonstances inacceptables comme sources de la réussite sur le marché du travail, une compréhension de l'efficacité des interventions publiques, et la reconnaissance des compensations entre ce qu'on gagne en éliminant ces circonstances et les pertes en termes d'autres mesures d'aide sociale » : M. Corak, « Les enfants pauvres deviennent-ils des adultes pauvres ? Les enseignements pour les politiques publiques d'une comparaison internationale », *Colloque sur le devenir des enfants de familles défavorisées en France* présenté le Jeudi 1er avril 2004, consulté sur le site http://www.cerc.gouv.fr/meetings/colloque_avril2004/presentation.htm le 07/05/2018, p.10.

135 « Nous avons réalisé une consultation sur les recherches à entreprendre « dans l'esprit et le sillage » de la loi, auprès de quatre groupes d'acteurs directement concernés : des personnes qui vivent des situations de pauvreté et d'exclusion sociale, des intervenants engagés dans des organisations citoyennes ou proches d'elles, des personnes œuvrant dans des milieux gouvernementaux, ainsi que des chercheurs. » La lutte contre la pauvreté n'est pas toujours chose aisée. Il existe parfois un décallage entre les moyens mis en œuvre pour la faire reculer et la satisfaction que les bénéficiaires en retirent. « La consultation portait sur divers enjeux relatifs aux recherches à mener, tant aux plans du contenu, de la participation que de la méthode. Elle ne visait pas à donner une image complète et représentative des points de vue que l'on retrouve dans ces quatre ensembles d'acteurs, mais à identifier des conditions pour que des recherches sur la pauvreté et l'exclusion sociale soient « au goût » des personnes pressenties et répondent à leurs préoccupations » : É. Gagnon, V. Labrie, « Des recherches vers un Québec sans pauvreté au goût des acteurs concernés : bilan d'une consultation », *Nouvelles pratiques sociales*, vol. 24, n° 1, 2011, p. 130.

193. Mais alors que l'attention se focalise sur les relations intergénérationnelles pour tenter de réduire la pauvreté, on se souvient que l'un des objectifs de l'équité intergénérationnelle est d'éviter que les actions des cohortes actuelles n'affectent négativement les intérêts des générations futures. Au titre de ces actions figure la nécessité de lutter contre la fraude et l'évasion des géants du numérique. Le compromis, en la matière, est un impératif rendu obligatoire par la concurrence fiscale que se livrent entre eux, les États qui veulent attirer les meilleures entreprises. La taxe Netflix fournit, à ce titre, un exemple fort intéressant des mesures à prendre face à un tel enjeu.

194. Il convient, d'abord, de mettre en place une loi pour que la télévision par internet donne lieu à une contribution au fonds des médias. En France, c'est la télévision qui finance le cinéma. Ensuite, il faudrait permettre des taux réduits de taxe sur les produits et services pour cette contribution, comme en France où les taux sont de 2,5 % pour la redevance audiovisuelle. Ceci permettrait de régler la question de l'injustice fiscale soulevée par l'exemption de la taxe Netflix en contrepartie d'un investissement de 500 millions de dollars dans le fonds des médias culturels du Canada[136].

195. Pour ce qui est de la lutte contre la fraude fiscale et l'évasion fiscale, Pascal Saint Amans a proposé la prudence quant à l'idée de taxer le chiffre d'affaires des géants du numérique bien qu'elle ait été adoptée par la France. Le risque de voir les entreprises répercuter cette taxe sur le chiffre d'affaires est grand, ainsi que le fait de créer une autre forme d'injustice fiscale face aux autres grandes firmes mondiales qui ne sont pas taxées sur le chiffre d'affaires. Si l'on tente de modifier cette injustice en taxant le chiffre d'affaires de toutes les grandes entreprises internationales, les représailles se feront de la part des Américains et des Chinois, ce qui contribuerait à un conflit géopolitique majeur dans lequel les pays exportateurs comme les pays nordiques seraient lourdement perdants face aux pays consommateurs comme les États-Unis ou la chine[137]. Ce dernier préconise plutôt l'adoption de conventions

---

[136] Ici-Radio-Canada, « Mélanie Joly sur l'exemption de Netflix à percevoir la taxe fédérale à Tout Le Monde En Parle » *interview accordée à Tout Le Monde*, le 1er octobre 2017 et disponible au https://www.youtube.com/watch?v=omYNCBenMQY

[137] « En septembre 2017, un groupe formé de ministres des Finances de pays de l'Union européenne (UE) a annoncé qu'il envisageait d'appliquer des solutions fondées sur la notion de « taxe de péréquation » sur le chiffre d'affaires généré en Europe par les entreprises numériques (…) Si ces initiatives sont généralement prises en vue de relever le niveau d'imposition des entreprises numériques, elles risquent néanmoins également d'induire des distorsions sur le plan économique ou des situations de double imposition, d'accroître l'incertitude et la complexité, de s'accompagner, pour les entreprises ayant des activités internationales, de coûts de mise en conformité et, dans certains cas, de conflits potentiels avec des conventions fiscales bilatérales existantes. En outre, elles ont intensifié, dans beaucoup de pays, le sentiment qu'il est urgent de mettre au point des solutions communes pour préserver la cohérence et la pertinence du cadre régissant actuellement, au niveau international, l'imposition des bénéfices » : OCDE, *Les défis fiscaux soulevés par la numérisation de l'économie – rapport intérimaire 2018 : Cadre inclusif sur le BEPS*, Projet OCDE/G20 sur l'érosion de la base

multilatérales pour éviter l'optimisation fiscale permise par les conventions bilatérales. Il cite, à ce titre, l'exemple d'une convention entre l'Inde, l'île Maurice et la France qui permet une cessation d'entreprise en franchise d'impôt. C'est ainsi, selon lui, que l'on s'attaquera à la racine du mal[138].

196. Certains experts fiscalistes français ont préconisé la mise en place de la notion d'établissement virtuel stable, notion qui n'est pas sans rappeler la mise en échec de la taxe Google par le Conseil constitutionnel selon lequel le législateur ne saurait laisser à l'administration fiscale un pouvoir d'interprétation aussi large du champ d'application de l'impôt sur les sociétés et décider des contribuables devant faire partie de ce champ[139]. Par ailleurs, la France ne peut modifier la notion d'établissement stable sans affecter les conventions fiscales internationales, ce qui suppose, comme dans toute convention, une concertation et un accord[140].

---

d'imposition et le transfert de bénéfices, Éditions OCDE 2018, Paris, p.180 et 181 disponible sur *http://dx.doi.org/10.1787/9789264301627-fr*

[138] France Culture : « Fiscalité : l'Europe peut-elle dompter les GAFA ? », *Savoirs, Entendez-vous l'éco* ? Émission présentée par Tiphaine de Rocquigny, le 12/10/2018, 32e minutes et 13e secondes.

[139] Lextenso, « Décisions du Conseil constitutionnel du 1er octobre 2016 au 30 mars 2017 », *Les Nouveaux Cahiers du Conseil constitutionnel*, 2017/2 n° 55-56, p.314, disponible à l'adresse suivante : https://www.cairn.info/revue-les-nouveaux-cahiers-du-conseil-constitutionnel-2017-2-page-283.htm?contenu=resume#. « L'article 78 de la loi de finances pour 2017 insère, dans le code général des impôts, un article 209 C qui prévoit la soumission à l'impôt sur les sociétés des bénéfices réalisés en France par une personne morale établie hors de France. Le paragraphe VI de l'article 209 C du code général des impôts prévoit : « Les dispositions du présent article s'appliquent dans le cadre d'une vérification de comptabilité, sur décision de l'administration d'opposer au contribuable la présomption prévue au présent article ». Ces dispositions confèrent à l'administration le pouvoir de choisir, parmi les contribuables entrant dans le champ d'application de l'article 209 C, ceux qui seront effectivement soumis à l'impôt. Si le législateur dispose de la faculté de modifier le champ d'application de l'impôt sur les sociétés, afin d'imposer les bénéfices réalisés en France par des entreprises établies hors du territoire national, il ne pouvait, sans méconnaître l'étendue de sa compétence, subordonner l'assujettissement à l'impôt à la décision de l'administration d'engager une procédure de contrôle. (2016-744 DC, 29 décembre 2016, paragr. 80 et 82, JORF n° 0303 du 30 décembre 2016, texte n° 5) »

[140] OECD, *L'élaboration d'un instrument multilatéral pour modifier les conventions fiscales bilatérales, Action 15 - Rapport final 2015*, Projet OCDE/G20 sur l'érosion de la base d'imposition et le transfert de bénéfices, OECD Publishing 2015, Paris, https://doi.org/10.1787/9789264248588-fr, introduction, p.15. Ainsi que le note le rapport final 2015 du projet de l'OCDE sur l'érosion de la base d'imposition et le transfert de bénéfices, les conventions fiscales internationales existent pour qu'un individu ou une société ne soit pas taxée deux fois, dans deux pays distincts : ce sont des conventions d'élimination de la double imposition. Certaines entreprises utilisent ces conventions pour ne se faire taxer dans aucun pays, en jouant entre leurs dispositifs. Mettre à jour ces conventions pour tenir compte des stratégies d'évitement de l'impôt serait long : il y a 3000 conventions. La stratégie serait donc d'adopter, plutôt que de modifier, des conventions bilatérales pour mettre un terme aux pratiques d'évasion fiscale. Il faut agir vite car la fraude fiscale coûte plusieurs milliards de dollars chaque année aux États.

197. L'OCDE reconnait qu'il y a deux consensus qui se dégagent en matière fiscale : la nécessité « d'entreprendre une réévaluation cohérente et concordante de deux aspects fondamentaux du cadre fiscal actuel, à savoir, les règles relatives au lien et à l'attribution des bénéfices » et l'impertinence de mettre en place des mesures provisoires »[141]. La France décide pourtant d'entreprendre seule cette mesure provisoire qui consiste à mettre en place une taxe sur le chiffre d'affaires des entreprises du numérique. Par ailleurs, dans son rapport sur les défis fiscaux que pose la numérisation de l'économie, l'OCDE avance, à juste titre, que « la possibilité d'établir une communication avec des clients et d'interagir avec eux à distance, via l'internet, conjuguée à l'automatisation de certaines fonctions, a considérablement réduit la nécessité de disposer d'infrastructures et de personnels au niveau local pour exercer des activités de vente dans une juridiction donnée (échelle sans masse). Ces mêmes facteurs incitent les entreprises multinationales à desservir des clients à distance, dans de multiples marchés appartenant à des juridictions différentes, à partir d'un point central unique »... Sans personnels locaux impliqués dans la vente de produits et services, il est difficile d'invoquer la notion d'établissement stable, ces derniers préférant généralement éviter le qualificatif d'agent dépendant et rattaché à la juridiction où se situent les locaux d'exploitation justement pour éviter la requalification en établissement stable. Pour mettre un terme à cette stratégie d'optimisation fiscale, l'OCDE propose « la révision de la définition de l'Établissement Stable agent dépendant en modifiant les articles 5(5) et 5(6) du Modèle de Convention fiscale de l'OCDE ». Ainsi que le fait remarquer à juste titre le rapport fourni par l'organisation internationale, la « définition révisée s'appliquerait à environ 17 % des 1246 conventions fiscales actuellement couvertes par l'instrument multilatéral (environ 206 conventions fiscales bilatérales) ». Il y a un faible taux d'adoption de cette définition par les pays membres. À cela s'ajoute le fait que les géants du numérique réfléchissent d'ores et déjà à d'autres manières de contourner la convention. Une lourdeur d'adaptation aux réalités de la fraude fiscale numérique couplée à des facilités de changements opérées par les géants du numérique présage encore de beaux jours d'évasion fiscale pour ces entreprises[142].

198. La meilleure solution pour aboutir à une taxation à taux plein serait donc de modifier les conventions fiscales internationales. En attendant il faut distinguer les mesures que l'on pourrait prendre sur le court terme, le moyen

---

[141] OCDE, « Conclusion du rapport intérimaire consacré aux défis fiscaux soulevés par la numérisation de l'économie », dans Tax Challenges Arising from Digitalisation – Interim Report 2018 : Inclusive Framework on BEPS, Éditions OCDE 2018, Paris.

[142] OCDE, *Les défis fiscaux soulevés par la numérisation de l'économie – rapport intérimaire 2018 : Cadre inclusif sur le BEPS*, Projet OCDE/G20 sur l'érosion de la base d'imposition et le transfert de bénéfices, Éditions OCDE 2018, Paris, p.103 et s. disponible sur *http://dx.doi.org/10.1787/9789264301627-fr*

terme et le long terme. Sur le court terme, la taxe sur le chiffre d'affaires a été mise en place. À un taux de 3 % loin derrière les 33,33 % que permettent d'obtenir l'impôt sur les sociétés, la taxe sur le chiffre d'affaires entre dans le cadre des 8 milliards d'euros promis par le gouvernement français pour calmer le vaste mouvement de protestation des gilets jaunes contre une politique sociale et fiscale considérée comme injuste[143]. Sur le moyen terme, il sera nécessaire de réfléchir à une loi permettant aux Français connaissant des fins de mois difficiles d'avoir accès gratuitement à des loisirs comme les cinémathèques publiques, la culture ou encore le sport, le tout financé par les géants du net, en crédit d'impôt, un peu à l'image de ce qui se fait au Canada avec la taxe Netflix[144]. Enfin, la solution à long terme, c'est d'accompagner le mouvement de fond mondial qui se fait en matière de lutte contre l'érosion des bénéfices fiscaux, ne serait-ce que pour éviter de passer pour le mauvais élève de la classe et se faire remarquer dans le bon sens. La France devra appuyer le reporting fiscal pays par pays qui vise à établir la cohérence entre le chiffre d'affaires des multinationales et les bénéfices déclarés[145].

199. La lutte contre la fraude fiscale a pris 20 années selon Eva Joly pour aboutir à de tels résultats mais elle ne s'arrêtera pas pour autant parce qu'il existe encore des dispositifs fiscaux permettant de minorer la charge fiscale comme les patents boxes[146]. Elle considère par ailleurs que le chiffre d'affaires des grandes multinationales comme Pricewaterhousecoopers spécialisées dans l'optimisation fiscale n'a cessé d'augmenter. Il existe donc un double discours entre des Européens soucieux de protéger leurs champions en faisant du Luxembourg un paradis fiscal pour les entreprises et leur volonté de mettre fin à l'optimisation fiscale[147]. Le grand-duché a permis aux champions

---

143 L. Jeanneau, « Ce que la crise des gilets jaunes a changé », *Alternatives-économiques, Fiscalité-Budget*, 20/02/2019, consultable au https://www.alternatives-economiques.fr/budget-crise-gilets-jaunes-a-change/00088304: « 8,3 milliards d'euros pour 2019 : c'est le montant de l'enveloppe qu'Emmanuel Macron a débloquée pour répondre à la colère des gilets jaunes. Si l'on y ajoute les mesures qui étaient déjà prévues dans le cadre du budget, c'est près de 12 milliards d'euros qui viendront soutenir le pouvoir d'achat en 2019, soit un gain moyen de 440 euros par ménage, selon les calculs de l'OFCE ».

144 Ici-Radio-Canada, « Mélanie Joly sur l'exemption de Netflix à percevoir la taxe fédérale à Tout Le Monde En Parle » *interview accordée à Tout Le Monde En Parle*, le 1er octobre 2017 et disponible au https://www.youtube.com/watch?v=omYNCBenMQY

145 OCDE, *Documentation des prix de transfert et déclaration pays par pays, Action 13 - Rapport final 2015*, Projet OCDE/G20 sur l'érosion de la base d'imposition et le transfert de bénéfices, Éditions OCDE 2015, Paris, https://doi.org/10.1787/9789264248502-fr.

146 « De manière similaire, les brevets sont de plus en plus utilisés afin de réduire les impôts sur les sociétés, de nombreuses mesures fiscales incitatives en matière de R&D appelées boîtes à brevets (patent boxes) ayant été prises dans différents pays afin de réduire le taux d'imposition sur les revenus issus des brevets (Atkinson, Andes, 2011) » : M. Mandard, « Les usages du brevet : vers une définition du brevet comme mécanisme de gouvernance des activités d'innovation des organisations », *De Doeck Supérieur, innovations*, mars 2018, n° 57, p.179.

147 France-Culture, « L'Europe fiscale peut-elle être transparente ? », *L'invité Des Matins*, émission présentée par Guillaume Erner, 02/05/2016, 11e minute, consultable au

européens de loger les bénéfices de plusieurs entreprises en leur permettant d'avoir des remontées de masses financières importantes de filiales vers la maison mère. Selon Eva Joly, certains montages permettent de créer une société-écran conduisant à ramasser les bénéfices d'une société en franchise d'impôt et de se constituer ainsi une masse financière importante de sorte à ramasser les cours de bourse quand ils sont au plus bas et de les revendre quand ils sont au plus haut et ensuite de faire revenir les bénéfices de cette revente en franchise d'impôt par la société-écran. C'est ce qui lui fait dire que le chiffre d'affaires de Pricewaterhousecoopers spécialisé dans ce type de montage n'est pas près de baisser et que la fraude fiscale connaitra encore de très beaux jours devant elle[148].

200. À cela s'ajoute le fait qu'il existe une volonté de la part de l'Union européenne d'avoir leurs champions fiscaux (nationaux) à l'image des Chinois ou des Américains : il est de plus en plus question de GAFA chinois[149]. Pour y arriver les Américains ont dû créer un cadre juridique et fiscal propice à l'éclosion de ces géants du net mais ce cadre allait tôt ou tard heurter la justice sociale et fiscale. C'est ainsi qu'ils ont fermé les yeux sur l'utilisation des données des usagers à des fins commerciales sans leur consentement en se rémunérant sur les publicités offertes par l'exploitation de ces dernières[150]. Les autorités américaines ont aussi créé le cadre fiscal d'éclosion de ces géants du net en permettant à la Silicon Valley d'héberger leur siège social, ce qui leur permet de minorer leur charge d'impôt[151]. Minorer l'impôt a permis à ces

---

https://www.franceculture.fr/emissions/l-invite-des-matins/l-europe-fiscale-peut-elle-etre-transparente

[148] France-Culture, « L'Europe fiscale peut-elle être transparente ? », *L'invité Des Matins*, émission présentée par Guillaume Erner, 02/05/2016, 22e minute, 8e seconde, consultable au https://www.franceculture.fr/emissions/l-invite-des-matins/l-europe-fiscale-peut-elle-etre-transparente

[149] Conseil Économique, Social Et Environnemental, « Pour une politique de souveraineté européenne du numérique », *Décision du Bureau du 11 septembre 2018- NS 183720*, 2 pages consultable à l'adresse https://www.lecese.fr/sites/default/files/recup_synchro/saisine/NS183720.pdf

[150] « L'avènement de l'Internet et des outils informatiques a permis d'ouvrir un vaste espace d'expression, mais a aussi, concomitamment, bouleversé la conception classique des notions de vie privée, d'intimité et d'accès à l'information. Parmi la multitude d'éléments circulant dans l'univers du big data, les données personnelles prennent une place de plus en plus importante. C'est bien parce que l'espace des libertés n'a pas vocation à devenir un espace de « non-droit » que l'usage des données mérite d'être encadré » : G. Galustian « La protection des données personnelles à l'épreuve du numérique », *Revue du droit public*, 01/09/2018, n°5, p. 1389.

[151] « Il arrive que le législateur américain autorise le rapatriement de bénéfices ainsi localisés à l'étranger à des conditions fiscales favorables, par exemple avec un impôt ramené de 35 % à 5 % en 2005. Cette tax holiday, la dernière en date, aurait permis d'engranger 15 milliards de dollars de recettes fiscales. (…) Les bénéfices en attente d'une disposition de ce type sont évalués entre 1 700 et 2 000 milliards de dollars environ, ce qui pourrait produire un montant d'impôt maximal de 100 milliards avec une taxation ramenée au taux de 5 %. On comprend bien que l'importance des sommes en jeu, notamment dans une période de difficultés budgétaires n'épargnant pas les États-Unis, puisse rendre attractive la perspective d'une mesure

entreprises d'avoir des liquidités pour financer et déployer leurs innovations, leurs activités commerciales, leurs stratégies de fusion acquisition, leur domination sur le marché[152]. La fiscalité ne sert qu'à réguler en cas de situation monopolistique visant à écraser la concurrence et à contrevenir à la concurrence libre et parfaite, celle qui menace la diversité du tissu économique[153].

201. Dans leur volonté de créer des champions du numérique, aussi surnommés les GAFA, auxquels se sont succédé les NATU et bientôt les FINTECH, il y a aussi ceux qui ont été sacrifiés pour que ce modèle économique vive et fasse vivre des milliers de salariés. Ceux que l'on appelle les laissés pour compte qui voient leurs chiffres d'affaires voler en éclat depuis l'apparition des géants du net. Selon Laurence Franceschini, le numérique a affecté les industries culturelles : la presse et la musique dont les chiffres d'affaires ont régressé entre 2007 et 2011, en raison de 16 % pour la presse et 30 % pour la musique. Il en est de même pour les recettes des ventes de supports physiques DVD et Blu-ray qui ont enregistré une baisse de 8,2 % en 2011 par rapport à 2010. L'industrie du livre est stable et ne semble pas être inquiétée par la révolution numérique : le format propriétaire empêche la libre circulation des œuvres d'un appareil à l'autre et en France, le livre numérique n'a pas encore remplacé le livre papier, contrairement aux USA ou au Royaume-Uni. L'auteur pense que l'arrivée des Smartphones, liseuses et tablettes, pourrait changer la donne[154]. C'est sur les industries culturelles menacées par l'avènement des géants du numérique que l'attention doit être portée. Il conviendra d'utiliser les instruments fiscaux appropriés pour les soutenir : certains experts parlent de taxer Facebook pour financer le figaro et

---

de clémence fiscale. La stratégie des grandes entreprises du numérique serait alors définitivement couronnée de succès. Mais selon les informations recueillies par la mission lors de son déplacement aux États-Unis, la tax holiday n'est pas à l'ordre du jour » : P.-A. Muet, E. Woerth, P. Cherki, M. Ch. De Courson, M.-Ch. Dalloz, A. Girardin, N. Sansu, E. Sas, « *L'optimisation fiscale des entreprises dans un contexte international », Rapport d'information déposé en application de l'article 145 du règlement par la commission des finances, de l'économie générale et du contrôle budgétaire*, 10 jullet 2013, p. 76.

[152] N. Smyrnaios, « L'effet Gafam : Stratégies et logiques de l'oligopole de l'internet », *NecPlus, Communication & langages*, 2016/2, n° 188, p. 61 à 83. Selon ce dernier, parmi les conditions qui ont permis aux GAFA de se développer au point de constituer un oligopole, il faut citer la libéralisation des marchés qui leur a permis d'effectuer plusieurs opérations de fusions acquisitions de sociétés concurrentes, grâce à une manne financière acquise par les financements des fonds souverains, hedge funds, fonds de pension et des banques. À cela s'ajoute leurs stratégies d'évitement de l'impôt grâce aux conventions de non double imposition, ainsi que le recours au travail sous-traité ou faiblement rémunéré. Enfin, les data center, ces serveurs qui permettraient de stocker plusieurs milliers de données seraient la base de leurs chiffres d'affaires.

[153] M. Combet, « Nouveaux opérateurs et concurrence », *Juris art etc.* 2017, n°49, p.15.

[154] L. Franceschini, « Les enjeux des industries culturelles », *Annales des Mines-Réalités industrielles*, mai 2013,
p. 12.

ce n'est pas que la presse qui est affectée[155]. Il faut aussi compter l'industrie du taxi par l'apparition d'Uber ainsi que celui du logement avec Airbnb[156]. Il n'est donc pas question de mettre fin aux géants du net et encore moins de leur dire que l'économie actuelle se passerait de leur service. Bien au contraire, l'objectif serait désormais de faire comprendre aux géants du numérique que l'économie a besoin d'eux et que les efforts fiscaux nécessaires seront déployés pour les soutenir mais qu'il y a une contrepartie à ces efforts : c'est qu'à leur tour ils puissent soutenir les États dans leurs politiques d'intervention fiscale[157].

---

155 France Culture, « Taxer Facebook pour sauver le Figaro », *Les Nouvelles De L'éco*, émission présentée par Arjuna Andrade, 12/09/2018, 3 min.

156 « Une étude menée par l'institut Ifop (Institut français d'Opinion Publique) en mars 2016 – donc avant les grèves de certains chauffeurs Uber – met en évidence qu'en France, 25 % des chauffeurs étaient au chômage avant de débuter leur activité, dont pas moins de 43% depuis plus d'un an. 93% des chauffeurs interrogés se sont déclarés « fiers » de travailler pour cette société, ce qui peut s'expliquer par les bénéfices perçus : un impact positif sur le niveau global des revenus selon 71% des partenaires chauffeurs, une amélioration de leurs compétences professionnelles pour 72% d'entre eux et 64% considèrent qu'Uber a amélioré leur qualité de vie d'une manière générale. De même, aux États-Unis, une analyse du marché des chauffeurs Uber a mis en évidence que 60% d'entre eux étaient en recherche active d'emploi avant de travailler pour cette société. La moitié d'entre eux cherchaient un travail à temps partiel, l'autre moitié un travail à temps plein » : Conseil d'État, « Puissance publique et plateformes numériques : accompagner l'«ubérisation» », *Les rapports du Conseil d'État* (ancienne collection Études et Documents du Conseil d'État), Étude annuelle, 13 juillet 2017, p.57.

157 « Par ailleurs, pour la circonstance, afin de frapper les entreprises du numérique faisant un chiffre d'affaires important en France mais n'y dégageant que peu de bénéfices imposables, nous anticipons la mise en place d'une taxe « GAFA » sur le chiffre d'affaires dans le cadre d'un PLFR 2018 (articles non rattachés…), ou en seconde lecture du PLF 2019 à l'Assemblée nationale. Nous estimons qu'une recette supplémentaire de 2 milliards d'euros serait envisageable ». A 500 millions de dollars par année, la taxe GAFA pourrait générer 2 milliards de dollars sur 4 ans » : S.-F. Servière, « Quelles baisses de dépenses pour financer les 10 milliards d'annonces ? », *Fondation IFRAP, Budget et fiscalité*, 13 décembre 2018, consultable à l'adresse suivante : http://www.ifrap.org/budget-et-fiscalite/quelles-baisses-de-depenses-pour-financer-les-10-milliards-dannonces

Deuxième partie - Les solutions de sortie de crise

« Chaque génération se doit de payer ses propres dettes.

Respecter ce principe éviterait bien des guerres à l'humanité [1]».

202. Déplacer le poids de l'impôt vers les nouveaux riches : les géants du numérique : ceux qui connaissent une progression de leurs chiffres d'affaires même en temps de crise sanitaire ? L'idée est évidente au regard du principe du réalisme du droit fiscal. La vocation de l'impôt ne consiste-t-elle pas à ponctionner la richesse où qu'elle se trouve ? Toute la difficulté vient du fait que cette vocation n'est pas toujours respectée. Il est pourtant primordial de la conserver. Son irrespect a été à l'origine de la crise des gilets jaunes. C'est toujours au nom de la juste part d'impôt que plusieurs voix s'élevèrent pour protester contre la part minime payée par les géants du numérique alors que leurs profits atteignent des dimensions faramineuses.

203. Il y a par conséquent une dimension sociologique de l'impôt dans l'élaboration des règles juridiques qu'il ne faut pas sous-estimer[2]. Pour bon nombre de fraudeurs et d'optimiseurs fiscaux, l'impôt éludé ou évité aurait, de toutes évidences, servi à d'autres fins que le financement des services publics. Il faudrait alors leur donner la possibilité de contribuer directement à la lutte contre la pauvreté, en redirigeant les sommes initialement détournées

---

[1] Thomas Jefferson, principal auteur de la déclaration d'indépendance des États-Unis en 1776 et président de 1801 à 1809 cité par D. Hallépée, J.-.F. Guédon, C. Grimaud, P. Simon, *Le monde économique par les citations: Les bons esprits, les cancres et les nuls se cultivent*, Kindle Edition, Les écrivains de Fondcombe, 14 août 2014, p. 206.

[2] « Le traitement juridique de cette vaste question implique un dépassement de l'aporie révélée par les maximes « nécessité fait loi » et « nécessité n'a pas de loi ». Un État en situation de difficulté est-il systématiquement conduit à violer ses obligations internationales ? Ou bien son comportement, contraire à ses obligations, est-il en lui-même générateur d'une nouvelle norme juridique, l'exception prenant le pas sur la règle ? Ces questions sont loin de rester simplement théoriques, tant la pratique interétatique est riche d'illustrations de ces situations de difficulté qui élèvent de manière considérable le coût pour les États du respect de leurs obligations internationales. Ainsi l'important contentieux dans le domaine des investissements, généré par la crise économique et financière de l'Argentine au début des années 2000, atteste-t-il de la pertinence et de l'actualité d'une analyse de ces questions » : P. M. Eisemann, Préface de l'ouvrage de S. Cassella, *La nécessité en droit international,* Martinus Nijhoff Publishers and VSP, Leiden, Boston, 2011, 591 pages.

vers des causes plus soucieuses des intérêts de la société dans son ensemble (Titre 1).

204. Pour continuer d'attirer investisseurs et flux financiers sur le territoire, certaines concessions ont dû se faire. Il en est ainsi de l'exonération de la taxe carbone de certains secteurs du transport. Au nom de l'attractivité fiscale, il a aussi été nécessaire de négocier des niches fiscales pour les géants du numérique, à l'image de la taxe Netflix.

205. De même, au titre des dérogations, il convient de penser à l'exception culturelle, mise en place pour éviter que les États-Unis ayant une forte industrie culturelle, n'écrasent la concurrence. Ce dernier produirait et vendrait sa culture à l'extérieur de son pays, ce qui rend ses prix forts attractifs. Pour protéger les artistes nationaux, la culture ne fait donc pas partie de ces biens marchands qui sont soumis à rude concurrence des marchés. La question de l'exception culturelle se pose avec acuité à un moment ou Netflix a bénéficié de niches fiscales pour produire des films de contenu canadien. Qu'est-ce qui entre dans la culture ou n'en fait pas partie ? Quelles sont les œuvres qui bénéficieront du financement fiscal ou celles qui en seront exclues[3] ? L'équité fiscale doit donc penser à des modes de taxation plus justes et qui tiennent compte des réalités économiques et culturelles du territoire ou il a vocation à s'appliquer[4].

206. Pour traiter la question de l'équité fiscale entre les générations, la dimension européenne est désormais incontournable. Du fait de la concurrence fiscale que se livrent les États entre eux pour attirer les investisseurs, il est évident que la fiscalité ainsi que les lois sur le salaire minimum ou encore la protection sociale sont utilisées comme moyen d'écarter les pays voisins et d'implanter davantage d'entreprises aux pays qui sauront jouer sur les écarts de niveau de salaire.

207. Au-delà de la simple question de la redistribution des recettes fiscales, la taxe carbone entre directement en ligne de mire de la question relative à l'équité intergénérationnelle. Ainsi que le rappelle le Réseau français Étudiant

---

[3] M.-Ch. Piatti, « L'exception culturelle en tension : protectionnisme économique ou protection culturelle ? », *Juris art etc.* 2017, n°49, p.31.

[4] « Face à la montée des firmes numériques transnationales, la promotion d'une concurrence plus juste par le ministère de la Culture est en effet concomitante d'une réaffirmation de « l'exception culturelle » comme paradigme de la politique culturelle nationale et internationale. L'ambition de cet article est donc de montrer en quoi la « concurrence juste » promue par les acteurs politiques français, loin de constituer une remise en cause des acquis de la politique culturelle, s'adosse et s'articule à la sauvegarde du soutien à la création audiovisuelle nationale. Nous prenons ici l'exemple de l'arrivée de Netflix sur le marché de la vidéo à la demande française, et les réactions qu'elle suscite pour étudier l'articulation entre politique de concurrence et action culturelle au ministère de la Culture » : A. Bellon, « La politique de concurrence au secours de l'exception culturelle. L'arrivée de Netflix en France depuis le ministère de la Culture », *Gouvernement et action publique* 2016/4 (N° 4), p. 120.

pour le Développement Durable, « l'équité intergénérationnelle est un principe légal et moral selon lequel il faut respecter les droits et les intérêts des générations futures et ne pas les compromettre par nos actions et décisions actuelles ». Il rappelle que le principe est énoncé dans l'article 3 de la déclaration de Rio sur l'environnement et le développement : « le droit au développement doit être réalisé de façon à satisfaire équitablement les besoins relatifs au développement et à l'environnement des générations présentes et futures »[5]. Certains juristes ont proposé de considérer les ressources naturelles comme des biens. À partir du moment où il s'agit de biens communs, ces derniers n'appartiennent à personne et doivent faire l'objet d'une protection et d'une conservation dans le but de les céder aux générations futures. Il a été question de « trusts aux profits des générations futures par les générations précédentes », de « préservation de la capacité de services du sol », pour la collectivité actuelle et future[6]. La taxe carbone n'est finalement que la traduction fiscale d'un principe énoncé en droit international. Son objectif est de préserver la planète en taxant les émissions de carbone. Elle est cependant contestée du fait de son caractère injuste et du manque de transparence dans la répartition de ses recettes. Il faut donc améliorer l'efficacité fiscale de ces instruments par plus de justice et plus de transparence. (Titre 2)

---

[5] Déclaration De Rio sur l'environnement et le développement, Rapport de la Conférence des Nations Unies sur l'environnement et le développement, Rio de Janeiro, du 3 au 14 juin 1992.

[6] E. Brown-Weiss et Fr. Ost cité par A. Cayol, « L'obligation réelle environnementale ou les potentialités environnementales du droit des contrats et du droit des biens », *Petites affiches*, 11/05/2018, n°094-095, page 98.

Titre 1 - L'adaptation de la fiscalité aux rapports de force en présence

208. Quelques idées non orthodoxes ont été émises par une partie de la doctrine : la fraude pour lutter contre la pauvreté ou encore la fraude pour préserver la faillite des États[1]. Ainsi que le rappelle Sarah Cassella, « deux exemples sont fournis par la guerre et par les crises économiques internationales de grande envergure, ces dernières faisant souvent suite à des conflits armés. La pratique internationale montre depuis longtemps que l'on retient facilement, dans ces cas, le lien de causalité avec l'événement extérieur à l'État. La situation de nécessité est prise en compte dans le calcul de l'indemnisation due aux étrangers en cas de guerre, lorsque l'État dans lequel ils se trouvent n'a pas réussi à leur accorder la protection qui leur est due »[2]. Il s'agit d'une situation de nécessité extérieure à l'État ou à tout le moins indépendant de sa volonté. En matière de fiscalité, des interrogations similaires se posent notamment lorsque les fonds détournés peuvent être placés dans des États pauvres pour leur permettre de stimuler leurs investissements locaux ou tout simplement d'investir dans le financement des services publics. Ces fonds qui échappent au fisc de certains pays et dormants dans des paradis fiscaux ne peuvent-ils pas être redistribués à des fondations de prise en charge d'orphelins et dans ce cas être considérés comme détournés certes mais au final pour lutter contre un état de nécessité ou de pauvreté extrême ? Après tout, la crise sanitaire n'a-t-elle pas fait exploser le nombre de personnes en situation de précarité et de pauvreté ?

209. De même est-il légitime de s'interroger sur d'autres modes de lutte contre la pollution autrement que par la taxe carbone. En matière de transport, il est ainsi possible de penser à mettre en place une taxe nommée contribution au service public des transports inspirée de la contribution au service public de l'électricité[3] dont le but serait de financer la décarbonation des transports. Cette taxe, prélevée sur les véhicules, servira à financer la cogénération à haut

[1] Article 122-7 : « n'est pas pénalement responsable la personne qui, face à un danger actuel ou imminent qui menace elle-même, autrui ou un bien, accomplit un acte nécessaire à la sauvegarde de la personne ou du bien, sauf s'il y a disproportion entre les moyens employés et la gravité de la menace »: Article 122-1 du Code Pénal, Modifié par la loi n°2014-896 du 15 août 2014 - art. 17, consultable sur le site https://www.legifrance.gouv.fr/codes/id/LEGISCTA000006149818/2020-11-11/

[2] S. Cassella, *La nécessité en droit international,* Martinus Nijhoff Publishers and VSP, Leiden, Boston, 2011, 591 page 440.

[3] EDF, « Evolution de la contribution au service public de l'électricité (CSPE) au 1er janvier 2020 », *Décryptage du marché de l'énergie*, 30 jan. 2020, disponible sur le site https://www.edf.fr/entreprises/le-mag/le-mag-entreprises/decryptage-du-marche-de-l-energie/evolution-de-la-contribution-au-service-public-de-l-electricite-cspe-au-1er-janvier-2020

rendement, ces moteurs permettant de générer à la fois de l'électricité et de la chaleur par un seul et même procédé plutôt que par deux processus distincts. L'économie d'énergie que produisent ces moteurs dits de cogénération à haut rendement, est estimée à 10 %[4]. Pour arriver à une bonne décarbonation des transports, il faut être en mesure de contrôler les émissions en provenance du secteur des transports publics, particulièrement du bus. S'il est vrai que la peur des embouteillages ou des difficultés de stationnement en ville peu conduire certains usagers à préférer le bus plutôt que la voiture et réduire par conséquent les émissions de CO2, il n'en demeure pas moins que les efforts pour réduire la pollution des bus sont importants. Dans cette lancée, l'électrification du réseau de bus peut sembler être une solution de sortie de crise. Il faut cependant financer un tel projet : le remplacement des batteries de bus électriques ainsi que la maintenance de ces véhicules coûtent plus cher que celui des bus classiques. Le problème de la transition écologique est donc d'abord et avant tout un problème de financement (Chapitre 1).

210. C'est ce qui explique que la crise du coronavirus soit aussi un moyen d'utiliser des circonstances exceptionnelles pour réorienter les financements vers les énergies vertes. C'est aussi en cela que les méthodes utilisées sont peu orthodoxes : attendre qu'une catastrophe aussi tragique se produise pour décider de recourir à des montants astronomiques et historiques d'emprunts pour permettre de relancer l'économie. Il est évident que la planche à billets, « l'hélicoptère money », est une des solutions sur lesquelles plusieurs pays européens misent pour sortir de la crise. L'endettement est incontournable pour faire face aux besoins financiers que pose la pandémie. Ne serait-ce que pour financer le système de santé, il faut, lorsque l'on n'a pas un système aussi développé que celui de l'Allemagne, injecter des liquidités pour l'achat de matériels, de kits de dépistage de la maladie ou encore de masques. Il y va de la gestion de la pandémie. Pour éviter de surcharger les hôpitaux, le confinement, partiel ou total, a été utilisé par plusieurs pays. Durant ces périodes, les mesures de soutien à l'économie et au chômage ont été mises en œuvre au Canada, en France et aux États-Unis. Car il faut éviter le pire : une crise bancaire, un recul trop grand de la consommation des ménages serait signe de désastre économique. Dans la mise en place de ces circonstances exceptionnelles, une place doit aussi être réservée à l'écologie et à la transition sociale : une société plus collaborative et plus verte : ce sont les défis de tous les gouvernements qui devront orienter les finances publiques en ce sens. Comme le rappelle Alexandra Dublanche, vice-présidente du conseil régional d'Île-de-France, chargée du développement économique, de l'attractivité, de l'agriculture et de la ruralité, la région Île-de-France représente à elle seule 30 % du PIB national. Parce que le confinement entraine une perte de 3 % du

[4] Décision De La Commission Du 31.7.2018 Concernant L'aide D'état Sa.36511 (2014/C) (Ex 2013/Nn) Mise À Exécution Par La France Du Plafonnement De La Cspe, page 03, paragraphe 10.

PIB annuel par mois de confinement, il fallait, dès le mois d'avril 2020, apporter une réponse économique forte à la récession, c'est-à-dire, au recul de l'activité économique. Le fonds de solidarité État-régions à hauteur de 76 M€ a été mis en place, ainsi qu'une aide exceptionnelle « PM'up Covid-19 » de 800 000 €. La vice-présidente fait aussi mention de prêt de 300 M€ « back up prévention », un prêt de la région qui existait déjà mais avec un taux de 3,8 %, revu à 0 % par la Banque Publique d'Investissement, une commande de 20 millions de masques, un appui aux maraîchers franciliens avec le lancement du site Rungis livré chez vous pour pouvoir ravitailler les Franciliens en produits frais pendant la période de confinement et permettre aux maraichers d'écouler leurs produits[5]. Il y a donc, durant la période de confinement, un redoublement des efforts de solidarité et un recours accru aux prêts et à internet. Cette crise aura finalement eu pour vertu de rappeler l'importance d'internet et de la solidarité intragénérationnelle. C'est cette même solidarité qui doit être le cœur du modèle français, en s'inspirant de ce qui se fait sur le plan intra-générationnel et en le développant sur un modèle intergénérationnel ? Comment arriver à un tel style de vie ? En se comportant tous les jours comme si la crise financière allait durer 30 ans : ce qui conduit à une consommation raisonnable des ressources de la planète et une préservation de ces dernières afin que les générations futures puissent en bénéficier (Chapitre 2).

---

[5] A. Dublanche, « Covid-19 en Île-de-France : « Les conséquences économiques vont être sévères » », *Petites affiches*, 20/04/2020, n°079, page 7.

Chapitre 1 - Une alternative aux solutions classiques

211. Il est question de solutions moins classiques parce qu'en matière de lutte contre la fraude fiscale, les sanctions sont devenues le mode de règlements classiques des litiges fiscaux. Il est désormais question de s'interroger sur des manières de faire moins répressives et plus stimulantes. Au demeurant, si l'incitation à la vertu échoue, il sera toujours possible de retomber sous le coup des dispositions du Code général des Impôts. Ainsi que le rappelle le Bulletin Officiel des Finances Publiques, il faut un élément intentionnel de frauder et un élément matériel qui se traduit par une réduction du montant de l'impôt dû[1]. C'est l'article 1741 du code général des impôts qui l'énonce en ces termes : « quiconque s'est frauduleusement soustrait ou a tenté de se soustraire frauduleusement à l'établissement ou au paiement total ou partiel des impôts visés dans la présente codification, soit qu'il ait volontairement omis de faire sa déclaration dans les délais prescrits, soit qu'il ait volontairement dissimulé une part des sommes sujettes à l'impôt, soit qu'il ait organisé son insolvabilité ou mis obstacle par d'autres manœuvres au recouvrement de l'impôt, soit en agissant de toute autre manière frauduleuse, est passible, indépendamment des sanctions fiscales applicables, d'un emprisonnement de cinq ans et d'une amende de 500 000 €, dont le montant peut être porté au double du produit tiré de l'infraction ». Ces peines peuvent même être portées à 7 ans d'emprisonnement ou à une amende de 3 millions d'euros[2]. L'arsenal est donc suffisamment répressif pour décourager les fraudeurs les plus téméraires. Pourtant la fraude, loin de s'essouffler connait une progression spectaculaire, soit un bond de plus de 50 % en 2019, par rapport à l'année 2018, s'établissant ainsi à 12 milliards d'euros de recettes en juillet 2019. D'où vient ce fossé entre l'arsenal répressif et la réalité mesquine à laquelle les finances publiques sont confrontées ? Faible application du dispositif juridique, manque de sévérité des juges, attractivité territoriale et concurrence fiscale poussant à fermer les yeux sur certaines pratiques ? Les motifs avancés sont nombreux et pour cause, ils sont tous aussi valables les uns que les autres. Alexis Spire et Katia Weidenfeld fournissent quelques éléments de réponse, ces derniers pourraient aussi expliquer la suppression de l'Impôt de Solidarité sur la Fortune (ISF) et son remplacement par l'Impôt sur la Fortune Immobilière (IFI) : « si les grandes entreprises sont absentes des dossiers transmis par le fisc au juge pénal, ce n'est pas directement en raison d'une connivence avec le gouvernement en place ou parce qu'elles

---

[1] Direction générale des Finances publiques, « CF - Infractions et sanctions pénales - Poursuites correctionnelles - Délit général de fraude fiscale - Éléments constitutifs du délit », *Bulletin Officiel des Impôts*, 27/06/2019, BOI-CF-INF-40-10-10-10.
[2] Article 1741 du Code Général des Impôts

disposeraient d'un pouvoir politique (Coleman, 1985). C'est plutôt parce que l'objectif d'obtenir un recouvrement rapide et certain conduit les vérificateurs à privilégier les transactions et parce que ces sociétés savent donner à leurs fraudes l'apparence d'erreurs. Il en est de même pour les contribuables les plus fortunés et ceux disposant d'un gros patrimoine : les fraudes impliquant l'impôt de solidarité sur la fortune ou les droits sur les successions ne font jamais (ou presque) l'objet de poursuites. Ainsi la fraude patrimoniale, c'est-à-dire celle liée à l'évaluation, la cession ou la transmission des patrimoines, échappe pratiquement à toute forme de pénalisation. Selon la Commission des affaires fiscales (2013), l'essentiel des poursuites concerne trois types d'impôts – la taxe sur la valeur ajoutée (53 % des affaires), l'impôt sur les sociétés (24 %) et l'impôt sur le revenu (22,5 %) – et se concentre sur certains secteurs d'activité. Ainsi, en 2013, le secteur de la construction (bâtiments et travaux publics) arrive en tête avec 27 % des poursuites, alors qu'il ne représente que 6 % de la valeur ajoutée de l'ensemble des branches »[3]. Pendant que la doctrine s'interroge sur le dispositif répressif, d'autres méthodes de lutte contre la fraude fiscale par une sensibilisation à la pauvreté et aux moyens parfois peu orthodoxes utilisés pour lutter contre cette dernière, s'imposent. Il en est ainsi de la théorie dite de l'état de nécessité qui autorise la fraude, et donc la fraude fiscale, pour lutter contre la pauvreté. C'est en ce sens qu'il s'agit de solutions moins classiques [4](Section 1).

212. Au chapitre des solutions peu conventionnelles, il convient d'affirmer que la taxe carbone et son chèque vert ont été vus comme de bons moyens de redistribuer des revenus à des familles modestes. Le temps viendra où il faudra s'interroger sur d'autres méthodes que la sempiternelle taxe carbone pour régler le problème du réchauffement climatique et du financement des énergies vertes. Parmi ces méthodes, la nécessité de recourir davantage aux modes de transports publics comme le train ou encore le bateau s'est posée comme une sérieuse alternative à la pollution causée par les transports privés comme la voiture. Les pays d'Europe ont décidé d'exploiter le plein potentiel du train. En 2007, par exemple, l'Allemagne et les Pays-Bas ont collaboré pour mettre en place une ligne ferroviaire de 160 km desservie par pas moins de 40 000 trains par an. Le projet a couté 4,7 milliards d'euros avec des possibilités de créations de lignes ferroviaires supplémentaires en cas de

---

[3] A. Spire, K. Weidenfeld, « La tolérance des juges à la fraude fiscale : un inconscient d'institution », *Criminologie*, vol. 49, n° 1, 2016, p. 85.

[4] Le monde, « Lutte contre la fraude fiscale : 12 milliards d'euros de recettes en 2019, « année record » », *Le monde*, 1er juillet 2020, page 1 et suivante consultable sur le site https://www.lemonde.fr/evasion-fiscale/article/2020/07/01/fraude-fiscale-12-milliards-d-euros-recuperes-par-l-État-en-2019-une-annee-record_6044873_4862750.html#:~:text=Evasion%20fiscale-,Lutte%20contre%20la%20fraude%20fiscale%20%3A%2012%20milliards%20d'euros%20de,de%2010%20milliards%20d'euros.

saturation de ce réseau[5]. Que dire alors de la Suisse qui devrait en 2020, « disposer d'énormes capacités de transit pour le fret traditionnel, le transport de conteneurs et le ferroutage accompagné ou non »[6]. Le train se présente donc un outil phare dans la réduction des émissions de gaz à effet de Serre. Il devra aussi permettre aux transports de connaitre moins de pollution en le privilégiant comme mode de déplacement pour les usagers qui se rendent à l'école ou au travail. Il est ainsi facile de concevoir que la décarbonation des transports ne passe pas toujours et nécessairement par une augmentation de la taxe mais par des méthodes alternatives de transports moins polluants. Il faut cependant financer la transition écologique et c'est en cela que le défi de trouver d'autres modes de financement que la taxe carbone apparait comme une solution alternative aux méthodes classiques (Section 2).

Section 1 - La fraude au service de la justice fiscale

213. Accomplir un acte qui permet d'échapper à un danger imminent et s'exonérer, par ce fait même, de sa responsabilité civile ou pénale : telle est la définition de l'état de nécessité retenue par le droit français. D'abord, au niveau des textes juridiques, il convient de citer l'article 122-7 du Code pénal selon lequel : « n'est pas pénalement responsable la personne qui, face à un danger actuel ou imminent qui menace elle-même, autrui ou un bien, accomplit un acte nécessaire à la sauvegarde de la personne ou du bien, sauf s'il y a disproportion entre les moyens employés et la gravité de la menace. »[7] Ensuite, la jurisprudence a admis ce principe à travers l'affaire Louise Ménard, du nom de la femme qui se voit dans l'obligation de voler du pain pour sauver son enfant mourant de faim. Selon une partie de la doctrine, le fondement de cet état de nécessité se trouve dans l'obligation qu'ont les juges d'interpréter humainement les inflexibles prescriptions de la loi[8]. Enfin, comment ne pas citer Savatier dans la doctrine française pour qui l'état de nécessité est la « situation de celui à qui il apparaît clairement que le seul moyen d'éviter un mal plus grand ou égal est de causer un mal moins grand

---

[5] R. Wœssner, « Territoires européens et transport ferroviaire. La dorsale européenne sur ses rails », *Population & Avenir*, vol. 726, no. 1, 2016, pp. 14-16.

[6] R. Wœssner, « Territoires européens et transport ferroviaire. La dorsale européenne sur ses rails », *Population & Avenir*, vol. 726, no. 1, 2016, pp. 14-16.

[7] Article 122-7 du code pénal consulté sur le site de légifrance à l'adresse suivante : https://www.legifrance.gouv.fr/affichCodeArticle.do?cidTexte=LEGITEXT000006070719&idArticle=LEGIARTI000006417220 en ce 28/12/2016.

[8] Tribunal correctionnel de Château-Thierry, 4 mars 1898, Ministère public c. demoiselle Ménard, Dalloz, 1899-II, pp. 330-331 cité par S. Cassella, *La nécessité en droit international : de l'état de nécessité aux situations de nécessité*, Leiden : Martinus Nijhoff Publishers, 2011, p. 107.

ou égal[9]. » Dans le droit canadien, la théorie de l'état de nécessité n'est pas sans rappeler l'affaire Perka. Dans ce dossier, un navire de trafiquants de drogues s'était échoué sur les côtes du Canada. Ces derniers avaient débarqué leur cargaison sur place pour éviter que l'embarcation, à destination des territoires américains de l'Alaska, ne coule. Les juges ont rappelé que l'état de nécessité est une excuse pouvant être invoquée en vertu du paragraphe 7(3) du Code criminel et que le critère essentiel de cette théorie était le caractère involontaire de l'acte, entendu, non pas dans sa dimension littérale mais dans le sens où l'acte ne causerait aucun mal. S'il advenait que l'acte soit criminel, l'accusé doit prouver qu'il a agi en vertu de deux obligations légales contradictoires « ce qui a fait de son acte apparemment mauvais, un acte bon[10] ».

214. Il est à présent question d'invoquer l'état de nécessité dans une situation de vols de deniers publics à travers l'évitement fiscal et l'évasion fiscale pour venir au secours de particuliers en situation d'extrême pauvreté ou d'États menacés de faillite. La théorie a-t-elle sa place en droit fiscal ? En somme, l'évasion peut-elle être une forme de justice fiscale [11]?

215. Une réponse affirmative à cette question pourrait surprendre, la communauté internationale ayant décidé de livrer un combat sans merci contre ce qui apparait comme la source principale de la fuite de la manne financière

---

[9] R. Savatier cité par Lamy Droit du contrat, « État de nécessité », *Le Lamy Droit du contrat* 2016, Chapitre 5, paragraphe 3, no 595.

[10] Perka c. La Reine, [1984] 2 RCS 232, 1984, CanLII 23 (CSC). Selon les juges : « le moyen de défense fondé sur la nécessité peut être invoqué au Canada et il doit être considéré comme une excuse applicable en vertu du par. 7(3) du Code criminel. Le critère essentiel qui régit l'application de ce moyen de défense est le caractère involontaire, du point de vue moral, de l'acte mauvais, qui se mesure en fonction de ce que la société considère comme une résistance normale et appropriée à la pression. Ce moyen de défense ne s'applique qu'à une situation de danger imminent où l'on a agi afin d'éviter un péril imminent et immédiat. L'acte en question ne peut être qualifié d'involontaire que s'il était inévitable et s'il ne s'offrait à l'accusé aucune possibilité raisonnable d'adopter une autre ligne de conduite qui ne comportait pas d'infraction à la loi. De même, le mal causé par la violation de la loi doit être moindre que celui que l'accusé a cherché à éviter. Si l'accusé a prévu ou aurait dû prévoir que ses actes pourraient donner lieu à une situation d'urgence qui exigerait la perpétration d'une infraction à la loi, il se peut qu'il ne puisse pas faire valoir que sa réaction a été involontaire. » La décision Perka insiste donc sur le caratére involontaire et imprévisible de l'acte. Elle précise, en outre, la charge de la preuve : « toutefois, la simple négligence ou le simple fait qu'il participait à une activité criminelle ou immorale lorsque la situation d'urgence s'est présentée n'empêche pas l'accusé d'invoquer ce moyen de défense. Enfin, lorsque l'on fournit à la Cour suffisamment d'éléments de preuve pour soulever la question de la nécessité, il incombe à la poursuite de réfuter ce moyen de défense et de prouver, hors de tout doute raisonnable, que l'acte de l'accusé était volontaire ; le fardeau de la preuve n'incombe pas à l'accusé.»

[11] Selon l'agence de Revenu Québec, la pratique de l'évasion fiscale consiste à « ignorer délibérément une partie précise de la loi. Une source importante d'évasion fiscale est la dissimulation d'activités économiques à l'État par des citoyens et des entreprises, qui agissent ainsi afin de remettre moins d'argent qu'ils ne le devraient au fisc » : http://www.revenuquebec.ca/fr/a-propos/evasion_fiscale/consequences.aspx

des États[12]. Pourtant, une fois de plus, la réflexion du juriste doit transcender le cadre purement légal, sortir de la mouvance actuelle et s'interroger sur les ressources nécessaires pour lutter contre la pauvreté des personnes physiques et morales, ou encore, comment venir en aide aux États en difficulté financière ? On estime à près de 20 % des recettes fiscales brutes, le montant de la fraude fiscale en France contre 15,7 % du PIB canadien[13]. Dans une logique de répartition équitable de la richesse des nations, la question devait nécessairement se poser de savoir si cet argent ne pourrait pas, à travers une théorie de la justice inspirée du droit français comme celle de l'état de nécessité, servir enfin aux plus démunis[14]. Faut-il le rappeler, le vol était pénalement réprimé jusqu'à la décision jurisprudentielle établissant l'état de nécessité en vertu duquel une mère a été disculpée pour avoir soustrait frauduleusement de la nourriture dans le but de subvenir aux besoins de ses enfants mourant de faim[15]. L'évasion fiscale serait au droit fiscal ce que l'état de nécessité est au droit pénal : une exception à la règle.

216. La clarification des termes du sujet, nécessaire à toute étude et en particulier à celle-ci, devient un préalable indispensable tant il est vrai que la distinction entre l'acceptation de l'évasion fiscale comme une pratique légale et l'acceptation de la même évasion fiscale comme une pratique de justice fiscale laisse à désirer. La justice fiscale, il faut le rappeler, est un idéal, visant à corriger ce que la loi prévoit ou l'application stricte des textes. Elle avoisine ainsi l'équité qui n'est autre qu'une forme de justice[16]. Dans le cadre de cette étude, il n'est donc pas question de discuter le point de savoir si l'évasion fiscale est légale ou illégale, la frontière entre la légalité et l'illégalité étant purement et simplement tracée par la loi[17]. La question qu'il y a lieu de se poser est de savoir s'il est possible d'accepter que les sommes de la fraude fiscale puissent être réinvesties dans la lutte contre la pauvreté des personnes physiques et morales et que de telles pratiques soient considérées comme une

---

[12] Impulsé par les États-Unis, le FATCA acronyme pour Foreign Account Tax Compliance Act, est un accord entre les américains et plusieurs pays du monde visant, entre autres, à déclarer au trésor américain, les comptes détenus par des citoyens américains, dans des banques étrangères : site internet de l'accord, consulté à l'adresse suivante : https://www.irs.gov/businesses/corporations/foreign-account-tax-compliance-act-fatca le 29 décembre 2016.

[13] L. Cannon, « Avant-propos », *Revue Française de Finances Publiques*, 1er août 2014, n°127, p.3 et s.

[14] A. Lareau, « L'État complice de la concentration des richesses », *Les Cahiers de droit*, vol. 39, n° 1, 1998,
p. 161-176.

[15] C.A., Amiens, 22 avril 1898, Affaire Louise Menard

[16] S. Guinchard, Th. Debard, *Lexique des termes juridiques*, 20e édit., 2013, p. 390.

[17] Le site internet de revenu Québec définit l'évasion fiscale comme le fait d'ignorer délibérément une partie de la loi afin de remettre moins d'argent au fisc qu'on ne le devrait : http://www.revenuquebec.ca/fr/a-propos/evasion_fiscale/consequences.aspx.

forme de justice[18]. Le droit fiscal canadien et québécois opère une distinction entre l'évitement fiscal[19], transaction n'ayant que pour seul but d'obtenir un avantage fiscal et l'évasion fiscale, dissimulation intentionnelle d'informations devant être portées à l'attention de l'administration fiscale dans le but, encore une fois, de payer moins d'impôt[20]. Dans l'évitement comme l'évasion fiscale, les finalités sont les mêmes : payer moins d'impôt, les modes opératoires, en revanche, sont différents. Le droit fiscal français, au travers de l'article 1741 du Code général des Impôts, définit la fraude fiscale comme le fait de se soustraire frauduleusement au paiement de ses impôts[21].

217. Un autre volet de cette étude ne concernerait non pas les pays en détresse financière[22] mais les particuliers, l'objectif étant, cette fois, de permettre une meilleure redistribution des richesses, tant il est vrai que plusieurs mesures fiscales avantagent les plus fortunés, souvent la minorité, au détriment des moins nantis[23]. Utiliser les montants faramineux de la fraude fiscale permet non seulement de meilleurs résultats autour des axes jugés prioritaires en finances publiques, au Québec comme en France, mais aussi de venir au secours de pays pauvres ou développés connaissant des situations financières difficiles, comme c'est le cas de l'Espagne ou de la Grèce. Ces pays, s'ils se veulent être éligibles aux pratiques d'évasion fiscale, devraient pouvoir s'assurer d'un minimum de stabilité politique et économique. La définition des critères de stabilité politique et économique est faite conformément aux avis de la doctrine[24].

218. Toute la problématique est alors de savoir à partir de quel moment un acte qui devait tomber sous le coup de la qualification de fraude fiscale et mériter les sanctions qui s'y rattachent pourrait profiter à la lutte contre la pauvreté sous la théorie de l'état de nécessité ? La réponse est simple : lorsque les sommes frauduleuses seront réinvesties, par le contribuable, dans la lutte

---

[18] La justice est définie par le dictionnaire de droit québécois et canadien comme un « terme qui désigne ce qui est conforme à l'équité et à la raison » : dictionnaire de droit québécois et canadien, consulté sur le site https://dictionnairereid.caij.qc.ca/recherche#q=justice&t=edictionnaire&sort=relevancy&m=search en ce 28/12/2016.

[19] MacKay c. Canada, [2008] 4 RCF 616, 2008 CAF 105 (CanLII), <http://canlii.ca/t/1zg5m>, consulté le 22/12/2016.

[20] Voir le site de l'Agence de revenu du Québec : http://www.revenuquebec.ca/fr/a-propos/evasion_fiscale/consequences.aspx

[21] Article 1741 du CGI consulté à l'adresse https://www.legifrance.gouv.fr/affichCodeArticle.do?cidTexte=LEGITEXT000006069577&idArticle=LEGIARTI000006312980&dateTexte=&categorieLien=cid le 29 décembre 2016.

[22] H. Crooks, *Le Prix à Payer*, documentaire réalisé par Harold Crooks, TVA Films, 2015.

[23] A. Lareau, « L'État complice de la concentration des richesses », *Les Cahiers de droit*, vol. 39, n° 1, 1998, p. 161-176.

[24] D. Billion, « France - Turquie : entre tensions et normalisations.... De la difficulté de parvenir à une relation apaisée », *Confluences Méditerranée*, janvier 2016, n° 96, p. 71-83.

contre cette même pauvreté ou encore pour prévenir la faillite des états dits pauvres ou très endettés.

219. Il serait intéressant d'établir une liste des pratiques fiscales relatives à l'évasion et à la fraude fiscale qui seraient acceptables sous la théorie de l'état de nécessité. Il s'agit de soulever les éléments juridiques d'encadrement de ces pratiques par la théorie de l'état de nécessité. Par ailleurs, dans un contexte économique de crise financière défavorable à bon nombre de pays, la fraude fiscale, sous la théorie de l'état de nécessité, ne pourrait-elle pas servir à ces derniers afin de suspendre leurs obligations internationales ? Certains pays, comme la Grèce ou encore l'Espagne, ne pourraient-ils pas s'en inspirer ?

220. Utiliser l'état de nécessité pour la fraude fiscale suppose que les fraudeurs avaient eu l'intention de venir au secours de personnes physiques ou morales en situation de détresse. La fraude fiscale sert à payer moins d'impôt et il est vrai que les fraudeurs recherchent l'enrichissement illicite[25]. Cependant, d'autres finalités peuvent servir à l'utilisation de l'argent fraudé, peu importe les premiers mobiles ayant présidé au détournement des fonds : des causes plus nobles comme la lutte contre la pauvreté. Cette épineuse question pose d'emblée celle des finalités et de l'encadrement juridique de la fraude fiscale lorsqu'elle est justifiée par l'état de nécessité (Paragraphe 1). Faut-il le rappeler : l'évasion fiscale est interdite par les lois fédérales[26]. Il est donc nécessaire de poser les critères juridiques de l'encadrement d'une notion à vocation humanitaire, une sorte de palliatif à la répression fiscale, une deuxième chance offerte aux fraudeurs fiscaux de se racheter de leur mauvaise conduite en réinvestissant lesdites sommes dans des causes plus dignes que l'enrichissement illicite (Paragraphe 2).

Paragraphe 1 - Les finalités de la fraude fiscale justifiée par l'état de nécessité

221. Dans l'évasion fiscale tout comme l'évitement, il y a une intention de payer moins d'impôt. Le contribuable appauvrit l'État pour s'enrichir. Dans le cadre de l'état de nécessité, appauvrir l'État reste une intention, les destinataires finaux de l'enrichissement illicite ne sont plus les mêmes : seuls sont visés les pauvres, qu'ils s'agissent des États ou des particuliers-personne physique. La fraude fiscale est ainsi utilisée à des fins de lutte contre la pauvreté (I) ou encore pour venir au secours d'État en faillite (II). Les sommes

[25] Nguesso c. Canada (Citoyenneté et Immigration), 2016 CF 1295 (CanLII), <http://canlii.ca/t/gw0ls>, consulté le 29/12/2016

[26] http://www.cra-arc.gc.ca/gncy/cmpgns/crckngdwn-fra.html

financières dissimulées ont pour destination finale des causes autres que l'enrichissement personnel.

I - L'utilisation de la fraude fiscale à des fins de lutte contre la pauvreté

222. Dans la plupart des pratiques d'évasion ou d'optimisation fiscale, il existe une offre et une demande de la part du pays hôte et de celle des contribuables s'y adonnant. Dans le cas de l'état de nécessité, il y a une volonté de venir au secours d'une situation manifestement injuste sur un plan fiscal, la réflexion transcende le cadre législatif pour épouser la dimension de la justice : l'idée d'injustice fiscale sous-tend l'action à l'origine de laquelle les montants de la fraude fiscale peuvent-être utilisés pour exonérer certains contribuables qui décident de réinvestir ces sommes dans la lutte contre la pauvreté. La doctrine définit la justice fiscale comme la juste répartition du poids de l'impôt mais reconnait que la fraude fiscale en est une protestation, les fraudeurs n'étant de toute évidence pas d'accord avec le poids de l'impôt[27]. Selon l'OCDE, le Danemark est le pays au monde où la pression fiscale est la plus élevée, atteignant ainsi un ratio Impôt/PIB de 46.3 % en 2019. Pourtant les Danois s'estiment satisfaits de leur système d'imposition. L'effet redistributif de ce dernier sert à lisser les inégalités de revenus[28]. Il est encore question de transparence de l'impôt, de la façon dont ce dernier est redistribué et du bien-être qu'il procure à la collectivité. Le consentement à l'impôt est étroitement lié aux questions de transparence. La corrélation entre la transparence, le consentement à l'impôt et la lutte contre la fraude fiscale est donc réelle, de sorte que, combinées à de bonnes politiques fiscales, elles puissent servir non seulement à lutter contre la pauvreté mais aussi à changer l'esprit du fraudeur fiscal. Le Mexique a pourtant le taux d'imposition le plus faible des pays de l'OCDE[29], quand on compare le ratio recettes fiscales/Produit Intérieur Brut. Il occupe le troisième taux d'imposition le plus bas, en matière d'impôt sur le revenu, avec seulement 19.7 % par travailleurs[30]. La fraude fiscale y est plus présente qu'au Danemark[31]. La fraude pourrait passer d'un acte répréhensible à un geste vertueux, de la répression à laquelle elle était destinée à l'incitation que le droit fiscal pourrait

[27] J.-M. Monnier, « La justice fiscale entre tensions et débats », *Pouvoirs locaux, La Documentation Française*, 2012, pp.54-58.

[28] OCDE, *Statistiques des recettes publiques 2020*, Éditions OCDE 2020, Paris, consultable sur le site internet https://doi.org/10.1787/c6381ca6-fr.

[29] OCDE, *Statistiques des recettes publiques 2020*, Éditions OCDE 2020, Paris, consultable sur le site internet https://doi.org/10.1787/c6381ca6-fr.

[30] OECD, «Taxing Wages-Mexico », *Taxing wages 2016*, OECD Publishing, Paris consulté à l'adresse http://www.oecd.org/mexico/taxing-wages-mexico.pdf le 28/12/2016.

[31] OCDE, « Une réforme des finances publiques pour une économie mexicaine plus forte, plus juste et plus saine », *Études économiques de l'OCDE : Mexique* 2011, p. 126.

tenter de promouvoir, par une meilleure éducation au rôle redistributif de l'impôt : permettre aux fraudeurs fiscaux de participer à cette fonction redistributive, de leur propre initiative, mais trouver une justification à l'acte de repentance par la théorie de l'état de nécessité : c'est ce qui explique que l'état de nécessité soit une dimension de la justice fiscale, son volet.

223. Parce que la répression n'est pas toujours le meilleur moyen de règlement des litiges[32], l'adoption d'une politique fiscale incitative pour le réinvestissement des montants de la fraude fiscale dans des domaines jugés prioritaires en finances publiques comme la santé, le financement des régimes publics de retraite, ou encore la dette, reste salutaire[33]. En cas de recul de l'État providence, on pourrait concevoir l'exonération de l'évitement fiscal ou de l'évasion fiscale à des fins de lutte contre la pauvreté sous la théorie de l'état de nécessité. Il ne s'agit là que des conséquences du recul de l'État providence dans la lutte pour l'équité entre les générations : encourager des contribuables qui devaient être poursuivis pour fraude mais qui, par le truchement d'une théorie juridique, doivent désormais réinvestir leurs efforts de détournement des impôts à des fins de lutte contre la pauvreté. Si les fraudeurs s'engageaient à réinvestir ces montants dans les domaines jugés prioritaires, ils pourraient bénéficier des grâces de la théorie de l'état de nécessité.

224. Plusieurs pays de l'Afrique subsaharienne ne prélèvent que 17 % de leur PIB en matière de recettes fiscales contre 35 % pour les pays de l'OCDE. Le niveau de développement d'un pays dépend de ses capacités contributives à l'impôt ce qui représente le minimum en matière de développement pour ces pays africains.[34] La problématique se pose à partir du moment où les lois fédérales interdisent les pratiques d'évasion fiscale mais, comme une sorte de correctif des dispositions légales, la justice fiscale peut autoriser cette exception aux pays pauvres ou émergents, en difficultés financières.

---

[32] Selon l'article 1741 du Code général des Impots, « L'auteur du délit de fraude fiscale est passible : - d'un emprisonnement de 5 ans ; - et d'une amende de 500 000 €. Les peines sont portées à 2 000 000 € et sept ans d'emprisonnement lorsque les faits ont été commis en bande organisée ou réalisés ou facilités au moyen :- soit de comptes ouverts ou de contrats souscrits auprès d'organismes établis à l'étranger ;- soit de l'interposition de personnes physiques ou morales ou de tout organisme, fiducie ou institution comparable établis à l'étranger ;- soit de l'usage d'une fausse identité ou de faux documents, au sens de l'article 441-1 du code pénal, ou de toute autre falsification ;- soit d'une domiciliation fiscale fictive ou artificielle à l'étranger ;- soit d'un acte fictif ou artificiel ou de l'interposition d'une entité fictive ou artificielle.»

[33] L. Godbout, S. St-Cerny, M. Arseneau, H. N. Dao, P. Fortin, « La soutenabilité budgétaire des finances publiques du gouvernement du Québec », *Document de travail de la Chaire de Recherche en Fiscalité et Finances Publiques de l'Université de Sherbrooke*, janvier 2014, p. 10 et s.

[34] OCDE, « Quels sont les déterminants du civisme fiscal ? », *Fiscalité et développement*, Ebauche mars 2013, p. 1.

II - L'utilisation de la fraude fiscale à des fins de lutte contre la faillite des États

225. Quelques pratiques d'optimisation proches de l'évasion fiscale ont été soulignées par la doctrine. Il convient de citer, à titre non exhaustif, les patent boxes, les manipulations des prix de transferts, la sous-capitalisation (c'est-à-dire le ratio fonds tiers sur fonds propres) ou encore la manipulation de la législation interne à l'image de celle de l'Irlande du Nord qui a baissé ses impôts lorsque des investissements étaient faits par des étrangers afin d'attirer plus d'investisseurs externes et d'égaler ainsi le niveau de développement de ses collègues européens[35].

226. La notion d'état de nécessité a par ailleurs été admise en droit international. L'idée serait donc de s'inspirer de la façon dont les différentes disciplines juridiques l'ont accueilli afin de vérifier ses modalités de transposition en droit fiscal. Une partie de la doctrine s'est déjà penchée sur cette théorie pour déterminer les modalités à partir desquelles un état en cessation de paiement, pourrait éviter de rembourser ses dettes[36]. Elle note ainsi qu'en droit international, la notion est utilisée pour désigner la situation d'un État étant dans l'impossibilité d'honorer ses engagements. Elle distingue l'état de nécessité de la situation de nécessité, laquelle conduirait un état à commettre un acte illicite, pour se protéger d'une situation extrême[37]. Plusieurs circonstances pourraient empêcher un état d'honorer ses engagements. On pense notamment aux crises financières qui ont frappé certains pays d'Europe comme la Grèce, l'Espagne ou encore le Portugal. D'autres cas particuliers, comme celui de l'Argentine, étaient semblables à la situation de nécessité, c'est-à-dire, une situation extrême les poussant à un acte illicite : cesser d'honorer leurs engagements vis-à-vis de leurs créanciers internationaux[38].

227. Le préalable pour bénéficier de l'exception relative à l'évasion fiscale serait d'abord et avant tout une stabilité politique, quel que soit le pays. Du côté européen, c'est la stabilité politique de la Turquie qui a retenu

---

[35] M. Gérard, « BEPS: faits, mesure et défi », *Midi-conférence*, lundi 7 novembre 2016, École de gestion, Université de Sherbrooke, consultable au http://cffp.recherche.usherbrooke.ca/evenements

[36] J. Gregogna, « nécessité état de », dans *Universalis éducation* [en ligne]. Encyclopædia Universalis, consulté le 9 décembre 2016, Disponible sur http://www.universalis-edu.com/encyclopedie/État-de-necessite/

[37] J. Gregogna, « nécessité état de », dans *Universalis éducation* [en ligne]. Encyclopædia Universalis, consulté le 9 décembre 2016, disponible sur http://www.universalis-edu.com/encyclopedie/État-de-necessite/

[38] P.M. Eisemann, préface à l'ouvrage de S. Cassella, *La nécessité en droit international : de l'état de nécessité aux situations de nécessité*, Leiden : Martinus Nijhoff Publishers, 2011, p. 5.

l'attention[39]. Ainsi, la doctrine note que certains indicateurs permettent de mesurer le niveau de stabilité : il s'agit de ceux relatifs aux protestations à caractère politique, marquées par des signes de violences comme des émeutes. Plus un pays en sera marqué, moins le niveau de stabilité sera important. La Turquie pourrait retenir toute l'attention des fiscalistes en ce que depuis 1987, la question de son adhésion à l'Union européenne reste encore d'actualité. À l'heure où la Grande-Bretagne a décidé de se retirer de l'Union européenne, recruter des pays pour la remplacer reste d'une importance actuelle. La fiscalité pourrait ainsi permettre à la Turquie d'égaler le niveau économique de la plupart des pays de l'Union européenne, en favorisant un déplacement de masses financières dormant dans les coffres-forts du Canada vers ce même pays. Il est vrai que plusieurs obstacles s'opposent à l'intégration de la Turquie au sein de l'Union européenne[40], il ne s'agit donc que d'une contribution minimale du droit fiscal, à travers la théorie de l'état de nécessité, utilisant les méthodes d'évasion fiscale pour exonérer de leurs responsabilités, les chefs d'entreprises qui décideraient de drainer l'impôt frauduleux vers ces pays ou les administrations fiscales qui, ayant découvert les pratiques frauduleuses, prennent la décision de renégocier avec les contribuables se livrant à de telles pratiques.

Paragraphe 2 - L'encadrement juridique de l'évasion ou de l'évitement fiscal inspiré de la théorie de l'état de nécessité

228. Les sommes détournées par l'évasion ou la fraude fiscale auraient ainsi pour destination finale la lutte contre la pauvreté ou la prévention de la faillite des États. Il appartient aux fraudeurs de prouver leur bonne foi et leur intention initiale de drainer l'impôt détourné pour la lutte contre la pauvreté. Comme en matière de preuve, la charge en incombe à celui qui en allègue le fait. Parce qu'il s'agit d'un domaine particulièrement épineux, la fraude fiscale justifiée à des fins de lutte contre la pauvreté devra obéir à une évaluation pour en mesurer le degré.

---

[39] D. Billion, « France - Turquie : entre tensions et normalisations.... De la difficulté de parvenir à une relation apaisée », *Confluences Méditerranée*, janvier 2016, n° 96, p. 71-83.
[40] D. Billion, « France - Turquie : entre tensions et normalisations.... De la difficulté de parvenir à une relation apaisée », *Confluences Méditerranée*, janvier 2016, n° 96, p. 71-83.

I - La nécessité de contrôler le degré d'évasion fiscale à travers les outils classiques de lutte contre la fraude fiscale

229. Selon une étude publiée par le Cirano, il existerait une hausse de 30 % des taxes en cas de signalement des fraudeurs fiscaux[41]. Il serait intéressant de voir le montant des impôts fraudés mais réinvestis dans la lutte contre la pauvreté, sous la théorie de l'état de nécessité, en sachant que la seule autre possibilité offerte aux fraudeurs fiscaux, en cas de découverte de leur malhonnêteté, est la répression.

230. L'évasion fiscale pourrait s'inscrire ainsi dans le cadre de la lutte contre la pauvreté : une sorte de fiscalité négociée en faveur des plus démunis, avec des possibilités de gracier ceux qui s'adonnent à de telles pratiques à condition que les fonds utilisés l'aient été pour contribuer au développement de pays pauvres ou émergents. L'action 11 du projet BEPS vise à mesurer l'évolution de l'érosion de la base d'imposition[42]. L'idée serait d'utiliser cet instrument pour mesurer et contrôler le degré d'érosion de la base d'imposition destinée à venir au secours de pays en situation de détresse financière. Selon Michel Bouvier, l'explosion démographique va redessiner le paysage de l'emploi et le continent africain serait le premier concerné[43]. Faut-il rappeler que l'état de nécessité est un correctif de la loi pénale sanctionnant le vol[44] et que ce même état de nécessité a été admis en droit administratif français, sous la théorie des circonstances exceptionnelles[45] ou encore sous celle d'état de siège, au travers de l'article 36 de la constitution[46].

231. Le recul de l'État providence fera progresser l'état de nécessité et c'est en cela l'objectif même de la théorie de l'état de nécessité : faire en sorte d'éviter que les politiques fiscales, parce que devenues insoutenables, ne nuisent considérablement aux plus démunis[47]. Le vieillissement de la population autant en France qu'au Canada est synonyme de couts pour les dépenses publiques relatives à la santé, au financement des régimes de retraite

---

41 D. Masclet, Cl. Montmarquette, N. Viennot-Briot, « Comment réduire la fraude fiscale ? Une expérience sur le signalement », *Rapport de projet*, Montréal, janvier 2013, p. 37.

42 J. St-Cerny-Gosselin, L. Latulippe, « Perspective canadienne sur le transfert international de bénéfices », *Midi-conférence*, lundi 7 novembre 2016, École de gestion, Université de Sherbrooke, consultable au http://cffp.recherche.usherbrooke.ca/evenements

43 Colloque international Québec-France ayant pour thème, « Démocratie, transparence et fiscalité », organisé par la chaire en fiscalité et en finances publiques, le jeudi 3 novembre 2016, inédit en ce 21-12-2016.

44 C.A., Amiens, 22 avril 1898, Affaire Louise Menard

45 Article 16 de la constitution

46 S. Cassella, *La nécessité en droit international : de l'état de nécessité aux situations de nécessité*, Leiden : Martinus Nijhoff Publishers, 2011, p. 107.

47 S. A. Mcdaniel, « Retraites - privilèges et pauvreté : un autre point de vue sur l'équité intergénérationnelle » dans *Age, générations et contrat social. L'État-providence face aux changements démographiques*, INED 2004, p. 222.

publique, aux infrastructures, aux nombres de travailleurs actifs susceptibles de relancer la croissance, laissant ainsi aux générations futures des pays développés, très peu de marge de manœuvre[48], a fortiori pour ceux des pays pauvres. Toute la lutte s'organise autour des plus pauvres pour mesurer comment mieux gérer le peu de ressources qui leur sont allouées. Après tout, n'est-ce pas le but de l'économie : la gestion optimale des ressources rares. La justice, particulièrement en matière de fiscalité, poursuit d'autre but, aller au-delà de ce que prescrit la loi et instaurer l'équité comme mode correctif des lois[49].

232. Les chefs d'entreprise prenant suffisamment de risque pour s'adonner aux pratiques d'évasion fiscale ont le profil nécessaire pour aussi investir ces sommes dans des pays émergents ou pauvres, en utilisant comme moyen de défense la théorie de l'état de nécessité, mal nécessaire pour prévenir un dommage plus grand, notamment le risque économique pesant sur certains peuples[50]. Car il faut le reconnaitre : des règles fiscales trop répressives encourent le risque de ne pas être appliquées[51].

II - L'encadrement de l'évasion fiscale à travers les critères jurisprudentiels de l'état de nécessité

233. La jurisprudence rappelle les conditions à partir desquelles l'état de nécessité pourrait être invoqué[52]. Celle de la France en énumère trois : un danger imminent qui menace un bien ou une personne, une infraction visant à écarter ce danger, enfin aucune autre ressource légale n'est disponible pour écarter ce danger[53]. Celle du Canada en reconnait aussi trois : « premièrement, il doit y avoir danger imminent. Deuxièmement, l'accusé ne doit pas avoir d'autre solution raisonnable et légale que d'agir comme il l'a fait. Troisièmement, il doit y avoir proportionnalité entre le mal infligé et le

---

48 L. Levoyer, « Approche en droit des finances publiques, responsabilité envers les générations futures : quelles exigences pour les finances publiques », in *Quelle responsabilité juridique envers les générations futures* ?, Paris, Dalloz, 2012, p. 145 et s.

49 Selon le lexique des termes juridiques, l'équité serait : «la réalisation suprême de la justice, allant parfois au-delà de ce que prescrit la loi » : S. Guinchard, Th. Debard, *Lexique des termes juridiques*, 20e édit., 2013, p. 390.

50 L'aversion aux risques d'un procès est fonction des moyens dont on dispose : L. Ancelot et al., « Aide juridictionnelle et assurance de protection juridique : coexistence ou substitution dans l'accès au droit », *Revue française d'économie*, avril 2012, Volume XXVII, p. 115-148.

51 G. Hamelin, « Fraude fiscale : où est l'éthique ? », *Jurisprésence, Le magazine de l'intelligence juridique de SOQUIJ*, Volume 1, n°2, septembre 2013, p. 5.

52 Lapierre c. P.G. (Qué.), [1985] 1 R.C.S. 241, consultable sur le site internet de la cour suprême du Canada : https://scc-csc.lexum.com/scc-csc/scc-csc/fr/item/40/index.do

53 P. Gourdon, « La consommation de cannabis nécessaire à la sauvegarde de la santé : une application contestable de l'article 122-7 du code pénal », *Recueil Dalloz* 2003 p.584.

mal évité. [54]» À partir de ces éléments, le raisonnement par analogie peut-être fait avec la fraude fiscale. « Il doit y avoir danger imminent » : le danger de la sanction liée à la fraude fiscale. « L'accusé ne doit pas avoir d'autre solution raisonnable et légale que d'agir comme il l'a fait » : réinvestir lesdites sommes dans la lutte contre la pauvreté est l'autre possibilité raisonnable et légale qui pourrait être offerte aux fraudeurs fiscaux, alternative à la répression fiscale. « Il doit y avoir proportionnalité entre le mal infligé et le mal évité » : il y a une proportionnalité entre le mal infligé à la société par la fraude fiscale et celui consistant à redistribuer les sommes de la fraude dans la lutte contre la pauvreté.

234. La jurisprudence de la Cour suprême rappelle, en s'inspirant des travaux de Sabatier, qu'il existe quatre cas différents d'état de nécessité : le mal causé à autrui pour s'en éviter un à soi-même, le mal causé à soi-même pour en éviter un à autrui aussi appelé l'acte de dévouement, le mal causé à autrui pour le préserver d'un autre plus grand, le mal causé à un tiers dans l'intérêt d'un autre tiers ou de la collectivité[55]. Ce qui pose la question de savoir si l'état de nécessité est une faculté qui doit être offerte aux États découvrant l'impôt frauduleux et décidant de l'offrir aux pays pauvres ou émergents pour subvenir à leurs besoins ou encore si ce même état de nécessité pourrait être une option fiscale offerte à tous les particuliers qui s'en prévalent à condition de respecter les conditions de mise en œuvre de la mesure juridique.

235. La jurisprudence québécoise s'est déjà prononcée sur la théorie de l'état de nécessité, bien qu'ayant décidé de ne pas la retenir, dans l'affaire qui suit, en l'absence de textes précis, d'une part, mais aussi et surtout devant les confusions et imprécisions qui entourent la notion et les risques de dérives d'interprétation des juges. Il est intéressant, cependant, de noter le raisonnement du procureur de l'appelant. En l'occurrence, le gouvernement du Québec avait lancé une campagne de vaccination en 1970 pour prévenir la rougeole. Dans le cadre de cette campagne, une jeune fille, Nathalie, se fait vacciner et se voit atteinte d'une paralysie totale du fait de ce vaccin. Les parents assignent le gouvernement du Québec en justice et selon le procureur des parents de la victime qui voulait invoquer une responsabilité sans faute contre le gouvernement du Québec, fondée sur l'état de nécessité, les cinq conditions de l'état de nécessité étaient remplies : il y avait un risque majeur pesant sur les populations, le risque d'épidémie de la rougeole, le seul moyen d'éviter ce risque, était l'administration du vaccin, l'autre possibilité, était de

---

[54] Montréal (Ville de) c. Maalouf, 2011 QCCM 297 (CanLII), <http://canlii.ca/t/fnwbz>, consulté le 2017-01-04

[55] R. Savatier, *Traité de la responsabilité civile en droit français*, 2e édition, Tome 1, 1951, n°102 à 105, p. 125 et s., cité dans Lapierre c. P.G. (Qué.), [1985] 1 R.C.S. 241, consultable sur le site internet de la Cour suprême du Canada : https://scc-csc.lexum.com/scc-csc/scc-csc/fr/item/40/index.do

laisser se propager une épidémie qui allait affectait 90 à 95 % de la population, il s'agissait d'un mal injuste et bien que Nathalie ait été paralysée par ce vaccin, son unique cas était infime face à une maladie qui allait contaminer le reste de la population[56]. Faut-il le rappeler, la théorie a été rejetée par la jurisprudence Québécoise qui n'accepte pas de régime de responsabilité sans faute : le simple fait d'administrer un vaccin n'en étant pas une[57].

236. Une jurisprudence similaire française concernant la consommation de Cannabis pourrait inspirer les réflexions. 400 pieds de la même substance avaient été cultivés par l'inculpé. Ce dernier avait invoqué l'état de nécessité comme motif d'exonération. En effet, ses douleurs étaient telles qu'il lui fallait une consommation régulière et sur du long terme. Comme le remarque à juste titre la doctrine, il serait intéressant de voir l'application de la règle posée par l'article 122-7 du code pénal français dans le cadre de la théorie dite de l'état de nécessité : un mal moins grand (la consommation de cannabis), venant écarter un mal plus grand (les douleurs liées à son état paraplégique), d'autant qu'il n'y a pas eu trafic de stupéfiants pouvant causer d'autres dommages à des tiers. Mais la proportion entre le mal employé et le mal à écarter n'a pas été analysée par les juges. Entre autre, la culture de 400 pieds de cannabis était-elle le seul moyen d'écarter l'imminence du danger lié à la santé du prévenu ? À cette question, la doctrine répond par la négative, d'autant qu'elle souligne l'existence d'antalgiques pouvant pallier les douleurs chroniques du prévenu et déplore ainsi que la cour d'appel de Papeete, dans son analyse relative à l'état de nécessité, ait ainsi manqué le critère relatif à la proportionnalité entre le mal employé et le danger que le prévenu tentait d'écarter, en l'occurrence, ses douleurs chroniques[58].

237. En matière de fraude fiscale, il devra en être ainsi : donner les sommes fraudées pour la lutte contre la détresse financière des personnes physiques et morales est la seule manière d'éviter les sanctions qui pourraient résulter de telles pratiques. Il n'est donc pas inconcevable que les fraudeurs aient à dissimuler sciemment des revenus devant être déclarés au fisc, dans le but de voler au secours de famille dont la situation financière plongerait leurs membres sur une détresse à long terme et dans laquelle la fraude fiscale serait la seule alternative pour écarter le danger en face duquel ces derniers se trouveraient, danger lié au recul de l'État providence. Ce qui verrait une montée en puissance des tribunaux[59] en matière de législation fiscale et de

---

[56] Lapierre c. P.G. (Qué.), [1985] 1 R.C.S. 241, consultable sur le site internet de la Cour suprême du Canada : https://scc-csc.lexum.com/scc-csc/scc-csc/fr/item/40/index.do

[57] Lapierre c. P.G. (Qué.), [1985] 1 R.C.S. 241, consultable sur le site internet de la Cour suprême du Canada : https://scc-csc.lexum.com/scc-csc/scc-csc/fr/item/40/index.do

[58] P. Gourdon, « La consommation de cannabis nécessaire à la sauvegarde de la santé : une application contestable de l'article 122-7 du code pénal », *Recueil Dalloz* 2003 p.584.

[59] R. Pallard, « L'Exception de nécessité en droit civil », In *Revue internationale de droit comparé*, Vol. 2, n°1, janvier-mars, 1950.

politique fiscale, si les gouvernements n'arrivent pas à assurer l'utilisation de l'impôt à des fins sociales, c'est-à-dire, si du fait des politiques gouvernementales, l'impôt perd sa fonction sociale : lutter contre la pauvreté et réduire les écarts d'inégalités entre les plus riches et les plus pauvres. Le phénomène n'est pas nouveau en France, où bien souvent, les tribunaux ont emmené les pouvoirs publics à réformer le droit fiscal, à le revisiter, à l'ajuster.[60]

Section 2 - Le financement des mobilités douces : contribution à une étude de l'insuffisance des mesures fiscales destinées à la décarbonation des transports

« L'action climatique n'est pas une entrave à la sortie de crise, mais une réponse efficace à la demande de résilience qui émergera, selon toute vraisemblance, dans les sociétés européennes. C'est pourquoi il faut privilégier des leviers qui offrent des bénéfices combinés dans trois domaines : l'environnement... l'économie... et la santé »[61].

238. En 2017, le pétrole, le gaz et les transports représentaient à eux seuls plus de 50 % des émissions totales de gaz à effet de serre au Canada dont 24 % pour le seul secteur des transports. En hausse de 43 % entre 1990 et 2017, ce dernier allait vite devenir un problème réel en matière de lutte contre la pollution compte tenu de la demande croissante des ménages pour les véhicules. Il fallait donc trouver une alternative[62]. Curieusement, les solutions explorées concernent davantage les énergies renouvelables que leurs financements publics par la fiscalité, notamment.[63] Se pose dès lors deux questions majeures : d'abord où trouver les fonds pour décarboner la mobilité, ensuite comment allouer ces recettes tant il est vrai qu'une polémique forte s'est installée pour financer les projets écologiques les plus rentables au détriment de ceux qui génèrent le moins de ressources. L'observateur de l'OCDE note à cet effet que : « les gouvernements ont beau garantir le

---

p. 223-225.

[60] J. Rosenbaum, « L'évasion fiscale, la CJCE et la France », *Revue Française de Comptabilité,* avril 2004, n°365 ; p. 8.

[61] H. Hainaut et al., « Investir en faveur du climat contribuera à la sortie de crise», *I4CE (Institute for Climate Economics)*, avril 2020 , p. 4.

[62] Environnement et Changement climatique Canada, *Indicateurs canadiens de durabilité de l'environnement : Émissions de gaz à effet de serre*, 2019, page 7. *Cf*: www.canada.ca/fr/environnement-changement-climatique/services/indicateursenvironnementaux/emissions-gaz-effet-serre.html

[63] OCDE, *Études économiques de l'OCDE : Suisse 2019*, Éditions OCDE, Paris, novembre 2019, Synthèse, page 7.

maintien de ces subventions pendant quelques années, dans certains cas, cette durée est à peine suffisante ne serait-ce que pour mettre les nouveaux produits sur le marché. Les subventions en faveur des véhicules électriques en France, en Allemagne et surtout au Royaume-Uni ont été conçues pour offrir certaines garanties sur ce plan »[64]. La transition énergétique en matière de transport coûte cher[65] : d'abord parce qu'elle doit faire sa promotion financière contre le pétrole, le charbon, le gaz, et toutes ces énergies fossiles devenues extrêmement rentables, ensuite parce que le mode de fonctionnement des énergies renouvelables n'offre pas toutes les garanties d'une défaillance zéro. En attestent les difficultés de stockage de l'énergie solaire. Mais le prix de la dépollution doit être davantage une préoccupation environnementale : il y est plus question de responsabilité sociale que de retombées financières, le cumul des deux étant la solution de sortie de crise[66]. L'observateur de l'OCDE de renchérir qu'« en outre, on ne peut pas forcément exiger de l'industrie des transports qu'elle fasse seule des efforts pour réduire ses émissions de carbone, et des mesures politiques coûteuses seront sans doute nécessaires. Si les couts de l'inaction l'emportent sur ses avantages, ce risque mérite peut-être d'être couru »[67]. C'est en ce sens qu'il convient de s'intéresser à la manière dont la France et le Canada comptent sortir de cette impasse, notamment par le recours aux financements publics. La décarbonation renvoie à de multiples facettes mais il faudrait la comprendre comme étant l'action de

---

[64] OCDE, « Décarboner le transport routier », *L'Observateur de l'OCDE*, n° 279 mai 2010, page 43.

[65] La fabrication des véhicules électriques coûte 300$ au Canada, ce qui est supérieur aux taxes provinciales et fédérales : Sénat canadien, « La décarbonisation des transports au Canada », *Rapport du Comité sénatorial permanent de l'énergie, de l'environnement et des ressources naturelles*, juin 2017, page 24.

[66] Un suramortissement a été mis en place pour inciter les voitures à renouveler leur parc automobile. Seuls sont concernés les véhicules achetés entre le 1er janvier 2016 et le 31 décembre 2018 et ceux acquis entre le 1er janvier 2019 et le 31 décembre 2021. Pour le premier groupe, les conditions de déductibilité sont plus restreintes, les véhicules étant moins neufs que ceux du second groupe. En effet, le véhicule doit être de plus de 3.5 tonnes et fonctionner au gaz naturel, au bio-méthane, ou encore au carburant ED 95 composé d'un minimum de 90 % d'alcool éthylique d'origine agricole. Le taux de suramortissement applicable à la valeur du véhicule est alors de 40%. Pour ce qui est du second groupe, il faut distinguer selon que le poids est compris entre 2.6 et 3.5 tonnes, entre 3.5 et 16 tonnes, enfin au-delà des 16 tonnes. Dans le premier scenario, la valeur du suramortissement est de 20%. Dans la seconde hypothèse le montant sera de 60% la valeur du véhicule à l'achat. Enfin, dans le dernier cas de figure, le suramortissement est de 40%. L'instruction fiscale rappelle que ce taux de suramortissement est réparti sur la durée normale d'utilisation du bien, sauf cession de ce dernier avant le terme. Les véhicules en question doivent rouler aux carburants susmentionnés et peuvent parfois les alterner sans pour autant que cela n'affecte leur éligibilité au dispositif : Direction générale des Finances publiques, « BIC - Base d'imposition - Déductions exceptionnelles - Dispositif applicable aux poids lourds et aux véhicules utilitaires légers utilisant des énergies propres », *Bulletin Officiel des Finances Publiques-Impôts*, 19 février 2020.

[67] OCDE, « Décarboner le transport routier », *L'Observateur de l'OCDE*, n° 279 mai 2010, page 43.

« limiter ou réduire les émissions de dioxyde de carbone »[68]. Selon certains chercheurs, l'évaluation de l'impact du changement climatique sur les transports nécessite plusieurs disciplines dont la géographie, la météorologie, la climatologie[69]. De toutes les solutions offertes pour arriver à faire baisser les émissions de CO2, la taxe carbone est présentée comme l'instrument le plus efficace. Elle doit cette faculté au fait qu'elle décourage la consommation de gaz à effet de serre par une hausse des prix. Elle revêt ce potentiel aussi parce qu'elle génère des recettes fiscales importantes. Cette affirmation, permet d'aborder le cœur du problème : outre cette taxe carbone, comment financer la décarbonation des transports : le mutisme fiscal en la matière est devenu une véritable inquiétude. Ce qui permet de délimiter le sujet par rapport à la taxe carbone.

239. L'idée d'instaurer une taxe, autre que celle susmentionnée, comporte plusieurs avantages. Par rapport au marché d'échanges de carbone et à ses fluctuations, un tel dispositif rend les recettes de la lutte contre la pollution plus prévisibles. De cette prévisibilité naît une meilleure planification des projets écologiques. Les règlements et leurs sanctions sont des moyens de lutte comportant des risques de contournement de la règle ainsi que de nombreux pots-de-vin versés à des fonctionnaires, moyennant quelques avantages matériels. Les pactes passés entre entreprises et État, en matière d'engagements écologiques, comportent des contreparties fiscales qui se traduisent toujours par des sorties de ressources. D'autres instruments fiscaux similaires de lutte contre la pollution appauvrissent tout autant les deniers publics : le crédit d'impôt pour investissement en faveur des énergies renouvelables, l'amortissement accéléré pour l'acquisition de biens destinés à permettre l'usage des énergies renouvelables, les subventions en faveur de l'achat de ces biens qui visent à favoriser un environnement moins polluant. Ces instruments financiers, aussi stimulants soient-ils pour lutter contre la pollution se traduisent par des sorties de ressources importantes. La lutte contre le changement climatique est un projet financier ambitieux, comme le confirme la loi sur les mobilités. Pour arriver à le financer, il faut non seulement compter sur l'État mais aussi et surtout sur les particuliers. C'est ce qui explique que l'idée d'une taxe, inspirée de la Contribution au Service Public de l'Électricité, soit le meilleur moyen d'y arriver. La performance énergétique est un critère de sélection pour bénéficier des subventions de la CSPE. Il serait intéressant d'instaurer les mêmes critères en matière de transport. La taxe porterait ainsi le nom de Contribution au Service Public du transport. Prélevée sur les véhicules, elle servirait à financer l'acquisition de matériels moins polluants comme la cogénération à haut rendement. Le

---

[68] https://www.larousse.fr/dictionnaires/francais/d%C3%A9carboner/186902

[69] D. Jaroszweski, E. Hooper, L. Chapman, "The impact of climate change on urban transport resilience in a changing world", *Progress in Physical Geography*, 2014, Vol. 38(4), page 448–463.

Canada offre à ce sujet des exemples de méthodes innovantes de moteurs de cogénération.

240. Il existe plusieurs dispositifs dont il serait possible de s'inspirer pour donner un second souffle à la lutte contre les changements climatiques, si la taxe carbone n'atteignait pas ses objectifs. La loi mobilité fournit à ce titre des exemples intéressants de moyens de financer la lutte contre le changement climatique, en particulier l'usage du vélo. L'influence de sa voisine allemande est assez notoire en la matière, pays où les ventes de vélo ont surpassé celles des voitures en 2018. La Contribution au Service Public de l'Électricité (CSPE est un type de financement qui ne concerne pas directement le secteur des transports mais peut servir d'inspiration pour trouver des recettes supplémentaires si la taxe carbone échoue dans sa mission. Ce modèle franco-français pourrait ensuite être étendu au Canada où des projets comme les moteurs de cogénération à haut rendement nécessitent un soutien fiscal en matière de réduction de la pollution générée par les véhicules (Paragraphe 1).

241. La rareté des suggestions en matière de financements publics de la décarbonation des transports, hormis la taxe carbone, est telle qu'il faut s'en remettre à la loi mobilité et aux chiffres qui y sont indiqués afin de tenter d'avoir une compréhension de la politique de financement de la décarbonation des transports. Il est, dans ces conditions, nécessaire de s'intéresser aux pratiques des pays voisins (Paragraphe 2).

Paragraphe 1 - La transposition du modèle de la taxe sur l'électricité en matière de financement de la décarbonation des transports

242. Évoquer les transports publics, en France comme au Canada, revient à envisager l'ensemble des moyens de mobilité qui sont utilisés dans les deux pays. Les plus populaires sont la voiture, le train et l'avion. Les transports publics ne sont pas forcément les plus utilisés, ou à tout le moins, n'ont pas pleinement épuisé leur potentiel de transport de la population. La raison en est simple : la préférence affichée des particuliers pour les transports individuels, notamment la voiture ne permet pas le recours systématique aux transports publics et accroit l'utilisation des énergies polluantes. C'est ce qui explique que le financement de la contribution au service public du transport doit venir de la voiture : décourager son utilisation en obtenant les recettes qui permettront de financer les moteurs les moins polluants (I). Certaines réticences se feront quant à cette proposition, par exemple le risque d'engorger les bus. Il est à ce titre nécessaire, en France comme au Canada, de ne pas appliquer cette taxe aux trains pour en faire une alternative privilégiée de transport pour les particuliers qui se rendent au travail ou aux études (II).

I - La contribution au service public du transport : une taxe prélevée sur les véhicules

243. C'est le cas de la CSPE qui n'est autre qu'une taxe prélevée sur le contribuable et destinée à financer, entre autres, la cogénération à haut rendement. Cette dernière permet d'économiser jusqu'à 10 % d'énergie par rapport à une production séparée de chaleur et d'électricité. Ce sont ces 10 % qui sont considérés comme de la performance et donnent droit aux financements en provenance de la taxe collectée par la CSPE[70]. L'idée pourrait être ainsi transposée pour aider à décarboner les transports. Il serait ainsi possible de penser à une taxe prélevée sur les véhicules à l'achat pour financer la cogénération à haut rendement, c'est-à-dire la fabrication de moteur qui économiserait 10 % d'énergie par rapport aux modèles classiques. Il convient de noter, sur le site du ministère des ressources naturelles du Canada, l'existence de projets du même genre dénommé « développement d'un moteur de cogénération thermoacoustique ». D'un montant de 4 914 600 $ canadiens, ce moteur contient un convertisseur qui permet de « réduire la consommation globale de carburant d'un grand camion d'environ 4 % »[71]. En améliorant le procédé, il pourrait atteindre 10 % d'économie d'énergie ce qui lui permettrait de bénéficier des subventions publics. Cette subvention pourrait ainsi porter le nom de Contribution au Service Public du Transport à l'image de la Contribution au Service Public de l'Électricité. 25 % des fonds de la CSPE sont destinés à financer la cogénération à haut rendement en France. Un tel pourcentage vient justifier la prise de conscience des gouvernements des efforts que demande la promotion de l'énergie verte, laquelle pourrait inspirer le transport. L'exemple de la contribution au service public de l'électricité peut ainsi être étendu au Canada. Il serait intéressant d'imaginer une taxe destinée à financer des moteurs moins nuisibles à la couche d'ozone.

244. Car les obstacles qui se dressent à l'électrification du réseau de bus sont nombreux. Une étude en ce sens a été menée en Californie où les principales barrières concernaient le coût de cette électrification du réseau tout entier ainsi que la nécessité de maintenir le niveau de service de transport en commun offert aux usagers. Même si le bus électrique pollue moins que le diesel, les couts d'une électrification du réseau sont beaucoup plus élevés que l'utilisation du diesel, en raison de plusieurs paramètres. Selon certains chercheurs, ces paramètres tiennent compte de la durée de vie et du

---

[70] Décision De La Commission Du 31.7.2018 Concernant L'aide D'état Sa.36511 (2014/C) (Ex 2013/Nn) Mise À Exécution Par La France Du Plafonnement De La Cspe, page 03, paragraphe 10.

[71] Ressources naturelles Canada, « Développement d'un moteur de cogénération thermoacoustique », *Ressources naturelles Canada, Investissements actuels*, 29 mai 2018, consultable sur le site https://www.rncan.gc.ca/science-et-donnees/financement-et-partenariats/occasions-de-financement/investissements-actuels/developpement-dun-moteur-de-cogeneration-thermoacoustique/16079

kilométrage du bus, de l'économie de carburant, des couts en capital, des couts d'infrastructure, des couts en milieu de vie, des économies d'entretien, des frais de financement. Ces différents couts sont tels que sans subvention, le bus électrique est moins rentable que le diesel, l'électrification devant tenir compte du prix de l'électricité, ainsi que des batteries électriques qu'il faut remplacer. Pour aboutir à un résultat efficient, il est donc important de subventionner les couts du capital ainsi que les frais d'exploitation des sociétés de transport. Sans cette volonté politique, le prix de l'électrification aura raison des ambitions écologiques que le Canada et la France tentent de mettre en place[72].

245. L'objectif n'est pas de décourager la consommation et donc l'achat de nouveaux véhicules mais d'encourager et de promouvoir une consommation soucieuse de l'environnement et, par conséquent, ces fameux moteurs de cogénération à haut rendement. La taxe prélevée devrait donc s'appliquer non seulement aux véhicules mais aussi aux anciens modèles. Plusieurs études ont été menées sur la question de savoir comment prélever les recettes pour financer la lutte contre la pollution, par la création, entre autres, de ces moteurs moins polluants. La question s'était posée notamment de savoir s'il fallait taxer les véhicules à l'achat, les véhicules déjà achetés, l'essence ou tout simplement le kilométrage à l'image de la Slovénie[73]. Taxer les véhicules fait moins baisser les émissions de CO2 que taxer l'essence mais comporte le mérite d'inciter les ménages qui ont plus de deux véhicules à la maison de n'utiliser qu'un seul. L'étude menée prouve que cette taxe sur les véhicules fait baisser la consommation de CO2 parce que les ménages utilisent moins la voiture. Sont ciblées particulièrement les personnes les plus aisées puisqu'en général ce sont elles qui possèdent plusieurs véhicules[74].

246. La solution est intéressante en ce qu'elle permet de lutter contre la densité des grandes villes où l'objectif est de réduire voire même de décourager l'utilisation du véhicule. C'est aussi la quatrième priorité de la loi n° 2019-1428 du 24 décembre 2019 d'orientation des mobilités qui prévoit

---

[72] K. Blynn, J. Attanucci: "Accelerating Bus Electrification: A Mixed Methods Analysis of Barriers and Drivers to Scaling Transit Fleet Electrification", *Transportation Research Record*, vol. 2673, no. 8, Aug. 2019, p.583 to 586.

[73] Si l'essence ou diesel baisse parce qu'on veut en interdire la consommation pour des raisons écologiques, les pays ayant une source de revenus budgétaire intéressante basée sur ces énergies fossiles connaîtront des pertes financières importantes. Pour endiguer l'hémorragie, l'OCDE préconise de passer de la taxe sur le diesel vers la taxe sur le véhicule. De la sorte, l'économie en pâtira moins quand la part de diesel et d'essence diminuera: OECD, « Tax Revenue implications of decarbonizing road transport: Scenarios for Slovenia », *OECD, International Transport Forum*, 2019, Highlights, 8 pages, consultable à l'adresse file:///P:/highlights-tax-revenue-implications-of-decarbonising-road-transport-scenarios-for-slovenia.pdf.

[74] Y. Liu, & C. Cirillo, "Model System to Evaluate Impacts of Vehicle Purchase Tax and Fuel Tax on Household Greenhouse Gas Emissions", *Transportation Research Record*, 2503(1), 2015, page 51–59.

« plusieurs appels à projets ». Avec ceux qui existent déjà, la France compte dégager environ « 1,1 Md€ engagés d'ici à 2025 pour accompagner les autorités organisatrices dans les mutations des mobilités du quotidien ». La France compte ainsi investir « 600 millions pour développer les transports en commun, 50 millions pour développer les véhicules connectés et autonomes, 350 millions pour soutenir les modes actifs de déplacement comme le vélo ou la marche à pied ». Il ne s'agit que du budget affecté à la priorité numéro 4, c'est-à-dire, le développement et l'usage « des mobilités les moins polluantes et partagées au quotidien ». Comparée aux autres urgences contenues dans cette loi, elle donne des allures d'une France soucieuse d'opérer des bouleversements mineurs tout en entretenant les infrastructures déjà existantes. En atteste le renforcement des entités existantes comme l'Agence de financement des infrastructures de transport de France, créée en 2004, c'est-à-dire il y a près de 16 ans[75]. Elle a pour mission de contribuer à l'aménagement d'infrastructures ou au développement de transport. Le texte prévoit néanmoins la possibilité pour l'État de créer d'autres structures pour atteindre ses priorités en matière de mobilité.

II - La nécessité d'éviter une application de la taxe aux transports ferroviaires

247. Chacune des priorités évoquées dans la loi mobilité est accompagnée d'une enveloppe budgétaire[76]. Décarboner la mobilité par le concours de la fiscalité ne consiste donc pas simplement à remplacer la voiture par la trottinette. L'idée manifestement exprimée par ces quatre priorités reste de permettre à la grande capitale française de respirer en décentralisant, par le transport. Il est ainsi question de renforcer l'utilisation du train et du covoiturage particulièrement pour les déplacements les plus fréquents qui se font soit à titre professionnel ou pour des études. Ces derniers représentent d'ailleurs une part substantielle des mobilités. En réussissant à mettre en place

---

[75] Décret n°2004-1317 du 26 novembre 2004 relatif à l'Agence de financement des infrastructures de transport de France consultable à l'adresse https://www.legifrance.gouv.fr/affichTexte.do?cidTexte=JORFTEXT000000805719&categorieLien=cid

[76] Les autres priorités prévoient « d'entretenir et moderniser les réseaux routiers, ferroviaires et fluviaux», de « remédier à la saturation des grands nœuds ferroviaires pour doubler la part du transport ferroviaire dans les grands pôles urbains », d' « accélérer le désenclavement routier des villes moyennes et des territoires ruraux », et enfin de « renforcer l'efficacité et le report modal dans le transport de marchandises » : loi n° 2019-1428 du 24 décembre 2019 d'orientation des mobilités (1), JORF n°0299 du 26 décembre 2019, texte n° 1 consultable à l'adresse :
https://www.legifrance.gouv.fr/affichTexte.do?cidTexte=JORFTEXT000039666574&categorieLien=id

un système de covoiturage ou de recours plus fréquent aux modes de transport en commun, il est donc possible de réduire les émissions de gaz à effet de serre.

248. La France compte énormément sur le train pour pouvoir résoudre le problème de la décarbonation de la mobilité. D'ailleurs la loi mobilité précise à ce titre qu'elle est reconnue pour l'excellence de ces derniers mais la faiblesse de son réseau ferroviaire dans les déplacements quotidiens. La stratégie est donc de renforcer cette offre pour les usagers qui se rendent au travail ou aux études afin de faire baisser le recours à la voiture. Il est urgent de désengorger les villes saturées non pas par la voiture mais par le train, c'est-à-dire, de décentraliser en faisant baisser les émissions de CO2. L'enveloppe budgétaire prévue à cet effet est de « 2,6 Md€ dans les dix années à venir (hors Ile-de-France), associant État, collectivités locales ou SNCF. L'État prévoit d'y contribuer à hauteur de 1,3 Md€ ». La stratégie ainsi déployée ne doit cependant pas occulter l'absence du train dans certaines zones non desservies par ce dernier et jugées non rentables financièrement par la SNCF. Pour ces territoires, l'usage de la voiture reste le seul moyen de transport et loin de décourager cet unique mode de déplacement, il est de plus en plus question d'ajuster le remboursement d'impôt en matière de taxe pour tenir compte de l'éloignement géographique. En somme, décarboner les transports passe aussi par une prise en compte de la taxe carbone laquelle est censée décourager la consommation de CO2 tout en permettant le financement des énergies renouvelables par les recettes de cette taxe et un remboursement d'impôt pour que son poids de pèse pas principalement sur les plus démunis. Or, ce remboursement d'impôt doit tenir compte de la situation géographique, certaines études ayant révélé que plus la distance par rapport aux autres périphéries urbaines était grande, plus la taxe carbone était élevée. En corrélation avec l'impossibilité pour les trains de desservir certaines zones éloignées géographiquement, les recettes de la taxe carbone, à condition d'augmenter au fur et à mesure de l'éloignement, pourraient permettre de soutenir ceux qui n'ont pas accès aux trains dans ces zones. De plus et particulièrement dans ces zones, le dispositif fiscal visant à encourager l'utilisation de voitures moins polluantes pourrait permettre la transition écologique. Dans ces zones en effet, il est possible d'encourager l'utilisation de voitures roulant au gaz naturel. Ces voitures produisent 25 % de CO2 en moins que le gaz naturel. Ce dispositif fiscal existe aussi dans certains pays comme les pays bas qui veulent continuer encore à adopter une politique climatique conforme aux normes européennes, même si ce pays n'exploite pas pleinement le dispositif que lui offre l'Union européenne comme c'est le cas de l'Italie ou encore de l'Espagne[77]. Il est donc important de voir la décarbonation à une échelle plus grande qui comprend non seulement les

[77] P. Isbell, E. Álvarez Pelegry, *Energy & Transportation in the Atlantic Basin*, Center for Transatlantic Relations SAIS, Nov. 28 2017, page 72.

émissions directes en provenance du véhicule, mais aussi la production, le traitement et le transport du carburant avant que celui-ci ne soit consommé. La fiscalité doit agir à chaque niveau de cette échelle en finançant la production de gaz naturel pour véhicule mais aussi en taxant les énergies polluantes. C'est ainsi qu'il sera possible de réduire l'impact des émissions de gaz à effet de serre sur le climat. La solution est valable en France comme au Canada, s'ils se veulent donner le bon exemple en la matière[78].

249. Il est donc aisé de comprendre que la décarbonation de la mobilité est un problème à ramification. Elle concerne tout aussi bien les moyens utilisés pour décourager la hausse des émissions de CO2 que les solutions innovantes consistant à financer la création de projets qui ont pour but de faire baisser les émissions de CO2. Pour synthétiser, la loi mobilité prévoit des financements dont le but est de renforcer les structures existantes, d'améliorer le fonctionnement des infrastructures ferroviaires ainsi que celui des structures comme l'agence de financement des infrastructures de transport, d'aller chercher quelques fonds pour financer cette ambition. En réalité les recettes de la décarbonation ainsi que les moyens de lutte contre la pollution vont au-delà du simple cadre de la loi mobilité et concernent directement la question de la taxe carbone. Faut-il le rappeler, c'est l'augmentation du prix de l'essence qui a entraîné le mouvement des gilets jaunes en fin 2018.

Paragraphe 2 - Le recyclage de méthodes anciennes de décarbonation des transports

250. L'Allemagne est très souvent citée comme modèle à suivre au sein de l'Union européenne pour sa rigueur dans la gestion de son économie. Elle entend maintenir ce statut, y compris en matière environnementale : en atteste le recours de plus en plus fréquent aux mobilités douces. Son exemple rappelle la nécessité de se comparer non pas pour fustiger mais pour s'en inspirer et faire mieux (II). Mais les mobilités douces ne peuvent régler à elles seules les demandes en transport de la population. C'est ce qui explique la nécessité pour les autorités publiques d'investir une enveloppe budgétaire plus importante afin d'honorer leur mission de satisfaire à la demande du public en matière de transport (I).

[78] P. Isbell, E. Álvarez Pelegry, *Energy & Transportation in the Atlantic Basin*, Center for Transatlantic Relations SAIS, Nov. 28 2017, page 79.

I - L'augmentation de la contribution étatique en matière de transports publics

251. La lutte qui se dessine ainsi autour du contrôle des recettes de la taxe carbone, notamment pour ce qui est de leur redistribution ne doit pas occulter le mouvement de fond qui apparait progressivement. Il existe dans la loi mobilité, une forte volonté de la France d'augmenter la part de l'État dans le transport et finalement de profiter de la circonstance que constitue le réchauffement climatique pour restaurer l'État providence dans ce secteur. Faut-il s'en réjouir[79] ? Si la part des transports publics profite à la classe moyenne, il peut s'agir d'un puissant moyen de séduction de l'électorat. Les moyens financiers publics investis sont importants : la loi prévoit « une augmentation de 40 % des investissements de l'État dans les transports entre les périodes 2014-2018 et 2019-2023 » ainsi que le rappelle l'article 189. Sur la période de 2019 à 2023, les dépenses de l'Agence de financement des infrastructures de transports de France (AFITF) atteindront 13,7 milliards d'euros. De 2023 à 2027, les dépenses quinquennales seront de 14,3 milliards d'euros. Pour arriver à lever de telles recettes, la France compte stabiliser les ressources de l'Agence de financement des infrastructures de transports en évitant de l'exposer à des recettes fluctuantes comme c'est le cas du marché du carbone européen. Par ailleurs, le « produit de l'augmentation de 2 centimes d'euro par litre de la taxe intérieure de consommation sur les produits énergétiques (TICPE) sur le gazole pour les véhicules légers et de 4 centimes pour les poids lourds, prévue par la loi n° 2014-1654 du 29 décembre 2014 de finances pour 2015 sera intégralement affectée à l'Agence de financement des infrastructures de transports de France. Il en est de même du surplus de recettes de la taxe de solidarité sur les billets d'avion ». L'idée serait donc de

---

[79] C'est dans l'amendement au projet de loi de finances pour 2019, déposé par des députés de la république en marche que sont exposées quelques-unes des raisons pour lesquelles la France a adopté un dispositif de suramortissement pour les véhicules utilisant des carburants propres. Il est ainsi possible de noter que sur la seule année 2017, ce sont 200 000 véhicules utilitaires légers neufs compris entre 2,6t et 3,5t qui ont été immatriculés en France. Ces véhicules généralement utilisés pour le transport de marchandises bénéficient d'une prime à la conversion et de mécanismes de bonus écologiques qui sont insuffisants pour inciter les acheteurs à se tourner vers des voitures moins polluantes. C'est conscient de ce phénomène qu'il fallait mettre en place un dispositif de suramortissement pour ce type de véhicule d'une valeur de 20% son montant à l'achat, représentant un crédit d'impôt de 5,6%. Selon les députés, cette mesure supplémentaire devrait coûter 60 millions d'euros à la France et devrait être réparti sur les exercices budgétaires allant de 2019 à 2026. Il n'est donc pas surprenant de constater que la loi de finances pour 2019 a prolongé le dispositif de suramortissement pour les véhicules utilisant le "gaz naturel pour les véhicules, le gaz naturel liquéfié, le biométhane carburant, le carburant ED95 composé d'un minimum de 90 % d'alcool éthylique d'origine agricole ; l'énergie électrique ; l'hydrogène" : Loi n° 2019-1479 du 28 décembre 2019 de finances pour 2020, art. 61 et art. 62 consultable à l'adresse : https://www.legifrance.gouv.fr/affichTexte.do?cidTexte=JORFTEXT000039683923&categorieLien=id

créer de nouvelles institutions pour la mobilité qui allieront les ministères des transports, les acteurs majeurs du transport en France et les représentants des salariés pour définir leurs besoins et trouver des solutions plus respectueuses de l'environnement. L'article 4 de la loi n° 2019-1428 du 24 décembre 2019 d'orientation des mobilités autorise le gouvernement, en vertu de l'article 38 de la Constitution, à créer des établissements publics qui financeront des infrastructures avec un budget d'1 milliard hors taxe[80]. Ce projet atteste de la volonté de l'État de contrôler les transports puisque ce dernier peut prendre part aux structures créées et financées. Il est donc aisé de comprendre que le financement sera l'enjeu essentiel du projet de décarbonation ambitieux que tente de mettre en place la France. Même si bon nombre des priorités s'apparentent à du recyclage de structures et d'infrastructures existantes, la question du financement se posera. Finalement, réduire la part de carbone revient aussi à s'intéresser à la part du budget de l'État accordée au financement des énergies propres, aux bornes électriques, aux trottinettes et à la faisabilité financière d'un tel projet[81].

252. La France n'est pas la seule à procéder à ce type de recyclage : l'écologie étant décidement une méthode de travail bien connue des Européens. Il en est ainsi de sa voisine, la Suisse, qui compte décarboner son transport en repensant « l'impôt fédéral sur les véhicules à moteur pour renforcer les incitations-prix à l'achat de véhicules peu polluants » et en modulant « davantage les prélèvements annuels des administrations cantonales sur les véhicules automobiles en fonction des polluants »[82]. Les exonérations de taxe sur le carburant en matière d'aviation internationale ont été justifiées par plusieurs impératifs, tous aussi valables les uns que les autres mais ne sont pas d'un bon secours pour la décarbonation des transports. Il y est souvent question de compétitivité internationale, d'éviter une concurrence

[80] Loi n° 2019-1428 du 24 décembre 2019 d'orientation des mobilités (1), JORF n°0299 du 26 décembre 2019 texte n° 1 consultable à l'adresse : https://www.legifrance.gouv.fr/affichTexte.do?cidTexte=JORFTEXT000039666574&categorieLien=id.

[81] Le dispositif de suramortissement pour les véhicules roulant au Gaz Naturel s'inscrit dans le cadre de la politique de la France de décarbonner les transports en commun en renforçant les mesures fiscales déjà existantes. Elle finit ainsi de parachever l'idée selon laquelle la France compte s'appuyer sur ses anciennes méthodes de promotion de l'utilisation de l'énergie verte tout en renforçant les mesures existantes. Il n'existe donc pas de révolution en la matière : il s'agit de consolider ce qui existe déjà. Faut-il croire que la crise des gilets jaunes en appelle à plus de réserve et cristallise les initiatives en la matière ? Il est difficile d'affirmer que la France soit restée sourde à ce mouvement : le projet de loi mobilité ainsi que le dispositif de suramortissement confirment qu'il y a de la prudence dans la mesure mise en place et une prise en compte des besoins en transport de la population tout en les incitant à utiliser des moyens de se déplacer moins polluants. Pour le dispositif de suramortissement, voir l'article 39 decies A du Code Général des Impôts.

[82] OCDE, *Études économiques de l'OCDE : Suisse 2019*, Éditions OCDE, Paris, novembre 2019, Synthèse, page 7.

déloyale de la part des entreprises étrangères, de protéger les emplois. L'OCDE, dans son étude, évoque quant à elle la nécessité d'empêcher « les distorsions internationales du marché de l'aviation, dues par exemple à la double imposition du carburant, et pour éviter les comportements inefficaces d'évasion fiscale comme les modifications des routes aériennes dans le but de réduire les charges fiscales »[83].

253. Le résultat d'une telle exonération du secteur aérien ainsi que celui du transport routier est connu. Ce dernier est d'ailleurs à l'origine de la grève des gilets jaunes, mouvement de protestation sans précédent d'une fiscalité à deux vitesses en France, celle qui taxe les moins concernés et les plus démunis à défaut de facturer les responsables pour des soucis de rentabilité. Le sentiment d'être face à une impasse allait se dessiner très rapidement. Selon l'IDDRI, l'Institut de Développement et des Relations Internationales, décarboner les transports devait se faire conformément à d'autres stratégies[84]. D'abord la gestion de la demande de mobilité par individu, ensuite l'efficacité énergétique, la troisième stratégie repose sur la décarbonation de l'électricité et des carburants et la dernière sur un changement technique (véhicules électriques) et structurel (transport en commun) de la manière de se déplacer. En prenant 2010 pour année de référence, la part des combustibles non fossiles comme l'électricité, les biocarburants liquides et gazeux devrait augmenter et passer de 34 à 73 % en 2050. Comme une sorte de fatalité, toutes les fois que les solutions par rapport aux énergies propres sont évoquées, la question de leur financement devient problématique. Bien que les études concernant la part des dépenses fiscales accordées aux énergies non fossiles se fassent assez rares, il est possible de s'inspirer des dépenses accordées aux énergies fossiles et de transposer ainsi les mêmes solutions pour les énergies non fossiles. Une telle proposition comporte des limites au chapitre desquelles il est possible de citer le manque à gagner que constituent ces dépenses fiscales pour l'État et nécessitant un rendement élevé attendu des contribuables pour que le risque soit pris en compte.

II - L'influence des pays voisins en matière de décarbonation des transports

254. Ainsi, l'OCDE fait remarquer qu'il y a trois catégories de dépenses fiscales relatives aux énergies fossiles. D'abord les dépenses fiscales liées à la consommation finale de ces énergies, ensuite les dépenses fiscales qui servent à la production de ces énergies fossiles et enfin les dépenses fiscales qui

---

[83] OCDE, « Introduction: inventaire du soutien public et des dépenses fiscales estimées pour les combustibles fossiles », *OCDE 2013*, page 10 consultable à l'adresse http://www.oecd.org/fossil-fuels/INTRODUCTION_FR.pdf

[84] IDDRI, « Beyond emission targets: how to decarbonize the passenger transport sector ? », *Issue brief*, n° 07, 17 novembre 2017, 4 pages.

interviennent quand ces énergies fossiles servent à produire d'autres biens et services. Il serait ainsi souhaitable d'envisager le même type de dépenses fiscales pour les biocarburants liquides et gazeux, la fabrication, la consommation finale et l'utilisation comme intrant de la biomasse[85]. L'exemple cité par l'OCDE, pour ce qui est du Canada, concerne sa fabrication de pétrole. Selon l'organisation internationale, près de la moitié de la production pétrolière de ce pays provient des sables bitumineux, conjonction de sable et de pétrole nécessitant plus de capital, d'eau et d'énergie pour produire cette substance. C'est conscient de ce surcoût que le gouvernement a mis en place un avantage fiscal consistant en un amortissement accéléré du coût du capital. Cet amortissement permet de déduire plus rapidement les dépenses en capital par rapport aux autres types d'activité. Le coût annuel de cette mesure était estimé, en 2007, à 300 millions de dollars canadiens, soit 0.02 % du PIB, selon l'OCDE[86]. Ces chiffres donnent une idée de l'enveloppe budgétaire qui pourrait aussi être déployée en faveur des énergies renouvelables. Si un tel financement a été rendu possible pour les énergies fossiles, c'est qu'une rentabilité importante des investissements était attendue de la part du secteur pétrolier. C'est encore pour éviter que le pétrole canadien ne soit vendu aux États-Unis que le gouvernement fédéral a autorisé la construction d'un pipeline destiné à écouler plus rapidement les barils de pétrole aux États-Unis[87]. Or le cout de l'exploitation des énergies non renouvelables est élevé. Si à l'image du pétrole canadien, la fabrication et l'extraction de la biomasse bénéficiait d'un amortissement accéléré pour le cout du capital, alors ce soutien pourrait permettre le développement plus important des énergies propres et accélérer ainsi la décarbonation du secteur des transports[88].

255. Si l'idée semble séduisante sur le plan théorique, elle reste difficile à mettre en œuvre. En réalité, plus la dépendance aux énergies fossiles pour le secteur des transports est importante et plus ces derniers bénéficient des

---

85 OCDE, « Introduction: inventaire du soutien public et des dépenses fiscales estimées pour les combustibles fossiles », *OCDE 2013*, page 9 consultable à l'adresse http://www.oecd.org/fossil-fuels/INTRODUCTION_FR.pdf

86 OCDE, « Introduction: inventaire du soutien public et des dépenses fiscales estimées pour les combustibles fossiles », *OCDE 2013*, page 14 consultable à l'adresse http://www.oecd.org/fossil-fuels/INTRODUCTION_FR.pdf

87 Ici.radio-canada, « Ottawa donne le feu vert à l'expansion du pipeline Trans Mountain », *ici.radio-canada*, 18 juin 2019, consultable sur le site https://ici.radio-canada.ca/nouvelle/1189941/oleoduc-trans-mountain-canada-alberta-colombie-britannique-petrole.

88 L'OCDE note par ailleurs que "si les taxes sur le carbone étaient universellement acceptées, on pouvait imaginer un système dans lequel ces taxes sont complétées par un système de subventions aux coûts en capital pour les énergies renouvelables": OECD, *The Costs of Decarbonisation: System Costs with High Shares of Nuclear and Renewables*, OECD 2019, Nuclear Energy Agency Organisation for Economic Co-Operation and Development, page 36 consultable à l'adresse https://www.oecd-nea.org/ndd/pubs/2019/7299-system-costs.pdf

exonérations fiscales[89]. Loin de produire les effets escomptés de la décarbonation, celui de diriger les investissements publics vers les énergies propres, l'impérieuse nécessité de rendre le secteur public rentable oblige les gestionnaires à faire le choix de financer les énergies polluantes en lieu et place des énergies propres. L'expérience suédoise est loin de contredire un tel constat. Bien qu'étant l'une des pionnières en matière de réduction des émissions de CO2, c'est le secteur des transports qui enregistre les émissions les plus importantes, soit 21 % de leur total, juste après celui des mines et de l'industrie qui culmine à 22 %[90]. Ce sont les travaux de l'OCDE qui permettent ainsi de comprendre la forte dépendance des transports de ce pays au gazole. Mieux encore, le secteur des transports bénéficie d'un avantage fiscal et donc d'une exonération de la taxe carbone pour ce secteur[91]. C'est ce qui explique que : « la décarbonation des transports sera clairement le plus grand défi d'ici à 2030, et pour l'instant peu de signaux indiquent que la Suède y parviendra plus facilement que d'autres pays, la taxe carbone n'ayant qu'un effet limité sur ce secteur, exigeant une réelle politique volontariste à venir »[92]. La tendance se poursuit d'ailleurs au niveau des pays de l'OCDE : 140 milliards de dollars américains ont été dépensés au total par les 44 pays membres pour subventionner la production et la consommation d'énergies fossiles. Bien que le rapport estime que ces subventions sont de 40 % inférieures à ce qui se faisait en 2013[93], la volonté de subventionner les énergies fossiles pour leur rentabilité est encore là. Or, tant que la tendance ne se sera pas inversée pour changer de camp au profit des énergies renouvelables, il existe un risque réel de retarder la transition vers les énergies bas carbone.

256. Pourtant, les propositions vers des modes de transport plus durables et plus soucieux de l'environnement ne manquent pas. Parmi ces dernières figurent, en premier essor, l'utilisation du vélo. Selon la Banque Mondiale, le

---

[89] La demande en énergie pour faire fonctionner les véhicules est forte. Le constat s'établit sur les quatre continents: P. Isbell, E. Álvarez Pelegry, *Energy & Transportation in the Atlantic Basin*, Center for Transatlantic Relations SAIS, Nov. 28 2017, page 96.

[90] Assemblée nationale, « Compte rendu de la Commission d'enquête sur l'impact économique, industriel et environnemental des énergies renouvelables, sur la transparence des financements et sur l'acceptabilité sociale des politiques de transition énergétique», *Assemblée Nationale XVe legislature*, Jeudi 25 juillet 2019, Compte rendu n° 72, session extraordinaire de 2018-2019, page 8 consultable à l'adresse : http://www.assemblee-nationale.fr/15/pdf/cr-cetransene/18-19/c1819072.pdf

[91] OCDE, *Études économiques de l'OCDE Suède*, Éditions OCDE, Paris, février 2017, Synthèse, page 11 et s.

[92]A. Rankovic, M. Colombier, A. Rüdinger, M.-H. Schwoob, O. Sartor, S. Treyer, L. Vallejo & H. Waisman (Iddri), « La neutralité carbone, défis d'une ambition planétaire Clarifications conceptuelles, panorama des initiatives et recommandations pour les stratégies nationales», *Institut du Développement Durable et des Relations Internatioanles*, n°10, 18 septembre 2018, page 21.

[93] OECD, *OECD Inventory of Support Measures for Fossil Fuels*, OECD 2019, page 5.

succès de ce vieil instrument de déplacement est tel que de grandes compagnies comme Uber, DHL, Amazon et UPS l'utilisent comme mode de livraison. Très pratique pour se déplacer en milieu urbain dense et en campagne, le vélo aurait surpassé la voiture, en nombre de ventes, en Allemagne, au courant de l'année 2018 : 39000 exemplaires vendus contre 32 000 pour la voiture[94]. Les efforts de réduction des émissions de gaz à effet de serre ne doivent donc pas s'arrêter du fait de la pandémie liée au Coronavirus. Au demeurant, ce dernier n'a fait que rappeler le rôle de l'État et l'importance d'une concertation internationale visant non seulement à éradiquer la crise sanitaire mais aussi à préserver la planète pour les générations futures.

[94] L. Sibilski, F. Targa, « An old solution to new challenges: The rebirth of the carbo bike », *World Bank Blogs, Transport for Development*, January 16, 2020, consultable à l'adresse https://blogs.worldbank.org/transport/old-solution-new-challenges-rebirth-cargo-bike

Chapitre 2 - Une crise sanitaire renforçant la nécessité d'un interventionnisme fiscal : le rôle de la fiscalité au regard des conséquences de la pandémie.

257. En période de crise économique, quelles sont les attentes vis-à-vis de la fiscalité, en somme quel rôle doit jouer cette dernière ? Toutes les crises ne se ressemblent pas même si les taux de chômage actuels tendent à rapprocher celle du coronavirus au marasme économique et financier de 1929. S'il est vrai que les attentes de la société vis-à-vis des administrations fiscales sont élevées, il n'en demeure pas moins qu'il faut définir avec précision le rôle de la fiscalité. Car une mauvaise définition de ce rôle peut entrainer des conséquences drastiques pour elle-même et pour l'économie d'un pays. À titre d'exemple, la hausse de la taxe sur la valeur ajoutée peut sembler être une bonne manière de lever des fonds afin de financer les services publics, en particulier la santé, dans un contexte de lutte contre la pandémie. Les expériences japonaises d'une telle pratique ont révélé le contraire et ralenti la croissance économique de 0.7 %[1]. Le plus dramatique dans une crise sanitaire, ce ne sont pas les conséquences à court terme, mais les effets néfastes induits sur le long terme et la peur de voyager, d'acheter, de se toucher, qu'elle laisse pendant plusieurs années dans les esprits des consommateurs[2]. Cet exemple à lui seul pousse à un perpétuel questionnement de la manière d'articuler les différents instruments fiscaux pour permettre la relance économique.

258. Préserver le droit à la vie face à la crise économique ? Il est toujours question de savoir si le gouvernement en place a pris les mesures nécessaires pour préserver le droit à la vie. Ce droit, bien qu'important, n'est cependant pas la seule valeur cardinale. Pendant que les tests de dépistage doivent être lancés à un rythme satisfaisant pour diagnostiquer et isoler les cas d'infection, les secteurs essentiels de l'économie, en particulier le secteur bancaire ou encore la restauration doivent être maintenus. Il existe un difficile arbitrage entre l'obligation juridique de prendre les mesures nécessaires pour préserver la vie des populations et la nécessité de sauver l'économie[3]. En l'espace de

---

[1] « Government announces additional fiscal measures », *Country Report: Japan*, 11 Mar. 2020, p. NA. *Gale Academic OneFile*, https://link-galecom.ezproxy.torontopubliclibrary.ca/apps/doc/A619080053/AONE?u=tplmain&sid=AONE&xid=4a39a44f. Accessed 22 Apr. 2020.

[2] J.-W. Lee and W. J. McKibbin, "The impact of SARS", in *New Engine of World Growth*, ANU Press, 2012, page 23. Stable URL: https://www.jstor.org/stable/j.ctt24h9qh.10

[3] « Ainsi, parmi d'autres règles de droit international pertinentes, l'article 2 de la Convention de sauvegarde des droits de l'homme et des libertés fondamentales (communément appelée Convention européenne des droits de l'homme - CEDH), qui garantit le droit à la vie, oblige les

deux mois, les règles budgétaires de l'Union européenne ont été bradées contre une politique de rachat de dettes étatiques promues et promises par la Banque Centrale européenne pour éviter que les économies de ses pays membres ne plongent dans une situation financière qui mettrait des années à se redresser. Plusieurs experts s'accordent pour dire que ce n'est pas la pire crise humanitaire car nombre d'entre elles ont décimé plusieurs millions de populations, par la famine, à commencer par la crise du Yémen[4]. En revanche, il pourrait s'agir de la pire crise économique. À titre d'exemple, il faut remonter à 1929 pour rencontrer des taux de chômage similaires à ceux engendrés par ce virus en France, en l'espace de deux mois. C'est ce qui explique qu'à cette urgence sanitaire vienne aussi s'ajouter une urgence économique. Il existe deux solutions. La première consiste à régler l'urgence sanitaire avant de s'attaquer à l'urgence économique avec pour inconvénient la difficile gestion des frontières et l'arrêt des vols internationaux qui représentent déjà des couts financiers abyssaux. La seconde serait de régler à la fois l'urgence sanitaire et économique, ce qui suppose de changer la manière de travailler pendant au moins une année, c'est-à-dire, jusqu'à ce qu'un vaccin soit trouvé. En s'appuyant sur une expérience de deux mois de confinement, avec à l'appui le témoignage et l'expertise des secteurs essentiels qui seront restés ouverts durant la période de confinement, il est possible de mettre en place une stratégie de déconfinement lente et prudente, qui continuera de respecter les consignes de distanciation et d'hygiène. Ici encore, le sanitaire tiendra l'économie en l'état, en somme la stratégie de déconfinement pour sauver l'économie devra se faire en surveillant les chiffres. Une hausse des cas infectés mettra fin au déconfinement tandis qu'une chute graduelle des chiffres permettra de poursuivre cette stratégie, jusqu'à la mise au point d'un vaccin, c'est-à-dire, dans un an. Plusieurs interrogations qui se transformeront en accusation subsisteront quant au dosage approprié pour gérer cette crise. Au nombre de ces dernières, l'épineuse question de savoir si le nombre de morts n'aurait pas pu être réduit. Sauver des vies est une obligation de moyens, largement tributaire de la capacité des États à réagir face à la pandémie. Or, les États les plus lents à la réaction sont aussi les plus endettés[5].

États à prendre des mesures pour éviter les décès prévisibles » : Fr. Bouhon, A. Jousten, X. Miny et E. Slautsky, « L'État belge face à la pandémie de covid-19 : esquisse d'un régime d'exception », *Courrier hebdomadaire du CRISP*, 2020/1 n°2446, page 8. Article disponible en ligne à l'adresse : https://www.cairn.info/revue-courrier-hebdomadaire-du-crisp-2020-1-page-5.htm.

[4] I. Brun, S. Feuer, « The Calm before the Storm? Coping with Corona in the Middle East », Institute for National Security Studies, March 26, 2020, No. 1284, page 2. Stable URL: https://www.jstor.org/stable/resrep23535. Accessed: 23-04-2020 00:07 UTC.

[5] « The EU's new coronavirus relief deal is a gift to Europe's enemies ; Ignore the headlines about [euro] 500bn to rescue Europe. Refusing to share debt across the euro zone threatens the union's future Coronavirus latest updates. See all our coronavirus coverage. », *Guardian*

259. De même, la priorité portera sur la réduction des dettes contractées par les États européens, dont la France, pour sauver les entreprises mises en péril par le coronavirus à la reprise économique. L'Union européenne ne permettra pas que les États membres laissent s'envoler les taux d'intérêt de la dette indéfiniment. Rigueur et plan d'austérité budgétaire sont donc les principes auxquels il faudra s'attendre lorsque tout ceci sera terminé. Les recettes fiscales de l'année 2020 devraient reposer donc essentiellement sur les entreprises les moins impactées par le virus car de ces recettes dépendront le financement des services publics les plus touchés : la santé et l'éducation. Il faut compter sur le civisme fiscal des entreprises et de l'ensemble des parties prenantes pour comprendre qu'en temps de crise financière, le consentement à l'impôt de tous et les efforts collectifs sont nécessaires au bon fonctionnement de la société et des services publics.

260. Quelle fiscalité mobiliser pour apporter un soutien aux structures sanitaires ? C'est une prise de conscience de la nécessité de soutenir le secteur de la santé qui pousse la Commission européenne à autoriser, en avril 2020, une exonération temporaire des droits de douane et de TVA à l'importation, pour les États membres et le Royaume-Uni, de matériels destinés à lutter contre la pandémie. Il s'agit, entre autres, de masques, de kits de dépistage, de respirateurs et d'autres équipements médicaux[6]. La dispense s'applique entre le 30 janvier et le 1er juillet de l'année 2020. Dans son sillage, la France a aussi appliqué une dispense de TVA des dons de matériels effectués durant la période d'état d'urgence sanitaire. Ces dispositions sont précisées par l'article 273 septies D du Code général des Impôts.

261. C'est ainsi que certains spécialistes font remarquer qu'il y aura une forte baisse de la croissance économique durant les périodes de confinement, avec une légère reprise pendant le déconfinement. Du fait de cette reprise, les chiffres à la hausse de la pandémie ont contraint certains gouvernements européens à reconfiner les populations. Toute la question, durant ces périodes de déconfinement, est de savoir comment encourager la consommation des ménages, à travers la fiscalité, pour tenter d'obtenir le meilleur de la croissance économique ? Plusieurs économistes canadiens sont d'avis que les taxes sont « l'ennemi de la croissance ». S'il faut, à cela, ajouter les propos de l'ancien ministre des Finances français rappelant que la hausse des taxes à la

---

[London, England], 11 Apr. 2020, p. NA. *Gale Academic OneFile*, https://link-galecom.ezproxy.torontopubliclibrary.ca/apps/doc/A620160209/AONE?u=tplmain&sid=AONE&xid=05802ce7. Accessed 21 Apr.2020. C'est le cas par exemple de la Grèce qui a énormément de difficultés pour mobiliser les ressources financières nécessaires destinées à mettre fin au Coronavirus.

[6] Décision (UE) 2020/491 de la commission du 03 avril 2020, relative à la franchise des droits à l'importation et à l'exonération de la TVA sur les importations octroyées par les marchandises nécessaires à la lutte contre les effets de la pandémie de COVID-19 au cours de l'année 2020. Notifiée sous le numéro C(2020) 2146] : JOUE, n0 L-1031 du 3 avril.

consommation avait ralenti la croissance en 2012, alors les périodes de déconfinement ne sont pas propices à une augmentation de la Taxe sur la Valeur Ajoutée en France et de la Taxe sur les Produits et Services du Canada[7]. La fiscalité, à travers la Taxe sur la Valeur Ajoutée, continuera de jouer son rôle. À ce titre, elle a permis aux entreprises effectuant des dons de matériels de santé destinés à limiter la propagation du virus, de le faire, sans avoir à s'acquitter de la TVA. En général, les biens qui ont été offerts ne permettent pas la déduction de la TVA[8]. Toutes les entreprises soumises à la TVA ont la possibilité de déduire celle-ci après la vente du bien : c'est la TVA à décaisser ou la TVA à payer. La TVA collectée est égale au prix hors taxe du bien multiplié par le taux normal de TVA. On l'appelle TVA collectée parce qu'elle est collectée auprès du consommateur. La TVA à payer est égale alors à la TVA collectée au moment de la vente du bien au consommateur moins la TVA déductible au moment de l'achat du bien. C'est donc une taxe qui ne vise pas les entreprises puisqu'elles peuvent la déduire au moment de l'achat. Elle concerne en revanche directement les consommateurs puisqu'elle est facturée au moment de la vente du bien. Les médecins propharmaciens doivent soumettre à la TVA, les ventes de médicaments dispensés à leurs clients dans des zones sans pharmacie. Les dons de matériels destinés à lutter contre la pandémie sont dispensés de régularisation de la TVA, y compris les masques, qu'ils soient chirurgicaux ou simplement destinés à la protection respiratoire ainsi que les gels hydro-alcooliques. Pour éviter certaines dérives, ces dons doivent être effectués à des personnes morales énumérées par la loi : les établissements de santé, ceux qui hébergent des personnes vulnérables comme les handicapés ou personnes âgées dépendantes, les dons faits aux professionnels de santé, à l'État et aux collectivités locales[9]. En ce qui concerne l'achat, la vente ou l'importation de ce même matériel destiné à lutter contre la crise sanitaire, ces opérations sont soumises aux taux avantageux de TVA de 5,5 %[10].

262. Faire de la protection sociale un complément de revenu ? Les crises ont pour vertu de recentrer l'action de l'État autour de la solidarité, peu importe qu'il s'agisse de crises budgétaires ou sociales[11]. Elles renforcent ainsi

---

[7] D. Pilon, « Les taxes peuvent-elles stimuler la croissance économique », *Ici.radio-canada*, 27 septembre 2018, consultable sur le site https://ici.radio-canada.ca/nouvelle/1126504/taxes-croissance-developpement-economie-nord-ontario#:~:text=Les%20r%C3%A9formes%20fiscales%20ne%20peuvent,le%20monde%20puisse%20en%20b%C3%A9n%C3%A9ficier.&text=Il%20a%20soulign%C3%A9%20que%20PIB,travailleurs%20de%20la%20classe%20moyenne.

[8] Article 206 de l'annexe II au CGI, IV, 2, 3e alinéa.

[9] Article 273 septies D du Code général des Impôts

[10] CGI, article 278-0 bis, K bis et K ter.

[11] « Les crises économique et financière des années 2000 ont contribué à créer un regain d'intérêt pour la question de la protection sociale en France, des études ayant notamment reconnu son rôle d'amortisseur durant ces périodes » : F. Eloire, P. Cary, S. Monchatre, M. Zune, F.-X. Devetter, M. Trespeuch, B. Touchelay, I. Martinache, B. Cordrie, A. Fretel, D.

la préférence à la notion de solidarité entre les générations plutôt que celle d'équité intergénérationnelle. Avant cette crise, la réforme des retraites visait à combler le déficit des caisses de retraite estimé à plusieurs milliards d'euros. Le texte a divisé les Français en deux, entre les titulaires de régimes spéciaux et ceux qui étaient affiliés au régime général. Désormais, les impératifs de rentabilité budgétaire devaient animer l'esprit des gouvernants dans la gestion de cette caisse. La performance économique ou encore la budgétisation axée sur la performance financière sont les slogans de l'OCDE en matière de meilleures pratiques budgétaires. Il n'est donc pas surprenant que cette réforme vise à remplacer les meilleures années de cotisation par un cumul de points acquis chaque année de travail et durant toute la carrière des cotisants. De plus, il repousse l'âge de départ à la retraite pour tous les bénéficiaires, peu importe qu'ils aient commencé à travailler plus tôt ou plus tard. Si l'âge de départ était fixé à 60 ans plutôt qu'à 65 ans, le déficit de la caisse des retraites serait lourdement aggravé. Il n'est plus question de réduire les déficits budgétaires : ce virus ayant obligé plusieurs entreprises à fermer leurs portes et l'État à emprunter pour soutenir entreprises et particuliers qui se retrouveront au chômage du fait des politiques de mise en quarantaine destinées à freiner la propagation de la pandémie. La caisse de la sécurité sociale avait été créée au lendemain de la Seconde Guerre mondiale de 1945. À cette époque, son ambition était de voler au secours des femmes, orphelins et mutilés, ces victimes collatérales des efforts de guerre qui ont privé plusieurs foyers de leurs hommes pour sauver la France. 75 ans plus tard, les temps ont bien changé et il est désormais question de réduire le déficit qui se creuse de plus en plus et qui, selon toute vraisemblance, continuera sa tendance si rien n'est fait. Il faudra repousser la réforme et ce n'est guère la première fois que ce recul se fait face aux grèves et protestations populaires. Dans ce cas particulier, elles bénéficient, en plus, de la circonstance économique exceptionnellement dramatique causée par le coronavirus. La protection sociale épouse ainsi son statut de salaire social, c'est-à-dire de salaire versé par la société aux sans emplois et permet ainsi la reproduction de la force de travail : les actifs permettent au plus vieux de se reposer tout en continuant de percevoir leurs pensions et cela, sans avoir besoin de travailler[12].

Rodet, I. Bruno, Ph. Batifoulier, C. Noûs, S. Barral et Fr. Chavy : « La casse de l'état social mise en lumière par la pandémie. Retour sur un lent processus de délitement. Présentation et mise en perspective d'une sélection d'articles tirés de dix années de publications de la Revue Française de Socio-Économie », *Revue Française de Socio-Économie*, 2020/en lutte Hors-série, page 25. Article disponible en ligne à l'adresse : https://www.cairn.info/revue-francaise-de-socio-economie-2020-en lutte-page-23.htm.

[12] F. Eloire, P. Cary, S. Monchatre, M. Zune, Fr.-X. Devetter, M. Trespeuch, B. Touchelay, I. Martinache, B. Cordrie, A. Fretel, D. Rodet, I. Bruno, Ph. Batifoulier, C. Noûs, S. Barral et Fr. Chavy : « La casse de l'état social mise en lumière par la pandémie. Retour sur un lent processus de délitement. Présentation et mise en perspective d'une sélection d'articles tirés de dix années de publications de la Revue Française de Socio-Économie », *Revue Française de Socio-*

Au-delà de ce statut de salaire, la protection sociale a progressé pour devenir le symbole de la lutte des classes sociales : les employeurs contre les employés, chacun essayant d'utiliser le mécanisme pour le tirer à son profit. La protection sociale est perçue comme une reproduction de la différence salariale entre employeurs et employés. C'est cet écart que doit corriger l'État providence. C'est aussi cette polémique qui explique que la réforme actuelle du régime des retraites ainsi que de la protection sociale se veut axée sur des impératifs budgétaires. Le travail, la rémunération, les pensions de retraite : on assiste à l'avènement du « tout-budgétaire », de la marchandisation de ces éléments qui finissent par parachever l'idée d'une capitalisation de l'ensemble des biens et services de la société. Un autre modèle de société est-il possible ? Celui d'un cercle vertueux ou l'on assisterait « au croisement des différentes sphères d'intégration (économique, politique, domestique) : les flux prélevés sur la sphère économique financent les prestations sociales et les consommations collectives dont profitent les individus dans la sphère domestique. Grâce à ces dernières (santé, éducation), les individus bénéficient alors d'une meilleure valorisation monétaire (le salaire), dont une partie est prélevée pour financer la protection sociale »[13]. Il semble que ce virus ait précipité l'avènement de ce modèle de société, les tendances actuelles de la politique du gouvernement français indiquant un fort penchant en ce sens : au fort de la crise, c'est-à-dire en avril 2020, le gouvernement français avait annoncé un plan d'urgence de 115 milliards d'euros pour les entreprises, les salariés et les personnes en difficultés. Les règles pour bénéficier des prestations de chômage ont été largement assouplies. La période qui servait de référence pour l'affiliation au chômage a été étendue tandis que le délai de 6 mois, à l'issu duquel les prestations en matière de chômage étaient réduits à 30 %, a été suspendue jusqu'à la fin de la crise sanitaire[14].

263. Suivre les recommandations de l'OCDE ? Les mesures prises par la France en matière fiscale comme le report du paiement des impôts, et en matière financière comme l'ouverture de ligne de crédit pour les entreprises, ne doivent rien à la providence. Elle suit ainsi les recommandations de l'OCDE dans ce domaine. Éviter une crise du crédit comme celle de 2008 qui

---

Économie, 2020/en lutte Hors-série, page 26. Article disponible en ligne à l'adresse : https://www.cairn.info/revue-francaise-de-socio-economie-2020-en lutte-page-23.htm

[13] F. Eloire, P. Cary, S. Monchatre, M. Zune, F.-X. Devetter, M. Trespeuch, B. Touchelay, I. Martinache, B. Cordrie, A. Fretel, D. Rodet, I. Bruno, Ph. Batifoulier, C. Noûs, S. Barral et Fr. Chavy : « La casse de l'état social mise en lumière par la pandémie. Retour sur un lent processus de délitement. Présentation et mise en perspective d'une sélection d'articles tirés de dix années de publications de la Revue Française de Socio-Économie », *Revue Française de Socio-Économie*, 2020/en lutte Hors-série, page 27. Article disponible en ligne à l'adresse : https://www.cairn.info/revue-francaise-de-socio-economie-2020-en lutte-page-23.htm.

[14] M. Noblecourt, « La réforme des retraites victime du coronavirus », *Le Monde*, 17 avril 2020, consultable sur le sitehttps://www.lemonde.fr/idees/article/2020/04/17/la-reforme-des-retraites-victime-du-coronavirus_6036959_3232.html

aurait entrainé la faillite du système bancaire. Comme le note le secrétaire général de l'OCDE, Angel Gurria, « les réponses en matière de politique fiscale ont été fortes et opportunément axées sur l'injection de liquidités. Cette stratégie contribue à maintenir la confiance face à un choc d'une ampleur sans précédent. Elle devra être poursuivie à mesure que les règles de confinement seront progressivement assouplies, afin d'assurer une reprise vigoureuse. Nous devons d'ici là tracer la trajectoire vers un système fiscal qui soit capable de restaurer les finances publiques tout en garantissant un partage équitable des efforts ». Cet opportunisme consistant à mettre l'injection de liquidités au cœur de la stratégie de redressement a pour mérite de ne pas entrainer la faillite des banques. Car en plus de la crise sanitaire actuelle, une crise financière à l'image de celle de 2008 aurait été difficile à redresser. Cette crise a aussi été l'opportunité pour l'OCDE, à travers la voix de son secrétaire général, de réaffirmer ses politiques fiscales : l'objectif étant d'ouvrir « un débat sur la façon dont les réformes fiscales de grande ampleur, qui englobent des taxes de solidarité, des taxes sur le carbone et l'instauration d'une plus grande progressivité dans le système fiscal, peuvent aider les gouvernements à mieux renflouer les finances publiques »[15]. Il s'agit donc d'accroitre les recettes fiscales, de restaurer les finances publiques dans un sens : celui de la solidarité par le renforcement de la progressivité de l'impôt sur le revenu.

264. L'utilisation de la fiscalité se fait donc dans un sens précis : celui de sauver des vies mais aussi celui de préserver la faillite économique. Cette fonction doit se faire dans cet ordre, car une économie est difficilement concevable sans ses acteurs, qu'ils soient des personnes physiques ou morales, de droit public ou de droit privé. Dans un contexte de crise sanitaire ou le nombre de personnes âgées affectées par ce virus est plus important que les jeunes, la suspension de la réforme des retraites est un geste politique fort adressé à ces derniers, attestant d'une prise en considération des populations les plus fragiles durant ces périodes. Pouvait-il en être autrement sans affecter sérieusement la politique sociale dont se réclame très souvent la France ? Au nom de cette politique, l'extension de la période de chômage venant à expiration pour les bénéficiaires au début de la crise sanitaire ainsi que le soutien financier apporté aux entreprises, ont largement justifiés les 115 milliards d'euros du plan de relance. Sauver les personnes physiques, mais aussi les personnes morales, particulièrement celles de droit public, surtout depuis que la suppression de la taxe d'habitation et la baisse de revenus des entreprises soumises à la contribution foncière affecte le budget des collectivités. Si la suppression de cette taxe se justifie encore au nom de l'impératif du pouvoir d'achat des contribuables qui verront plus de ressources entre leurs mains, c'est au prix de subventions et d'une prise en charge de

[15] OCDE, « Les politiques fiscale et budgétaire devraient continuer de soutenir les ménages et les entreprises pendant la période de confinement, puis étayer la reprise », *Communiqué de presse*, 15 avril 2020, 2 pages.

l'État d'une partie substantielle des revenus dont sont privées les collectivités locales (Section 1).

265. L'État et ses acteurs, particulièrement l'administration fiscale, sont aux premières lignes de cette lutte visant à préserver le tissu économique et social de la France. À ce titre, les attentes vis-à-vis de ce dernier seront élevées. Au nombre de celles-ci figurent le rôle de négociateur de la transition écologique et sociale. Cette négociation fiscale sera d'autant plus importante qu'il s'agit de redresser l'important déficit public encaissé par la France pour lutter contre la pandémie. Ces fonds se trouvent dans des paradis fiscaux et représentent des montants astronomiques permettant d'améliorer la qualité des services publics : la santé et l'éducation, cruciaux dans des périodes de crise sanitaire. Mais l'affirmation théorique de cette mission se heurte très souvent à des réalités que seule une unité et une concertation avec l'Europe permettront de résoudre. Au-delà de la simple concertation, le mot clé, qui raisonne avec une redondance presque abasourdissante, sera le dialogue et la négociation (Section 2).

Section 1 - L'apport des finances publiques à la préservation du capital humain et économique

266. C'est aussi les États les plus endettés qui sont aujourd'hui obligés de précipiter la stratégie de déconfinement pour sauver leurs économies en péril. Le coronavirus, en ce sens, est un accélérateur de mouvement. Il dédouble la capacité de ces derniers à faire face à une menace. Il multiplie les ressources des États à changer le mode de vie des populations, leur conception du déplacement et du travail en société, ainsi que leur vision de la vie et des rapports humains. Le confinement est nécessaire pour éviter que les hôpitaux ne soient débordés par le nombre de malades de sorte à ne plus avoir assez de lits, de matériels pour intuber les malades ou tout simplement pour les soigner. Car le pire scénario serait de ne plus avoir les moyens financiers de faire face à la pandémie. C'est à ce moment qu'elle devient incontrôlable et que les risques de se rapprocher des taux records de morts causés par la grippe espagnole de 1918 sont grands. C'est ce qui explique que la phase du confinement, aussi stricte soit-elle, fut nécessaire pour porter un arrêt franc à la propagation de l'épidémie. Le cout budgétaire et fiscal est important. C'est l'occasion de faire fonctionner le crédit, ses taux d'intérêt et la planche à billets. La fiscalité doit accompagner l'économie dans sa stratégie de sortie de crise en évitant les mesures fiscales qui ont la fâcheuse conséquence de la ralentir. La Grande-Bretagne n'avait pas choisi la méthode du confinement, préférant celle de l'immunité collective mais face aux risques de morts et de

propagation de la pandémie que représentait une telle option, elle a choisi de faire volte-face en privilégiant le confinement[16]. Plusieurs pays comme la Corée du Sud qui avaient entamé leurs stratégies de déconfinement ont dû se reconfiner à nouveau face à la montée en puissance des cas d'infection. Le déconfinement se fera pour sauver l'économie, mais il devra se faire de façon raisonnable et stratégique. Dans la stratégie de déconfinement, la prévention et les tests vont devoir se multiplier. Les finances publiques doivent désormais être tournées vers le budget de la santé[17]. Le nombre de tests de dépistage doit être multiplié par deux. De même, le traçage téléphonique des employés reprenant du service après une période de déconfinement est important. Tous les services présentant de faibles risques de contacts avec le public doivent être rouverts. Tous les services ne nécessitant pas un contact physique entre collaborateurs, même s'il s'agit de deux mètres de distanciation doivent être ouverts. Il est possible d'imaginer l'organisation d'événements sportifs qui nécessitent l'interaction de deux joueurs au maximum et une salle vide. L'événement pourrait être retransmis en direct et les droits de rediffusion distribués entre les différents acteurs ayant permis son déroulement. Les recettes seront maigres, lorsqu'on les compare à des temps normaux mais les droits d'antenne et de diffusion seront importants, si tous les supporters sont derrière leur écran télévisé. C'est l'idée émise par le gouverneur de New York. Une bonne stratégie de déconfinement se planifie sur 3 à 6 mois en s'appuyant sur 3 mois de confinement. Pour construire un édifice, il faut s'appuyer sur des fondations solides. Pour reconstruire une société après une période de confinement, il faut s'appuyer sur son ciment. Ce ciment qui a continué de fonctionner et survécu pendant le confinement du reste de la population est constitué des « caissiers de supermarché, éboueurs, pompiers, chauffeurs de bus, dépanneurs, magasiniers, agents de nettoyage, d'entretien, aides-soignants, auxiliaires de vie, assistants funéraires, indépendants, routiers, secrétaires, postiers, ouvriers d'usine, agriculteurs, boulangers, épiciers, livreurs, tant d'autres de cesdits « petits métiers »… »[18] Au Canada, la liste des services essentiels concerne l'énergie et les services publics, les technologies de l'information et de la communication, les finances, la santé,

---

[16] Fr. Bouhon, A. Jousten, X. Miny et E. Slautsky, « L'État belge face à la pandémie de covid-19 : esquisse d'un régime d'exception », *Courrier hebdomadaire du CRISP*, 2020/1 n°2446, page 8. Article disponible en ligne à l'adresse : https://www.cairn.info/revue-courrier-hebdomadaire-du-crisp-2020-1-page-5.htm.

[17] Pour mettre fin aux pandémies, réduire leur propagation dans un monde globalisé, stopper la perte de capital humain que ces maladies provoquent : investir dans la santé est un impératif. Voir M.M. Kavanagh et al. « Ending pandemics: u.s. foreign policy to mitigate today's major killers, tomorrow's outbreaks, and the health impacts of climate change », *Journal of International Affairs*, vol. 73, no. 1, 2019, pp. 49–68. *JSTOR*, www.jstor.org/stable/26872778. Accessed 22 Dec. 2020.

[18] P. Ben Soussan, « Le roman rose de la famille confinée : on peut se lever mais pas se casser ! », *Revue Spirale*, 2020/1 n° 93, page 9, disponible à l'adresse https://www.cairn.info/revue-spirale-2020-1-page-7.htm.

l'alimentation, l'eau, le transport, la sécurité, les fonctionnaires du gouvernement, en l'occurrence ceux qui travaillent à l'élaboration des passeports et à la traduction des documents officiels, les agents des frontières chargés de réguler le flux des entrées et sorties, surtout en cette période de confinement, ceux du secteur manufacturier comme les plombiers, les électriciens, les services de conciergerie et de nettoyage sans oublier les professionnels du commerce électronique[19]. Plusieurs de ces professionnels, essentiels au bon fonctionnement de l'économie, n'ont pas connu le confinement. L'expérience de déconfinement doit alors s'appuyer sur eux pour progressivement tenter d'avoir un semblant d'économie pendant l'été et l'automne avant l'arrivée de l'hiver, période de la grippe saisonnière. Cette crise sanitaire fait peser plusieurs inquiétudes à commencer par la préservation de la santé des populations qui se fait au détriment d'une forte baisse du PIB, le Produit Intérieur Brut (Paragraphe 1). L'État doit ainsi épouser ses fonctions de providence et pourvoir aux besoins des personnes morales de droit public. Face à l'ampleur des déficits et besoins financiers pour faire face à la pandémie, l'aide s'organise aussi entre les personnes morales de droit public : de l'État vers les collectivités locales ou de l'Union européenne vers les États membres (Paragraphe 2). On assiste ainsi à une solidarité au sein de la sphère publique : les transferts publics ayant pour effet de réduire la pauvreté liée à la perte d'emploi. C'est le constat qu'avaient dégagé en 2006, les économistes Paul Makdissi, Yannick Therrien et Quentin Wodon : « la pauvreté est plus élevée aux États-Unis qu'au Canada. Ceci est principalement dû au fait que les politiques de transferts au Canada sont plus généreuses qu'aux États-Unis. Nous montrons aussi que la principale source de réduction de la pauvreté dans les deux pays provient des transferts vers les personnes âgées »[20].

Paragraphe 1 - Le maintien de la qualité de vie des personnes physiques

267. Ajuster, corriger, s'adapter à la crise, se montrer flexible : les lois de finances rectificatives qui ont été votées dans le sillage de la pandémie attestent de la volonté du gouvernement français d'ajuster ses marges de manœuvre pour pouvoir faire face au problème. Car l'heure du bilan sonnera, tôt ou tard et l'épineuse question de savoir si les mesures qui ont été prises n'étaient pas exagérées au point d'impacter lourdement l'économie et les liens sociaux, se posera. Comme dans le cas de la Belgique, il sera possible de rétorquer à cette affirmation en avançant que le droit à la vie et la nécessité de préserver la santé des populations justifiait que l'économie soit mise au ralenti

---

[19] https://www.securitepublique.gc.ca/cnt/ntnl-scrt/crtcl-nfrstrctr/esf-sfe-fr.aspx

[20] P. Makdissi, Y. Therrien, Q. Wodon, « L'impact des transferts publics et des taxes sur la pauvreté au Canada et aux États-Unis », *L'Actualité économique, Revue d'analyse économique*, vol. 82, n°3, septembre 2006, introduction.

sans la faire périr. La proportion des mesures prises par rapport aux informations dont disposait le gouvernement : c'est ce critère qui servira à dédouaner le gouvernement français, en cas de saisine d'une commission d'enquête du parlement sur la gestion de la crise sanitaire[21]. Pour l'heure, les faits attestent d'une volonté de sauver l'économie et les vies, via notamment le confinement pour les vies et le plan d'urgence de 115 milliards d'euros pour l'économie, adopté initialement par le gouvernement du président français. Mais tout ceci a un prix financier exorbitant qui justifie, pour le cas de la France, la stratégie de déconfinement et de reconfinement. C'est donc pour sauver l'économie que certaines prises de risque sont nécessaires au niveau des vies. Et c'est encore pour sauver des vies que d'autres risques seront nécessaires au niveau de l'économie. Ces risques sont pris lorsque la pandémie repart à la hausse. En attendant, le gouvernement français a décidé de suspendre le projet de réforme des retraites visant à réduire le déficit des caisses par l'instauration d'un système de point. Cette décision du gouvernement cadre avec une crise sanitaire qui a produit le plus grand nombre de morts chez les personnes âgées (I). Ce faisant, préserver le capital humain chez les moins âgés, particulièrement chez les jeunes dont le taux de chômage s'est accru ces dernières années, était tout aussi important, justifiant qu'une enveloppe budgétaire de plusieurs milliards ait été mise en place pour financer le chômage (II).

I - La suspension d'un projet de réforme des retraites défavorable aux séniors

268. La crise du coronavirus suscite déjà, en France, de nombreuses réflexions sur la pertinence de poursuivre le projet de réforme des retraites qui a divisé le pays en deux : ceux qui ont cotisé très tôt contre ceux qui ont cotisé plus tardivement. L'épine dorsale du problème repose sur l'âge à partir duquel il est possible de partir à la retraite à taux plein. Alors qu'avant le projet de réforme, les cotisants qui avaient commencé à travailler très tôt et atteint le nombre de trimestres de cotisations nécessaires pouvaient partir à la retraite à taux plein dès l'âge de 62 ans, il faudra désormais pousser jusqu'à 64 voir 65 ans. Il leur est toujours possible de partir à 62 ans, mais une décote s'appliquera. En revanche, ceux qui décideront de repousser l'âge de la retraite au-delà de 65 ans auront une surcote estimée à 5 %. Ce projet met fin aussi au calcul de la retraite basée sur les 25 meilleures années pour instaurer le système de point. Il faudra multiplier les points acquis au fil des années de

[21] Fr. Bouhon, A. Jousten, X. Miny et E. Slautsky, « L'État belge face à la pandémie de covid-19 : esquisse d'un régime d'exception », *Courrier hebdomadaire du CRISP*, 2020/1 n°2446, page 37. Article disponible en ligne à l'adresse : https://www.cairn.info/revue-courrier-hebdomadaire-du-crisp-2020-1-page-5.htm.

travail par la valeur de service du point. Alors qu'avant la réforme, les parents avaient droit à 2 mois de trimestre supplémentaire par enfant dans le privé et un mois dans le public, le nouveau système de point instaure une majoration de 5 % sur le total des points, plus 1 % supplémentaire à partir du 3e enfant, par parent. 2,5 points sont automatiquement attribués à la mère. Cette réforme a été mise en place afin de réduire le déficit du système de pension de retraite qui pourrait atteindre 12 milliards d'euros en 2027. L'entrée en vigueur du projet de loi portant réforme des retraites est prévue en 2025 et ne devrait concerner que ceux qui auront moins de 50 ans, à cette date. La crise provoquée par le coronavirus réoriente les priorités et inquiétudes du gouvernement pour 2020. Il est désormais question de mobiliser les fonds nécessaires pour sortir de cette impasse[22]. Lors de la reprise de l'économie, ce projet sera remis sur la table et les contraintes de réduction des déficits contractés pour sortir de la crise remettront sa pertinence à l'ordre du jour[23]. Ce n'est d'ailleurs pas la première fois qu'une réforme des retraites est proposée et que le gouvernement français fait marche arrière face aux contestations de son peuple. La réforme des retraites en France visait à mettre fin aux régimes spéciaux. Mais peut-on réformer les retraites sans instaurer d'injustice fiscale entre les métiers pénibles et ceux qui le sont moins, entre ceux connaissant de forts risques d'accidents de carrière et ceux n'en ayant que très peu ? Selon Thomas Piketty, une bonne réforme des retraites devrait prendre en compte les impératifs de justice fiscale et sociale en mettant à contribution, au même niveau, les bas salaires comme les hauts salaires. La réforme actuelle se trompe de cible en opposant les classes sociales pauvres entre elles alors qu'il faudrait comparer ceux qui gagnent entre deux et trois fois le SMIC avec ceux qui touchent 6 à 7 fois ce même SMIC. Il rappelle que la réforme des retraites actuelle instaure un impôt régressif pour les riches et progressif pour les pauvres. Son impopularité résulte de son injustice fiscale. Pourtant le déficit de la caisse des retraites en France est important[24]. Les réflexions sur la question ne sont donc pas prêtes de s'arrêter. La crise provoquée par ce virus remet la question de la réforme des retraites en seconde position. Le gouvernement a d'ailleurs proposé de suspendre le projet. Il faut craindre qu'au-delà de la problématique posée par ce virus, la suspension de

---

[22] Pour lutter contre la pandémie, reconnait le président français Emmanuel Macron, il faut mobiliser tous les moyens financiers et humains. Ce qui nécessite de suspendre toutes les réformes en cours, y compris celle des retraites qui supposait la mise en place de la caisse en 2021 afin d'être opérationnelle en 2022 : HuffPost, « Retraites: il sera "très compliqué" d'aller au bout, selon la rapporteure», *HuffPost- France* (site web), 10 avril 2020. Cendra Motin est députée de la LREM et rapporteure de l'un des volets de la réforme des retraites.

[23] La rédaction, « Retraite : un déficit entre 7,9 et 17,2 milliards d'euros en 2025 selon le COR », *Vie Publique Accueil, Actualités, En Bref*, consultable sur le site https://www.vie-publique.fr/en-bref/271954-retraite-le-deficit-evalue-par-le-cor-en-2025

[24] France Inter, « Thomas Piketty dénonce "l'arnaque" de la réforme des retraites », *Interview accordée à France Inter* et publiée le 2 décembre 2019 à l'adresse https://www.youtube.com/watch?v=Tk0iiVtGFgE

la réforme ne soit que la prise d'acte d'un projet qui allait diviser la France en deux : les régimes spéciaux contre les régimes généraux sans redonner à l'impôt ses lettres de noblesse : lutter contre la pauvreté des personnes âgées par la réduction des inégalités. Il est désormais question de finir ses vieux jours dans la dignité[25]. Le projet a contre lui l'inconvénient lié au fait que les régimes de retraite assis sur des fonds de pension, cotés en bourse, chutent considérablement lorsque le PIB ou les marchés financiers connaissent des pertes de revenus importantes liées aux crises sanitaires. Dans les deux cas, c'est-à-dire une retraite par répartition assise sur les cotisations des salariés ou une retraite par capitalisation misant sur les fonds spéculatifs, la baisse se fera soit par la hausse du taux de chômage et donc la réduction du nombre de cotisants soit par une panique boursière plongeant plusieurs fonds de pension dans des déficits colossaux. Mais entre deux maux, il faut choisir le moindre. C'est ce qui explique que Thomas Piketty ait suggéré d'élargir l'assiette des cotisants, en incluant les salariés qui gagnent plus de 120.000 euros, lesquels sont exclus du projet actuel, et d'appliquer le caractère progressif de l'impôt aux cotisations de retraite, exactement comme ce qui se fait actuellement avec l'impôt sur le revenu. En somme, il y aurait une retraite par répartition avec des taux de cotisation identiques à ceux de l'impôt sur le revenu, c'est-à-dire, que le barème hausserait en fonction du salaire[26]. En temps de crise, l'écho de la solidarité résonnera encore plus fort que celui de l'individualisme. Le constat est aussi valable pour les entreprises et les particuliers pour lesquels plusieurs crédits et des mesures de soutien économique au chômage ont été mis en place. Cela limitera les désastreuses conséquences financières que ce virus provoquera. Mais des dommages collatéraux restent à déplorer.

II - Le financement du chômage

269. Le risque de reprise de la pandémie oblige les États à se préparer à des scenarii de confinement et de déconfinement. Il est dès lors aisé de comprendre qu'il faudra s'attendre à des hypothèses de chômage partiel et de recours massif aux contrats à durée déterminée de 3 et 6 mois. Ce type de contrat parait plus adapté aux réalités du marché du travail imposé par le coronavirus[27]. Toute la question est de savoir s'il n'est pas possible d'utiliser

---

[25] B. Bissuel, R. Besse Desmoulières, O. Faye, « La réforme des retraites mise à mal par le Covid-19 », *Le Monde*, 21 avril 2020.

[26] C. Boganda, « Tempête financière : les retraités vont-ils boire la tasse ? », *L'humanité*, 26 mars 2020, p. 12.

[27] « Deux nouveaux secteurs sont exonérés de la taxe sur les CDD d'usage. Après celles du déménagement (v. l'actualité n° 17970 du 3 janvier 2020), c'est au tour des entreprises des secteurs d'activités de l'animation commerciale et de l'optimisation de linéaires d'être exclues, par un arrêté du 27 janvier 2020, du champ d'application de la taxe forfaitaire sur les CDD d'usage (CDD-U) instaurée par la loi de finances pour 2020 (Arr. du 27 janvier 2020, JO 30

les dépenses fiscales en matière sociale, cette part de prélèvement à laquelle l'État renonce pour encourager certaines pratiques ayant pour but de stimuler la croissance, d'encourager l'embauche massive de salariés au chômage et le tout avec l'aide des géants du numérique : Google, Apple, Facebook, Amazon, Microsoft mais aussi Netflix, Airbnb, Tesla et Uber. Au Royaume-Uni et en Allemagne, les dépenses fiscales, aussi appelées fiscal welfare, représentaient 3 % de leur Produit Intérieur Brut en 2011. De plus, leurs rôles dans un contexte de crise affectant particulièrement certains secteurs comme la culture, le tourisme ou encore l'événementiel sera crucial[28]. Ces dépenses peuvent prendre la forme de subventions, de crédits d'impôts ou encore d'exemptions de cotisations sociales. Elles peuvent aussi être utilisées pour encourager ce qui pourrait être le nouveau visage du marché de l'emploi après la crise du coronavirus, un marché dominé par les plateformes coopératives, la mutualisation des risques et des gains, la démocratie participative et la liberté d'expression sur les réseaux sociaux[29]. Les emplois en ligne concernent aussi les cours à domicile. Du fait de la stratégie de confinement décidée par le gouvernement français et en dépit d'une réouverture des classes, dans des conditions sanitaires extrêmes, le nombre de cours en ligne ainsi que d'offre de soutien scolaire a explosé. Le déconfinement n'aura pas résolu la question car la crainte d'une hausse de la pandémie oblige gouvernements et parents à des précautions extrêmes, ce qui multiplie le nombre de cours en ligne. C'est dans ce contexte que le crédit d'impôt pour ce type de cours vient en appui d'une obligation constitutionnelle de continuité de l'éducation en permettant de déduire 50 % des sommes engagées pour l'emploi à domicile d'un enseignant, ces derniers ne se déplaçant que très peu à cause des restrictions

---

janvier, NOR: MTRD2002323A). Ces secteurs sont en effet couverts par des accords collectifs étendus prévoyant une durée minimale applicable aux CDD-U et définissant les conditions dans lesquelles il est proposé au salarié de conclure un CDI au terme d'une durée cumulée de travail effectif (l'actualité n° 17991 du 3 février 2020) ». Si les entreprises des secteurs d'activité de l'animation commerciale ont été exonérées de la taxe forfaitaire sur les CDD d'usage, alors cette exonération peut aussi s'appliquer aux secteurs qui connaissent des difficultés particulières. Le tourisme comme l'événementiel sont tous les deux en danger. Plusieurs secteurs de ces deux branches d'activités sont saisonniers et ne se développent véritablement qu'en été. Permettre une exonération de la taxe sur les CDD d'usage facilitera l'embauche de travailleurs saisonniers. Liaisons sociales quotidiens, « Un mois d'actualité », *Liaisons sociales quotidiens*, numéro 18013 du 4 mars 2020, page 1.

[28] F. Eloire, P. Cary, S. Monchatre, M. Zune, F.-X. Devetter, M. Trespeuch, B. Touchelay, I. Martinache, B. Cordrie, A. Fretel, D. Rodet, I. Bruno, Ph. Batifoulier, C. Noûs, S. Barral et Fr. Chavy, « La casse de l'état social mise en lumière par la pandémie. Retour sur un lent processus de délitement. Présentation et mise en perspective d'une sélection d'articles tirés de dix années de publications de la Revue Française de Socio-Économie », *Revue Française de Socio-Économie*, 2020/en lutte Hors-série, page 41. Article disponible en ligne à l'adresse : https://www.cairn.info/revue-francaise-de-socio-economie-2020-en lutte-page-23.htm.

[29] M. Dreyfus, L. Telfizian, N. Alix, P. Toucas-Truyen et M. Hipszman, « Temps Forts », *Revue internationale de l'économie sociale*, 2020/2 n° 356, page 10 et s. Article disponible en ligne à l'adresse : https://www.cairn.info/revue-recma-2020-2-page-6.htm.

mises en place, et cela dans la limite de 12 000 euros par an[30]. Toujours dans le cadre de la simplification des procédures fiscales ainsi que de la prise en compte de la montée en puissance d'internet, l'administration fiscale française a mis en place la déclaration automatique pour 12 millions de foyers fiscaux français. Les exceptions concernent les particuliers jugeant que la déclaration automatique n'est pas assez exhaustive car ne tenant pas en compte leurs situations fiscales au 31 janvier de l'année d'imposition. Dans ces conditions, l'administration fiscale leur offre la possibilité de moduler leur prélèvement à la source, ou encore d'en demander le report du paiement[31]. En matière de déclaration d'impôt et particulièrement dans le contexte québécois, l'idée a été émise de bonifier le crédit d'impôt solidarité pour les particuliers à faibles revenus afin de les aider à faire face à la crise du coronavirus. Selon certains organismes de bienfaisance de la province, ce crédit est déjà perçu par 2,9 millions de Québécois et le bonifier participerait à la justice fiscale : lutter contre la pauvreté grâce à l'impôt[32].

Paragraphe 2 - Le soutien fiscal apporté aux personnes morales de droit public

270. La crise du coronavirus aura laissé des séquelles financières importantes. Les entreprises et particuliers les plus vulnérables ont demandé une aide financière pour sortir de l'impasse. En contrepartie de cette aide, les États en profiteront pour faire passer leur politique fiscale en matière d'emploi, d'écologie, de taxe numérique, de lutte contre la pauvreté. C'est l'heure d'un bras de fer lent et dommageable financièrement entre les pouvoirs publics qui tentent de défendre leur vision de la société et les opposants à ces mêmes politiques. Au-delà de la politique interne, il est difficile de ne pas faire de rapprochement entre la crise économique provoquée par ce virus et la rupture entre le Royaume-Uni et l'Union européenne à la fin du mois de janvier. Avec sa city, Londres est une place financière faisant du Royaume-Uni un allié de taille pour l'Union européenne. Sa sortie fragilise l'Europe qui a désormais un poids décisionnel et financier moins important que les États-

---

[30] Article 199 sexdecies du CGI : « lorsqu'elles n'entrent pas en compte pour l'évaluation des revenus des différentes catégories, ouvrent droit à un crédit d'impôt sur le revenu, les sommes versées par un contribuable domicilié en France au sens de l'article 4 B pour : l'emploi d'un salarié qui rend des services définis aux articles L. 7231-1 et D. 7231-1 du code du travail…Les dépenses mentionnées…sont retenues, pour leur montant effectivement supporté, dans la limite de 12 000 €…La limite de 12 000 € est portée à 15 000 € pour la première année d'imposition pour laquelle le contribuable bénéficie des dispositions du présent article ».

[31] A. Pando, « Covid-19 : détail des mesures fiscales d'urgence », *Petites affiches*, 24/04/2020, n°083, p. 8.

[32] L. Lévesque, « COVID-19: bonifiez le crédit d'impôt pour solidarité, dit un regroupement », *La Presse Canadienne*, Mardi 7 avril 2020, site web.

Unis mais légèrement plus en avance que la Chine. Ce dernier a déjà l'expérience des pandémies, comme c'est le cas de la crise du syndrome respiratoire aigu sévère. Avec une solide avancée dans le secteur numérique, la Chine allait non seulement sortir de cette crise mais aussi s'adapter à une nouvelle vision de l'économie, dominée par le secteur numérique et de nouvelles habitudes de consommation. L'Europe a tardé à mettre en place ses GAFA et sans la City de Londres, avec un PIB désormais inférieur à celui des États-Unis et un fléau plus important sur son territoire que dans n'importe quel autre, le retard accusé sera important à la fin de cette année. Le Royaume-Uni pourra-t-il survivre dans ces conditions au Brexit ? La crise provoquée par ce virus est donc une remise en cause profonde de l'Unité européenne. Cette unité a été aussi compromise par les impératifs budgétaires des pays membres, chaque État tentant d'utiliser ses lois pour favoriser l'attractivité économique de son territoire. En pleine crise financière, l'unité fiscale sera encore moins au rendez-vous. Il faut donc réfléchir et trouver des solutions en interne mais aussi en externe, la globalisation des échanges ne permettant pas toujours de faire cavalier seul. L'Union européenne a ainsi mis en place certaines mesures pour venir au secours des États (II) tandis que sur un plan strictement interne, il faut saluer la prise en charge par l'État français des déficits affectant l'impôt des stocks des collectivités territoriales (I).

I - La prise en charge du manque à gagner fiscal des collectivités territoriales

271. On peut redouter en particulier un impact majeur sur la fiscalité locale[33]. Conscient des risques que la crise fait peser sur le budget des collectivités territoriales, l'État prend en charge les impayés pour les impôts de stock : taxe d'habitation, taxes foncières, taxe d'enlèvement des ordures ménagères (TEOM), payées par les propriétaires ainsi que la Cotisation Foncière des Entreprises. Il faut craindre néanmoins une baisse des recettes car la Cotisation Foncière des Entreprises est calculée en se basant sur le chiffre d'affaires. Or, du fait de la crise du coronavirus, le produit de cette cotisation sera réduit considérablement. Les Droits de Mutation à Titre Onéreux et leurs recettes vont chuter considérablement du fait de la fermeture des agences immobilières. L'ampleur de la crise et ses effets néfastes sur l'économie obligent à des stratégies de déconfinement et reconfinement. Elle n'offre que très peu de visibilité et de marge de manœuvre sur le long terme. Dans de telles circonstances, il faut s'en remettre aux analyses de l'INSEE selon laquelle : « les messages issus des articles de presse peuvent contribuer à prédire l'activité économique en temps réel. La plupart des indicateurs

[33] La Gazette des communes, « Coronavirus : menace sur les budgets 2020-2021 des collectivités locales », *La Gazette des communes*, 27 mars 2020.

conjoncturels d'activité économique utilisés habituellement dans les notes de conjoncture sont mensuels ou trimestriels, et disponibles seulement à la fin du mois ou du trimestre écoulé. Néanmoins, connaître l'évolution de l'activité de manière encore plus précoce peut être crucial, en particulier pendant la crise sanitaire du Covid-19 qui a occasionné des mouvements économiques soudains et de grande ampleur. » C'est donc une question d'efficacité, si l'on en croit l'INSEE : obtenir une information rapide et fiable. « L'information qualitative contenue dans les articles de la presse économique française peut être mobilisée en ce sens. Elle permet notamment de calculer un indicateur mesurant la tonalité de l'opinion médiatique sur l'activité économique. Cet indicateur donne des indications en temps réel sur l'économie française souvent concordantes avec l'évolution du PIB mesurée ex post… ». L'institut va d'ailleurs plus loin dans ses analyses en parlant d'indicateur de sentiment médiatique. « L'indicateur de sentiment médiatique vise à synthétiser l'information qualitative collectée dans des articles de presse… L'indicateur de sentiment médiatique permet d'anticiper les fluctuations de l'activité économique… L'indicateur suggère une diminution de l'activité économique avant même la mise en place du confinement, qui s'est accentuée avec son entrée en vigueur effective… »[34]. C'est dans ce sens qu'il faut craindre qu'après une telle crise, les ménages et entreprises ne soient pas tournés vers des dépenses d'investissement mais concernés par l'épargne, les contractions de trésorerie, l'explosion du chômage[35]. Le pouvoir d'achat doit cependant être préservé par l'endettement pour financer le chômage et la trésorerie des entreprises. La fiscalité doit continuer à jouer son rôle de préservation du pouvoir d'achat en évitant d'augmenter des taxes qui risquent de peser sur la consommation. La fiscalité doit se mettre au service de l'économie en stimulant sa croissance.

---

[34] Institut national de la statistique et des études économiques, « Les messages issus des articles de presse peuvent contribuer à prédire l'activité économique en temps réel », *Note de conjoncture*, 17/06/2020, 2 pages.

[35] Selon l'Institut national de la statistique et des études économiques, « au premier trimestre 2020, le produit intérieur brut (PIB) en volume baisse fortement : –5,8 %, soit la baisse la plus forte sur l'historique de la série trimestrielle, depuis 1949. En particulier, elle est plus forte que celles enregistrées lors du premier trimestre 2009 (–1,6 %) ou au deuxième trimestre 1968 (–5,3 %). L'évolution négative du PIB au premier trimestre 2020 est principalement liée à l'arrêt des activités « non essentielles » dans le contexte de la mise en place du confinement à partir de la mi-mars ». C'est dire la part très importante que les activités non essentielles jouent dans l'economie. Toujours selon l'INSEE, « les dépenses de consommation des ménages chutent (–6,1 %) ainsi que la formation brute de capital fixe (FBCF), de manière encore plus prononcée (–11,8 %). Au total, la demande intérieure finale hors stocks diminue fortement : elle contribue pour –6,6 points à l'évolution du PIB. Les exportations chutent également ce trimestre (–6,5 %), de même que les importations, mais de manière légèrement moins marquée (–5,9 %). Au total, le commerce extérieur contribue négativement à la croissance du PIB : –0,2 point, après –0,1 point au trimestre précédent. À l'inverse, les variations de stocks y contribuent positivement (+0,9 point). » INSEE, *Informations Rapides*, N° 107, 30 avril 2020 consultable sur le site https://www.insee.fr/fr/accueil.

272. La taxe locale sur la publicité extérieure a été créée par la loi du 4 aout 2008 de modernisation de l'économie. Elle remplace la taxe sur la publicité qui s'applique aux affiches, lumineuses ou non, ainsi que la taxe sur les emplacements publicitaires fixes[36]. Cette taxe aurait rapporté une dizaine de millions de dollars à la ville de Paris en 2018. La prise de conscience des difficultés que produit la crise sanitaire sur le chiffre d'affaires des entreprises pousse le gouvernement français, sur ordonnance[37], à donner la possibilité aux communes de pratiquer un abattement entre 10 % et 100 % du montant de cette taxe pour tous les redevables. Il s'agit d'un manque à gagner fiscal pour les personnes morales de droit public dont il faudra trouver une alternative à la reprise économique. Cette décision appartient cependant aux communes qui choisiront de l'adopter sur délibération[38]. C'est aussi pour prendre en considération l'urgence de la situation que le gouvernement a donné la possibilité aux exécutifs de pouvoir engager la totalité des dépenses d'investissement prévues au budget de 2019, sans attendre l'autorisation de l'organe délibérant. Avec la crise, seul un quart de ce budget pouvait être exécuté et nécessitait l'autorisation du même organe. Il y a donc plus de souplesse mais moins de recettes fiscales, ce qui revient à centraliser le problème des collectivités territoriales sur le budget nécessaire pour maintenir leurs missions de service public. La planche à billet, les prêts et de manière générale, les financements en provenance des Banques sont donc des solutions à ne pas écarter quand il s'agit d'apporter de l'aide aux collectivités territoriales dont les recettes, du fait de la suppression de la taxe d'habitation et de la baisse de la plupart de leurs sources de revenus, ont impacté considérablement leur budget en 2020. Il y aura trois façons pour les collectivités locales d'obtenir un financement : l'endettement, une ligne de crédit garantie par l'État, la levée de nouveaux impôts auprès des particuliers non impactés par la crise sanitaire et enfin les transferts d'impôts de l'État pour amoindrir les effets du virus. Les pertes provoquées par les mesures de confinement pour certaines villes comme Marseille sont abyssales. Il est question de près de 500 millions d'euros. Dans cette ville comme dans la plupart des autres villes de France, les lieux non essentiels à la vie ont été fermés : « les spectacles, expositions, bars, restaurants, musées, événements publics »[39].

---

[36] Ministère de l'intérieur-Direction générale des collectivités locales, *Guide pratique taxe locale sur la publicité extérieure*, Paris, octobre 2016, 32 pages, consultable sur le site https://www.collectivites-locales.gouv.fr/files/files/dgcl_v2/FLAE/FL1/20061004_guide_tlpe.pdf

[37] Ordonnance n° 2020-460 du 22 avril 2020, *Journal Officiel*, 23 avril, art. 16.

[38] S. Dyens, « La continuité budgétaire, financière et fiscale des collectivités territoriales et des établissements publics locaux aux temps du covid-19 », *AJ Collectivités Territoriales 2020*, p. 247.

[39] E. Royer, « À la une - Crise sanitaire du Covid-19 - Sauvegarder le secteur touristique », *Juris-tourisme* 2020, n°229, p.6.

273. Le président de la commission des finances à l'Assemblée nationale, Eric Woerth, reconnait que l'urgence n'est pas à la hausse des impôts. Tirant les conclusions de son expérience alors qu'il était ministre en 2012, ce dernier affirme qu'une hausse des impôts aura pour conséquence de ralentir la croissance. Baisser ou reporter les impôts permettra de distribuer davantage de pouvoir d'achat aux particuliers[40], ce qui donne encore de la pertinence à la suppression de la taxe d'habitation et de l'Impôt de Solidarité sur la Fortune[41]. Il affirme par ailleurs que la sortie de crise se fera par de la croissance, c'est-à-dire les fameux gains de productivité, un peu d'inflation, c'est-à-dire la planche à billets, par l'émission de papiers-monnaies par les banques et leur distribution directe aux citoyens, ce qui entrainera une dépréciation de l'Euro. L'ancien ministre des Finances ajoute que l'aide de la Banque Centrale européenne sera importante dans la sortie de crise. En somme, les États européens émettront des bons du trésor qui seront rachetés par la Banque Centrale Européenne laquelle monétisera ensuite cette dette, c'est-à-dire émettra de la monnaie pour financer ses besoins et donc acheter les dettes des pays membres[42]. Il est dès lors aisé de comprendre pourquoi l'Allemagne a présenté le plus gros budget de relance économique de son histoire. D'autant que la Commission européenne a décidé d'alléger les règles concernant le pacte de croissance et de stabilité budgétaire pour permettre aux États de s'endetter suffisamment de sorte à venir au secours de leur économie. De plus, les règles concernant les aides d'État ont été assouplies pour permettre aux entreprises nationales qui sont dans le besoin d'en bénéficier,

---

[40] La prime de pouvoir a été instituée à l'origine pour augmenter le pouvoir d'achat des salariés lors de la crise des gilets jaunes. Elle a été revue à la hausse pendant la pandémie pour passer de 1000 à 2000 euros, si elle obéit aux conditions d'obtention : le salarié doit être lié à l'entreprise par un contrat de travail, la prime doit être versée entre le 21 décembre 2019 et le 31 août 2020, elle ne peut remplacer d'autres formes de rémunérations, elle est soumise à un accord d'intéressement entre l'employeur et l'employé. Sur le plan fiscal, cette prime est défiscalisée pour l'employeur et pour l'employé et n'est soumise à aucune forme de contributions ou charges sociales. Voir l'ordonnance n° 2020-385, 1er avril 2020, *Journal Officiel*, 2 avril 2020. Voir aussi le portail du ministère du travail : Ministère du travail, « La prime exceptionnelle de pouvoir d'achat », *Ministère du travail*, 28 avril 2020, site web, consultable au https://travail-emploi.gouv.fr/droit-du-travail/la-remuneration/article/la-prime-exceptionnelle-de-pouvoir-d-achat

[41] La Gazette des communes, « La réforme fiscale survivra-t-elle à l'épidémie de coronavirus ? », *La Gazette des communes*, 1er avril 2020 (site web).

[42] Par la monétisation par exemple, c'est-à-dire par l'émission de monnaie pour financer le rachat des dettes des États membres, la Banque Centrale pourrait ainsi apporter son aide dans l'annulation des dettes souveraines contractées pour faire face à la pandémie ou pour financer la transition écologique. La monétisation de la dette présente un risque d'inflation, c'est-à-dire de hausse de la monnaie sans augmentation équivalente des biens et services disponibles. Selon ces économistes, le risque d'inflation, dans le contexte actuel, est faible. Voir à ce titre le propos des économistes français B. Bridonneau, L. Scialom, « Des annulations de dette publique par la BCE : Lançons le débat », *Terra Nova*, 17 avril 2020, 17 pages.

en oubliant quelques instants que ces mesures pourraient fausser le jeu de la libre concurrence au sein de l'Union européenne. Enfin, la commission a mis en place un fonds structurel pour permettre aux États de financer leur système de santé ou de chômage[43]. La Banque Centrale européenne avait par ailleurs mis en place, le 18 mars 2020, un programme temporaire de rachats de titres des secteurs publics et privés d'une valeur de 750 milliards d'euros pour faire face à la crise économique provoquée par le coronavirus[44]. Une fois que la reprise économique sera lancée sur de bonnes bases, alors il sera question d'augmenter les impôts. Le Japon avait malhabilement augmenté, au dernier trimestre de 2019, les taxes à la consommation. Cette hausse a tiré les dépenses de consommation vers le bas et ralenti la croissance économique[45]. Une fois les prix baissés, l'Euro bradé et le Royaume-Uni sorti de l'Union européenne, celle-ci deviendra moins inquiétante pour ses deux grandes rivales : les États-Unis et la Chine.

274. La solidarité, inscrite au cœur du pacte de l'Union européenne[46], permet aux États les plus forts de venir au secours des États les plus faibles à travers le financement offert par la Banque Centrale européenne. Les obligations du trésor français sont aussi sûres que celles de la République fédérale d'Allemagne parce qu'elles peuvent toujours être rachetées par la Banque Centrale européenne, même s'il faut un consensus des pays de la zone euro et que la Banque Centrale européenne privilégie les opérations de refinancement par rapport au rachat de dettes[47]. C'est ce qui permet à la France de compter sur un endettement raisonnable pour pouvoir sortir son économie de cette crise. Par ailleurs, le Mécanisme de Stabilité européen, d'une enveloppe de 412 milliards, permet aux pays membres d'obtenir une aide, si ces derniers n'arrivent plus à se refinancer sur les marchés européens[48]. Les économistes estiment cet endettement raisonnable à 115 % du PIB[49]. Ce seuil

---

[43] Voir A. Ioannidou, « Le défi de la réponse économique à la crise du Covid-19 », *Revue de l'Union européenne* 2020, p.286.

[44] Voir la décision (UE) 2020/440 du Conseil des gouverneurs de la Banque Centrale européenne relative au programme temporaire d'achats d'urgence lié au coronavirus.

[45] Government announces additional fiscal measures." *Country Report: Japan*, 11 Mar. 2020, p. NA. *Gale Academic OneFile*, https://link-gale-com.ezproxy.torontopubliclibrary.ca/apps/doc/A619080053/AONE?u=tplmain&sid=AONE&xid=4a39a44f.Accessed 22 Apr. 2020

[46] Cette solidarité doit aussi guider l'action européenne face à une menace bactériologique. European Union Institute for Security Studies, « Stress tests, an insight into crisis scenarios, simulations and exercises », *European Union Institute for Security Studies*, 2019, Stable URL: https://www.jstor.org/stable/resrep21132 Accessed: 23-04-2020 00:27 UTC.

[47] G. A. Giménez-Roche, « Les États déficitaires plus lents à réagir face au Covid-19 », *La Tribune*, Mardi 31 mars 2020, site web.

[48] É. Albert, C. Boutelet, J. Gautheret et V. Malingre, « Les trois semaines qui ont chamboulé l'orthodoxie économique européenne », *Le Monde*, Vendredi 27 mars 2020, site web.

[49] L'information est confirmée par le document de la Commission des finances du Sénat (d'après l'édition d'avril 2020 du Moniteur des finances publiques du Fonds monétaire international),

permettrait de stabiliser la dette sur plusieurs années. Leurs recommandations préconisent que les mesures de relance de l'activité économique et de soutien aux ménages et aux entreprises ne dépassent pas une année. Celles-ci doivent être ciblées[50]. Si la France avait décidé de reporter le paiement des charges sociales de mars 2020 à la fin de l'année, alors il n'y aurait aucun impact sur le déficit de 2020. Si elle avait décidé de renoncer à percevoir ces charges sociales, l'impact se répercuterait uniquement sur le déficit de l'année 2020. Si elle réduit de façon illimitée certains impôts, le déficit se ferait sur plusieurs années. À titre d'exemple, la première loi de finances rectificative pour 2020, votée par le parlement le 20 mars prévoyait 45 milliards d'euros de report de charges pour venir en aide aux entreprises françaises : 13 milliards au titre des impôts directs et 22 milliards au titre des cotisations et contributions sociales. Ces chiffres allaient être appelés à évoluer dans un contexte de crise sanitaire aussi incertain[51].

---

mis en ligne sur le site du Sénat. Sénat, « La préservation du tissu productif est la bonne stratégie tant sur le plan économique que budgétaire », *Projet de loi de finances rectificative pour 2020*, consultable sur le site http://www.senat.fr/rap/l19-406/l19-4065.html

[50] En juillet 2020, l'endettement atteignait déjà 121% du PIB. « Le projet de loi actualise les prévisions économiques pour l'année 2020, la trajectoire macro-économique et budgétaire s'étant encore dégradée. La prévision de croissance est révisée à -11% pour 2020. Le déficit public atteint un niveau sans précédent (250,4 milliards d'euros). Il est revu à 11,4% du PIB, contre 9,1% dans la deuxième loi de finances rectificative du 25 avril 2020, 3,9% dans la première loi de finances rectificative du 23 mars 2020 et 2,2 % dans la loi de finances initiale pour 2020. La dette française est estimée à 121% du PIB en 2020. ». La rédaction, « Projet de loi de finances rectificative pour 2020», *Vie-Publique, Accueil, Actualités Loi*, consultable sur le site https://www.vie-publique.fr/loi/274508-troisieme-loi-de-finances-rectificative-pour-2020-3e-budget-rectificatif

[51] « De ce ralentissement de l'activité économique et de la consommation devait résulter, selon les estimations prises en compte par la première loi de finances rectificative, une diminution des recettes fiscales évaluée à 10,7 milliards d'euros pour l'ensemble de l'année 2020. Elle aurait affecté l'impôt sur les sociétés à hauteur de 6,6 milliards d'euros, la TVA à hauteur de 2,2 milliards d'euros et l'impôt sur le revenu pour un montant de 1,4 milliards d'euros », ce qui confirme encore une fois la théorie selon laquelle il ne peut y avoir de fiscalité sans économie. Jean-Pierre Maublanc poursuit en rappelant que « le rapport sur l'évolution de la situation économique et budgétaire se fondait sur un confinement limité à un mois qui aurait été suivi d'un retour rapide à la normale de la demande française comme étrangère (…) Le Haut Conseil des finances publiques avait relevé le caractère aléatoire des paramètres retenus, dans son avis du 17 mars 2020 (…) Le gouvernement avait estimé que la diminution du produit des prélèvements obligatoires aurait revêtu le même ordre de grandeur que celui affectant l'activité économique alors que la pratique ne confirme pas cette corrélation. » En effet, la crise sanitaire avait duré plus d'un mois. Un optimisme à outrance que dénonce l'auteur en poursuivant sur ces lignes : « en outre, alors même que le déficit du budget de l'État était revu à la hausse (3,9 % au lieu de 2,2 % en loi de finances initiale), le déficit structurel du budget était présenté comme égal à celui résultant de la loi de finances initiale pour 2020, adoptée en fin d'année 2019 (…) Cet optimisme économique et ce rétablissement des comptes publics étaient censés résulter d'un rebond économique attendu au second semestre 2020, selon l'expression utilisée». J.-P. Maublanc, « Décroissance économique et fiscalité à l'épreuve de la pandémie de coronavirus », *AJDI* 2020 p.365.

Section 2 - La crise sanitaire comme moyen de mobiliser les ressources fiscales en vue de la transition écologique et sociale

275. « Le but des dépenses fiscales n'est pas seulement de limiter la base d'imposition retenue comme norme telle qu'elle est considérée dans un pays donné à un moment donné, mais aussi de permettre le recours aux services fiscaux pour verser certaines subventions et certains transferts. En effet, il peut y avoir de bonnes raisons d'administrer subventions et transferts par l'intermédiaire des services fiscaux : cela empêche les transferts de ressources non nécessaires, ce qui diminue les couts administratifs. Cela diminue les incitations à la fraude »[52]. En période de crise financière, les dépenses fiscales seront un puissant instrument pour inciter à la consommation et à l'investissement. En partant du postulat qu'aucune économie au monde ne peut rester en confinement pendant 6 mois, sauf si ses gestionnaires décident de la faire mourir et que le déconfinement devra être décidé à un moment moins favorable à l'éclosion des virus de la grippe, comme l'été, il faut s'attendre à ce que ce déconfinement se fasse pendant l'été. C'est ce que certains pays européens comme la France ont décidé de réaliser. Cependant, le risque zéro n'a pas été écarté et les remontées de l'épidémie justifient les reconfinements. Dans un scénario similaire, ne faudrait-il pas mettre en place les outils nécessaires à la consommation et à l'investissement ? La question revêt toute sa pertinence dans le cadre de la polémique ayant entouré la mise en place de la taxe Netflix. L'entreprise a négocié un accord fiscal avec le Canada, en contrepartie d'investissement dans le fond culturel de ce même pays. La concurrence fiscale que se livrent les États entre eux ne permet pas toujours d'harmoniser les conventions internationales de double imposition qui confèrent la possibilité à certaines entreprises d'échapper à l'impôt. Les conventions de double imposition étaient initialement signées pour éviter qu'une entreprise ne soit taxée deux fois dans deux pays différents. Plutôt que de les respecter, les multinationales ont exploité leurs failles pour minimiser la charge de l'impôt dans les deux pays. Il faudrait un accord entre les deux pays signataires parfois entre plusieurs d'entre eux pour pouvoir modifier ces conventions et mettre fin au jeu d'optimisation fiscale de ces firmes. Il est difficile de trouver un accord entre les pays parce que cette situation de concurrence avantage certains d'entre eux qui en ont fait une véritable manne financière. Dans ce contexte, chaque pays doit rivaliser d'ingéniosité fiscale pour attirer les meilleurs et favoriser les investissements les plus attractifs sur son territoire. Il est dès lors possible de conclure que le rôle de l'administration fiscale sera important dans la stratégie de transition vers un modèle plus soucieux des intérêts des travailleurs, des entreprises et de l'ensemble des parties prenantes de la société. C'est ce dialogue social qui permettra d'éviter

[52] D.-J. Kraan, « Dépenses hors budget et dépenses fiscales », *Revue de l'OCDE sur la gestion budgétaire*, Volume 4, n[0] 1, page 156.

la prochaine crise des gilets jaunes (Paragraphe 1). Dans un souci de prévention, la mobilisation des recettes de la taxe carbone ainsi que celles de l'impôt sur les sociétés est nécessaire pour financer le modèle écologique et social tant attendu par la France. Il faut cependant craindre que les crises économiques n'en soient un frein (Paragraphe 2).

Paragraphe 1 - L'administration fiscale comme négociatrice de la transition sociale

276. Il faudra donc négocier avec les entreprises majeures, les champions économiques, ceux qui ont encore conservé des montants financiers astronomiques dans les paradis fiscaux pour pouvoir relancer l'économie. À tout le moins, les plus consciencieuses d'entre elles pourront rapatrier ces montants pour faire face à leurs problèmes de trésorerie et maintenir leurs salariés en emploi. Le communiqué du ministère de l'Action et des comptes publics du 04 mai 2020 avait offert la possibilité aux commerçants de reporter les cotisations et contributions sociales arrivant à échéance en mars, avril et mai 2020, de 3 mois suivant la date d'échéance, sans subir de pénalités. Cette mesure s'applique aux entreprises de moins de 5000 salariés, sans justificatif[53]. Si les entreprises jugent que le report des mesures fiscales ne leur permet pas de surmonter la baisse du chiffre d'affaires ou la difficile situation de trésorerie à laquelle elles doivent faire face, elles peuvent demander une remise d'impôt[54]. Les demandes doivent être justifiées. De plus, elles sont examinées au cas par cas. Il existe donc une volonté de la France de renforcer le rôle de conseil de l'administration fiscale et de reléguer au second plan, celui de percepteur des impôts (I). Cette position est favorable à une meilleure négociation de la transition sociale, notamment par le recrutement de salariés ayant les compétences nécessaires pour se faire embaucher par les entreprises moins affectées par la crise comme les GAFAM (II).

---

[53] Ministère de l'action et des comptes publics, « Gérard Darmanin annonce la reconduction des possibilités de report des cotisations et contributions sociales au mois de mai pour les entreprises confrontées à des difficultés», *Communiqué de Presse*, Paris le 04 mai 2020, 2 pages.

[54] Direction générale des finances publiques, Caisse nationale du réseau des URSSAF, « Les réseaux des Urssaf et des services des impôts des entreprises prennent des mesures exceptionnelles pour accompagner les entreprises », *Communiqué de Presse*, 13 mars 2020, n^0 987, 3 pages.

I - La nécessité de renforcer le rôle de conseil de l'administration fiscale

277. En temps de crise financière, nombreuses sont les attentes vis-à-vis de l'impôt. Si le mot fiscalité désigne aussi le comportement des administrations fiscales, ce comportement doit tenir compte d'une situation économique plongeant plusieurs centaines d'entreprises et de contribuables dans des situations financières lourdement compromises. Elle échange ainsi sa fonction de ponction de la richesse contre celle de réduction des inégalités et de lutte contre la pauvreté. En temps normal, déployer le personnel des administrations fiscales pour recouvrer les recettes auprès des particuliers coûte cher. Les gestionnaires des centres fiscaux sont soumis, comme tout le personnel de la fonction publique, à des impératifs de rentabilité et de réduction des couts. En l'état actuel de la situation, ces impératifs sont réduits et désormais, il s'agit de saisir cette opportunité pour faire bonne figure auprès des différentes entreprises et des particuliers. Les couts de recrutement et de formation du personnel de l'administration fiscale peuvent être amortis si ces derniers se concentrent sur le recouvrement des dizaines de milliards d'euros qui échappent chaque année à la France, au titre de la fraude et de l'évasion fiscale. Avec ces sommes, il serait encore possible de sauver la vocation sociale de l'impôt : redistribuer les richesses, lutter contre les inégalités, réduire la pauvreté. Plusieurs obstacles s'y dressent : d'abord une administration fiscale sous équipée : Bercy prévoit de réduire ses effectifs et donc ses moyens de lutte contre la fraude fiscale. Ensuite, une administration fiscale dont les effectifs souffrent de manque de formation : la gestion publique devient de plus en plus technique et les modifications de la loi de finances sont de plus en plus nombreuses. Il faut être en mesure de s'adapter à ces évolutions. De plus, il existe un projet de restructuration du réseau des trésoreries qui vise à faire disparaitre un tiers d'entre elles. Enfin, la loi Essoc vise à renforcer le rôle de conseil de l'administration fiscale plutôt que celui de contrôle. Ce rôle correspond parfaitement à ces périodes de crise. Les particuliers attendent d'être aidés et donc guidés à travers des solutions fiscales qui comprennent et prennent en compte les pertes financières abyssales qu'elles essuieront durant la crise sanitaire. Ce rôle de conseil peut-être exprimé à travers la création de centres d'appels destinés à aider les particuliers à remplir leurs déclarations fiscales durant ces périodes de crise. Pour faciliter le processus, la déclaration automatique mise en place en France pour plusieurs millions de foyers fiscaux est aussi une excellente initiative.

278. Il est toujours possible de faire mieux en matière fiscale, à commencer par rapatrier les dizaines de milliards d'euros qui dorment dans les paradis fiscaux. Il faut néanmoins encourager les mesures de soutien à l'économie. Au titre de ces dernières, il convient de citer : le report ou l'étalement des échéances fiscales ou des cotisations sociales, report des acomptes de prélèvement à la source des indépendants, création d'un fonds de solidarité

pour les très petites entreprises, accélération du remboursement des crédits d'impôt : impôt sur les sociétés, impôt recherche, compétitivité et emploi, formation des dirigeants[55]. Faut-il rappeler que le plan d'urgence prévoyait une enveloppe budgétaire de près de 115 milliards d'euros, attestant d'une grande volonté de la France de venir à bout de la crise économique. D'autant que si le déconfinement doit se faire au compte-gouttes, il y a de fortes chances que ces entreprises opèrent 6 mois à l'année et alternent entre confinement et reconfinement. À ce titre, il convient de relever que 100.000 indépendants ont supprimé ou reporté leurs acomptes qui sont prélevés tous les mois ou tous les trimestres, au titre du prélèvement à la source, c'est-à-dire un prélèvement automatique mis en place par Bercy, pour faciliter le paiement des impôts[56].

279. Du fait du coronavirus, les entreprises sont constamment exposées à des risques de solvabilité et de liquidité. Un remboursement accéléré de la TVA pourrait les aider à faire face à ce type de risques, selon les recommandations émises par l'OCDE[57]. L'organisation internationale reconnait néanmoins que la meilleure manière de renflouer les caisses des entreprises, à travers la fiscalité, c'est le report d'impôt. Cette pratique a été adoptée par les trois quarts des pays membres de l'OCDE et du G20. La France a décidé d'en faire autant avec le report du paiement des impôts directs ainsi que celui des charges salariales. Le report du paiement de la TVA entre dans le cadre de la politique fiscale de lutte contre les difficultés des entreprises. L'OCDE recommande par ailleurs la pratique du report des déficits fiscaux sur les années antérieures au cours desquelles les entreprises ont réalisé des bénéfices. L'organisation internationale fait remarquer à ce titre que plusieurs pays ont décidé d'appuyer la trésorerie des entreprises en accélérant le remboursement de la TVA, en repoussant les dates limites de déclaration et de paiement des impôts, en faisant preuve de plus de flexibilité dans le remboursement des dettes fiscales des entreprises. Sur le plan social, plusieurs pays ont revisité le dispositif du chômage pour l'étendre à ceux qui arrivaient en fin de droit ou encore à ceux qui avaient perdu leur emploi du fait du coronavirus. Dans le but d'encourager la consommation, plusieurs mesures fiscales ont été mises en place à travers le monde. Il est intéressant de noter

---

[55] Les aides mises en place par l'État ont été largement commentées par la doctrine mais pour un aperçu sommaire, voir D. Castel, « À la une - Crise sanitaire - Déploiement d'un arsenal économique et social », *Juris-associations* 2020, n°617, p.10. L'auteur énumère ainsi les 4 mesures phares que sont la mise en place de prêts bancaires garantis par l'État, les aménagements des délais de procédure suite au ralentissement des activités de tribunaux, le report du paiement des charges fiscales et sociales, enfin, la mise en place d'un fonds de solidarité permettant le versement d'une aide défiscalisée de 1500 euros par mois aux très petites entreprises.

[56] M. Malhère, « Les contribuables ajustent leur impôt sur le revenu », *Le Figaro*, 21 avril 2020, p. 27.

[57] OECD, *Tax and Fiscal Policy in Response to the Coronavirus Crisis: Strengthening Confidence and Resilience*, OECD 2020, page 16.

l'exemple de l'Australie et de son amortissement accéléré, celui de l'Indonésie et de sa baisse de l'impôt pour les sociétés dans 19 secteurs industriels, le crédit d'impôt pour les couts de désinfection de l'Italie, ainsi que la baisse des taux de TVA pour la Chine, la Norvège et Chypre[58]. Influer sur la TVA, soit en la baissant, soit en repoussant son paiement ou encore en accélérant son remboursement revêt tout son sens dans un contexte ou plusieurs entreprises font face à des situations d'impayées dans le monde de la part de leurs clients. Plus ces impayés sont importants et plus le montant de la TVA à rembourser à l'État l'est aussi. Il est intéressant de jouer sur le report de son paiement afin de ne pas affecter la trésorerie des entreprises[59]. D'autant que, dans des périodes aussi difficiles financièrement, le risque de frauder la TVA afin de ne pas la payer est grand. Certaines d'entre elles peuvent décider de la collecter mais de ne pas la rembourser à l'État. Offrir des allégements fiscaux participe aussi de la volonté de lutter contre la fraude fiscale. L'administration fiscale se situe ainsi en bonne position pour négocier la transition sociale.

II - La fiscalité comme moyen de passer de l'exploitation à la collaboration des travailleurs

280. Si les GAFA doivent continuer d'accumuler les sommes financières qui leur permettent d'être opérationnels, de continuer d'innover, c'est certainement au prix de plusieurs sacrifices au nombre desquels il faut malheureusement compter les sommes colossales dues au fisc ainsi qu'à la multitude des artistes qui s'estiment lésés de ne pas recevoir de compensation financière lorsque leurs articles sont référencés sur les sites de Google. Ces références permettent à l'entreprise d'avoir des millions de visionnements grâce auxquels elles attirent un public immense ; aubaine pour les entreprises de publicité qui peuvent faire la promotion de leur produit. C'est ce qui justifie qu'aujourd'hui, ils soient devenus les numéros un mondiaux et que les attentes vis-à-vis de ces derniers soient importantes. Il s'agit d'attentes en matière de redistribution des bénéfices. Une fois cette affirmation faite, la question douloureuse du bien-fondé de la répartition de cet argent se pose. N'aurait-il pas mieux fallu le garder et l'investir dans l'innovation technologique qui représente le futur de demain, la grande lutte géopolitique entre les États-Unis, la Chine et l'Europe ? Pour dominer le marché du numérique, le jeu n'en vaut-il pas la chandelle ? Sacrifier quelques artistes locaux ne justifierait-il pas cette démarche visant à amasser et à concentrer suffisamment de masse financière entre les mains des géants du numérique pour continuer de dominer le marché

[58] OECD, *Tax and Fiscal Policy in Response to the Coronavirus Crisis: Strengthening Confidence and Resilience*, OECD 2020, page 19.
[59] OECD, *Tax and Fiscal Policy in Response to the Coronavirus Crisis: Strengthening Confidence and Resilience*, OECD 2020, page 26.

mondial ? Dans la théorie, tout travail mérite son salaire. Dans la pratique, les réalités géopolitiques, économiques, fiscales et sociales s'entremêlent, se choquent et parfois divergent. La convergence n'est-elle pas avant tout une affaire de compromis ? Il faut néanmoins saluer les initiatives mises en place par les géants du numérique pour redorer leur blason, en cette période de crise. Il en est ainsi des 100 millions de dollars américains donnés par Facebook à la presse, des 20 millions de masques livrés par Apple, des 800 millions de dollars de crédits publicitaires offerts par Google. De plus, les deux rivaux principaux que sont Google et Apple ont décidé de taire leurs concurrences et de mettre en place une technologie qui, via Bluetooth, permettrait d'échanger des informations entre iPhone et Android, pour faciliter le traçage des personnes infectées par le coronavirus. Le partenariat entre les autorités publiques et les entreprises privées dans la lutte contre les infections causées par ce virus est donc important. Les États fortement endettés et qui ne disposent pas de marge de manœuvre financière ont donc tout intérêt à encourager et mettre en place ce type d'accord afin de mobiliser les moyens matériels et humains permettant de mettre fin à la pandémie[60]. La crise du coronavirus est donc l'occasion pour les GAFA de faire bonne figure auprès de la presse mais aussi du public qui attend beaucoup de ces dernières. Dans cet esprit, Google a par exemple décidé de lutter contre les fakenews en indexant les sites d'information de l'OMS en matière de lutte contre la Covid-19[61]. C'est une prise en compte de l'ampleur de la crise et des insuffisances des moyens financiers de l'État qui pousse certaines personnalités publiques comme le député Thierry Benoit à demander plus de la part des GAFA. Par exemple, une contribution financière au fonds de solidarité mise en place par le gouvernement pour soutenir les entreprises qui connaissent des difficultés de trésorerie. Sur le plan économique, le secteur de la culture est particulièrement menacé par la crise du coronavirus. C'est 50 % des acteurs de ce domaine qui risquent de disparaitre dans le monde[62]. Difficile, dans ces conditions, de ne pas solliciter une juste rémunération de la part des géants du numérique. Le débat sur la répartition de cette rémunération revient encore au premier plan. La question de l'utilisation de ces sommes par les GAFA pour faire avancer leurs technologies en matière de développement des algorithmes et de traçage des portables n'est-elle pas plus importante pour prévenir et guérir une épidémie aussi contagieuse que celle du coronavirus ? Le prix à

[60] Office parlementaire d'évaluation des choix scientifiques et technologiques, « Épidémie de COVID-19 – Point sur les technologies de l'information utilisées pour limiter la propagation de l'épidémie de COVID19 », *Note de l'Office parlementaire d'évaluation des choix scientifiques et technologiques*, 9 avril 2020, page 11.

[61] R. Schulman, D. Siman-Tov, « From Biological Weapons to Miracle Drugs: Fake News about the Coronavirus Pandemic», *Institute for National Security Studies (2020)*, Accessed: 22-04-2020 23:32 UTC, Stable URL: https://www.jstor.org/stable/resrep23529.

[62] Ouest-France, « Jean-Michel Jarre veut taxer les Gafa au profit des artistes touchés économiquement par le Covid-19 », *Ouest-France*, 16 avril 2020, site web.

payer d'avoir la main mise sur la vie privée des utilisateurs est lourd pour ces géants. Plusieurs y voient l'occasion de les soumettre à la régulation étatique[63].

281. Dans ce chaos créé par la crise du coronavirus, plusieurs acteurs du monde social, au-delà de la destruction du capital humain créée par le nombre de décès et de la hausse fulgurante du chômage[64], y ont vu des opportunités pour préparer la transition écologique. Les propositions, bien qu'intéressantes, se heurtent très vite au problème des moyens financiers. Comment créer la transition écologique et sociale si les principaux concernés n'ont ni les moyens financiers ni le pouvoir, ni l'autorité pour permettre leur avènement. Sur la question particulière des plateformes numériques, les mesures visaient à « agréger le pouvoir et les ressources des travailleurs plutôt que de les atomiser »[65]. En somme, plus de collaboration et moins d'exploitation par une « redistribution de la valeur dans les communautés, reposant le plus souvent sur le statut de coopérative »[66]. Cette organisation devait s'opposer à celle instituée par les GAFA, basée sur « l'exploitation du travail des employés et des données des utilisateurs », la fraction des « équilibres économiques et sociaux existants pour remporter les marchés les plus globaux possibles »[67]. L'argumentaire qui allait légitimer un tel modèle était séduisant : la société ne peut survivre s'il n'y a que le marché et la concurrence de tous contre tous. Il faudrait être en mesure de valoriser l'ensemble des membres de la société plutôt que de les dresser les uns contre les autres comme seul modèle de vie ou de survie. Il faudrait donc « une grande politique de soutien à la vie associative et à ses capacités émancipatrices ; une reconnaissance plus grande et mieux protégée des spécificités du modèle socio-économique associatif ; la

[63] « Une dépendance croissante des acteurs publics envers les acteurs privés. La crise sanitaire actuelle, comme du reste plusieurs catastrophes naturelles ou attaques terroristes récentes, ont mis en lumière le rôle incontournable des grands acteurs numériques, qui maîtrisent les technologies, collectent et détiennent les données, et sont aussi force de proposition ou d'initiative en la matière. Il s'agit des opérateurs télécoms, des GAFA, sans même parler des BATX36 chinois. Or, en France du moins, il n'existe pas à ce jour de « plan de contingence » permettant à l'État de s'assurer, en cas de crise, de la coopération de ces acteurs, selon des modalités qu'il maîtriserait ». Office parlementaire d'évaluation des choix scientifiques et technologiques, « Épidémie de COVID-19 – Point sur les technologies de l'information utilisées pour limiter la propagation de l'épidémie de COVID19 », *Note de l'Office parlementaire d'évaluation des choix scientifiques et technologiques*, 9 avril 2020, page 11.

[64] Jong-Wha Lee and Warwick J. McKibbin, "The impact of SARS", in *New Engine of World Growth,* ANU Press, 2012, page 23. Stable URL: https://www.jstor.org/stable/j.ctt24h9qh.10.

[65] M. Dreyfus, L. Telfizian, N. Alix, P. Toucas-Truyen et M. Hipszman, « Temps Forts », *Revue internationale de l'économie sociale*, 2020/2 n° 356, page 12 et s. Article disponible en ligne à l'adresse : https://www.cairn.info/revue-recma-2020-2-page-6.htm.

[66] M. Dreyfus, L. Telfizian, N. Alix, P. Toucas-Truyen et M. Hipszman, « Temps Forts », *Revue internationale de l'économie sociale*, 2020/2 n° 356, page 11 et s. Article disponible en ligne à l'adresse : https://www.cairn.info/revue-recma-2020-2-page-6.htm.

[67] M. Dreyfus, L. Telfizian, N. Alix, P. Toucas-Truyen et M. Hipszman, « Temps Forts », *Revue internationale de l'économie sociale*, 2020/2 n° 356, page 11 et s. Article disponible en ligne à l'adresse : https://www.cairn.info/revue-recma-2020-2-page-6.htm.

reconnaissance des citoyens mais aussi des collectifs de citoyens dans l'organisation de la participation citoyenne »[68]. C'est le rôle des politiques publiques que de soutenir la vie associative et ses capacités émancipatrices. L'aspect financier de ce soutien, notamment par la fiscalité, est important : le régime fiscal et salarial des associations devrait être encore plus allégé pour permettre une rémunération des bénévoles qui, sans être un train de vie luxueux, leur permettrait de vivre décemment dans la société. Il faut néanmoins craindre que la sortie de crise sanitaire ne continue de concentrer les efforts sur la santé parce que le stress post-traumatique de la pandémie n'aura pas laissé d'autres choix aux politiques gouvernementales que de renforcer le système de soins au détriment des petites structures « culturelles et éducatives de quartier »[69]. Certaines provinces ont décidé de faire de la juste rémunération des salariés, une condition sine qua non de sauvetage des entreprises connaissant des difficultés du fait de la crise sanitaire : « pas question d'aider Bombardier sans que le gouvernement impose des conditions strictes : le Premier ministre François Legault a assuré que le salaire des dirigeants serait notamment revu à la baisse et que des emplois québécois seraient garantis si l'État se portait au chevet de l'entreprise qui traverse de nouveau une passe difficile ».[70]

Paragraphe 2 - La mobilisation des recettes de la taxe carbone et de l'impôt sur les sociétés pour la transition écologique et fiscale

282. Toute réforme fiscale vise à déplacer la base d'imposition d'un produit, d'un bien, d'un service vers une autre base. Il en a été ainsi de la réforme fiscale de la taxe carbone en Suède qui visait à augmenter la taxe sur les énergies polluantes[71] pour pouvoir baisser l'impôt sur le revenu. Le succès de cette réforme s'est justifié par une demande accrue de la population de réduire la charge d'impôt sur le revenu. Les consultations constantes du public ont permis de faire comprendre leurs attentes en matière fiscale, ce qui justifie que la taxe carbone soit acceptée par la Suède, même en ayant les taux de

[68] M. Dreyfus, L. Telfizian, N. Alix, P. Toucas-Truyen et M. Hipszman, « Temps Forts », *Revue internationale de l'économie sociale*, 2020/2 n° 356, page 11 et s. Article disponible en ligne à l'adresse : https://www.cairn.info/revue-recma-2020-2-page-6.htm.

[69] M. Dreyfus, L. Telfizian, N. Alix, P. Toucas-Truyen et M. Hipszman, « Temps Forts », *Revue internationale de l'économie sociale*, 2020/2 n° 356, page 10 et s. Article disponible en ligne à l'adresse : https://www.cairn.info/revue-recma-2020-2-page-6.htm.

[70] H. Prévost, « Des conditions strictes si Québec aide Bombardier, promet Legault », *ici.radio-canada*, 5 juin 2020, consultable sur le site https://ici.radio-canada.ca/nouvelle/1709490/coronavirus-quebec-bilan-5-juin

[71] Certaines dispositions spéciales sont nécessaires pour qu'un taux plus bas soit appliqué à un produit moins nocif, par exemple à l'essence sans plomb. D.-J. Kraan, « Dépenses hors budget et dépenses fiscales », *Revue de l'OCDE sur la gestion budgétaire*, Volume 4, n° 1, page 156.

taxation les plus élevés au monde. Il est intéressant, à ce titre, d'avoir la même démarche auprès du public français et de profiter de la circonstance que les populations sont à la maison pour les recenser (même si le taux de mortalité changera les données) et les sonder en matière d'attente sur la fiscalité. De plus, les assises françaises qui se sont tenues à la suite du mouvement des gilets jaunes en France qui avaient protesté contre la hausse des énergies polluantes devraient aussi servir d'indicateurs sur la marche fiscale à suivre dans les prochains mois, déterminants pour l'économie de l'année 2020, voir celle des années à venir. En cette période de pandémie, le confinement qui oblige les populations à se retirer dans leurs foyers, accélère les modes de consommation de la télévision par internet. Les accords fiscaux passés avec Netflix en contrepartie d'investissements dans du contenu culturel canadien auront toute leur pertinence durant cette période. Par ailleurs, les consommateurs de culture canadienne devraient pouvoir y trouver leur compte. Sans cet accord, la tâche aurait été plus ardue dans un contexte économique aussi difficile[72]. C'est d'ailleurs l'intérêt de la dépense fiscale : renoncer à une partie des recettes fiscales en contrepartie d'un comportement attendu du contribuable. Il faudra donc utiliser les dépenses fiscales pour stimuler la consommation des ménages durant la période de déconfinement à condition que les pertes de recettes engendrées par la dépense ne soient pas supérieures au montant des recettes fiscales escomptées. La mesure sera aussi valable pour la consommation des ménages. Il est, à ce titre, intéressant de noter que la pression sera particulièrement mise sur les énergies polluantes comme le pétrole et sur les substances qui, tout en entrainant une dépendance chez le consommateur, nuisent à sa santé : le tabac et l'alcool[73]. La crise provoquée par ce virus a remis à l'ordre du jour les difficultés de mobilisation des recettes fiscales pour la transition écologique. C'est un état de fait auquel devront se préparer les gouvernements (I). Cet état de fait affecte aussi la transition sociale (II). Il faut craindre que les impératifs de rentabilité n'obligent à réduire le budget du financement des artistes locaux et laisser dominer les règles des géants du numérique.

[72] D.-J. Kraan, « Dépenses hors budget et dépenses fiscales », *Revue de l'OCDE sur la gestion budgétaire*, Volume 4, n⁰ 1, page 157.

[73] En particulier, elles peuvent réduire la demande de biens qui ont des effets externes négatifs sur des tiers (par exemple la taxe sur l'essence) ou sur les consommateurs eux-mêmes (par exemple les taxes sur l'alcool et le tabac). Dirk-Jan Kraan, « Dépenses hors budget et dépenses fiscales », *Revue de l'OCDE sur la gestion budgétaire*, Volume 4, n⁰ 1, page 156.

I - Les difficultés de mobilisation des recettes de la transition écologique

283. Toute la difficulté des réformes fiscales françaises comme la suppression de la taxe d'habitation, la suppression de l'ISF, La réduction des émissions de gaz à effet de serre par le financement des énergies moins polluantes coûtent cher et se traduit par des pertes de recettes fiscales importantes pour l'État. C'est en ce sens que la taxe carbone retrouvera toute sa pertinence et conservera son statut de meilleur instrument de lutte contre les changements climatiques. D'une part, elle fait baisser la consommation d'énergie polluante[74] par une hausse des prix et d'autre part, elle permet des rentrées de recettes fiscales qui donneront la possibilité aux plus démunis de recevoir un chèque vert, aux énergies propres d'être financées et donc utilisées plus facilement, aux salaires d'augmenter par une bonification de la prime mobilité. D'ailleurs, cette même prime mobilité est sérieusement mise à mal par l'impact de la crise du coronavirus sur les finances publiques. Le scénario le plus pessimiste estimé par la commission des finances publiques entraîne une perte de recettes de près de 1,9 milliard d'euros, de quoi inquiéter les collectivités. Il faut rappeler que depuis 2016, le seuil des entreprises devant contribuer à cette prime mobilité est passé de 9 à 11 salariés. Mais tout allait bien tant que l'État finançait le manque à gagner pour les collectivités. L'inquiétude est présente à partir du moment où la part du financement de l'État baisse allant de 91 à 48 milliards d'euros en 2020, soit une perte de 43 milliards d'euros pour les bénéficiaires[75]. Mais l'inquiétude ne s'arrête pas là. Le projet de loi mobilité avait prévu que le surplus lié à la taxe sur les billets d'avion serait reversé entièrement à l'agence de financement des infrastructures de transport de la France dont l'objectif est de contribuer au développement des transports[76]. Depuis la crise liée au coronavirus, seuls les aéroports de Roissy CDG, Nice, Toulouse, Lyon et Marseille maintiennent un semblant d'activité avec des vols de cargaisons et de rapatriements. À la fin de la crise, l'accent sera mis sur les vols aériens les plus importants. Le surplus attendu de la taxe sur les billets d'avion, destinée à financer l'Agence de financement des infrastructures de transport de France sera fortement affecté par la crise sanitaire. C'est la transition bas-carbone qui devra souffrir quelque peu, le temps que la relance se fasse, d'autant que le secteur de l'aviation, qui

---

[74] « La pandémie actuelle de COVID-19 entraînera une diminution considérable des émissions de CO2 du transport aérien international en 2020 » : DÉCISION (UE) 2020/768 DU CONSEIL du 9 juin 2020 modifiant la décision (UE) 2016/915 en ce qui concerne la période de référence destinée à mesurer la croissance des émissions de CO2, afin de tenir compte des conséquences de la pandémie de COVID-19 dans le contexte du CORSIA.

[75] F. Ville, R. Gaspar, « Le versement mobilité au cœur des controverses », *La Gazette des communes*, Lundi 20 avril 2020, site web.

[76] Décret n°2004-1317 du 26 novembre 2004 relatif à l'Agence de financement des infrastructures de transport de France consultable à l'adresse :
https://www.legifrance.gouv.fr/affichTexte.do?cidTexte=JORFTEXT000000805719&categorieLien=cid

finance le projet de mobilité grâce aux fonds prélevés à partir de la taxe sur les billets d'avion, est en pleine crise[77].

284. La difficulté de mobilisation des recettes de la taxe carbone sera d'autant plus grande que tout modèle de société nécessite des financements. Or la crise du coronavirus semble avoir créé un cercle vicieux de paupérisation des finances publiques. Toute crise ayant pour effet de provoquer un ralentissement de l'activité économique et de l'emploi se traduira par un report ou une baisse du paiement de l'impôt sur le revenu, de l'impôt sur les sociétés ainsi que des charges sociales. À cela s'ajoute une baisse de la consommation liée au confinement ainsi qu'au recul de la confiance des ménages. Il faut donc s'attendre à une baisse des recettes fiscales inhérentes à la TVA, la plupart des consommateurs se répercuteront sur les produits de première nécessité, qui bénéficient de taux de TVA bas voir nuls. Les taxes sur la propriété seront moins affectées que les autres, comme la contribution foncière des entreprises. De même, les recettes fiscales résultant du tourisme et du secteur de l'aviation baisseront considérablement du fait de l'arrêt des vols internationaux et de la fermeture des frontières. Les recettes inhérentes aux ressources pétrolières ont aussi radicalement baissé, entrainant une baisse de revenus des États dont la manne financière est étroitement corrélée aux évolutions du prix du pétrole[78]. Si la transition écologique et fiscale est largement tributaire des ressources générées par les énergies polluantes ainsi que du secteur de l'aviation dont la taxe sur les prix de vente des billets devait servir à financer le projet de loi mobilité, il est dès lors facile de conclure qu'elle prendra plus de temps que prévu. D'autres sources de financement de la transition écologique comme l'endettement, sont-ils possibles ? Faudrait-il tirer les leçons de la crise en diversifiant les possibilités d'avancer dans une transition écologique sans crise qui ne tienne pas compte des difficultés financières que traversent les États ? La réponse à cette question est négative, tant il est vrai que la stratégie de la transition écologique s'appuie fortement sur le financement en provenance des

[77] « Le secteur du transport aérien étant l'un des plus touchés par la crise du Covid 19, le budget annexe « Contrôle et exploitation aériens » (BACEA), dont les recettes sont étroitement liées à l'activité des compagnies aériennes, est naturellement très fortement impacté. À cette chute spontanée des recettes provoquées par le quasi-arrêt du trafic aérien, le programme de vol d'Air-France KLM ne représente plus que 10 % de son programme de vol habituel ». A. De Montgolfier, « Rapport n° 406 fait au nom de la commission des finances sur le projet de loi de finances rectificative, adopté par l'Assemblée nationale », *Session ordinaire de 2019-2020*, Enregistré à la Présidence du Sénat le 21 avril 2020.
http://www.senat.fr/rap/l19-406/l19-40616.html.

[78] L'Arabie Saoudite est le premier pays exportateur de pétrole brut au monde. Ce dernier contribue pour 70% de ses recettes fiscales. Avec la crise du coronavirus, le pays pourrait être amputé de la moitié de ses revenus, soit une perte estimée à 35% de leur total. Agence France-Presse, « L'Arabie saoudite piégée par l'effondrement du prix du pétrole », *ici.radio-canada*, 11 mai 2020, consultable sur le site https://ici.radio-canada.ca/nouvelle/1701779/coronavirus-petrole-riyad-deficit-ben-salmane.

énergies polluantes comme le pétrole[79]. Quelques chercheurs ont néanmoins évoqué la possibilité pour l'Union européenne de supprimer les dettes d'État engagées pour la lutte contre le coronavirus à due concurrence de ce qui est nécessaire pour ces mêmes États en termes d'endettement pour financer la transition écologique[80].

II - Les difficultés de mobilisation des recettes de la transition sociale

285. À qui profite cette crise ? La réponse à cette question conduit fatalement vers les géants du numérique. Les fameux GAFA : Google, Amazon, Facebook, Apple. Portés par la faveur des achats en ligne, de la télévision par internet, de l'explosion de l'utilisation des données cellulaires, de l'impérieuse nécessité d'avoir recours à internet dans des périodes de confinement jugées propices à la dépression mentale, les GAFA connaissent une ascension financière enviable en période de crise économique. En plein cœur de la tourmente, c'est-à-dire, le 24 avril, Apple, Microsoft et Amazon continuent de voir leurs cours de bourse grimper. La valeur boursière de Facebook et de Google recule respectivement de 10 % et de 15 %, une perte à relativiser lorsque comparée à la plupart des entreprises dont la situation financière a été fortement obérée par la crise. Le monde numérique poursuit donc son hégémonie et sa part grandissante dans la vie quotidienne des consommateurs. Mais les économies mondiales ne se sont pas préparées à vivre dans un monde virtuel. Plusieurs spécialistes reconnaissent à ce titre qu'aucune économie n'est construite à 100 % sur le monde virtuel. Le ciment économique de la société lui-même n'est pas assis sur ces considérations. Il suffit de penser aux métiers qui continuent de fonctionner en dépit de cette obligation de confinement : « caissiers de supermarché, éboueurs, pompiers, chauffeurs de bus, dépanneurs, magasiniers, agents de nettoyage, d'entretien, aides-soignants, auxiliaires de vie, assistants funéraires, indépendants, routiers, secrétaires, postiers, ouvriers d'usine, agriculteurs, boulangers, épiciers, livreurs », pour ne citer qu'eux[81]. C'est ce qui fait dire à certains spécialistes qu'aucune économie au monde ne peut survivre à 6 mois de confinement compte tenu des pertes financières importantes qu'engendre chaque mois de ce type de fonctionnement. Selon les estimations, les pertes seraient de l'ordre de 3 % de croissance annuelle par mois de confinement, en

---

[79] OECD, *Tax and Fiscal Policy in Response to the Coronavirus Crisis: Strengthening Confidence and Resilience*, OECD 2020, page 36.

[80] B. Bridonneau, L. Scialom, « Des annulations de dette publique par la BCE : Lançons le débat », *Terra Nova*, 17 avril 2020, 17 pages.

[81] P. Ben Soussan, « Le roman rose de la famille confinée: on peut se lever mais pas se casser ! », *Revue Spirale*, 2020/1 n° 93, page 9, disponible à l'adresse https://www.cairn.info/revue-spirale-2020-1-page-7.htm.

France[82]. Il est difficile, dans ces conditions, d'affirmer que les économies actuelles se sont préparées à ne vivre que sur la base du secteur numérique. Si le cadre se prête parfaitement à leur croissance et à leur développement, le contexte actuel rappelle l'importance du secteur non numérique, une importance telle qu'elle finit par paralyser la croissance. Il faudra donc prendre le risque du déconfinement pendant au moins 3 à 6 mois et mettre à contribution, fiscalement, les entreprises, particulièrement les GAFA, qui ont bénéficié de la crise. C'est au titre de l'impôt sur les sociétés et d'une vigilance quant au lissage du résultat comptable qu'il faudra surveiller ces entreprises. Bon nombre d'entre elles ont en effet recours à des pratiques d'optimisation fiscale comme l'utilisation des brevets visant à transférer l'intégralité du chiffre d'affaires à une holding localisée dans un pays qui exonère les entreprises implantées sur le territoire de l'impôt sur les sociétés. En général, ces pays ont aussi passé, avec la France, des accords de double imposition pour éviter qu'une entreprise ne soit taxée deux fois dans deux pays différents. Le résultat des courses est que très souvent, la taxation échappe à la France, de sorte que seules les entreprises n'ayant pas les moyens de pratiquer l'optimisation fiscale finissent par payer l'impôt. Un pays aussi durement touché par la crise du coronavirus peut-il se permettre de continuer à s'appuyer sur l'impôt de la classe moyenne pour financer la qualité de ses services publics ? Il est dès lors aisé de comprendre la préférence affichée pour le recours à une dette dont les taux d'intérêt seront payés par des générations futures qui ne sont pas encore nées. C'est en cela que la vigilance est nécessaire : un recours massif à la dette et à ses taux d'intérêt que les générations futures paieront les prive des marges de manœuvre financière pour faire face ne serait-ce qu'à la prochaine pandémie. Faut-il rappeler que ce sont les États les plus déficitaires qui ont été les plus lents à réagir parce qu'ils ne disposaient pas de l'argent nécessaire pour faire face à la pandémie ? Une crise de cette ampleur nécessite d'investir massivement dans du personnel soignant, des tests de dépistage à grande échelle, une prise en charge immédiate des malades, le financement de la construction d'hôpitaux dans des zones suffisamment éloignées pour éviter des infections, le financement et la recherche d'un vaccin qui une fois trouvé, devra être déployé à grande échelle pour protéger la population pendant 3 ans[83]. Pendant ce temps, d'autres

---

[82] D. Cohen, « Coronavirus : quelle stratégie de déconfinement ? », Interview accordée à France 24, publiée le 24 avril 2020 à l'adresse https://www.youtube.com/watch?v=BDq5Pzx9LK0.

[83] Il faut donc une meilleure formation du personnel soignant dans les mesures d'hygiène à prendre car ce sont non seulement les plus exposés au virus mais aussi les plus susceptibles de répandre le virus au sein de la société. La construction d'hôpitaux éloignés des zones périphériques denses pour le traitement des malades ainsi qu'une meilleure collaboration entre Toronto et les autres villes et provinces auraient pu permettre de mieux gérer la crise du syndrome respiratoire aigu sévère qui s'est abattue sur Toronto en 2002. R. Salehi and S. Harris Ali, "The Social and Political Context of Disease Outbreaks: The Case of SARS in Toronto", *Canadian Public Policy / Analyse de Politiques*, Vol. 32, No. 4 (Dec., 2006), pp. 373-385,

marges financières seront importantes pour financer le chômage, injecter des liquidités dans les trésoreries des entreprises, préserver le pouvoir d'achat pour encourager la consommation et continuer de stimuler la croissance économique. Sans la contribution de tous, sans effort collectif de chaque génération, sans une prise de conscience de l'ampleur du gouffre et de la nécessité de se montrer solidaire devant un tel désastre économique, le recours à l'endettement finira par compromettre les marges de manœuvre financières des générations futures. C'est donc un contexte de crise largement propice à la justice fiscale qui justifie le recours à une redistribution des richesses à travers la fiscalité : taxer les géants du numérique n'a jamais été aussi bien justifié qu'au regard de la justice fiscale, particulièrement dans un contexte de crise économique dont l'ampleur atteint les records de 1929. Il est évident que les attentes fiscales vis-à-vis des entreprises qui ont tiré leur épingle du jeu face à ce problème seront grandes. La taxe portant sur le chiffre d'affaires des GAFA, d'un montant de 3 % de ce dernier, qui avait été mise en place afin de stopper le recours abusif à des montages fiscaux minimisant considérablement la base imposable et faisant échapper plusieurs millions d'euros au fisc français est au ralenti pour éviter des mesures de représailles de la part des États-Unis. En effet, les accords de l'OMC offrent aux pays membres la possibilité de prendre des mesures de représailles si l'un des États s'estime victime de mesures fiscales faussant le libre jeu de la concurrence. Or, la taxe de 3 % affecte particulièrement les entreprises américaines qui, en guise de représailles, ont aussi appliqué des mesures visant à freiner la vente du vin français sur le territoire américain. Pour éviter une guerre commerciale, dans un contexte économique aussi dur, le gouvernement français a décidé de suspendre la taxe GAFA[84]. La fiscalité négociée va d'ailleurs plus loin puisque la France a trouvé un accord de 500 millions d'euros avec Apple valant paiement des arriérés d'impôts dus au titre des exercices 2008 à 2017. Il en est de même pour Google qui, contre un chèque de 965 millions d'euros, a signé un accord de cessation des poursuites avec les autorités françaises

Published by: University of Toronto Press on behalf of Canadian Public Policy. Stable URL: https://www.jstor.org/stable/4128713. Accessed: 22-04-2020 23:43 UTC.

[84] Dans cette crise sans précédent, les administrations fiscales devront rivaliser d'ingéniosité pour aller chercher auprès des contribuables, les recettes fiscales nécessaires pour revenir à l'équilibre budgétaire. L'ingéniosité sera nécessaire quand les insuffisances de l'arsenal juridique ne permettront pas de recouvrer les sommes dues. En matière fiscale, il faut l'accord des États membres pour pouvoir adopter une loi. La fiscalité négociée est un puissant outil d'incitation des grandes multinationales à s'implanter dans des pays comme le Luxembourg qui ont fait du rescrit fiscal un véritable business financier. Parce que la France a décidé de taxer toute seule, sans l'accord des autres pays membres, les GAFA à hauteur de 3% de leur chiffre d'affaires, elle s'est heurtée à des mesures de représailles sur le vin français aux États-Unis qui s'est vu appliquer une taxe similaire. D. Ury, « La participation des GAFAM et autres au financement des effets du Coronavirus », *Les Nouvelles Fiscales*, Numéro 1265, 01 mai 2020, page 25 et s.

judiciaires et fiscales[85]. Face à de telles difficultés de mobilisation des ressources fiscales disponibles pour faire avancer la transition sociale et écologique de demain, le recours à la planche à billets ou à l'endettement est assurément une option séduisante, bien qu'il existe une prise de conscience de l'ampleur d'une crise financière qui endettera la France à hauteur de 115 % de son PIB et dont les effets de rattrapage sur les taux de la dette s'étaleront sur les générations futures. Les attentes face aux géants du numérique étaient nombreuses avant la crise financière et pour des raisons justifiées par les montants financiers astronomiques et les bénéfices colossaux qu'ils réalisent, en utilisant parfois des méthodes très peu orthodoxes : minoration à l'extrême de la base imposable par des stratégies d'optimisation fiscale, exploitation des données personnelles des particuliers sans consentement ni rémunération, violation à répétition du droit de la concurrence, des interdictions de cartel et de monopole visant à faire jouer le libre jeu de la concurrence. À cela s'ajoutent leurs stratégies de fusion visant à atteindre des situations oligopolistiques de sorte à dominer et écraser le marché. L'autonomie financière est la base de tout projet.

---

[85] D. Ury, « La participation des GAFAM et autres au financement des effets du Coronavirus », *Les Nouvelles Fiscales*, Numéro 1265, 1er mai 2020, page 25 et s.

Conclusion du titre 1

286. Les moyens déployés sur le plan national et international pour contrer la fraude n'ont d'égaux que le montant des sommes astronomiques qui dorment dans les paradis fiscaux : Benefits Erosion Profit Shifting (lutte contre l'érosion de la base d'imposition et le transfert de bénéfices), le reporting fiscal pays par pays, ou encore les sanctions pénales sont quelques-uns de ces nombreux instruments mis en œuvre par la communauté internationale. Pourtant, les montants détournés ne cessent d'augmenter. Faut-il remettre en cause les méthodes utilisées ? En attendant, il est possible de lancer la réflexion sur des méthodes moins classiques, comme le fameux civisme fiscal. Le civisme fiscal requiert cependant un consentement à l'impôt. Or la mise en œuvre de ce dernier ne va pas sans poser une série de questions au titre desquelles il convient de citer les mesures mises en place pour encourager le consentement à l'impôt ? En somme, quels sont les outils de concertation du public qui ont été déployés ? Les contribuables ont-ils été suffisamment interrogés sur leur rapport à l'impôt par des sondages[86], des assemblées de citoyens, des mandats impératifs, des référendums[87] ? L'impôt, acte de souveraineté par excellence, ne saurait être laissé entre les mains d'une minorité décidant de ses modalités de prélèvement et de répartition. C'est ce qui explique que la cour de l'Ontario ait qualifié d'illégal, la décision du gouvernement Ontarien de retirer la province de la bourse du Carbone parce que ce dernier n'avait pas consulté le public avant de prendre sa décision[88]. Si la taxe carbone est aussi acceptée en Suède, c'est parce que le public a été consulté. Une meilleure consultation du public permettrait donc un meilleur consentement à l'impôt : en somme plus de consentement renforcerait le civisme et limiterait la fraude sans recourir à l'impressionnant dispositif de contrôle et de répression qui coûte beaucoup d'argent aux finances publiques. C'est dans cet esprit qu'il convient, outre ce dispositif répressif, d'analyser d'autres pistes de réflexion : consentir à la fraude pour réduire la pauvreté[89].

---

[86] H. Touzet, « Connaître et mesurer l'opinion publique : utilité et limites des sondages », *Ressources en Sciences économiques et sociales*, 29/04/2019, consultable sur le site http://ses.ens-lyon.fr/articles/connaitre-et-mesurer-lopinion-publique-utilite-et-limites-des-sondages

[87] Direction de l'information légale et administrative, « La souveraineté nationale», *Vie publique au cœur du débat public*, 07 juillet 2018, consultable sur le site https://www.vie-publique.fr/parole-dexpert/270252-la-souverainete-nationale

[88] Ch. Mondoux-Fournier., « Doug Ford a enfreint la loi en retirant l'Ontario de la bourse du carbone, tranche la cour », *Radio-Canada*, 11 octobre 2019, consultable sur le site https://ici.radio-canada.ca/nouvelle/1341884/greenpeace-doug-ford-bourse-carbone-poursuite

[89] « La repentance et le pardon [...] constituent un héritage commun au judaïsme, au christianisme et à l'islam. Leur résurgence semble induire une moralisation de l'espace public. [Transposés] dans un usage politique, ils deviennent un instrument séculier de reconstruction

En sus de la théorie des repentis, la fraude consentie pour lutter contre la pauvreté a été admise par la jurisprudence pénale. Elle le serait, a fortiori, pour des montants liés à la fraude fiscale et réinvestis dans la lutte contre la pauvreté. En somme, les fraudeurs peuvent invoquer la théorie de l'état de nécessité. Dans une affaire plus récente, sur des enjeux écologiques, « le lundi 16 septembre 2019, le délibéré du tribunal de grande instance de Lyon sur l'affaire du décrochage du portrait du Président de la République innocente les prévenus, militants écologistes. Dans cette décision, il est question de l'état de nécessité »[90]. Il est dès lors concevable que cette même théorie puisse être utilisée dans le cadre de sommes détournées par des stratégies de fraudes fiscales et qui, une fois réinvesties dans la lutte contre la pauvreté, peuvent bénéficier de la théorie de l'état de nécessité. L'utilisation de cet argument par des militants écologiques pose la question de la légitimité des moyens utilisés. Faut-il, au nom de la théorie de l'état de nécessité, remettre en cause la jurisprudence administrative sur l'ordre public et les bonnes mœurs ? Comment maintenir l'ordre tout en assurant une transition écologique pacifique et au goût de tous ? Ces questions à elles seules obligent à pousser la réflexion au-delà du cadre stricto sensu des traditionnels moyens de lutte contre la pollution. Par traditionnelles méthodes, il faut citer essentiellement la taxe carbone, supplément de prix affecté aux énergies polluantes pour réduire leur utilisation en favorisant et en encourageant l'utilisation d'énergies moins fossiles. Car la transition verte demande des moyens financiers que la taxe carbone, fut-elle le meilleur moyen de réduire les émissions, n'arrivera pas, à elle seule, à financer. C'est ainsi que la réflexion commence à se nourrir des champs classiques du financement de la transition écologique pour explorer d'autres moyens comme la mise en place d'une taxe sur la contribution au service public du transport, l'objectif de cette dernière est de faciliter la transition écologique dans le secteur des transports. Cette taxe devrait permettre de financer l'achat ou la construction de bus électrique, le financement des modes de transport alternatifs à la voiture comme le train ou encore les navettes fluviales dans les villes de France disposant de ce type d'infrastructures. Les réflexions pour des modes de transports moins polluants vont bon train mais les moyens financiers déployés sont encore faibles : « de même, de nouvelles formes de mobilité durable doivent être encouragées (transports en commun, covoiturage…). Pour ce faire, la prime à la conversion pour l'achat d'un véhicule devrait être réorientée vers les voitures électriques,

---

des liens sociaux meurtris par les outrages d'une tragédie et une incitation à revoir l'histoire pour la considérer suivant une nouvelle perspective. » Larochelle et Raymond 2014: 9 cité par B. Fracchiolla, « Les repentis : une perspective pragmatique et légale sur la performativité du repentir. L'exemple italien. Approche pluridisciplinaire du repentir : formes, médiums, enjeux », *ffhalshs-02490798f*, 3 mars 2020, 17 pages.

[90] M. Brillé-Champaux, « L'état de nécessité », *Dalloz-actu-etudiant*, 24 octobre 2019, 2 pages, consultable sur le site https://actu.dalloz-etudiant.fr/focus-sur/article/lÉtat-de-necessite/h/f9462bbc5d260fc1ed4250909cc2544a.html

qui ne représenteraient que 7 % des aides octroyées pour l'instant, selon une étude de l'observatoire société et consommation. Elle pourrait même être transformée en une prime à la mobilité ouverte à tous les modes de transport (par exemple, l'abonnement aux transports en commun ou l'acquisition d'un vélo) ». Il faut donc réfléchir pour trouver le financement de la décarbonation des transports. Cette réflexion doit non seulement permettre de dépolluer un secteur des transports largement exonéré de taxe carbone mais aussi permettre de trouver le financement de la transition sans aller puiser dans les ressources de cette taxe carbone. Enfin, il est nécessaire d'éviter ses écueils : le manque de transparence et le caractère non redistributif qui lui sont reprochés : « une plus grande visibilité des prélèvements favoriserait l'effet incitatif de la fiscalité environnementale. Une part significative des recettes fiscales doit donc être consacrée au financement d'actions d'accompagnement en faveur de l'environnement. Par exemple, l'affectation des taxes comme la gestion des milieux aquatiques et la prévention des inondations (GEMAPI) à des enjeux locaux de protection contre les inondations est de nature à renforcer le consentement à l'impôt vert »[91]. Il est encore question de consentement à l'impôt et le renforcement de ce dernier passe par des actions dont les retombées profitent à toute la collectivité. Les inondations sont justement les conséquences des dérèglements climatiques attribuables à une détérioration de la couche d'ozone, laquelle résulte d'une concentration trop importante des émissions de CO_2 en provenance des énergies fossiles.

---

[91] Direction de l'information légale et administrative, « Taxe carbone, écopastille... : inventaire des mesures pour renforcer la fiscalité écologique », *Vie publique au cœur du débat public*, 28 octobre 2019, consultable sur le site internet https://www.vie-publique.fr/eclairage/270887-taxe-carbone-ecopastille-inventaire-de-la-fiscalite-ecologique

Titre 2 - La taxe carbone comme catalyseur d'une crise sociale : plus de légitimité fiscale par une meilleure redistribution des richesses

287. « C'est dans ce domaine (la question de la fiscalité écologique) que l'écart entre les mesures et les effets escomptés est le plus significatif. On se souvient d'ailleurs de l'annulation de la taxe carbone, en 2009, par le Conseil constitutionnel au motif que le dispositif mis en place a exonéré les gros pollueurs alors même qu'il était question de combattre l'émission des gaz à effet de serre. Michel Taly fait part de sa grande réticence par rapport à l'utilisation de l'impôt pour interdire des comportements ». De façon générale, l'interdiction suscite souvent le désir de la désobéissance. « Il y voit même « une erreur politique et technique » », poursuit l'auteur. « Sur un plan politique, cela conduit à complexifier la perception de l'impôt et à brouiller son image auprès des contribuables. Sur le plan technique, l'expérience montre que toutes les fois qu'un taux d'impôt est particulièrement élevé – ce qui peut être nécessaire pour influer sur les comportements – des mécanismes de dérogations sont systématiquement mis en place. » Pourtant ces dérogations, parce que mises au profit des entreprises les plus polluantes, ont provoqué la colère d'une partie de la classe moyenne. « Surtout, l'usage de l'impôt à des fins de sanction pose de très sérieuses questions sur le plan de l'égalité entre les acteurs et sur celui, plus philosophique, de la perception même de l'interdit : « les entreprises vont faire un calcul purement financier et comparer le coût de l'impôt à celui du respect de l'interdiction et préféreront transgresser l'interdit chaque fois que cela sera rentable » », conclut l'auteur.[1] Est-ce à dire que la lutte contre les changements climatiques, telle qu'elle a été mise en place, est fortement décrédibilisée par le caractère non répressif de l'impôt ? Avouer que les entreprises finiront par faire un calcul financier avant de transgresser l'impôt revient à faire reconnaitre qu'il y a dans la prise de risque des considérations financières qui influent sur le choix et le comportement des acteurs économiques. C'est par là même une excellente manière de décider du montant de la charge d'impôt à affecter aux entreprises fortement émettrices de carbone en appliquant un barème progressif à la hauteur du nombre d'émissions de carbone. Il est ainsi question de chiffrer les couts des dommages environnementaux comme les pertes de récoltes liées aux épisodes

---

[1] M. Taly, cité par A. Sy, « Note de lecture de l'ouvrage de Michel TALY, Les coulisses de la politique fiscale : confession d'un initié, Paris, PUF, 2016, 276 pages » *Revue française d'administration publique*, n° 166, 2018, p. 445-458.

de sécheresse ou encore les inondations et inclure ces couts dans la taxe[2]. Tout l'échec de la taxe carbone ne tient pas au fait que la sanction par l'impôt n'est pas le meilleur moyen de décourager mais plutôt au fait que les mesures répressives ne sont pas assez fortes et régulières[3] de sorte à permettre, dans un premier temps, de dissuader les comportements anti-écologiques et dans un second temps de ne laisser d'autres alternatives aux entreprises polluantes que les seules énergies renouvelables, celles que l'on nomme volontiers les énergies propres. C'est ce que rappellent les économistes Eloi Laurent et Jacques Le Cacheux selon lesquels en instaurant une taxe carbone, le signal de prix est envoyé aux agents économiques qui sont obligés d'intégrer les couts financiers de leurs activités avant toute décision ; or ces signaux ne sont pas assez forts pour engager les pays vers la voie du changement climatique[4].

288. Tout porte cependant à croire que les gouvernements français et canadiens veulent encore profiter de la rentabilité des énergies polluantes : taxer sans ruiner mais aussi et surtout taxer sans porter atteinte à la compétitivité des grandes entreprises parce que d'elles dépendent le produit intérieur brut, la croissance économique ou encore le chômage[5]. C'est ce qui explique que le gouvernement français ait largement exonéré d'impôt sur la taxe carbone, plusieurs grandes entreprises parmi les plus polluantes, obligeant le Conseil constitutionnel à annuler ladite taxe en 2009, parce qu'elle contenait trop d'exonérations[6]. C'est encore ce qui explique que le

---

[2] Voir aussi Robert Guttmann, *Eco-Capitalism: Carbon Money, Climate Finance and Sustainable Development*, Palgrave Macmillan ; New York, 1st edition 2018, chapter 5, page 139.

[3] K. Hansen, K. S. Johannsen, A. Larsen, « Recommendations for Negotiated Agreements », *Environment and Planning C: Government and Policy*, vol. 20, 1: pp. 19-37, First Published Feb 1, 2002.

[4] « L'analyse économique montre que seule la mise en place, par les autorités, d'un signal de prix adéquat permet d'engendrer les incitations qui guident les choix des différents agents économiques – producteurs et consommateurs – vers les options compatibles avec un tel sentier de réduction. Or les signaux de prix sont aujourd'hui, même dans les pays les plus avancés dans les politiques de lutte contre le changement climatique, faibles et disparates, donc insuffisants pour engager les économies dans la voie d'une transition vers des modes de production et de consommation « bas carbone », c'est-à-dire peu émetteurs de gaz à effet de serre. Ils ne concernent, en outre, pas ou peu les importations, ce qui explique les écarts entre émissions de production et émissions de consommation » : E. Laurent, J. Le Cacheux, « Carbone sans frontières. Quelles solutions fiscales face aux émissions importées ? », *Revue de l'OFCE*, vol. 122, no. 3, mars 2012, p. 89.

[5] A. Turner, « Is capitalism incompatible with effective climate change action ? », *World Economic Forum*, 03 September 2019, consultable à l'adresse suivante: https://www.weforum.org/agenda/2019/09/is-capitalism-incompatible-with-effective-climate-change-action/: La transition écologique pourrait coûter cher aux entreprises qui seraient obligées de revoir la comptabilisation de certains de leurs actifs, qu'ils ont amorti sur 30 ans alors qu'il faut les remplacer dans 10 ans pour atteindre les objectifs de réduction des émissions de gaz à effet de serre.

[6] D. Marrani, « How to End an Attempt to Institute a Carbon Tax: The Conseil Constitutionnel Declares That Article 7 of the 2010 Budget Instituting a Carbon Tax Does Not Conform to the

gouvernement français d'Emmanuel Macron décide de faire porter la charge de la fiscalité écologique sur les ménages et non sur les entreprises les plus polluantes. Une telle orientation fiscale a fini de parachever l'idée selon laquelle la taxe ne poursuit pas des objectifs écologiques de préservation de la planète mais des impératifs de rentabilité budgétaire. Certains observateurs notent à ce titre que la hausse de la taxe sur les énergies et les carburants devrait rapporter 3,7 milliards d'euros à l'État en 2018, avec le risque de voir le niveau de vie des 5 % des foyers les plus pauvres être amputé de 1,4 % à cause de cette dernière[7].

289. Selon statistique Canada, la taxe carbone « est un droit exigé à l'achat ou à l'utilisation de carburants fossiles »[8]. La définition de l'INSEE évoque quant à elle une « taxe ajoutée au prix de vente de produits ou de services en fonction de la quantité de gaz à effet de serre, comme le gaz carbonique (CO2, dioxyde de carbone), émis lors de leur utilisation ». C'est le Grenelle de l'environnement qui donne naissance à cette taxe touchant essentiellement les carburants fossiles comme l'essence, le gazole, le gaz et le charbon. L'institut rappelle que la taxation se calcule sur la base « d'un prix à la tonne de gaz carbonique émise »[9]. La définition de l'Institut du développement durable et des relations internationales (IDDRI) se rapproche davantage de celle de l'impôt. Selon cette organisation, il s'agit d'« un prélèvement obligatoire effectué sans contrepartie et dont l'assiette est constituée par le contenu carbone des sources d'énergie ; son objectif est d'orienter les comportements des acteurs de l'économie vers des modes de production et de consommation plus sobres en carbone par la modification des prix relatifs »[10].

290. En janvier 2008, l'OCDE relève quelques chiffres alarmants sur les changements climatiques : augmentation des émissions de gaz à effet de serre de 52 % d'ici à 2050 entraînant une hausse de la température du globe de 1.7° à 2.4°. À une telle température, le risque est grand d'observer des « sécheresses plus intenses, des cyclones tropicaux plus violents, des précipitations plus

---

Constitution of the French Republic: Conseil constitutionnel », Décision n° 2009–599 DC Du 29 décembre 2009, *Journal officiel du 31 décembre 2009*, 22995 (Décision 2009–599 DC of 29 December 2009, Official Gazette of 31 December 2009), *Environmental Law Review*, vol. 13, 1: pp. 50-55. , First Published February 1, 2011.

[7] A. Tonnelier, « Fiscalité verte : un « sujet explosif » pour l'exécutif », *Le Monde*, 25 janvier 2018, disponible à l'adresse https://www.lemonde.fr/idees/article/2018/01/25/fiscalite-verte-un-sujet-explosif-pour-l-executif_5246835_3232.html

[8] Statistiques Canada, « La tarification du carbone dans le Système canadien des comptes macroéconomiques », *Les nouveautés en matière de comptes économiques canadiens, No 13-605-X au catalogue ISSN 1705-9666,* page 3.

[9] INSEE, « Taxe carbone-Définition », *Institut National de la Statistique et des Etudes Economiques*, 13 octobre 2016, consultable à l'adresse https://insee.fr/fr/metadonnees/definition/c2035.

[10] C.-A. Sénit, « La taxe carbone, vouée à l'échec ? », *Institut du développement durable et des relations internationales*, 22 décembre 2011 consultable à l'adresse: https://www.iddri.org/fr/publications-et-evenements/tribune/la-taxe-carbone-vouee-lechec

fortes et des incendies plus nombreux ». L'urgence d'agir a conduit les pays membres de l'OCDE à adopter des objectifs de réduction des émissions de gaz à effet de serre en mettant en place une taxe carbone[11]. Il n'y a pas que l'OCDE qui a tiré la sonnette d'alarme. La Banque Mondiale révèle ainsi, dans un document publié en 2015, que le CO2 provenant des énergies polluantes comme le gaz, le pétrole et le charbon, reste dans l'atmosphère pendant plusieurs années. Tant que la quantité absorbée de cette substance est inférieure à la quantité émise, la concentration grimpera au point d'accélérer le réchauffement climatique. La quantité de CO2 émise peut-être absorbée grâce à ce que la Banque Mondiale nomme les puits de carbone comme les forêts[12]. La France compte d'ailleurs sur les forêts et les sols pour atteindre la neutralité en matière d'émission de Carbone[13]. Elle peut aussi être réduite en émettant moins de CO2. Finalement, un résultat optimal sera rendu possible en absorbant le CO2 et en en réduisant concomitamment les émissions. La taxe carbone est présentée comme l'instrument par excellence de réduction des émissions de CO2.

291. Au début du XIXe siècle Benjamin Constant écrivait : « les économies fondées sur la violation de la foi publique ont trouvé dans tous les pays leur châtiment infaillible dans les transactions qui les ont suivies. L'intérêt de l'iniquité, malgré ses réductions arbitraires et ses lois violentes, s'est payé toujours au centuple de ce qu'aurait coûté la fidélité. J'aurais dû peut-être mettre au nombre des atteintes portées à la propriété, l'établissement de tout impôt inutile ou excessif. Tout ce qui excède les besoins réels, dit un écrivain, dont on ne contestera pas l'autorité sur cette matière, cesse d'être légitime. Il n'y a d'autre différence entre les usurpations particulières et celle de l'autorité, sinon que l'injustice des unes tient à des idées simples, et que chacun peut aisément concevoir, tandis que les autres, étant liées à des combinaisons

---

[11] OCDE, « Changement climatique : relever le défi à l'horizon 2050 », *Organisation De Coopération Et De Développement Économiques*, janvier 2008, Synthèses.

[12] Banque mondiale, « Décarboniser le développement: les bons prix, mais aussi les bonnes politiques », la note d'orientation est tirée du rapport Decarbonizing Development: Three Steps to a Zero-Carbon Future (2015) de Marianne Fay, Stephane Hallegatte, Adrien Vogt-Schilb, Julie Rozenberg, Ulf Narloch, et Tom Kerr. Washington, DC : World Bank consultable à l'adresse : https://www.banquemondiale.org/content/dam/Worldbank/document/Climate/dd/decarbonizing-dev-policy-note-2-policies-french.pdf

[13] « En 2015, la France a décidé de diviser par quatre ses émissions de gaz à effet de serre d'ici à 2050. Un objectif que le gouvernement veut encore renforcer en prévoyant désormais d'atteindre la « neutralité carbone » à cette échéance : les émissions qui subsisteront alors devront être compensées par un stockage supplémentaire de carbone dans les sols et les forêts »: G. Duval, « Éditorial », *Alternatives Économiques*, mai 2019, n° 390, p. 3-3. URL: https://www.cairn.info/magazine-alternatives-economiques-2019-5-page-3.htm.

compliquées, personne ne peut en juger autrement que par conjecture »[14], c'est-à-dire par supposition. En France, cette illégitimité vient du manque de transparence quant à l'utilisation des recettes de cette taxe ainsi que de l'injustice fiscale que sa mise en œuvre suscite : les plus gros pollueurs bénéficient d'exemptions fiscales laissant à la classe pauvre et moyenne la lourde charge du fardeau fiscal. Le même sentiment d'injustice prévaut au Canada. Dans le contentieux opposant la province de l'Ontario au gouvernement fédéral, celle-ci dénonce un système de taxation injuste qui impose un fardeau supplémentaire aux familles et aux entreprises de l'Ontario[15].

292. Le paragraphe 34, page 15 de l'arrêt de la Cour d'appel de l'Ontario rappelle que « la loi attribue un prix à la pollution par le carbone afin de réduire les émissions de Gaz à effet de Serre et d'encourager l'innovation et l'utilisation de technologies propres. Cela se fait de deux manières. Premièrement, elle impose une taxe réglementaire sur les carburants à base de carbone. Cette redevance est imposée à certains producteurs, distributeurs et importateurs et augmentera chaque année de 2019 à 2022. Deuxièmement, elle établit un système de réglementation des échanges applicable aux grands émetteurs industriels de Gaz à effet de Serre. C'est ce qu'on appelle un système de tarification basé sur les résultats. Il comprend des limites d'émissions, un « crédit » à ceux qui respectent leurs limites et des « frais » à ceux qui les dépassent. Les revenus nets provenant des frais de carburant et des frais d'émissions excédentaires sont retournés à la province d'origine ou à d'autres personnes prescrites »[16]. Les arguments de l'Ontario pour s'opposer à la taxe carbone fédérale sont exposés à la page 22 de la décision de la Cour d'appel opposant l'Ontario au gouvernement fédéral. Selon cette dernière, la taxe carbone n'est pas la « manière juste » de lutter contre les émissions de Gaz à effet de Serre, responsables du changement climatique surtout dans le Nord. Par conséquent, l'Ontario continuera d'adopter sa propre approche de la lutte contre les changements climatiques « sans imposer de fardeau supplémentaire aux familles et aux entreprises de l'Ontario ». Selon la province, la fermeture de cinq centrales de production d'électricité au charbon a permis de réduire les émissions de Gaz à effet de Serre de 22 % par rapport au niveau de 2005, rien qu'en 2016. La province affirme qu'elle réussira à atteindre la cible définie par l'accord de Paris de réduction des émissions de Gaz à effet de Serre de 30 % par rapport au niveau de 2005 en « mettant à jour

---

[14] B. Constant, *Principes de politique*, Paris, 1815, page 240, consultable sur le site suivant: https://books.google.fr/books/about/Principes_de_Politique.html?id=a8lBAAAAcAAJ&printsec=frontcover&source=kp_read_button&redir_esc=y#v=onepage&q&f=false

[15] Reference re Greenhouse Gas Pollution Pricing Act, 2019 ONCA 544 (CanLII), <http://canlii.ca/t/j16w0>, retrieved on 2019-09-08

[16] Reference re Greenhouse Gas Pollution Pricing Act, 2019 ONCA 544 (CanLII), <http://canlii.ca/t/j16w0>, retrieved on 2019-08-30.

son code du bâtiment, Règl. De l'Ont. 332/12, en augmentant le contenu renouvelable dans le carburant, en établissant des normes d'émissions pour les grands émetteurs et en réduisant les déchets alimentaires et les déchets organiques ».[17]

293. Il est possible de constater, dans cet arrêt, que la province conteste non seulement la manière de procéder pour réduire les émissions de Gaz à effet de serre mais aussi réfute la compétence constitutionnelle du gouvernement fédéral pour mettre en place une taxe fédérale. C'est ce que rappelle le procureur général de l'Ontario lorsqu'il soutient que « les parties 1 (taxe sur l'essence) et 2 (système de tarification basé sur les résultats) de la loi sont inconstitutionnelles. L'Ontario soutient que le Parlement n'a pas le droit de réglementer toutes les activités qui produisent des émissions de Gaz à Effet de Serre et que la compétence que le Canada affirme détenir en vertu de la loi modifierait radicalement l'équilibre constitutionnel entre les pouvoirs fédéraux et provinciaux »[18].

294. Au Canada, le gouvernement fédéral a décidé d'imposer la taxe carbone aux provinces qui n'en avaient pas, soit parce qu'elle n'a jamais été instituée, soit parce qu'après avoir été mise en place, elle a par la suite été supprimée pour des raisons de justice fiscale[19]. Ainsi, les provinces de l'Alberta, du Manitoba, de l'Ontario et de Saskatchewan ont vu entrer en vigueur une taxe carbone fédérale dans leur province dont elle conteste la légalité constitutionnelle[20]. Selon ces administrations locales, les questions environnementales relèvent de la compétence des provinces et non du fédéral. Jusqu'à ce jour, les juges des cours provinciales dont la Cour d'appel de l'Ontario ont tranché en faveur du gouvernement fédéral. Selon cette même cour, parce que la question du réchauffement climatique ne menace pas qu'une seule province mais le Canada dans son ensemble, la compétence du gouvernement fédéral intervient, comme à chaque fois qu'une pollution d'une rivière ou d'un cours d'eau dans une province s'étend à d'autres provinces. Qui plus est, la Cour d'appel de l'Ontario défend la taxe fédérale en rappelant qu'il s'agit d'une mesure minimale, qui s'étend à l'ensemble des provinces du Canada, laissant le libre choix aux autres provinces de se contenter de ce minimum ou d'instaurer des mesures dépassant ce minimum, dans le cadre de leurs compétences environnementales, sans pour autant que cela n'empiète sur

---

[17] Reference re Greenhouse Gas Pollution Pricing Act, 2019 ONCA 544 (CanLII), <http://canlii.ca/t/j16w0>, retrieved on 2019-08-30

[18] Reference re Greenhouse Gas Pollution Pricing Act, 2019 ONCA 544 (CanLII), <http://canlii.ca/t/j16w0>, retrieved on 2019-08-30

[19] ICI Radio-Canada, « Taxe carbone : la Cour suprême entendra la contestation de la Saskatchewan en décembre », ICI Radio-Canada – Nouvelles, Mardi 25 juin 2019, consultable a l'adresse https://ici.radio-canada.ca/nouvelle/1198282/cour-supreme-gouvernement-provincial-federal-mesure

[20] Reference re Greenhouse Gas Pollution Pricing Act, 2019 SKCA 40 (CanLII), <http://canlii.ca/t/j03gt>, retrieved on 2019-10-27.

les privilèges des provinces ou du fédéral. La Cour d'appel de l'Ontario réclame cependant une clarification de ce que le fédéral considère comme étant le minimum : elle souhaite davantage de législation de la part de ce dernier. Plus de précision dans l'élaboration de ces questions environnementales oblige le fédéral à s'immiscer de plus en plus dans les compétences des provinces, ce que lui reproche justement le gouvernement de l'Ontario. Il est souhaitable de se cantonner sur le minimum applicable, c'est-à-dire la taxe de 20 $ la tonne de CO2 en 2019, et de laisser les provinces le libre choix d'atteindre ou de dépasser ce prérequis[21]. Il s'agit d'un minimum en matière de lutte contre le réchauffement climatique, applicable aux provinces n'ayant pas de taxe carbone : l'Ontario, l'Alberta, la Saskatchewan et le Manitoba. Ce minimum a d'ailleurs été rappelé par la Cour suprême du Canada. La haute juridiction a estimé, dans un arrêt du 25 mars 2021, que « la loi sur la tarification de la pollution causée par les gaz à effet de serre est constitutionnelle. Elle fixe, en vue de réduire les émissions de GES, des normes nationales minimales de tarification rigoureuse de ces gaz. Le Parlement a compétence pour adopter cette loi en tant que matière d'intérêt national en vertu de la disposition de l'art. 91 de la *Loi constitutionnelle de 1867* qui l'habilite à faire des lois pour la paix, l'ordre et le bon gouvernement (« POBG ») »[22].

295. Les questions liées à la taxe carbone semblent se poser différemment en France et au Canada mais en réalité restent assez similaires. Le procès des provinces contre la taxe fédérale ainsi que la grève soulevée par les gilets jaunes ont pour point commun de protester contre le fardeau de cette dernière. Les arguments avancés par la Province de l'Ontario ont pour base le fait qu'il est possible de réduire les émissions de gaz à effet de serre sans alourdir la charge fiscale de la classe moyenne et des entreprises, en supprimant 5 centrales de production d'électricité par le charbon. La protestation contre le mouvement des gilets jaunes en France a pour base le fait que la taxe carbone atteint particulièrement les ménages pauvres parce que les dépenses en énergie représentent 15 % de leur budget contre 6 % des ménages les plus riches[23].

296. Dans le fond, la lutte qui se dessine derrière la problématique de la taxe carbone a pour objectif final de déterminer au profit de qui et comment

---

[21] Dans la décision opposant la Province de la Saskatchewan au gouvernement fédéral, la cour d'appel de la même province, rappelle au paragraphe 29, que le gouvernement fédéral a décidé de s'inspirer de ce qui se fait en Colombie-Britannique, au Québec et Jadis en Ontario, en imposant un prix de départ de 10$ la tonne de CO2, qui augmenterait chaque année de 10$ pour atteindre 50 $ la tonne de CO2 en 2022 (Reference re Greenhouse Gas Pollution Pricing Act, 2019 SKCA 40 (CanLII), <http://canlii.ca/t/j03gt>, retrieved on 2019-10-27.

[22] Renvois relatifs à la Loi sur la tarification de la pollution causée par les gaz à effet de serre, 2021 CSC 11 (CanLII), https://canlii.ca/t/jdwnx, consulté le 2021-06-09.

[23] M. Cessac, « Taxe carbone : sortir de l'impasse », *Le Monde*, Mardi 4 juin 2019, consultable à l'adresse : https://www.lemonde.fr/economie/article/2019/06/02/taxe-carbone-sortir-de-l-impasse_5470488_3234.html.

se feront les répartitions des recettes de cette taxe. Si elle est autant plébiscitée par les économistes, c'est parce que de tous les instruments de lutte contre le réchauffement climatique, c'est elle qui permet d'obtenir le plus de rentrées de fonds au profit de l'État, tout en décourageant l'utilisation des énergies renouvelables[24]. Obtenir la compétence en matière d'établissement de la taxe carbone, c'est aussi avoir la possibilité de lever des recettes budgétaires servant à financer les programmes gouvernementaux. Abandonner la compétence de la taxe carbone au gouvernement fédéral, c'est aussi renoncer à une partie de sa souveraineté fiscale et donc financière au profit du gouvernement fédéral. Bien que le gouvernement fédéral ait décidé de redistribuer les recettes de cette taxe aux provinces[25], dans la réalité, il s'agit d'abord de s'en assurer le contrôle des recettes[26].

297. L'étude de la légitimation de la taxe carbone pêche par son incapacité à explorer en profondeur les solutions non fiscales au problème du réchauffement climatique[27]. S'il est vrai que la fiscalité est le meilleur moyen de faire baisser la consommation d'énergies polluantes nuisibles au climat et générateur de gaz à effet de serre[28], il n'en demeure pas moins qu'il existe d'autres moyens de faire évoluer la question. Les pistes de réflexion évoquées à ce sujet suggèrent de faire remplacer les principales sources d'énergies polluantes que sont le pétrole, le gaz naturel et le charbon, par des sources d'énergies naturelles et propres que sont l'énergie solaire, l'énergie éolienne et enfin l'hydro-électricité[29], avec une quatrième source non négligeable que constitue le nucléaire[30]. Grâce à ses multiples ressources naturelles, le Canada

---

[24] M. Marten, K. van Dender, « The use of revenues from carbon pricing », OECD Taxation Working Papers, n°. 43, OECD Publishing, Paris, 2019, https://doi.org/10.1787/3cb265e4-en.

[25] Office of the Parliamentary Budget Officer, *Fiscal and Distributional Analysis of the Federal Carbon Pricing System*, Ottawa, Canada, April 25th 2019, page 3: available at https://www.pbo-dpb.gc.ca/web/default/files/Documents/Reports/2019/Federal%20Carbon/Federal_carbon_pricing_EN.pdf : "Le gouvernement fédéral a déclaré que le système de tarification du carbone serait sans incidence sur les recettes ; tous les revenus générés dans le système seront retournés dans la province ou le territoire dans lequel ils sont générés"

[26] H. Buzzetti, « Ottawa remettra à des écoles 10% de sa taxe sur le carbone », *Le Devoir*, Mercredi 26 juin 2019.

[27] Sur le site de l'Université de Stanford, il est possible de constater les évolutions scientifiques qui se font en la matière : les solutions de remplacement propres à l'essence et à d'autres combustibles fossiles, les progrès dans le domaine des données volumineuses, l'impact de la révolution du gaz naturel alors que les fournisseurs d'électricité passent du charbon à un avenir fondé sur les énergies renouvelables, les grands défis techniques de la recherche sur les batteries et le solaire, la production de l'éthanol à partir de molécules en suspension dans l'air : https://news.stanford.edu/2018/05/22/future-energy-stanford-faculty-discuss/

[28] G. E. Metcalf, *Paying for Pollution: Why a Carbon Tax is Good for America*, Oxford Scholarship Online, January 2019, chapter 4.

[29] https://news.stanford.edu/2018/05/22/future-energy-stanford-faculty-discuss/

[30] E. Laurent, J. Le Cacheux, « Carbone sans frontières. Quelles solutions fiscales face aux émissions importées ? », *Revue de l'OFCE*, 2012/3 (n° 122), p. 85. DOI: 10.3917/reof.122.0083. URL : https://www.cairn.info/revue-de-l-ofce-2012-3-page-83.htm:

est en bonne position pour faire face à de tels défis : il est le deuxième producteur d'hydro-électricité au monde après la Chine[31]. Il faudra donc financer ces énergies par des niches fiscales et des programmes fiscaux favorisant la recherche-développement dans ces domaines. Il n'est donc guère surprenant que la Cour de Justice de l'Union européenne ait commencé à fermer les yeux sur les aides d'État allant dans ce sens[32], parce qu'ils ont contribué à atteindre les objectifs énergétiques et climatiques de l'Union européenne sans fausser indument la concurrence[33].

L'aversion croissante à l'égard du nucléaire risque, en outre, de rendre encore plus difficile, à moyen terme, le maintien de l'UE sur un sentier d'émission de GES fortement décroissant, pourtant nécessaire si l'on veut atteindre la cible suivante – une réduction de 20 %, à l'horizon 2020, des émissions par rapport au niveau de référence (1990) – puis celle que fixent à l'UE les recommandations du GIEC (Groupe international d'experts du climat) à l'horizon 2050, le fameux « facteur 4 » – une division par 4 des quantités émises (soit une réduction de 80 % des émissions).

[31] « Tout comme les combustibles fossiles ont dominé le 20e siècle, l'électricité propre est appelée à devenir le moteur énergétique du 21e siècle. L'hydroélectricité est la source la plus abondante d'électricité propre et renouvelable au Canada ; elle représente actuellement plus de 60 % de la production totale d'électricité, avec une puissance installée qui dépassera bientôt 85 000 MW. Le Canada est le deuxième producteur d'hydroélectricité au monde, après la Chine. La réfection d'installations vieillissantes au cours des prochaines années permettra d'augmenter encore davantage la capacité de production. Enfin, le Canada a la chance d'avoir d'abondantes ressources hydroélectriques inexploitées, au point que le pays pourrait encore doubler sa capacité actuelle » : https://waterpowercanada.ca/fr/decouvrir/#essentiels

[32] « Les impositions nationales frappant les produits énergétiques (droits d'accises) font l'objet d'une harmonisation qui concerne essentiellement leurs assiettes. Statuant sur les dispositions de droit dérivé ainsi adoptées, la Cour de justice a jugé que l'article 17, paragraphe 1, de la directive 2003/96/CE du 27 octobre 2003 restructurant le cadre communautaire de taxation des produits énergétiques et de l'électricité ne s'oppose pas à une réglementation nationale qui prévoit des réductions fiscales sur la consommation d'électricité, en faveur des entreprises grandes consommatrices d'énergie du seul secteur manufacturier », ces réductions fiscales devraient favoriser une consommation moins polluante des énergies. L'auteur cite, par ailleurs, une jurisprudence intéressante : « (arrêt Istituto di Ricovero e Cura a Carattere Scientifico [IRCCS] - Fondazione Santa Lucia). Dans l'arrêt Vakaru Baltijos laivu statykla UAB, elle a ensuite apporté des précisions relatives à l'application de l'article 14, paragraphe 1, de cette directive, qui prévoit des exonérations applicables au carburant utilisé pour faire naviguer des navires. Enfin, dans l'arrêt Hüttenwerke Krupp Mannesmann GmbH, la Cour s'est référée au contexte et aux objectifs de cette directive pour juger que l'électricité utilisée pour le fonctionnement de turbosoufflantes destinées à comprimer l'air par la suite utilisé dans un haut-fourneau dans le processus de production de fonte brute par réduction chimique du minerai de fer n'est pas de l'« électricité utilisée principalement pour la réduction chimique », et doit donc ne pas être taxée » : A. Maitrot de la Motte : « Chronique Droit fiscal de l'UE - La Cour de justice rend quatre arrêts dans le domaine de la fiscalité de l'énergie », *RTD Eur.* 2018, p.502.

[33] Commission européenne, « Aide d'État: La Commission autorise la majorité des réductions de contribution sur l'électricité octroyées aux entreprises électro-intensives en France entre 2003 et 2015 et demande à la France de récupérer une partie des réductions », *Commission européenne - Communiqué de presse*, 31 juillet 2018 consultable à l'adresse file:///C:/Users/utilisateur/Downloads/IP-18-4761_FR%20(2).pdf

298. D'autres pistes de réflexion auraient pu être explorées. Elles ont trait à la manière dont on peut réduire les émissions de gaz à effet de serre à partir de solutions non fiscales[34]. Le risque était grand de sortir du cadre de la problématique tant il est vrai que la question posée à l'étude de ce sujet n'était pas de savoir comment faire baisser les émissions de gaz à effet de serre de 30 % en dessous de leur niveau de 2005, d'ici à 2030 mais plutôt qu'est-ce qui affecte la légitimité de l'impôt comme moyen de réduire les émissions de gaz à effet de serre et quelles sont les solutions à apporter face à un tel déni [35]? Le champ de l'étude ainsi délimité conduit à recentrer les pistes de réflexion sur le terrain fiscal stricto sensu. Pourtant la fiscalité, bien que reconnue par les économistes comme l'instrument privilégié de réduction des émissions de gaz à effet de serre d'ici à 2030, n'est pas la seule manière de lutter contre le réchauffement climatique. À cet effet, il convient de souligner la mise en place de cadre de collaboration, d'échanges d'informations entre 17 villes sous la bannière de ce qu'elles ont convenu de nommer « L'Alliance des villes neutres en carbone »[36]. Ces échanges d'informations sont basés sur les leçons tirées de leurs expériences mutuelles en matière de gestion du carbone[37]. Ces villes veulent élaborer des normes communes pour planifier la neutralité en matière de carbone, c'est-à-dire les mêmes méthodes de mesure du carbone et de vérification du progrès, unir leur voix pour avoir un impact plus fort auprès des structures gouvernementales supérieures comme le provincial ou le fédéral. Enfin un budget de 500.000 dollars américains a été mis en place pour financer les villes ayant des projets innovants en matière de réduction du carbone. Adopter les mêmes standards pour comparer les taux de pollution et évaluer les progrès constitue une solution non fiscale qu'il convient d'encourager[38]. Bien que séduisantes, ces pistes de réflexion font partie de

[34] J. Verberne, « How can blockchain serve society ? », *World Economic Forum*, 01 Feb 2018, disponible au https://www.weforum.org/agenda/2018/02/blockchain-ocean-fishing-sustainable-risk-environment/

[35] Selon le FMI, la taxe carbone devrait être fixée à 70$, afin de réduire les émissions de CO2 de 1/3 par rapport au niveau de 2005. Cet objectif doit être atteint pour 2030, soit dans 10 ans. C'est en procédant de la sorte que l'on évitera un réchauffement climatique de 2 degrés. Au-delà de ce seuil, le risque d'occurrence des catastrophes climatiques est plus grand.
Voir aussi The Conference Board of Canada: La tarification du carbone seule ne suffira pas pour permettre au canada d'atteindre ses cibles de réduction des émissions de GES ou il est fait mention de réduire de 30% les émissions de GES par rapport au niveau de 2005.

[36] Ces 17 villes sont Berlin, Allemagne, Minneapolis MN, USA, Stockholm, Suède, Boston MA, USA, New York City, NY, USA, Sydney, Australie, Boulder CO, USA, Oslo, Norvège, Vancouver, Canada, Copenhague, Danemark, Portland OR, USA, Washington DC, USA, Londres, Royaume Uni, San Francisco CA, USA, Yokohama, Japon, Melbourne, Australie, Seattle WA, USA: https://unfccc.int/fr/news/lalliance-des-villes-neutres-en-carbone

[37] En ce qui concerne les échanges d'information en matière de neutralité carbone dans le secteur du bâtiment et de l'énergie voir L. Tozer, N. Klenk, « Urban configurations of carbon neutrality: Insights from the Carbon Neutral Cities Alliance », *EPC: Politics and Space* 2019, Vol. 37(3), p. 539–557.

[38] https://unfccc.int/fr/news/lalliance-des-villes-neutres-en-carbone

celles qu'il conviendra de délimiter dans le cadre de l'étude de ce sujet tant il est vrai que la problématique, faut-il le redire, ne consiste pas à trouver les moyens de réduire les émissions de gaz à effet de serre mais de redonner à la taxe carbone sa légitimité, ternie et sabrée par l'opacité budgétaire et l'injustice fiscale dont elle fait l'objet. De même, Il convient de saluer les efforts mis en place par la ville de Paris pour faire baisser la concentration de polluants dans l'atmosphère grâce à ses journées sans voiture. Sur le site internet dédié à cet effet, du nom de la manifestation organisée, Paris sans voiture, il est possible de comprendre que la mesure vise à réserver la ville à l'utilisation des « circulations non polluantes », comme le vélo, le roller, la trottinette, le skateboard ou tout simplement les piétons[39]. Lors de la journée du 22 septembre 2019, des résultats encourageants en matière de réduction de la pollution atmosphérique ont été obtenus : le dioxyde d'azote capté place de l'Opéra a baissé de 23 % par rapport aux normales saisonnières : de quoi s'inviter à la 5e édition de cette initiative[40]. Bon nombre d'entre elles sont organisées à Paris et dans le monde afin de réduire les émissions de gaz à effet de serre. Elles sont nombreuses, diverses et variées mais leur nature non fiscale oblige à resserrer l'étude sur des domaines relatifs à l'impôt et à sa légitimité.

299. Le problème de la taxe carbone est un problème de justice et de transparence fiscale. Une fois cette thèse défendue, une conséquence surgit : l'existence d'un rapport de force entre l'État, la classe moyenne, celle qui a permis au pouvoir actuel de remporter les élections au Canada et les grandes entreprises. Comme tout rapport de force, ce dernier finira par se solder par un compromis, lequel se traduira par une modification en profondeur du système fiscal au profit des grandes entreprises, par une refonte complète du régime fiscal plus favorable aux pauvres et à la classe moyenne (particulièrement dans le domaine de la fiscalité écologique) ou encore par un déni du pouvoir actuel en place. La classe moyenne qui a voté pour la mise en place de ce même gouvernement, en France comme au Canada, pourrait y voir une déception et décider de protester contre une politique fiscale qui n'est ni à son goût ni à sa juste mesure[41].

300. Le reproche souvent adressé à la taxe carbone est de nuire à la compétitivité des entreprises en augmentant le prix des produits sur lesquels cette taxe s'affiche. Pour remédier à ce problème, certains chercheurs

---

[39] https://www.paris.fr/pages/la-journee-sans-voiture-revient-pour-la-cinquieme-edition-6727

[40] S. De Livonnière, F. Casaleggio : « Qualité de l'air : quel bilan pour les Journées sans voiture à Paris ? », *Le Parisien*, 24 septembre 2019, consultable sur le site http://www.leparisien.fr/paris-75/qualite-de-l-air-quel-bilan-pour-les-journees-sans-voiture-a-paris-24-09-2019-8158731.php

[41] D. Bladh, « Social Justice Instead of Greenhouse Gases-How the Global Economy Needs to Transform », *Asia Pacific Business Review*, vol. 6, 1: pp. 67-70. , First Published January 1, 2010.

suggèrent de promouvoir l'innovation et la recherche en finançant cette dernière par les recettes de la taxe carbone. En somme, il faudrait d'une part décourager la consommation des énergies polluantes, quitte à ce qu'elle nuise à la compétitivité des sociétés et d'autre part continuer d'encourager le financement public des énergies propres et renouvelables. Cela peut s'accompagner des pactes passés entre États et entreprises visant à atteindre certains objectifs en matière de réduction de carbone. Les pactes ne sont pas vraiment considérés comme des instruments de lutte contre la pollution[42] mais permettent de stimuler les entreprises en leur promettant, in fine, des réductions d'impôts[43].

301. Les inquiétudes exprimées par bon nombre d'économistes français sur les prélèvements liés à la taxe carbone concernent la hausse des prix sur laquelle s'appliquera cette taxe et donc la baisse du pouvoir d'achat des français, un risque de faire monter les importations, des difficultés d'exporter des produits français plus chers et donc moins compétitifs. Il en est de même au Canada dont le puissant voisin défend les solutions énergétiques Les solutions préconisées suggèrent de redistribuer les recettes de cette taxe vers les plus pauvres et la classe moyenne pour encourager leur pouvoir d'achat, de financer une partie des recettes de cette taxe dans le transport, le logement et la mobilité de façon générale, comme ce qui se fait en Californie et enfin d'investir dans les salaires[44]. L'impôt sur les salaires est considéré comme un impôt progressif et donc tenant plus compte de la justice sociale[45]. En l'espace de 5 ans, entre 2013 et 2018, les recettes de la taxe carbone auraient généré près de 9,2 milliards d'euros[46]. Il est crucial d'en faire bon usage. La priorité restera la budgétisation axée sur la performance, c'est-à-dire, les programmes qui permettront à leur tour de générer d'autres recettes fiscales pour l'État, comme les énergies vertes ou encore la compétitivité des entreprises. Parce qu'une telle taxe ne saurait faire des économies sur la justice fiscale, la

[42] R. O'Doherty, I. Bailey, A. Collins: « Regulatory Failure via Market Evolution: The Case of UK Packaging Recycling », *Environment and Planning C: Government and Policy*, vol. 21, 4: pp. 579-595, First Published Aug 1, 2003.

[43] W. Lin, Y. Zheng, and Y. Dai, « Influence of a Carbon Tax on Low-Carbon Trade Competitiveness of the Paper-Making Industry », *Forest Products Journal 2017*, Vol. 67, No. 1-2, pp. 101-111.

[44] R. C. Williams III, et al. « The initial incidence of a carbon tax across income groups », *National Tax Journal*, Mar. 2015, p. 195+. Gale Academic Onefile, https://link-gale com.ezproxy.torontopubliclibrary.ca/apps/doc/A405482879/AONE?u=tplmain&sid=AONE& xid=1918d612. Accessed 25 Oct. 2019.

[45] M. Yves, R. Michel, « Taxe carbone. Article publié le 9 janvier 2010 dans le journal Le Monde », *Annales des Mines - Responsabilité et environnement*, 2012/1 (n° 65), p. 59-60. DOI : 10.3917/re.065.0059. URL : https://www.cairn.info/revue-responsabilite-et-environnement1-2012-1-page-59.htm.

[46] M. Cessac, « Taxe carbone : sortir de l'impasse », *Le Monde*, Mardi 4 juin 2019, consultable à l'adresse : https://www.lemonde.fr/economie/article/2019/06/02/taxe-carbone-sortir-de-l-impasse_5470488_3234.html.

redistribution dans des programmes sociaux comme le logement, les transports collectifs, ainsi que les salaires reste vitale pour sa survie[47].

302. Finalement, taxe carbone et finances publiques demeurent complémentaires. Il est d'une part possible de constater les solutions apportées à la taxe carbone à des problèmes de finances publiques contemporains : baisse des taxes salariales, hausse des taxes sur l'énergie polluante, réduction de la dépendance de la France vis-à-vis des énergies fossiles, financement des services publics comme le transport pour permettre de désengorger les grandes villes. Il est d'autre part possible de remarquer l'apport des finances publiques et du droit fiscal aux problèmes que connait la taxe carbone : justice fiscale, transparence fiscale mais surtout le caractère redistributif de l'impôt : prélever et mieux répartir. Car la redistribution des richesses reste le nerf de la guerre. La suppression de l'actuelle taxe carbone pour en créer une autre avec des taux bas pour tous, y compris le transport aérien, est une des solutions souvent suggérées par la doctrine : l'idéal serait ensuite de les hausser progressivement jusqu'à atteindre les objectifs de 2050. L'annonce de la hausse devra se faire tôt pour préparer les entreprises à la transition écologique. Financer les énergies propres en crédit d'impôt, tel est le modèle adopté par la Colombie-Britannique[48].

303. De même, l'harmonisation des taux de cette même taxe à l'instar de ce qui a été fait en matière de TVA en Europe, sera nécessaire, ne serait-ce pour éviter que les entreprises ne jouent sur le différentiel pour fausser la concurrence. S'ils sont trop élevés, ces derniers risquent d'entraîner des difficultés de compétitivité pour les entreprises. Or, c'est en cela la principale critique adressée à la taxe carbone, justifiant que le transport aérien, maritime et routier en soit exonéré. Pour les mêmes raisons ces exonérations avaient valu à la taxe carbone la censure du Conseil d'État, pour les mêmes arguments, dix ans plus tard, c'est le peuple français qui en rejette la crédibilité. La solution serait donc d'adopter un taux harmonisé de taxe carbone pour toutes les entreprises de l'Union européenne tout en s'assurant de respecter le principe pollueur-payeur. La question de l'harmonisation de la taxe carbone se posera au niveau de l'Union européenne, au niveau de l'OCDE et enfin au

[47] M. Cessac, « Taxe carbone : sortir de l'impasse », *Le Monde*, Mardi 4 juin 2019, consultable à l'adresse : https://www.lemonde.fr/economie/article/2019/06/02/taxe-carbone-sortir-de-l-impasse_5470488_3234.html.

[48] S. Elgie, J. McClay, « BC's Carbon Tax Shift Is Working Well after Four Years », *Canadian Public Policy/Analyse de Politiques*, Vol. 39, Special Supplement on Environmental Policy in Canada (August/août 2013), pp. S1-S10 Published by: University of Toronto Press on behalf of Canadian Public Policy Stable URL: https://www.jstor.org/stable/23594767.

niveau d'instance plus globale comme l'organisation mondiale du commerce[49].

304. Toute l'efficacité de la taxe carbone tient cependant dans la capacité des entreprises à respecter les principes du droit fiscal : le principe de la transparence des finances publiques ainsi que celui de la justice fiscale[50]. Pour arriver à une application qui satisfasse l'ensemble des parties prenantes, il est important d'utiliser comme repère celui du pollueur-payeur : c'est aux pollueurs de supporter la facture liée au changement climatique. Or, appliquer la taxe carbone aux plus gros pollueurs comme les entreprises de transport risque d'affecter leur efficacité, leur compétitivité internationale car la plupart des pays protègent et encouragent leur compétitivité, notamment par l'octroi de paquets fiscaux. C'est le cas particulièrement du Luxembourg grâce à la pratique des rescrits fiscaux qui visent très souvent à accorder des faveurs fiscales à de très grandes entreprises, pour les inciter à s'établir sur le territoire. La taxe carbone a été présentée par les économistes et plusieurs scientifiques dont plus de 27 prix Nobels comme le meilleur moyen de lutter contre le changement climatique[51]. Mais cette même taxe arrive dans un contexte de lutte contre la fraude fiscale, de concurrence fiscale internationale et de dumping fiscal, ce qui risque de freiner considérablement son efficacité comme instrument de lutte contre les changements climatiques. En outre, pour respecter le principe de la justice fiscale, c'est-à-dire pour taxer pleinement et sans exonération les entreprises qui émettent le plus de Gaz à effet de Serre, il faut un consensus : à défaut, le risque est grand d'avoir des distorsions de concurrence liées à cette taxe, avec la tentation pour les entreprises qui subissent une fiscalité trop lourde de délocaliser vers des pays moins regardants sur cette question. L'harmonisation de la taxe carbone au niveau de l'Organisation mondiale du Commerce devrait concerner les plus gros pollueurs et partant calmer la grogne populaire en France comme au Canada. Cependant, il est nécessaire de ne pas perdre de vue le fait que cet instrument est reconnu par les économistes comme le moyen le plus efficace de réduire les émissions de Gaz à Effet de Serre. Au nom de cette analyse, la Cour suprême devra valider la taxe minimale instaurée par le gouvernement fédéral en vertu de la théorie dite de la branche nationale qui autorise ce dernier à

---

[49] J. P. Trachtman, « WTO law constraints on border tax adjustment and tax credit mechanisms to reduce the competitive effects of carbon taxes », *National Tax Journal*, June 1, 2017, Vol. 70, Issue 2.

[50] A. Lawton, « Green taxation theory in practice: The 2012 reform of the carbon reduction commitment », *Environmental Law Review*, vol. 18, 2: pp. 126-141. , First Published June 10, 2016.

[51] V. De Graffenried, « Green New Deal versus taxe carbone, le débat américain », *Le Temps*, 8 mai 2019, consultable à l'adresse suivante: https://www.letemps.ch/monde/green-new-deal-versus-taxe-carbone-debat-americain

légiférer dans des domaines où il n'y a pas de disposition nationale ou provinciale[52].

305. En attendant d'aboutir à une harmonisation des taux, défi sans doute aussi grand que la construction de la tour de Babel, prendre exemple sur les villes ayant réussi la transition carbone par la taxe est nécessaire. Il en est ainsi de la Colombie-Britannique, au Canada, dont le secret de la réussite repose sur le principe de la justice fiscale : les recettes de la taxe carbone sont redistribuées aux familles les plus démunies. Le gouvernement de cette province est par ailleurs très transparent sur l'indexation des recettes de cette taxe : une partie substantielle est allouée au financement du transport en commun, ainsi qu'à celui des voitures électriques[53]. La taxe carbone doit ses attributs de meilleur instrument de lutte contre le réchauffement climatique à sa capacité à lever des recettes budgétaires et à son très grand plébiscite au sein de la jurisprudence canadienne, dans la communauté des économistes, sans oublier la vingtaine de prix Nobels qui ont milité en sa faveur[54]. Elle reste cependant perfectible du point de vue de la justice fiscale et de la transparence budgétaire.

306. Il n'est pas d'autres solutions pour financer le logement, le transport, les énergies renouvelables, la hausse des salaires que par l'argent et donc les financements publics. Pour arriver à lever les fonds nécessaires, il est impératif de défendre la thèse selon laquelle la taxe carbone est le meilleur instrument de lutte contre le réchauffement climatique parce qu'elle seule peut permettre, mieux que n'importe quel autre instrument de régulation, de dégager des recettes fiscales d'un montant de 9 milliards d'Euros en France, en l'espace de 5 ans, c'est-à-dire, entre 2013 et 2018, tout en permettant de baisser les émissions de carbone. Car sans financement, la lutte contre le réchauffement climatique restera un vague projet dans l'esprit des contribuables. C'est fort de ces considérations que la première partie de cette réflexion a été bâtie autour de l'idée d'une taxe carbone comme meilleur instrument de lutte contre les changements climatiques (Chapitre 1).

---

[52] In 1988, the Suprême Court ruled that this doctrine applies to matters that did not exist in 1867 — such as matters related to polluting the ocean — and provincial matters that are of national concern, but are not yet emergencies: https://www.thecanadianencyclopedia.ca/en/article/peace-order-and-good-government

[53] « Il existe encore de nombreuses grandes incertitudes technologiques pour passer à une technologie à faible émission de carbone. Les véhicules devraient-ils être décarbonisés en les alimentant au moyen de batteries électriques ou de biocarburants avancés ? » : J. Sachs, « Climate action should be taken out of politicians' hands », *World Economic Forum*, April 28 2016, consultable à l'adresse: https://www.weforum.org/agenda/2016/04/jeffrey-sachs-climate-action-should-be-taken-out-of-politicians-hands

[54] V. De Graffenried, « Green New Deal versus taxe carbone, le débat américain », *Le Temps*, 8 mai 2019, consultable à l'adresse suivante: https://www.letemps.ch/monde/green-new-deal-versus-taxe-carbone-debat-americain

307. En 2016, certaines recherches au Canada ont révélé que « 25 % des émissions de GES provenaient du secteur des transports et 12 % du secteur de l'environnement bâti »[55]. C'est ce qui explique que les auteurs aient préconisé l'adoption de normes rigoureuses de performance énergétique en matière de construction de bâtiments et la possibilité de mettre en place des méthodes d'amortissements accélérés ainsi que des subventions pour les bâtiments qui respecteront ces normes[56].

308. Il faut donc décourager d'un côté l'utilisation des énergies polluantes par une hausse des taxes et de l'autre côté, encourager la consommation des énergies propres par des niches fiscales[57]. Il faut une double action concertée. C'est ainsi qu'il sera possible d'atteindre les objectifs de réduction des émissions de gaz à effet de serre. Une taxe trop faible n'aura pas d'effet incitatif alors qu'une taxe trop forte finit par pousser les entreprises à frauder, à délocaliser. L'obstacle majeur de la lutte contre le changement climatique réside dans le fait que les énergies polluantes sont encore très rentables pour les entreprises et pour les États[58], en atteste l'approbation du projet de l'oléoduc par le Premier ministre canadien, Justin Trudeau[59]. L'une des solutions à l'illégitimité de la taxe carbone en France serait d'appliquer de faible taux d'imposition pour tous, y compris pour les gros pollueurs (transport maritime, routier et aérien) et ensuite de hausser progressivement les taux de la taxe carbone en l'annonçant dès sa mise en place. C'est le modèle adopté par les Suédois[60].

309. La piste de réflexion proposée par Yves Martin et le défunt Michel Rocard serait de hausser progressivement la taxe sur le carbone en baissant corrélativement le coût de la main-d'œuvre. Une telle stratégie a plusieurs vertus selon les auteurs. Elle permettrait de réduire les couts de production pour encourager la productivité. Elle découragerait les importations

---

[55] T. Vrooman, S. Guilbeault: « Conseil consultatif sur l'action pour le climat », *Environnement et Changement climatique Canada 2019*, p. 4.

[56] T. Vrooman, S. Guilbeault: « Conseil consultatif sur l'action pour le climat », *Environnement et Changement climatique Canada 2019*, p. 12.

[57] A. Cavallo, « Elephant in the room: How OPEC sets oil prices and limits carbon emissions », *Bulletin of the Atomic Scientists*, vol. 69, 4: pp. 18-29., First Published November 4, 2016.

[58] Global Agenda Council on the Future of Oil & Gas, « Trust Challenge Facing the Global Oil & Gas Industry », *World Economic Forum*, April 2016, 11 pages.

[59] Parce que le pétrole canadien n'a souvent que pour seul débouché le marché des États-Unis et que celui-ci profite de la situation pour le vendre à prix bradé, il était nécessaire d'approuver ce projet de transport du pétrole pour l'écouler sur le marché asiatique. La construction du pipeline devrait tripler la vitesse d'acheminement du pétrole la faisant passer de "300 000 à 890 000 barils de pétrole par jour ": ici.radio-canada, "Ottawa donne le feu vert à l'expansion du pipeline Trans Mountain", *ici.radio-canada*, 18 juin 2019, consultable sur le site https://ici.radio-canada.ca/nouvelle/1189941/oleoduc-trans-mountain-canada-alberta-colombie-britannique-petrole

[60] S. Baudry, « La taxe carbone : un bilan de l'expérience suédoise », *Regards croisés sur l'économie*, vol. 6, no. 2, 2009, p. 142.

d'énergies fossiles : la France étant dépendante de ces dernières. Elle permettrait d'atténuer l'impact de la taxe carbone sur les ménages puisque si les charges salariales baissent, les économies effectuées permettraient une redistribution sur les salaires. Ces pistes de réflexion ont le mérite de rappeler qu'en distribuant équitablement les revenus, c'est-à-dire en insistant sur la classe moyenne et la classe pauvre, la France pourrait sortir de l'impasse dans laquelle elle se trouve[61].

310. Parce que les énergies polluantes sont encore financièrement attrayantes pour les investisseurs, il est important de décourager leur utilisation par l'impôt, l'adoption de règlements visant à mieux contrôler leurs activités, les marchés d'échange de quotas d'émission de Gaz à effet de Serre. Trois catégories d'instruments sont ainsi à la disposition des autorités publiques : « la réglementation, qui fixe des standards et des normes d'émission ; la taxation dite « pigouvienne », qui vise à réintégrer dans les prix et les couts de marché le « coût social » des externalités engendrées par les différentes activités taxées ; et la création de nouveaux droits de propriété échangeables sur un marché – dite solution « coasienne », du nom de l'économiste Ronald Coase (1960) qui l'a, le premier, proposée –, en l'occurrence des « permis d'émission » négociables sur un marché sur lequel s'établira un prix, qui viendra alourdir le coût privé des activités émettrices »[62]. Renforcer la lutte contre la pollution passera par l'harmonisation des taux de la taxe carbone ainsi que la modification de l'article 16 de la déclaration de Rio pour contrôler les pays qui fabriquent des produits à travers les métaux les plus polluants et ensuite tenter de les exporter.

311. De même, il sera nécessaire d'encourager la consommation d'énergie propre par les niches fiscales en faveur de l'investissement effectué pour l'énergie verte, le financement des voitures électriques ou encore les aides d'État. À vrai dire, les solutions fiscales par le financement des moyens de lutte contre la pollution sont nombreuses. Elles vont des voitures électriques, en passant par le financement des énergies renouvelables (l'eau, le soleil et le vent). Étant donné que les forêts permettent d'absorber le carbone et qu'on les appelle aussi les puits de carbone, il convient de mettre en place des projets de financement et de préservation de ces derniers. Le Canada est un modèle à citer en la matière : le taux de déboisement est de 0,02 %, soit l'un des plus

---

[61] Y. Martin, M. Rocard, « Taxe carbone. Article publié le 9 janvier 2010 dans le journal Le Monde », *Annales des Mines - Responsabilité et environnement*, 2012/1 (n° 65), p. 59-60. DOI : 10.3917/re.065.0059. URL : https://www.cairn.info/revue-responsabilite-et-environnement1-2012-1-page-59.htm.

[62] E. Laurent, J. Le Cacheux, « Carbone sans frontières. Quelles solutions fiscales face aux émissions importées ? », *Revue de l'OFCE*, vol. 122, no. 3, mars 2012, pp. 89.

bas au monde"[63]. Il va sans dire que la floraison des projets verts et l'atteinte des objectifs de neutralité en émission de Carbone pour 2050 tout en évitant la grogne populaire ne peut se faire qu'en décidant de cumuler l'ensemble des solutions, c'est-à-dire, un chèque vert pour la classe moyenne et pauvre, le financement des énergies renouvelables ainsi que celui de la performance énergétique dans les bâtiments et les transports, la hausse des salaires par une bonification de la prime à la mobilité. Le cumul des solutions devient ainsi un impératif dans la lutte contre les changements climatiques que la taxe carbone, avec le concours d'autres ressources comme celles du marché de carbone, se doit de soutenir. L'importance de ces solutions fait l'objet de la réflexion contenue dans la seconde partie de cette étude (Chapitre 2).

312. Au-delà de ce titre, il est important de comprendre que la combinaison de ces objectifs est la clé de sortie de crise. Cette solution n'a pas toujours fait l'unanimité au sein de la doctrine économique dont certains se sont faits les défenseurs de recettes de taxe carbone orientées vers la réduction des déficits publics, la baisse des impôts qui minent la croissance économique comme les charges salariales, l'impôt sur le revenu et les taxes à la consommation. Ils soulignent qu'il serait inefficient de diriger ces recettes vers les programmes environnementaux comme le financement des énergies vertes[64]. C'est une thèse intéressante mais qui néglige la raison d'être de la taxe carbone : inciter à des comportements plus soucieux de l'environnement. Une chose est de décourager l'utilisation des énergies polluantes, une autre est de proposer des solutions alternatives à ces énergies. À défaut le risque est grand de voir les entreprises délocaliser, l'absence d'une taxe carbone mondiale sera la source de discorde. La note la plus récente du FMI rappelle à ce titre que : « sur le plan intérieur, la recherche et le développement (R&D), l'investissement dans l'infrastructure et des politiques relatives aux marchés financiers peuvent accroître l'efficacité de l'atténuation des émissions de carbone, tandis que des mesures seraient prises pour soulager les groupes vulnérables et renforcer l'acceptabilité politique générale ». Il est donc nécessaire, pour arriver à prendre en compte l'ensemble des problématiques que soulève la taxe carbone, de cumuler ces solutions pour un résultat plus satisfaisant, c'est-à-dire qui tienne compte des problèmes de la société dans son ensemble, qu'ils soient environnementaux ou économiques.

---

63 Selon ressources naturelles canada : https://www.rncan.gc.ca/nos-ressources-naturelles/forets-foresterie/feux-de-vegÉtation-insectes-pert/le-deboisement-au-canada-mythes-et-realites/13420

64 R. De Mooij, I. W.H. Parry, M. Keen, *Fiscal policy to mitigate climate change: a guide for policymakers*, International Monetary Fund, 2012, page 32-33.

Chapitre 1 - De l'insuffisance de la taxe carbone comme seule solution fiscale pour résoudre le problème du réchauffement climatique.

313. La taxe carbone a suffisamment fait ses preuves dans des villes, provinces ou pays pour être reconnue comme un instrument digne de confiance en matière de réduction des émissions de gaz à effet de serre. Le déni dont elle fait l'objet n'est ni lié à sa capacité à lever des recettes budgétaires ni justifié par ses facultés à réduire la consommation de CO2. Ce déni résulte de l'usage qui est fait des recettes prélevées ainsi que des modalités de prélèvement, effectuées très souvent au détriment des moins pollueurs et à l'avantage des plus nocifs pour la planète. Faut-il pour autant la rejeter ? Son efficacité est suffisamment intéressante pour attirer l'attention des cabinets d'avocats implantés sur le territoire canadien qui notent à ce sujet que : « le document d'information du gouvernement souligne aussi qu'en Colombie-Britannique, l'utilisation de combustibles fossiles a chuté de **17 %** cinq ans après la mise en application d'une tarification du carbone (perçue par l'entremise d'une taxe sur chaque tonne de carbone émise), et que l'économie de la province avait surpassé celle d'autres provinces dans la foulée de cette mesure »[1]. Stewart Elgie, enseignante chercheuse en droit et économie à l'Université d'Ottawa note ainsi, en 2013, que « depuis 2008, lorsque la taxe est entrée en vigueur, la consommation de carburant dans la province a considérablement diminué - 19 % de moins par habitant par rapport au reste du Canada - et les émissions de Gaz à Effet de Serre vont dans la même direction. En même temps, la croissance du PIB de la Colombie-Britannique a suivi le rythme par rapport au reste du Canada, ce qui laisse supposer que le changement d'impôt n'a pas porté préjudice à l'économie de la province »[2]. La taxe carbone est donc défendue par les économistes et les juristes. Sa capacité à lever des recettes budgétaires lui vaut d'être préférée au marché d'échanges de carbone par une partie des économistes : stabilité des recettes et prévisibilité des montants sont de rigueur lorsque l'on évoque cette taxe par rapport à sa concurrente que constitue le marché d'échanges de droits de polluer. En sus de sa volatilité, ce marché est destiné à devenir moins rentable,

---

[1] R. J. King, J. Fairfax, P. G. Welsh, D. Kirby, J. Coop, R. Hall-McGuire, « La nouvelle normalité de la tarification du carbone : l'Ontario sur le point de dévoiler un système de plafonnement et d'échange de droits d'émission dans le but de réduire les émissions de gaz à... », *Osler*, 14 avril 2015, page 2 consultable sur le site https://www.osler.com/fr/ressources/reglements/2015/la-nouvelle-normalite-de-la-tarification-du-carbon

[2] S. Elgie, J. McClay, « BC's Carbon Tax Shift Is Working Well after Four Years », *Canadian Public Policy – Analyse de politiques*, vol. xxxix, supplement/numéro spécial 2 2013, Conclusion page 8.

l'Union européenne ayant décidé de réduire les droits de polluer pour justement atteindre ses objectifs climatiques. Droits de pollution trop généreusement accordés à des entreprises par des fonctionnaires sous le coup de la corruption, volatilité des marchés, réduction des droits pour atteindre les objectifs climatiques : l'ensemble des inconvénients du marché du carbone ont fini par parachever l'idée qu'il faut défendre la supériorité de la taxe carbone parmi tous les instruments de lutte contre la pollution climatique mais que, du fait de l'immensité des projets à financer, toutes les ressources financières, y compris celles émanant du marché du carbone sont les bienvenues (Section 1).

314. La taxe carbone est cependant loin d'être parfaite et les reproches qui lui ont été adressées sont suffisamment crédibles pour déclencher une crise sociale majeure en France. Et pourtant, les mêmes raisons reviennent en 2000, après l'arrêt du Conseil constitutionnel relatif à l'élargissement de l'assiette de la taxe générale sur les activités polluantes, en 2010, après l'abandon du gouvernement Fillon de la même taxe et en 2018, après le gel par le gouvernement Macron du même instrument de régulation : celui de la justice fiscale, de la redistribution des richesses et de la transparence budgétaire. Pour autant, l'instrument fiscal reste encore perfectible [3](Section 2).

Section 1 - La taxe carbone, l'instrument fiscal le plus efficient contre le réchauffement climatique

315. Il existe un fossé entre l'accord de réduction des émissions de carbone et les outils mis en place pour arriver à ce résultat. L'utilisation de la taxe carbone, le recours aux marchés d'échanges, les interdictions à travers les règlementations ou encore les énergies renouvelables ne font pas nécessairement l'unanimité. Qui plus est, l'utilisation des recettes fiscales à d'autres fins a fini par dérouter la problématique centrale qui est la lutte contre le réchauffement climatique. Par ailleurs, un manque de coordination entre les différents instruments peut miner l'efficacité de la lutte contre le changement climatique. Les mêmes problématiques se posent selon que l'on se trouve en Europe, au Canada ou aux États-Unis. Comme le notent certains experts en évaluation économique des politiques climatiques : il existe une controverse particulière sur « la question du meilleur outil économique à utiliser pour réduire les émissions : une taxe sur le carbone ou un système de plafonnement et d'échange. Ce débat inutilement polarisé a nui à l'efficacité des défenseurs

---

[3] N. Berghmans, M. Saujot, « Quels enseignements tirer des débats sur la taxe carbone ? », *Institut du développement durable et des relations internationales*, 13 mars 2019, Billet De Blog, consultable sur le site https://www.iddri.org/fr/publications-et-evenements/billet-de-blog/quels-enseignements-tirer-des-debats-sur-la-taxe-carbone

de la politique climatique en matière de législation sur le climat. La voie logique à suivre est une combinaison des deux politiques »[4]. Au Canada, cette controverse s'est traduite par une bataille judiciaire entre l'État fédéral et les provinces, ces dernières, particulièrement l'Ontario, considérant qu'il est possible de réduire les émissions de Gaz à effet de serre sans alourdir le fardeau fiscal des familles. C'est oublier qu'il existe au sein de la communauté scientifique s'étant intéressée à la question de la réduction des émissions de gaz à effet de serre bon nombre d'experts selon lesquels les besoins en consommation d'énergie augmentent et que cette consommation, si elle n'est pas faite à travers des énergies vertes, conduira à une concentration plus élevée de CO2 dans l'atmosphère, ce qui a pour conséquence d'accélérer le réchauffement climatique. Autre consensus, celui de l'existence de plusieurs moyens de réduire l'accumulation du CO2. Ces moyens vont de la taxe carbone, à la mise en place de règlements visant à interdire et sanctionner l'usage des énergies polluantes, en passant par l'instauration d'un marché d'échange de carbone. Mieux encore, cette même communauté scientifique propose le recours à des énergies non polluantes et renouvelables : il est question des « éoliennes, des panneaux solaires et des installations de biomasse (et de biogaz) »[5]. Le financement de projets d'une telle ampleur nécessite le recours à des fonds substantiels que la taxe carbone ou encore le marché d'échanges de droit d'émission semble pouvoir offrir. C'est en cela que la taxe carbone se démarque des autres instruments de régulation : sa capacité à offrir des recettes stables permettant de financer la transition écologique.

Paragraphe 1 - Un principe défendu par l'État fédéral canadien face aux provinces

316. La taxe carbone a donné lieu à plusieurs séances de consultation entre l'État fédéral au Canada et les provinces. Après plusieurs réticences de la part de certaines d'entre elles, des recours judiciaires ont été intentés. En outre, elles estiment qu'il y a d'autres moyens de baisser les émissions de gaz à effet de serre que de ponctionner davantage la classe moyenne et les pauvres (I). Toute la difficulté provient du fait que la pollution atmosphérique s'étend au-delà des territoires de ces provinces pour atteindre tout le Canada. Or, toutes les fois que la pollution atmosphérique transcende le simple cadre provincial,

---

[4] R. Cleetus, « Finding common ground in the debate between carbon tax and cap-and-trade policies », *Bulletin of the Atomic Scientists*, vol. 67, 1: pp. 19-27. , First Published October 13, 2016.

[5] S. P. Tuler, B. Ram, R. E. Kasperson, « Wind Energy Facility Siting: Learning from Experience and Guides for Moving Forward », *Wind Engineering*, vol. 38, 2: pp. 203-216. , First Published April 1, 2014.

il engage la compétence de l'État fédéral pour ce qui est de la pollution de la couche d'ozone générée par les émissions de CO2 (II).

I - L'échec du processus de négociation dans la mise en place de la taxe carbone

317. Il est difficile de mener une réflexion sur la taxe carbone sans être tenté d'avoir un bref aperçu historique de la mesure au Canada tant il est vrai que les controversent fleurissent en la matière entre le gouvernement fédéral et provincial. Ainsi, en décembre 2016, les deux gouvernements conviennent d'un cadre pancanadien sur la croissance propre et les changements climatiques pour réduire les émissions de Gaz à effet de Serre. Un an plus tard, mai 2017, Environnement et Changement climatique Canada publie le document technique relatif au filet de sécurité fédéral sur la tarification carbone. En juin 2018, la loi sur la tarification de la pollution causée par les gaz à effet de serre, qui établit le cadre juridique et les pouvoirs du fédéral en matière de tarification du carbone, reçoit la sanction royale[6]. Exposés de la sorte, les faits concernant l'adoption de la loi fédérale sur la tarification du carbone ne font pas ressortir le conflit qui a opposé l'État fédéral aux provinces dans la pratique. Il y a eu, en effet, de la résistance de la part des provinces, d'autant plus surprenante que la nécessité de lutter contre le changement climatique fait consensus au sein de la classe moyenne et des plus hautes instances provinciales et fédérales. D'autant plus inquiétant que le gouvernement fédéral avait recueilli l'accord, en mars 2016, des Premiers ministres provinciaux et territoriaux pour mettre en place un mécanisme de réduction des émissions de Gaz à effet de Serre. C'était sans compter l'appui des experts et du groupe de travail qui avait été mis en place peu de temps après la rencontre des ministres provinciaux et qui avaient préconisé l'adoption d'une taxe carbone comme le moyen le plus efficace pour réduire les émissions de Gaz à Effet de Serre au Canada. Ayant suivi l'avis de ces experts, le gouvernement fédéral décide donc de mettre en place la taxe fédérale sur le carbone. S'il faut retenir les dates les plus importantes pour les quatre provinces les plus réticentes en matière d'instauration de la taxe fédérale sur le carbone, ce serait d'abord celle du 9 décembre 2016, date à laquelle huit provinces, y compris l'Ontario, et les trois territoires ont adopté le cadre pancanadien sur la croissance propre et le changement climatique. À cette époque, la Colombie-Britannique, l'Alberta et le Québec possédaient

[6] D. Harper, D. Taylor, A.-C. Boucher et M. Nolin, « Le gouvernement du Canada publie un document technique et dévoile le plan fédéral de tarification du carbone », *Blakes Classes Affaires, Actualités, Séminaires, Perspectives,* 2 juin 2017, consultable à l'adresse https://www.blakesbusinessclass.com/le-gouvernement-du-canada-publie-un-document-technique-et-devoile-le-plan-federal-de-tarification-du-carbone/?lang=fr

déjà leurs mécanismes de tarification du carbone, et l'Ontario a annoncé son intention de se joindre au Système de plafonnement et d'échange entre le Québec et la Californie[7]. Le Manitoba a ensuite adopté le Cadre pancanadien le 23 février 2018. La Saskatchewan ne l'a pas adopté. Comme mentionné précédemment, en juin 2018, le projet fédéral de taxe sur le Carbone reçoit la sanction royale et un mois plus tard, en juillet 2018, l'Ontario décide de mettre fin à sa taxe sur le carbone, se retire de la bourse d'échanges de droits d'émissions de Carbone qu'elle partageait avec le Québec et la Californie et décide d'attaquer judiciairement la taxe fédérale sur le Carbone. Les raisons d'une telle décision sont exposées dans l'arrêt de la Cour d'appel de l'Ontario. Selon le procureur général de l'Ontario, la taxe fédérale sur le carbone est inconstitutionnelle. Reconnaitre une telle compétence reviendrait à remettre en cause l'équilibre des pouvoirs entre l'État fédéral et les provinces en matière environnementale[8].

318. La Cour d'appel de l'Ontario a donné raison au gouvernement fédéral en rappelant que la taxe carbone instituait un minimum applicable à toutes les provinces, laissant le libre choix à ces dernières d'atteindre ou de dépasser ce minimum. Elle reproche cependant aux juges en chef d'avoir évité le problème qui ressort de la décision de la Cour d'appel de la Saskatchewan, en introduisant une grande incertitude et, par conséquent, un impact potentiellement important sur le pouvoir législatif provincial. Le Parlement peut-il établir des « normes nationales minimales » régissant des questions provinciales comme le chauffage et la climatisation des maisons ? Le transport en commun ? La conception et l'utilisation des routes ? La consommation de carburant ? Le processus de manufacture ? Les pratiques agricoles ? Ce ne sont là que quelques-uns des éléments qu'un pouvoir fédéral mal défini peut engendrer, permettant d'établir des « normes nationales minimales » visant à réduire les émissions de Gaz à Effet de Serre, et qui auraient tous un impact majeur sur la compétence des provinces[9].

II - La taxe carbone : un problème extraprovincial nécessitant une compétence fédérale

319. C'est pour cette raison que la Cour d'appel de l'Ontario a décidé que les articles 1 et 2 de la taxe fédérale sur le Carbone ne peuvent tomber sous le coup de la théorie dite de la dimension nationale, en vertu de laquelle les

---

[7] Reference re Greenhouse Gas Pollution Pricing Act, 2019 ONCA 544 (CanLII), <http://canlii.ca/t/j16w0>, retrieved on 2019-11-27

[8] Reference re Greenhouse Gas Pollution Pricing Act, 2019 ONCA 544 (CanLII), <http://canlii.ca/t/j16w0>, retrieved on 2019-11-27

[9] Reference re Greenhouse Gas Pollution Pricing Act, 2019 ONCA 544 (CanLII), <http://canlii.ca/t/j16w0>, retrieved on 2019-11-27, paragraphe 237.

pouvoirs conférés par l'article 91 de la constitution au parlement sont activés chaque fois que des enjeux nationaux sont en en cause, c'est-à-dire quand le problème est extraprovincial : la pollution de la couche d'ozone est par exemple un problème fédéral. La difficulté provient du fait que, selon les juges de la cour d'appel de l'Ontario, la taxe carbone fédérale n'est pas assez précise sur ce qu'elle entend par établir des normes minimales et ce faisant, risque d'empiéter sur les pouvoirs de la province. En devenant trop précise cependant, la taxe encourt le reproche adressé par la province de l'Ontario qui « soutient que le Parlement n'a pas le droit de réglementer toutes les activités qui produisent des émissions de GES et que la compétence que le Canada affirme détenir en vertu de la loi modifierait radicalement l'équilibre constitutionnel entre les pouvoirs fédéraux et provinciaux »[10]. Ne pas légiférer de façon précise cette taxe carbone fait naitre des incertitudes quant à l'étendue et le domaine de la compétence législative des fédéraux avec un risque d'empiétement sur les pouvoirs de la province mais en revanche légiférer de façon précise, et non a minima, permet de connaitre l'étendue de cette taxe avec un risque d'empiétement sur les pouvoirs de la province. Cette situation présente un vide juridique et par conséquent un risque juridique sur la prévisibilité de la loi applicable et des recours que les particuliers peuvent exercer en cas de contestation sur la loi carbone. La théorie de la branche nationale active les pouvoirs du parlement non seulement quand les intérêts nationaux sont en jeu, c'est-à-dire, dépassant le simple cadre de la province mais aussi et surtout quand il n'existe pas de réglementation en ce domaine, comme la question de la pollution marine en 1867[11]. Or, la taxe carbone, ainsi que le rappelle la loi fédérale en la matière, a été établie pour les provinces n'ayant pas de système de taxe carbone ou l'ayant eu mais l'ont ensuite supprimé.

320. Le site internet classe affaires de Blakes rappelle que l'avant-projet de règlement prévoit une taxe carbone de 20 $ par tonne qui sera majorée chaque année de 10$ pour atteindre 50 $ en 2022. Une taxe de 20 $/tonne de carbone ferait grimper le prix de l'essence de 4 centimes le litre et celui du propane de 3 centimes[12]. La taxe fédérale sur le carbone est présentée comme n'étant applicable qu'aux provinces n'ayant pas mis en place une taxe sur le carbone. Au Canada, les contestations sur la taxe carbone ne se font pas sur les taux et les objectifs de réduction de 30 % par rapport à ce qui se faisait en 2005, objectif à atteindre pour 2030. Elles se font plutôt sur des considérations

---

[10] Reference re Greenhouse Gas Pollution Pricing Act, 2019 ONCA 544 (CanLII), <http://canlii.ca/t/j16w0>, retrieved on 2019-11-27, paragraphe 237.

[11] https://www.thecanadianencyclopedia.ca/fr/article/paix-ordre-et-bon-gouvernement-1.

[12] D. Harper, N. Chernawsky, Z. Halpern-Shavim et M. Stewart, « Le gouvernement canadien présente les détails de son régime fédéral de tarification du carbone », *Blakes Classes Affaires, Actualités, Séminaires, Perspectives*, 31 octobre 2018, consultable à l'adresse https://www.blakesbusinessclass.com/le-gouvernement-canadien-presente-les-details-de-son-regime-federal-de-tarification-du-carbone/?lang=fr

non écologiques : la Saskatchewan, l'Ontario et l'Alberta veulent protéger leurs intérêts financiers : les énergies polluantes font visiblement leur affaire. Le Québec profite de l'opposition exprimée par ces provinces devant les tribunaux pour s'émanciper du contrôle des fédéraux sur la manière d'atteindre ces objectifs : la province veut affirmer sa souveraineté fiscale et s'émanciper de la tutelle des fédéraux. Le Canada estime devoir intervenir pour imposer cette taxe dans les provinces qui ne l'ont pas encore mises en place, intervention jugée comme contraire à la constitution comme l'atteste le recours de la Saskatchewan devant la Cour suprême du Canada. La Saskatchewan a contesté sa taxe carbone devant la Cour suprême du Canada, au motif qu'elle était inconstitutionnelle. Deux questions sont posées à la Cour suprême. La première, est-ce que la loi sur la tarification de la pollution causée par les gaz à effet de serre est en tout, ou en partie, constitutionnelle ? La seconde, le parlement canadien a-t-il les compétences pour fixer les prix sur la pollution carbone en invoquant des raisons de paix, d'ordre et de bon gouvernement, dans le cadre de l'article 91 de la loi constitutionnelle de 1867[13] ? Il s'agissait donc de contester la compétence fédérale pour mieux administrer la taxe carbone au profit des moins nantis. Telle est la thèse défendue par les opposants de la compétence fédérale en matière d'établissement de la taxe carbone. Il était important pour la Saskatchewan d'affirmer judiciairement cette incompétence sur la base de la section 91 de la loi constitutionnelle[14].

321. La logique qui guide l'élaboration de la taxe carbone, celle voulant que les entreprises les plus polluantes soient exonérées de taxe carbone a fini par parachever l'idée selon laquelle c'est la sempiternelle lutte contre la justice fiscale qui anime les réflexions reléguant au second plan la question plus centrale du réchauffement climatique. Les provinces contestent la compétence de l'État fédéral canadien parce que n'ayant pas confiance en sa capacité à établir des règles fiscales justes pour l'ensemble de la société, surtout pour la classe moyenne et les plus pauvres, à en croire les propos consacrés par Andrew Scheer à Radio-Canada, la presse locale. Le recours devant les tribunaux doit trancher de la question de savoir si l'État fédéral reste compétent pour imposer une telle taxe aux provinces en vertu des pouvoirs que lui confère la constitution.

322. Par ailleurs, la véritable question qui aurait dû être posée aux juges de la Cour suprême est de savoir si le dispositif fédéral actuel n'est pas suffisamment injuste vis-à-vis des contribuables auxquels il a vocation à s'appliquer parce qu'il prévoit trop d'exemptions pour les entreprises et

---

[13] https://ici.radio-canada.ca/nouvelle/1215019/ottawa-provinces-contestation-judiciaire-competences

[14] Taxe carbone, « La Cour d'appel de la Saskatchewan tranche en faveur du fédéral », *Radio-Canada,* 3 mai 2019 consultable à l'adresse : https://ici.radio-canada.ca/nouvelle/1167734/taxe-carbone-cour-appel-saskatchewan-federal

qu'une telle méthode contreviendrait aux principes de justice fiscale, d'égalité devant les charges publiques, exactement comme le Conseil constitutionnel l'a fait en 2009. Il existe cependant, dans la prise de décision des juges de la Cour suprême, une obligation d'analyser l'impact économique d'une telle décision. Il faut s'attendre à ce que les magistrats abondent dans le sens de la compétitivité et de la protection des entreprises canadiennes : il en va de la survie du tissu économique. Conférer la compétence à l'État fédéral, c'est aussi lui donner les moyens financiers et budgétaires d'atteindre ses objectifs en matière de politique climatique. À la question de savoir si l'État fédéral est compétent pour fixer une taxe carbone en vertu des pouvoirs que lui confèrent la constitution, la réponse semble être affirmative : d'abord en vertu de la jurisprudence antérieure qui reconnait la compétence de l'État fédéral toutes les fois qu'il n'y a pas de législation en matière de pollution : qu'elle soit marine ou atmosphérique. Ensuite, parce que chaque fois que ce type de pollution transcende le seul territoire de la province et s'étend au reste du Canada, la compétence des fédéraux est reconnue. À la question de savoir si le dispositif fédéral doit être annulé et revu parce que prévoyant trop d'exemptions pour les entreprises polluantes, contrevenant ainsi au principe de justice fiscale, la réponse mérite d'être nuancée mais surtout évaluée en profondeur.

Paragraphe 2 - Un instrument fiscal se démarquant par sa capacité à lever des recettes budgétaires

323. La taxe carbone n'est pas le seul instrument de lutte en matière de décarbonation de la couche d'ozone. Il est aussi question d'utiliser d'autres instruments fiscaux comme les exonérations de TVA sur les voitures électriques (I). Mais si elle est aussi plébiscitée, c'est grâce à sa capacité à lever des recettes budgétaires, bien que très souvent en concurrence avec d'autres instruments fiscaux similaires comme la charge réglementaire (II).

I - L'existence d'une panoplie de mesures pour lutter contre la pollution

324. La première taxe carbone a vu le jour en Finlande en 1990, selon l'OCDE, pour qui il existe plusieurs moyens, outre cette taxe, d'influer sur le comportement des consommateurs en matière environnementale[15]. L'Organisation évoque à ce titre les charges réglementaires, prévues en vertu

---

[15] OCDE, « Policy Instruments for the Environment », *OCDE-Better Policies for Better life*, 2 November 2017, page 1-15. Consultable à l'adresse: file:///P:/Policy%20instruments%20for%20the%20environnement%20OECD%202017.pdf

d'un règlement, pour influer les comportements du consommateur comme le rappelle la Cour d'appel de l'Ontario[16], les marchés de Carbone, qui visent à échanger sur un marché des droits de pollution, les systèmes de dépôt-remboursement qui imposent un supplément sur le prix des produits potentiellement polluants. Lorsque la pollution est évitée, en renvoyant les produits ou leurs résidus, le supplément est remboursé. Un autre instrument fiscal d'incitation à des comportements écologiques reste celui des subventions qui peuvent consister en des exonérations de TVA sur les voitures électriques, des tarifs de rachat pour la production d'énergie renouvelable, des crédits d'impôt pour investissements liés à la protection de l'environnement ou un octroi de fonds publics pour des projets de protection de la nature, enfin il convient de citer, toujours selon l'OCDE, les approches volontaires qui ne sont pas considérées comme des instruments économiques stricto sensu mais comme des engagements de la part des entreprises de réduire leurs émissions de Gaz à effet de serre moyennant une contrepartie fiscale, par exemple des exemptions fiscales si elles atteignent certains objectifs environnementaux. Une sanction peut s'appliquer en cas d'échec.

325. Par rapport aux autres instruments de lutte contre le réchauffement climatique comme l'adoption de règlements[17], le marché d'échanges de droit d'émissions de gaz à effet de Serre, les systèmes de dépôt remboursement, les subventions, les approches volontaires, seule la taxe carbone permet de lever des fonds de manière substantielle sans appauvrir l'État[18]. Très souvent en concurrence contre le marché d'émissions de gaz à effet de serre, la taxe carbone offre l'avantage d'offrir des rentrées de fonds plus prévisibles et moins volatiles que le système de plafonnement et d'échanges largement tributaire de la hausse et de la baisse des droits de pollution qui se négocient sur les différents marchés européens ou californiens[19]. La doctrine américaine

---

[16] Reference re Greenhouse Gas Pollution Pricing Act, 2019 ONCA 544 (CanLII), <http://canlii.ca/t/j16w0>, retrieved on 2019-11-29, page 55, paragraphe 145.

[17] La réduction des émissions de gaz à effet de serre par une approche basée sur la taxe carbone est plus efficace que la réglementation à cause des risques de contournement de celle-ci, de fraude avec les fonctionnaires pour en éviter l'application, de manque d'option alternative pour réduire la consommation d'énergies polluantes ou de manque de financement pour substituer les polluants par l'énergie propre et verte : The Washington Post, « A compelling case for a carbon tax », *The Washington Post*, Oct. 20, 2019.

[18] OCDE, « Policy Instruments for the Environment », *OCDE-Better Policies for Better life*, 2 November 2017, page 1-15. Consultable à l'adresse: file:///P:/Policy%20instruments%20for%20the%20environnement%20OECD%202017.pdf

[19] N. Kaufman, "Carbon Tax vs. Cap-and-Trade: What's a Better Policy to Cut Emissions ?" *World Resources Institute*, March 01, 2016 consultable à l'adresse https://www.wri.org/blog/2016/03/carbon-tax-vs-cap-and-trade-what-s-better-policy-cut-emissions

reconnait cependant qu'un cumul des ressources est nécessaire pour pouvoir arriver à financer la transition écologique[20].

II - Les critères de distinction entre la taxe carbone et la charge réglementaire

326. S'il est vrai que la taxe carbone est plébiscitée par sa capacité à lever les recettes budgétaires pour financer la transition écologique, elle est souvent confondue avec la charge réglementaire, dont elle partage bon nombre de caractéristiques. La Cour d'appel de l'Ontario l'évoque de fort belle manière lorsqu'elle avance que « la loi établit une distinction entre les taxes et les redevances réglementaires. Les deux typiquement ont des caractéristiques communes… Le trait distinctif est le but premier de la taxe. Si elle est imposée principalement à des fins réglementaires ou comme accessoire nécessaire à une réglementation pour un régime plus large, il s'agit d'une charge réglementaire. » Par déduction, il est possible d'affirmer que la charge réglementaire est une sorte de sanction fiscale visant à dissuader certains comportements par la mise en place de pénalités financières, lesquelles serviront à entretenir les charges publiques. En revanche, la taxe n'a pas été instituée comme sanction, au départ, mais comme moyen de prélever les recettes nécessaires à l'entretien de ces mêmes charges publiques. « S'il est imposé principalement pour générer des revenus à des fins fiscales, il s'agit d'une taxe. Depuis que certains prélèvements ont des aspects à la fois de taxe et de règlement, le tribunal doit examiner l'objectif principal de la taxe, en opposition à ses effets secondaires, afin de déterminer sa véritable nature »[21].

327. L'arrêt confédération des syndicats nationaux note à ce titre que la différence entre une taxe et une charge règlementaire peut se faire en tentant d'évaluer d'abord si les montants prélevés sont excessifs vis-à-vis des besoins de la règlementation et si les montants prélevés sont entièrement affectés aux besoins ayant conduit à l'adoption du règlement. Si les montants du prélèvement sont disproportionnés, alors on se rapproche plus de la taxe que de la redevance. Si les montants prélevés sont proportionnels, alors on se rapproche de la redevance : « la perception des revenus doit demeurer liée à la réglementation ou posséder, en elle-même, un objectif de réglementation destiné à influencer le comportement des personnes touchées. Comme le note

[20] R. Cleetus, "Finding common ground in the debate between carbon tax and cap-and-trade policies", *Bulletin of the Atomic Scientists*, Volume 67, issue 1, page(s): 19-27, Article first published online: October 13, 2016 ; Issue published: January 1, 2011.

[21] Reference re Greenhouse Gas Pollution Pricing Act, 2019 ONCA 544 (CanLII), <http://canlii.ca/t/j16w0>, retrieved on 2019-11-29, page 55, paragraphe 145 et s.

l'arrêt Connaught, l'accumulation de surplus excessifs peut devenir un indice que le prélèvement constitue une taxe et non une redevance réglementaire »[22].

328. Il en résulte deux critères pour différencier la charge réglementaire de la taxe. Le premier, c'est que les recettes prélevées doivent être affectées au règlement ou à la raison pour laquelle il a été adopté et le second, c'est que les recettes doivent être proportionnées aux besoins ayant présidé à l'adoption du règlement. Si les recettes ne sont pas allouées au règlement, alors il ne s'agit plus de charges règlementaires ou de redevances réglementaires mais de taxes. Si les recettes, quand bien même allouées au règlement sont manifestement disproportionnées par rapport aux besoins de ce dernier, on sort de la charge réglementaire et on se rapproche de la taxe. La jurisprudence rappelle cependant qu'il s'agit d'un critère souple de différenciation entre le règlement et la charge et que le critère le plus important est l'affectation des recettes prélevées au règlement : « cependant, ce critère demeure souple et la qualification d'un prélèvement comme charge réglementaire ne dépend pas principalement de l'absence de surplus ni de leur montant. Elle relève primordialement de l'affectation des prélèvements ou d'une partie substantielle de ceux-ci à l'activité réglementée »[23].

329. En sus de la méthode de distinction entre la charge réglementaire et la taxe, la jurisprudence fournit un faisceau d'indices sur la manière de reconnaitre une charge réglementaire. Il faut dans un premier temps rechercher et identifier un régime réglementaire. Il faut, une fois l'identification de ce régime établie, que les redevances soient affectées au régime réglementaire. L'identification d'un tel type de régime s'opère comme suit : « un code de réglementation complet et détaillé, (2) un objectif de réglementation qui cherche à influencer un comportement, (3) l'existence de couts réels ou estimés liés à la réglementation et (4) un rapport entre celle-ci et la personne qui en bénéficie ou qui l'a rendue nécessaire »[24].

Section 2 - La taxe carbone : un instrument perfectible

330. Les solutions aux problèmes de la taxe carbone ont été brièvement évoquées par une partie de la doctrine économique française. Elles vont du renforcement du principe pollueur-payeur, en passant par l'harmonisation des taux de la taxe carbone à l'échelle nationale et internationale, sans oublier le

---

[22] 2008 SCC 68 (CanLII), page 543:
https://www.canlii.org/en/ca/scc/doc/2008/2008scc68/2008scc68.pdf
[23] 2008 SCC 68 (CanLII), page 543
(https://www.canlii.org/en/ca/scc/doc/2008/2008scc68/2008scc68.pdf
[24] 2008 SCC 68 (CanLII), page 543 :
https://www.canlii.org/en/ca/scc/doc/2008/2008scc68/2008scc68.pdf.

renforcement de la transparence, c'est-à-dire, non seulement affecter les recettes de la taxe carbone à la population mais aussi adopter un schéma d'information trimestriel et continu de l'utilisation des recettes de cette taxe. Le salut est à ce prix[25]. En définitive, la grosse difficulté de l'application d'une taxe carbone reste celle de la compétitivité des entreprises. Seule une harmonisation pourrait permettre de résoudre le problème de la compétitivité. On peut aisément comprendre que pour arriver à un tel résultat, l'harmonisation soit nécessaire, à défaut le risque est grand de voir des entreprises appliquer la taxe et d'autres non, ce qui constitue un désavantage concurrentiel. Le problème pourrait venir du fait qu'un État peut appliquer la même taxe aux entreprises étrangères qui ne la paient pas dans leur pays. Le risque de délocalisation est cependant réel, ce qui fera perdre au pays en question son potentiel de création d'emplois. S'agissant de l'OCDE, l'article 16 de la déclaration de Rio commande que les règles pollueurs-payeurs ne doivent pas faire obstacle au principe de la libre circulation des marchandises[26]. Dans la pratique, l'Organisation mondiale du Commerce accepte une entorse au principe de libre circulation des marchandises chaque fois que la protection de l'environnement le justifie. La jurisprudence de l'OMC fournit à ce titre des exemples permettant de conclure que la taxe carbone a encore de beaux jours devant elle[27].

Paragraphe 1 - La nécessité d'aboutir à une plus grande justice fiscale dans l'application des principes de la taxe carbone

331. « Je doute que le gaz carbonique d'origine anthropique soit, dans un système aussi complexe que l'atmosphère, l'unique responsable du changement climatique »[28] disait Claude Allègre. Il s'agit d'identifier les pollueurs : il est question de justice fiscale : on entre davantage dans le domaine des principes que des mécanismes d'une taxe carbone juste. Les deux vont de pair cependant et la théorie doit accompagner la pratique. À ce titre, il convient de saluer les efforts entrepris par les pays d'Afrique, souvent considérés comme les dépotoirs des produits polluants en provenance des pays

---

[25] M. Chiroleu-Assouline, « La Fiscalité environnementale en France peut-elle devenir réellement écologique ?, État des lieux et conditions d'acceptabilité », *Revue de l'OFCE*, mars 2015, n° 139, page 161.
[26] Ch. Colette, « L'action internationale contre les changements climatiques : perspectives de l'après-Kyoto. », *Études internationales*, volume 39, numéro 2, juin 2008, p. 229–253. https://doi.org/10.7202/019193ar
[27] J. P. Trachtman, « WTO Law Constraints on Border Tax Adjustment and Tax Credit Mechanisms to Reduce the Competitive Effects of Carbon Taxes », R*esources for the Future Discussion Paper 16-03*, January 25, 2016, Available at SSRN: https://ssrn.com/abstract=2738752 or http://dx.doi.org/10.2139/ssrn.2738752
[28] Cl. Allègre, *Ma vérité sur la planète*, édition Plon, 2007, chap. 6, p. 56 (ebook), 89 (papier).

industrialisés. Parce que la concentration de CO2, responsable de l'accélération du réchauffement climatique s'effectue dans l'atmosphère, la lutte contre la pollution devient un problème mondial. Par conséquent, les pays les plus pauvres sont aussi concernés par ce mouvement. Dans la littérature concernant les mesures mises en place pour réduire les émissions de gaz à effet de serre, l'Afrique du Sud figure parmi les pays d'Afrique les plus cités en exemple pour réduire ces émissions[29], grâce à sa très grande capacité à intégrer les problèmes et solutions suggérés par les pays pionniers en matière de lutte contre le changement climatique. En somme, il est question d'appliquer cette taxe dans les secteurs à haute intensité énergétique comme le transport et le charbon, avec un possible impact sur l'activité économique, c'est-à-dire, un risque d'entrainer une réduction d'activité et plus de chômage. Il est dès lors important de compenser de telles pertes en réinvestissant les recettes de la taxe carbone dans les énergies renouvelables, la création de bornes de recharges électriques et les transports publics : ce qui permettra de créer des emplois et de redéployer le personnel affecté par la taxe carbone à ces nouvelles entreprises plus écologiques et subventionnées grâce aux recettes de cette même taxe. Mais avant que la pratique ne soit un support à la théorie, la réflexion commande d'identifier principes fiscaux et pollueurs afin d'arriver à de plus grands impératifs de justice fiscale. Cette question centrale de la justice conduit à pousser les réflexions au-delà du simple cadre national. Il est de plus en plus question d'une taxe carbone communautaire, à l'image de la TVA européenne, pour qu'il n'y ait plus de disparité de concurrence entre les entreprises qui s'acquittent de cette taxe et celles qui ne la paient pas.

---

[29] S. Devarajan, World Bank eLibrary - York University, and World Bank. *Tax Policy to Reduce Carbon Emissions in South Africa*, Washington, D.C., World Bank, 2009. En somme les auteurs font remarquer : «notant que l'Afrique du Sud pourrait être l'un des rares pays africains à pouvoir contribuer à atténuer les effets du changement climatique, les auteurs examinent l'impact d'une taxe sur le carbone par rapport aux taxes sur les énergies alternatives sur le bien-être économique. En utilisant un modèle désagrégé d'équilibre général de l'économie sud-africaine, ils capturent les caractéristiques structurelles du secteur de l'énergie, établissant un lien entre une offre de fournisseurs fortement axée sur le charbon et l'utilisation de l'énergie par différents secteurs et, partant, leur teneur en carbone. Les auteurs envisagent une taxe "pure" sur le carbone ainsi que diverses taxes indirectes telles que celles sur les secteurs à forte intensité énergétique tels que les transports et les métaux de base, qui permettent tous d'atteindre le même niveau de réduction de carbone. En général, plus la taxe est ciblée sur les émissions de carbone, meilleurs sont les résultats en termes de bien-être. Si une taxe sur le carbone est réalisable, le coût marginal de réduction de celui-ci sera considérablement réduit comparé à d'autres instruments fiscaux. Si une taxe sur le carbone n'est pas réalisable, une taxe sur les ventes d'énergie est la deuxième meilleure option. De plus, les distorsions du marché du travail, telles que la segmentation du marché du travail ou le chômage, vont probablement dominer les implications d'une taxe sur le carbone pour le bien-être et l'équité en Afrique du Sud. Cela étant, si l'Afrique du Sud était en mesure d'éliminer certaines des distorsions du marché du travail, le coût de la taxation du carbone serait négligeable. En bref, la discussion sur la taxation du carbone en Afrique du Sud peut se concentrer sur des considérations autres que les coûts du bien-être économique, qui sont probablement assez bas ».

C'est en cela que la théorie de la TVA pourrait en inspirer d'autres : transposer son modèle vers celui de la taxe carbone.

I - Le maintien des mécanismes de la taxe carbone par une surveillance des principes de justice fiscale

332. « Un impôt exagéré détruit la base sur laquelle il porte ; il la détruit, soit qu'il soit assis sur des objets de nécessité, ou bien sur des objets de luxe : avec cette seule différence que sur ces derniers il supprime, avec une portion de la matière imposable, la jouissance qui pouvait résulter de sa consommation ; et qu'assis sur des objets indispensables, il supprime le contribuable en même temps que la consommation »[30]. C'est sans doute ce qui décrit le mieux le fossé séparant les objectifs noblement affirmés de la taxe carbone à la réalité peu enviable à laquelle elle est confrontée en France. Et les commentaires sur la situation qu'elle a engendrée vont bon train. Un « habitus de classe, éloigné des milieux populaires », un « président des riches », un « niveau de violence du côté des manifestants et du côté de la police difficile à évaluer », un « mouvement des Gilets jaunes qui confirme, selon des paramètres peu vus auparavant, la fracture sociale en France », une « fracture territoriale, révélant la différence entre les espaces urbains bénéficiant encore de nombreux avantages, et les espaces ruraux qui cumulent au contraire les désavantages », il n'en fallait pas plus à la Revue Esprit pour mettre en évidence l'État d'une France dont elle semble tenir Emmanuel Macron pour largement responsable de sa crise[31].

333. Introduite en 2014, la Contribution Climat-Énergie, aussi appelée CCE, est une « accise appliquée au contenu en CO2 des énergies ». Elle est appliquée à la taxe intérieure de consommation sur les produits énergétiques (TICPE) – anciennement dénommée taxe intérieure de consommation sur les produits pétroliers (TIPP). Elle « porte sur les produits pétroliers lorsqu'ils sont destinés à être utilisés en tant que carburant ou combustible de chauffage »[32]. Les gros pollueurs comme le secteur routier et le secteur du transport aérien en sont exonérés pour des questions de rentabilité. Cette exonération représente 3,6 milliards d'euros dans l'aviation commerciale et

---

[30] J.-B. Say, *Traité d'économie politique ou simple exposition de la manière dont se forment, se distribuent et se consomment les richesses*, 6e édition, publiée par Horace Say, Paris 1841, page 508 et s.

[31] Editorial, « Lectures d'une crise », *Editions esprit*, mars 2019, pages 5 à 8.

[32] Bercy Infos, « La taxe intérieure de consommation sur les produits énergétiques (TICPE)», *Ministère de l'économie, des finances et de la relance, Impôt sur le revenu*, 19/11/2019, consultable sur le site internet https://www.economie.gouv.fr/entreprises/taxe-interieure-consommation-sur-produits-energetiques-ticpe#

1,5 milliard d'euros en 2019 pour les transporteurs routiers[33]. Elle pèse à hauteur de 60 % sur les ménages et 40 % sur les entreprises. C'est son passage de 44,6 euros la tonne de CO2 à 50 euros en 2018, qui provoque la grève des gilets jaunes et son gel par le gouvernement français pour des motifs de justice fiscale[34]. Ces derniers sont largement exposés dans la note du conseil d'analyse économique qui souligne que « plus les ménages sont pauvres, plus leur taux d'effort est lourd : près de 1 % du revenu disponible pour les 10 % de ménages les plus pauvres contre 0,3 % pour les 10 % les plus riches ». S'il faut ajouter à cela les exonérations du secteur des transports, il est aisé de comprendre que les gilets jaunes se soient vite considérés comme les laissés-pour-compte de la fiscalité écologique[35].

334. Et pourtant, la Revue Esprit souligne dans les premières pages consacrées à l'article que le président français a déployé quelques mesures pour calmer la grogne populaire : « dès novembre, les Gilets jaunes avaient pourtant obtenu d'importantes satisfactions par rapport à leurs exigences initiales : annulation dans le budget 2019 de la hausse de la taxe carbone et du gazole non routier (Gnr) ; hausse de la prime d'activité ; exonération élargie de la Csg pour les retraités ; prime exceptionnelle pouvant aller jusqu'à 1000 € versée avant fin mars aux salariés gagnant jusqu'à 3600 € ; heures supplémentaires défiscalisées »[36]. C'est dire à quel point la paix sociale durable en France est un labeur de tous les jours et bien que les réflexions et les suggestions aient foisonné lors de l'organisation des assises organisées par le même président français, l'unanimité n'est pas au rendez-vous puisque les rédacteurs de la revue font remarquer que les jeunes et les actifs y étaient absents. Déni ou désintérêt ? Quelle est la part d'implication des jeunes dans la politique de façon générale ? Y croient-ils encore ? Combien au demeurant continuent de penser que le rôle de la taxe carbone consiste vraiment à faire baisser les émissions de gaz à effet de serre ? Recyclée et retoquée à plusieurs reprises y compris par les plus hautes instances judiciaires de ce pays, la taxe carbone est arrivée sur les fonts baptismaux en ayant contre elle l'amère expérience des échecs précédents. Les épisodes de violence qui ont suivi, peu importe qu'ils soient verbaux ou physiques, ont été l'occasion pour une partie importante de la communauté française d'exprimer son mécontentement face à une politique fiscale dont la suppression de l'ISF au détriment de la hausse de la CSG pour les ainés a fini de parachever l'idée que le président français se souciait très peu de la classe moyenne[37]. Il faut donc les moyens financiers

[33] D. Bureau, F. Henriet, K. Schubert,, « Pour le climat: une taxe juste, pas juste une taxe », *Conseil d'analyse économique*, 2019/2, n° 50, page 6.
[34] D. Bureau, F. Henriet, K. Schubert,, « Pour le climat: une taxe juste, pas juste une taxe », *Conseil d'analyse économique*, 2019/2, n° 50, page 6.
[35] D. Bureau, F. Henriet, K. Schubert,, « Pour le climat: une taxe juste, pas juste une taxe », *Conseil d'analyse économique*, 2019/2, n° 50, page 3.
[36] Editorial, « Lectures d'une crise », *Editions esprit*, mars 2019, pages 5 à 8.
[37] Editorial, « Lectures d'une crise », *Editions esprit*, mars 2019, pages 5 à 8.

de contenter une France mécontente mais la taxe carbone n'a pas vocation à réparer toutes les erreurs fiscales, si erreurs il y a, de l'actuel gouvernement. En attendant, les objectifs de réduction des émissions de gaz à effet de serre doivent être atteints et la lutte contre le changement climatique se poursuivre en se concentrant sur les solutions suggérées par les spécialistes : maintenir la taxe carbone, la hausser progressivement, investir les recettes dans le financement des énergies propres, avoir bien en vue la budgétisation axée sur la performance énergétique, baisser les charges salariales pour permettre une hausse des salaires, donner aux contribuables un chèque vert sous forme de remboursement d'impôt, prendre en compte les familles vivant en situation de précarité énergétique ainsi que les zones éloignées et abandonnées des services publics de proximité : celles qui ne sont pas desservies par les transports publics pour des impératifs de rentabilité. La note du conseil économique explique ainsi qu'au sein des ménages, certains supportent un fardeau de la taxe carbone plus important que d'autres du fait de la nature des équipements utilisés, par exemple chauffage au fioul, au gaz ou chauffage électrique et du fait de la localisation géographique : ménages ruraux versus ménages de l'agglomération parisienne. Pour résoudre cette injustice, la note du conseil d'analyse économique suggère de « redistribuer l'intégralité des nouvelles recettes de la taxe carbone supportée par les ménages avec des transferts décroissants avec les revenus et prenant en compte les disparités géographiques. En accompagnement, mettre en place des dispositifs d'aide à la conversion des équipements les plus polluants, ciblés sur les ménages les plus vulnérables ». De plus, il faudra protéger les ménages les plus vulnérables et donc les plus exposés à la variation du pétrole en proposant un mécanisme de couverture spécifique[38].

II - La mise en place d'une taxe carbone internationale : garantie du renforcement du principe pollueur-payeur

335. Les exemptions offertes par le gouvernement français aux secteurs des transports routiers ou encore aériens représentent une masse financière importante qui, lorsque comparées aux efforts demandés à la classe moyenne et pauvre sur leur budget-énergie, finissent par parachever l'idée d'une politique climatique injuste, voire d'une taxe à deux vitesses. Il est question de 3,6 milliards d'euros dans l'aviation commerciale et 1,5 milliard d'euros en 2019 pour les transporteurs routiers[39]. Il faut cependant protéger le tissu économique français ainsi que la compétitivité des entreprises qu'une taxe sur

[38] D. Bureau, F. Henriet, K. Schubert, « Pour le climat: une taxe juste, pas juste une taxe », *Conseil d'analyse économique*, 2019/2, n° 50, page 6 à 9.

[39] D. Bureau, F. Henriet, K. Schubert, « Pour le climat: une taxe juste, pas juste une taxe », *Conseil d'analyse économique*, 2019/2, n° 50, page 6.

le carbone mettra sérieusement à mal. La presse locale estime qu'une taxation du Kérosène en France pourrait coûter 3 à 4000 emplois et près de 450 millions d'euros à l'aviation marchande. Jusqu'à ce jour, ces compagnies étaient exonérées de TVA et de Taxe Intérieure sur la Consommation des Produits Intérieurs[40]. Pour sortir de cette impasse, cercle vicieux que ne cesse de rappeler un mouvement des gilets jaunes exacerbés par l'injustice fiscale résultant de l'exonération des plus gros pollueurs, il faut aboutir à une taxe carbone européenne, voire mondialisée, de sorte qu'aucune entreprise n'obtienne un avantage compétitif à ne pas s'acquitter de cette taxe. C'est ainsi que certains économistes ont évoqué l'idée d'une TCA, Taxe sur le Carbone ajoutée, à l'image de la TVA, Taxe sur la Valeur Ajoutée, permettant de frapper les émissions de GES aux importations[41]. Les mérites d'une telle taxe sont nombreux. Selon certains économistes, il existe au niveau européen un marché du Carbone dont l'objectif est de réduire les émissions de gaz à effet de serre en provenance du secteur industriel et l'aviation est concernée par cette taxe[42]. En mettant en place la taxe européenne, fonctionnant à l'image de la Taxe sur la Valeur Ajoutée pour tout produit importé, l'Union européenne se doterait d'un outil permettant de réduire les émissions de GES pour les produits fabriqués à l'étranger qui n'appliquent pas la taxe carbone. Elle protégerait la compétitivité de ses entreprises dans le secteur aérien qui font déjà partie du marché du carbone donc soumises à des quotas d'émissions de Gaz à Effet de Serre, enfin, et sans doute le plus important, les revenus issus de la taxe sur le carbone ajoutée permettrait de financer la politique climatique en augmentant le budget du fonds européen d'investissement stratégique

---

[40] Le Figaro, « La taxation du kérosène menacerait 3 à 4000 emplois en France », *Le Figaro*, 4 juin 2019 consultable à l'adresse https://www.lefigaro.fr/flash-eco/la-taxation-du-kerosene-menacerait-3-a-4000-emplois-en-france-20190604

[41] E. Laurent, J. Le Cacheux. « Carbone sans frontières. Quelles solutions fiscales face aux émissions importées ? », *Revue de l'OFCE*, vol. 122, n°. 3, 2012, pp. 83-98.

[42] Par ailleurs, le site de l'Union européenne portant sur le Système d'échange de quotas d'émission rappelle que « le système couvre les secteurs et les gaz suivants, en mettant l'accent sur les émissions qui peuvent être mesurées, déclarées et vérifiées avec une grande précision: dioxyde de carbone (CO2) provenant: de la production d'électricité et de chaleur ; des secteurs industriels à forte intensité énergétique, notamment les raffineries de pétrole, les aciéries et la production de fer, d'aluminium, de métaux, de ciment, de chaux, de verre, de céramique, de pâte à papier, de papier, de carton, d'acides et de produits chimiques organiques en vrac ; de l'aviation commerciale ; protoxyde d'azote (N2O) issu de la production d'acide nitrique, d'acide adipique, de glyoxal et d'acide glyoxylique ; hydrocarbures perfluorés (PFC) issus de la production d'aluminium. » Il est dès lors aisé de comprendre la part croissante que ces énergies occupent dans l'économie et les difficultés de les remplacer en intégralité. « La participation au SEQE-UE est obligatoire pour les entreprises de ces secteurs », comme l'explique l'auteur « mais: dans certains secteurs, seules les installations d'une certaine taille sont concernées ; certaines petites installations peuvent être exclues si les pouvoirs publics mettent en place des mesures fiscales ou autres qui permettent de réduire leurs émissions dans les mêmes proportions ; dans le secteur de l'aviation, jusqu'au 31 décembre 2023, le SEQE-UE ne couvrira que les vols entre aéroports situés dans l'Espace économique européen (EEE) » : https://ec.europa.eu/clima/policies/ets_fr

(EFSI) qui doit atteindre un objectif de 500 milliards d'euros pour financer l'ensemble des projets liés à la transition écologique : « un déploiement réussi des énergies renouvelables nécessite un haut niveau d'intégration pour surmonter les difficultés liées à l'intermittence. Des stratégies opposées peuvent avoir des effets négatifs, ralentir la tendance actuelle des investissements dans les capacités renouvelables et empêcher ainsi l'UE de respecter les engagements déterminés par ses États membres au niveau national (Intended Nationally Determined Contributions, IND »[43]. L'expérience prouve qu'une coordination efficace entre les pays européens peut permettre de réguler et de contrôler les émissions de Gaz à Effet de Serre en provenance des pays externes. L'exemple de la stratégie développée par l'OPEP, l'Organisation des Pays Exportateurs de Pétrole en est une parfaite illustration. Unifier les politiques pétrolières, stabiliser les marchés pour assurer un approvisionnement régulier aux consommateurs de pétrole : telle est la mission de l'OPEP[44] qui, grâce à ses politiques de coordination, « a multiplié par quatre le prix du pétrole brut depuis 2002, réduisant ainsi la demande mondiale. La production mondiale de pétrole brut est stable depuis 2005 et l'une des principales sources d'émission de carbone a été limitée. Ce plateau de production s'est maintenu en dépit d'une demande considérablement accrue de la Chine, de l'Inde et d'autres pays en développement »[45]. Plus le prix des énergies polluantes monte plus la demande baisse. Ce qui conforte la théorie selon laquelle la taxe carbone est le meilleur moyen de faire baisser la consommation de carburant tout en récoltant les revenus nécessaires au financement de la transition écologique. Les pays scandinaves comme la Suède en sont les pionniers et proposent, si l'on en croit les suggestions faites par Mats Persson, conseiller de l'ancien premier ministre David Cameron, de mettre en place une taxe mondiale qui pèserait sur les producteurs et les consommateurs de pétrole. Une telle taxe permettrait de calmer la révolte des gilets jaunes et d'apaiser le sentiment d'injustice fiscale qui anime le mouvement[46].

336. De plus, l'Organisation mondiale du Commerce, en son article XX, paragraphe b, et g, offre la possibilité aux États membres de prendre les mesures nécessaires à la protection de « la santé et la vie des personnes et des animaux ou à la préservation des végétaux », ainsi que celles se rapportant à

---

[43] G. L. Rivera, et al. « Construire une politique énergétique et climatique européenne cohérente », *Revue de l'OFCE*, vol. 158, n°. 4, 2018, pp. 383-401.

[44] Voir le site internet suivant : https://www.opec.org/opec_web/en/about_us/23.htm

[45] A. Cavallo, « Elephant in the room: How OPEC sets oil prices and limits carbon emissions », *Bulletin of the Atomic Scientists*, Volume: 69 issue: 4, page(s): 18-29, Article first published online: November 4, 2016 ; Issue published: July 1, 2013.

[46] B. Couturier, « Taxe carbone: un prélèvement au niveau mondial ? », France Culture, Emissions, Le Tour du monde des idées, 09/05/2019, consultable sur le site de France Culture au https://www.franceculture.fr/emissions/le-tour-du-monde-des-idees/le-tour-du-monde-des-idees-du-jeudi-09-mai-2019

« la conservation des ressources naturelles épuisables »[47]. Ainsi que le rappelle le Sénat français, certaines conditions s'appliquent avant que la mesure restrictive ne puisse être acceptée. Il existe une bonne adéquation entre les moyens et l'objectif environnemental affiché, la mesure est impartiale, c'est-à-dire qu'elle s'applique aussi bien aux importations qu'aux exportations, elle ne constitue pas une discrimination déguisée, c'est-à-dire qu'elle est appliquée de bonne foi. En somme, « la justification de la discrimination doit avoir un lien avec l'objectif déclaré de la mesure en question »[48]. Ainsi que le note l'Organisation mondiale du Commerce, « dans l'affaire États-Unis — Essence, les États-Unis avaient adopté une mesure réglementant la composition de l'essence et ses effets en matière d'émissions afin de réduire la pollution de l'air dans ce pays. L'Organe d'appel a constaté que la mesure choisie « visait principalement » l'objectif général de conservation de l'air pur aux États-Unis et relevait en conséquence de l'article XX g). Quant à la deuxième prescription du paragraphe g), l'Organe d'appel a décidé que la mesure satisfaisait à l'obligation d'impartialité, car elle concernait à la fois les produits importés et les produits d'origine nationale ». Les exceptions aux règles de l'OMC, notamment celles interdisant les discriminations, sont justifiées à partir du moment où la protection de l'environnement est en cause et que les sanctions s'appliquent aussi bien à la production locale que celle qui a été importée. C'est ce qui s'est passé dans l'affaire États-Unis-Crevettes. La loi américaine protège les tortues parce qu'elles figurent parmi les espèces menacées de disparition. Au nom de cette protection, les crevettes pêchées au moyen de technologie susceptible de nuire à ces tortues sont interdites aux États-Unis à moins de prouver que le pays exportateur a un taux accidentel de pêche de tortue comparable à celui des États-Unis. Les crevettiers nationaux avaient l'obligation d'installer sur leurs filets, des dispositifs d'exclusion des tortues[49]. Constante dans sa jurisprudence, l'organe d'appel a décidé, dans cette affaire, que « la structure et la conception générales de la mesure en question étaient "assez étroitement définies" et qu'il ne s'agissait pas d'une simple interdiction générale de l'importation des crevettes imposée au mépris des conséquences sur les tortues marines ». En somme, « l'Organe d'appel de l'OMC a estimé qu'il existait un lien suffisant entre les populations de tortues marines migratrices (notamment aux États-Unis) et menacées d'extinction considérées et les États-Unis pour que l'article XX g trouve à s'appliquer ». L'organisation mondiale du commerce ouvre ainsi la voie à la protection de

---

[47] Voir le site internet suivant : https://www.wto.org/french/tratop_f/envir_f/envt_rules_exceptions_f.htm

[48] F. Keller, « En attendant la taxe carbone... Enjeux et outils de la réduction des émissions de CO2 », *Rapport d'information* n°543, 8 juillet 2009, 260 pages, consutable sur le site internet suivant : https://www.senat.fr/rap/r08-543/r08-54360.html

[49] OMC, 6 novembre 1998, Différends n° 58 (et 61), Inde etc. / Contre États-Unis, Prohibition à l'importation de certaines crevettes et de certains produits à base de crevettes, consultable sur le site internet : https://www.wto.org/french/tratop_f/envir_f/edis08_f.htm

l'environnement par la taxe carbone, à condition de respecter les exigences en matière de restrictions énumérées précédemment. Les propositions fusionnent et ne manquent pas. Leur mise en œuvre reste cependant lourdement compromise et parmi les contraintes évoquées figurent la nécessité de maintenir les entreprises sur le territoire car d'elles dépendent l'emploi et la croissance économique. Il est aussi question des pots-de-vin obtenus par les fonctionnaires en charge du contrôle du respect des engagements pris par ces pays.

Paragraphe 2 - L'impératif de transparence budgétaire dans l'affectation des recettes de la taxe carbone

337. La simplification de l'information et les efforts de pédagogie apparaissent comme vitaux dans le long processus qui mène à l'acceptabilité de la taxe carbone. Plusieurs spécialistes ont en effet souligné l'opacité budgétaire qui entoure les conditions de la répartition des recettes de la taxe carbone (I). Mais parce qu'il s'agit d'inciter, voire d'obliger les États à communiquer régulièrement sur les finances affectant cette taxe, la sanction devient parfois nécessaire. Plusieurs types de sanctions peuvent alors être imaginés comme le retrait de la cotation sur un marché de carbone (II).

I - La simplification du dispositif fiscal pour le rendre plus intelligible

338. Pour arriver à redonner à la taxe carbone plus de légitimité fiscale, particulièrement dans les pays comme la France connaissant des problèmes de confiance du public dans la conduite des finances de l'État, en atteste la grève des gilets jaunes, il est impératif de simplifier le dispositif fiscal de la taxe carbone de sorte à le rendre plus intelligible et de renforcer la communication sur l'utilisation des recettes. L'IDDRI, l'Institut de Développement Durable et des Relations Internationales fait remarquer à juste titre que : « les modalités de ce nouvel instrument fiscal étaient peu intelligibles du grand public et d'une partie du personnel politique... par exemple, la compensation pour les ménages a suscité la confusion et la suspicion de l'opinion ; de plus, les critères de redistribution retenus –composition des ménages et lieu de résidence– ont fait apparaître des situations incohérentes qui ont suscité des débats insolubles sur l'équité, à l'origine de la saisine du Conseil constitutionnel par les parlementaires socialistes »[50]. Le même constat prévaut

[50] C.-A. Sénit, « La taxe carbone, vouée à l'échec ? », *Institut du développement durable et des relations internationales*, 22 décembre 2011 consultable à l'adresse: https://www.iddri.org/fr/publications-et-evenements/tribune/la-taxe-carbone-vouee-lechec

chez les économistes de l'université Paris-Panthéon Sorbonne, lorsque Mireille Chiroleu-Assouline affirme que « la réussite de la réforme et son acceptation par les contribuables sont conditionnées par le mécanisme de redistribution associé, les efforts de pédagogie et d'information, la transparence mais aussi, paradoxalement, par l'audace des mesures prises ». Il y est encore question de transparence, un credo répété sans relâche par la communauté des économistes, comme une foi inébranlable à un modèle de taxe carbone largement compromis par des problèmes d'indexation budgétaire. Selon Nicolas Hulot, cité par Marjorie Cessac, les recettes de la taxe carbone devraient atteindre plus de « 12 milliards en 2019, sur lesquels 2,5 milliards environ sont allés au financement du compte d'affectation spéciale, le reste n'étant pas fléché »[51]. C'est donc près de 9,5 milliards d'euros qui demeurent dans l'opacité budgétaire, de quoi inquiéter les contribuables.

339. L'Usine nouvelle et Dalkia du groupe EDF ont réalisé une enquête en ligne auprès de 210 décideurs de l'industrie, c'est-à-dire, des chefs d'entreprise, des directeurs administratifs et financiers, sur la transition écologique. Si l'enquête révèle que pour 70 % d'entre eux, la transition écologique est nécessaire, il n'en demeure pas moins qu'elle reste chère à mettre en œuvre[52]. En effet, 55 % d'entre eux estiment qu'il y a un manque de moyens financiers dans sa mise en œuvre et 60 % jugent la taxe carbone inefficace. Les taux entre les dirigeants estimant l'inutilité de la taxe carbone (60 %) et ceux affirmant que la transition écologique coûtera cher (55 %) sont sensiblement les mêmes. C'est 126 chefs d'entreprise qui ont perdu confiance dans l'efficacité des politiques menées par la France pour réduire les émissions de gaz à effet de Serre à travers la taxe carbone[53]. Pourtant cette même taxe carbone comporte plusieurs exonérations, au nom de la compétitivité des entreprises. Il existe donc un écart entre le discours de compétitivité que tente de faire passer la France et la perception que les dirigeants ont de l'efficacité de cette taxe carbone. Le même déni affecte la classe moyenne, les pauvres et les ménages. La solution à ce type de problème est donc la transparence budgétaire, c'est-à-dire une communication accrue sur l'utilisation des recettes de la taxe carbone et un redéploiement des ressources vers ce que les entreprises considèrent comme les obstacles majeurs à la transition écologique : financer les énergies vertes en crédit d'impôt pour faciliter la rentabilité des investissements et encourager la

[51] M. Cessac, « Taxe carbone : sortir de l'impasse », Le Monde, Mardi 4 juin 2019, consultable à l'adresse : https://www.lemonde.fr/economie/article/2019/06/02/taxe-carbone-sortir-de-l-impasse_5470488_3234.html.

[52] L'Usine Nouvelle, « La transition énergétique, une vraie chance », *L'Usine Nouvelle*, 12 octobre 2017, n° 3533, p. 26 et s.

[53] L'Usine Nouvelle, « La transition énergétique, une vraie chance », *L'Usine Nouvelle*, 12 octobre 2017, n° 3533, p. 26 et s.

formation des salariés sur ces questions[54]. Pour arriver à des résultats encourageants, l'ouverture d'un compte-épargne formation, libre d'impôt peut s'avérer être une solution efficace : un tel compte servira à financer les formations universitaires ou non universitaires à l'acquisition des compétences nécessaires à la maitrise des énergies renouvelables.

340. Peut-on prendre en considération le sondage effectué auprès de ces chefs d'entreprises ? Même si la réponse était affirmative, elle ne saurait faire fi du mouvement de fonds et de la similarité des problématiques qui se dessinent à l'échelle internationale en matière de transparence, particulièrement dans le domaine de la taxe carbone. Le même constat a été dégagé par des chercheurs allemands : « la science politique fournit deux informations principales sur la tarification du carbone : premièrement, une tarification ambitieuse du carbone est souvent liée à une confiance politique élevée et à des niveaux de corruption bas. » Il ne peut donc y avoir de tarification réussie sans prendre en compte la dimension sociologique et psychologique de l'impôt. « Des études transnationales indiquent que les pays avec une plus grande méfiance du public à l'égard des politiciens et une corruption ressentie ont constamment les politiques climatiques les plus faibles et les émissions de gaz à effet de serre les plus élevés. Ceci est illustré par La Finlande, la Norvège, la Suède et la Suisse qui affichent tous un niveau très élevé de confiance et sont actuellement les seuls pays où les prix du carbone sont supérieurs à 40 $ la tonne de CO2. Si la confiance est faible, les revenus devraient donc être recyclés en utilisant un système permettant de stimuler la confiance, transparent, pour améliorer son acceptabilité »[55].

341. Les pays scandinaves ont une charge fiscale très élevée mais l'impôt y est mieux accepté qu'en France parce que les contribuables voient les retombées économiques des prélèvements effectués, via un système de redistribution des recettes de la taxe carbone ou de financement dans des infrastructures écologiques. Il faut donc renforcer la transparence pour faire face au déni dont la taxe carbone fait l'objet, depuis un certain temps. « Alors que la corruption perçue est souvent un symptôme de la corruption institutionnelle réelle qui sape les performances du gouvernement dans divers domaines politiques, cette perception même peut être particulièrement pernicieuse pour l'élaboration des politiques climatiques : elle exacerbe la méfiance politique, détourne le discours public du débat politique prévoyant, renforce l'influence stratégique des entreprises à forte intensité énergétique qui s'opposent aux réglementations en matière d'émissions, et incitant les législations à adopter une approche de laisser-faire ». Il est encore question de

---

[54] L'Usine Nouvelle, « La transition énergétique, une vraie chance », *L'Usine Nouvelle*, 12 octobre 2017, n° 3533, p. 26 et s.

[55] Fr. Funke, L. Mattauch, « Why is carbon pricing in some countries more successful than in others ? », August 10, 2018 consultable à l'adresse https://ourworldindata.org/carbon-pricing-popular.

consolider l'efficacité des mesures mises en place, ce qui passe par un renforcement de la crédibilité des institutions. « La faiblesse des politiques climatiques fondées sur le marché est également liée de manière significative à une corruption accrue »[56]. La corruption sabre les fondements de la lutte contre le réchauffement climatique, en minant le moral d'une population très peu convaincue par les politiques environnementales, très peu engagées sur ces questions. Il faut donc renforcer la communication sur l'efficacité des recettes de la taxe carbone dans des infrastructures qui leur permettent de réaliser l'utilisation concrète de ces dernières : par exemple financer le photovoltaïque pour permettre aux particuliers d'utiliser 30 % de l'énergie solaire à domicile[57]. Autre exemple glané à partir de la note du Conseil d'Analyse économique : inscrire sur chaque facture le montant en euro qui aurait pu être économisé pour chaque particulier en passant du chauffage au fioul vers le gaz, ou encore le chauffage électrique[58]. Une étude menée à Genève sur un échantillon d'individus montre à cet égard que « le grand public ne s'attaquera pas au changement climatique », ne considère pas la taxe carbone comme efficace pour lutter contre le changement climatique, a une méfiance accrue des politiques en matière environnementale et perçoit les politiciens comme fortement corrompus. Autre exemple de communication, celui effectué par statistique Canada qui rappelle qu'il existe un certain dispositif sur la taxe carbone en Colombie-Britannique visant à minimiser les effets de cette taxe : c'est le fameux crédit pour la taxe sur les mesures climatiques aux résidents à faible revenu de la Colombie-Britannique. Depuis 2008, ce crédit d'impôt vise à aider les personnes et familles à faible revenu avec les taxes sur le carbone qu'ils doivent payer et qui fait partie de l'engagement de la province à annihiler l'impact de la taxe carbone sur le revenu des ménages. L'Agence du revenu du Canada gère ce programme pour la province et ce crédit est un paiement trimestriel non imposable ayant débuté en octobre 2008. Il est inclus sous la catégorie « crédit pour la taxe sur les produits et services / crédit pour la taxe de vente harmonisée » dans les tableaux statistiques[59]. Il a été question d'utiliser le

[56] R. Rafaty, « Perceptions of Corruption, Political Distrust, and the Weakening of Climate Policy », *Global Environmental Politics*, Volume 18, Issue 3, August 2018, p.106-129, available online since August 10, 2018 at https://doi.org/10.1162/glep_a_00471

[57] A. Baranzini, M. Caliskan and S. Carattini, « Economic Prescriptions and Public Responses to Climate Policy », *Haute école de gestion de Genève, CRAG - Centre de Recherche Appliquée en Gestion Cahier de Recherche*, Cahier: N° HES-SO/HEG-GE/C-14/3/1 – CH 2014 consultable à l'adresse, https://ssrn.com/abstract=2531593.

[58] D. Bureau, F. Henriet, K. Schubert, « Pour le climat: une taxe juste, pas juste une taxe », *Conseil d'analyse économique*, 2019/2, n° 50, page 6 à 9.

[59] Statistiques Canada, *Guide de référence technique pour les estimations annuelles du revenu des familles de recensement, des particuliers et des aînés*, Fichier de familles T1, Estimations finales, 2017, N°72-212-X au catalogue ISBN 978-0-660-31350-4, diffusé le 11 juillet 2019, 80 pages consultable sur le site internet suivant : https://www150.statcan.gc.ca/n1/fr/pub/72-212-x/72-212-x2019001-fra.pdf?st=1N5OC-HS

marché de carbone et les droits à polluer pour renforcer la transparence financière et en matière de responsabilité sociale des entreprises. L'idée de démocratiser l'économie et l'environnement revient souvent et fait partie des solutions de sortie de crise. Maintenir le marché du carbone, pour permettre aux citoyens, à travers leurs entreprises, d'acheter des quotas d'émission ou de retirer leurs investissements d'une action lorsqu'ils jugent que l'entreprise est peu soucieuse des questions environnementales fait son chemin[60]. Le comportement des entreprises en matière de pollution environnementale engage aussi la société actuelle et compromet les chances de vivre dans une planète habitable : c'est donc une question de responsabilité sociétale. La théorie selon laquelle une action équivaut à un droit de vote, devrait permettre de faire baisser ou hausser les cours d'une action et de récompenser ainsi les plus performantes en matière environnementale. Ce mécanisme devrait animer les échanges en Europe, laquelle constitue l'un des marchés de système de plafonnement et d'émissions le plus important au monde.

II - La concurrence interétatique et les sanctions : deux outils pour renforcer la lutte contre les changements climatiques

342. La transparence ne concerne pas uniquement la communication sur le montant des recettes prélevées ainsi que son utilisation. Elle consiste aussi à voir ce que les pays pionniers ont réussi à mettre en place en matière de lutte contre le changement climatique et à publier constamment un classement pour favoriser la concurrence, non plus fiscale mais environnementale. En Europe, par exemple, le site internet d'Eurostat note à cet effet que c'est le Portugal et la Bulgarie qui enregistrent les plus fortes baisses d'émissions de CO2 alors que les plus fortes augmentations se situent en Lettonie. Selon les estimations de l'agence, les émissions de CO2 ont diminué en 2018 dans la majorité des États membres de l'Union européenne, la plus forte baisse ayant été enregistrée au Portugal (-9,0 %), en Bulgarie (-8,1 %), en Irlande (-6,8 %), en Allemagne (-5,4 %), aux Pays-Bas (-4,6 %) et en Croatie (-4,3 %). Des augmentations ont été enregistrées dans les huit États membres suivants : la Lettonie (+ 8,5 %), devant Malte (+ 6,7 %), l'Estonie (+ 4,5 %), le Luxembourg (+ 3,7 %), la Pologne (+ 3,5 %), la Slovaquie (+ 2,4 %), la Finlande (+ 1,9 %) et la Lituanie (+ 0,6 %)[61]. La plupart des études

---

[60] D. Bladh, « Social Justice Instead of Greenhouse Gases-How the Global Economy Needs to Transform », *Asia Pacific Business Review*, vol. 6, 1: pp. 67-70. , First Published January 1, 2010.

[61] Eurostat, « Early estimates of CO2 emissions from energy use », *Eurostat newsrelease*, 8 May 2019, 81/2019, 2 pages, consultable sur le site internet suivant : https://ec.europa.eu/eurostat/documents/2995521/9779945/8-08052019-AP-EN.pdf/9594d125-9163-446c-b650-b2b00c531d2b

comparatives menées sont d'avis que c'est sur les secteurs de l'environnement bâti (déchets, habitat, changement d'affectation des sols et foresterie) et des transports qu'il faut agir[62].

343. C'est ainsi que des chercheurs danois ont mis en place des recommandations indiquant que la lutte contre le changement climatique ne deviendra crédible que par la mise en place de sanctions en cas de non-respect des règlements. Ce qui rend difficile une politique sérieuse de lutte contre les changements climatiques, sans sanction. La transparence est décidément au cœur des principes que doivent respecter les instruments de lutte contre le changement climatique, y compris la taxe carbone. C'est la transparence qui permet de faire connaitre au public les objectifs clairement fixés de la taxe, l'usage qui en sera fait, la surveillance des modalités d'affectation de cette taxe par des organismes budgétaires indépendants, l'ouverture à l'international et l'évaluation par des pairs du degré de transparence, à l'image de ce que fait l'Alliance des villes neutres en carbone[63]. Enfin, parce qu'un règlement ne devient crédible que lorsque les sanctions sont mises en place : le suivi de l'application de ces mesures répressives par les pairs sera nécessaire. C'est en ce sens qu'il faut comprendre les 7 recommandations formulées par ce chercheur danois. Elles sont énoncées en ces termes : premièrement, il convient de définir des objectifs clairs. Deuxièmement, ces derniers doivent être caractérisés par un scénario de statu quo, troisièmement, en matière de réglementation, les menaces doivent être crédibles. Quatrièmement, le suivi de ces objectifs doit être crédible et fiable. Cinquièmement, une tierce partie devrait participer à la surveillance du processus. La sixième recommandation exige que le non-respect des objectifs soit sanctionné. Enfin, la septième recommandation, conseille de mettre en place un dispositif d'information accrue[64].

344. Seule une simplification du régime permettra de garantir un haut niveau de transparence et d'intelligibilité. Simplifier, clarifier pour rendre plus accessible et permette un engagement général de la part des citoyens au principe de la taxe carbone[65]. Bon nombre d'entre eux ont sans doute constaté

---

[62] C. Brinkley, « Decoupled: Successful Planning Policies in Countries that Have Reduced per Capita Greenhouse Gas Emissions with Continued Economic Growth », *Environment and Planning C: Government and Policy*, vol. 32, 6: pp. 1083-1099. , First Published January 1, 2014.

[63] J. Partin, « L'Alliance des villes neutres en carbone », *United Nations, Carbon Neutral Cities Alliance*, 23 novembre 2015, consultable sur le site internet suivant : https://unfccc.int/fr/news/lalliance-des-villes-neutres-en-carbone.

[64] K. Hansen, K. S. Johannsen, A. Larsen, « Recommendations for Negotiated Agreements », *Environment and Planning C: Government and Policy*, vol. 20, 1: pp. 19-37. , First Published Feb 1, 2002.

[65] A. Lawton, « Green taxation theory in practice: The 2012 reform of the carbon reduction commitment », *Environmental Law Review*, vol. 18, 2: pp. 126-141. , First Published June 10, 2016.

la hausse du prix du carburant et reçu un versement sur leur compte, sans véritablement en connaitre la contrepartie ni les enjeux. Il est dans ces conditions faciles de conclure que la taxe carbone, dans son mode de fonctionnement visant à taxer les citoyens sur le carburant mais ensuite à leur faire un remboursement d'impôt, s'apparente davantage à une mesure publicitaire qu'à des prélèvements fiscaux dont le but est de rendre la lutte contre le changement climatique plus efficace. Il est nécessaire de concentrer ces recettes afin de les rediriger, sans gâchis, dans le financement des énergies solaires et les subventions de véhicules électriques. À ce titre, le régime britannique fournit un parfait exemple de simplification : « le programme d'efficacité énergétique du Royaume-Uni relatif à l'engagement de réduction de carbone est une obligation légale pour les entreprises britanniques éligibles. Maintenant dans sa phase 2, ce programme applique une « taxe sur le carbone » pour chaque tonne de dioxyde de carbone émise. Le défaut d'effectuer un audit interne, d'établir un rapport ou d'effectuer les paiements requis entraîne des sanctions financières importantes »[66]. Ce programme se terminera en avril 2019 et sera remplacé par un autre : le cadre simplifié de rapport sur l'énergie et le carbone[67].

---

[66] Voir le site internet suivant : https://www.carbonfootprint.com/carbonreductioncommitment.html

[67] Ernst & Young, « Preparing for the SECR Framework », *Ernst & Young*, July 2019, 2 pages available at https://www.ey.com/Publication/vwLUAssets/ey-preparing-for-the-secr-framework-july-2019/$FILE/ey-preparing-for-the-secr-framework-july-2019.pdf.

Chapitre 2 - Le nécessaire cumul de l'ensemble des solutions fiscales pour un résultat optimal

345. Il existe un consensus de la part de la doctrine s'étant penchée sur les solutions relatives à la taxe carbone : celui de cumuler l'ensemble des solutions fiscales pour arriver à financer la transition écologique, la hausse des salaires, et la neutralité de l'effet taxe carbone par une redistribution des revenus sous forme de remboursement d'impôt. L'Institut du développement durable et des relations internationales note à ce titre : « ses recettes, évaluées à 4,1 milliards d'euros pour 2010, devaient être intégralement redistribuées pour limiter les impacts négatifs de la taxe sur la compétitivité des entreprises et le pouvoir d'achat des ménages : pour les entreprises, la taxe carbone était compensée par les gains liés à la suppression de la taxe professionnelle, tandis que pour les ménages, la taxe carbone s'accompagnait d'un crédit d'impôt sur le revenu ou d'un chèque vert pour les contribuables non imposables »[1]. Le même constat prévaut chez plusieurs économistes qui rappellent les trois options de recyclage des revenus de la taxe, en l'occurrence « un chèque vert vers les ménages, ce qui peut avoir des effets distributifs, une baisse des charges sur le travail de manière à favoriser l'emploi ou enfin le soutien vers les ENR et l'efficacité énergétique. Les réponses liées au mode de recyclage de la taxe ne permettent par contre pas de faire émerger une option unique »[2]. A vrai dire, il n'y a pas qu'une seule solution mais plusieurs et seul le cumul de leur ensemble permettra d'aboutir à une société plus soucieuse des impératifs de justice fiscale tant attendue par le peuple français et canadien. Il est vrai qu'il faudra le financement public nécessaire pour arriver à assumer un tel projet. C'est pour ces mêmes raisons qu'une partie de la doctrine américaine suggère de cesser de dresser les avantages et inconvénients de la taxe carbone par rapport au marché de carbone et de cumuler l'ensemble des solutions. De la sorte, il sera possible de dégager les fonds nécessaires pour financer la performance énergétique, la transition vers les énergies vertes, la hausse des salaires et les remboursements d'impôt[3]. L'exemple des pays Nordiques permet de renforcer cette idée de cumuler les solutions pour arriver

[1] C.-A. Sénit, « La taxe carbone, vouée à l'échec ? », *Institut du développement durable et des relations internationales*, 22 décembre 2011 consultable à l'adresse: https://www.iddri.org/fr/publications-et-evenements/tribune/la-taxe-carbone-vouee-lechec

[2] S. Mathy, F. Meike, et B. Ruben, « Repenser le rôle des scénarios : construction participative de scénarios bas carbone pour la France », *Revue d'économie industrielle*, vol. 148, no. 4, 2014, pp. 69-103.

[3] N. Kaufman, « Carbon Tax vs. Cap-and-Trade: What's a Better Policy to Cut Emissions ? », *World Resources Institute*, March 01, 2016 consultable à l'adresse https://www.wri.org/blog/2016/03/carbon-tax-vs-cap-and-trade-what-s-better-policy-cut-emissions

à un résultat satisfaisant. L'Institut du Développement Durable et des Relations Internationales note à ce titre que « l'exemple de la Suède est particulièrement éloquent. La modification de la structure de la fiscalité suédoise en 1991, par l'introduction d'une taxe carbone couplée à la diminution de moitié de la fiscalité existante sur l'énergie, et par la baisse de la fiscalité sur le travail et de l'impôt sur le revenu, a permis d'améliorer la situation économique à court terme, sans impacter outre mesure le pouvoir d'achat des ménages les plus vulnérables ni la compétitivité des entreprises. Entre 1990 et 2007, alors que les émissions de CO2 diminuaient de 9 %, la Suède connaissait une croissance annuelle moyenne de plus de 3 % »[4].

Section 1 - Le financement de la performance énergétique par des recettes en provenance de diverses sources

346. C'est le conseil des prélèvements obligatoires qui note à juste titre qu'à cause de l'étendue des projets à financer, la taxe carbone doit être conjuguée avec d'autres instruments financiers. Outre la Taxe Intérieure sur la consommation des produits énergétiques, son rapport fait état de plusieurs instruments à connotation financière dont « les péages environnementaux qui cherchent à internaliser le coût des nuisances environnementales liées à l'usage des véhicules (par exemple la Low Emission Zone depuis 2008 et la future Ultra Low Emission Zone prévue pour 2019 à Londres, ou l'Ecopass à Milan de 2008 à 2012 »[5]. Pour des questions d'acceptabilité et face à une France en proie à une crise sociale et fiscale d'une rare ampleur, les péages environnementaux n'ont pas encore été mis en place. C'est dire que le financement de la transition écologique doit être pensé de manière plus juste, de manière plus ingénieuse. C'est ce qui explique le succès du marché du carbone qui n'a, en ce jour, pas encore connu les dénis et les déboires de la taxe carbone. Sa capacité à générer des recettes financières lui ont valu une attention particulière de la part de l'Union européenne. Cette dernière a en effet imposé aux pays membres des exigences en matière de performance énergétique dans les bâtiments et les transports. Toute la réussite de la stratégie environnementale de l'Union européenne ne tiendra pas dans sa capacité à élaborer des normes mais à les financer pour permettre aux États

---

[4] C.-A. Sénit, « La taxe carbone, vouée à l'échec ? », *Institut du développement durable et des relations internationales*, 22 décembre 2011 consultable à l'adresse: https://www.iddri.org/fr/publications-et-evenements/tribune/la-taxe-carbone-vouee-lechec

[5] Conseil des prélèvements obligatoires, « La fiscalité environnementale au défi de l'urgence climatique », *Conseil des prélèvements obligatoires*, septembre 2019, page 140 consultable sur le site https://www.ccomptes.fr/fr/publications/la-fiscalite-environnementale-au-defi-de-lurgence-climatique

membres d'atteindre les fameux 30 % d'émission en dessous des niveaux de 2005. Mais les inquiétudes du financement des énergies renouvelables par les recettes du marché du carbone sont nombreuses. Au titre de ces dernières, l'épineuse question de savoir s'il est possible de bâtir les énergies de demain sur les caprices du climat ? En somme, peut-on risquer d'investir dans les énergies renouvelables comme l'eau, le soleil ou le vent alors qu'en 2018, Radio France International note que du fait de la sécheresse, il n'y avait pas assez d'eau dans les barrages hydroélectriques scandinaves et pas assez pour refroidir les centrales nucléaires en France ou de vent dans les éoliennes allemandes. La réponse est affirmative et la capacité à faire face au changement climatique dépendra de l'innovation technologique pour stocker plus d'eau, de soleil ou de vent lorsque ces éléments de la nature se feront rares. En somme, si rien n'est fait, il y aura plus de sécheresse et de catastrophes climatiques. Ce ne seront plus nos technologies qui seront menacées, c'est l'humanité tout entière. Les fluctuations du marché du carbone européen ne s'arrêteront pas pour autant. Le prix est remonté à 20 euros la tonne de CO2 après 5 ans de baisse spectaculaire, liée au fait que les droits distribués étaient très généreux. Radio France International note à ce titre que deux milliards de quotas ne prenaient plus preneurs. La solution était de retirer 24 % des quotas de carbone disponibles de l'offre et de les mettre dans une réserve de stabilité, tous les ans, pendant 5 ans. La réforme mérite d'être saluée : elle permet d'atteindre un prix de carbone évalué à 20 euros la tonne en 2019. Elle ne doit pas occulter l'historique de volatilité de ce marché qui oblige à rechercher d'autres recettes plus stables, qui peuvent être ajoutées à celles du marché de carbone comme celles de la taxe carbone[6].

Paragraphe 1 - Le marché du carbone : un impact financier mitigé dans le financement de la transition écologique

347. Comme tout marché financier, celui du carbone est soumis à des fluctuations qui ne permettent pas de pouvoir toujours compter sur son impact financier. Ainsi, avec la crise sanitaire, le marché de carbone européen avait vu ses prix baisser au point d'atteindre 15 euros la tonne de CO2, un niveau record depuis deux ans (II). Ce faisant, la prise en compte des 11000 centrales électriques que couvre le marché de carbone européen, représentant 40 % des émissions de gaz à effet de serre ne pouvait pas permettre une suppression du marché de carbone européen. Cette considération fait d'elle un outil

[6] RFI, « Le marché européen du CO2 respire à nouveau », *RFI, chronique des matières premières*, 09/09/2018, consultable sur le site internet suivant : http://m.rfi.fr/emission/20180910-le-marche-europeen-co2-respire-nouveau

complémentaire indispensable dans la lutte contre les émissions de gaz à effet de serre (I).

I - Le marché de carbone : un outil financier complémentaire dans la lutte contre la pollution

348. Pour comprendre l'importance du marché d'échange de quotas d'émissions de Gaz à effet de Serre, il faut s'en remettre à l'analyse de la Direction générale du Trésor du Ministère de l'Économie et des Finances selon laquelle « le système européen d'échanges de quotas de CO2 (EU-ETS) et la Contribution Climat- Énergie au niveau domestique sont les principaux instruments des pouvoirs publics pour parvenir à remplir les objectifs de réduction d'émissions de GES fixés par la Loi relative à la Transition Énergétique pour la Croissance Verte (LTECV) de –40 % d'ici à 2030 et –75 % d'ici à 2050. Lancé en 2005, l'ETS est la pierre angulaire de la stratégie de l'UE visant une réduction efficace des émissions de GES. L'ETS fonctionne sur le principe de plafonnement et d'échange (cap and trade). Un plafonnement, ou limite, est déterminé en fonction de la quantité de GES pouvant être émises par les usines, les centrales électriques et autres installations durant une année. Il est réduit au cours du temps afin que les émissions totales baissent. En 2020, il est prévu que les émissions provenant des secteurs couverts par l'ETS soient inférieures de 21 % au niveau de 2005 (et 43 % en 2030). En 2013, le système est entré dans sa troisième phase d'échange qui court jusqu'en 2020". Pourquoi l'Union européenne décide de faire du système d'échange la pierre angulaire de sa stratégie pour réduire les émissions de Gaz à Effet de Serre alors qu'elle prévoit de le réduire pour faire baisser ses émissions ? La réponse se trouve sur le site de l'Union européenne et se résume en quelques chiffres. Ce système d'émission et d'échange couvre « plus de 11000 centrales électriques et installations industrielles dans 31 pays, représentant plus de 40 % des émissions totales de gaz à effet de serre »[7]. C'est une réalisation majeure de l'Union européenne qui en l'espace de 10 ans, 2005 et 2014, voit des montants astronomiques financiers circuler au sein de son marché. De quoi encourager sa politique verte et inciter les États, à travers les directives communautaires, à utiliser les aides d'État pour doper la transition écologique.

349. Selon certains économistes, le compromis dans ce bras de fer entre le fédéral et les provinces serait de restaurer le marché des échanges de GES dont l'Ontario s'est retiré en faisant valoir qu'il était trop coûteux. Ces derniers avancent que la crise pourrait être évitée en faisant émerger l'opinion publique, s'exprimant sur les marchés par les achats d'options d'émissions de

[7] Voir le site internet suivant : https://ec.europa.eu/clima/policies/ets_fr

Gaz à effet de serre. Ce qui constitue un plaidoyer pour une restauration du marché du Carbone[8]. Abondant dans ce sens, une partie de la doctrine économique considère que : « la plupart des réflexions théoriques sur l'économie politique du dérèglement climatique sont axées sur ce que l'on pourrait appeler l'économie politique du compromis. Cette idée, fondée sur la théorie du choix public, postule qu'il est nécessaire de formuler des propositions de politique suffisamment attrayantes pour que des intérêts particuliers puissent être adoptés. Cette idée sous-tend le soutien académique en faveur de l'échange de droits d'émission fondé sur des droits acquis, l'échange de droits d'émission faisant souvent appel à l'industrie (parce qu'elle est peu coûteuse et flexible) et aux environnementalistes (car elle limite les émissions) »[9]. Dans une situation ou dans l'autre, c'est l'opinion publique et la participation citoyenne qui permettent de faire émerger des solutions aux problèmes du dérèglement climatique. Le marché de carbone n'existe que par et pour les échanges entre la demande et l'offre d'émissions de carbone. Sur le plan économique comme sur le plan juridique, il est difficile de comprendre les raisons pour lesquelles l'Ontario a décidé de se retirer du marché d'échange de droits d'émissions que la province partageait avec le Québec et la Californie, mis à part un argumentaire sommaire et lapidaire, consacré à la presse locale, selon lequel « le programme de plafonnement et d'échange rendait la vie coûteuse pour les familles et les entreprises de l'Ontario »[10]. Sur le plan économique, le retrait de la bourse de carbone de la province de l'Ontario coûtera 3 milliards de dollars à la province[11]. Sur le plan juridique, la Cour supérieure de l'Ontario a donné raison à Greenpeace. L'organisation internationale avait assigné l'Ontario en justice parce que la province avait agi de manière illégale, en se retirant de la bourse, sans suivre la procédure normale de consultation de la population avant de se retirer de la bourse. Les juges n'obligent toutefois pas la Province à réintégrer le marché du carbone[12]. Une compensation financière est prévue : « 5 millions de dollars seront versés par le gouvernement sous forme de paiements aux entreprises répondant aux critères de remboursement, et le responsable financier de

---

[8] D. M. Driesen, «Toward a Populist Political Economy of Climate Disruption », *Environmental Law*, vol. 49, no. 2, Apr. 2019, pp. 379–406.

[9] D. M. Driesen, «Toward a Populist Political Economy of Climate Disruption », *Environmental Law*, vol. 49, no. 2, Apr. 2019, pp. 379–406.

[10] Ch. Mondoux-Fournier: « Doug Ford a enfreint la loi en retirant l'Ontario de la bourse du carbone, tranche la cour », *Radio-Canada*, 11 octobre 2019, consultable sur le site https://ici.radio-canada.ca/nouvelle/1341884/greenpeace-doug-ford-bourse-carbone-poursuite

[11] M.-M. Lauzon, « Le retrait de la bourse du carbone coûtera 3 milliards à l'Ontario », *Radio-Canada*, 16 octobre 2018, consultable sur le site file:///P:/Le%20retrait%20de%20la%20bourse%20du%20carbone%20co%C3%BBtera%203%C2%A0milliards%20%C3%A0%20l'Ontario%20_%20ICI%20Radio-Canada.ca.pdf

[12] Ch. Mondoux-Fournier, « Doug Ford a enfreint la loi en retirant l'Ontario de la bourse du carbone, tranche la cour », *Radio-Canada*, 11 octobre 2019, consultable sur le site https://ici.radio-canada.ca/nouvelle/1341884/greenpeace-doug-ford-bourse-carbone-poursuite

l'Ontario estime que la perte de revenus provenant du plafonnement et de l'échange dépassera les économies recherchées d'environ 3 milliards de dollars »[13].

II - Le marché de carbone à l'épreuve de la crise sanitaire

350. Les marchés de carbone d'Asie et d'Afrique ont déjà produit 7 milliards de dollars par an pour le développement propre mais seuls 0,2 % des projets permettent l'amélioration de l'accès à l'énergie des foyers[14]. À l'heure où la pertinence de la mise en place d'un marché de carbone est remise en cause, il convient de citer ces propos de Nathalie Bertha, qui rappelle que l'absence de marché est une défaillance de marché, en ce que le pollueur n'est pas incité à prendre en compte les dommages causés à la collectivité, s'il n'en supporte pas les coûts financiers. La mise en place d'un marché de carbone permet de fixer des prix à la pollution de sorte à obliger l'agent économique à intégrer les couts et donc à internaliser les externalités dans ses calculs économiques[15]. Une autre perspective de la pertinence de la mise en place d'un marché carbone est possible. En fixant un prix et des droits de pollution interchangeables, on crée pour les agents économiques la possibilité de les vendre. C'est donc une opportunité qui s'offre à eux et par la prise de conscience de cette dernière, ils intègrent les couts de leurs actions dans le calcul économique, l'objectif étant de réduire ses propres émissions pour vendre plus de droits[16].

351. La crise du coronavirus a fragilisé ces arguments de la pertinence de la mise en place et du maintien d'un marché de carbone. Les prix ayant fortement chuté, elle a renforcé la nécessité de considérer le marché de carbone comme l'un des nombreux moyens de baisser les émissions de gaz à effet de serre. Il faudrait donc faire coexister ce marché à côté de solutions plus efficaces comme la taxe carbone ou le déploiement des énergies renouvelables. Certains chercheurs rappellent à ce titre que : « si on prend par exemple la production d'électricité, la très grande majorité des réductions d'émissions entre 2005 et 2018 ne peut pas être attribuée à l'EU ETS : elle est venue avant tout du déploiement des énergies renouvelables et des politiques

---

[13] O. Ha-Redeye, « An Election Mandate is Not a License to Ignore the Rule of Law », Greenpeace Canada v. Minister of the Environment (Ontario), *2019 ONSC 5629 (CanLII)* consultable à l'adresse https://canliiconnects.org/en/commentaries/67709

[14] C. Pascal, C. Renouard, P. Solón. « Climat: concilier efficacité et justice », *Revue Projet*, vol. 345, no. 2, 2015, p. 83.

[15] N. Berta, « Comment les économistes réchauffent la planète », critique d'ouvrage A. Pottier 2016, Seuil, recension, Revue *Natures, Sciences, Sociétés*, 25 (2), 2017, page 191.

[16] F. Venmans, « L'efficacité environnementale et économique du marché du carbone européen », *Courrier hebdomadaire du CRISP*, vol. 2099-2100, n°. 14-15, 2011, p. 6.

qui ont soutenu ce déploiement ». Comme tout marché, celui du carbone est volatile, renforçant ainsi la théorie selon laquelle la taxe carbone est le meilleur moyen de réduction des émissions de gaz à effet de serre[17]. C'est aussi ce qui renforce l'idée de ne pas détourner l'attention des enjeux climatiques actuels mais de saisir l'opportunité qu'offre la crise sanitaire pour réorienter les investissements vers des énergies plus vertes et plus soucieuses du développement durable. C'est cette notion qui constitue le point commun entre la crise sanitaire et les questions écologiques. Tous deux ont pour objectif de permettre de conserver cette planète pour la transmettre dans des conditions optimales aux générations futures. Le coronavirus est donc un exercice de réflexion sur les enjeux de surexploitation des ressources de la planète liée aux déforestations massives, pour ne citer qu'elles, et à l'utilisation du bois pour fabriquer, entre autres, le papier utilisé pour les impressions. Il n'est pas question de défendre la fermeture des entreprises mais de réfléchir à une consommation moins frénétique qui puisse donner aux générations futures une planète habitable. Paradoxalement, c'est la crise sanitaire et les mesures de confinement qu'elle génère qui stimulent la réduction des émissions de gaz à effet de serre et permettront à certaines villes d'atteindre les objectifs de réduction des émissions de gaz à effet de serre plus efficacement que le marché carbone. Pendant le premier confinement en février 2020 et pour les villes qui ont mis en place leurs mesures de confinement, la pollution de l'air a baissé de 40 % comparativement à la même période, l'an dernier, c'est-à-dire en février 2019. Ces baisses sont liées à une réduction du trafic routier et à la fermeture des entreprises. Certains chercheurs comme Marc Cadotte estiment néanmoins que ces effets sont temporaires car la crise du coronavirus passera[18]. S'il faut donc penser aux effets de la crise du coronavirus sur le marché du carbone, cette dernière ne lui est particulièrement pas bénéfique parce qu'elle est affectée à la baisse le prix des émissions mais réduit la pollution mieux que le fait ce marché, par les mesures de confinement imposées.

Paragraphe 2 - Le financement de la performance énergétique

352. La performance énergétique est l'énergie consommée pour l'utilisation d'un bien meuble ou immeuble. Il est courant d'entendre parler

[17] Ch. Vailles, N. Berghmans, « Le marché carbone européen à l'épreuve du Covid », *I4CE*, 15 mai 2020, consultable sur https://www.i4ce.org/le-marche-carbone-europeen-a-lepreuve-du-covid/

[18] M. Cadotte, « Air quality improves by up to 40 per cent in cities that took action on COVID-19, U of T researcher finds », *U of T News*, April 13th 2020, consultable sur https://www.utoronto.ca/news/air-quality-improves-40-cent-cities-took-action-covid-19-u-t-researcher-finds

de l'amélioration de la performance énergétique des bâtiments. Il s'agit alors d'améliorer les procédés afin de réduire la consommation en énergie sans pour autant baisser la qualité du service. La notion de performance énergétique apparait de plus en plus comme une préoccupation des puissances occidentales (I). L'objectif est de réduire les émissions de gaz à effet de serre, particulièrement ceux produits par les bâtiments. En France, parmi les mesures fiscales mises en place pour améliorer la performance énergétique des bâtiments, il convient de citer le crédit pour la transition énergétique ainsi que l'écotaxe à taux zéro (II).

I - La performance énergétique : une préoccupation des puissances occidentales

353. L'amélioration de l'efficacité énergétique fait partie des objectifs fixés par l'Union européenne à ses membres : la France doit améliorer de 24 % cette efficacité énergétique pour 2030[19]. Afin d'arriver à ce résultat, les pays membres bénéficient du soutien de la Commission européenne, même si les États doivent financer les entreprises par des taxes pour atteindre cet objectif[20]. Plusieurs mesures ont été mises en place par la France pour améliorer son efficacité énergétique. Elles ont été exposées lors de la décision de la commission concernant les aides d'État accordées par la France pour venir au secours des fournisseurs d'électricité qui sont obligés de supporter des surcouts dans le cadre de leur mission de service public. Le soutien à l'incinération des déchets biodégradables[21], l'autoproduction d'électricité à partir de sources d'énergies renouvelables ou la cogénération à haut rendement en font partie[22]. La co-génération est définie comme un mécanisme de production simultanée de chaleur et d'électricité permettant des économies d'énergie de 10 % par rapport à une production séparée des deux types d'énergie susmentionnés[23]. Ce sont ces fameux 10 % qui sont considérés

---

[19] Décision De La Commission Du 31.7.2018 Concernant L'aide D'état Sa.36511 (2014/C) (Ex 2013/Nn) Mise À Exécution Par La France Du Plafonnement De La Cspe, page 11, paragraphe 300.

[20] Décision De La Commission Du 31.7.2018 Concernant L'aide D'état Sa.36511 (2014/C) (Ex 2013/Nn) Mise À Exécution Par La France Du Plafonnement De La Cspe, page 11, paragraphe 319.

[21] Décision De La Commission Du 31.7.2018 Concernant L'aide D'état Sa.36511 (2014/C) (Ex 2013/Nn) Mise À Exécution Par La France Du Plafonnement De La Cspe, page 11, paragraphe 110.

[22] Décision De La Commission Du 31.7.2018 Concernant L'aide D'état Sa.36511 (2014/C) (Ex 2013/Nn) Mise À Exécution Par La France Du Plafonnement De La Cspe, page 11, paragraphe 197.

[23] Décision De La Commission Du 31.7.2018 Concernant L'aide D'état Sa.36511 (2014/C) (Ex 2013/Nn) Mise À Exécution Par La France Du Plafonnement De La Cspe, page 11, paragraphe 284.

comme de la performance, l'idée étant de consommer l'énergie de façon efficiente, d'améliorer le rapport entre l'énergie obtenue et l'énergie consacrée pour atteindre un résultat recherché : par exemple la production de chaleur ou d'électricité[24]. Il ne peut y avoir de réelle efficacité énergétique sans couvrir l'intégralité de la chaine énergétique. L'Union européenne le prend en considération et dans son plan pour l'efficacité énergétique de 2011, la grille analytique de la chaine énergétique inclut « la production, le transport et la distribution de l'énergie ; le rôle majeur du secteur public en matière d'efficacité énergétique, les bâtiments et les équipements ; le secteur industriel ; et la nécessité de mettre le client final en mesure de gérer sa consommation d'énergie »[25].

354. Concernant les bâtiments, l'Union européenne demande à ses États membres d'établir une stratégie visant à « stimuler des rénovations lourdes de bâtiments qui soient rentables », c'est-à-dire qui puissent « satisfaire au moins aux exigences minimales en matière de performance énergétique »[26]. Atteindre les fameux 20 % de performance énergétique reste une tâche que ralentit la situation des 22 % des ménages français en situation de précarité énergétique, si l'on en croit l'INSEE. Une personne est dite en situation de vulnérabilité énergétique « lorsqu'elle éprouve dans son logement des difficultés particulières à disposer de la fourniture d'énergie nécessaire à la satisfaction de ses besoins élémentaires en raison de l'inadaptation de ses ressources ou de ses conditions d'habitat »[27]. En 2015, c'est 700.000 mille ménages français qui étaient vulnérables à la fois pour le logement et le transport.

355. Le même constat prévaut aux États-Unis. Ainsi que le font remarquer certains économistes, « les études universitaires montrent également que l'impact des taxes et réglementations sur l'énergie et l'environnement est régressif lorsqu'il est analysé sur la base du revenu annuel des ménages, car les ménages pauvres consacrent une plus grande part de leur revenu à l'énergie que les ménages aisés. »[28] En France, ce sont les ménages les plus pauvres qui

---

[24] Directive 2012/27/UE Du Parlement européen et Du Conseil du 25 octobre 2012 relative à l'efficacité énergétique, modifiant les directives 2009/125/CE et 2010/30/UE et abrogeant les directives 2004/8/CE et 2006/32/CE, page 10.

[25] Directive 2012/27/UE Du Parlement européen et Du Conseil du 25 octobre 2012 relative à l'efficacité énergétique, modifiant les directives 2009/125/CE et 2010/30/UE et abrogeant les directives 2004/8/CE et 2006/32/CE, page 2.

[26] Directive 2012/27/UE Du Parlement européen et Du Conseil du 25 octobre 2012 relative à l'efficacité énergétique, modifiant les directives 2009/125/CE et 2010/30/UE et abrogeant les directives 2004/8/CE et 2006/32/CE, page 13.

[27] N. Cochez, É. Durieux, D. Levy, « Vulnérabilité énergétique: loin des pôles urbains, chauffage et carburant pèsent fortement dans le budget », *INSEE Première*, No 1530, 08/01/2015, 4 pages.

[28] R.C. Williams III et al., "The initial incidence of a carbon tax across income groups", *National Tax Journal*, Mar. 2015, p. 197, Gale Academic Onefile, https://link-gale-

voient 15 % de leur budget en énergie affecté par cette taxe contre 6 % seulement pour les ménages les plus riches, en 2019. Une autre étude aurait consisté à évaluer l'impact de la taxe carbone par secteur : par exemple le secteur industriel comme l'Acier ou encore l'Aéronautique, l'énergie (comme l'électricité) et voir si la mise en place d'une taxe sectorielle est plus efficace que celle d'une taxe générale sur le carbone. Cependant, le risque est grand de voir que les principes de justice fiscale et d'égalité devant les charges n'étaient pas respectés, entraînant un regain de compétitivité des secteurs qui en porteront la charge par rapport à ceux qui en seront exemptés. En 2009, ce sont ces impératifs de compétitivité qui ont été évoqués pour multiplier le nombre d'exemptions dans le projet de loi français de la taxe carbone, ce qui lui a valu la censure du Conseil constitutionnel : les impératifs de justice fiscale sont donc des impératifs dans la conception de la taxe carbone.

356. C'est la prise en considération du phénomène de précarité énergétique qui pousse la France à demander aux fournisseurs d'électricité d'aider les familles en situation de vulnérabilité énergétique mais aussi de soutenir le pays dans le cadre des objectifs fixés par l'Union européenne en matière d'efficacité énergétique, notamment pour ce qui est de la production d'énergie à partir des ressources renouvelables. C'est dans cet esprit qu'une taxe, qui n'est autre que la Contribution au Service Public de l'Électricité, a été mise en place. Cette taxe suit son cours mais reste un révélateur des obstacles à une performance énergétique pleine permettant à la France d'atteindre plus rapidement ses objectifs : améliorer la consommation d'énergie, ainsi que le processus par lequel cette énergie est produite.

II - Les mesures fiscales destinées à encourager la performance énergétique chez les particuliers en France

357. L'efficacité énergétique peut très souvent être confondue avec la notion voisine d'économie d'énergie. Cette dernière désigne l'action de consommer moins d'énergie en coupant certains services ou en les réduisant. Dans l'efficacité énergétique, il ne suffit pas de réduire ou de couper le service en question. Il faut le remplacer par un autre qui consomme moins et donc moins énergivore. En somme, l'apport énergétique est le même mais le premier appareil est plus rentable que le second en ce sens que son rendement en énergie est supérieur au second appareil parce qu'il consomme moins[29]. Au

com.ezproxy.torontopubliclibrary.ca/apps/doc/A405482879/AONE?u=tplmain&sid=AONE&xid=1918d612. Accessed 25 Oct. 2019.

[29] Ressources naturelles Canada, « Principes de base de l'efficacité énergétique », *Ressources naturelles Canada*, 2019-08-28 consultable à l'adresse https://www.rncan.gc.ca/efficacite-energetique/efficacite-energetique-des-batim/gestion-de-lenergie-pour-les-bat/etapes-cles-de-la-gestion-de-len/principes-base-lefficacite-energetique/20689

Canada, les dépenses de recherche-développement en matière d'efficacité énergétique ont augmenté entre 2014 et 2018 passant de 124 millions de dollars à 279 millions de dollars. Cette hausse place le Canada comme deuxième pays au monde en matière de dépenses relatives à l'efficacité énergétique[30]. Mais les entreprises ne sont pas les seules visées par les mesures en matière d'efficacité énergétique. Il convient aussi de rappeler les mesures mises en place par les particuliers, notamment en ce qui concerne le crédit d'impôt dédié au développement durable. Mis en place depuis 2005, ce dernier permet de déduire entre 15 et 50 % des dépenses engagées pour améliorer l'efficacité énergétique comme les isolations, chaudières performantes, fenêtres à double vitrage. La mesure aurait concerné 6,2 millions de ménages français pour des dépenses fiscales estimées à 12 millions d'euros[31]. Les enjeux de l'efficacité énergétique sont d'autant plus importants en France que c'est le secteur résidentiel tertiaire qui consomme le plus d'énergie sur le plan national, soit 43 % de la consommation totale et produit plus de 23 % des émissions de CO2. Réduire les émissions de gaz à effet de serre passe forcément par un meilleur contrôle de l'énergie consommée par le secteur résidentiel. Grâce à ce crédit d'impôt développement durable, les émissions de gaz à effet de serre ont été réduites de 7,5 % pour le secteur résidentiel entre 2008 et 2010. Il faut donc continuer d'appuyer la transition écologique par des mesures fiscales incitatives[32]. C'est le prix à payer pour faire de la performance énergétique une réalité. Le ministère de la Transition écologique le rappelle d'ailleurs à juste titre. L'objectif du crédit d'impôt pour la transition écologique, initialement nommé crédit d'impôt pour le développement durable est « d'inciter les particuliers à effectuer des travaux d'amélioration énergétique de leurs logements, tout en soutenant les technologies émergentes les plus efficaces en termes de développement durable ». C'est un crédit d'impôt qui vise à promouvoir le développement durable, la responsabilité des générations actuelles de céder une planète vivable aux générations futures. Pour y arriver, il faudra réduire de 20 % les consommations d'énergie finale entre 2012 et 2030, développer de la « chaleur renouvelable à hauteur de 38 % de la consommation finale de chaleur d'ici à 2030 » et rénover l'efficacité énergétique de 500 000 logements

---

30 Le Quotidien, « La recherche et développement des technologies de l'efficacité énergétique a plus que doublé en 2018 », *Le Quotidien*, vendredi 25 septembre 2020, consultable sur le site https://www150.statcan.gc.ca/n1/daily-quotidien/200925/dq200925a-fra.htm

31 A. Mauroux, « Le crédit d'impôt dédié au développement durable : une évaluation économétrique », *Direction générale du Trésor, Économie & prévision*, 2014/1 n° 204-205, pages 89 à 117.

32 H. Guillaume, M. Ohier, S. Schlosser, « Rapport du comité d'évaluation des dépenses fiscales et des niches sociales », *Ministère de l'économie, des finances et de la relance*, 29/08/2011, page 67.

par an[33]. Ce crédit a fait l'objet de plusieurs ajustements au niveau de ses taux depuis sa création. En 2014, par exemple, il est passé de 25 % à 30 % du montant des dépenses engagées pour la contribution à la transition énergétique[34]. Que dire aussi de l'écotaxe à taux zéro, ce dispositif qui permet d'emprunter, sans condition de ressources, entre 7000 € et 30000 € pour des travaux visant à stimuler la transition énergétique. Selon l'arrêté du 30 mars 2009, pour pouvoir bénéficier de ce prêt, l'emprunteur doit justifier « d'un gain énergétique d'au moins 35 % par rapport à la consommation conventionnelle annuelle en énergie primaire avant travaux ». C'est donc un prêt sans intérêt accordé par une banque ayant signé des accords avec l'État dans le but de favoriser la performance énergétique des bâtiments[35].

Section 2 - Le financement de la transition vers les énergies vertes ainsi que de la redistribution des revenus

358. Les recettes de la taxe carbone, lorsqu'affectées à d'autres secteurs des finances publiques comme les transports en commun, les véhicules électriques, les énergies propres, la rénovation énergétique dans les bâtiments, finissent par convaincre le peuple d'une utilisation adéquate des recettes de cette taxe pour lutter contre la pollution. La transparence budgétaire qui commande d'éclairer le public sur l'indexation faite des recettes de cette taxe permettrait alors de calmer la grogne populaire et redonnerait à cette dernière toute sa légitimité. C'est bien ce qui explique le succès d'un tel dispositif dans les provinces du Canada comme la Colombie-Britannique. Une partie des recettes de la taxe carbone est redistribuée à la population, aussi bien à la classe moyenne, qu'à la classe pauvre, ou encore aux entreprises. La seconde partie de cette recette est allouée au financement des transports publics et des énergies propres[36].

---

[33] Ministère de la transition écologique, « MaPrimeRénov' », *Politiques publiques, Bâtiments et règles de construction,* 5 novembre 2020, consultable au https://www.ecologie.gouv.fr/credit-dimpot-transition-energetique-cite-et-maprimerenov

[34] S. Caudal, « Chronique de la fiscalité française de l'environnement en 2014 », *Revue juridique de l'environnement*, vol. 40, no. 2, 2015, page 338.

[35] Ministère de l'écologie, de l'énergie, du développement durable et de l'aménagement du territoire, « Arrêté du 30 mars 2009 relatif aux conditions d'application de dispositions concernant les avances remboursables sans intérêt destinées au financement de travaux de rénovation afin d'améliorer la performance énergétique des logements anciens », *Journal officiel "Lois et Décrets"* n° 0076 du 31 mars 2009, ELI: https://www.legifrance.gouv.fr/eli/jo/2009/3/31

[36] M. Perron-Langlais, « Taxe carbone: le modèle britanno-colombien est « un exemple à suivre » », *Ici.radio.canada,* 1er avril 2019 consultable à l'adresse https://ici.radio-canada.ca/nouvelle/1161880/taxe-carbone-environnement-emissions-co2-canada.

359. Par ailleurs, la question de l'efficacité énergétique de la France a été affirmée à plusieurs reprises notamment face à la question des aides illicites d'État. Cette dernière est parvenue à convaincre la Commission européenne qu'elle finançait une politique visant à garantir « l'efficacité énergétique, la lutte contre la pauvreté énergétique et le maintien de la cohésion territoriale »[37]. L'efficacité énergétique est assurée grâce à la promotion de la cogénération, c'est-à-dire, des dispositifs visant à produire et de l'électricité et de la chaleur à partir de la même source d'énergie[38]. C'est dire que la lutte contre les changements climatiques n'a, pour ainsi dire, plus de secrets pour certains scientifiques qui préconisent de capturer le carbone via les forêts et de financer les énergies vertes : « d'autres procédés qui permettraient de traiter ces rejets existent, telle la capture atmosphérique, mais leur coût est encore trop souvent prohibitif. Considérant donc que les différents secteurs utilisateurs d'énergie ont accès à des technologies d'abattement présentant des couts différents, l'objectif est : i) de déterminer quand et à quelle échelle chaque secteur doit abattre ses émissions et ii) d'expliquer en quoi l'hétérogénéité de ces secteurs modifie les sentiers optimaux de consommations d'énergie »[39].

Paragraphe 1 - Le financement des énergies renouvelables par les subventions publiques et les aides d'État

360. Le financement des énergies vertes coûte cher. Or, pour les rendre compétitives par rapport aux énergies fossiles, il faut les financer (I). Se pose dès lors la question des moyens pour arriver à les rendre plus compétitifs que les énergies polluantes sur le marché. Parmi les nombreuses pistes explorées figurent la question des aides d'État (II).

---

[37] Décision De La Commission Du 31.7.2018 Concernant L'aide D'état Sa.36511 (2014/C) (Ex 2013/Nn) Mise À Exécution Par La France Du Plafonnement De La Cspe, page 11, paragraphe 307.

[38] Décision De La Commission Du 31.7.2018 Concernant L'aide D'état Sa.36511 (2014/C) (Ex 2013/Nn) Mise À Exécution Par La France Du Plafonnement De La Cspe, page 11, paragraphe 304.

[39] J.-P. Amigues, G. Lafforgue et M. Moreaux, « Des modes de capture du carbone et de la compétitivité relative des énergies primaires », *La documentation française, « économie & prévision »*, 2016/1 n° 208-209, pages 39 à 55.

I - Le financement des énergies renouvelables : un coût plus élevé que celui des énergies fossiles

361. En posant comme problématique comment permettre à la taxe carbone de recouvrer sa légitimité on englobe aussi la question de savoir comment justifier la restauration de la taxe carbone supprimée par l'Ontario aux motifs qu'elle alourdit le fardeau fiscal des familles et des entreprises alors qu'il y a, selon la province, d'autres moyens plus efficients de lutter contre la pollution par la fermeture de cinq entreprises polluantes. Car la question de l'efficacité de la taxe carbone a été remise en cause plusieurs fois, y compris aux États-Unis. L'inconvénient, selon certains économistes, c'est qu'avec les années, les émissions de carbone s'accumulent et pour prendre en compte cette accumulation, on est obligé de hausser le taux de la taxe jusqu'à atteindre un niveau qui prenne en compte cette augmentation[40]. Ces économistes expliquent que financer les énergies renouvelables comme le vent coûte plus cher que le gaz naturel. Le capital pour financer les énergies éoliennes est trois fois plus important que celui du gaz naturel. Ce qui explique que si les investisseurs doivent choisir entre les énergies éoliennes et le gaz naturel, ces derniers se tournent naturellement vers le gaz naturel. À cause de l'ensemble des facteurs qui interviennent dans la production de l'énergie éolienne et donc des coûts de production, les investisseurs se dirigeront vers le gaz naturel car nécessitant moins de moyens pour un résultat optimal[41]. Cette taxe présente donc comme inconvénient de devoir augmenter au fil des années pour faire face à la hausse des émissions de carbone, ce qui nuira à la compétitivité des entreprises mais présente l'avantage d'être moins coûteuse que le financement fiscal des énergies vertes comme le soleil, le vent et l'eau.

362. Le conflit Tagament est la preuve que les énergies renouvelables coûtent cher par rapport aux énergies classiques, ce qui nécessitera forcément des subventions de la part de l'État. Les fonds proviendraient des recettes de la taxe carbone, justifiant une fois de plus la thèse selon laquelle la taxe carbone est le meilleur instrument de lutte contre le changement climatique parce qu'elle fournit les fonds nécessaires à la transition écologique. Tagament est un village situé dans le parc naturel du Montseny, près de Barcelone. La localité a connu plusieurs épisodes d'exodes ruraux, d'abandons de ferme et de problèmes d'électricité : elle se situe pourtant à 40 kilomètres de Barcelone. Pour résoudre les problèmes d'électricité, l'administration locale lance, en 1994, un plan d'électrification par le système photovoltaïque. Entre 1995 et 2000, trente-deux fermes isolées ont été alimentées en énergie photovoltaïque, ce qui représente près de 30 % des

[40] G. E. Metcalf, « Tax Policies for Low-Carbon Technologies », *National Tax Journal*, Vol. 62, No. 3, Tax Policy and The Economic Recovery, September 2009, p. 528.
[41] G. E. Metcalf, «Tax Policies for Low-Carbon Technologies », *National Tax Journal*, Vol. 62, No. 3, Tax Policy and The Economic Recovery, September 2009, p. 527.

fermes habitées[42]. Cependant, à Tagamanent, le souhait était d'étendre le réseau électrique plutôt que celui de l'énergie solaire, ce qui a suscité le désaccord des habitants de Tagament. Une association à but non lucratif, Associacio de Serveis Energetics Basics Autonoms, avait organisé l'installation de systèmes photovoltaïques hors réseau dans les foyers isolés, et s'était engagée à fournir une supervision technique, une assurance et une maintenance gratuite, en échange d'une redevance mensuelle d'environ 20 euros par mois. L'administration locale du site a payé 45 % des frais d'installation et la société photovoltaïque a financé 34 % des installations, en utilisant les subventions du Gouvernement espagnol, ainsi que celles de l'Union européenne. Toutefois, la quantité d'énergie photovoltaïque installée était insuffisante pour couvrir les besoins d'électricité dans les mois d'hiver, ce qui a prolongé le conflit entre le maire, soutenu par la plupart des propriétaires de fermes (en faveur de l'extension du réseau d'électricité classique) et l'administration locale (en faveur de l'énergie photovoltaïque). Les propriétaires de ferme voyaient dans la mise en place du réseau électrique, une occasion d'ouvrir un autre commerce, comme un restaurant et la possibilité de faire réévaluer à la hausse, la valeur de leur ferme. Néanmoins, tous n'étaient pas de cet avis. Beaucoup avaient pris une résidence secondaire dans cette localité pour être plus proche de la nature et l'option de l'énergie solaire leur paraissait plus soucieuse des préoccupations environnementales[43]. Outre l'amour pour la nature, la conclusion la plus intéressante reste sans doute que l'énergie photovoltaïque dans ce village était moins chère que l'électricité parce qu'elle avait été subventionnée. C'est ce que tentent d'illustrer ces chercheurs en économie selon lesquels les marchés où les énergies renouvelables sont déjà compétitifs par rapport aux énergies traditionnelles, comme le photovoltaïque pourrait contribuer à élargir le marché de l'énergie solaire, par le biais des économies d'échelle et les investissements dans la recherche[44].

363. L'énergie solaire nécessite le recours à des batteries pour la stocker, lesquelles doivent être changées régulièrement, ce qui pose encore le problème du recyclage de ces batteries et de la durée de stockage de l'énergie. Plusieurs économistes conseillent par conséquent l'utilisation de l'énergie solaire pour les foyers résidentiels à basse consommation d'énergie. Selon cette étude menée en Espagne, c'est grâce aux subventions publiques que la

---

[42] G. Munda, D. Russi, « Social Multicriteria Evaluation of Conflict over Rural Electrification and Solar Energy in Spain », *Environment and Planning C: Government and Policy*, vol. 26, 4: pp. 712-727, First Published January 1, 2008.

[43] G. Munda, D. Russi, « Social Multicriteria Evaluation of Conflict over Rural Electrification and Solar Energy in Spain », *Environment and Planning C: Government and Policy*, vol. 26, 4: pp. 712-727, First Published January 1, 2008.

[44] G. Munda, D. Russi, « Social Multicriteria Evaluation of Conflict over Rural Electrification and Solar Energy in Spain », *Environment and Planning C: Government and Policy*, vol. 26, 4: pp. 712-727, First Published January 1, 2008.

consommation d'énergie solaire s'est avérée moins coûteuse que la consommation en électricité. Enfin et pour éviter des conflits, il est nécessaire que l'énergie solaire fournie soit importante et suffisamment longue pour éviter des coupures. Trois leçons peuvent donc être tirées de cette expérience en matière de financement des énergies renouvelables : la première, c'est de diriger les énergies propres vers les foyers résidentiels. La seconde, serait de subventionner l'achat de l'énergie solaire par les foyers résidentiels de sorte à en baisser le prix. La troisième, c'est de prévoir une enveloppe budgétaire importante pour que l'énergie solaire soit constamment fournie aux foyers résidentiels. Cette enveloppe budgétaire proviendrait de la taxe carbone. Enfin, la possibilité d'organiser le partage de l'énergie solaire en réseau permet d'en acheter en hiver, quand la demande est élevée et de la revendre en été. Ce qui pourrait même donner lieu à un marché : celui de l'achat et de la vente de l'énergie solaire, fonctionnant de la même manière que le marché d'émission de Gaz à effet de serre. Il s'agit là d'une méthode de lutte contre le réchauffement climatique qui permettrait aux contribuables de voir les retombées de leur contribution à la lutte contre le réchauffement climatique et qui redonnerait plus de légitimité à la taxe carbone. Une fois de plus, le respect des principes budgétaires est crucial. Selon Hydro-Québec cependant, « bien que ce soit possible, il n'est présentement pas réaliste de viser à être totalement autonome et à se priver de l'accès au réseau d'Hydro-Québec, à moins de posséder une maison très écoénergétique et de réduire sa consommation d'électricité au minimum. Les principaux défis des personnes qui aspirent à le faire sont la puissance de certains appareils énergivores et l'espace nécessaire pour l'installation des panneaux solaires. Par exemple, il faut jusqu'à 70 panneaux solaires pour répondre à la demande d'énergie d'une maison moyenne. Or, l'espace nécessaire pour l'installation de 70 panneaux solaires représente l'équivalent des deux tiers d'un terrain de tennis, soit souvent plus que la surface du toit »[45]. Il est donc aisé de comprendre que la transition écologique totale prendra du temps. Ce temps devra être consacré à limiter les gaspillages des recettes de la taxe carbone pour les réinvestir dans le développement des énergies propres qui prendront plusieurs décennies avant de supplanter les énergies polluantes.

II - Les aides d'État au secours de la transition énergétique

364. Il existe des surcouts que les fournisseurs d'électricité sont obligés de supporter dans le cadre de leur mission de service public. Ces surcouts sont énumérés par l'une des entreprises phares de la fourniture d'électricité en

[45] Voir le site internet suivant : https://www.hydroquebec.com/solaire/couts.html

France, en l'occurrence, EDF (Électricité de France). Sur son site internet[46], l'entreprise rappelle qu'ils peuvent résulter des mécanismes de soutien aux énergies renouvelables et à la cogénération[47], aux mécanismes visant à appliquer les mêmes tarifs aux zones non connectées et éloignées comme la Corse ainsi que du soutien profitant aux ménages précaires. Ces surcouts sont financés par une taxe prélevée par l'État, sur le consommateur final et dénommée CSPE, acronyme pour Contribution au Service Public de l'Électricité[48]. Ce sont les fournisseurs qui la collectent auprès des consommateurs et la reversent aux douanes françaises. Lorsque les fournisseurs supportent des surcouts, une compensation leur est reversée par la Caisse des Dépôts et Consignation[49]. De plus, les "auto-consommateurs, les grands consommateurs d'électricité et les consommateurs électro-intensifs" comme Air Liquide, EDF, la RATP, la SNCF, l'Union des Industries Utilisatrices d'Énergie (UNIDEN) bénéficient d'une réduction de la Contribution au Service Public de l'électricité. Par lettre du 27 mars 2014, la Commission européenne avait notifié à la France ses doutes quant à la compatibilité de cette aide par rapport au marché intérieur. Selon la commission, il s'agit d'une aide sélective accordée uniquement à certains acteurs économiques et financées par des ressources étatiques : accorder des réductions à ces entreprises par rapport à la taxe sur la Contribution au Service Public de l'électricité revenait à renoncer à des ressources étatiques pour aider ces entreprises ce qui pouvait être requalifié en aide d'État et risquerait

---

[46] EDF, « Évolution de la contribution au service public de l'électricité (CSPE) au 1er janvier 2021 », *EDF-Décryptage du marché de l'énergie,* 05 jan. 2021, consultable sur le site internet : https://www.edf.fr/entreprises/le-mag/le-mag-entreprises/decryptage-du-marche-de-l-energie/evolution-de-la-contribution-au-service-public-de-l-electricite-cspe-au-1er-janvier-2021.

[47] M. Langlois-Berthelot, J.-M. Biren, Th. Revial, Ph. Dumas, « Rapport sur les installations de cogénération sous obligation d'achat », *Ministère de l'économie, des finances et de l'industrie*, n° 01/2007, 72 pages consultable en ligne à l'adresse https://www.entreprises.gouv.fr/files/files/directions_services/secteurs-professionnels/etudes/rapportcogeneration.pdf. Les installations de cogénération permettent de générer à la fois de l'électricité et de la chaleur (d'ou le terme co-générer) à partir d'une seule source d'énergie. Ce qui permet de faire des économies d'énergie et de baisser simultanément les émissions de CO_2.

[48] "La CSPE est une taxe qui contribue au service public de l'électricité. Elle porte sur toute livraison d'électricité acheminée vers un consommateur final. La CSPE est définie à l'article 266 quinquies C du code des Douanes… Sont redevables de la CSPE : les fournisseurs d'électricité, c'est-à-dire les entreprises qui achètent ou produisent de l'électricité dans le but de la revendre à un consommateur final ; les personnes qui produisent de l'électricité et l'utilisent pour leurs propres besoins. Les fournisseurs d'électricité collectent la CSPE puis la reversent à la Douane française. Les fournisseurs, en addition du prix de vente de l'électricité, sont tenus d'afficher distinctement le montant de la CSPE" : https://www.economie.gouv.fr/entreprises/contribution-service-public-electricite-cspe

[49] Décision De La Commission Du 31.7.2018 Concernant L'aide D'état Sa.36511 (2014/C) (Ex 2013/Nn) Mise À Exécution Par La France Du Plafonnement De La Cspe, page 4, paragraphe 14.

d'entrainer une « distorsion de concurrence entre États membres »[50]. Une telle aide, selon la commission, n'a pas d'effet négatif sur l'environnement d'autant qu'elle est prélevée sur l'énergie non renouvelable comme le Gaz pour financer les énergies renouvelables comme l'énergie éolienne terrestre[51]. La commission note cependant que l'exonération accordée par la France n'est pas forcément incompatible avec les règles de l'article 107, paragraphe 3, point c), du Traité Fondateur de l'Union européenne selon lequel : « peuvent être considérées comme compatibles avec le marché intérieur... les aides destinées à faciliter le développement de certaines activités ou de certaines régions économiques, quand elles n'altèrent pas les conditions des échanges dans une mesure contraire à l'intérêt commun ». La commission remarque aussi qu'il existe un projet de révision des lignes directrices du traité de 2008 ayant rappelé qu'il peut être coûteux de financer les énergies renouvelables et que certaines exonérations sont nécessaires pour compenser le surplus lié au soutien à ces énergies renouvelables. Les aides ainsi accordées par les États seront analysées à la lumière des lignes directrices de ce projet, entré en vigueur le 1er juillet 2014. Le paragraphe 184 des lignes directrices de 2014 rappelle que pour s'assurer que les aides serviront au financement des énergies renouvelables, les couts supplémentaires supportés par les fournisseurs d'électricité seront liés à la production à partir des énergies renouvelables ou au soutien à ces mêmes sources d'énergie, ce que la France est parvenue à démontrer[52]. La commission reproche cependant à la France d'avoir manqué à son obligation de notification de la mesure et d'avoir établi des critères de sélection des entreprises pouvant bénéficier de l'exonération. Qui plus est, ces entreprises se trouvent en concurrence avec d'autres appartenant aux États membres de l'Union européenne, ce qui constitue une distorsion de concurrence et lui vaut une requalification de l'exonération ainsi accordée à EDF et à ses semblables, d'aide d'État pour la quote-part de « CSPE octroyées à l'autoconsommation d'électricité qui n'est pas destinée à produire de l'électricité et produite à partir d'autres sources que les énergies renouvelables et la cogénération à haut rendement »[53]. La Commission européenne reconnait qu'il y a, dans la politique énergétique française, la poursuite d'un objectif

---

[50] Décision De La Commission Du 31.7.2018 Concernant L'aide D'état Sa.36511 (2014/C) (Ex 2013/Nn) Mise À Exécution Par La France Du Plafonnement De La Cspe, page 11, paragraphe 49 et 50.

[51] Décision De La Commission Du 31.7.2018 Concernant L'aide D'état Sa.36511 (2014/C) (Ex 2013/Nn) Mise À Exécution Par La France Du Plafonnement De La Cspe, page 11, paragraphe 52.

[52] Décision De La Commission Du 31.7.2018 Concernant L'aide D'état Sa.36511 (2014/C) (Ex 2013/Nn) Mise À Exécution Par La France Du Plafonnement De La Cspe, page 11, paragraphe 257.

[53] Décision De La Commission Du 31.7.2018 Concernant L'aide D'état Sa.36511 (2014/C) (Ex 2013/Nn) Mise À Exécution Par La France Du Plafonnement De La Cspe, page 11, paragraphe 216.

d'intérêt commun : l'efficacité énergétique, la lutte contre la pauvreté énergétique et le maintien de la cohésion territoriale[54].

365. Dans un communiqué de presse allant en ce sens, la commission a décidé que les aides d'État accordées par la France en faveur de la construction de six parcs éoliens étaient compatibles avec les règles de l'Union européenne, dans la mesure où ces dernières permettaient à la France de réduire ses émissions de Co2 conformément à la politique climatique et énergétique de la France, d'atteindre ces objectifs de réduction des émissions de Co2 sans fausser injustement le jeu de la concurrence, c'est-à-dire qu'il n'existe pas de surcompensation versée aux bénéficiaires de l'aide[55].

Paragraphe 2 - La hausse des revenus de la classe moyenne par un remboursement d'impôt et un allégement des charges salariales

366. Il a été question de faire baisser les émissions de CO2 tout en favorisant la hausse du taux d'emploi par la création d'industries résolument tournées vers les énergies propres : l'énergie solaire, l'éolien ou encore les hydrocarbures sans oublier la biomasse pour ne citer qu'eux (I). Parmi les stratégies de financement d'un projet d'une telle envergure, la taxe sur les véhicules les plus polluants apparait comme une piste sérieuse de réflexion. Pour la rendre acceptable, il est question de prendre en compte les revenus des ménages les plus pauvres parce que ces derniers habitent souvent loin des zones urbaines et que la voiture est parfois le seul moyen de déplacement. Une prime à la mobilité devrait alors corriger l'hiatus (II).

I - L'objectif ambitieux de la hausse du taux d'emploi par une réduction des émissions de gaz à effet de serre

367. « Tout impôt inutile est une atteinte contre la propriété, d'autant plus odieuse, qu'elle s'exécute avec toute la solennité de la loi, d'autant plus révoltante que c'est le riche qui l'exerce contre le pauvre, l'autorité en armes contre l'individu désarmé. Tout impôt, de quelque espèce qu'il soit, a toujours une influence plus ou moins fâcheuse : c'est un mal nécessaire ; mais comme tous les maux nécessaires, il faut le rendre le moins grand qu'il est possible.

---

[54] Décision De La Commission Du 31.7.2018 Concernant L'aide D'état Sa.36511 (2014/C) (Ex 2013/Nn) Mise À Exécution Par La France Du Plafonnement De La Cspe, page 11, paragraphe 307.

[55] Commission européenne, « Aides d'État: la Commission autorise des mesures de soutien en faveur de six parcs éoliens offshore en France », *Communiqué de presse*, Bruxelles, 26 juillet 2019 consultable à l'adresse https://ec.europa.eu/commission/presscorner/detail/fr/IP_19_4749.

Plus on laisse de moyens à la disposition de l'industrie des particuliers, plus un État prospère. L'impôt, par cela seul qu'il enlève une portion quelconque de ces moyens à cette industrie, est infailliblement nuisible »[56]. Plusieurs solutions ont été proposées pour réduire les émissions de gaz à effet de serre : elles vont des prélèvements fiscaux aux incitations de même nature comme les subventions d'État. L'utilisation des énergies renouvelables comme l'eau, le soleil ou le vent font progressivement leur chemin. Très peu de pistes de réflexion font état de la réduction du temps de travail pour faire baisser la consommation d'énergie dans les bureaux. Une étude a été pourtant réalisée en Suède et les résultats obtenus dans ce pays indiquent qu'une baisse du temps de travail de 1 % entraine une réduction des émissions de gaz à effet de serre de 0.8 % et qu'une semaine de travail de 30 heures réduirait la demande en énergie[57]. À l'heure où le Canada cherche à stimuler sa croissance économique par la consommation des ménages, entre autres, il est difficile d'imaginer une réduction du temps de travail et donc des revenus. Une solution de compromis a été proposée par certains économistes : « déplacer le fardeau fiscal du travail et du revenu - en réduisant les prélèvements sur la masse salariale et le revenu - vers les émissions de Gaz à effet de serre, en taxant ceux-ci à travers des instruments tels que la taxe carbone. Ceci permet de réduire les émissions de gaz à effet de serre et de créer des emplois ». Mieux encore, une étude faite aux États-Unis en 2014 révèle qu'un investissement de 200 millions par an dans des énergies renouvelables pourrait permettre de réduire les émissions de gaz à effet de serre de 40 % pour 2030 et générer 2,7 millions d'emplois supplémentaires. 1,5 million d'emplois seront perdus dans les secteurs à forte intensité énergétique mais 4,2 millions d'emplois supplémentaires seront pourvus dans le secteur des biens et services environnementaux ainsi que leur chaine d'approvisionnement. La baisse du taux de chômage créée par une telle dynamique serait de 1.5 % en 2030, passant de 6,5 % à 5 %. L'emploi mondial hausserait quant à lui de 2 %, avec de nouvelles créations estimées entre 15 et 60 millions. Une dynamique de croissance du PIB s'observerait dans des pays émergents comme le Brésil, la Chine et l'Afrique du Sud, portée par les investissements effectués dans les énergies vertes[58]. Le défi sera donc de supprimer les énergies polluantes, de reclasser les chômeurs qui seront affectés par cette suppression et enfin de mettre en mouvement les énergies propres. Une énergie propre aussi appelée énergie verte, est une énergie que l'on trouve dans la nature (l'eau, le soleil, le vent) alors qu'une énergie renouvelable, comme son nom l'indique, a la

[56] B. Constant, *Principes de politique*, ARTFL database, Bibliography of texts, 1984, page 58.

[57] J. Nässén, J. Larsson, « Would shorter working time reduce greenhouse gas emissions ? An analysis of time use and consumption in Swedish households », *Environment and Planning C: Government and Policy*, vol. 33, 4: pp. 726-745. , First Published January 1, 2015.

[58] P. Poschen, M. Renner, « Protecting the environment can go hand in hand with economic prosperity and job opportunities », *IMF Washington, Finance & Development*, December 2015 p.16.

capacité de se renouveler après sa consommation. C'est cette énergie qui fait l'objet de toutes les attentions de la part des chercheurs français : l'objectif étant de remplacer la dépendance aux énergies polluantes et chères parce que non renouvelables par les énergies propres, renouvelables et accessibles parce que disponibles dans la nature. Certains économistes notent ainsi, concernant le cas américain que : « moins de 25 ans après l'adoption de la taxe sur le carbone, les émissions annuelles de CO2 sont inférieures de 20 % au niveau de base. L'utilisation des revenus pour une réduction de l'impôt sur le capital est très différente des autres politiques de recyclage des revenus. Les taux d'investissement, l'emploi et les salaires, ainsi que le PIB global sont nettement plus élevés. Ainsi, l'adoption d'une taxe sur le carbone et la réduction des taxes auraient le double objectif de réduire les émissions de carbone et une hausse de l'emploi et de l'économie »[59]. C'est ainsi que les ingénieurs français comme Yves Martin font remarquer que : « 38 % de nos prélèvements obligatoires sont aujourd'hui assis sur les salaires (cotisations sociales, taxe sur les salaires, taxe d'apprentissage, 1 % logement, versement transport...) et 3,5 % seulement sur l'énergie fossile (taxe sur les carburants) », ce qui donne le sentiment d'être en face d'une politique fiscale défavorable à l'emploi. « À prélèvements obligatoires constants, une taxe sur l'énergie non renouvelable, dont la croissance serait progressive et programmée, permettrait de réduire les prélèvements assis sur les salaires, remplaçant une incitation à économiser la main-d'œuvre (et donc à créer du chômage) par une incitation à économiser l'énergie non renouvelable, avec un résultat doublement bénéfique : maîtriser le climat au moindre coût et réduire nos coûteuses importations d'énergie fossile »[60]. Le message a été relayé dans un rapport adressé au Conseil des prélèvements obligatoires, les auteurs faisant remarquer que : « baisser les cotisations sociales employeurs en contrepartie d'une hausse de la taxe carbone permet de réduire le coût du travail et donc d'augmenter l'emploi et/ou d'améliorer la compétitivité de l'ensemble des entreprises. Cela favorise les secteurs intensifs en main d'œuvre. L'impact sur l'emploi est d'autant plus favorable que la baisse est ciblée sur les bas salaires »[61].

368. La plupart des économistes de l'OCDE sont d'accord pour reconnaitre que les secrets d'une taxe carbone reposent sur deux éléments : un mécanisme

---

[59] W. J. McKibbin, A. C. Morris, P. J. Wilcoxen, Y. Cai, « Carbon Taxes and U.S. Fiscal Reform », *National Tax Journal 2015*, 68, issue 1, p. 139-156.

[60] Y. Martin, M. Rocard, « Taxe carbone. Article publié le 9 janvier 2010 dans le journal Le Monde », *Annales des Mines - Responsabilité et environnement*, 2012/1 (n° 65), p. 59-60. DOI : 10.3917/re.065.0059. URL : https://www.cairn.info/revue-responsabilite-et-environnement1-2012-1-page-59.htm.

[61] G. Callonnec, M. Combaud, « Les effets macroéconomiques et environnementaux de la fiscalité carbone », *Rapport adressé au Conseil des prélèvements obligatoires*, juin 2019, page 32, paragraphe 77 et consultable sur le site https://www.ccomptes.fr/system/files/2019-09/20190918-rapport-particulier4-CPO-fiscalite-environnementale.pdf

de taxation qui commence avec des taux de taxe extrêmement bas quitte à les hausser progressivement et ensuite une redistribution des revenus aux ménages. C'est ainsi qu'Helen Mountford, directrice de la Word Ressources Institute, organisation regroupant plus de 60 pays et 1000 experts dans le domaine de l'environnement et du développement, note que « la Colombie-Britannique a mis en place une taxe sur le carbone neutre en termes de revenus en 2008, rapportant 962 millions de dollars de revenus aux citoyens en 2017 sous la forme de remises fiscales. L'analyse a montré que les ménages à revenu faible ou intermédiaire sont mieux lotis avec cet impôt qu'ils ne le seraient sans lui. À l'avenir, la province affectera une partie des revenus à des initiatives climatologiques telles que les améliorations écoénergétiques ».

II - La prise en charge des laissés pour compte de la transition énergétique

369. Finalement le compromis entre réduction des émissions de CO2 et la hausse des salaires des employés, c'est la prime à la mobilité : les 400 euros que le gouvernement français a promis d'attribuer aux salariés utilisant le vélo ou les transports en commun. C'est l'urgence climatique et la nécessité de diversifier les transports en commun qui conduit l'Assemblée nationale et le Sénat à se pencher sur le projet de loi « Orientation des mobilités ». Les ambitions que révèlent ce projet sont grandes : « encourager les modes de transport peu polluants, notamment les mobilités actives (vélo, marche), les véhicules à faibles émissions et le transport fluvial, permettre de mieux réguler les nouvelles mobilités, en autorisant les collectivités locales à soumettre les services de free-floating - trottinettes, vélos, scooters- à un nouveau régime d'autorisation préalable faire bénéficier les salariés d'une prise en charge cumulée de leurs frais de transports en commun, en covoiturage et à vélo, dispenser l'enseignement du vélo dans les établissements du premier degré à compter de 2022 »[62]. Le projet de loi prévoit même la fin de la vente des véhicules à énergie fossile (essence, diesel, gaz naturel) pour 2040. Avec l'enseignement du vélo obligatoire dès 2022 et la prime de 400 euros versée aux salariés venant à vélo au travail, exonérés de charge pour les employeurs[63], l'exercice physique rejoint la lutte contre le changement climatique et la hausse des revenus des salariés : une population moins pauvre, en bonne santé parce que pratiquant une activité physique, le tout dans un

---

[62] Vie publique, « Loi du 24 décembre 2019 d'orientation des mobilités », *Vie publique*, 26 décembre 2019, consultable sur le site internet https://www.vie-publique.fr/loi/20809-loi-du-24-decembre-2019-dorientation-des-mobilites-lom

[63] Th. Bregardis, « La loi mobilité promet des débats animés », *Ouest-France*, Lorient, Actu, page 6.

cadre soucieux des préoccupations environnementales[64]. De quoi ressusciter les provinces, les campagnes ou la paysannerie, considérées comme mortes ou encore perdues dans l'oubli du fait de cette hyper-carbonisation de l'industrie nouvelle : « nous avons perdu l'émerveillement. De Virgile jusqu'à la naissance du moteur, il nous habitait. Mais depuis, nous avons changé de civilisation : de leur naissance à leur mort, certains individus n'auront vécu que dans le béton, le bitume, le gaz carbonique. Des saisons, ils ne connaîtront que les feuilles qui tombent de quelques arbres qui restent dans la rue. Il s'agit d'une véritable rupture anthropologique et ontologique : la fin des campagnes, la mort de la province et de la paysannerie au profit d'une hyper cérébralisation. Le vrai problème n'est pas l'oubli de l'être, comme disait Heidegger, mais l'oubli des étants qui constituent le Cosmos »[65].

370. Une étude menée en 2018 par l'économiste Chad Lawley révèle qu'une taxe sur le carbone de 5 cents le litre permettrait de réduire la consommation d'essence de 8 %. Selon ce dernier, les ménages résidant à Vancouver et dans d'autres villes ont réagi à la taxe sur le carbone, alors que les ménages des petites villes et des zones rurales n'ont pas répondu à l'enquête[66]. Finalement, la meilleure manière de lutter contre l'oubli serait d'encourager la participation de ces campagnes à la lutte contre le changement climatique d'abord en continuant de promouvoir l'utilisation de moyens de transport moins polluants ensuite en informant régulièrement les communautés locales des retombées positives et concrètes de l'utilisation de cette taxe. Plusieurs inquiétudes se posent, à commencer par la possibilité de continuer à utiliser le véhicule face à un prix de l'essence de plus en plus haut. Si pour les zones à forte densité, le recours au transport public s'avère salutaire pour désengorger la circulation, c'est dans les provinces et les campagnes, là où plusieurs services publics de proximité ont été fermés pour des soucis de rentabilité que la question se pose. Ainsi que le note Anne-Laure Chouin, chroniqueuse chez France Culture « tout le monde, et notamment les ménages les plus modestes, n'a pas la capacité de mobiliser une forte somme d'argent pour changer son véhicule » et acheter une voiture électrique[67].

---

[64] L. Equy, « Trottinettes électriques. Enfin une régulation Infrastructures. 500 millions à trouver. Véhicules thermiques fin de la vente d'ici 2040. «Prime Mobilité». Vers une obligation ? », *Libération*, Lundi 3 juin 2019, no. 11819 disponible à l'adresse https://www.liberation.fr/france/2019/06/02/trottinettes-electriques-enfin-une-regulation-infrastructures-500-millions-a-trouver-vehicules-therm_1731259

[65] M. Onfray, *Conversations françaises*, Sous la direction de Vincent Trémolet de Villers, éd. Les éditions du Cerf, 2016, 304 pages.

[66] C. Lawley, V. Thivierge, « Refining the evidence: British Columbia's carbon tax and household gasoline consumption », *The Energy Journal*, 2018, Volume 39, Pages 147 – 171.

[67] A.-L. Chouin, « Taxe carbone : les raisons d'un échec », *Actualités, La Bulle Economique*, 16/03/2019, consultable sur le site de France Culture au https://www.franceculture.fr/emissions/la-bulle-economique/taxe-carbone-les-raisons-dun-echec

371. Ce qui donne l'impression que les laissés-pour-compte de la transition énergétique seront encore les pauvres et la classe moyenne. Lorsque le fardeau de cette taxe aura fini de ponctionner le budget énergie de ces ménages les plus modestes (17 % des ménages les plus pauvres verront leurs budgets amputés par cette taxe carbone contre 5 % des ménages les plus riches), il ne leur restera plus que l'option du « vélo, du train, ou même du covoiturage ».

372. La lutte contre le changement climatique s'est intéressée de très près aux villes, pays ou province ayant réussi le mieux en la matière. La doctrine cite volontiers la province de la Colombie-Britannique au Canada, l'État de la Californie aux États-Unis ou encore la Suède, pays scandinave s'étant lancé très tôt dans la lutte contre le changement climatique. En France pourtant, certaines régions ont réussi à faire baisser leurs émissions de Gaz à effet de Serre de façon considérable. Il en est ainsi de la région Centre-Val de Loire qui entre 2008 et 2016 réduit de 60 % son dioxyde de soufre (SO2), 30 % ses oxydes d'azote et 23 % pour ses particules en suspension. Le secret d'une telle réussite repose sur le développement des énergies renouvelables, soit une hausse de 54 % par rapport au niveau de 2008[68]. C'est la filière de la biomasse qui permet de tirer vers le haut, la production d'énergie renouvelable, soit une hausse de 8 % enregistrée en l'espace d'une année de l'énergie produite à partir du bois et du biogaz[69]. La biomasse représente 67 % de l'énergie renouvelable dans cette région, devant l'éolien : 23 %.

373. C'est en ciblant les sources d'énergies polluantes que la France parviendra à réduire ses émissions de Gaz à Effet de Serre. Le message semble avoir été passé en Auvergne : les autorités ayant décidé d'encourager la réduction de l'usage du véhicule particulier qui serait le premier responsable de la pollution dans cette localité. Selon l'INSEE, 50 % de la pollution serait imputable à ces voitures. La stratégie pour arriver à un résultat satisfaisant serait donc d'encourager l'utilisation des moyens de transport en commun, le covoiturage ou encore le vélo et la marche. De plus, « le taux de recours à la voiture est de 73 % au sein de l'aire urbaine de Clermont et proche de 81 % dans les autres grandes aires. Une baisse de ce taux d'au moins 10 points serait nécessaire pour réduire de 10 % les émissions de CO2 de chaque aire urbaine, soit globalement 4 % du volume régional »[70]. La lutte contre le changement climatique nécessite donc une remise en cause profonde des habitudes, des

---

[68] A. Sampedro-Lopez, C. Flambard, A. Yahyaoui: « Transversalité atmosphérique : des émissions de polluants en baisse », *Insee Conjoncture Centre-Val de Loire* n° 25, juin 2019, page 24.

[69] A. Sampedro-Lopez, C. Flambard, A. Yahyaoui: « Transversalité atmosphérique : des émissions de polluants en baisse », *Insee Conjoncture Centre-Val de Loire* n° 25, juin 2019, page 24.

[70] G. Burel, M. Gauvin, « Déplacements quotidiens et émissions de CO2 : Les enjeux de la mobilité durable en Auvergne », *Insee Auvergne - La Lettre*, No 89, Paru le 18/04/2013, page 4.

manières de se déplacer, de se vêtir ou encore de se nourrir. Or, c'est en cela qu'elle devient problématique : déranger des habitudes lourdement ancrées pour proposer d'autres modes de vie, qui ne sont pas toujours du gout des concernés. Sans financement ni moyens pour accompagner une telle transition, la lutte contre le changement climatique prendra encore plus de temps. Il est donc impératif d'offrir à chaque personne concernée par ce problème, la possibilité et les moyens financiers de suivre la mouvance écologique, ce qui ne peut se faire qu'avec des moyens financiers et donc une taxe carbone[71].

374. La transition énergétique ne les laisse cependant pas sans ressources. Anne-Laure Chouin suggère de redistribuer les recettes de la taxe carbone aux ménages (9 milliards à peu près) et de réinvestir dans les transports ferroviaires, la rénovation énergétique, les recharges électriques ou encore les pompes à oxygène. Parce qu'il s'agit d'une transition énergétique, il convient, chaque année, d'allouer une partie des recettes de la taxe carbone au financement de ces énergies, jusqu'à ce que la transition totale se fasse. Les énergies polluantes et les énergies vertes se côtoieront, les unes financées par les autres jusqu'à atteindre les seuils fixés par l'accord de Paris en matière d'émission de Carbone.

---

[71] « Les déplacements quotidiens sont à l'origine d'une part importante des rejets de gaz à effet de serre, en particulier de dioxyde de carbone (CO2). En Auvergne, la structuration de l'espace favorise les trajets courts. Ainsi, par navetteur, les déplacements quotidiens pour se rendre sur son lieu de travail ou d'études sont moins émissifs en CO2 que dans l'ensemble des régions de province. En revanche, la présence de voies rapides accentue à distance égale les rejets. En outre, les émissions augmentent avec la poursuite de l'étalement urbain et ses corollaires, l'allongement des distances domicile-travail et une utilisation toujours très forte de l'automobile. Le développement du covoiturage et de modes alternatifs à la voiture, comme les transports en commun ou le vélo, font partie de la panoplie des politiques publiques pouvant contribuer à réduire les émissions de CO2 dues aux déplacements pendulaires » (Déplacements quotidiens et émissions de CO2 : les enjeux de la mobilité durable en Auvergne, *Insee Auvergne - La Lettre*, N° 89, Paru le 18/04/2013, résumé.

Conclusion du titre 2

375. L'apport de la doctrine économique dans la lutte contre les changements climatiques est désormais incontestable, ne serait-ce qu'à travers l'application du principe pollueur-payeur. Ce dernier est apparu, selon des spécialistes en aménagement du territoire, dans les recommandations de l'OCDE des années 70 et commande « que les couts des mesures de prévention et de lutte contre la pollution soient imputés désormais au pollueur, étant entendu bien évidemment que ces couts puissent être répercutés dans les prix des biens et services à l'origine de la pollution ». C'est cet esprit qui pousse à intégrer un coût supplémentaire dans les biens et services principalement responsables du réchauffement climatique : les énergies fossiles[72]. Si d'un point de vue de la théorie économique, internaliser les couts des dommages environnementaux dans le prix des principaux biens à l'origine de la pollution reste le meilleur moyen de réduire les émissions de CO2, il n'en demeure pas moins que dans la réalité, l'application de ce principe allait vite se heurter à des soucis de compétitivité : pourquoi, au nom d'impératif écologique, le prix de cette taxe se répercuterait sur les entreprises locales et non sur les entreprises étrangères menaçant ainsi le tissu économique français : réconcilier le commerce et le climat était devenu un impératif. Pendant ce temps, la lutte contre les changements climatiques progressait et les accords, notamment ceux de Paris, allaient obliger les États à prendre des décisions pour honorer leurs engagements. Il fallait chercher des résultats crédibles et c'est vers la sempiternelle classe moyenne et pauvre qu'allait peser le poids de la taxe carbone, entraînant une révolte sociale et fiscale sans précédent en France : la crise des gilets jaunes. Les motifs ayant présidé à ce mouvement se résume en quelques mots : absence de justice et opacité budgétaire. Les solutions à ce problème allaient être encore juridiques : veiller au respect des principes de justice fiscale dans le prélèvement des recettes de la taxe carbone : s'assurer d'une plus grande transparence budgétaire, c'est-à-dire d'une information accrue quant à l'utilisation faite de ses recettes, l'idéal étant une consultation préalable du public sur les modalités d'utilisations souhaitées : en somme plus de transparence. De l'autre côté de l'atlantique, au Canada, l'État fédéral, toujours dans le souci du respect des accords de Paris de 2015[73], avait entamé une consultation avec les provinces afin de mettre en place une taxe minimale de 10 dollars la tonne de CO2, dès 2018, qui hausserait de 10 dollars chaque année afin d'atteindre les 50 dollars la tonne de CO2. Pour les mêmes raisons de justice fiscale, notamment avancées dans

---

[72] S. Frère, H. J. Scarwell, *Éco-fiscalité et transport durable: entre prime et taxe* ?, Presses universitaires du Septentrion, mars 2011, Chapitre 4, page 137 à 160.

[73] Voir le site internet suivant : https://ec.europa.eu/clima/policies/international/negotiations/paris_fr

le procès opposant le gouvernement fédéral à la province de l'Ontario, c'est-à-dire, le souci d'éviter de faire peser cette taxe sur les familles et les entreprises, la taxe carbone fédérale fait l'objet d'une contestation judiciaire par quatre provinces : la Saskatchewan, l'Ontario, le Nouveau-Brunswick et le Manitoba. Les cours provinciales donnent raison au gouvernement fédéral : la taxe carbone est un minimum en matière de lutte contre le changement climatique laissant la liberté aux provinces d'atteindre ou de dépasser ce prérequis. Le Nouveau-Brunswick finit d'ailleurs par céder et décide d'adopter une taxe carbone que le gouvernement a déclaré comme conforme aux normes fédérales[74].

376. La problématique de la réconciliation de la compétitivité des entreprises avec les impératifs de lutte contre le changement climatique allait se poser en toile de fond. La réponse consisterait à hausser progressivement cette taxe afin de décourager l'usage des énergies polluantes et de baisser corrélativement certaines charges pesant sur la compétitivité des entreprises, comme celles qui grèvent les salaires ou encore le capital. Parce que le besoin d'émettre des émissions de gaz à effet de serre peut-être constant chez certaines entreprises, dans le bâtiment, le transport ou l'énergie, il convient de maintenir le marché de carbone : un droit à polluer peut-être alors obtenu par les entreprises qui en manifestent le besoin, sur un marché : celui d'échange des émissions dont les deux plus importants se trouvent en Chine et en Europe[75]. Les revenus de ce marché serviront à financer la transition écologique et le financement dans des modes de transport et d'habitat plus soucieux des questions environnementales, à l'image de ce que fait déjà le marché de carbone californien. Les revenus de la taxe carbone seront utilisés quant à eux pour aider à atteindre la neutralité en revenus : la classe moyenne et pauvre ne doit pas pâtir de cette taxe : la redistribution des recettes de cette taxe, à l'image de ce que fait la province canadienne de la Colombie-Britannique, devait être un exemple à suivre. L'autre partie servira à hausser les salaires à travers la bonification de la prime à la mobilité pour les salariés utilisant le vélo, le covoiturage ou les transports en commun. Le marché européen d'échange d'émissions de carbone est néanmoins soumis à des

---

[74] Radio-Canada, « Ottawa valide la taxe carbone proposée par le Nouveau-Brunswick », *Radio-Canada*, 11 décembre 2019, page 1 et suivante consultable sur le site: https://ici.radio-canada.ca/nouvelle/1428693/ottawa-accepte-taxe-carbone-nouveau-brunswick-fredericton-blaine-higgs

[75] « La Chine possède désormais le deuxième plus grand marché du carbone au monde, avec l'équivalent de 1 115 millions de tonnes de dioxyde de carbone, juste derrière le système d'échange de quotas d'émission de l'Union européenne (SEQE-UE), dont le plafond a été fixé à 2 039 millions de tonnes d'équivalent dioxyde de carbone pour 2013": Banque mondiale, "Un nouveau rapport met en évidence un recours accru aux mécanismes de tarification du carbone", *Banque mondiale, Actualités*, 28 mai 2014, page 1 et suivante consultable à l'adresse https://www.banquemondiale.org/fr/news/feature/2014/05/28/state-trends-report-tracks-global-growth-carbon-pricing »

risques de voir ses revenus baisser : outre la volatilité, l'Union européenne a décidé d'émettre moins de droits à polluer pour faire baisser la consommation de Carbone : « l'abaissement du plafond d'émissions envisagé aura un impact important sur le prix des quotas »[76]. Qui plus est, la volatilité du marché du carbone demeure un risque réel pour les investisseurs : mis en place en 2005, le système d'échange d'émissions de quotas de gaz à effet de Serre n'a pas suffi à couvrir les besoins d'émissions des entreprises en 2008. En 2009, les émissions sont cependant inférieures de 5 % par rapport aux droits d'émissions distribués, ce qui fait chuter le prix des permis, la tonne de CO2 passant de « 25 € à 8 € au début de l'année 2009 », avant de remonter à 15 € au début de l'année 2011 puis de rechuter à nouveau, atteignant 5 € au début des années 2013 : « le signal prix produit par le SCEQE (Système communautaire d'échange de quotas d'émission) est aujourd'hui considéré comme insuffisant pour inciter à des investissements importants de réduction des émissions et risque de retarder la « décarbonisation » de l'économie européenne, en particulier de son secteur de l'énergie… ». Même si des efforts soutenus de l'Union européenne permettent de ramener le niveau de la tonne de CO2 à 20 euros en 2019, soutenir la taxe carbone est devenu un impératif. Lorsque la baisse des recettes du marché d'échanges d'émissions ou ses fluctuations rendront le financement du changement écologique plus difficile, la constance et la stabilité des recettes de cette taxe carbone permettront d'émettre un signal prix assez fort pour décourager les émissions de carbone pendant que les recettes dégagées serviront à financer la transition écologique : à condition de respecter certaines conditions[77]. La faiblesse du prix du carbone négocié sur le marché européen a offert aux entreprises un droit de polluer qui se négociait à bas prix. Il est important, par conséquent, de défendre la taxe carbone. Elle représente un taux plus élevé et plus constant que celui du prix marché de carbone et donc un signal-prix plus élevé pour inciter les entreprises à une consommation moins intense en carbone. Il s'agit là d'un avantage compétitif indéniable de cette taxe par rapport au marché d'émission[78].

---

[76] S. Monjon, « Réduire au-delà de 20 % les émissions de gaz à effet de Serre dans l'union européenne : quelles conséquences Sur les secteurs intensifs en énergie européens ? », *La documentation française*, « Economie & Prévision », 2016/1 n° 208-209, page 148.

[77] R. Guttmann, *Eco-Capitalism: Carbon Money, Climate Finance and Sustainable Development*, Palgrave Macmillan ; New York, 1st edition 2018, chapter 5, page 152. L'auteur y explique les nombreuses fluctuations du marché du carbone européen et dénonce l'incapacité de ce dernier à émettre un signal prix suffisamment fort pour faire baisser la consommation de CO2. Entre 2005 et 2010, la réduction des émissions n'était que de 8%. De même, de 2013 à 2015, la tendance s'est confirmée avec une baisse de 5%.

[78] R, Guttmann, *Eco-Capitalism: Carbon Money, Climate Finance and Sustainable Development*, Palgrave Macmillan ; New York, 1st edition 2018, chapter 5, page 157.

Conclusion de la deuxième partie

377. La proposition d'une alternative aux mesures classiques nait du constat de l'insuffisance ou de la nécessité d'alterner ces dernières. D'abord, au titre de la lutte contre la pauvreté, la jurisprudence pénale a accepté et admis la fraude comme moyen de nécessité : son encadrement juridique en fait un outil intéressant dans la lutte contre la fraude fiscale. Si l'on admet que pour lutter contre l'extrême pauvreté, il est possible de soustraire frauduleusement de l'argent, il est tout aussi possible d'accepter cette théorie pour lutter contre la hausse d'un tel phénomène en adoptant une fiscalité qui redirige les fonds dormants dans les paradis fiscaux vers des donations directes de personnes physiques ou morales. Encore faudrait-il qu'il y ait une intention de lutter contre la pauvreté de la part des fraudeurs, ce qui n'est pas toujours le cas. Le phénomène s'observe particulièrement dans le cas des géants du numérique qui utilisent lesdites sommes pour financer leurs investissements dans des opérations de fusion-acquisition afin de dominer le marché ou encore de déployer leurs serveurs. Le financement des technologies numériques demande un investissement important dans la course à l'innovation entre les géants américains portés par Google, Facebook, Amazon, Microsoft et chinois. L'Europe est encore à la traine dans ce domaine et tente d'innover par des mesures fiscales pour récupérer ses impôts. Les tentatives innovantes en matière fiscale vont plus loin. Elles concernent aussi la question de l'écologie mais aussi et surtout celle de savoir comment trouver une alternative à la taxe carbone pour varier les solutions à la transition écologique.

378. Le financement de la décarbonation des transports est une question de volonté politique et publique. Cette volonté se heurte souvent à des impératifs de gestion et de compétitivité : en atteste l'exonération du secteur des transports routiers et aériens de la taxe carbone[79]. Sur le plan international, décarboner le transport maritime se fera par la technologie et par le changement de comportement. Il est de plus en plus question de réduire la vitesse des navires pour faire baisser la consommation de carburant ainsi que les émissions de CO2. De plus, plusieurs études ont convenu qu'il fallait doubler la taille de ces derniers pour multiplier par deux leur capacité de cargaison tout en n'augmentant que de 2/3 leurs émissions de CO2 par rapport à leur poids initial. La tendance future sera celle de navires plus grands et plus

[79] A. Hoen, A. Van Grinsven, B. Kampman, J. Faber, H. Van Essen, & I. Skinner, *Research for TRAN Committee – Decarbonisation of EU transport, European Parliament,* Policy Department for Structural and Cohesion Policies, Brussels 2017, page 49 consultable à l'adresse
http://www.europarl.europa.eu/RegData/etudes/STUD/2017/601989/IPOL_STU(2017)601989_EN.pdf

lents[80]. Les technologies avancées devraient fournir une part substantielle des réductions d'émissions de CO2, fixée à 85 % en dessous des niveaux de 2010[81]. Cette part concerne les biocarburants ainsi que les carburants synthétiques comme le méthanol, l'ammoniac et l'hydrogène[82]. En attendant, il faut continuer de réfléchir efficacement à des alternatives financières pour dépolluer les transports. La solution se trouve dans la capacité pour les États à prendre en considération les besoins exprimés par la population. Mieux encore, il s'agit d'attirer l'attention sur ces questions et d'investir massivement dans des campagnes de sensibilisation. Une fois le message passé, l'appareil démocratique, tel qu'il a été expérimenté dans les endroits modèles en matière de décarbonation des transports, comme l'Allemagne, devrait produire ses effets[83]. À cela s'ajoute l'option pour ces pays de mettre en place une taxe sur les véhicules en fonction de leurs capacités à polluer. Plus la consommation d'énergies polluantes est importante et plus la taxe montera. C'est ainsi qu'il sera possible d'accompagner la demande croissante des ménages en matière de transport et de réguler la consommation de CO2 tout en respectant le principe-pollueur payeur[84].

379. La voiture n'est pas le seul moyen de transport sur lequel il faut mettre l'accent[85]. Même si le secteur du transport aérien a été exonéré de taxe sur les

---

[80] A. McKinnon, *Decarbonizing Logistics: Distributing Goods in a Low Carbon World*, Kogan Page Publishers, 2018, page 200.

[81] E. A. Boumana, E. Lindstad, A. Rialland, A. H. Strømmana, « State-of-the-art technologies, measures, and potential for reducing GHG emissions from shipping – A review », *Transportation Research Part D: Transport and Environment*, Volume 52, Part A, May 2017, Pages 409.

[82] International Transport Forum, *Decarbonising Maritime Transport Pathways to zero-carbon shipping by 2035*, OECD/ITF 2018, Executive summary, page 7 consultable à l'adresse https://www.itf-oecd.org/sites/default/files/docs/decarbonising-maritime-transport.pdf

[83] J. Gordon, « Time to diversify ? As the current nuclear fleet struggles to maintain its competitiveness in some markets, Jeremy Gordon suggests that expansion into heat or hydrogen production could help secure a profitable future », *Nuclear Engineering International*, May 2019, p. 12+. Gale Academic OneFile,
https://link-gale-com.ezproxy.torontopubliclibrary.ca/apps/doc/A588991146/AONE?u=tplmain&sid=AONE&xid=adae3969
Accessed 19 Feb. 2020.

[84] A. Hoen, A. Van Grinsven, B. Kampman, J. Faber, H. Van Essen, & I. Skinner, *Research for TRAN Committee – Decarbonisation of EU transport, European Parliament*, Policy Department for Structural and Cohesion Policies, Brussels 2017, page 46 consultable à l'adresse:
http://www.europarl.europa.eu/RegData/etudes/STUD/2017/601989/IPOL_STU(2017)601989_EN.pdf

[85] Dans la foulée de la loi concernant le suramortissement pour les véhicules roulant au gaz naturel, La loi de finances pour 2019 avait mis en place un dispositif d'amortissement exceptionnel de 30 % de la valeur d'origine pour les navires utilisant l'énergie hydrogène, électrique ou vélique. Un dispositif similaire existait pour ceux fonctionnant au gaz naturel liquéfié: le taux d'amortissement était alors de 25%. Enfin, à l'achat de système de lavage des

carburants, il convient de s'intéresser au train. Avec une utilisation accrue de ce dernier comme mode de transport pour le travail et les études, la France compte utiliser son expertise en la matière pour réduire les émissions de CO2. Certaines études se sont penchées sur la question pour optimiser l'utilisation de ce moyen de transport et en faire un outil moins polluant. Le freinage régénératif du train provoque, par exemple, ce qui est communément appelé l'énergie cinétique produite grâce au mouvement d'un corps. Ce type d'énergie est ensuite réutilisé en électricité. La fiscalité pourrait servir à financer le processus par lequel l'énergie est transformée en électricité. De plus, le matériel acheté disposerait ainsi d'un amortissement accéléré pour aider les entreprises qui se lancent dans ce type d'achat. Enfin, des études ont démontré qu'une conduite responsable de ces trains, c'est-à-dire qui tienne compte de la vie des passagers et a vocation à leur épargner du temps et de l'argent, aussi appelée conduite défensive, aurait le mérite d'optimiser la consommation de carburant par rapport à une conduite dite agressive. Le changement brusque de vitesse appartient à ce type de conduite dite agressive[86]. C'est dire qu'au-delà de l'apport de la fiscalité, la consommation responsable de CO2 est d'abord et avant tout une affaire relevant du civisme.

380. La contribution de l'ensemble de la société sera donc la solution à la transition écologique. Celle-ci a été cependant sérieusement mise à mal par la crise sanitaire. Même si les mesures de confinement ont permis de faire baisser les émissions de gaz à effet de serre dans de nombreuses villes, il faut craindre qu'un retour à la normale ne bouscule à nouveau les clivages au point de compromettre les objectifs de réduction des émissions de gaz à effet de serre. Une part importante du financement de la transition écologique est prélevée à partir des énergies polluantes comme la taxe sur les billets d'avion. Le confinement a réduit considérablement le trafic aérien et affecté conséquemment les ventes de billets qui financent la taxe destinée au projet vert du gouvernement.

381. Parce que les inconvénients de la taxe carbone ont été soulignés et parmi eux figurent le problème d'une taxe qui finit par grever la compétitivité des entreprises ainsi que l'accroissement de la charge du fardeau fiscal des ménages les plus pauvres et ceux de la classe moyenne, la solution n'est pas de continuer à maintenir sa hausse au point d'entrainer soit une délocalisation

---

fumées, l'amortissement était de 20% le montant investi. Jugée trop généreuse au regard des règles de l'Union européenne, la mesure avait été rejetée, ce qui oblige la France à revoir sa copie. À ce titre, le nouveau projet permet l'amortissement, non pas de l'ensemble de la valeur d'origine mais uniquement des investissements permettant d'utiliser les énergies décarbonées. Il est possible de noter ces aménagements dans le projet de loi de finances pour 2020 sur le site du Sénat.

[86] D. Golightly, C. Gamble, R. Palacin et al. « Multi-modelling for Decarbonisation in Urban Rail Systems», *Urban Rail Transit 5*, 2019, page 254–266. https://doi.org/10.1007/s40864-019-00114-2

des entreprises, soit une crise sociale à l'image de celle menée par les gilets jaunes ou tout simplement un cumul de ces deux situations fortement nuisibles à toutes formes d'économies, qu'elle soit canadienne, américaine ou française. Ce type de crises ou de conflits n'est évoqué, en matière de taxe carbone, que lorsqu'il s'agit du contexte français ou canadien mais presque jamais dans le cadre des pays scandinaves comme la Suède[87]. Le succès de la paix sociale, malgré une taxe carbone évaluée à 114 euros la tonne de CO2 en 2019[88], contre 44,6 euros en France et seulement 20 dollars la tonne au Canada, repose sur trois éléments : un contexte politico-fiscal favorable à sa mise en place, l'accord du peuple et enfin des taux bas mis en place à temps et dont la hausse avait été annoncée, programmée et approuvée par la même population suédoise. Le contexte politico-fiscal était celui d'une baisse de la charge de l'impôt sur le revenu, pesant trop lourdement sur les épaules de la population : « les augmentations imposées aux ménages et aux entreprises ont été accompagnées d'allégements dans d'autres domaines, afin de ne pas élever le niveau global d'imposition ». La Suède a ainsi augmenté la taxe sur le carbone afin d'alléger celle pesant sur le revenu, ainsi que sur les charges salariales. En somme, elle a procédé à des : « réductions considérables des taux marginaux d'impôt sur le revenu, le capital et le travail, élimination de diverses niches fiscales, élargissement de l'assiette de la taxe sur la valeur ajoutée »[89]. C'était la condition pour arriver à un taux de taxe carbone aussi haut. De plus, cet aménagement fiscal a eu la faveur du peuple : « dialogue public approfondi » et « délibérations sociales » étaient de rigueur, de sorte que même en changeant de gouvernement, les politiciens qui se sont succédé ont maintenu la politique fiscale d'une taxe carbone dont la hausse avait été prévue depuis 1991[90]. Enfin, l'accord du peuple et la nécessité de baisser les charges fiscales pesant sur le travail et le capital ont permis de faire comprendre ce que l'Assemblée nationale française avait déclaré dès 1848 : « une véritable et salutaire réforme fiscale ne peut se traduire que par un déplacement du poids de l'impôt ». Le poids de l'impôt a donc été déplacé du capital, du travail et du revenu vers la pollution, alliant ainsi nécessité de lutter

[87] J-Ch. Hourcade, E. Combet, *Fiscalité carbone et finance climat, un contrat social pour notre temps*, Les petits matins, 2017, Chapitre 4, page 53: Propos d'étape: « la taxe carbone ne pouvait pas être haussée sans prendre en compte le poids fiscal qu'elle allait causer aux contribuables et aux entreprises. Ce qui explique que sa mise en place et sa hausse progressive ait été aussi compensées par la baisse de certains impots pesant sur la performance des entreprises comme les charges salariales. »

[88] A.-Fr. Hivert, « En Suède, le succès de la taxe CO2 presque trentenaire », *Lemonde*, 1er avril 2019, consultable sur le site internet https://www.lemonde.fr/planete/article/2019/04/01/en-suede-le-succes-de-la-taxe-co2-presque-trentenaire_5443999_3244.html.

[89] S. Åkerfeldt, H. Henrik, « La taxe carbone en Suède », *Revue Projet*, vol. 348, n°5, 2015, pp. 84-87.

[90] Fr. Funke, L. Mattauch, « Why is carbon pricing in some countries more successful than in others ? », August 10, 2018 consultable à l'adresse https://ourworldindata.org/carbon-pricing-popular

contre le réchauffement climatique avec la hausse du produit intérieur brut, le tout en obtenant l'accord de la population : « entre 1990 et 2013, le Pib a augmenté de 61 % pendant que les rejets en CO2 diminuaient de 23 % »[91]. Le manque de consultation de la population a d'ailleurs poussé la Cour Supérieure de l'Ontario à déclarer illégale la décision de retrait de la province du marché de Carbone qu'elle partageait avec le Québec et la Californie[92].

382. Le modèle suédois est séduisant mais ne doit pas pour autant occulter la lutte de fond qui se dessine : celle contre le réchauffement climatique. S'il est vrai que la prise en compte de la justice fiscale par une redistribution des recettes de la taxe carbone, est nécessaire à son succès, il n'en demeure pas moins que l'objectif d'une taxe carbone n'est pas de remplacer d'autres systèmes de prélèvements comme l'impôt sur le revenu, ou le capital mais de réduire la consommation de CO2, responsable du réchauffement climatique. Cette réduction, si elle se veut efficiente, doit provenir non seulement d'une taxe, pour décourager la consommation d'énergie polluante mais aussi permettre de remplacer les énergies fossiles par les énergies vertes, en subventionnant ces dernières avec les revenus de la taxe carbone. Pour arriver à un tel résultat, il faut que les énergies renouvelables soient plus rentables que les énergies fossiles de sorte à diriger les choix des consommateurs et des investisseurs vers ces dernières.

383. C'est en ce sens que le modèle de développement des géants du numérique doit servir d'exemple pour faire éclore le marché des énergies photovoltaïques. Certes, plusieurs obstacles se dressent à une telle éclosion, à commencer par la rentabilité des énergies polluantes. Mais ce que la Silicon Valley a réalisé pour les géants du numérique, elle peut en faire de même pour les énergies renouvelables. Il est difficile d'évoquer cette plaque tournante du monde des affaires américains sans penser à la manière dont elle a permis à Google, Apple, Amazon et Facebook, de se développer : fermer les yeux sur l'impôt sur les sociétés que ces entreprises devaient payer afin de leur permettre de dégager des liquidités et d'entreprendre les investissements en matériels nécessaires pour déployer leurs serveurs, leurs immobilisations, leurs acquisitions de technologies ; devenir plus flexible sur la loi anti-trust en permettant et facilitant les absorptions des plus petits par les plus gros, rester tolérant quand le géant numérique récupère les technologies des PME concurrentes afin d'acquérir de plus grande part de marché, ne pas sanctionner l'exploitation des données des particuliers à des fins commerciales. Il aura fallu près de 20 ans à ces technologies pour se développer, avec l'aide de plusieurs

---

[91] S. Åkerfeldt, H. Hammar, « La taxe carbone en Suède », *Revue Projet*, vol. 348, no. 5, 2015, pp. 84-87.
[92] O. Ha-Redeye, « An Election Mandate is Not a License to Ignore the Rule of Law », Greenpeace Canada v. Minister of the Environment (Ontario), *2019 ONSC 5629 (CanLII)* consultable à l'adresse https://canliiconnects.org/en/commentaries/67709

capitaux-risqueurs[93]. L'idée est d'en faire autant avec les énergies renouvelables comme le vent, le soleil ou encore les barrages hydro-électriques. Il faudra 20 années pour parvenir à un tel résultat. Il sera nécessaire de faire en sorte que le recours à ces énergies soit devenu indispensable pour les particuliers. Pour arriver à un tel résultat, le prix du carburant devra grimper de sorte qu'il soit plus rentable pour un particulier d'avoir recours à la voiture électrique. Le FMI note à ce sujet qu'un prix de « 70 dollars la tonne d'émissions de CO^2 en 2030, qui majorerait les prix de l'essence d'environ 60 % par gallon et ferait plus que tripler les prix du charbon, permettrait amplement de respecter les engagements d'atténuation pris par certains pays avancés et émergents tels que l'Afrique du Sud, la Chine, l'Inde et l'Indonésie, les États-Unis ou encore la Turquie mais serait insuffisant pour le Canada et certains pays d'Europe. Les émissions réagissent davantage au prix dans les pays utilisant beaucoup le charbon »[94]. De même que le Wifi gratuit est installé dans les grandes villes, de la même manière l'énergie solaire devra être la source d'alimentation des voitures électriques. Les capitaux risqueurs et la Silicon Valley accepteront-ils de faire les mêmes efforts pour l'énergie renouvelable que ceux qui ont été déployés et alloués aux géants du numérique : Google, Apple, Facebook et Amazon ?

384. En période de crise, le rôle de la fiscalité est de préserver la bonne santé de l'économie et des personnes physiques tout en mettant en place les instruments fiscaux de relance de la croissance. Peut-on juste attendre de celle-ci qu'elle permette de freiner la récession économique sans pour autant être utilisée pour la relance ? Lorsque cette santé sera préservée ou, à tout le moins, lorsque les dommages économiques auront été amoindris, les mesures fiscales visant à stimuler la croissance économique devront être mises en œuvre. Élevées, ces attentes n'en demeurent pas moins salutaires pour établir la feuille de route permettant la transition écologique et sociale. Au niveau des emplois, le recours massif aux CDD d'usage se fera de plus en plus. Ils devront être exonérés de taxe en France. Au niveau de la consommation, l'OCDE estime que les ménages à revenus intermédiaires sont ceux qui consomment le plus, lorsqu'on les compare aux ménages les plus riches et les plus modestes[95]. Ceci

[93] M. Chevallier, « Numérique Les Gafa sont-ils dangereux ? », *Alternatives économiques*, 01/12/2018, consultable sur le site internet https://www.alternatives-economiques.fr/gafa-dangereux/00087184.

[94] I. Parry, « 5 choses à savoir sur le FMI et le changement climatique », *Blog du FMI*, 8 juin 2018 consultable à l'adresse https://www.imf.org/external/french/np/blog/2018/060818f.htm

[95] « « Les ménages à revenu intermédiaire sont ceux qui contribuent le plus à la consommation globale. Avec près de deux tiers de la consommation totale, les ménages à revenu intermédiaire sont de loin la catégorie de revenus qui consomme le plus, avec des parts de consommation allant de 50% ou moins aux États-Unis ainsi que dans les pays d'Europe du Sud et d'Amérique latine à 70% ou plus dans les pays nordiques et en Slovaquie. Outre sa taille non négligeable, la classe moyenne dispose à la fois des ressources et de la propension à consommer par rapport aux autres catégories de revenus. Les revenus intermédiaires sont la seule catégorie de revenus dont la part des dépenses est supérieure à la fois à la part du revenu total et à la part de la population qu'ils représentent. » Il va de soi qu'il faudra compter sur cette catégorie de ménages

redonne à la taxe carbone tout son intérêt : continuer de ponctionner les énergies polluantes pour financer les énergies vertes, redistribuer un chèque vert aux plus démunis subissant les effets de la taxe carbone, bonifier la prime à la mobilité pendant la période de déconfinement. Au niveau des entreprises, les stimuli à la croissance passeront par l'ouverture de dispositifs fiscaux spéciaux autorisant ces dernières à avoir recours à l'amortissement accéléré pour les biens achetés neufs durant la période de déconfinement.

385. L'OCDE préconise le recours au stimulus fiscal pour relancer la consommation. Ce stimulus devrait ensuite permettre de relancer la croissance économique pour espérer avoir des recettes fiscales[96]. Mais il faudra du temps avant de voir le fruit de tous ces efforts fiscaux. L'organisation internationale précise les catégories de dépenses fiscales : les exonérations (montants exclus de la base imposable), les déductions (montants déduits du revenu de référence pour obtenir la base imposable), les crédits qui sont les montants déduits de l'impôt dû, les réductions de taux (taux d'imposition réduit appliqué à une catégorie de contribuables ou de transactions imposables), le report d'impôt (allègement sous forme de délai de paiement de l'impôt)[97].

386. Du fait de la crise économique qui affecte les États membres, la Commission européenne a levé les interdictions affectant le régime des aides d'État accordées aux entreprises. Il s'agit désormais de préserver les entreprises de la faillite. Ce sont les États eux-mêmes qui doivent prendre en charge les mesures nécessaires pour éviter une nouvelle crise économique. La fiscalité doit permettre de maintenir à flot le tissu économique. C'est ce qui explique que l'OCDE ait préconisé, dans un premier temps, d'utiliser les aides fiscales (sociales et financières dans le cadre de la France) pour aider les entreprises, ensuite le fiscal stimulus, c'est-à-dire les mesures fiscales destinées à stimuler la croissance économique comme la prime de pouvoir d'achat[98], les dépenses fiscales relatives à la consommation ou encore la fiscalité ayant pour but d'encourager l'investissement comme l'amortissement accéléré, devront être mis en œuvre dans un second temps. Ce n'est qu'après avoir mis en œuvre le

---

pour stimuler la croissance économique. « Les ménages à revenus inférieurs dépensent proportionnellement davantage que la part du revenu total qu'ils représentent mais moins que la part de la population qu'ils représentent. Les ménages à revenus supérieurs dépensent proportionnellement davantage que la part du revenu total qu'ils représentent mais moins que la part de la population qu'ils représentent. Les ménages à revenus supérieurs dépensent proportionnellement davantage que la part de la population qu'ils représentent » : OCDE, *Sous pression : la classe moyenne en perte de vitesse*, Éditions OCDE 2019, Paris, disponible sur le site internet suivant : https://doi.org/10.1787/2b47d7a4-fr.

[96] OECD, *Tax and Fiscal Policy in Response to the Coronavirus Crisis: Strengthening Confidence and Resilience*, OECD 2020, 49 pages.

[97] D.-J. Kraan, « Dépenses hors budget et dépenses fiscales », *Revue de l'OCDE sur la gestion budgétaire*, Volume 4, n° 1, page 153.

[98] L. Malfettes, « Coronavirus : assouplissement des conditions d'exonération de la prime de pouvoir d'achat », *Dalloz actualité*, 08 avril 2020.

fiscal stimulus et investi dans la relance de la croissance économique qu'il sera possible de récolter des recettes fiscales. Ce schéma permet d'emblée de souligner des inquiétudes par rapport à la transition écologique et sociale.

387. La transition écologique coûte cher parce que les énergies renouvelables demandent un capital et des fonds d'investissement plus élevés que les énergies polluantes comme le pétrole. De plus, ces dernières se vendent mieux que les énergies résultant de la biomasse parce que tous les consommateurs n'ont pas encore les moyens de remplacer le diesel par la voiture électrique. Il faut donc craindre que pour des impératifs de rentabilité budgétaire, les entreprises et les États ne décident de ne subventionner que les projets les plus rentables au détriment de toute considération d'ordre social ou écologique. Plusieurs sociétés ont dû avoir recours au crédit pour pouvoir se faire financer. Après la période de financement vient celle du remboursement[99]. Il faut craindre que les capacités de remboursement et donc la rentabilité des projets ne conditionne les capacités de prêt et donc le financement. Si les énergies propres et la participation collaborative nécessitent plus d'aide financière que le pétrole et les géants du numérique, alors le risque est grand de voir les projets de financement se tourner en premier vers ces derniers au détriment de ceux nécessitant le plus d'aide.

388. Toutes les mesures fiscales de soutien au chômage sont temporaires et trois mois de plus ne changeront pas le sort de ceux qui se trouvaient déjà en situation de précarité. D'autant que la stratégie actuelle du gouvernement consiste à déconfiner et reconfiner jusqu'à ce qu'un vaccin soit obtenu. En une année, le risque est grand de voir les inégalités sociales se creuser davantage avec une montée en puissance des géants du numérique, qui tiraient déjà leur épingle du jeu et un accroissement du nombre de demandeurs d'emploi, de personnes fragiles ou en situation de précarité, sauf un interventionnisme fiscal visant à corriger les inégalités en ce sens. Mais la fiscalité a-t-elle les moyens de changer le cours de la pauvreté ? Peut-elle servir de catalyseur des inégalités sociales ? Doit-elle le faire ? Peut-on attendre d'elle qu'elle stimule la croissance économique en ne finançant pas les projets les plus rentables pour espérer avoir une rentabilité des investissements suffisamment élevée et rembourser les dettes d'un État ? N'est-elle pas compromise dans ses fonctions sociales et désormais astreintes à ses fonctions de performances budgétaires ? N'est-elle

[99] L'Europe a décidé de se livrer à des opérations de rachat de dettes publiques. Une fois la relance économique bien mise en place, il faut s'attendre à des plans d'austérité et de compression budgétaire, à l'image de ce qui se fait en Grèce : The EU's new coronavirus relief deal is a gift to Europe's enemies ; Ignore the headlines about [euro]500bn to rescue Europe. Refusing to share debt across the eurozone threatens the union's future Coronavirus latest updates. See all our coronavirus coverage." Guardian [London, England], 11 Apr. 2020, p. NA. Gale Academic OneFile, https://link-galecom.ezproxy.torontopubliclibrary.ca/apps/doc/A620160209/AONE?u=tplmain&sid=AONE&xid=05802ce7. Accessed 21 Apr.2020.

pas soumise au tout budgétaire, à la budgétisation axée sur la performance économique au point de devoir oublier ses fonctions sociales ? Les impératifs de réduction des déficits des caisses de retraite auxquels les gouvernements sont astreints et qui ont conduit à la mise en place du projet de loi relatif à la retraite par point n'en sont-ils pas la preuve ?

389. Les protestations et les grèves qui ont suivi la réforme des retraites attestent de l'État d'une France encore très attachée aux privilèges des retraites qui ont été négociés dès la fin de la Seconde Guerre mondiale. Il faut comprendre que cette période était favorable à la mise en place d'un système de solidarité et de reconnaissance pour les soldats morts parce qu'ils étaient partis défendre leur patrie. Le même contexte prévaut aujourd'hui avec une crise sanitaire laissant derrière elle plusieurs morts. Il s'agit non seulement de la mort des personnes physiques mais aussi de celle des personnes morales, plusieurs entreprises ayant décidé de mettre la clé sous la porte. Si le contexte se prête donc parfaitement à la solidarité, les impératifs de rentabilité, eux, en revanche, continuent de s'éloigner de cette solidarité et commandent de ne financer que les projets les plus porteurs. La solution de compromis serait donc de continuer de financer ces projets pour qu'à leur tour ces derniers acceptent de payer leur juste part d'impôt pour financer les services publics.

390. La juste part d'impôt fait cependant l'objet de réticence de la part des grandes fortunes, des grandes entreprises, des géants du numérique qui n'hésitent plus à utiliser les failles des législations pour optimiser leurs montages fiscaux et minorer considérablement la charge fiscale. Aux termes de l'article 107, paragraphe 1, du traité fondateur de l'Union européenne, « sauf dérogations prévues par les traités, sont incompatibles avec le marché intérieur, dans la mesure où elles affectent les échanges entre États membres, les aides accordées par les États ou au moyen de ressources d'État sous quelque forme que ce soit qui faussent ou qui menacent de fausser la concurrence en favorisant certaines entreprises ou certaines productions. » Dans le cas d'Apple, il y a défaillance dans les rulings fiscaux accordés par l'Irlande à cette entreprise mais cela ne suffit pas pour établir l'existence d'un avantage au sens de l'article 107, paragraphe 1, du traité fondateur de l'Union européenne. Ces défaillances ne permettent pas de prouver l'exercice d'un pouvoir discrétionnaire de la part des administrations fiscales irlandaises en faveur d'Apple ayant permis d'aboutir à un avantage fiscal de 13 milliards d'euros. Pour en apporter la preuve, il aurait fallu démontrer que les revenus que tentent de faire échapper Apple de leur imposition sur le territoire Irlandais ont été effectivement réalisés sur son sol, afin de donner lieu à une taxation. Plutôt que d'adopter un tel raisonnement, la commission s'est bornée à rappeler que si les licences d'exploitation des produits Apple avaient été accordées aux succursales irlandaises, l'imposition des revenus de ces dernières aurait été effectuée sur son territoire. Pour cette insuffisance de preuve, le tribunal de l'Union européenne a conclu que la « commission n'est pas parvenue à démontrer à suffisance de droit l'existence

d'un avantage au sens de l'article 107, paragraphe 1, TFUE ».[100]Le dialogue social sera donc important dans cette sortie de crise. La négociation fiscale jouera son rôle. L'administration fiscale française a réussi à obtenir une centaine de millions d'euros de la part de Google et Apple pour le paiement de leurs arriérés au titre de plusieurs années d'indus en matière fiscale. Insuffisants, selon plusieurs magistrats mais dans un contexte économique aussi globalisé, où les États n'hésitent plus à utiliser leurs rescrits fiscaux pour favoriser l'attractivité territoriale, les instruments français de recouvrement de l'impôt ne sont plus adaptés à la réalité des échanges économiques.

391. En attendant une concertation internationale, il faut rivaliser d'ingéniosité fiscale et de dialogue, notamment par l'utilisation des moyens fiscaux disponibles et moins impopulaires que les paradis fiscaux. Quelques instruments de relance de la croissance économique comme les dépenses fiscales ont été cités. À force de brader la fiscalité à bas prix pour attirer les meilleures entreprises, le risque d'un dumping fiscal est grand, ce qui entraine une dégradation considérable de la qualité des services publics : la santé, l'éducation, le transport. La question du dumping fiscal et social aura sans doute eu une influence sur la décision du Royaume-Uni de sortir de l'Union européenne. Leurs États se livrent une concurrence qui finit par tirer la fiscalité vers le bas. L'Europe s'élargit ensuite à plusieurs pays dont le salaire minimum est parfois deux à trois fois inférieur à celui du Royaume-Uni, ce qui fait perdre à ce pays sa compétitivité en matière économique car le coût de la main-d'œuvre est moins élevé[101]. L'harmonisation plutôt que l'uniformisation des législations sociales devrait permettre de résoudre le problème mais tant que l'Europe sera divisée et que chaque pays voudra utiliser ses avantages comparatifs en matière sociale ou fiscale, il y a très peu de chances que l'harmonie soit au rendez-vous. Il faut s'attendre à ce que la question soit résolue mais ce n'est qu'avec le temps qu'une harmonisation se fera. Le plus grand défi de l'Union européenne sera de faire face à cette crise, en restant solidaire, après le Brexit du Royaume-Uni, face à la Chine et aux États-Unis.

[100] Voir l'Arrêt dans les affaires T-778/16, Irlande/Commission et T-892/16, Apple Sales International et Apple Operations Europe/Commission. Tribunal de l'Union européenne communiqué de presse n° 90/20 Luxembourg, le 15 juillet 2020, consultable sur le site https://curia.europa.eu/jcms/upload/docs/application/pdf/2020-07/cp200090fr.pdf

[101] F. Marty, J. Spindler, « Les politiques budgétaires et fiscales allemandes et britanniques : Quels enseignements pour la France ? », *ffhalshs*-00641987, 2011 consultable à l'adresse : HAL Id: halshs-00641987 https://halshs.archives-ouvertes.fr/halshs-00641987 Preprint submitted on 17 Nov 2011.

Conclusion générale - La fiscalité comme moyen d'instaurer une société plus égalitaire

392. Un virus mortel, en provenance de la Chine, avait, en 2020, provoqué l'obligation pour les entreprises du monde entier de fermer temporairement leurs portes. Pour des soucis de rentabilité, certaines d'entre elles ont dû procéder à des vagues de licenciements sans précédent, remettant à jour les questions de chômage, de pauvreté, de transmission intergénérationnelle de cette pauvreté. Le marché de l'emploi, à la faveur de cet événement, se numérise davantage et désormais, la part croissante du travail à domicile est un facteur à prendre en considération : ce qui n'est pas sans évoquer les géants du numérique[1]. La fragilisation du tissu économique liée à l'obligation pour certaines entreprises de fermer leurs portes pour éviter la propagation du virus se répercute avec acuité sur les plus vulnérables : les sans-abris, les pauvres mais aussi les employés les plus fragiles au nombre desquels il convient de citer ceux qui ont atteint 50 ans et plus. Ces derniers représenteront 25 % de la masse salariale au Canada, dans les années à venir. Sans emploi, ils se verront contraints de puiser dans leurs économies, leurs retraites en seront déjà affectées : faut-il modifier le régime des retraites pour tenir compte de ce changement ? Ces questions à elles seules donnent une idée de l'ensemble des ressources fiscales qu'il faudra mobiliser pour soutenir les salariés licenciés ainsi que les PME qui feront face à de grandes difficultés financières.

393. Pour y arriver, la fiscalité négociée consistant à rapatrier les montants astronomiques dormant dans les paradis fiscaux sera importante. La négociation et le dialogue social seront la clé de sortie de cette crise. Brigitte Alepin dresse, à ce titre, un tableau fort intéressant de la crise provoquée par ce virus et des conséquences économiques qu'il engendre : vagues de licenciement, hausse des prestations de chômage et faible participation voire indifférence des GAFAM[2]. Face à la crise, les géants du web semblent peu enclins à contribuer à la hauteur de leurs moyens ? Quelle est la solution ? Faut-il négocier avec ces derniers et quel est le rôle de la fiscalité en la matière ? À cause des distances à respecter entre individus pour éviter la propagation du virus, le recours à internet se fera de plus en plus grandissant : les besoins primaires tels que la nourriture, les visites en matière de logement, l'habillement se feront en ligne. Mieux encore, les entreprises demandent à

---

[1] M. Noblecourt, « La réforme des retraites victime du coronavirus », *Le Monde*, 17 avril 2020, site web.

[2] M. Carbasse, « Google, Apple, Facebook, Amazon, Microsoft : où êtes-vous ? », *Lactualite-affaires, Affaires et économie*, 8 avril 2020, consultable sur le site internet https://lactualite.com/lactualite-affaires/google-apple-facebook-amazon-microsoft-ou-etes-vous/

leurs employés de se connecter à leur espace virtuel de travail, ce qui nécessite donc internet. Les NATU, sigle pour Netflix, Airbnb, Tesla (constructeur de voitures électriques et de panneaux solaires) et Uber, en sus d'avoir déjà une côte très marquée du fait du recours à internet, bénéficieront de la faveur de ce virus pour connaitre un développement exponentiel.

394. Ce virus est donc un accélérateur d'un mouvement de fond qui s'est amorcé depuis près de 20 ans désormais : l'hégémonie des géants du numérique et la dépendance accrue des utilisateurs vis-à-vis de ces derniers : Google, Amazon, Facebook, Apple, Microsoft. La Chine a su se forger une part importante dans cette course au monopole du numérique comme l'atteste le développement de ses géants : il est de plus en plus question des GAFAM chinois[3]. Pour y arriver, ils se sont appuyés sur les données cellulaires individuelles et ont ensuite décidé de n'accorder le droit d'exploitation des cellulaires qu'aux entreprises chinoises, excluant ainsi la concurrence des sociétés étrangères[4]. C'est ainsi que se sont progressivement créés les GAFAM chinois, ces derniers dominant sans concurrence un marché de plusieurs millions d'utilisateurs. Il est tentant de faire le lien entre ce virus et le recours désormais obligatoire à internet pour le fonctionnement de nos sociétés. Combien sont arrivés à se passer de cet outil dans cette phase de confinement liée au virus : le travail à domicile en dépend, la prise de conscience d'une telle dépendance est inquiétante : faut-il réclamer le retour de l'interventionnisme étatique pour une meilleure régulation afin d'empêcher les dérives ?

395. Ces dérives sont nombreuses et nonobstant la sempiternelle question d'exploitation des données privées des particuliers et des nombreuses atteintes à leur vie privée, il faut craindre que la transition numérique ne soit le domaine privilégié des abus de position dominante, celles qui finissent par faire disparaitre les PME au profit des grandes entreprises. Ceci a pour conséquence d'entrainer non seulement le licenciement de plusieurs salariés, mais aussi l'augmentation du nombre de personnes à la charge de l'État et donc des dépenses budgétaires liées à l'assistanat, sans oublier la fragilisation du tissu économique : les PME ayant un rôle fondamental à jouer en la matière. L'interventionnisme fiscal est donc nécessaire pour éviter des dommages qui coûteraient bien plus chers au système fiscal actuel. Mais dans quel sens doit se faire cet interventionnisme fiscal ? Dans celui de l'équité entre générations encore appelée équité intergénérationnelle.

---

[3] J.-Ch.Marmara, « Le sourire des Gafa », *Le Figaro*, Lundi 20 avril 2020, p. 31.

[4] Ch. Middlehurst, « Unhealthy market », Volume: 49 issue: 1, page 50-52. Article First Published Online: April 6, 2020 ; Issue published: April 1, 2020.

396. Il est dès lors aisé de mesurer, à travers ces problématiques, les différentes difficultés que pose la question de l'équité intergénérationnelle aux finances publiques. Il faut d'abord cerner la notion d'équité, qui en elle-même, a fait l'objet de plusieurs études. Une fois sa définition élucidée, si tant est qu'elle puisse l'être, celle d'intergénérationnelle n'en est pas pour autant facile à cerner. De quelle génération s'agit-il ? Qu'est-ce qu'une génération ? Enfin, lorsque celle-ci semble se prêter à l'appréhension par quelques hasardeuses définitions[5], la complexité surgit lorsque le lecteur lie l'équité à l'intergénérationnel : l'équité dans l'intergénérationnel mais surtout l'équité entre les générations. Un exemple de cette difficulté est illustré quand, après avoir défini l'équité comme ce qui est accepté de tous et la génération comme une cohorte d'individus liés par des événements à l'image de ceux de mai 68 ou encore de la crise financière de 2008, on tente de concilier et de définir l'équité intergénérationnelle comme l'acceptation de tous des enseignements qui peuvent être tirés de mai 68 ou encore de la crise financière de 2008[6]. Si, pour chaque crise, qu'elle soit politique ou juridique, des règles ou des accords ont été mis en place pour éviter la répétition d'événements malheureux, c'est dans les problématiques que rencontrent les générations entre elles que naissent et germent les questions de l'équité intergénérationnelle. Selon Carole Bonnet, « en restant sur un terrain strictement monétaire, on peut définir l'égalité de traitement entre générations de plusieurs manières (Blanchet et al., 1996 ; Blanchet, 2007). La

[5] « Notion d'ordre sociologique, la génération désigne un groupe latent, formés d'individus relativement contemporains qui partagent un vécu ou des expériences similaires et se retrouvent souvent autour d'un nœud fédérateur (mai 1968), révélateur de mentalités ou d'aspirations communes » : A. Masson, cité par C. Bonnet, « Un inévitable conflit des générations ? », *Informations sociales*, vol. 183, nº. 3, 2014, p. 137.

[6] « D'autre part, que recouvre le concept d'équité intergénérationnelle ? De nombreux auteurs ont souligné la difficulté de définir cette notion (Blanchet et al., 1996 ; Blanchet, 2008 ; Masson, 1999 ; Fleurbaey et Michel, 1992 ; Fitoussi et Rosanvallon, 1996). Poser la question de l'équité invite à s'interroger sur ce que l'on cherche à égaliser et en dernier ressort sur les principes de justice auxquels on adhère. On peut ainsi trouver équitable (Sen, 2000) la recherche de l'égalité des libertés, des droits, des biens, des chances ou encore, dans les avancées les plus récentes, la recherche de l'égalité des « capabilités » (aptitudes). » Cette liste, non exhaustive, donne déjà une idée des nombreux domaines sur lesquels la notion d'equité doit se pencher si elle se veut plus égalitaire, plus juste. » « De plus », poursuit l'auteur, « les comparaisons entre générations se font souvent sur des bases monétaires ; or, il serait nécessaire d'introduire d'autres dimensions – telles que l'accroissement de l'espérance de vie – ou des domaines plus larges comme la préservation des ressources naturelles ou les risques (nucléaires, politiques, etc.) légués aux générations suivantes (Van Parijs, 1996 ; Gosseries, 2004). Enfin, il faut comparer les générations sur l'ensemble de leur cycle de vie et tenir compte des contextes historiques radicalement différents dans lesquels elles ont vécu » : C. Bonnet, « Un inévitable conflit des générations ? », *Informations sociales*, vol. 183, nº. 3, 2014, p. 138.

comparaison peut porter sur les niveaux de vie par âge instantanés (approche transversale), sur le rendement des transferts publics pour chaque génération ou bien sur les trajectoires économiques des générations successives. Pour A. Masson…le deuxième indicateur se rapporte à une optique de « chacun selon son dû ou son effort » alors que les deux autres s'inscrivent plutôt dans une optique de « chacun selon ses besoins »[7].

397. Or les problèmes contemporains auxquels sont confrontées les finances publiques concernent la question de l'environnement et l'épineux sujet de la taxe carbone, celle des géants du numérique et de leur faible contribution aux impôts dans une société qui se veut égalitaire. Que penser encore de la problématique des retraites ainsi que de celle du vieillissement de la population, jumelée à un accroissement de l'espérance de vie, obligeant à revoir la fameuse logique de l'âge pivot de 30 ans et de la retraite à 60 ans ?[8] Il est donc possible de mesurer, à travers quelques-uns de ces questionnements, l'immense complexité que pose la question de l'équité intergénérationnelle si l'analyse se fait sous l'angle des problématiques contemporaines de finances publiques. Qu'elle soit définie comme la même qualité de service public au même prix par les économistes ou encore l'obligation de préserver les ressources naturelles actuelles pour les générations futures, la question de l'équité intergénérationnelle revient inexorablement lorsque l'on tente de réduire les émissions de gaz à effet de serre : l'objectif visé est de préserver la planète pour les générations futures. Améliorer la qualité des services publics passe aussi par une contribution des géants du numérique, en payant leur juste part d'impôt : c'est finalement cette part d'impôt qui permet, pour reprendre les propos d'un auteur, de créer le

[7] C. Bonnet, « Un inévitable conflit des générations ? », *Informations sociales*, vol. 183, n°3, 2014, p. 138.

[8] « Le vieillissement démographique s'accompagne d'une augmentation du nombre de personnes nécessitant une prise en charge médico-sociale permanente. En 2017, le total des dépenses publiques/obligatoires au titre des soins de longue durée (englobant à la fois le volet santé et le volet aide sociale) s'élevait à 1.7 % du PIB en moyenne dans les pays de l'OCDE…Les Pays-Bas sont le pays qui a consacré le plus de moyens à ce secteur (3.7 % du PIB), devant la Norvège (3.3 %) et la Suède (3.2 %). Dans ces pays, les dépenses publiques au titre des soins de longue durée sont environ deux fois supérieures à la moyenne de l'OCDE. » Bien que les pays scandinaves soient cités comme modèle en matière de gestion de l'impot, le défi du vieillissement démographique sera pour eux l'un des principaux à relever. « Mais en Pologne, en Finlande, au Danemark, en Lituanie, en Autriche et en Allemagne, les dépenses de soins de longue durée à domicile représentent plus de 50 % de l'ensemble des dépenses de soins de longue durée » : OECD iLibrary, « Dépenses de soins de longue durée et coûts unitaires », *Panorama de la santé 2019, Les indicateurs de l'OCDE*, consultable sur le site internet https://www.oecd-ilibrary.org/sites/6fb6f66e-fr/index.html?itemId=/content/component/6fb6f66e-fr

cercle vertueux du financement de la jeune génération qui, à son tour, se chargera de travailler et de contribuer à la formation de la génération future[9]. Si les solutions affirmées semblent séduisantes dans leur principe, elles se heurtent souvent à des difficultés comme les stratégies d'optimisations fiscales qui privent, bien souvent, les États, des recettes nécessaires pour financer le bien-être des populations.

---

[9] « …Les 10 % des ménages les plus aisés détiennent plus de la moitié du patrimoine total des ménages. Si 12 % des habitants des pays de l'OCDE sont en situation de pauvreté monétaire relative (définie par un seuil de 50 % du revenu médian national), la proportion de personnes déclarant avoir du mal à joindre les deux bouts dans les pays européens de l'OCDE est presque deux fois plus élevée (21 %)... plus d'une personne sur trois dans les pays de l'OCDE pour lesquels des données sont disponibles peut être considérée comme en situation de précarité financière – au sens où ces personnes ne disposent pas d'actifs financiers liquides suffisants pour maintenir leur famille au niveau du seuil de pauvreté monétaire pendant plus de trois mois en cas de choc sur les revenus. Parmi les ménages à faible revenu, environ un sur cinq dépense plus de 40 % de son revenu disponible en loyers et remboursements de crédit immobilier. En outre, un jeune sur dix âgé de 15 à 24 ans est sans emploi et sorti du système éducatif… » : OCDE, *Comment va la vie ? 2020 : Mesurer le bien-être*, Éditions OCDE 2020, Paris, page 13 disponible au https://doi.org/10.1787/ab72c502-fr.

Bibliographie

Ouvrages généraux et spéciaux

Cathelineau J., *Les finances publiques : Politique budgétaire et droit financier*, Paris, LGDJ, 1975, p. 7.

Constant B., *Principes de politique*, Paris, 1815, page 240.

Corak M., *Les finances publiques et l'équité intergénérationnelle, Ottawa, Statistique Canada et développement des ressources humaines Canada*, 1998, 164 p.

De Mooij R., Parry I. W.H., Keen M., *Fiscal policy to mitigate climate change: a guide for policymakers*, International Monetary Fund, 2012, page 32-33.

Frère S., Scarwell H. J., *Éco-fiscalité et transport durable : entre prime et taxe* ?, Presses universitaires du Septentrion, mars 2011, Chapitre 4, page 137 à 160.

Gaillard E., *Générations futures et droit privé, vers un droit des générations futures*, LGDJ, Paris, 2011, p. 442.

Godbout L., *L'intervention gouvernementale par la politique fiscale : le rôle des dépenses fiscales : étude comparée : Canada, États-Unis, France*, vol. 1, Paris, Economica, 2006, p. 10.

Guinchard S., Debard Th., *Lexique des termes juridiques*, 20e édit., 2013, p. 390.

Guttmann R., *Eco-Capitalism : Carbon Money, Climate Finance and Sustainable Development*, Palgrave Macmillan ; New York, 1st edition 2018, chapter 5, page 152.

Hourcade J-Ch., Combet E., *Fiscalité carbone et finance climat, un contrat social pour notre temps*, Les petits matins, 2017, Chapitre 4, page 53.

Isbell P., Álvarez Pelegry E., *Energy & Transportation in the Atlantic Basin*, Center for Transatlantic Relations SAIS, novembre. 28 2017, page 72.

Kotlikoff L. J., Burns S., *Le nouveau conflit américain : actifs contre inactifs*, Paris, Economica, 2005, 100p.

Landais C., Piketty Th., Saez E., *Pour une révolution fiscale, Un impôt sur le revenu pour le XXIe siècle*, Éditions Seuil, 2011, p. 35.

Mankiw G. N., *Macroéconomie*, 5e éd., Paris ; De Boeck, 2003, p. 488 et 489.

McKinnon A., *Decarbonizing Logistics: Distributing Goods in a Low Carbon World*, Kogan Page Publishers, 2018, page 200.

Mead L.M., *The new politics of poverty: the nonworking poor in America*, BasicBooks, 12 mai 1992 - 356 pages.

OCDE, *Documentation des prix de transfert et déclaration pays par pays, Action 13 - Rapport final 2015*, OCDE/G20 Projet sur l'érosion de la base d'imposition et le transfert de bénéfices, Éditions OCDE 2015, Paris, https://doi.org/10.1787/9789264248502-fr.

OCDE, *Études économiques de l'OCDE Suède*, Éditions OCDE, Paris, février 2017, SYNTHÈSE, page 11 et s.

OCDE, *Études économiques de l'OCDE : Suisse 2019*, Éditions OCDE, Paris, novembre 2019, SYNTHÈSE, page7.

OCDE, *Les défis fiscaux soulevés par la numérisation de l'économie – rapport intérimaire 2018 : Cadre inclusif sur le BEPS*, Projet OCDE/G20 sur l'érosion de la base d'imposition et le transfert de bénéfices, Éditions OCDE 2018, Paris, p.103 et s. disponible sur *http://dx.doi.org/10.1787/9789264301627-fr*

OCDE, *Sous pression : la classe moyenne en perte de vitesse*, Éditions OCDE 2019, Paris, disponible sur le site internet suivant : https://doi.org/10.1787/2b47d7a4-fr.

OCDE, *Statistiques des recettes publiques 2020*, Éditions OCDE 2020, Paris, consultable sur le site internet https://doi.org/10.1787/c6381ca6-fr.

OECD, *Principes de l'OCDE applicables en matière de prix de transfert à l'intention des entreprises multinationales et des administrations fiscales 2017*, OECD Publishing, Paris, https://doi.org/10.1787/tpg-2017-fr, chapitre 1 : Le principe de pleine concurrence, page 36.

OECD, *L'élaboration d'un instrument multilatéral pour modifier les conventions fiscales bilatérales, Action 15 - Rapport final 2015*, Projet OCDE/G20 sur l'érosion de la base d'imposition et le transfert de bénéfices, OECD Publishing 2015, Paris, https://doi.org/10.1787/9789264248588-fr, introduction, p.15.

OECD, *OECD Inventory of Support Measures for Fossil Fuels*, OECD 2019, page 5.

OECD, *Tax and Fiscal Policy in Response to the Coronavirus Crisis: Strengthening Confidence and Resilience*, OECD 2020, page 16.

OECD, *The Costs of Decarbonisation: System Costs with High Shares of Nuclear and Renewables*, OECD 2019, Nuclear Energy Agency Organisation for Economic Co-Operation and Development, page 36 consultable à l'adresse https://www.oecd-nea.org/ndd/pubs/2019/7299-system-costs.pdf

Orsoni G., *Les finances publiques en Europe*, Economica, 2007, p. 364.

Say J.-B., *Traité d'économie politique ou simple exposition de la manière dont se forment, se distribuent et se consomment les richesses*, 6e édition, publiée par Horace Say, Paris 1841, page 508 et s.

Say L., *Dictionnaire des finances*, sous la direction de Léon Say, Volume 3, France, Berger-Levrault, 1894, préface, page 5.

Articles de doctrine

Akerfeldt S., Hammar H., « La taxe carbone en Suède », *Revue Projet*, vol. 348, no. 5, 2015, pp. 84-87.

Alomar B., Colin A., « Que peuvent les états et les organisations internationales face aux gafa ? », *Revue internationale et stratégique*, 2018/2 n° 110, p. 139.

Alventosa J.-R., « Finances publiques - Constitution et équilibre des finances publiques, un débat d'avenir : Les exigences relatives à l'équilibre des

finances publiques », *Revue française de Finances Publiques*, 1er février 2012 n° 117, p. 99.
Amigues J.-P., Lafforgue G., M. Moreaux, « Des modes de capture du carbone et de la compétitivité relative des énergies primaires », *La documentation française, « économie & prévision »*, 2016/1 n° 208-209, pages 39 à 55.
Ancelot L. et al., « Aide juridictionnelle et assurance de protection juridique : coexistence ou substitution dans l'accès au droit », *Revue française d'économie*, avril 2012, Volume XXVII, p. 115-148.
Asimakopoulos A., « Weldon et les transferts intergénérationnels » dans Conseil économique du Canada, Les régimes de retraite publics et les transferts intergénérationnels, Conseil *économique du Canada*, 1980, 62 p.
Aubert P., « Calendrier des réformes des retraites et prévisibilité du montant de pension », *Revue d'économie politique*, janvier 2014, Vol. 124, p. 1-21.
Bacache-Beauvallet M., « Rémunération à la performance. Effets pervers et désordre dans les services publics », *Actes de la recherche en sciences sociales*, 2011/4 n° 189, p. 58-71.
Bailey S., « Concevoir des entités juridiques pour gérer les biens communs dans l'intérêt des générations futures », *Protéger les générations futures par les biens communs*, Éditions du Conseil de l'Europe 2014, Tendances de la cohésion sociale, n° 26, p. 117.
Bargain O., « Que peut-on attendre de la Prime d'Activité ? », *Revue française de finances publiques*, 01/09/2015, n° 131, p. 277.
Baudoin M.-E., « Les réactions de la pratique notariale à l'évolution des patrimoines familiaux », *Petites affiches*, 07 août 2003 n° 157, p. 13.
Baudry S., « La taxe carbone : un bilan de l'expérience suédoise », *Regards croisés sur l'économie*, vol. 6, no. 2, 2009, p. 142.
Bellon A., « La politique de concurrence au secours de l'exception culturelle. L'arrivée de Netflix en France depuis le ministère de la Culture », *Gouvernement et action publique* 2016/4 (N° 4), p. 120.
Ben Soussan P., « Le roman rose de la famille confinée : on peut se lever mais pas se casser ! », *Revue Spirale*, 2020/1 n° 93, page 9, disponible à l'adresse https://www.cairn.info/revue-spirale-2020-1-page-7.htm.
Benhamou B., « Les dimensions internationales de la souveraineté numérique », *Les nouveaux Cahiers du Conseil constitutionnel*, octobre 2017, n°57, p. 87 et s.
Benhamou F., « Quelle régulation face aux plateformes numériques ? », *Annales des Mines - Réalités indusrielles*, février 2018, p. 76.
Benyayer L.-D., « Interactions entre ancienne et nouvelle économies », dans *Regards croisés sur l'entreprise – La transformation numérique*, 12 juin 2015, p.5.
Berger F., Reinstadler A., « Quelle analyse de la transmission intergénérationnelle de la pauvreté dans un pays à forte immigration comme le Luxembourg ? » in B. Masquelier, Th. Eggerickx, Dynamiques de pauvreté et vulnérabilités en démographie et en sciences sociales : Actes de La Chaire

Quetelet 2007, Louvain-La-Neuve, Presses Universitaires de Louvain, 2010, pp. 105-128.

Berger-Douce S., « Le développement durable, un levier d'innovation pour les PME ? », *Revue française de gestion*, 2011/6, n° 215, pp. 147-166. URL : https://www.cairn.info/revue-francaise-de-gestion-2011-6-page-147.htm

Bergeron M., « Le règlement des litiges fiscaux au Québec au stade de l'appel devant les tribunaux », *Revue française de finances publiques*, 01/11/2015, n°132 - page 151.

Bernard-Xemard C., « L'enfant au cœur des conflits parentaux : encore lutter », *Revue Lamy Droit civil*, N° 149, 1er juin 2017.

Berta N., « Comment les économistes réchauffent la planète », critique d'ouvrage A. Pottier 2016, Seuil, recension, Revue *Natures, Sciences, Sociétés*, 25 (2), 2017, page 191.

Bertoni P., « Prélèvements obligatoires, déficits publics et dette publique : des concepts largement conventionnels et vecteurs d'idéologie », *Revue Française de Finances Publiques*, 1er février 2014, n° 125, p. 187.

Bichot J., « La retraite entre passé et avenir », *Droit social* 2010, p. 424 et s.

Bichot J., « Retraites et équité intergénérationnelle, Avis du Conseil Des Prélèvements Obligatoires », *Revue Francaise de Comptabilité*, Numéro 416, décembre 2008, p. 25.

Billion D., « France - Turquie : entre tensions et normalisations…. De la difficulté de parvenir à une relation apaisée », *Confluences Méditerranée*, janvier 2016, n° 96, p. 71-83.

Bismans F., Docquier F., « Consommation, épargne et accumulation dans la transition démographique », *Revue économique*, Vol. 47, No. 3, pp. 667-676.

Bladh D., « Social Justice Instead of Greenhouse Gases-How the Global Economy Needs to Transform », *Asia Pacific Business Review*, vol. 6, 1: pp. 67-70. , First Published January 1, 2010.

Blynn K., Attanucci J., « Accelerating Bus Electrification : A Mixed Methods Analysis of Barriers and Drivers to Scaling Transit Fleet Electrification », *Transportation Research Record*, vol. 2673, no. 8, Aug. 2019, p.583 to 586.

Börsch-Supan A., « L'efficacité des incitations pour remédier à l'insuffisance de l'épargne retraite en Europe », *Revue économique de l'OCDE*, février 2004, n° 39, p. 121-157.

Bouhon Fr., Jousten A., Miny X. et Slautsky E., « L'État belge face à la pandémie de covid-19 : esquisse d'un régime d'exception », *Courrier hebdomadaire du CRISP*, 2020/1 n°2446, page 8. Article disponible en ligne à l'adresse : https://www.cairn.info/revue-courrier-hebdomadaire-du-crisp-2020-1-page-5.htm.

Boullet V., « The Irish Economic Crisis: The Expiry of a Development Model ? », *Études irlandaises*, 15 décembre 2017, p. 19.

Boumana E. A., Lindstad E., Rialland A., Strømmana A. H., « State-of-the-art technologies, measures, and potential for reducing GHG emissions from

shipping – A review », *Transportation Research Part D : Transport and Environment*, Volume 52, Part A, May 2017, Pages 409.
Bourque G., Hanin F., « Le rapport D'Amours : de mauvaises solutions », *Relations*, mars-avril 2014, p. 21.
Bourreau-Dubois C., Jeandidier B., « Que peut-on attendre d'un barème de pension alimentaire pour enfant ? », *Revue française d'économie*, avril 2012, (Volume XXVII), pp. 213-248.
Bousquet C., « Gestion de la dette sociale : la vertu contrariée par la crise ? », *Revue Française de Finances Publiques*, 1er septembre 2011, n° 115, p. 45 et s.
Boxill B., « The culture of poverty », Social philosophy and policy, 1994, vol. 11, n° 1, p. 275.
Bridonneau B., Scialom L., « Des annulations de dette publique par la BCE : Lançons le débat », *Terra Nova*, 17 avril 2020, 17 pages.
Brinkley C., "Decoupled: Successful Planning Policies in Countries that Have Reduced per Capita Greenhouse Gas Emissions with Continued Economic Growth", *Environment and Planning C: Government and Policy*, vol. 32, 6: pp. 1083-1099. , First Published January 1, 2014.
Broccolichi S., Cesar Ch., Largueze B., « Qu'est-ce qui désavantage scolairement des enfants de familles défavorisées socialement ? », *Colloque sur le devenir des enfants de familles défavorisées en France* présenté le jeudi 1er avril 2004, p.8, consulté sur le site http://www.cerc.gouv.fr/meetings/colloque_avril2004/presentation.htm le 12/04/2018
Broussolle Y., « La deuxième LFR pour 2012, première étape de la stratégie de redressement des finances publiques », *Les Petites Affiches*, 31 octobre 2012, n° 218, p. 3.
Brun I., Feuer S., « The Calm before the Storm ? Coping with Corona in the Middle East », *Institute for National Security Studies*, March 26, 2020, No. 1284, page 2. Stable URL : https://www.jstor.org/stable/resrep23535. Accessed: 23-04-2020 00:07 UTC.
Bruneau D., Friedlander L., Lord Guy Sasseville J., « Les Principes de l'imposition au Canada », Montréal, Wilson & Lafleur, 2002, Partie II — *La Description De La Taxe Sur Les Produits Et Services* (Tps), 1-Un Aperçu général, p. 536.
Bureau D., Henriet F., Schubert K., « Pour le climat : une taxe juste, pas juste une taxe », *Conseil d'analyse économique*, 2019/2, n° 50, page 6.
Burel G., Gauvin M., « Déplacements quotidiens et émissions de CO2 : Les enjeux de la mobilité durable en Auvergne », *Insee Auvergne - La Lettre*, No 89, Paru le 18/04/2013, page 4.
Burnay N., « Chômage et transmissions générationnelles », *Colloque sur le devenir des enfants de familles défavorisées en France* présenté le jeudi 1er avril 2004, consulté sur le site

http://www.cerc.gouv.fr/meetings/colloque_avril2004/presentation.htm le 16/04/2018, p. 3.

Cannon L., « Avant-propos », *Revue Française de Finances Publiques*, 1er août 2014, n^{0}127, p.3 et s.

Carter R., « Les causes et les remèdes de la "crise" des finances publiques au Québec », *Politique*, n° 3, 1983, p. 93 et s.

Castel D., « À la une - Crise sanitaire - Déploiement d'un arsenal économique et social », *Juris-associations* 2020, n°617, p.10.

Caudal S., « Chronique de la fiscalité française de l'environnement en 2014 », *Revue juridique de l'environnement*, 2015/2, volume 40, pages 338.

Cavallo A., « Elephant in the room: How OPEC sets oil prices and limits carbon emissions », *Bulletin of the Atomic Scientists*, vol. 69, 4: pp. 18-29., First Published November 4, 2016.

Cayol A., « L'obligation réelle environnementale ou les potentialités environnementales du droit des contrats et du droit des biens », *Petites affiches*, 11/05/2018, n°094-095, page 98.

Chagny O. et al. « Les réformes des systèmes de retraite en Europe », *Revue de l'OFCE*, 2001/3 no 78, p. 97-208.

Chassard Y., Brunhes B., « Retraites : du bon usage de la neutralité actuarielle », *Droit social* 2001, p.644.

Chassin Y., « Des solutions pour les régimes de retraite municipaux », *Note économique*, octobre 2014,
p. 1-4.

Chauffaut D., « Analyses critiques », *Retraite et société*, 2009/2 n.58, p.212-221.

Chavagneux Ch., « Apple : Comment L'Europe veut récupérer ses impôts », *Esprit*, novembre2016, p.7 à 10.

Chiroleu-Assouline M., « La Fiscalité environnementale en France peut-elle devenir réellement écologique ?, État des lieux et conditions d'acceptabilité », *Revue de l'OFCE*, mars 2015, n° 139, page 161.

Cleetus R., « Finding common ground in the debate between carbon tax and cap-and-trade policies», *Bulletin of the Atomic Scientists*, Volume 67, issue 1, page(s): 19-27, Article first published online: October 13, 2016 ; Issue published: January 1, 2011.

Clegg P., « Conflit de la banane : comment l'OMC marginalise les petits États », *L'Économie politique*, vol. n°14, no. 2, 2002, pp. 22-35

Cochez N., Durieux É., Levy D., « Vulnérabilité énergétique : loin des pôles urbains, chauffage et carburant pèsent fortement dans le budget », *INSEE Première*, No 1530, 08/01/2015, 4 pages.

Colette Ch., « L'action internationale contre les changements climatiques : perspectives de l'après-Kyoto. », *Études internationales*, volume 39, numéro 2, juin 2008, p. 229–253. https://doi.org/10.7202/019193ar

Combet M., « Nouveaux opérateurs et concurrence », *Juris art etc*. 2017, n°49, p.15.

Confavreux J., Duchêne L., « écart générationnel », *Vacarme*, 2009/2 n°47, p. 14-17.

Conseil d'Analyse Économique, « Économie numérique », *Les notes du conseil d'analyse économique*, n° 26, octobre 2015, page 1 et s.

Conseil d'État, « Puissance publique et plateformes numériques : accompagner l'« ubérisation » », *Les rapports du Conseil d'État* (ancienne collection Études et Documents du Conseil d'État), Étude annuelle, 13 juillet 2017, p.57.

Conseil des prélèvements obligatoires, « La fiscalité environnementale au défi de l'urgence climatique », *Conseil des prélèvements obligatoires*, septembre 2019, page 140 https://www.ccomptes.fr/fr/publications/la-fiscalite-environnementale-au-defi-de-lurgence-climatique

Conseil des prélèvements obligatoires, « La répartition des prélèvements obligatoires entre générations et la question de l'équité intergénérationnelle », *La documentation française*, novembre 2008,p. 26.

Conseil d'État « Le numérique et les droits fondamentaux », *Etude annuelle 2014 du Conseil d'État*, p. 43.

Conseil Économique, Social Et Environnemental, « Pour une politique de souveraineté européenne du numérique », *Décision du Bureau du 11 septembre 2018- NS 183720*, 2 pages consultable à l'adresse https://www.lecese.fr/sites/default/files/recup_synchro/saisine/NS183720.pdf

Cottin-Marx S., « Un revenu pour exister », *Mouvements* 2013/1, n° 73, p. 7-9.

Coudert C., « Union européenne et États-Unis : quelles stratégies fiscales en matière de datacenters ? », R.E.I.D.F., 2017/3, p. 266-273.

Crane P. S. J., « Commutative Justice, Social Justice and the Family Living Wage, » Christus Rex, VII (2) : 131-38. April 1954 commenté par L. A. O'Donnell dans *The American Catholic Sociological Review*, Vol. 15, No. 3, octobre 1954, pp. 301-302.

Davaillon A., Nauze-Fichet E., « Les trajectoires scolaires des enfants pauvres », *Colloque sur le devenir des enfants de familles défavorisées en France présenté le jeudi 1er avril 2004*, consulté sur le site http://www.cerc.gouv.fr/meetings/colloque_avril2004/presentation.htm le 12/04/2018, p. 2.

De Barbarin M. M., « Le double visage du financement public de la culture en France », *hal.archives-ouvertes <hal-00879601>*, p. 9, disponible sur le site https://hal.archives-ouvertes.fr/hal-00879601.

De Crouy-Chanel E., « La définition juridique de l'impôt. L'exemple de la doctrine française », in *Philosophie de l'impôt*, Bruylant 2006, p. 135.

De Crouy-Chanel E., « Le consentement à l'impôt », *Pouvoirs* 2014/4, n° 151, p. 5-14.

Dehaine A., « Les ressources fiscales à l'ère du numérique : l'adaptation de la fiscalité locale », *Revue française de finances publiques*, 01/09/2018, n°143, p. 105.

Delécraz Y., Chetaille M., « Les nouvelles solidarités familiales », *Les Petites Affiches*, 19 mai 2011, n°99, p. 16.

Delfosse A., « Rapport de synthèse », *Les Petites Affiches*, 29 août 2007, no 176, p. 21

Démier C., « Une institution associée à la Cour des comptes, le Conseil des prélèvements obligatoires », *Revue française de Finances Publiques*, 1er avril 2010, n° 110, p. 214.

Deneault A., « Les barons voleurs canadiens », *Liberté*, n° 299, Numéro 299, Printemps 2013, p. 30–31.

Denis M., « La santé, entre bien public et bien privé », *Revue d'éthique et de théologie morale*, 2006/HS n°241, p. 145-158.

Devarajan S., World Bank eLibrary - York University, and World Bank. *Tax Policy to Reduce Carbon Emissions in South Africa*, Washington, D.C., World Bank, 2009.

Dion G., « Le droit au travail », *Relations industrielles*, Volume 15, n° 4, octobre 1960, p. 401.

Dollé M., « La transmission intergénérationnelle de la pauvreté », *Regards croisés sur l'économie*, février 2008, n° 4, pp. 97-106.

Douniès A., Clergerie J.-L., « L'harmonisation de l'impôt sur les sociétés entre la France et l'Allemagne : mythe ou réalité ? », *Les Petites affiches*, 08/02/2012, n°28, p. 3.

Dreyfus M., Telfizian L., Alix N., Toucas-Truyen P. et Hipszman M., « Temps Forts », *Revue internationale de l'économie sociale*, 2020/2 n° 356, page 10 et s. Article disponible en ligne à l'adresse : https://www.cairn.info/revue-recma-2020-2-page-6.htm.

Driesen D. M., "Toward a Populist Political Economy of Climate Disruption", *Environmental Law*, vol. 49, no. 2, Apr. 2019, pp. 379–406.

Dublanche A., « Covid-19 en Île-de-France : « Les conséquences économique vont être sévères » », *Petites affiches*, 20/04/2020, n°079, page 7.

Dufour O., « La Cnil au défi du RGPD », *Les Petites affiches*, 02/05/2018, n°087-088, p. 4.

Duhanaj v. Canada (Citizenship and Immigration), 2015 FC 416 (CanLII), http://canlii.ca/t/gh4fq

Dumont A., « Numérique et nouvel « incivisme » fiscal », *Revue française de finances publiques*, n°134, p. 73 et s.

Durand M., « Apple à la crème irlandaise... une recette au goût trop amer, aux yeux de la Commission européenne ! », *Bulletin en fiscalité, planification successorale et litige fiscal*, Lapointe Rosenstein Marchand Melançon, décembre 2016, p. 37 : https://edoctrine.caij.qc.ca/publications-cabinets/lapointe/2016/a91251/fr/PC-a97218

Durnford J.W., Stephen T.J., « Spousal Support in Family Law and Alimony in the Law of Taxation », *Revue Fiscale Canadienne* 1994, Vol. 42, No.1, p.4 et s.

Duval G., « Éditorial », *Alternatives Économiques*, mai 2019, n° 390, p. 3-3. URL : https://www.cairn.info/magazine-alternatives-economiques-2019-5-page-3.htm.

Dyens S., « La continuité budgétaire, financière et fiscale des collectivités territoriales et des établissements publics locaux aux temps du covid-19 », *AJ Collectivités Territoriales 2020*, p.247.

Editorial, « Lectures d'une crise », *Editions esprit*, mars 2019, pages 5 à 8.

Elgie S., McClay J., « BC's Carbon Tax Shift Is Working Well after Four Years », *Canadian Public Policy/Analyse de Politiques*, Vol. 39, Special Supplement on Environmental Policy in Canada (August/août 2013), pp. S1-S10 Published by: University of Toronto Press on behalf of Canadian Public Policy Stable URL: https://www.jstor.org/stable/23594767.

Eloire F., Cary P., Monchatre S., Zune M., Devetter Fr.-X., Trespeuch M., Touchelay B., Martinache I., Cordrie B., Fretel A., Rodet D., Bruno I., Batifoulier Ph., Noûs C., Barral S. et Chavy Fr., « La casse de l'état social mise en lumière par la pandémie. Retour sur un lent processus de délitement. Présentation et mise en perspective d'une sélection d'articles tirés de dix années de publications de la Revue Française de Socio-Économie », *Revue Française de Socio-Économie*, 2020/en lutte Hors-série, page 26.

Environnement et Changement climatique Canada, *Indicateurs canadiens de durabilité de l'environnement : Émissions de gaz à effet de serre*, 2019, page 7.

Éric O., « Note sous décision 2016-743 et 2016-744 DC », *Revue française de droit constitutionnel*, juin 2017, n.110, p. 472-486 citée par Revue doctrinale générale, « Les nouveaux cahiers du Conseil constitutionnel », *Lextenso*, avril 2017, n° 57, page 151.

Éthier L.S., « Évolution des enfants négligés et caractéristiques maternelles », *Santé, Société et Solidarité, violence et maltraitance envers les enfants*, n° 1, 2009, pp. 51-59.

Fleury Ch., Lizotte M., Paré P.-O., « L'Accession à la propriété chez les jeunes ménages québécois au cours de la dernière décennie », *Recherches sociographiques*, vol. 57, n° 1, 2016, pp. 47-77.

Fortin B., « Dépendance à l'égard de l'aide sociale et réforme de la sécurité du revenu », *L'Actualité économique*, vol. 73, no 4, 1997, pp.557-573.

Fortin P., « Garder le cap : le défi de l'équilibre budgétaire du Québec », *Institut C.D. Howe*, No. 325, mars 2011, p. 1 et s.

Funke Fr., Mattauch L., « Why is carbon pricing in some countries more successful than in others ? », August 10, 2018 consultable à l'adresse https://ourworldindata.org/carbon-pricing-popular.

Franceschini L., « Les enjeux des industries culturelles », *Annales des Mines-Réalités industrielles*, mai 2013, p. 12.

Frouté Ph., Paul L., « Les politiques budgétaires de sortie de crise : Un risque pour la cohésion de la zone euro ? », *Revue Française de Finances Publiques*, 1er janvier 2010 n° 109, p. 231.

Gaël G., « Thomas Piketty, Le capital au XXIe siècle », *Revue Projet*, 2014/1, n° 338, pp. 90-92.

Galustian G., « La protection des données personnelles à l'épreuve du numérique », *Revue du droit public*, 01/09/2018, n°5, p. 1389.

Garbinti B., Lamarchen P., Salembier L., « Héritages, donations et aides aux ascendants et descendants », *Defrénois*, 30 juillet 2012, n°1314, p.710.

Geffroy J.-B., « Le cadre fiscal de la vieillesse », *Revue Française de Finances Publiques*, 1er septembre 2012, n° 119, p. 195.

Giray M., « Couple, Famille et Société : Quel droit pour demain ? », *Les Petites Affiches*, 28 juin 2000, n°128, p. 8 et s.

Godonou C., Renouvel S., Roger S., Camors C., Soulard O., Dezenaire F., « Économie numérique en Ile-de-France : Une dynamique d'emploi portée par les non-salariés », *Insee Analyse*, No 31, mars 2016, p.1 et s.

Golightly D., Gamble C., Palacin R. et al. « Multi-modelling for Decarbonisation in Urban Rail Systems », *Urban Rail Transit 5*, 2019, page 254–266. https://doi.org/10.1007/s40864-019-00114-2

Gollac S., « Des liens et des transferts entre générations, A. Masson. Éditions de l'EHESS, Paris, 2009, 462 p. », *Comptes rendus / Sociologie du travail*, no 55, 2013, p. 123 et s.

Gollier Ch., « Équité intergénérationnelle et investissements pour le futur », *Regards croisés sur l'économie*, janvier 2010, n° 7, p. 218-223.

Gollier Ch., « Sommes-nous trop égoïstes ou trop généreux envers les générations futures ? », *Reflets et perspectives de la vie économique*, 2012/4 Tome LI, p. 67-76.

Gordon J., « Time to diversify ? As the current nuclear fleet struggles to maintain its competitiveness in some markets, Jeremy Gordon suggests that expansion into heat or hydrogen production could help secure a profitable future », *Nuclear Engineering International*, May 2019, p. 12+. Gale Academic OneFile,

Gotman A., « Vers la fin de la transmission ? De l'usage du logement pour assurer ses vieux jours. Le prêt à hypothèque inversée », *Sociologie*, vol. 1, n°. 1, 2010, pp. 141-159.

Gourdon P., « La consommation de cannabis nécessaire à la sauvegarde de la santé : une application contestable de l'article 122-7 du code pénal », *Recueil Dalloz* 2003 p.584.

Gregogna J., « nécessité état de », dans Universalis éducation [en ligne]. *Encyclopædia Universalis*, consulté le 9 décembre 2016, Disponible sur http://www.universalis-edu.com/encyclopedie/etat-de-necessite/

Guené Ch., « La fraude fiscale sur Internet », *Revue française de finances publiques*, 01/08/2014, n°127, p. 99.

Hainaut H. et al., « Investir en faveur du climat contribuera à la sortie de crise », *I4CE (Institute for Climate Economics)*, avril 2020, p. 4.

Halley P., DesMarchais P.-O., « Le développement durable en droit canadien », *Symposium l'environnement au tribunal : les principaux concepts relatifs à l'environnement et la nature unique des dommages à l'environnement*, les 23 et 24 mars 2012, Université de Calgary, p. 8.

Hamelin G., « Fraude fiscale : où est l'éthique ? », *Jurisprésence, Le magazine de l'intelligence juridique de SOQUIJ*, Volume 1, n^{0}2, septembre 2013, p. 5.

Hansen K., Johannsen K. S., Larsen A., "Recommendations for Negotiated Agreements", *Environment and Planning C: Government and Policy*, vol. 20, 1: pp. 19-37. , First Published Feb 1, 2002.

Ha-Redeye O., « An Election Mandate is Not a License to Ignore the Rule of Law», Greenpeace Canada v. Minister of the Environment (Ontario), *2019 ONSC 5629 (CanLII)*

Heckly Ch., Oberkampf É., « Actualité du fédéralisme », *Revue française de finances publiques*, 01er novembre 2018, n° 144, p. 241 et s.

Hummel C., Hugentobler V., « La construction sociale du « problème » intergénérationnel : considérations préliminaires sur une nouvelle problématique », *Gérontologie et Société*, n°213, décembre 2007, p.71.

IDDRI, « Beyond emission targets: how to decarbonize the passenger transport sector ? », *Issue brief*, n° 07, 17 novembre 2017, 4 pages.

INSEE, « Les messages issus des articles de presse peuvent contribuer à prédire l'activité économique en temps réel », *Note de conjoncture*, 17/06/2020, 2 pages.

INSEE, « Taxe carbone-Définition », *Institut National de la Statistique et des Études Economiques*, 13 octobre 2016, consultable à l'adresse https://insee.fr/fr/metadonnees/definition/c2035.

INSEE, « Déplacements quotidiens et émissions de CO2 : les enjeux de la mobilité durable en Auvergne », *Insee Auvergne - La Lettre*, No 89, Paru le 18/04/2013, résumé.

INSEE, *Informations Rapides*, No 107, 30 avril 2020 consultable sur le site https://www.insee.fr/fr/accueil.

Ioannidou A., « Le défi de la réponse économique à la crise du Covid-19 », *Revue de l'Union européenne* 2020, p.286.

Jaroszweski D., Hooper E., Chapman L., «The impact of climate change on urban transport resilience in a changing world», *Progress in Physical Geography*, 2014, Vol. 38(4), page 448–463.

Kavanagh M. M., et al. « Ending pandemics: u.s. foreign policy to mitigate today's major killers, tomorrow's outbreaks, and the health impacts of climate change », *Journal of International Affairs*, vol. 73, no. 1, 2019, pp. 49–68. *JSTOR*, www.jstor.org/stable/26872778. Accessed 22 Dec. 2020.

Kherroubi M., « Que sait-on de l'impact des situations défavorisées sur la trajectoire scolaire des enfants ? », *Colloque sur le devenir des enfants de familles défavorisées en France*, op. cit. p. 2 et s.

Kraan D.-J., « Dépenses hors budget et dépenses fiscales », *Revue de l'OCDE sur la gestion budgétaire*, Volume 4, n^0 1, page 153.

Lambert Th., « La sociologie de l'impôt », *Les Petites Affiches*, 21 août 2002, n° 167, p. 9.

Lambert Th., « L'échange de rulings dans les pays de l'Union européenne : un changement de paradigme », *R.E.I.D.F.*, 2017/1, p. 76-83.

Lambrecht M., « L'économie des plateformes collaboratives », *Courrier hebdomadaire du CRISP* 2016/26, N° 2311-2312, p.32.

Lamy Droit du contrat, « État de nécessité », *Le Lamy Droit du contrat* 2016, Chapitre 5, paragraphe 3, n° 595.

Lamyline, « Le chef de l'État confirme son intention de supprimer la taxe d'habitation pour tous d'ici 2020 », *Liaisons sociales Quotidien* - L'actualité, N° 17480, Section Acteurs, débats, événements, 3 janvier 2018.

Landais C., Piketty Th., Saez E., « Commentaire de l'article d'Henri Sterdyniak. « Lecture critique de l'ouvrage "Pour une révolution fiscale" », *Revue de l'OFCE*, vol. 122, n° 3, 2012, pp. 145-151.

Lareau A., « La fiscalité comportementale au Canada », *Revue de Planification Fiscale et Financière*, vol. 33, n° 2, p. 333 et s ;

Lareau A., « Justice fiscale et fiscalité comportementale au Canada », *Revue Française de Finances Publiques*, 1er novembre 2013, n° 124, p. 73-85.

Lareau A., « La fiscalité canadienne en quête de mesures novatrices », *Revue française de finances publiques*, 1er novembre 2011, no116, pp. 67-80.

Lareau A., « L'État complice de la concentration de la richesse », *Les Cahiers de droit*, vol. 39, n° 1, 1998, p. 161-176.

Lareau A., « Réflexions fiscales sur la famille », *Les Cahiers de droit*, vol. 34, n° 4, 1993, p. 1205-1234.

Larin G., Latulippe L., « Les canons de la justice fiscale : évolution et influences », *Revue française de finances publiques*, 01/11/2013, n°124 page 5 et s.

Laurent E., Le Cacheux J., « Carbone sans frontières. Quelles solutions fiscales face aux émissions importées ? », *Revue de l'OFCE*, 2012/3 (n° 122), p. 85. DOI : 10.3917/reof.122.0083. URL : https://www.cairn.info/revue-de-l-ofce-2012-3-page-83.htm:

Lawley C., Thivierge V., « Refining the evidence: British Columbia's carbon tax and household gasoline consumption », *The Energy Journal*, 2018, Volume 39, Pages 147 – 171.

Lawton A., « Green taxation theory in practice: The 2012 reform of the carbon reduction commitment », *Environmental Law Review*, vol. 18, 2: pp. 126-141. , First Published June 10, 2016.

Le Cohu P., Coursier Ph., « La réforme du 9 novembre 2010 et la « partie faible » en matière de retraite », *Gazette du Palais*, 17 août 2013 n° 229, p. 15 et s.

Le Lamy droit économique, « Effets anticoncurrentiels des aides d'État », *Le Lamy droit économique*, 1998, paragraphe 2042.

Lee J.-W. and McKibbin W. J., "The impact of SARS", in *New Engine of World Growth,* ANU Press, 2012, page 23. Stable URL : https://www.jstor.org/stable/j.ctt24h9qh.10.

Lefebvre S., « Relations intergénérationnelles et vieillissement : nouvelles questions », *Retraite et société*, janvier 2013, n° 64, p. 53-68.

Lehérissel H., « A quoi sert vraiment Impôt ? », *Sociétal*, Troisième Trimestre 2001, Numéro 33, p. 50.

Leroy M., « Le repositionnement épistémologique et politique du problème de l'évasion fiscale », *R.E.I.D.F.*, 2017/4, p. 420, note de bas de page numéro 22.

Levoyer L., « Approche en droit des finances publiques, responsabilité envers les générations futures : quelles exigences pour les finances publiques », in *Quelle responsabilité juridique envers les générations futures* ?, Paris, Dalloz, 2012, p. 145 et s.

Lextenso, « Décisions du Conseil constitutionnel du 1er octobre 2016 au 30 mars 2017 », *Les Nouveaux Cahiers du Conseil constitutionnel*, 2017/2 n° 55-56, p.314, disponible à l'adresse suivante : https://www.cairn.info/revue-les-nouveaux-cahiers-du-conseil-constitutionnel-2017-2-page-283.htm?contenu=resume#.

Liaisons sociales quotidiens, « Un mois d'actualité », *Liaisons sociales quotidiens*, numéro 18013 du 4 mars 2020, page 1.

Lima L., Trombert Ch., « L'assistance-chômage des jeunes sous condition d'accompagnement. De quelques mécanismes du non-recours par éviction », *Lien social et Politiques*, n° 70, 2013, p. 29-43.

Lin W., Zheng Y., and Dai Y., « Influence of a Carbon Tax on Low-Carbon Trade Competitiveness of the Paper-Making Industry », *Forest Products Journal 2017*, Vol. 67, No. 1-2, pp. 101-111.

Lipietz A., « Crise de l'État-Providence : idéologies, réalités et enjeux dans la France des années 1980 », *Politique*, n° 4, 1983, p. 55-103.

Liu Y., & Cirillo C., "Model System to Evaluate Impacts of Vehicle Purchase Tax and Fuel Tax on Household Greenhouse Gas Emissions", *Transportation Research Record*, 2503(1), 2015, page 51–59.

Lorenzi J.-H., « 90 minutes pour le lire – L'Avenir de notre liberté - Faut-il démanteler Google… et quelques autres ? », Synthèse, ed. Eyrolles, 19 décembre 2017, p.6, disponible à l'adresse internet suivante : file:///U:/Avenir%20de%20notre%20libert%C3%A9%20JH%20Lorenzi%20.pdf

Loriaux M., « Du vieillissement démographique à l'intégration des âges : la révolution de la géritude », *Population*, Vol. 50, No. 6, novembre - décembre. 1995, p. 1611-1625.

Louit Ch., « L'unité territoriale communautaire et le principe d'égalité », *Les Petites Affiches*, 15 mai 2002, n° 97, p. 4.

Luppi Ph., « Les lois de financement de la Sécurité sociale et l'assurance vieillesse : bilan des deux dernières législatures (2002-2007 / 2007-2012) », *Revue Française de Finances Publiques*, 1er novembre 2012, n° 120, p. 229.

Lustig N., Stern N., « Une approche plus large de la lutte contre la pauvreté Opportunités, insertion et sécurité matérielle », *Finances & Développement,* décembre 2000, p.3.

Maitrot de la Motte A., « Chronique Droit fiscal de l'UE - La Cour de justice rend quatre arrêts dans le domaine de la fiscalité de l'énergie », *RTD Eur*. 2018, p.502.

Makdissi P., Therrien Y., Wodon Q., « L'impact des transferts publics et des taxes sur la pauvreté au Canada et aux États-Unis », *L'Actualité Économique* ; Sep. 2006 ; numéro 82, Vol. 3, p. 377.

Malfettes L., « Coronavirus : assouplissement des conditions d'exonération de la prime de pouvoir d'achat », *Dalloz actualité*, 08 avril 2020.

Malgrange P., Masson A., « Viabilité des politiques publiques. Études de comptabilité générationnelle. Présentation générale », *Economie & prévision*, mars 2002, no 154, p. 3-11.

Mandard M., « Les usages du brevet : vers une définition du brevet comme mécanisme de gouvernance des activités d'innovation des organisations », *De Boeck Supérieur, innovations*, mars 2018, n° 57, p.179.

Marcus E., « Le projet de l'OCDE de lutte contre l'optimisation fiscale des multinationales-BEPS », *Revue française de finances publiques*, 01/11/2015, n°132, page 233 et s.

Marrani D., "How to End an Attempt to Institute a Carbon Tax: The Conseil Constitutionnel Declares That Article 7 of the 2010 Budget Instituting a Carbon Tax Does Not Conform to the Constitution of the French Republic: Conseil constitutionnel, Décision n° 2009–599 DC Du 29 décembre 2009, Journal officiel du 31 décembre 2009, 22995 (Décision 2009–599 DC of 29 December 2009, Official Gazette of 31 December 2009)", *Environmental Law Review*, vol. 13, 1 : pp. 50-55. , First Published February 1, 2011.

Marten M., Van Dender K., « The use of revenues from carbon pricing », *OECD Taxation Working Papers*, No. 43, OECD Publishing, Paris, 2019, https://doi.org/10.1787/3cb265e4-en.

Martin Y., Rocard M., « Taxe carbone. Article publié le 9 janvier 2010 dans le journal Le Monde », *Annales des Mines - Responsabilité et environnement*, 2012/1 (n° 65), p. 59-60. DOI : 10.3917/re.065.0059. URL : https://www.cairn.info/revue-responsabilite-et-environnement1-2012-1-page-59.htm.

Marty F., Spindler J., « Les politiques budgétaires et fiscales allemandes et britanniques : Quels enseignements pour la France ? », *ffhalshs*-00641987, 2011 consultable à l'adresse : HAL Id : halshs-00641987 https://halshs.archives-ouvertes.fr/halshs-00641987 Preprint submitted on 17 novembre 2011.

Mathy S., Meike F., Ruben B., « Repenser le rôle des scénarios : construction participative de scénarios bas carbone pour la France », *Revue d'économie industrielle*, vol. 148, no. 4, 2014, pp. 69-103.

Mattei U., « Les futures générations sont parmi nous ! Une analyse fondée sur les biens communs », *Protéger les générations futures par les biens communs*, Éditions du Conseil de l'Europe 2014, Tendances de la cohésion sociale, no 26, p.13.

Maublanc J.-P., « Décroissance économique et fiscalité à l'épreuve de la pandémie de coronavirus », *AJDI* 2020 p.365.

Mauroux A., « Le crédit d'impôt dédié au développement durable : une évaluation économétrique », *Direction générale du Trésor, Économie & prévision*, 2014/1 n° 204-205, pages 89 à 117.
Mayer S. E., « What Money Can't Buy: Family Income and Children's Life Chances », *Journal of Policy Analysis and Management*, vol. 17, n°. 3, 1998, pp. 535-538.
McDaniel S. A., « Intergenerational Transfers, Social Solidarity, and Social Policy: Unanswered Questions and Policy Challenges », *Canadian Public Policy / Analyse de Politiques*, Vol. 23, Special Joint Issue, Aging / Vieillissement (Spring, 1997), pp. 1-21.
McDaniel S. A., « Retraites - privilèges et pauvreté : un autre point de vue sur l'équité intergénérationnelle » dans *Age, générations et contrat social. L'État-providence face aux changements démographiques*, INED 2004, p. 222.
McKibbin W. J., Morris A. C., Wilcoxen P. J., Cai Y., « Carbon Taxes and U.S. Fiscal Reform », *National Tax Journal 2015*, 68, issue 1, p. 139-156.
Metcalf G. E., « Tax Policies for Low-Carbon Technologies », *National Tax Journal*, Vol. 62, No. 3, Tax Policy and The Economic Recovery, September 2009, p. 528.
Middlehurst Ch., "Unhealthy market", Volume: 49 issue : 1, page 50-52. Article First Published Online: April 6, 2020 ; Issue published : April 1, 2020.
Miereanu H., « Représenter « l'irreprésentable ? Reconnaitre les droits des générations futures, de la nature et les questions de statut légal », dans *Protéger les générations futures par les biens communs*, Éditions du Conseil de l'Europe 2014, Tendances de la cohésion sociale, no 26, p.33.
Mistral J., « Politique sociale : un cas de schizophrénie patronale ? », *Droit social*, 1995, p. 3.
Moisdon-Chataigner S., « Assistance, assurance et dépendance », *Defrénois*, 30 janvier 2009, n° 2, p. 207.
Monjon S., « Réduire au-delà de 20 % les émissions de gaz à effet de Serre dans l'union européenne : quelles conséquences Sur les secteurs intensifs en énergie européens ? », *La documentation française*, « Economie & Prévision », 2016/1 n° 208-209, page 148.
Monnier J.-M., « La justice fiscale entre tensions et débats », Pouvoirs locaux, *La Documentation Française*, 2012, pp.54-58.
Monod J.-Cl., « Vérité de fait et opinion politique », *Esprit*, octobre 2017, p. 144.
Moro A., Ragi T., « Sport et lien social », *Agora débats/jeunesses*, n°33, 2003, Sports et intégration sociale, p.16.
Muet P.-A., Woerth E., Cherki P., De Courson M. Ch., Dalloz M.-Ch., Girardin A., Sansu N., Sas E., « *L'optimisation fiscale des entreprises dans un contexte international », Rapport d'information déposé en application de l'article 145 du règlement par la commission des finances, de l'économie générale et du contrôle budgétaire*, 10 juillet 2013, p. 134.
Munda G., Russi D., « Social Multicriteria Evaluation of Conflict over Rural Electrification and Solar Energy in Spain », *Environment and Planning C:*

Government and Policy, vol. 26, 4: pp. 712-727, First Published January 1, 2008.

Nässén J., Larsson J., « Would shorter working time reduce greenhouse gas emissions ? An analysis of time use and consumption in Swedish households », *Environment and Planning C: Government and Policy*, vol. 33, 4: pp. 726-745. , First Published January 1, 2015.

Not G., « Les régimes de retraite complémentaire des professions libérales », *Revue de Droit Sanitaire et Social* 2012 p. 233.

Nouveau P., « La politique de concurrence européenne, ou la réalité d'une politique industrielle européenne par défaut », *Outre-Terre*, janvier 2016, n° 46, p. 281.

OCDE, « Économie numérique, nouveaux modèles économiques et principales caractéristiques », dans *Addressing the Tax Challenges of the Digital Economy*, Éditions OCDE 2014, Paris, page 98.

OCDE, « Conclusion du rapport intérimaire consacré aux défis fiscaux soulevés par la numérisation de l'économie », dans Tax Challenges Arising from Digitalisation – Interim Report 2018 : Inclusive Framework on BEPS, Éditions OCDE 2018, Paris.

OCDE, « Décarboner le transport routier », *L'Observateur de l'OCDE*, n° 279 mai 2010, page 43.

OCDE, « Introduction : inventaire du soutien public et des dépenses fiscales estimées pour les combustibles fossiles », *OCDE 2013*, page 10 consultable à l'adresse http://www.oecd.org/fossil-fuels/INTRODUCTION_FR.pdf

OCDE, « Les fondements de l'économie numérique », dans *OECD Digital Economy Outlook 2015*, Éditions OCDE 2015, Paris, p.98.

OCDE, « Policy Instruments for the Environment», *OCDE-Better Policies for Better life*, November 02nd 2017, page 1-15.

OCDE, « Une économie numérique en expansion », dans *OECD Digital Economy Outlook 2015*, Éditions OCDE 2015, Paris, page 144.

OCDE, « Changement climatique : relever le défi à l'horizon 2050 », *Organisation De Coopération Et De Développement Économiques*, janvier 2008, Synthèses.

OCDE, « Décarboner le transport routier », *L'Observateur de l'OCDE*, n° 279 mai 2010, page 43.

OCDE, « Les politiques fiscale et budgétaire devraient continuer de soutenir les ménages et les entreprises pendant la période de confinement, puis étayer la reprise », *Communiqué de presse*, 15 avril 2020, 2 pages.

OCDE, « Quels sont les déterminants du civisme fiscal ? », *Fiscalité et développement*, Ebauche mars 2013, p. 1.

OCDE, « Une réforme des finances publiques pour une économie mexicaine plus forte, plus juste et plus saine », *Études économiques de l'OCDE : Mexique* 2011, p.126.

O'Doherty R., Bailey I., Collins A., « Regulatory Failure via Market Evolution: The Case of UK Packaging Recycling », *Environment and Planning C: Government and Policy*, vol. 21, 4: pp. 579-595, First Published Aug 1, 2003.

OECD, « Tax Revenue implications of decarbonizing road transport: Scenarios for Slovenia », *OECD, International Transport Forum*, 2019, Highlights, 8 pages, consultable à l'adresse file:///P:/highlights-tax-revenue-implications-of-decarbonising-road-transport-scenarios-for-slovenia.pdf.

OECD, « Taxing Wages-Mexico », Taxing wages 2016 OECD Publishing, Paris consulté à l'adresse http://www.oecd.org/mexico/taxing-wages-mexico.pdf le 28/12/2016.

Palier B., « Vers un État d'investissement social. Pistes pour une redéfinition de la protection sociale », *Informations sociales*, 2005/8 n° 128, p. 118-128.

Pallard R., « L'Exception de nécessité en droit civil », In *Revue internationale de droit comparé*, Vol. 2, n°1, janvier-mars, 1950.

Pando A., « Le défi de la taxation des GAFA », *Les Petites affiches*, 09/04/2019, n°071, p. 7.

Pando A., « Covid-19 : détail des mesures fiscales d'urgence », *Petites affiches*, 24/04/2020, n°083, p. 8.

Pascal C., Renouard C., Solón P., « Climat : concilier efficacité et justice », *Revue Projet*, vol. 345, no. 2, 2015, p. 83.

Pellas J.-R., « L'imposition du patrimoine en France et la notion de justice fiscale », *Revue Française de Finances Publiques*, 1er novembre 2013, n° 124, p. 61.

Perrotin Fr., « Aides d'État : le Luxembourg dans la ligne de mire », *Les Petites Affiches*, 06/12/2017, n°243, p. 3.

Perrotin Fr., « Aides d'État : la Belgique dans la ligne de mire », *Les Petites affiches*, 04/03/2015, p. 4.

Perrotin Fr., « Évolution de la fiscalité des entreprises : des multinationales sur la réserve », *Les Petites affiches*, 06/07/2016, n°134, p. 4 et s.

Perrotin Fr., « La course à la baisse d'impôt », *Les Petites affiches*, 19/12/2018, n°253, p.3

Perrotin Fr., « Rémunérations excessives et enjeux fiscaux », *Les Petites affiches*, 31/08/2018, n°174-175, p. 4.

Perrotin Fr., Le système des rulings en question, *Les Petites affiches*, 12 déc. 2014, n°248, p. 4.

Pezard A., « La retraite par capitalisation (suite et fin) », *Les Petites affiches*, 14 février 2000 n° 31, p. 5.

Pfeffermann G., Lutte contre la pauvreté dans les pays en développement : Le rôle de l'entreprise privée, *Finances & Développement*, juin 2001, pp. 42 et s.

Piatti M.-Ch., « L'exception culturelle en tension : protectionnisme économique ou protection culturelle ? », *Juris art etc. 2017*, n°49, p.31.

Pierron J.- Ph., « Les solidarités entre générations et la transmission familiale », in *Les solidarités entre générations*, Bruylant, 2013, p. 28 et s.

Pitrou A., « Vieillesse et famille : qui soutient l'autre ? », *Lien social et Politiques*, n° 38, 1997, p. 145-158.

Portal E., « Quelle soutenabilité des budgets départementaux au regard du poids des compétences sociales, en particulier en matière de vieillissement ? », *Revue Française de Finances Publiques*, 1er novembre 2012, n° 120, p. 203.

Poschen P., Renner M., « Protecting the environment can go hand in hand with economic prosperity and job opportunities », *IMF Washington, Finance & Development*, December 2015 p.16.

Pretot X., « L'âge de la retraite relève-t-il de la loi ? », *Droit Social* 2011 p. 250.

Quéniart A., Hurtubise R., « Analyse critiques : L'intergénérationnel : regards pluridisciplinaires », *Retraite et Société*, n°30 novembre 2009, p. 212.

Question(s) de management, « Face à la diversité des générations, comment les organisations peuvent-elles favoriser la coopération intergénérationnelle ? », *Question(s) de management*, février 2014, n° 6, p. 125-149.

Racine P., « Un essai de vue d'ensemble sur la protection des données personnelles en matière fiscale », *R.E.I.D.F.*, 2018/2, p. 279-288.

Rafaty R., « Perceptions of Corruption, Political Distrust, and the Weakening of Climate Policy », *Global Environmental Politics*, Volume 18, Issue 3, August 2018, p.106-129, available online since August 10, 2018 at https://doi.org/10.1162/glep_a_00471

Rankovic A., Colombier M., Rüdinger A., Schwoob M.-H., Sartor O., Treyer S., Vallejo L. & Waisman H., « La neutralité carbone, défis d'une ambition planétaire Clarifications conceptuelles, panorama des initiatives et recommandations pour les stratégies nationales », *Institut du Développement Durable et des Relations Internationales*, n°10, 18 septembre 2018, page 21.

Raspiller S., Beaudemoulin N., Mateu J.-B., Goy O., « Les Fintechs : finance et technologie, des liaisons dangereuses ou vertueuses ? », *Printemps de l'Economie* 2018, 21 mars 2018.

Rigaux Th., « L'économie collaborative sur l'échiquier juridique et fiscal dans le cadre de la loi de finances pour 2016 », in Chronique de droit du tourisme, n° 8, *Les Petites Affiches*, 7 octobre 2016, n° 201, p. 3. et s.

Rioual S., « « La guerre de la banane ». De la suprématie des firmes à la réforme de la Convention de Lomé ? », *Politique africaine*, vol. 75, no. 3, 1999, pp. 118-130.

Rivera G. L., et al. « Construire une politique énergétique et climatique européenne cohérente », *Revue de l'OFCE*, vol. 158, n°. 4, 2018, pp. 383-401.

Rizqy M., « Impact de l'économie numérique de partage sur la fiscalité de la province de Québec et ses municipalités », *Revue française de finances publiques*, 01er septembre 2016, numéro 135, p. 193.

Rosenbaum J., « L'évasion fiscale, la CJCE et la France », *Revue Française de Comptabilité,* avril 2004, n°365 ; p. 8.

Royer E., « À la une - Crise sanitaire du Covid-19 - Sauvegarder le secteur touristique », *Juris-tourisme* 2020, n°229, p.6.

Ruth R., « Un regard québécois sur les régimes de retraite en France : accroître l'emploi pour maintenir la viabilité », *Santé, Société et Solidarité*, n°1, 2007. Les retraites. pp. 39-47.

Salehi R., Ali S. H., « The Social and Political Context of Disease Outbreaks: The Case of SARS in Toronto », *Canadian Public Policy / Analyse de Politiques*, Vol. 32, No. 4 (Dec., 2006), pp. 373-385, Published by : University of Toronto Press on behalf of Canadian Public Policy. Stable URL : https://www.jstor.org/stable/4128713. Accessed: 22-04-2020 23:43 UTC.

Sampedro-Lopez A., Flambard C., Yahyaoui A., « Transversalité atmosphérique : des émissions de polluants en baisse », *Insee Conjoncture Centre-Val de Loire* n° 25, juin 2019, page 24.

Schulman R., Siman-Tov D., « From Biological Weapons to Miracle Drugs: Fake News about the Coronavirus Pandemic», *Institute for National Security Studies (2020)*, Accessed: 22-04-2020 23:32 UTC, Stable URL : https://www.jstor.org/stable/resrep23529.

Sénit C.-A., « La taxe carbone, vouée à l'échec ? », *Institut du développement durable et des relations internationals*, 22 décembre 2011 consultable à l'adresse : https://www.iddri.org/fr/publications-et-evenements/tribune/la-taxe-carbone-vouee-lechec

Serizay B., « Quel(s) financement(s) pour la protection sociale complémentaire ? », *Gazette du palais, Recueil bimestriel,* Vol. 133, n°4, 2013, p. 2678-2681.

Servet J.-M., « Figures contemporaines et passées de la solidarité. Approches interdisciplinaires », *Finance & Bien Commun*, février 2010, No 37-38, p. 8-27.

Servière S.-F., « Quelles baisses de dépenses pour financer les 10 milliards d'annonces ? », *Fondation IFRAP, Budget et fiscalité*, 13 décembre 2018, consultable à l'adresse suivante : http://www.ifrap.org/budget-et-fiscalite/quelles-baisses-de-depenses-pour-financer-les-10-milliards-dannonces

Settis S., « Au nom de qui parlons-nous » ? dans *Protéger les générations futures par les biens communs*, Éditions du Conseil de l'Europe 2014, Tendances de la cohésion sociale, no 26, p.33.

Silberman R., « Le devenir des enfants des immigrés en France : quelques éléments pour une vue d'ensemble », *Colloque sur le devenir des enfants de familles défavorisées en France* présenté le jeudi 1er avril 2004, p.8, consulté sur le site http://www.cerc.gouv.fr/meetings/colloque_avril2004/presentation.htm le 12/04/2018

Simonnet D., « Chapitre VII. L'entreprise dans la cité », dans : D. Simonnet éd., *Les 100 mots de l'entreprise*. Paris cedex 14, Presses Universitaires de France, « Que sais-je ? », 2019, p. 109. URL : https://www.cairn.info/les-100-mots-de-l-entreprise--9782130815433-page-101.htm

Smyrnaios N., « L'effet Gafam : Stratégies et logiques de l'oligopole de l'internet », *NecPlus, Communication & langages*, 2016/2, n° 188, p. 61 à 83.

Spano M., « Tentative d'identification du sujet des « biens communs » pour les générations futures », dans *Protéger les générations futures par les biens communs*, Éditions du Conseil de l'Europe 2014, Tendances de la cohésion sociale, no 26, p. 51.

Spindler J., « Les doctrines fiscales économiques en France : un grand silence ? », *Droit fiscal* n° 24, 15 juin 2006, p. 30.

Spire A., Weidenfeld K., « La tolérance des juges à la fraude fiscale : un inconscient d'institution », *Criminologie*, vol. 49, n° 1, 2016, p. 85.

Stack D. M., Serbin L. A., Grunzeweig N., Temcheff C. E., De Genna N. M., Ben-Dat Fisher D., Hodgins S., Schwartzman A. E. et Ledingham J., « De l'agressivité à la maternité : étude longitudinale sur 30 ans auprès de filles agressives devenues mères : trajectoires de leur agressivité durant l'enfance, indicateurs de leurs caractéristiques parentales et développement de leurs enfants », *Criminologie*, vol. 38, n° 1, 2005, pp. 41 et s.

Statistiques Canada, « L'économie du partage au Canada », *Le Quotidien – Bulletin de diffusion officielle de Statistique Canada*, 28 février 2017, Composante du produit no 11-001-X au catalogue de Statistique Canada, disponible à l'adresse : https://www150.statcan.gc.ca/n1/daily-quotidien/170228/dq170228b-fra.pdf.

Statistiques Canada, « La tarification du carbone dans le Système canadien des comptes macroéconomiques », *Les nouveautés en matière de comptes économiques canadiens, No 13-605-X au catalogue ISSN 1705-9666,* page 3.

Sterdyniak H., « Le fil rouge de la cohérence entre politique familiale et système de retraite », *Retraite et société*, 2011/2 n° 61, p. 15-42.

Sy A., « Note de lecture de l'ouvrage de Michel TALY, Les coulisses de la politique fiscale : confession d'un initié, Paris, PUF, 2016, 276 pages », *Revue française d'administration publique*, n° 166, 2018, p. 445-458.

Tang P., Bussink H., « EU Tax Revenue Loss from Google and Facebook », *The Dutch delegation of the Labour Party (PvdA) in the Group of the Progressive Alliance of Socialists & Democrats in the European Parliament (S&D)*, September, 2017.

Thoris G., « L'héritage des droits acquis », *Revue Française de Finances Publiques*, 01er septembre 2011, n° 115, p. 135.

Tragaki A., « Le système de retraite et l'équité intergénérationnelle », *Économie & prévision*, n° 136, 1998-5, p. 109.

Tremblay F., « Commentaire sur l'article « La gestion de la relève et le choc des générations » », *Gestion*, Volume 29, numéro 3, automne 2004, p. 28.

Tuler S. P., Ram B., Kasperson R. E., "Wind Energy Facility Siting: Learning from Experience and Guides for Moving Forward" *Wind Engineering*, vol. 38, 2 : pp. 203-216. , First Published April 1, 2014.

Unicef, *Construire l'avenir : les enfants et les objectifs de développement durable dans les pays riches*, UNICEF Bilan Innocenti 14, Enfants dans les pays développés, juin 2017, p. 8 et s.

Ury D., « La participation des GAFAM et autres au financement des effets du Coronavirus », *Les Nouvelles Fiscales*, Numéro 1265, 1er mai 2020, page 25 et s.

Vailles Ch., Berghmans N., « Le marché carbone européen à l'épreuve du Covid », *I4CE*, 15 mai 2020, consultable sur https://www.i4ce.org/le-marche-carbone-europeen-a-lepreuve-du-covid/

Venmans F., « L'efficacité environnementale et économique du marché du carbone européen », *Courrier hebdomadaire du CRISP*, vol. 2099-2100, n°. 14-15, 2011, p. 6.

Verkindt P.-Y., « La réforme des retraites, entre le clair et l'obscur », *Droit social*, 2011, p. 256.

Ville F., Gaspar R., « Le versement mobilité au cœur des controverses », *La Gazette des communes*, Lundi 20 avril 2020, site web.

Weston B.H., Bollier D., « Créer des fiducies publiques pour gérer les actifs communs dans l'intérêt des générations futures », dans *Protéger les générations futures par les biens communs*, Éditions du Conseil de l'Europe 2014, Tendances de la cohésion sociale, no 26, p. 181.

Williams R. C. III, et al. « The initial incidence of a carbon tax across income groups », *National Tax Journal*, Mar. 2015, p. 195+. Gale Academic Onefile, https://link-gale com.ezproxy.torontopubliclibrary.ca/apps/doc/A405482879/AONE?u=tplmain&sid=AONE&xid=1918d612. Accessed 25 Oct. 2019.

Willmann Ch., « Réforme de l'assurance vieillesse et des politiques de vieillissement actif, la loi du 9 novembre 2010, entre solidarité et égalité », *Revue de droit sanitaire et social* 2011, p. 340 et s.

Windal Ch., Sauret A., « La réforme du 9 novembre 2010 et la « partie faible » en matière de retraite », *Gazette du Palais*, 04 décembre 2010, n° 338, p. 23.

Wœssner R., « Territoires européens et transport ferroviaire. La dorsale européenne sur ses rails », *Population & Avenir*, vol. 726, no. 1, 2016, pp. 14-16.

Zaidman C., « Les grandes questions », *Droit social* 1995, p. 723.

Jurisprudence

C. A. Nancy, 3e Chambre civile, Arrêt n° 12/1929 du 28 août 2012, Répertoire général n° 11/01992

C.A. Caen. Ch. Civ.3e, 18 avril 2013, no Répertoire général, 12/02370. Cour d'appel de Rennes, 5 juillet 2013, 13/199 no Répertoire général : 13/00199.

C.A. Paris, Pôle 6, Chambre 2, Arrêt du 10 janvier 2019, Répertoire général n° 18/08357

C.A. Québec, 3 novembre 2011, Association des pompiers de Laval c. Commission des droits de la personne et des droits de la jeunesse, Motifs de la Juge Marie-France Bich, consultable sous http://citoyens.soquij.qc.ca/php/resultat.php?liste=91244427.

C.A., Amiens, 22 avril 1898, Affaire Louise Menard.

C.A. Rouen, Chambre des mineurs, Arrêt du 19 novembre 2013, Répertoire général n° 13/03430

Cass. 1ere civ., 13 févr. 2013, no 11-28.424, *Revue Lamy Droit civil*, N° 103, 1er avril 2013, note B. Beignier, R. Cabrillac, H. Lecuyer.

Cass. 1ere civ., 13 févr. 2013, no 11-28.424, Revue Lamy Droit civil, « Rappel sur la nécessité d'apprécier l'intérêt supérieur de l'enfant dans les procédures de retour d'enfant », *Revue Lamy Droit civil*, 1er octobre 2015, no 130.

Cass. 1ere civ., 14 juin 2005, n° 04-16.942, *Revue Lamy Droit civil*, « Enlèvement international d'enfant : l'intérêt supérieur de l'enfant prime », *Revue Lamy Droit civil*, N° 20 du 01/10/2005

Cass. 1ere civ., 14 mars 2018, n° 17-15.596

Cass. 1ere civ., 14 mars 2018, n° 17-28.133

Cass. 1ere civ., 14 mars 2018, n° 18-10.438

Cass. 1ere civ., 28 mars 2018, n° 16-28.010

Cass. Civ. 2e Ch., 28 novembre 2013, Arrêt n° 1785, Pourvoi n° 12-27.029.

Cass. Civ.1, 15 avril 2015, 14-13.518, Inédit.

Cass. Soc., 22 juin 2000, Arrêt n° 2874, Pourvoi n° 99-15.501.

Cass. Soc., 27 juin 2012, SA Réseau de transport et d'électricité (RTE) EDF transport

CE, 4 février 2008, n° 293016, Association de l'Église néo-apostolique de France, *Revue Le Lamy Collectivités territoriales*, n° 35, 1er mai 2008, note O. Carton.

CJUE, 26 févr. 2015, aff. C-623/13, Min. c/ de Ruyter ; W. Hannecart-Weyth, « Prélèvements sociaux et revenus de source étrangère : clarification de la CJUE pour les résidents et non-résidents », *Les Nouvelles Fiscales 2015 - n°1155 du 01/05/2015,* Études fiscales express, numéro 6320.

Centre-femmes de Lotbinière (Re), 2002 CanLII 48052 (QC CMNQ), <http://canlii.ca/t/1tjv2>, consulté le 2018-05-18.

Confédération des syndicats nationaux c. Canada (Procureur général), 2008 SCC 68 (CanLII), page 543 (https://www.canlii.org/en/ca/scc/doc/2008/2008scc68/2008scc68.pdf

Cons. const., 28 janv. 2014, n° 2013-361 QPC (constitutionnalité), Defrénois - 28/02/2014 - n° 04 - page 185, note F. Douet.

Contino c. Leonelli-Contino, [2005] 3 RCS 217, 2005 CSC 63 (CanLII), <http://canlii.ca/t/1lxpc>, consulté le 2018-05-08.

Cour d'appel de Douai, 10 janvier 2019, n° 17/06466.

Cour de justice des Communautés européennes, 8 mai 2003, n° C-122/01P

Décision (UE) 2016/2326 de la Commission du 21 octobre 2015 concernant l'aide d'État SA.38375 (2014/C ex 2014/NN) mise à exécution par le Luxembourg en faveur de Fiat [notifiée sous le numéro C(2015) 7152] (1), *Journal officiel de l'Union européenne*, L/351, Législation, 59e année, 22 décembre 2016, p. 41, paragraphe 224.

Décision (UE) 2016/2326 de la Commission du 21 octobre 2015 concernant l'aide d'État SA.38375 (2014/C ex 2014/NN) mise à exécution par le

Luxembourg en faveur de Fiat [notifiée sous le numéro C(2015) 7152] (1), *Journal officiel de l'Union européenne*, L/351, Législation, 59e année, 22 décembre 2016, p. 17, paragraphe 256.

Décision (UE) 2017/1283 de la Commission du 30 août 2016 concernant l'aide d'État SA.38373 (2014/C) (ex 2014/NN) (ex 2014/CP) octroyée par l'Irlande en faveur d'Apple [notifiée sous le numéro C(2016) 5605] (1), *Journal officiel de l'Union*, L/187, Législation, 60e année, 19 juillet 2017, p.12, paragraphe 69.

Décision (UE) 2017/1283 de la Commission du 30 août 2016 concernant l'aide d'État SA.38373 (2014/C) (ex 2014/NN) (ex 2014/CP) octroyée par l'Irlande en faveur d'Apple [notifiée sous le numéro C(2016) 5605] (1), *Journal officiel de l'Union*, L/187, Législation, 60e année, 19 juillet 2017, p.6, paragraphe 48

Décision (UE) 2017/1283 de la Commission du 30 août 2016 concernant l'aide d'État SA.38373 (2014/C) (ex 2014/NN) (ex 2014/CP) octroyée par l'Irlande en faveur d'Apple [notifiée sous le numéro C(2016) 5605] (1), *Journal officiel de l'Union*, L/187, Législation, 60e année, 19 juillet 2017, p.79, paragraphe 327.

Décision (UE) 2020/440 du Conseil des gouverneurs de la Banque Centrale européenne relative au programme temporaire d'achats d'urgence lié au coronavirus.

Décision De La Commission Du 31.7.2018 Concernant L'aide D'état Sa.36511 (2014/C) (Ex 2013/Nn) Mise à exécution Par La France Du Plafonnement De La Cspe, page 03, paragraphe 10.

Décision De La Commission Du 31.7.2018 Concernant L'aide D'état Sa.36511 (2014/C) (Ex 2013/Nn) Mise À Exécution Par La France Du Plafonnement De La Cspe, page 03, paragraphe 10.

Décision n° 2017-758 DC du 28 décembre 2017 du Conseil constitutionnel français

Dicom Express inc. c. Paiement, 2009 QCCA 611 (CanLII), <http://canlii.ca/t/22zg8>, consulté le 2019-05-10, paragraphe 17.

Fondation alco-toxico des basses Laurentides et Sainte-Thérèse (Ville), 2013 CanLII 65540 (QC CMNQ), <http://canlii.ca/t/g10vs>, consulté le 2018-05-18.

Fondation Lucie et André Chagnon c. Montréal (Ville), 2007 CanLII 26715 (QC CMNQ), <http://canlii.ca/t/1s2l1>, consulté le 2018-05-18

Fondation Martin Roberge et Shawinigan (Ville), 2015 CanLII 27083 (QC CMNQ), <http://canlii.ca/t/gj2m1>, consulté le 2018-05-18

Irlande/Commission T-778/16 et T-892/16, Apple Sales International et Apple Operations Europe/Commission. Tribunal de l'Union européenne COMMUNIQUÉ DE PRESSE n° 90/20 Luxembourg, le 15 juillet 2020, consultable sur le site https://curia.europa.eu/jcms/upload/docs/application/pdf/2020-07/cp200090fr.pdf

Lapierre c. P.G. (Qué.), [1985] 1 R.C.S. 241, consultable sur le site internet de la Cour suprême du Canada : https://scc-csc.lexum.com/scc-csc/scc-csc/fr/item/40/index.do

Lewis c. Canada (Sécurité publique et Protection civile), 2017 CAF 130 (CanLII), http://canlii.ca/t/hq7rq, consulté le 2018-05-08.

Loisirs Montcalm inc. (Re), 2004 CanLII 59498 (QC CMNQ), <http://canlii.ca/t/1tzn5>, consulté le 2018-05-18.

MacKay c. Canada, [2008] 4 RCF 616, 2008 CAF 105 (CanLII), <http://canlii.ca/t/1zg5m>, consulté le 22/12/2016.

Montréal (Ville de) c. Maalouf, 2011 QCCM 297 (CanLII), <http://canlii.ca/t/fnwbz>, consulté le 2017-01-04.

Nguesso c. Canada (Citoyenneté et Immigration), 2016 CF 1295 (CanLII), <http://canlii.ca/t/gw0ls>, consulté le 29/12/2016.

Organisme de récupération anti-pauvreté de l'érable (Re), 2004 CanLII 59607 (QC CMNQ), <http://canlii.ca/t/1tzrs>, consulté le 2018-05-18.

Organisme de récupération anti-pauvreté de l'érable et Plessisville (Ville), 2012 CanLII 81242 (QC CMNQ), <http://canlii.ca/t/fvc36>, consulté le 2018-05-18.

Perka c. La Reine, [1984] 2 RCS 232, 1984, CanLII 23 (CSC).

Pomerleau c. La Reine, 2016 CCI 228 (CanLII), http://canlii.ca/t/gvqc1.

Reference re Greenhouse Gas Pollution Pricing Act, 2019 SKCA 40 (CanLII), <http://canlii.ca/t/j03gt>, retrieved on 2019-10-27.

Thomas c. Canada (Citoyenneté et Immigration), 2012 CF 1517 (CanLII), http://canlii.ca/t/fw4br

Willick c. Willick, [1994] 3 RCS 670, 1994 CanLII 28 (CSC), <http://canlii.ca/t/1frq9>, consulté le 2018-05-08, paragraphe XXXVIII.

Articles, textes de lois

Articles de lois

Article 107, paragraphe 1, du TFUE, l'article 107, paragraphe 2 ou 3, du TFUE, et l'article 108, paragraphe 3, du TFUE.

Article 122-7 du code pénal

Article 1382, Modifié par Décret n°2017-698 du 2 mai 2017 - art. 1.

Article 16 de la constitution

Article 1741 du Code général des Impots

Article 199 sexdecies du CGI

Article 206 de l'annexe II au CGI, IV, 2, 3e alinéa.

Article 23 de la déclaration universelle des droits de l'homme du 10 décembre 1948

Article 243.5 de la Loi sur la fiscalité municipale, RLRQ c F-2.1.

Article 243.8 de la Loi sur la fiscalité municipale, RLRQ c F-2.1

Article 253 de la Loi de l'impôt sur le revenu, L.R.C. (1985), ch. 1 (5e suppl.)

Article 273 septies D du Code général des Impôts
Article 3 du GATT, article 17 de l'AGCS et article 3 de l'Accord sur les ADPIC.
Article 3 paragraphe 1 de la directive européenne 2000/78.
Article 371-4, Modifié par Loi n°2007-293 du 5 mars 2007 - art. 8 JORF 6 mars 2007
Article 39 decies A du Code général des Impôts.
Article 55 de la LOI 2000-1208 du 13 décembre 2000
Article 7, EU RGPD,
Article 786 du Code général des Impôts français : « pour la perception des droits de mutation à titre gratuit, il n'est pas tenu compte du lien de parenté résultant de l'adoption simple ».
Article 8 de la convention de sauvegarde des Droits de l'Homme et des Libertés fondamentales telle qu'amendée par les Protocoles n° 11 et n° 14*Rome, 4.XI.1950
Article L. 137-11 du Code de la sécurité sociale.
Article L111-7 du code de la consommation
Article 278-0 bis, K bis et K ter du CGI

Textes de lois

Arrêté du 30 mars 2009 relatif aux conditions d'application de dispositions concernant les avances remboursables sans intérêt destinées au financement de travaux de rénovation afin d'améliorer la performance énergétique des logements anciens, Journal officiel "Lois et Décrets", JORF n° 0076 du 31 mars 2009, ELI : https://www.legifrance.gouv.fr/eli/jo/2009/3/31
Décret n°2004-1317 du 26 novembre 2004 relatif à l'Agence de financement des infrastructures de transport de France consultable à l'adresse https://www.legifrance.gouv.fr/affichTexte.do?cidTexte=JORFTEXT000000805719&categorieLien=cid
Direction générale des Finances publiques, « CF - Infractions et sanctions pénales - Poursuites correctionnelles - Délit général de fraude fiscale - Éléments constitutifs du délit », *Bulletin Officiel des Impôts*, 27/06/2019, BOI-CF-INF-40-10-10-10, consultable à l'adresse https://bofip.impots.gouv.fr/bofip/4232-PGP.html/identifiant=BOI-CF-INF-40-10-10-10-20190627.
Direction générale des Finances publiques, « IF - Taxe foncière sur les propriétés bâties - Exonérations des propriétés publiques - Immeubles visés », *Bulletin Officiel des Impôts,* 12/09/2012, BOI-IF-TFB-10-50-10-10.
Direction générale des Finances publiques, « IF - Taxe foncière sur les propriétés bâties – Exonérations des propriétés publiques - Immeubles construits dans le cadre du partenariat de l'État et de ses établissements publics », *Bulletin Officiel des Impôts,* 12/09/2012, BOI-IF-TFB-10-50-10-50.
Direction générale des Finances publiques, « BIC - Base d'imposition - Déductions exceptionnelles - Dispositif applicable aux poids lourds et aux

véhicules utilitaires légers utilisant des énergies propres », *Bulletin Officiel des Finances Publiques-Impôts*, 19 février 2020.

Directive 2012/27/UE Du Parlement européen et Du Conseil du 25 octobre 2012 relative à l'efficacité énergétique, modifiant les directives 2009/125/CE et 2010/30/UE et abrogeant les directives 2004/8/CE et 2006/32/CE, page 10.

Folio de l'impôt sur le revenu, S1-F5-C1, personnes liées et personnes sans lien de dépendance entre elles, consulté sur le lien http://www.cra-arc.gc.ca/tx/tchncl/ncmtx/fls/s1/f5/s1-f5-c1-fra.html#N101DA le 15 décembre 2016.

Instruction du Gouvernement du 9 mai 2017 relative à la mise en œuvre de la procédure d'exemption des communes du dispositif SRU

Jaunes budgétaires, « Effort financier de l'état dans le domaine de la culture et de la communication », *Annexe au projet de loi de finances pour 2016*, p.74 disponible au https://www.performance-publique.budget.gouv.fr/sites/performance_publique/files/farandole/ressources/2018/pap/pdf/jaunes/Jaune2018_culture_communication.pdf

Loi n° 2010-1330 du 9 novembre 2010 portant réforme des retraites, JORF n°0261 du 10 novembre 2010p. 20034.

Loi n° 2015-994 du 17 août 2015 relative au dialogue social et à l'emploi, *JORF* n° 0189 du 18 août 2015 p. 14346, texte n° 3.

Loi n° 2019-1428 du 24 décembre 2019 d'orientation des mobilités (1), JORF n°0299 du 26 décembre 2019 texte n° 1.

Ordonnance n° 2020-385, 1er avril 2020, *Journal Officiel*, 2 avril 2020.

Ordonnance n° 2020-460 du 22 avril 2020, *Journal Officiel*, 23 avril, art. 16.

Projet de loi n° 1737 portant création d'une taxe sur les services numériques et modification de la trajectoire de baisse de l'impôt sur les sociétés, enregistré à la Présidence de l'Assemblée nationale le 6 mars 2019, quinzième législature.

Projet de loi de finances rectificative pour 2020, « Un cas particulier : le budget annexe « contrôle et exploitation aériens » connaîtra en 2020 des difficultés importantes de financement », *Commission des finances du sénat*, Sommaire, Dossier, législatif, 21 avril 2020, disponible sur le site.

Projet de loi de finances pour 2021, Avis n° 139 (2020-2021), fait au nom de la commission des affaires économiques du Sénat, 19 novembre 2020, Budget 2021, Première lecture.

Règlement (CE) n°883/2004 - www.cleiss.fr - mars 2017.

Articles de journaux, articles sur internet, Billet de Blog

Acteurs Publics, « La taxe numérique franco-allemande enterrée à Bruxelles », *Acteurs Publics*, 14 mars 2019, consultable à l'adresse suivante : https://www.acteurspublics.com/2019/03/14/la-taxe-numerique-franco-allemande-enterree-a-bruxelles

Agence France-Presse, « L'Arabie saoudite piégée par l'effondrement du prix du pétrole », *ici.radio-canada*, 11 mai 2020, consultable sur le site https://ici.radio-canada.ca/nouvelle/1701779/coronavirus-petrole-riyad-deficit-ben-salmane.

Albert É., Boutelet C., Gautheret J. et Malingre V., « Les trois semaines qui ont chamboulé l'orthodoxie économique européenne », *Le Monde*, Vendredi 27 mars 2020, site web.

Alomar B., « Taxation des GAFA : le mieux ennemi du bien ? », *La Tribune (France)*, 12 mars 2019, n° 6642, p. 112.

Araar A., Duclos J.-Y., Blais F., « Effets redistributifs d'un régime d'allocation universelle : une simulation pour le Québec », *L'Actualité économique*, vol. 81, n° 3, 2005, p. 421-484.

Barbière C., « Crise et concurrence fiscale en Europe, clés du succès d'Airbnb », *EurActive*, 22 juillet 2014, www.euractive.fr.

Berghmans N., Saujot M., « Quels enseignements tirer des débats sur la taxe carbone ? », *Institut du développement durable et des relations internationales*, 13 mars 2019, Billet De Blog, consultable sur le site https://www.iddri.org/fr/publications-et-evenements/billet-de-blog/quels-enseignements-tirer-des-debats-sur-la-taxe-carbone

Bissuel B., Besse Desmoulières R., Faye O., « La réforme des retraites mise à mal par le Covid-19 », *Le Monde*, 21 avril 2020.

Boganda C., « Tempête financière : les retraités vont-ils boire la tasse ? », *L'humanité*, 26 mars 2020, p. 12.

Bregardis Th., « La loi mobilité promet des débats animés », *Ouest-France*, Lorient, Actu, page 6.

Buzzetti H., « Ottawa remettra à des écoles 10 % de sa taxe sur le carbone », *Le Devoir*, Mercredi 26 juin 2019.

Cadotte M., « Air quality improves by up to 40 per cent in cities that took action on COVID-19, U of T researcher finds », *U of T News*, April 13th 2020, available at https://www.utoronto.ca/news/air-quality-improves-40-cent-cities-took-action-covid-19-u-t-researcher-finds

Cessac M., « Taxe carbone : sortir de l'impasse », *Le Monde*, Mardi 4 juin 2019, consultable à l'adresse : https://www.lemonde.fr/economie/article/2019/06/02/taxe-carbone-sortir-de-l-impasse_5470488_3234.html.

Challenges (siteweb) « Washington menace de saisir l'OMC des taxes Gafa », *Challenges (siteweb)*, 12 mars 2019.

Chevallier M., « Les grands méchants Gafa en 5 points », *Alternatives Economiques*, 26/12/2018, consutable à l'adresse suivante : https://www.alternatives-economiques.fr/grands-mechants-gafa-5-points/00087497

Commission européenne, « Aides d'État : la Commission assigne l'Irlande devant la Cour de justice pour non-récupération des 13 milliards € d'avantages

fiscaux perçus illégalement par Apple », *Communiqué de presse*, Bruxelles, le 4 octobre 2017, p.1.
Commission européenne, « Aide d'État : La Commission autorise la majorité des réductions de contribution sur l'électricité octroyées aux entreprises électro-intensives en France entre 2003 et 2015 et demande à la France de récupérer une partie des réductions », *Commission européenne - Communiqué de presse*, 31 juillet 2018 consultable à l'adresse file:///C:/Users/utilisateur/Downloads/IP-18-4761_FR%20(2).pdf
Commission européenne, « Aides d'État : la Commission autorise des mesures de soutien en faveur de six parcs éoliens offshore en France », *Communiqué de presse*, Bruxelles, 26 juillet 2019 consultable à l'adresse https://ec.europa.eu/commission/presscorner/detail/fr/IP_19_4749.
Copibec, « « Taxe Netflix » : Revue De Presse D'une Politique Controversée », *Dossier-Revue de presse*, 27 février 2018, p.1 et s. consultable sur le site https://www.copibec.ca/fr/nouvelle/160/-taxe-netflix-revue-de-presse-d-une-politique-controversee
De Livonnière S., Casaleggio F., « Qualité de l'air : quel bilan pour les Journées sans voiture à Paris ? », *Le Parisien*, 24 septembre 2019, consultable sur le site http://www.leparisien.fr/paris-75/qualite-de-l-air-quel-bilan-pour-les-journees-sans-voiture-a-paris-24-09-2019-8158731.php
De Graffenried V., « Green New Deal versus taxe carbone, le débat américain », *Le Temps*, 8 mai 2019, consultable à l'adresse suivante : https://www.letemps.ch/monde/green-new-deal-versus-taxe-carbone-debat-americain.
Direction générale des finances publiques, Caisse nationale du réseau des URSSAF, « Les réseaux des Urssaf et des services des impôts des entreprises prennent des mesures exceptionnelles pour accompagner les entreprises », *Communiqué de Presse*, 13 mars 2020, N⁰ 987, 3 pages.
EDF, « Evolution de la contribution au service public de l'électricité (CSPE) au 1er janvier 2020 », *Décryptage du marché de l'énergie*, 30 jan. 2020.
Equy L., « Trottinettes électriques. Enfin une régulation Infrastructures. 500 millions à trouver. Véhicules thermiques fin de la vente d'ici 2040. « Prime Mobilité ». Vers une obligation ? », *Libération*, Lundi 3 juin 2019, no. 11819 disponible à l'adresse https://www.liberation.fr/france/2019/06/02/trottinettes-electriques-enfin-une-regulation-infrastructures-500-millions-a-trouver-vehicules-therm_1731259
Ernst & Young, « Preparing for the SECR Framework », *Ernst & Young*, July 2019, 2 pages available at https://www.ey.com/Publication/vwLUAssets/ey-preparing-for-the-secr-framework-july-2019/$FILE/ey-preparing-for-the-secr-framework-july-2019.pdf
Giménez-Roche G. A., « Les États déficitaires plus lents à réagir face au Covid-19 », *La Tribune*, Mardi 31 mars 2020, site web.

Guardian [London, England], 11 Apr. 2020, p. NA. *Gale Academic OneFile*, https://link-galecom.ezproxy.torontopubliclibrary.ca/apps/doc/A620160209/AONE?u=tplmain&sid=AONE&xid=05802ce7. Accessed 21 Apr.2020.

Harper D., Chernawsky N., Halpern-Shavim Z. et Stewart M., « Le gouvernement canadien présente les détails de son régime fédéral de tarification du carbone », *Blakes Classes Affaires, Actualités, Séminaires, Perspectives*, 31 octobre 2018, consultable à l'adresse https://www.blakesbusinessclass.com/le-gouvernement-canadien-presente-les-details-de-son-regime-federal-de-tarification-du-carbone/?lang=fr

Harper D., Taylor D., Boucher A.-C. et Nolin M., « Le gouvernement du Canada publie un document technique et dévoile le plan fédéral de tarification du carbone », *Blakes Classes Affaires, Actualités, Séminaires, Perspectives,* 2 juin 2017.

HuffPost, « Retraites : il sera "très compliqué" d'aller au bout, selon la rapporteure », *HuffPost- France* (site web), 10 avril 2020.

Ici.Radio-Canada, « Taxe carbone : la Cour suprême entendra la contestation de la Saskatchewan en décembre », *ICI Radio-Canada – Nouvelles*, Mardi 25 juin 2019, consultable a l'adresse https://ici.radio-canada.ca/nouvelle/1198282/cour-supreme-gouvernement-provincial-federal-mesure

Ici.Radio-Canada, « Ottawa donne le feu vert à l'expansion du pipeline Trans Mountain », *ici.radio-canada*, 18 juin 2019, consultable sur le site https://ici.radio-canada.ca/nouvelle/1189941/oleoduc-trans-mountain-canada-alberta-colombie-britannique-petrole.

Ici-Radio-Canada, « Mélanie Joly sur l'exemption de Netflix à percevoir la taxe fédérale à Tout Le Monde En Parle TLMEP » interview accordée à *Tout Le Monde En Parle TLMEP* le 1er octobre 2017 et disponible au https://www.youtube.com/watch?v=omYNCBenMQY

Jeanneau L., « Ce que la crise des gilets jaunes a changé », *Alternatives-économiques, Fiscalité-Budget*, 20/02/2019, consultable au https://www.alternatives-economiques.fr/budget-crise-gilets-jaunes-a-change/00088304 :

Kaufman N., « Carbon Tax vs. Cap-and-Trade: What's a Better Policy to Cut Emissions ? » *World Resources Institute*, March 01, 2016 consultable à l'adresse https://www.wri.org/blog/2016/03/carbon-tax-vs-cap-and-trade-what-s-better-policy-cut-emissions

King R. J., Fairfax J., Welsh P. G., Kirby D., Coop J., Hall-McGuire R., « La nouvelle normalité de la tarification du carbone : l'Ontario sur le point de dévoiler un système de plafonnement et d'échange de droits d'émission dans le but de réduire les émissions de gaz à... », *Osler*, 14 avril 2015, page 2 consultable sur le site https://www.osler.com/fr/ressources/reglements/2015/la-nouvelle-normalite-de-la-tarification-du-carbon

L'Usine Nouvelle, « La transition énergétique, une vraie chance », *L'Usine Nouvelle*, 12 octobre 2017, n° 3533, p. 26 et s.

La Correspondance de la Presse, « Etude d'impact relative au projet de loi portant création d'une taxe sur les services numériques et modification de la trajectoire de baisse de l'impôt sur les sociétés », *La Correspondance de la Presse*, 8 mars 2019, p. 3 et s.

La Correspondance de la Publicité, « Le texte visant à taxer les géants du numérique à l'échelle de l'UE est sur le point d'être définitivement enterré par les ministres des Finances européens », *La Correspondance de la Publicité*, 12 mars 2019, p.1 et s.,

La Correspondance Economique, « Projet de loi de Taxe de 3 % sur les GAFA : une loi difficilement applicable ! », *Web sites - Economy - La Correspondence Economique*, 12 mars 2019, p. 1 et s. ;

La Gazette des communes, « Coronavirus : menace sur les budgets 2020-2021 des collectivités locales », *La Gazette des communes*, 27 mars 2020.

La Gazette des communes, « La réforme fiscale survivra-t-elle à l'épidémie de coronavirus ? », *La Gazette des communes*, 1er avril 2020 (site web).

La rédaction, « Projet de loi de finances rectificative pour 2020 », *Vie-Publique, Accueil, Actualités Loi*, consultable sur le site https://www.vie-publique.fr/loi/274508-troisieme-loi-de-finances-rectificative-pour-2020-3e-budget-rectificatif

La rédaction, « Retraite : un déficit entre 7,9 et 17,2 milliards d'euros en 2025 selon le COR », *Vie Publique Accueil, Actualités, En Bref*, consultable sur le site https://www.vie-publique.fr/en-bref/271954-retraite-le-deficit-evalue-par-le-cor-en-2025

La Tribune, « Taxe Gafa : vers une riposte américaine ? », *La Tribune*, 14 mars 2019, n° 6644, p. 38.

La Correspondance de la Publicité, « Passe d'armes entre la France et les États-Unis sur la taxation des Gafa », *Correspondance de la Publicité*, 13 mars 2019.

Les Echos, « Bras de fer franco-américain sur la taxation des Gafa », *Les Echos*, 13 mars 2019.

Lauzon M.-M., « Le retrait de la bourse du carbone coûtera 3 milliards à l'Ontario », *Radio-Canada*, 16 octobre 2018, consultable sur le site file:///P:/Le%20retrait%20de%20la%20bourse%20du%20carbone%20co%C3%BBtera%203%C2%A0milliards%20%C3%A0%20l'Ontario%20_%20ICI%20Radio-Canada.ca.pdf

Le Figaro, « La taxation du kérosène menacerait 3 à 4000 emplois en France », *Le Figaro*, 4 juin 2019 consultable à l'adresse https://www.lefigaro.fr/flash-eco/la-taxation-du-kerosene-menacerait-3-a-4000-emplois-en-france-20190604

Le monde, « Données personnelles : la CNIL condamne Google à une amende record de 50 millions d'euros », *Le Monde*, 21 janvier 2019, consultable à l'adresse internet suivante :

https://www.lemonde.fr/pixels/article/2019/01/21/donnees-personnelles-la-cnil-condamne-google-a-une-amende-record-de-50-millions-d-euros_5412337_4408996.html

Le monde, « Lutte contre la fraude fiscale : 12 milliards d'euros de recettes en 2019, « année record » », *Le monde*, 1er juillet 2020, page 1 et suivante consultable sur le site https://www.lemonde.fr/evasion-fiscale/article/2020/07/01/fraude-fiscale-12-milliards-d-euros-recuperes-par-l-etat-en-2019-une-annee-record_6044873_4862750.html#:~:text=Evasion%20fiscale-,Lutte%20contre%20la%20fraude%20fiscale%20%3A%2012%20milliards%20d'euros%20de,de%2010%20milliards%20d'euros.

Le Quotidien, « La recherche et développement des technologies de l'efficacité énergétique a plus que doublé en 2018 », *Le Quotidien*, vendredi 25 septembre 2020, consultable sur le site https://www150.statcan.gc.ca/n1/daily-quotidien/200925/dq200925a-fra.htm

Les Arvernes, « Taxe GAFA : usine à gaz fiscale, erreur économique, mauvais coup pour les consommateurs », *Atlantico*, 11 mars 2019, p1 et s.

Lévesque L., « COVID-19 : bonifiez le crédit d'impôt pour solidarité, dit un regroupement », *La Presse Canadienne*, Mardi 7 avril 2020, site web.

Malhère M., « Les contribuables ajustent leur impôt sur le revenu », *Le Figaro*, 21 avril 2020, p. 27.

Marmara J.-Ch., « Le sourire des Gafa », *Le Figaro*, Lundi 20 avril 2020, p. 31.

Martin D., « La Commission laisse Ryanair pratiquer le dumping social », *Question avec demande de réponse écrite E-000214/2019 à la Commission*, 17 janvier 2019, disponible sur le site de la Commission Européenne : http://www.europarl.europa.eu/doceo/document/E-8-2019-000214_FR.html

Ministère de l'intérieur Direction générale des collectivités locales, *Guide pratique taxe locale sur la publicité extérieure*, Paris, octobre 2016, 32 pages, consultable sur le site https://www.collectivites-locales.gouv.fr/files/files/dgcl_v2/FLAE/FL1/20061004_guide_tlpe.pdf

Ministère de la transition écologique, « Crédit d'impôt pour la transition énergétique (CITE) et MaPrimeRénov' », *Politiques publiques, Bâtiments et règles de construction*, 5 novembre 2020, consultable sur https://www.ecologie.gouv.fr/credit-dimpot-transition-energetique-cite-et-maprimerenov

Ministère du travail, « La prime exceptionnelle de pouvoir d'achat », *Ministère du travail*, 28 avril 2020, site web, consultable au https://travail-emploi.gouv.fr/droit-du-travail/la-remuneration/article/la-prime-exceptionnelle-de-pouvoir-d-achat

Mondoux-Fournier Ch., « Doug Ford a enfreint la loi en retirant l'Ontario de la bourse du carbone, tranche la cour », *Radio-Canada*, 11 octobre 2019, consultable sur le site https://ici.radio-canada.ca/nouvelle/1341884/greenpeace-doug-ford-bourse-carbone-poursuite

Niooz, « Taxation des GAFA : l'UE rejette la taxe européene, les USA critiquent la décision de la France », *Web sites - Information Technology & Internet – Niooz*, 13 mars 2019, p.1 et s.

Noblecourt M., « La réforme des retraites victime du coronavirus », *Le Monde*, 17 avril 2020, site web.

Observateur des Technologies Médias, « Télévision par contournement : quelle consommation des canadiens ?, *Actus médias, un œil sur l'industrie*, 06/12/2018, p. 1.

Office québécois de la langue française, « Découvrabilité », *Fiche Terminologique*, consultable sur http://gdt.oqlf.gouv.qc.ca/ficheOqlf.aspx?Id_Fiche=26541675

Oliveira M., « Netflix might have doubled its Canadian subscribers in the past year *», The Canadian*, September 20th 2013.

OMC, « Les principes qui inspirent le système commercial », *Comprendre l'OMC : éléments essentiels*, consultable sur le site https://www.wto.org/french/thewto_f/whatis_f/tif_f/fact2_f.htm

Ouest-France, « Jean-Michel Jarre veut taxer les Gafa au profit des artistes touchés économiquement par le Covid-19 », *Ouest-France*, 16 avril 2020, site web.

Parry I., « 5 choses à savoir sur le FMI et le changement climatique », *Blog du FMI*, 8 juin 2018 consultable à l'adresse https://www.imf.org/external/french/np/blog/2018/060818f.htm

Perron-Langlais M., « Taxe carbone : le modèle britanno-colombien est « un exemple à suivre », *Ici.radio.canada*, 1 avril 2019 consultable à l'adresse https://ici.radio-canada.ca/nouvelle/1161880/taxe-carbone-environnement-emissions-co2-canada

Perrotte D., Conesa E., « Bras de fer franco-américain sur la taxation des Gafa », *Les Echos*, 13 mars 2019, n° 22906, p. 6.

Pilon D., « Les taxes peuvent-elles stimuler la croissance économique », *Ici.radio-canada*, 27 septembre 2018, consultable sur le site https://ici.radio-canada.ca/nouvelle/1126504/taxes-croissance-developpement-economie-nord-ontario#:~:text=Les%20r%C3%A9formes%20fiscales%20ne%20peuvent,le%20monde%20puisse%20en%20b%C3%A9n%C3%A9ficier.&text=Il%20a%20soulign%C3%A9%20que%20PIB,travailleurs%20de%20la%20classe%20moyenne

Prévost H., « Des conditions strictes si Québec aide Bombardier, promet Legault », *ici.radio-canada*, 5 juin 2020, consultable sur le site https://ici.radio-canada.ca/nouvelle/1709490/coronavirus-quebec-bilan-5-juin.

Radio France-Internationale, « France / États-Unis - Washington parle de taxes Gafa «discriminatoires» et menace de saisir l'OMC, *Radio France-Internationale*, 12 mars 2019

Radio-Canada, « Netflix Canada dresse un bilan positif d'une entente controversée », *Radio-Canada*, 28 septembre 2018, p. 1 et s. disponible à l'adresse suivante : https://ici.radio-canada.ca/nouvelle/1126709/netflix-canada-production-entente-gouvernement-ottawa-patrimoine-melany-joly-taxe-tps-tvq-tvh

Radio-Canada, « Netflix investit 500 millions au Canada et ses services demeurent exempts de taxes », *Radio-Canada*, 28 septembre 2017, p. 1 et s. disponible sur https://ici.radio-canada.ca/nouvelle/1058500/canada-netflix-entente-ministre-patrimoine-canada-taxe

Radio-Canada, « Ottawa valide la taxe carbone proposée par le Nouveau-Brunswick », *Radio-Canada*, 11 décembre 2019, page 1 et suivante consultable sur le site : https://ici.radio-canada.ca/nouvelle/1428693/ottawa-accepte-taxe-carbone-nouveau-brunswick-fredericton-blaine-higgs

Radio-Canada, « La Cour d'appel de la Saskatchewan tranche en faveur du fédéral », *Radio-Canada*, 3 mai 2019.

Ressources naturelles Canada, « Développement d'un moteur de cogénération thermo-acoustique », *Ressources naturelles Canada, Investissements actuels*, 29 mai 2018, consultable sur le site https://www.rncan.gc.ca/science-et-donnees/financement-et-partenariats/occasions-de-financement/investissements-actuels/developpement-dun-moteur-de-cogeneration-thermoacoustique/16079

Ressources naturelles Canada, «Principes de base de l'efficacité énergétique», *Ressources naturelles Canada*, 2019-08-28 consultable à l'adresse https://www.rncan.gc.ca/efficacite-energetique/efficacite-energetique-des-batim/gestion-de-lenergie-pour-les-bat/etapes-cles-de-la-gestion-de-len/principes-base-lefficacite-energetique/20689

Rolland S., Jules R., « La taxe Gafa est démagogique et une aberration économique », *La Tribune (France)*, 14 mars 2019, N° 6644, p. 5 ;

Rolland S., «Taxe Gafa, RGPD : « Se précipiter pour réguler risque de casser Internet !" », *La Tribune (France)*, 8 mars 2019, n° 6640, p. 11.

Sachs J., « Climate action should be taken out of politicians' hands », *World Economic Forum*, April 28 2016, consultable à l'adresse : https://www.weforum.org/agenda/2016/04/jeffrey-sachs-climate-action-should-be-taken-out-of-politicians-hands

Sibilski L., Targa F., « An old solution to new challenges: The rebirth of the carbo bike », *World Bank Blogs, Transport for Development*, January 16, 2020, consultable à l'adresse https://blogs.worldbank.org/transport/old-solution-new-challenges-rebirth-cargo-bike

The Guardian, «The EU's new coronavirus relief deal is a gift to Europe's enemies ; Ignore the headlines about [euro]500bn to rescue Europe. Refusing to share debt across the eurozone threatens the union's future Coronavirus latest updates. See all our coronavirus coverage», *Guardian [London, England]*, 11 Apr. 2020, p. NA. Gale Academic OneFile, https://link-

galecom.ezproxy.torontopubliclibrary.ca/apps/doc/A620160209/AONE?u=tplmain&sid=AONE&xid=05802ce7. Accessed 21 Apr.2020.
The Washington Post, « A compelling case for a carbon tax », *The Washington Post*, Oct. 20, 2019.
Tonnelier A., «Fiscalité verte : un « sujet explosif » pour l'exécutif », *Le Monde*, 25 janvier 2018, disponible à l'adresse https://www.lemonde.fr/idees/article/2018/01/25/fiscalite-verte-un-sujet-explosif-pour-l-executif_5246835_3232.html
Trachtman J. P., « WTO Law Constraints on Border Tax Adjustment and Tax Credit Mechanisms to Reduce the Competitive Effects of Carbon Taxes », R*esources for the Future Discussion Paper 16-03*, January 25, 2016, Available at SSRN: https://ssrn.com/abstract=2738752 or http://dx.doi.org/10.2139/ssrn.2738752
Turner A., « Is capitalism incompatible with effective climate change action ? », *World Economic Forum*, 03 September 2019, consultable à l'adresse suivante : https://www.weforum.org/agenda/2019/09/is-capitalism-incompatible-with-effective-climate-change-action/
TVA Nouvelles, « Pierre Karl Péladeau réclame que Netflix paie des taxes », *Entrevue à TVA Nouvelles*, Publiée le26 septembre 2017 à 18:24 disponible au https://www.tvanouvelles.ca/2017/09/26/pierre-karl-peladeau-reclame-que-netflix-paie-des-taxes-1
Verberne J., « How can blockchain serve society ? », *World Economic Forum*, 01 Feb 2018, disponible au https://www.weforum.org/agenda/2018/02/blockchain-ocean-fishing-sustainable-risk-environment/
Yahoo France, « Washington parle de taxes Gafa «discriminatoires» et menace de saisir l'OMC », *Yahoo France*, 12 mars 2019.

Rapports

Assemblée nationale, « Compte rendu de la Commission d'enquête sur l'impact économique, industriel et environnemental des énergies renouvelables, sur la transparence des financements et sur l'acceptabilité sociale des politiques de transition énergétique», *Assemblée nationale XVe legislature*, jeudi 25 juillet 2019, Compte rendu n° 72, session extraordinaire de 2018-2019.
Assemblée nationale, « Exposé des motifs », *Journaux officiels*, 1948, Annexes au projet de loi, Tome I, Décret portant réforme fiscale, page 2383.
Assemblée nationale, « Lutte contre la fraude - (n° 1142) », *Amendement* n°CF201, 23 juillet 2018, présenté par, Mme Cariou, rapporteure, article 4 bis disponible sur le site internet suivant : http://www.assemblee-nationale.fr/dyn/15/amendements/1142/CION_FIN/CF201
Assemblée nationale, « Lutte contre la fraude - (n° 1142) », Amendement n°cf201, 23 juillet 2018, présenté par, Mme Cariou, rapporteure, article 4 bis

disponible sur le site internet suivant : http://www.assemblee-nationale.fr/dyn/15/amendements/1142/CION_FIN/CF201

Assemblée nationale, « Lutte contre la fraude - (n° 1142) », Amendement n°cf20123, juillet 2018, présenté par, Mme Cariou, rapporteure, article 4 bis disponible sur le site internet suivant : http://www.assemblee-nationale.fr/dyn/15/amendements/1142/CION_FIN/CF201

Banque Mondiale, « Décarboniser le développement : les bons prix, mais aussi les bonnes politiques », la note d'orientation est tirée du *rapport Decarbonizing Development* : Three Steps to a Zero-Carbon Future (2015) de Marianne Fay, Stephane Hallegatte, Adrien Vogt-Schilb, Julie Rozenberg, Ulf Narloch, et Tom Kerr. Washington, DC : World Bank consultable à l'adresse : https://www.banquemondiale.org/content/dam/Worldbank/document/Climate/dd/decarbonizing-dev-policy-note-2-policies-french.pdf

Banque mondiale, « Un nouveau rapport met en évidence un recours accru aux mécanismes de tarification du carbone », *Banque mondiale, Actualités*, 28 mai 2014, page 1 et suivante consultable à l'adresse https://www.banquemondiale.org/fr/news/feature/2014/05/28/state-trends-report-tracks-global-growth-carbon-pricing ».

Baranzini A., Caliskan M., Carattini S., « Economic Prescriptions and Public Responses to Climate Policy », Haute école de gestion de Genève, CRAG - Centre de Recherche Appliquée en Gestion Cahier de Recherche, *Cahier* : N° HES-SO/HEG-GE/C-14/3/1 – CH 2014 consultable à l'adresse, https://ssrn.com/abstract=2531593.

Bird K., « La transmission intergénérationnelle de la pauvreté : une vue d'ensemble », Chronic poverty research center, *document de travail* n° 6, octobre 2007, page 4.

Boccanfuso D., Cousineau J.-M., Fonseca R., « Le revenu minimum garanti : une utopie ? Une inspiration pour le Québec », *Rapport final du comité d'experts sur le revenu minimum garanti*, Volume 1, Les principes, le diagnostic et les recommandations, p. 31, novembre 2017, Bibliothèque et Archives nationales du Québec.

Callonnec G., Combaud M., « Les effets macroéconomiques et environnementaux de la fiscalité carbone », *Rapport adressé au Conseil des prélèvements obligatoires*, juin 2019, page 32, paragraphe 77 et consultable sur le site https://www.ccomptes.fr/system/files/2019-09/20190918-rapport-particulier4-CPO-fiscalite-environnementale.pdf

Centre Lebret, « Réduire la pauvreté », *Document de travail du Centre Lebret pour le rapport mondial sur le développement 2000-2001 (Banque mondiale)*, Centre Lebret, Paris, 1999/06, 64 P.

Centre national du cinéma, « Soutien au cinéma, à l'audiovisuel et au multimédia, Rapport et perspectives 2017 – 2019 », *Document stratégique de performance du cnc dans le cadre de l'examen du projet de loi de finances pour 2019*, délibéré de la réunion du 21 septembre 2018, p.19 et s.

Chauffaut D., « L'évolution des relations entre générations dans un contexte de mutation du cycle de vie », *Cahier de Recherche* n° 163, novembre 2001, p. 26.

Conseil de la radiodiffusion et des télécommunications canadiennes, « Services de télévision par câble, satellite et fibre optique (EDR) et services facultatifs », *CRTC*, 31/05/2018 page 1 et s. disponible à l'adresse : https://crtc.gc.ca/fra/publications/s15/v3.htm#financier

Côté J.-G., Nantel J., Wood L.-A., « Rétablir l'équité fiscale : enjeux du commerce électronique et de la fiscalité au Québec », *Institut du Québec*, Note de Recherche, Aout 2017, p. 6 et s.

De Montgolfier A., « Rapport n° 406 fait au nom de la commission des finances sur le projet de loi de finances rectificative, adopté par l'Assemblée nationale », *Session ordinaire de 2019-2020*, Enregistré à la Présidence du Sénat le 21 avril 2020.

Fonds des Medias du Canada, « Le choc du présent », *Rapport sur les tendances 2018*, janvier 2018, p. 7 disponible à l'adresse suivante : https://trends.cmf-fmc.ca/wp-content/uploads/Rapport_sur_les_tendances_2018_-_Le_choc_du_present_-_Final_-.pdf

Godbout L., St-Cerny S., Arseneau M., Dao H. N., Fortin P., « La soutenabilité budgétaire des finances publiques du gouvernement du Québec », *Document de travail de la Chaire de Recherche en Fiscalité et Finances Publiques de l'Université de Sherbrooke*, janvier 2014, p. 10 et s.

Godbout L., Trudel Y., St-Cerny S., « La pertinence d'établir des processus d'ajustement automatique dans les régimes publics de retraite : le cas du Régime des rentes du Québec », *Document de travail de la Chaire de Recherche en Fiscalité et Finances Publiques de l'Université de Sherbrooke*, juin 2013, p. 5.

Guillaume H., Ohier M., Schlosser S., « Rapport du comité d'évaluation des dépenses fiscales et des niches sociales », *Ministère de l'économie, des finances et de la relance*, 29/08/2011, page 67.

Joanis M., Montmarquette Cl., « La problématique de la dette publique au Québec : causes, conséquences, solutions », *CIRANO Burgundy Reports*, CIRANO, 2005, résumé.

Langlois-Berthelot M., Biren J.-M., Revial Th., Dumas Ph., « Rapport sur les installations de cogénération sous obligation d'achat », *Ministère de l'économie, des finances et de l'industrie*, n° 01/2007, 72 pages.

Lefrançois M., St-Onge M., Couturier E. L., « Système de retraite au Québec et au Canada : constats et solutions », *Institut de recherche et d'informations socio-économiques*, *Rapport de recherche*, mars 2013, p. 5.

Masclet D., Montmarquette Cl., Viennot-Briot N., « Comment réduire la fraude fiscale ? Une expérience sur le signalement », *Rapport de projet*, Montréal, janvier 2013, p. 37.

Sénat Canadien, « La décarbonisation des transports au Canada », *Rapport du Comité sénatorial permanent de l'énergie, de l'environnement et des ressources naturelles*, juin 2017, page 24.
Terrasse P., *Rapport au premier ministre sur l'économie collaborative*, Hôtel de Matignon, février 2016, p. 57 disponible à l'adresse suivante : https://www.gouvernement.fr/sites/default/files/document/document/2016/02/08.02.2016_rapport_au_premier_ministre_sur_leconomie_collaborative.pdf

Entrevues, Documentaires, Sources radiophoniques

Autorité Canadienne pour les enregistrements internet, « Introduction », *Dossier documentaire 2017 de l'ACEI*, page 1 consultable à l'adresse suivante : https://acei.ca/dossier-documentaire-internet-2017-de-l-acei/Internet-au-canada
Chouin A.-L., « Taxe carbone : les raisons d'un échec », *Actualités, La Bulle Économique*, 16/03/2019, consultable sur le site de France Culture au https://www.franceculture.fr/emissions/la-bulle-economique/taxe-carbone-les-raisons-dun-echec
Cohen D., « Coronavirus : quelle stratégie de déconfinement ? », *Interview accordée à France 24*, publiée le 24 avril 2020 à l'adresse https://www.youtube.com/watch?v=BDq5Pzx9LK0.
Couturier B., « Taxe carbone : un prélèvement au niveau mondial ? », *France Culture, Émissions, Le Tour du monde des idées*, 09/05/2019, consultable sur le site de France Culture au https://www.franceculture.fr/emissions/le-tour-du-monde-des-idees/le-tour-du-monde-des-idees-du-jeudi-09-mai-2019
Colloque international Québec-France ayant pour thème, « Démocratie, transparence et fiscalité », *organisé par la chaire en fiscalité et en finances publiques*, le jeudi 3 novembre 2016,inédit en ce 21-12-2016.
Crooks H., *Le Prix à Payer*, documentaire réalisé par Harold Crooks, TVA Films, 2015.
Destiny T., « Présentation sur la découvrabilité des contenus : enjeu crucial pour les contenus canadiens et francophones », *Conférence extraordinaire de Montréal sur l'avenir de la diffusion, de la distribution, de la création et de la production francophones à l'ère numérique (CEMAD),* Émergence des technologies numériques et enjeux connexes 2019.
France 24, « Le numérique en Europe : vers une taxe sur les Gafa ? », *Ici l'Europe*, 9 octobre 2017, émission présentée par Caroline De Camaret, consultable à l'adresse https://www.youtube.com/watch?v=B0BdZqx2NIc
France Culture : « Fiscalité : l'Europe peut-elle dompter les GAFA ? », *Savoirs, Entendez-vous l'éco* ? Émission présentée par Tiphaine de Rocquigny, le 12/10/2018, 32e minutes et 13e secondes.
France Culture, « La taxe GAFA se trompe-t-elle de cibles ? », *Actualités, Du Grain à moudre, Émission présentée par Hervé Gardette*, 23e minutes 35e

seconde disponible sur https://www.franceculture.fr/emissions/du-grain-a-moudre/la-france-peut-elle-faire-plier-les-gafa

France Culture, « Taxer Facebook pour sauver le Figaro », *Les Nouvelles De L'éco*, émission présentée par Arjuna Andrade, 12/09/2018, 3 min.

France Culture, « Données personnelles : l'Europe aura-t-elle raison des GAFAM ? », *France Culture, Entendez-vous l'eco ?* Émission présentée par Tiphaine de Rocquigny, 25/01/2019, 34 minutes et 42 secondes et suivant.

France Inter, « Thomas Piketty dénonce "l'arnaque" de la réforme des retraites », Interview accordée à France Inter et publiée le 2 décembre 2019 à l'adresse https://www.youtube.com/watch?v=Tk0iiVtGFgE

France-Culture, « L'Europe fiscale peut-elle être transparente ? », *L'invité Des Matins*, émission présentée par Guillaume Erner, 02/05/2016, 11e minute, consultable au https://www.franceculture.fr/emissions/l-invite-des-matins/l-europe-fiscale-peut-elle-etre-transparente

Gérard M., « BEPS : faits, mesure et défi », *Midi-conférence*, lundi 7 novembre 2016, École de gestion, Université de Sherbrooke, consultable au http://cffp.recherche.usherbrooke.ca/evenements

Global Agenda Council on the Future of Oil & Gas, « Trust Challenge Facing the Global Oil & Gas Industry », *World Economic Forum*, April 2016, 11 pages.

St-Cerny-Gosselin J., Latulippe L., « Perspective canadienne sur le transfert international de bénéfices », *Midi-conférence*, lundi 7 novembre 2016, École de gestion, Université de Sherbrooke, consultable au http://cffp.recherche.usherbrooke.ca/evenements

Mémoires et Thèse

Cassella S., *La nécessité en droit international,* Martinus Nijhoff Publishers and VSP, Leiden, Boston, 2011, 591 page 440.

Jeannin J., *Étude comparée des systèmes français et canadiens des retraites*, Essai de maitrise en administration des affaires finance, Université de Laval, Faculté des sciences de l'administration, mai 2004, p. 48.

Sites internet

http://www.revenuquebec.ca/fr/a-propos/evasion_fiscale/consequences.aspx
http://m.rfi.fr/emission/20180910-le-marche-europeen-co2-respire-nouveau
http://www.assemblee-nationale.fr/15/pdf/cr-cetransene/18-19/c1819072.pdf
http://www.cpac.ca/fr/programs/dossier-public/episodes/65921788#, 47e minute.
http://www.cra-arc.gc.ca/gncy/cmpgns/crckngdwn-fra.html.
http://www.europarl.europa.eu/RegData/etudes/STUD/2017/601989/IPOL_STU(2017)601989_EN.pdf

http://www.lefigaro.fr/conjoncture/2019/03/20/20002-20190320ARTFIG00213-la-taxe-gafa-concerne-26-entreprises-en-france.php
http://www.unesco.org/new/fr/social-and-human-sciences/themes/international-migration/glossary/cultural-diversity/
http://www2.impots.gouv.fr/documentation/prix_transfert/entrep2.htm#transac
https://crtc.gc.ca/fra/acrtc/org.htm
https://dictionnairereid.caij.qc.ca/recherche#q=justice&t=edictionnaire&sort=relevancy&m=search
https://ec.europa.eu/clima/policies/ets_fr
https://guichet.public.lu/fr/entreprises/creation-developpement/forme-juridique/entreprise-individuelle_societe-personnes/secs.html
https://ici.radio-canada.ca/nouvelle/1215019/ottawa-provinces-contestation-judiciaire-competences
https://lactualite.com/lactualite-affaires/google-apple-facebook-amazon-microsoft-ou-etes-vous/
https://news.stanford.edu/2018/05/22/future-energy-stanford-faculty-discuss/
https://taj-strategie.fr/taj-publie-etude-de-limpact-economique-projet-de-loi-taxation-numerique/
https://unfccc.int/fr/news/lalliance-des-villes-neutres-en-carbone
https://waterpowercanada.ca/fr/decouvrir/#essentiels
https://www.alternatives-economiques.fr/gafa-dangereux/00087184
https://www.blakesbusinessclass.com/le-gouvernement-du-canada-publie-un-document-technique-et-devoile-le-plan-federal-de-tarification-du-carbone/?lang=fr
https://www.cairn.info/revue-francaise-de-socio-economie-2020-en lutte-page-23.htm
https://www.carbonfootprint.com/carbonreductioncommitment.html
https://www.cnc.fr/professionnels/aides-et-financements/cinema/production/credit-dimpot-cinema_132769
https://www.economie.gouv.fr/entreprises/contribution-service-public-electricite-cspe
https://www.edf.fr/en/node/352021
https://www.fin.gc.ca/treaties-conventions/Netherlands_-fra.asp
https://www.hydroquebec.com/solaire/couts.html
https://www.impots.gouv.fr/portail/particulier/je-declare-mon-impot-sur-la-fortune-immobiliere
https://www.insee.fr/fr/statistiques/2499760
https://www.irs.gov/businesses/corporations/foreign-account-tax-compliance-act-fatca
https://www.larousse.fr/dictionnaires/francais/particularisme/58380
https://www.legifrance.gouv.fr
https://www.lemonde.fr/economie/article/2019/05/19/cinema-francais-l-adieu-a-la-television_5464251_3234.html

https://www.opec.org/opec_web/en/about_us/23.htm
https://www.paris.fr/pages/la-journee-sans-voiture-revient-pour-la-cinquieme-edition-6727
https://www.rncan.gc.ca/nos-ressources-naturelles/forets-foresterie/feux-de-vegetation-insectes-pert/le-deboisement-au-canada-mythes-et-realites/13420
https://www.securitepublique.gc.ca/cnt/ntnl-scrt/crtcl-nfrstrctr/esf-sfe-fr.aspx
https://www.senat.fr/rap/r08-543/r08-54360.html
https://www.uber.com/fr/drive/tax-information/
https://www.vie-publique.fr/loi/20809-loi-mobilites-lom-projet-de-loi-dorientation
https://www.wto.org/french/tratop_f/envir_f/edis08_f.htm
https://www150.statcan.gc.ca/n1/fr/pub/72-212-x/72-212-x2019001-fra.pdf?st=1N5OC-HS
www.canada.ca/fr/environnement-changement-climatique/services/indicateursenvironnementaux/emissions-gaz-effet-serre.html
www2.impots.gouv.fr/documentation/prix_transfert/entrep.htm

Index

Table des matières

Structures éditoriales du groupe L'Harmattan

L'Harmattan Italie
Via degli Artisti, 15
10124 Torino
harmattan.italia@gmail.com

L'Harmattan Hongrie
Kossuth l. u. 14-16.
1053 Budapest
harmattan@harmattan.hu

L'Harmattan Sénégal
10 VDN en face Mermoz
BP 45034 Dakar-Fann
senharmattan@gmail.com

L'Harmattan Cameroun
TSINGA/FECAFOOT
BP 11486 Yaoundé
inkoukam@gmail.com

L'Harmattan Burkina Faso
Achille Somé – tengnule@hotmail.fr

L'Harmattan Guinée
Almamya, rue KA 028 OKB Agency
BP 3470 Conakry
harmattanguinee@yahoo.fr

L'Harmattan RDC
185, avenue Nyangwe
Commune de Lingwala – Kinshasa
matangilamusadila@yahoo.fr

L'Harmattan Congo
67, boulevard Denis-Sassou-N'Guesso
BP 2874 Brazzaville
harmattan.congo@yahoo.fr

L'Harmattan Mali
ACI 2000 - Immeuble Mgr Jean Marie Cisse
Bureau 10
BP 145 Bamako-Mali
mali@harmattan.fr

L'Harmattan Togo
Djidjole – Lomé
Maison Amela
face EPP BATOME
ddamela@aol.com

L'Harmattan Côte d'Ivoire
Résidence Karl – Cité des Arts
Abidjan-Cocody
03 BP 1588 Abidjan
espace_harmattan.ci@hotmail.fr

Nos librairies en France

Librairie internationale
16, rue des Écoles
75005 Paris
librairie.internationale@harmattan.fr
01 40 46 79 11
www.librairieharmattan.com

Librairie des savoirs
21, rue des Écoles
75005 Paris
librairie.sh@harmattan.fr
01 46 34 13 71
www.librairieharmattansh.com

Librairie Le Lucernaire
53, rue Notre-Dame-des-Champs
75006 Paris
librairie@lucernaire.fr
01 42 22 67 13

www.ingramcontent.com/pod-product-compliance
Lightning Source LLC
LaVergne TN
LVHW050053061026
849532LV00001BA/143